DIE  ZEIT

Welt- und Kulturgeschichte

DIE ZEIT

Welt- und Kulturgeschichte

Epochen, Fakten,
Hintergründe in 20 Bänden

Mit dem Besten aus der ZEIT,
u. a. mit Beiträgen
von Joachim Fritz-Vannahme,
Thomas Fischermann
und Marc Brost

11 Zeitalter der Expansionen

Amerika II (1770–1860)

Süd- und Ostasien (1520–1870)

Afrika (1500–1850)

Die Welt im Zeitalter des
Nationalismus I (1850–1918)

Zeitverlag
Gerd Bucerius GmbH & Co. KG

Herausgeber
Zeitverlag Gerd Bucerius GmbH & Co. KG
Pressehaus, Speersort 1, 20095 Hamburg
Bibliographisches Institut & F. A. Brockhaus AG

Projektleitung Dr. Hildegard Hogen
Redaktion Jürgen Hotz M. A., Klaus M. Lange, Mathias Münter-Elfner,
Marianne Strzysch-Siebeck
Bildredaktion Dr. Eva Bambach (Leitung), Dipl.-Geogr. Ellen Astor,
Dr. Rainer Ostermann, Eva van Meeuwen M. A.
Redaktionsleitung ZEIT Aspekte Dr. Dieter Buhl
Layout Sigrid Hecker
Einband- und Umschlaggestaltung Mike Kandelhardt
Herstellung Constanze Sonntag

Bibliografische Information der Deutschen Bibliothek
Die Deutsche Bibliothek verzeichnet diese Publikation in der Deutschen
Nationalbibliografie; detaillierte bibliografische Daten sind im Internet
über http://dnb.ddb.de abrufbar.

Namen und Kennzeichen, die als Marke bekannt sind und entsprechenden
Schutz genießen, sind durch das Zeichen ® gekennzeichnet. Handelsnamen
ohne Markencharakter sind nicht gekennzeichnet. Aus dem Fehlen des
Zeichens ® darf im Einzelfall nicht geschlossen werden, dass ein Name oder
Zeichen frei ist. Eine Haftung für ein etwaiges Fehlen des Zeichens ®
wird ausgeschlossen.

Alle Rechte vorbehalten. Nachdruck, auch auszugsweise, verboten.
Das Werk einschließlich aller seiner Teile ist urheberrechtlich geschützt.
Jede Verwertung außerhalb der engen Grenzen des Urheberrechts-
gesetzes ist ohne Zustimmung des Verlags unzulässig und strafbar. Das
gilt insbesondere für Vervielfältigungen, Übersetzungen, Mikroverfilmungen
und die Einspeicherung und Verarbeitung in elektronischen Systemen.

© Zeitverlag Gerd Bucerius GmbH & Co. KG, Hamburg 2006
Bibliographisches Institut, Mannheim 2006

Satz A-Z Satztechnik GmbH, Mannheim (PageOne, alfa Media Partner GmbH)
Druck und Bindung GGP Media GmbH, Pößneck
Printed in Germany

ISBN Gesamtwerk: 3-411-17590-7
ISBN Band 11: 3-411-17601-6

Abbildungen auf dem Einband aisa, Archivo iconográfico, Barcelona: Afrika, Aksum, Konfuzius, Byzanz, China Kolonialismus, Erster Weltkrieg, Etrusker, Franken, Französische Revolution, Hausa, Huangdi, Mesopotamien, Mykene, Osmanisches Reich, Steinzeit, Zweiter Weltkrieg; akg-images, Berlin: Erster Weltkrieg, Jungsteinzeit, Stalin; Bibliographisches Institut & F.A. Brockhaus AG, Mannheim: Ägypten, Avignon, Gandhi, Minoer, Preußen, Taj Mahal; Farb- und Schwarzweiß-Fotografie E. Böhm, Mainz: Buddhismus; A. Burkatovski, Rheinböllen: Katharina II., Skythen; M. Gropp, Unterhaching: Maya; Image Source, Köln: Kolosseum; Istituto Geografico de Agostini, Novara: Napoleon, Römer; Dr. V. Janicke, München: Mogulreich; picture-alliance/akg-images, Frankfurt am Main: Afrika – Sklavenhandel, Amerika – Unabhängigkeit, Azteken, Heinrich IV., Indianer, Karolinger, Lenin, Ludwig XIV., Luther, Marx, Maximilian I., Metternich, Mittelalter, Ottonen, Sonnenwende von Trundholm, Völkerwanderung, Wirtschaftswunder; picture-alliance/Bildfunk, Frankfurt am Main: Bronzezeit; picture-alliance/dpa, Frankfurt am Main: Clinton, Golfkrieg, Gorbatschow, Kennedy, Kohl, Mandela, Mauerfall, UN

Die Reihe im Überblick

Anfänge der Menschheit und Altes Ägypten
Vor- und Frühgeschichte
Ägypten (3000-330 v. Chr.) — Band 01

Frühe Kulturen in Asien
Frühe Hochkulturen in Vorderasien
(3000-539 v. Chr.)
Persien (539-330 v. Chr.)
Frühe Hochkulturen in Süd- und Ostasien I
(3000-221 v. Chr.) — Band 02

Frühe Kulturen in Europa
Frühe Hochkulturen in Süd- und Ostasien II
(3000-221 v. Chr.)
Frühe Kulturen der antiken Welt
(700 v. Chr.-500 n. Chr.) — Band 03

Klassische Antike
Griechische Antike (1600-30 v. Chr.)
Römische Antike I (650 v. Chr.-395 n. Chr.) — Band 04

Spätantike und Völkerwanderungszeit
Römische Antike II (650 v. Chr.-395 n. Chr.)
Völkerwanderung (395-565)
Vorderasien und Afrika I (850 v. Chr.-651 n. Chr.) — Band 05

Aufstieg des Islam
Vorderasien und Afrika II (850 v. Chr.-651 n. Chr.)
Süd- und Ostasien (320 v. Chr.-550 n. Chr.)
Die arabische Welt (610-1492)
Europa im Mittelalter I (550-1500) — Band 06

Europa im Mittelalter
Europa im Mittelalter II (550-1500) — Band 07

Frühe Neuzeit und Altamerika
Europa in der frühen Neuzeit (1500-1648)
Altamerika (13000 v. Chr.-1492 n. Chr.) — Band 08

Zeitalter des Absolutismus
Süd- und Ostasien (550-1650)
Afrika (300-1800)
Europa im Zeitalter des Absolutismus I
(1648-1770) — Band 09

Zeitalter der Revolutionen
Europa im Zeitalter des Absolutismus II
(1648–1770)
Europa im Zeitalter der Revolutionen
(1770–1850)
Amerika I (1770–1860) — Band 10

Zeitalter der Expansionen
Amerika II (1770–1860)
Süd- und Ostasien (1520–1870)
Afrika (1500–1850)
Die Welt im Zeitalter des Nationalismus I
(1850–1918) — Band 11

Zeitalter des Nationalismus
Die Welt im Zeitalter des Nationalismus II
(1850–1918)
Der Erste Weltkrieg I — Band 12

Erster Weltkrieg und Zwischenkriegszeit
Der Erste Weltkrieg II
Die Welt im Zeitalter des Totalitarismus I
(1919–1945) — Band 13

Zweiter Weltkrieg und Nachkriegszeit
Die Welt im Zeitalter des Totalitarismus II
(1919–1945)
Die Welt im Zeitalter des Ost-West-Konflikts I
(1945–1991) — Band 14

Zeitalter des Ost-West-Konflikts
Die Welt im Zeitalter des Ost-West-Konflikts II
(1945–1991) — Band 15

Die Welt heute
Krisenherde im Nahen und Mittleren Osten
Der Nord-Süd-Konflikt
Die Welt an der Jahrtausendwende
Globale Entwicklungen heute — Band 16

Lexikon der Geschichte — Bände 17 bis 19

Chronik, Literaturhinweise, Register
Chronik der Weltgeschichte
Literaturhinweise
Gesamtinhaltsverzeichnis
Autorenverzeichnis
Personen- und Sachregister — Band 20

Inhaltsverzeichnis

Amerika

Nordamerika *(Fortsetzung)*

Die Geburt einer Nation: Die »kritische Periode«
und die Entstehung der Bundesverfassung
Jürgen Heideking — 12

Republicans gegen Federalists:
Der Beginn des nationalen Regierungssystems
Jürgen Heideking — 23

Harmonie und Konflikt: Die Selbstfindung der
amerikanischen Nation   *Jürgen Heideking* — 35

Endstation Pazifik: Die territoriale Expansion,
die Vertreibung der Indianer und die Sklavenfrage
Jürgen Heideking — 50

Mittel- und Südamerika

Spaniens Rückzug aus der Neuen Welt:
Lateinamerika am Vorabend der Unabhängigkeit
Peer Schmidt — 64

Der Unabhängigkeitskampf beginnt:
Von der politischen Krise zu den liberalen
Revolutionen   *Peer Schmidt* — 77

Ein Kontinent ordnet sich neu:
Staatenbildungsprozesse in Lateinamerika
Peer Schmidt — 89

Kreolen, Mestizen, Indios:
Soziokulturelle und ökonomische Konflikte
Peer Schmidt — 99

Exkurs: Die Menschenrechte
Otto Kimminich — 108

Süd- und Ostasien

Indien

Timurs Nachfahren: Die Moguldynastie
Dietmar Rothermund   129

Zwischen Panipat und London: Die Regionalstaaten
des 18. Jahrhunderts   *Dietmar Rothermund*   145

Unter den Vizekönigen: Die Anfänge der britischen
Kolonialherrschaft   *Dietmar Rothermund*   149

Indochina

Von einzigartiger Vielfalt: Festlandsüdostasien
Oskar Weggel   158

Im Land der Khmer: Kambodscha   *Oskar Weggel*   162

Im Land der Thai: Siam   *Oskar Weggel*   166

Erbe mehrerer Königreiche: Laos   *Oskar Weggel*   172

Das »eremitenhafte« Land der Birmanen:
Myanmar   *Oskar Weggel*   176

Wie eine Bambusstange mit zwei Reissäcken:
Vietnam   *Oskar Weggel*   180

China

Vorstoß bis zum Äußersten:
Der Aufstieg der Mandschu   *Klaus Tietze*   186

Der Kaiser hält die Fäden in der Hand:
Die Verwaltung   *Klaus Tietze*   193

Geld war nicht alles:
Gesellschaft und Wirtschaft   *Klaus Tietze*   198

Konfuzianisch geprägt: Das Geistesleben
Klaus Tietze   205

Doch mehr als eine Randerscheinung:
Die Begegnung mit der europäischen Zivilisation
Klaus Tietze   208

Inhaltsverzeichnis

Japan

Eine »Welt hinter Mauern«:
Das Schogunat der Tokugawa *Klaus Müller* 221

Umkehrung der natürlichen Ordnung? –
Wirtschaft und Gesellschaft unter den Tokugawa
Klaus Müller 229

Eine Epoche geht zu Ende: Die Öffnung Japans
und das Ende des Schogunats *Klaus Müller* 237

Afrika

Nordafrika

Eroberungen im Westen: Der Maghreb bis
zum 17. Jahrhundert *Hans-Rudolf Singer* 241

Janitscharen und Korsaren: Algerien unter
türkischer Herrschaft *Hans-Rudolf Singer* 256

Unter einheimischen Beis:
Die »Regentschaft Tunis« *Hans-Rudolf Singer* 263

Eine neue Dynastie kommt auf: Marokko unter
den Alawiden *Hans-Rudolf Singer* 267

Osmanenherrschaft im Osten:
Ägypten und Libyen *Hans-Rudolf Singer* 274

Schwarzafrika

Handelsstädte zwischen Nord und Süd:
Die Stadtstaaten der Hausa *Brigitte Reinwald* 276

Zeit der Krisen und Spannungen: Senegambien
im 17. und 18. Jahrhundert *Brigitte Reinwald* 294

Das Schwert des Glaubens:
Islamische Reformstaaten der Sudanzone
Brigitte Reinwald 299

Ostafrika zwischen den Kulturen: Aufstieg und
Blüte der Suahelikultur *Brigitte Reinwald* 310

Vasco da Gama und die Folgen:
Die Portugiesen in Ostafrika *Brigitte Reinwald* 316

Die Expansion des Sklavenhandels:
Die Busaididynastie von Oman *Brigitte Reinwald* 320

Wanderungen, Handelsströme und Staatenbildung:
Die »Goldküste« in Westafrika *Brigitte Reinwald* 327

Osei Tutu und der »Goldene Stuhl«:
Die Konföderation der Asante *Brigitte Reinwald* 334

Vom Vasallen zur Hegemonialmacht: Dahome
Brigitte Reinwald 343

Fahrten in den »dunklen« Kontinent:
Aufbruch ins Innere Afrikas *Horst Gründer* 352

An Niger und Nil:
Entdeckungsreisen in Zentralafrika
Horst Gründer 359

Südafrika

Vor der Ankunft der Fremden:
Buschleute und Khoikhoin *Gesine Krüger* 375

Am Fuß des Tafelbergs: Die Herrschaft der
niederländischen Ostindischen Kompanie
Gesine Krüger 380

Trekburen und Xhosa-Kriege:
Die Ausdehnung der europäischen Siedler
Gesine Krüger 387

Geschwader vor Kapstadt:
Die Anfänge der britischen Herrschaft
Gesine Krüger 395

Propheten und Chiefs:
Die Grenzkriege und die »Zeit der Wirren«
Gesine Krüger 398

Zwischen Aufbruch und Konsolidierung:
Der Große Treck *Gesine Krüger* 407

Die Welt im Zeitalter des Nationalismus

Industrielle Revolution und Arbeiterbewegung

Verschafft freier Wettbewerb das größte Glück? –
Der Liberalismus   *Hans-Werner Niemann*   412

International verflochten: Entwicklungstendenzen
der Weltwirtschaft im 19. Jahrhundert
Hans-Werner Niemann   426

Plädoyer für offene Grenzen: Die Wirtschaft
zwischen Freihandel und Protektionismus
Hans-Werner Niemann   433

Vertreter einer neuen Zeit: Die Unternehmer
Hans-Werner Niemann   444

Vor der Entfesselung ungeahnter Kräfte:
Wissenschaft und Technik   *Hans-Werner Niemann*   453

Eine »Rakete« heizt ein: Der Eisenbahnbau
Hans-Werner Niemann   467

Ein Heer von Hungrigen: Der Pauperismus
Hans-Werner Niemann   477

Massenarmut, soziale Ausgrenzung, Ungleichheit:
Die soziale Frage   *Hartmut Kaelble*   487

Von der Zivilgesellschaft zur Sozialreform:
Anworten auf die soziale Frage   *Hartmut Kaelble*   494

Zwischen Utopie und Aktion:
Frühe Formen der Arbeiterbewegung
Hans-Werner Niemann   504

ZEIT Aspekte   ab S. 513

George Washington · Louisiana Purchase ·
Tokugawa-Dynastie · Sansibar · Henry Morten Stanley ·
Adam Smith · Werner von Siemens · John Pierpont
Morgan · Henry Ford · Das kommunistische
Manifest · Friedrich Wilhelm Raiffeisen

Die Geburt einer Nation: Die »kritische Periode« und die Entstehung der Bundesverfassung

Die Freude der Amerikaner über den Sieg im Unabhängigkeitskrieg wich rasch einer nüchternen Betrachtungsweise. Der äußeren Herausforderung folgte eine innenpolitische Bewährungsprobe, die niemand klarer voraussah als George Washington. Bevor er im Dezember 1783 den Oberbefehl über die Kontinentalarmee niederlegte, ermahnte er seine Landsleute in einem Rundschreiben an die Staatenregierungen, ihre gegenseitigen Vorurteile zu überwinden und die Union zu einem unauflöslichen Gemeinwesen mit starker nationaler Führung auszubauen.

Die Revolution hatte zwar keine feudale Gesellschaftsordnung umgestürzt, aber doch die Autorität der kolonialen Elite erschüttert. Während des Krieges war die bisherige Führungsschicht durch Flucht und Vertreibung dezimiert worden. Besitz und Bildung galten nicht mehr als unerlässliche Voraussetzung für ein politisches Amt, sondern die Fähigkeit zur Mitsprache wurde auch Handwerkern und Farmern, gelegentlich selbst Arbeitern zugebilligt. Die Staatenpolitik war gekennzeichnet vom Gegensatz zwischen Angehörigen der »alten Familien« und populären Aufsteigern, die sich zu Sprechern des »einfachen Mannes« machten. Wirtschaftliche und politische Interessenkonflikte wurden nun in scharfer Form öffentlich ausgetragen. Die egalitäre Tendenz griff auf alle Lebensbereiche über und brachte das immer noch vorherrschende patriarchalisch-hierarchische Weltbild ins Wanken. Was den einen als demokratische Verheißung erschien, interpretierten die anderen als Auflösung der gesellschaftlichen Bande.

Die radikalen Ideen der Revolution wurden den Anforderungen der Unabhängigkeit aber nur unvollkommen gerecht. Der starre Antizentralismus und das extreme Machtmisstrauen der republikanischen Ideologie erschwerten die notwendige Anpassung an die neuen Bedingungen. Von zwei Seiten geriet das »amerikanische Experiment« unter Druck: Der Konföderationskongress erwies sich als unfähig, das Gemeinwohl der Union zu sichern; und den Staaten gelang es nicht, aus eigener Kraft die ökonomische Nachkriegsdepression zu überwinden.

Die amerikanische Freiheit (Liberty) wurde in klassischer Tradition als allegorische Frauenfigur dargestellt. Hier erscheint sie auf einer goldenen Zehn-Dollar-Münze im Kreis der 13 Sterne der Bundesstaaten.

Amerika

Washingtons Entscheidung, nach dem Ende des Unabhängigkeitskrieges von sich aus das militärische Oberkommando abzugeben, unterstrich den Vorrang der zivilen politischen Führung und trug ihm die Anerkennung und Bewunderung seiner Landsleute ein.

Die Schwächen der Konföderation

Der Kongress hatte 1783 aus Furcht vor Soldaten, die ihren Sold einforderten, Philadelphia verlassen und tagte danach an wechselnden Orten. Obwohl er immer mehr in den Hintergrund trat, war seine Bilanz nicht völlig negativ. Die größte Leistung vollbrachte er 1787 mit der Verabschiedung der Northwest Ordinance, die Thomas Jefferson konzipiert hatte. Sie legte Richtlinien für die weitere territoriale Ausdehnung der Vereinigten Staaten fest und stellte sicher, dass der Westen nicht permanent als Kolonialgebiet verwaltet, sondern nach und nach gleichberechtigt in die Union integriert werden würde. Überdies schloss sie jegliche Form von Sklaverei im Nordwestterritorium aus.

Eklatant war dagegen die Schwäche des Kongresses im Wirtschafts- und Finanzbereich. Während die Einfuhren von Fertigwaren aus Großbritannien nach dem Friedensschluss rasch anstiegen, behinderte die Londoner Regierung den amerikanischen Export in die Karibik und nach Europa. Die Folgen waren hohe Handelsdefizite, ein Abfluss des Hartgeldes und eine steigende Verschuldung amerikanischer Pflanzer und Farmer. 1784 ging der Importboom in eine Deflationskrise mit sinkenden Preisen, Geldverknappung und Arbeitslosigkeit über. Der Kongress durfte keine Vergeltungsmaßnahmen gegen die britischen Handelsrestriktionen ergreifen

> **ZITAT**
>
> **Robert Morris, vom Kongress damit beauftragt, die Finanzen zu regeln, forderte 1782 vergeblich das Recht zur Steuererhebung für die Union:** *Lassen Sie mich wiederholen, dass unser Feind nur auf die Zerrüttung unserer Finanzen hofft;... Wer daher die Bewilligung solcher Einnahmen ablehnt, stellt sich nicht nur neben das Gebot der Gerechtigkeit, sondern er betreibt aktiv die Verlängerung des Krieges...*

> **INFOBOX**
>
> **Verfassung und Nation**
> Schon in der Eingangsformel der Präambel zur amerikanischen Verfassung von 1787 kommt zum Ausdruck, dass sich das Selbstverständnis der jungen Republik geändert hat. Wurden in den »Articles of Confederation« noch alle Bundesstaaten einzeln aufgeführt, so ist nun nur noch von »We the people of the United States« (Wir, das Volk der Vereinigten Staaten) die Rede:
> »Wir, das Volk der Vereinigten Staaten, von der Absicht geleitet, unseren Bund zu vervollkommnen, die Gerechtigkeit zu verwirklichen, die Ruhe im Innern zu sichern, für die Landesverteidigung zu sorgen, das allgemeine Wohl zu fördern und das Glück der Freiheit uns selbst und unseren Nachkommen zu bewahren, setzen und begründen diese Verfassung für die Vereinigten Staaten von Amerika.«

> **ZITAT**
>
> Bericht des Kongressdelegierten aus Virginia, Henry Lee, an George Washington über die »Shays' Rebellion« vom 8. 9. 1786:
> *Der Niedergang des Handels lässt die untere Schicht beschäftigungslos; Müßiggang in dieser Gruppe und die intriganten Bemühungen einer anderen Klasse, deren verzweifelte Lage nur durch den Ruin der Gesellschaft verbessert werden kann, bringen Pläne hervor, die zur Auflösung von Ordnung und ordentlicher Regierung führen.*

und musste zudem hilflos zuschauen, wie die Briten einen Staat gegen den anderen ausspielten.

Ohne eigene Einkünfte war der Kongress ganz auf das finanzielle Wohlwollen der Staaten angewiesen. In der Krise blieben ihre Beiträge jedoch weit hinter den Erfordernissen zurück, und einige Parlamente stellten die Zahlungen ganz ein. Andererseits trug der Kongress die Hauptverantwortung für die während des Unabhängigkeitskrieges angehäuften Staatsschulden. Seine Kreditwürdigkeit hing davon ab, dass er zumindest die Zinsverpflichtungen gegenüber den in- und ausländischen Gläubigern erfüllte. Ende 1786 war selbst dies nicht mehr gewährleistet, und dem Kongress drohte die völlige Zahlungsunfähigkeit.

Auf der anderen Seite wuchs die Unzufriedenheit mit den Staaten, die angeblich »die Demokratie zu weit trieben«. Die jährlichen Wahlen bewirkten häufig wechselnde Mehrheiten, die eine stetige Regierungstätigkeit unmöglich machten. Unter diesen Umständen nimmt es fast wunder, dass doch eine Reihe konstruktiver Leistungen erzielt wurden. Das trifft zum Beispiel auf die von Jefferson formulierte Bill for Establishing Religious Freedom zu, die das Parlament von Virginia 1786 annahm. Durch die rechtliche Gleichstellung aller christlichen Glaubensgemeinschaften und das Verbot, sie mit Steuergeldern zu fördern, verwirklichte dieses Gesetz erstmals die strikte Trennung von Kirche und Staat.

Shays' Rebellion als Anstoß für die Verfassungsrevision
Am heftigsten wurde über den richtigen Weg zur Bekämpfung der Wirtschaftskrise gestritten. Einige Parlamente gaben Papiergeld aus, um den Druck der öffentlichen und privaten Schulden zu lindern. Dabei nahmen sie einen inflationären Wertverlust in Kauf, der die Gläubiger schädigte und heftige Beschwerden über die Verletzung des Rechts auf Eigentum auslöste. Andere Parlamente wälzten die Lasten der Krise durch eine harte Sparpolitik auf die Masse der Farmer ab und beschworen die Gefahr sozialer Unruhen herauf.

Im westlichen Massachusetts griffen Farmer, deren Besitz von Zwangsversteigerung bedroht war, im Herbst 1786 zur Selbsthilfe. Sie legten die Kreisgerichte lahm und versuchten, ein staatliches Waffenlager zu erobern. Die Protestbewegung konnte im Frühjahr 1787 durch den Einsatz von Milizen aus der Küstenregion niedergeschlagen werden. Viele Amerikaner betrachteten diesen Aufstand, der nach Daniel Shays, dem Kopf der insgesamt 14 Anführer, Shays' Rebellion genannt wurde, jedoch als Anzeichen dafür, dass die Union in Anarchie und Chaos zu versinken drohte.

Nachdem alle Bemühungen um eine Reform der Articles of Confederation am Zwang zur Einstimmigkeit gescheitert waren, griff man als letzten Rettungsanker die Idee eines Verfassungskonvents auf, die Alexander Hamilton und James Madison – beides enge Vertraute Washingtons – schon seit Längerem propagiert hatten. Aus

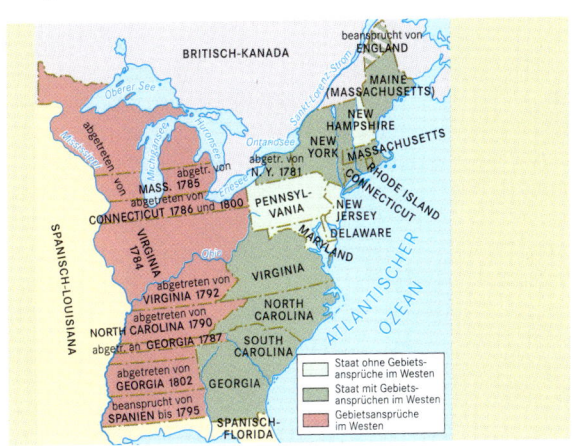

Gebietsansprüche der amerikanischen Einzelstaaten im Westen

den Erfahrungen im Kongress und in ihren Heimatparlamenten schlossen sie, dass man ein Regierungssystem nicht allein auf die Tugend und Frömmigkeit der Bürger aufbauen könne. Virtue und religion müssten vielmehr ergänzt werden durch institutionelle Heilmittel gegen die negativen Eigenschaften der menschlichen Natur und gegen die Gebrechen, die der republikanischen Staatsform innewohnten.

Der drohende Staatsbankrott und Shays' Rebellion schufen ein Meinungsklima, in dem solche Gedanken erstmals Gehör fanden. Über ein von Hamilton arrangiertes Treffen in Annapolis im September 1786, an dem Abgesandte aus fünf Staaten teilnahmen, führte der Weg zum Verfassungskonvent von Philadelphia, auf dem alle Staaten außer Rhode Island vertreten waren. Nach dem Willen der Parlamente der Einzelstaaten sollten die von ihnen entsandten Delegierten lediglich die Articles of Confederation reformieren. Schon kurz nach der Eröffnung des Konvents im Mai 1787 entschieden sich die

Die Independence Hall mit der 1752 in England gegossenen Friedensglocke im Independence National Historic Park von Philadelphia. Hier wurde die Unabhängigkeitserklärung vom 4. 7. 1776 verkündet.

Teilnehmer jedoch für einen völligen konstitutionellen Neubeginn.

Die Entstehung der Bundesverfassung
Unter dem Vorsitz von George Washington berieten die 55 Abgeordneten fünf Monate lang in der brütenden Hitze der Hauptstadt Pensylvanias. Es herrschte weitgehender Konsens darüber, dass die Union eine handlungsfähige Zentralregierung benötigte, die den anstehenden Problemen und den Zukunftsaufgaben gerecht werden konnte. Dennoch brachten Meinungsverschiedenheiten in Einzelfragen den Verfassungskonvent mehrfach an den Rand des Scheiterns. Vier Problemkreise verwoben sich in der Debatte zu einem komplizierten Geflecht: das Verhältnis zwischen Staaten und Zentralregierung, die Repräsentation von großen und kleinen Staaten im Parlament, die Machtverteilung innerhalb der Zentralregierung und der Interessenausgleich zwischen Norden und Süden.

James Madison, der vierte Präsident der Vereinigten Staaten, war maßgeblich an der Ausarbeitung der amerikanischen Verfassung beteiligt. Als Abgeordneter betrieb er noch vor seiner Präsidentschaft die Erweiterung der Verfassung um den Grundrechtskatalog.

Im neuen föderalen System sollten die Verfassung und die Gesetze der Union Vorrang haben. Die Bundesregierung durfte Einfuhrzölle und Steuern erheben sowie den Handel zwischen den Staaten und mit dem Ausland regulieren. Damit waren die Voraussetzungen für den einheitlichen Binnenmarkt und eine gemeinsame Wirtschafts- und Finanzpolitik geschaffen. Für den Verlust an Souveränität wurden die Staaten mit der Einrichtung des Senats entschädigt, über den sie Einfluss auf Gesetzgebung und Außenpolitik nehmen konnten. Im Repräsentantenhaus waren die Staaten nach ihrer Bevölkerungszahl, in der zweiten Kammer dagegen gleichmäßig mit je zwei Senatoren vertreten. Dieser Kompromiss überbrückte die Kluft zwischen den kleinen und großen Staaten.

Bei der Konstruktion der Bundesregierung ließ sich der Konvent vom Prinzip der checks and balances leiten: Eine unabhängige Exekutive und Judikative sollten der legislativen Gewalt Grenzen setzen, um das federal government, die Bundesregierung, als Ganzes im Gleichgewicht zu halten. Der Präsident erhielt eine starke Stellung, weil er – wenn auch indirekt über das Wahlmännergremium Electoral College – vom Volk gewählt wird und durch ein suspensives Veto, mit dem das Zustandekommen eines Gesetzes so lange verzögert werden

Alexander Hamilton, Finanzminister in Washingtons Kabinett und Gegenspieler von Thomas Jefferson; Ausschnitt aus einem Gemälde von John Trumbull (um 1806; Washington, D. C., National Gallery of Art).

kann, bis das Parlament seinen Beschluss mit Zweidrittelmehrheit wiederholt hat, in die Gesetzgebung eingreifen kann.

Die Machtfülle, über die er als Regierungschef, Staatsoberhaupt und Oberbefehlshaber der Streitkräfte verfügt, wurde dadurch gemindert, dass seine Amtszeit auf vier Jahre (mit der Möglichkeit der Wiederwahl) begrenzt wurde und er eine Reihe von Befugnissen mit dem Kongress teilen musste. So benötigte er nun für den Abschluss von Verträgen und für die Besetzung wichtiger Ämter die Zustimmung des Senats, und das Recht zur Kriegserklärung blieb ganz dem Kongress vorbehalten. Das Oberste Bundesgericht (Supreme Court) sollte für einheitliche Rechtsprechung sorgen und als Hüter der Verfassung dienen. Die drei Gewalten sollten sich nicht gegenseitig lähmen, sondern sich durch Wettbewerb zu höheren Leistungen für das Gemeinwohl anspornen.

Der Interessenkonflikt zwischen Nord- und Südstaaten wurde entschärft, indem man die Fragen der Repräsentation und der Besteuerung miteinander verknüpfte. Da im Süden weniger Weiße lebten als im Norden, befürchteten die Südstaatler, im Kongress ständig mit einer sklavereifeindlichen Mehrheit konfrontiert zu werden. Deshalb forderten sie, dass bei der Berechnung der Sitze im Repräsentantenhaus drei Fünftel der versklavten Afroamerikaner mitgezählt wurden und die Sklaveneinfuhr mindestens für weitere zwanzig Jahre legal blieb. Im Gegenzug erklärten sie sich bereit, entsprechend mehr direkte Steuern zu zahlen. Die Hinnahme dieser »Dreifünftelklausel« durch die Nordstaatler ebnete den Weg zur Unterzeichnung der Verfassung am 17. September 1787. Drei Gegenstimmen ließen jedoch bereits erkennen, dass die geplante grundlegende Neuordnung auf erheblichen Widerstand stoßen würde.

Die Ratifizierungsdebatte
Um der Verfassung unanfechtbare Legitimität zu verleihen, hatte der Philadelphiakonvent ein Ratifizierungsverfahren vorgesehen. Abweichend von den Articles of

ZITAT
1791 wurde die amerikanische Verfassung durch zehn Zusatzartikel ergänzt; von zentraler Bedeutung ist das Erste Amendment: *Der Kongress darf kein Gesetz erlassen, das die Einführung einer Staatsreligion zum Gegenstand hat, die freie Religionsausübung verbietet, die Rede- oder Pressefreiheit oder das Recht des Volkes einschränkt, sich friedlich zu versammeln und die Regierung durch Petition um Abstellung von Missständen zu ersuchen.*

INFOBOX
»Checks and balances« Kennzeichnend für den pragmatischen Geist der Gründerväter und ihr Misstrauen gegenüber »edleren Motiven« bei der Ausgestaltung eines republikanischen Regierungssystems ist der 51. Federalist-Artikel von James Madison, erschienen am 6. 2. 1788. Statt allein auf die Rechtschaffenheit des Volkes und die republikanischen Tugenden zu vertrauen, sollte einem möglichen Machtmissbrauch durch »checks and balances«, also ein System von Kräften und Gegenkräften, vorgebeugt werden: »Diese Strategie, das Fehlen edlerer Motive durch ein Gegeneinander rivalisierender Interessen zu ersetzen, kann man in allen menschlichen Angelegenheiten ... verfolgen. Das wird besonders bei der Verteilung der Macht an untergeordneter Stelle deutlich, wo es permanentes Ziel sein muss, die verschiedenen Funktionen so aufzuteilen und zu organisieren, dass ihre Träger sich gegenseitig in Schach halten, und somit das persönliche Interesse jedes Einzelnen als Wächter für die Rechte der Gesamtheit fungiert. Dieses von der Vernunft ausgeklügelte Vorgehen ist für die Sicherung der höchsten Gewalt im Staat nicht weniger erforderlich.«

Confederation war beschlossen worden, dass die Zustimmung von neun der dreizehn Staaten genügte. Entscheiden sollten eigens gewählte Ratifizierungskonvente, von denen man – im Gegensatz zu den Parlamenten – eine unvoreingenommene Prüfung des Entwurfs erwartete. Trotz dieser Vorsichtsmaßnahmen hing das Schicksal der Verfassung in der öffentlichen Debatte am seidenen Faden. Rasch bildeten sich zwei politische Lager, die mit großem publizistischem Aufwand um die Gunst der Wähler kämpften. Die Befürworter des Verfassungsentwurfs nannten sich Federalists (Föderalisten) und stempelten ihre Widersacher als Antifederalists ab. Dieses negative Etikett blieb an den Kritikern hängen, obwohl diese sich als Verteidiger des »wahren« republikanischen Föderalismus verstanden.

Die Federalists hatten ihre Hochburgen in den Städten und Küstenregionen, während die Antifederalists die meiste Unterstützung im agrarischen Hinterland fanden. Im Wesentlichen handelte es sich aber um eine ideologische Konfrontation. Die Verfassungsgegner hielten die »Ideen von 1776« gegen elitäres Gedankengut und Zentralismus hoch. Sie warfen dem Konvent vor, er habe seine Befugnisse überschritten und ein American Empire

Das Kapitol in Washington, D. C., erbaut nach dem Entwurf von William Thornton (1793–1824), ist das Kongressgebäude der amerikanischen Regierung.

Amerika

Die »Residenz« des Präsidenten, das Weiße Haus in Washington, D. C., wurde 1792 in klassizistischem Stil erbaut und 1814 weiß verputzt.

geschaffen, das die Selbstständigkeit der Staaten über kurz oder lang völlig beseitigen werde. Dagegen priesen die Federalists ihr »teils nationales, teils föderales« Regierungssystem als innovativ und fortschrittlich.

Große Beachtung fand eine Serie von 85 Essays, die Hamilton, Madison und John Jay unter dem Pseudonym »Publius« in New Yorker Zeitungen veröffentlichten und die im Frühjahr 1788 als »The Federalist« in Buchform erschienen. Während Hamilton und Jay die wirtschaftlichen und militärischen Vorteile einer festen Union darlegten, entwickelte Madison eine originelle Theorie der »ausgedehnten Republik«: Je größer der Bundesstaat werde, desto unwahrscheinlicher sei es, dass sich eine geschlossene Mehrheit zusammenfinde, von der Gefahr für die Rechte der Minderheit ausgehen könnte. Eine weiträumige föderative Republik sei also bestens geeignet, die Energien, die den unvermeidlichen Interessengegensätzen innewohnten, konstruktiv zu nutzen.

Mit solchen Argumenten und mit dem Versprechen, die fehlende Grundrechteerklärung nachzuliefern, gelang es den Federalists, bis zum Sommer 1788 genügend Staaten zur Zustimmung zu bewegen. Die Ratifizierungsdebatte wurde begleitet von einer Welle von Feierlichkeiten, die ihren Höhepunkt in den großen Bundesparaden (federal processions) von Philadelphia und New

ZITAT

George Washington über die Freiheit:
Freiheit – hat sie erst einmal Wurzeln geschlagen – ist eine Pflanze, die sehr schnell wächst.

Der Guardian of Law bewacht den Eingang zum Supreme Court in Washington, D. C., dem obersten Bundesgericht der Vereinigten Staaten.

s. ZEIT Aspekte
George Washington
S. 516

York City im Juli 1788 fand. Die starke Beteiligung von Handwerkern und Kaufleuten unterstrich, dass die gewerblich engagierten Bevölkerungskreise die größten Hoffnungen mit der konstitutionellen Neuordnung verbanden. In den Festumzügen manifestierte sich darüber hinaus ein amerikanisches Nationalbewusstsein, das auf verbindenden Werten und Idealen gründete.

Die nahezu sakrale Verehrung der Gründungsdokumente – Unabhängigkeitserklärung und Verfassung – war eine frühe Erscheinungsform der amerikanischen civil religion, einer konfessionsübergreifenden bürgerlichen Religion im Dienste der nationalen Einheit. Die Darstellung George Washingtons als Steuermann des neuen Staatsschiffes kam zudem einer öffentlichen Akklamation zum Präsidenten gleich.

Nach dem Zusammentritt des neu gewählten Kongresses und der feierlichen Amtseinführung Washingtons am 30. April 1789 in New York City formulierten die Abgeordneten und Senatoren auf Madisons Drängen hin einen Grundrechtekatalog. Zehn Artikel fanden die Zustimmung der Staaten und wurden im Dezember 1791 als Amendments an die Verfassung angehängt. Diese Bill of Rights sollte die Bürger und die Staaten gegen die bedrohlich erscheinende Machtfülle der Bundesregierung schützen. Sie trug ganz wesentlich dazu bei, die Opposition in den Verfassungskonsens einzubinden. Das Bekenntnis der Amerikaner zu den fundamentalen Prinzipien der Verfassung schloss aber nicht aus, dass sie schon bald heftig darüber stritten, wie diese Prinzipien am besten zu verwirklichen seien. *Jürgen Heideking †*

Republicans gegen Federalists: Der Beginn des nationalen Regierungssystems

Die Annahme der Verfassung und der Sieg bei den ersten Bundeswahlen gaben den Federalists Gelegenheit, die neuen Institutionen mit Leben zu erfüllen. Den ruhenden Pol in dieser Zeit, die von den Revolutionen und Kriegen in Europa überschattet war, bildete George Washington, dem schon zu Lebzeiten eine nahezu mythische Verehrung zuteil wurde.

Die zentrale Figur in seinem Kabinett war Alexander Hamilton, der als Finanzminister (Secretary of the Treasury) das Finanzwesen der Union auf eine sichere Grundlage stellte. Kernstück seines Programms war die Konsolidierung der Kriegsschulden: Zusätzlich zur auswärtigen und inneren Schuld der Union übernahm die Bundesregierung auch sämtliche Schulden der Einzelstaaten. Das Vertrauen der Gläubiger gewann Hamilton durch die Zusage, die Schuldverpflichtungen zum Nennwert anzuerkennen und die Zinszahlung in Hartgeld zu leisten. Das unabhängige Einkommen, das die Bundesregierung hierfür benötigte, verschaffte sie sich durch nationale Einfuhrzölle.

Um die finanziellen Transaktionen zu koordinieren, gründete der Kongress auf Vorschlag Hamiltons 1791 die Bank of the United States in Philadelphia, wohin die Regierung 1790 umgezogen war. Die Vollendung des Finanzprogramms, das besonders im Süden als einseitige Begünstigung der Handels- und Kapitalinteressen empfunden wurde, erkaufte Hamilton mit dem Zugeständnis, die in der Verfassung vorgesehene neue Hauptstadt weiter nach Süden in ein der Bundesgewalt unterstelltes Gebiet am Potomac River (District of Columbia) zu verlegen. Im November 1800 erfolgte der Umzug an diesen Ort, der den Namen des im Jahr zuvor verstorbenen ersten Präsidenten Washington erhielt.

Die republikanische Opposition
Im Streit um die Bank der Vereinigten Staaten formierte sich eine Oppositionspartei, an deren Spitze paradoxerweise zwei Männer aus dem engsten Beraterkreis Washingtons traten. Außenminister Thomas Jefferson und der Sprecher des Repräsentantenhauses, James Madison, hielten das Ideal eines Republikanismus hoch, der die Bedürfnisse des einfachen Mannes und die Rechte der Einzelstaaten stärker berücksichtigte. Hamiltons zentralistische Bestrebungen verurteilten sie als verfassungswidrig, und den bescheidenen zeremoniellen Glanz, den die Federalists verbreiteten, deuteten sie als Vorboten einer monarchischen Reaktion.

Die Partei der Republicans (Republikaner) vereinte ehemalige Antifederalists und enttäuschte südstaatliche Pflanzer mit Angehörigen der städtischen Mittel- und Unterschichten, die sich für die Ideen der Französischen Revolution begeisterten. Das dramatische Geschehen in Europa polarisierte die Innenpolitik und stellte Regierung und Kongress vor schwierige außenpolitische Entscheidungen.

Rückwirkungen der Französischen Revolution
Die Amerikaner begrüßten die Erhebung des französischen Volkes zunächst fast einhellig als eine Fortsetzung des eigenen Freiheitskampfes. Nach der Hinrichtung des französischen Königs Ludwig XVI. im Januar 1793 begannen sich die Geister jedoch zu scheiden. Die Federalists sahen in ihren Gegnern »Jakobiner«, die sich von gefährlichen »gleichmacherischen« Prinzipien leiten ließen. Umgekehrt unterstellten die Republicans den Federalists die Absicht, die Verfassung umstürzen und eine Monarchie einführen zu wollen. Washington, der Anfang 1793 einstimmig im Amt bestätigt worden war, galt ihnen bald als naives Werkzeug in den Händen volksfeindlicher »Monokraten«.

Der europäische Krieg – der erste Koalitionskrieg (1792–97) – heizte den Parteienstreit weiter an, weil die Republicans für die französische »Schwesterrepublik« Partei ergriffen, während den Federalists an guten Beziehungen zur dominierenden Seemacht Großbritannien gelegen war. Entgegen den Erwartungen der französischen Regierung, die auf das Bündnis aus dem Jahr 1778 pochte, entschied sich Washington im April 1793 für einen Neutralitätskurs, den Außenminister Jefferson bis zu seiner Demission Ende 1793 mit trug.

Im Jahr darauf handelte John Jay als Sonderbotschafter Washingtons in London einen Vertrag aus, der die Gefahr einer militärischen Konfrontation abwendete. Die Republicans übten jedoch heftige Kritik an den Zugeständnissen, die Jay hatte machen müssen, und brandmarkten den Vertrag als Kapitulation vor Großbritannien. Nur schwer gelang es der Regierung, im Kongress eine Mehrheit für den Vertrag zu finden – im Unterschied zu dem für die USA vorteilhaften Vertrag mit Spanien 1795 (Pinckney's Treaty).

George Washington – Ausschnitt aus einem Gemälde von Gilbert Stuart (1796; Washington, D. C., National Portrait Gallery, Smithsonian Institution)

Vor diesem Hintergrund lehnte Washington eine erneute Kandidatur für die Präsidentschaft ab. In seiner Abschiedsbotschaft (Farewell Address) vom September 1796 warnte er die Landsleute eindringlich vor dem von ausländischen Mächten geschürten »Parteiengeist«, der das Überleben der Nation gefährde. Die Vereinigten Staaten sollten mit Europa so viel Handel wie möglich treiben, sich aber nicht in europäische Händel verstricken und Bündnisse nur im Notfall und auf Zeit schließen.

Die Beziehungen zu den Indianern regelte Washington nahezu in eigener Regie. Einige Stämme erkannten ihn als »großen Vater« an und schlossen Verträge mit ihm ab; andere widersetzten sich den vordringenden Siedlern und suchten Rückhalt bei den Briten in Kanada. Nach einigen demütigenden Niederlagen amerikanischer Truppen befahl Washington 1794 General »Mad Anthony« Wayne, den Souveränitätsanspruch der Union im

George Washington, der erste Präsident der Vereinigten Staaten von Amerika, mit seinem ersten Kabinett

Amerika

Der konservative amerikanische Politiker John Jay war ein entschiedener Verfechter einer starken Bundesgewalt. Von 1789 bis 1795 bekleidete er das Amt des ersten Obersten Bundesrichters in den USA.

Nordwestterritorium durchzusetzen. In der Schlacht von Fallen Timbers errang Wayne einen entscheidenden Sieg über die Stämme des Ohiotals und zwang sie 1795 im Frieden von Greenville, weiteres Territorium zur Siedlung freizugeben. Als Gegenleistung sagten die Vereinigten Staaten jährliche Geldzahlungen zu und verzichteten auf den Anspruch, Land durch Eroberung zu erwerben.

John Adams und der »Quasikrieg« mit Frankreich
In der Wahl von 1796 setzte sich Vizepräsident John Adams knapp gegen Jefferson durch, der nun eine feste Parteiorganisation aufbaute. Die Stimmung war den profranzösischen Republicans nicht mehr günstig, denn das Pariser Direktorium hatte aus Protest gegen den Jay-Vertrag das Bündnis von 1778 gekündigt und brach 1797 sogar die diplomatischen Beziehungen zu den USA ab. Daraufhin entsandte Präsident Adams eine Verhandlungsdelegation nach Paris, die den Konflikt über die

Edward Hicks, ein Vertreter der naiven Malerei und Wanderprediger der Quäker in Pennsylvania, malte 1848 »The Cornell Farm«. Das friedliche Bild täuscht darüber hinweg, dass zur Farmarbeit Sklaven missbraucht wurden (Washington, D.C., National Gallery of Art).

Bündnisverpflichtungen beilegen sollte. Der französische Außenminister Charles Maurice de Talleyrand verlangte jedoch durch Agenten (die in den amerikanischen Dokumenten als X, Y und Z geführt wurden) die Zahlung einer stattlichen Summe, bevor er überhaupt Gespräche führen wollte.

Als diese Demütigung in Amerika bekannt wurde, breitete sich eine regelrechte Kriegshysterie aus. Die Flotten beider Länder führten seit Frühjahr 1798 einen »Quasikrieg« in Form von Kaperungen und kleineren Seegefechten. Adams war aber klug genug, eine formelle Kriegserklärung an Frankreich wegen der »XYZ-Affäre« zu vermeiden. Stattdessen schickte er 1799 gegen den Rat seiner Parteifreunde eine neue Delegation nach Paris. Ihr gelang es bis Oktober 1800, das umstrittene Bündnis im gegenseitigen Einvernehmen zu lösen und das Verhältnis zu Frankreich fürs Erste zu bereinigen.

Im Vorfeld der Wahlen von 1800 versäumten die Federalists durch Unterdrückungsmaßnahmen gegen die Opposition und interne Querelen die Gunst der Stunde.

Erbittert über die Pressepolemiken der Republicans, verabschiedete die Kongressmehrheit 1798 vier Gesetze, die den »inneren Feind« mundtot machen sollten. Diese Alien and Sedition Acts kombinierten die Beschneidung der Rechte von Neueinwanderern mit verschärften Beleidigungs- und Verleumdungsbestimmungen. Geld- und sogar Haftstrafen drohten einem jeden, der »falsche, skandalöse oder böswillige« Nachrichten über die Regierung in Umlauf brachte. Auf Initiative Jeffersons und Madisons verabschiedeten die Parlamente von Virginia und Kentucky Protestresolutionen, die das Vorgehen des Kongresses für verfassungswidrig erklärten und den Einzelstaaten das Recht zusprachen, die Durchführung der Gesetze zu verhindern.

Der Machtwechsel von 1801
Die Erregung über die Einschränkung der Grundrechte allein hätte nicht ausgereicht, um die Machtposition der Federalists zu erschüttern. Hinzu kam der selbstzerstörerische Konflikt zwischen Präsident John Adams und Alexander Hamilton, der seit seinem Ausscheiden aus der Regierung 1795 hinter den Kulissen die Fäden zu ziehen suchte. Durch seine Intrigen und seine öffentliche Kritik an der »schwächlichen« Politik des Präsidenten spaltete er die Federalists. Dadurch büßte Adams bei den Wahlen von 1800 alle Chancen auf eine zweite Amtszeit ein. Sein Kontrahent Jefferson erhielt aber im Wahlmännerkolleg genauso viele Stimmen wie der New Yorker Vizepräsidentschaftskandidat Aaron Burr.

ZITAT
Thomas Jefferson schwört, gegen die Tyrannei zu kämpfen: *Ich schwöre vor dem Altar Gottes ewige Feindseligkeit gegen jede Form von Tyrannei gegen die Menschheit.*

INFOBOX
Die »XYZ-Affäre«
Um offene Feindseligkeiten im gespannten Verhältnis zwischen den USA und Frankreich zu vermeiden, reiste 1797 eine amerikanische Delegation nach Paris. Der französische Außenminister Talleyrand machte jedoch Verhandlungen von Bestechungsgeldern und günstigen Krediten an Frankreich abhängig. Als Präsident John Adams 1798 die Forderungen von Talleyrands Mittelsmännern, die als Mr. X, Y und Z bezeichnet wurden, veröffentlichte, führte dies zu einer schweren Krise – »Quasi War« – im amerikanisch-französischen Verhältnis, die erst durch die Konvention von 1800, auch als Vertrag von Mortefontaine bezeichnet, beigelegt werden konnte.

Laut Verfassung lag die Entscheidung nun beim Repräsentantenhaus, das nach Staaten abzustimmen hatte. Da Burr nicht freiwillig verzichtete, konnte Jefferson erst im 36. Wahlgang die notwendigen zehn Staaten hinter sich vereinen. Entgegen allen Befürchtungen, die der äußerst harte Wahlkampf geweckt hatte, vollzog sich der Machtwechsel im März 1801 geordnet und friedlich. Jefferson betonte in seiner Antrittsrede die gemeinsamen Überzeugungen und Prinzipien: »We are all Republicans, we are all Federalists« (Wir sind alle Republikaner, wir sind alle Föderalisten). Damit hatte die Verfassung eine weitere wichtige Bewährungsprobe bestanden.

Die Präsidentschaft Thomas Jeffersons und der Louisiana Purchase

Der Aufstieg der Republicans gewährleistete die Fortsetzung der politischen Reformen, von denen die allmähliche Ausweitung des Wahlrechts auf alle erwachsenen weißen Männer die wichtigste war. Als nationale Partei konnten sich die Federalists von der Niederlage bei den Wahlen von 1800 nicht mehr erholen. Auf Bundesebene fiel ihre Stimme nur noch im Supreme Court ins Gewicht, dessen Vorsitzender John Marshall vor Konflikten mit dem Kongress und dem Präsidenten nicht zurückscheute.

1803 nahm er die Klage eines Friedensrichters zum Anlass, ein Kongressgesetz teilweise für verfassungswidrig zu erklären. Mit diesem Spruch im Fall Marbury gegen Madison wendete er das richterliche Überprüfungsrecht (judicial review) erstmals auf Bundesebene an. Die Praxis der Verfassungsrechtsprechung sollte fortan den Lauf der amerikanischen Geschichte erheblich beeinflussen. Unter Marshall fungierte das Oberste Gericht bis 1835 als Regulativ gegen einen übermäßigen Partikularismus, der die Interessen der Staaten ohne Rücksicht auf die Belange der Union verfolgte.

Jeffersons achtjährige Amtsführung brachte allenfalls eine Akzentverschiebung. In der Außenpolitik knüpfte er an Washingtons Neutralitätskurs an und erneuerte die Warnung vor entangling alliances (verstrickende Allianzen) mit europäischen Mächten. Der ungehinderte Handel mit allen Nationen entsprach dagegen durchaus den

Diese Karikatur bringt die Vorwürfe der Republicans auf den Punkt. Der wohlhabende Fischhändler und Federalist Josiah Quincy wird als Mann von monarchischen Allüren, Standesdünkel und Überheblichkeit dargestellt (Washington, D.C., Library of Congress).

materiellen Interessen der USA. Aufgrund des großen Bedarfs an Nahrungsmitteln, den die Napoleonischen Kriege erzeugten, stiegen die Agrarexporte nach Europa und in die Karibik stark an. Jefferson und sein Finanzminister Albert Gallatin nutzten die Zolleinkünfte und den Erlös der Landverkäufe im Westen, um den Bundeshaushalt auszugleichen und die Staatsverschuldung zu reduzieren. Der Kongress senkte die Steuern und verringerte die Armee auf 3 300 Mann. Die meisten Kriegsschiffe ließ Jefferson außer Dienst stellen; einige Fregatten beorderte er jedoch ins Mittelmeer, um die arabischen Piraten zu bekämpfen, denen die USA bis dahin »Schutzgelder« hatten zahlen müssen.

Jefferson schwebte ein agrarisches Empire of Liberty vor, ein Amerika der unabhängigen, freiheitsliebenden Pflanzer, Farmer und Handwerker. Der Verwirklichung dieser Vision diente vor allem die Erschließung des Westens, die nun – gewissermaßen als Gegengewicht zur beginnenden Industrialisierung – zügig vorangetrieben wurde. Kentucky und Tennessee, die 1792 beziehungsweise 1796 in die Union aufgenommen worden waren, erlebten einen Zustrom von Siedlern, der ihre Bevölkerung bis 1820 auf eine Million anwachsen ließ. Ebenso rasch

Jackson Square, der Hauptplatz der Altstadt von New Orleans, mit dem 1856 enthüllten Reiterstandbild des amerikanischen Generals Andrew Jackson, dahinter die Saint-Louis-Kathedrale (1794). 1815 besiegte Jackson die Briten bei New Orleans.

Tecumseh, der Häuptling der Shawnee-Indianer, versuchte mit einer Konföderation aller Stämme des Mittelwestens, das Vordringen der weißen Siedler zu stoppen.

s. ZEIT Aspekte
Louisiana Purchase
S. 525

schritt die Entwicklung im Nordwestterritorium voran, wo 1803 mit Ohio der erste Staat entstand.

Als sich andeutete, dass Spanien die Kolonie Louisiana an Frankreich zurückgeben würde, fasste Jefferson die Eroberung von New Orleans und sogar ein Bündnis mit Großbritannien ins Auge. Vor dem Hintergrund des wieder aufflammenden Krieges in Europa bot Napoléon Bonaparte aber im April 1803 den Amerikanern nicht nur New Orleans, sondern ganz Louisiana, das damals bis zu den Rocky Mountains und an die kanadische Grenze reichte, für 15 Millionen Dollar zum Kauf an. Er benötigte Geld für seine Rüstungen, und Jefferson griff trotz verfassungsrechtlicher Bedenken sofort zu.

Der Senat hieß den Erwerb von Louisiana (Louisiana Purchase), der das Staatsgebiet der USA auf einen Schlag verdoppelte, nachträglich mit großer Mehrheit gut. Bestätigt wurde Jeffersons Vorgehen auch durch die unangefochtene Wiederwahl im November 1804. Nur die Federalists in Neuengland übten heftige Kritik. Die Südstaatler profitierten hingegen in besonderer Weise, weil sich das Mississippital sehr gut für den Baumwollanbau eignete. Die Hafenstadt New Orleans stand bald in dem zweifelhaften Ruf, über den größten Sklavenmarkt der USA zu verfügen.

Der »zweite Unabhängigkeitskrieg« gegen Großbritannien

Obwohl Jefferson und Außenminister Madison peinlich genau auf die Wahrung der Neutralität bedacht waren, gerieten die USA immer mehr zwischen die Mühlsteine der britisch-französischen kriegerischen Auseinandersetzungen innerhalb der Koalitionskriege. Sowohl Napoleons Kontinentalsperre als auch die britische Gegenblockade beeinträchtigten den Handel der Neutralen. Als schlimmste Demütigung wurde das »Matrosenpressen« der Briten empfunden, die angebliche britische Deserteure von gekaperten amerikanischen Schiffen entführten.

Um die Europäer zur Beachtung der Neutralitätsrechte zu zwingen, beschloss der Kongress Ende 1807 einen vollständigen Ausfuhrstopp. Anstatt jedoch Briten oder Franzosen ernsthaft zu beeindrucken, schädigte dieses Embargo die amerikanischen Farmer und Pflanzer und verleitete viele Kaufleute zum Schmuggel mit Kanada und den Karibikinseln. Politisch behielten die Republicans trotzdem das Heft in der Hand, wie der reibungslose Übergang der Präsidentschaft von Jefferson

---

INFOBOX

Häuptling Tecumseh

Tecumseh, Häuptling der Shawnee-Indianer, versuchte seit etwa 1805, die Indianerstämme des Mittelwestens und Südostens gegen das Vordringen der weißen Siedler über die Appalachen zu einigen. Sein Bruder, der Medizinmann Tenskwatawa, genannt »der Prophet«, brachte das Vorhaben einer indianischen Konföderation jedoch zum Scheitern, als er sich während Tecumsehs Abwesenheit mit der versammelten indianischen Streitmacht einem Gefecht mit den Truppen des Gouverneurs William Harrison am Tippecanoe River (7. 11. 1811) stellte und unterlag.

Im Krieg 1812–13 kämpfte Tecumseh mit seinen Anhängern als Brigadegeneral auf britischer Seite gegen die Amerikaner; er fiel am 5. 10. 1813 bei Thamesville (Ontario).

auf Madison Anfang 1809 zeigte. Madison musste jedoch die Wirkungslosigkeit des Embargos eingestehen, und der Kongress hob das Gesetz wieder auf.

Während Napoleon Entgegenkommen signalisierte, hielten die Briten an den illegalen Blockadepraktiken fest. Die wachsende Kriegsstimmung in Washington wurde von westlichen Abgeordneten geschürt, die über die Zusammenarbeit der Briten mit den Indianern an der frontier, der nach Westen vorrückenden Siedlungsgrenze zwischen den Indianern und den Einwanderern, erbost waren. Die Nachricht von einer Erhebung mehrerer Stämme unter Führung des Shawnee-Häuptlings Tecumseh kam diesen »Falken« um Henry Clay und John Caldwell Calhoun geradezu gelegen. Unter ihrem Druck stellte Präsident Madison der britischen Regierung im Juni 1812 ein Ultimatum und leitete dem Kongress, ohne lange auf Antwort aus London zu warten, eine Kriegsbotschaft zu. Mit relativ knappen Mehrheiten erklärten daraufhin der Senat und das Repräsentantenhaus Großbritannien den Krieg.

Die militärischen Auseinandersetzungen nahmen allerdings einen wesentlich ungünstigeren Verlauf, als von den Kriegsbefürwortern vorhergesagt. Weder gelang den hastig aufgestellten Miliztruppen die Eroberung Kanadas oder Floridas, noch konnte die Flotte die britische Küstenblockade brechen. Nach Teilerfolgen im Grenzgebiet zu Kanada und auf den Großen Seen mussten die Amerikaner im Sommer 1814 erleben, dass ein feindliches Flottengeschwader bis nach Washington vordrang und die Regierungsgebäude in Brand setzte. Ein britischer Zangenangriff von Kanada und New Orleans aus drohte die Union sogar in zwei Teile zu spalten.

Der Friede von Gent 1814
Die amerikanische Schwäche hatte auch innenpolitische Gründe, denn in Neuengland behinderten die Federalists ganz offen die Kriegsanstrengungen der Administration. Inzwischen hatten amerikanische Truppen aber den Vormarsch der Briten aus Kanada bei Albany aufgehalten, und der indianische Widerstand versiegte, als bekannt wurde, dass Tecumseh im Oktober 1813 gefallen war. Auch weltpolitisch ergab sich eine völlig neue Lage: Nach dem Sieg über Napoleon war die britische Regie-

rung an einer Normalisierung ihrer Handelsbeziehungen zu Amerika interessiert. Aus der Einsicht heraus, dass keine Seite mehr in der Lage war, einen entscheidenden militärischen Sieg zu erringen, nahmen Unterhändler beider Seiten im flämischen Gent Gespräche auf. Diese führten an Weihnachten 1814 zu einem Kompromissfrieden, der den Status quo vor Kriegsausbruch wiederherstellte.

Die Amerikaner hatten keines ihrer Kriegsziele erreicht, aber die Massen feierten den »zweiten Unabhängigkeitskrieg« dennoch als Sieg. Dem patriotischen Stolz genügten Episoden wie die Verteidigung Baltimores, die den Rechtsanwalt Francis Scott Key zum Verfassen der späteren Nationalhymne »The star-spangled banner« (Das Sternenbanner) inspirierte, oder General Andrew Jacksons Sieg über britische Landungstruppen bei New Orleans im Januar 1815 – zu einem Zeitpunkt, als die Feindseligkeiten offiziell bereits beendet waren.

Der »Falke« John Caldwell Calhoun vertrat als Kongressabgeordneter und Kriegsminister unter James Monroe eine expansionistische und nationalistische Politik.

Das wichtigste Ergebnis aus amerikanischer Sicht war die Bestätigung der territorialen Souveränität und Integrität der Vereinigten Staaten. Ferner entfielen die meisten Handelsbeschränkungen, unter denen die Amerikaner seit dem Ausscheiden aus dem britischen Empire gelitten hatten. Innenpolitisch bannte der Friedensvertrag die Gefahr eines Zerfalls der Union, die durch die englandfreundliche Haltung der Federalists heraufbeschworen worden war. Zu den Hauptleidtragenden des Krieges zählten dagegen die Indianer, deren Bündnis mit den Briten nur zu Niederlagen und weiteren Landabtretungen geführt hatte. *Jürgen Heideking †*

Harmonie und Konflikt: Die Selbstfindung der amerikanischen Nation

Sieht man von der Sklaverei in den Südstaaten ab, dann waren die USA nach 1815 die am meisten egalitäre, individualistische und erwerbsorientierte Gesellschaft der Welt. Die fortschreitende Demokratisierung bezog die common people, das einfache Volk, in die politische Willensbildung mit ein, und die junge Nation bot den weißen Bürgern unvergleichlich gute Chancen, ihr Los unbeschwert von traditionellen Rangordnungen und Konven-

Hoffnungen auf gesellschaftliche Harmonie und wirtschaftlichen Fortschritt gaben der Präsidentschaft von James Monroe die Bezeichnung »Ära des guten Einvernehmens« (zeitgenössisches Porträt von Chester Harding; Washington, D.C., National Portrait Gallery).

tionen zu verbessern. Equality, verstanden als politische Mitsprache, soziale Ebenbürtigkeit und Gleichheit vor dem Gesetz, wurde zum zentralen Wert, auch wenn die realen Besitzunterschiede keineswegs abnahmen.

Resolut-optimistisch machten die Amerikaner von den sich bietenden Gelegenheiten Gebrauch und setzten damit eine Dynamik in Gang, die nicht mehr zum Stillstand kommen sollte. In dreifacher Hinsicht standen die Zeichen auf Expansion: demographisch durch eine hohe Geburtenrate und die beginnende Masseneinwanderung aus Europa, ökonomisch durch das Zusammenwachsen der USA zu einem riesigen Binnenmarkt und territorial durch das Vordringen bis zum Pazifik. Diese Expansion war aber auch begleitet von der Vertreibung der Indianer über den Mississippi, und sie steigerte den Streit um die Sklaverei zur Zerreißprobe der Union.

Grenzregelungen und Monroedoktrin
Steigendes nationales Selbstbewusstsein prägte die Außenpolitik, die John Quincy Adams, der Sohn des zweiten Präsidenten der USA, zunächst als Außenminister (Secretary of State) unter James Monroe (1817–25) und dann als Präsident (1825–29) maßgeblich leitete. Adams

> **INFOBOX**
>
> **Die Monroedoktrin**
> Nachdem sich die ehemaligen Kolonien Spaniens und Portugals in Lateinamerika ihre Unabhängigkeit erkämpft hatten, befürchtete man in den Vereinigten Staaten Interventionen europäischer Mächte. Daher sah sich Präsident James Monroe (1817–25) veranlasst, am 2. 12. 1823 in seiner Jahresbotschaft an den Kongress vor solchen Aktivitäten zu warnen:
> »In die Angelegenheiten der bestehenden Kolonien oder abhängigen Gebiete europäischer Mächte haben wir uns in der Vergangenheit nicht eingemischt und werden wir uns in Zukunft nicht einmischen. Aber im Falle derjenigen Staaten (in Lateinamerika), die ihre Unabhängigkeit erklärt und bewahrt haben und deren Unabhängigkeit wir nach eingehender Prüfung und gerechterweise anerkannt haben, können wir jedwede Intervention irgendeiner europäischen Macht, die darauf abzielt, jene zu unterdrücken oder ihr Schicksal in irgendeiner anderen Weise zu bestimmen, nur als Ausdruck einer unfreundlichen Haltung gegenüber den Vereinigten Staaten ansehen.«

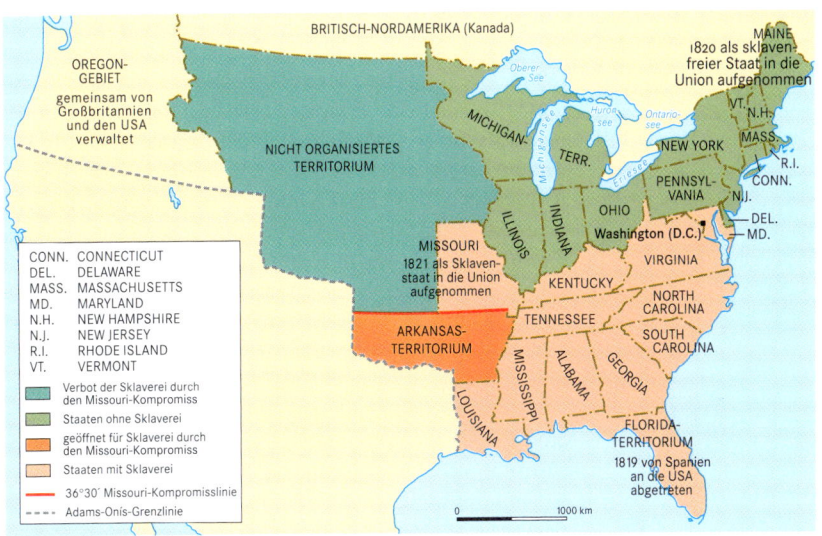

Durch den Missouri-Kompromiss von 1820 wurde zunächst das Gleichgewicht zwischen Nord- und Südstaaten im Senat gewahrt. Noch 1820 wurden Maine als Staat ohne und Missouri als Staat mit Sklaverei in die Union aufgenommen.

trieb die territoriale Expansion, die er als unerlässlich für das Überleben des »republikanischen Experiments« ansah, behutsam und unter Vermeidung von Großmachtkonflikten voran.

Die Schwächung Spaniens durch Revolten und Unabhängigkeitsbewegungen in Lateinamerika nutzte John Quincy Adams 1819 zum Erwerb von Florida. Durch eine Kombination von militärischem und diplomatischem Druck erreichte er, dass Madrid die Kolonie für etwa fünf Millionen Dollar an die USA abtrat. Im Adams-Onís-Vertrag, der 1821 von Adams und dem spanischen Minister Luis de Onís ratifiziert wurde, verzichtete Spanien darüber hinaus auf alle Gebiete jenseits der Rocky Mountains, die nördlich von Kalifornien lagen, während die USA ihren Anspruch auf Texas fallen ließen. Diesen Erfolg sicherte Adams durch eine Übereinkunft mit Großbritannien ab, die den 49. Breitengrad als amerikanisch-kanadische Grenze festlegte und das Oregongebiet jenseits der Rocky Mountains unter gemeinsame Verwaltung stellte.

Auch die Botschaft, die Präsident Monroe am 2. Dezember 1823 an den Kongress richtete und die später als Monroedoktrin bekannt wurde, trug Adams' Handschrift. Den Hintergrund bildete die Sorge vor einer Intervention der europäischen Kolonialmächte in Lateinamerika und territoriale Ansprüche des russischen Zaren im Oregongebiet. Monroe warnte die Europäer, dass die USA jegliche Rekolonisierung oder den Erwerb neuer Kolonien in der »westlichen Hemisphäre« als Bedrohung ihrer nationalen Sicherheit betrachten würden. Andererseits seien die USA bereit, sich aus den europäischen Angelegenheiten einschließlich der existierenden Kolonien in der Karibik und Südamerika herauszuhalten.

Für konservative Staatsmänner wie den österreichischen Staatskanzler Klemens Wenzel Fürst von Metternich stellte Monroes Warnung eine unerhörte Anmaßung dar, die jeglicher Grundlage im Völkerrecht und in den realen Machtverhältnissen entbehrte. Tatsächlich wurde die Freiheit der südamerikanischen Staaten weniger durch die USA als durch Großbritannien garantiert, das den Kontinent als seine vorrangige Interessensphäre betrachtete.

Der Missouri-Kompromiss

Als die Siedler des Missouriterritoriums 1819 die Aufnahme als Staat in die Union beantragten, entbrannte im Kongress ein heftiger Streit, der die Sprengkraft der Sklavereifrage veranschaulichte. Das Repräsentantenhaus wollte Missouri zur schrittweisen Emanzipation der rund 10 000 Sklaven zwingen, doch der Senat, in dem der Süden Parität besaß, lehnte eine solche Bedingung ab.

Während der Präsidentschaft Andrew Jacksons (1829–37) erreichte der Parteienkampf in den Vereinigten Staaten einen ersten Höhepunkt. Mit seinen Vorwürfen gegen das angeblich korrupte Establishment brachte der populäre Kriegsheld von 1812 große Teile der Wählerschaft hinter sich.

INFOBOX

Missouri-Kompromiss

Durch diesen Kompromiss, der am 3. 3. 1820 im Kongress angenommen wurde, konnte der Streit um die Zulassung der Sklaverei bei der Aufnahme Missouris als Bundesstaat in die USA beigelegt werden. Der Kompromiss beinhaltete, dass Maine von Massachusetts abgetrennt und am 15. 3. 1820 als Staat ohne Sklaverei in die Union aufgenommen wurde, bevor am 10. 8. 1821 Missouri als Staat mit Sklaverei 24. Bundesstaat der Union wurde. Dadurch wurde zunächst das Gleichgewicht zwischen Nord- und Südstaaten im Senat gewahrt; die gleichzeitige Bestimmung, dass im verbleibenden Louisiana-Territorium nördlich 36° 30' die Sklaverei verboten sein solle, wurde durch den Kansas-Nebraska-Act 1854 außer Kraft gesetzt.

Daraufhin verweigerte das Repräsentantenhaus dem Aufnahmeantrag von Missouri die Zustimmung, und im Gegenzug blockierte der Senat den Beitritt von Maine, das sich von Massachusetts lösen und ein eigener Staat werden wollte.

Nach äußerst mühsamen Beratungen fand der Kongress 1820 einen Ausweg: Maine wurde als »freier« Staat und Missouri als Sklavenstaat aufgenommen, wodurch das Nord-Süd-Gleichgewicht im Senat erhalten blieb; dafür akzeptierten die Südstaatler das Verbot der Sklaverei im Rest des Louisianaterritoriums nördlich einer Linie von 36 Grad 30 Minuten nördlicher Breite. Erneut hatte die Furcht vor dem Auseinanderfallen der Union einen Kompromiss erzwungen, der die Sklavereifrage politisch neutralisierte.

Hoffnungen knüpften sich zu dieser Zeit noch an das Konzept der »Rücksiedlung« von Afroamerikanern nach Afrika. Mit Unterstützung der Bundesregierung war es der 1816 gegründeten American Colonization Society gelungen, Land an der westafrikanischen Küste zu kaufen und freigelassene Sklaven dort anzusiedeln. Seit 1824 hieß diese Kolonie Liberia, und die erste Hauptstadt wurde zu Ehren von Präsident Monroe Monrovia genannt. Der Kongress verlor aber bald das Interesse an dem Projekt, zumal die große Mehrheit der freien Schwarzen ohnehin in den USA bleiben wollte. Bei Ausbruch des Bürgerkriegs lebten rund 12 000 ehemalige Sklaven in Liberia, das seit 1847 eine unabhängige Republik war.

Die religiöse Erweckungsbewegung wurde in den USA von dem protestantischen Theologen und Indianermissionar Jonathan Edwards eingeleitet. Er versuchte den strengen Kalvinismus mit der menschlichen Freiheit zu harmonisieren.

Im 19. Jh. versuchten Tausende irischer Auswanderer ihr Glück in der Neuen Welt. Der Holzstich von 1884 zeigt, wie Emigranten an Bord eines Auswandererschiffs von der Schiffsglocke zum Frühstück gerufen werden.

> **ZITAT**
> **Der Erweckungsprediger John Wesley (1703–91) gehörte zu den frühen Gegnern der Sklaverei:**
> *Hatte dein Vater, hast du, hat irgendein Lebewesen ein Recht, einen anderen als Sklaven zu gebrauchen?... Oh du Gott der Liebe, du, der du jeden Menschen liebst..., der du aus einem Blut alle Nationen auf Erden gemischt hast: habe Erbarmen mit diesen ausgestoßenen Menschen, die niedergetrampelt werden wie Dung auf der Erde!*

Das »zweite Parteiensystem«
Nachdem die Federalists schon 1815 von der nationalen Bühne verschwunden waren, zerfiel nun auch das Lager der Republicans in Fraktionen, aus denen dann ein neues Parteiensystem hervorging. Der Kongressabgeordnete und spätere Außenminister Henry Clay sammelte alle politischen Kräfte, die ein von der Bundesregierung gefördertes Programm zur Verbesserung der Infrastruktur und zur Industrialisierung befürworteten. Gegen dieses American System der »nationalen Republikaner« formierte sich aber wachsender Widerstand unter dem Banner von Demokratie und Staatensouveränität.

Die Führung dieser Oppositionsbewegung, die sich zur Demokratischen Partei zusammenschloss, übernahm der populäre Sieger von New Orleans, Andrew Jackson. 1828 eroberten die Demokraten die Macht und drängten die Anhänger von Clay und Adams, die sich nun mit anderen Gegnern des demokratischen Präsidenten als Whig Party organisierten, in die Opposition. Der Gegensatz zwischen Democrats und Whigs prägte bis in die 1850er-Jahre das politische Leben der USA.

Bevölkerungswachstum und Binnenwanderung
Die Entstehung eines Marktsystems, das den Kontinent umspannte, ergab sich aus dem Zusammenwirken von raschem Bevölkerungswachstum, Ausbau des Verkehrswesens, Kommerzialisierung der Landwirtschaft und be-

Der amerikanische Ingenieur Robert Fulton erbaute das erste funktionsfähige Dampfschiff, die »Clermont«, für den Schiffsverkehr auf dem Hudson River zwischen New York und Albany. Ihre Jungfernfahrt am 17.8.1807 zeigt ein zeitgenössischer kolorierter Holzstich.

Amerika

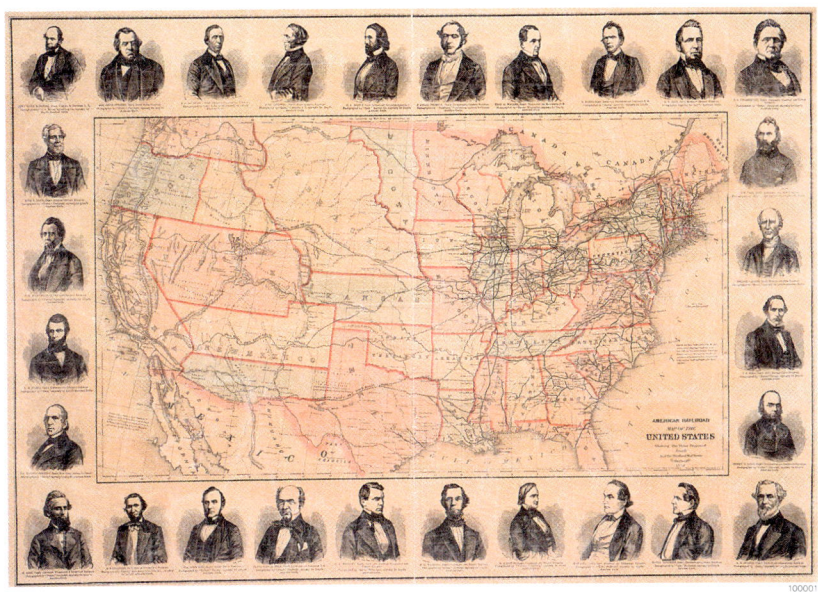

Karte der Bahnlinien in den USA von 1859. Um die Mitte des 19. Jh. war die Eisenbahn zum wichtigsten Verkehrsmittel aufgestiegen.

ginnender Industrialisierung. Zwischen 1820 und 1840 stieg die Einwohnerzahl der USA von zehn auf 17 Millionen an, und 1860 lebten mit 31,5 Millionen (davon 3,9 Millionen Sklaven und rund 500 000 freie Schwarze) bereits mehr Menschen in den USA als in Großbritannien.

Die Einwanderung aus Europa hielt sich im Zeitraum von 1820 bis 1840 mit 750 000 noch in Grenzen. Zum Massenphänomen wurde sie in den beiden Jahrzehnten vor dem Bürgerkrieg (Sezessionskrieg, 1861–65), als über vier Millionen Menschen nach Amerika strömten. In Irland bewirkte eine Kartoffelkrankheit Hungersnöte, in den deutschen Staaten, der Schweiz und Skandinavien stieg der Druck durch starkes Bevölkerungswachstum und Landknappheit, und in England machte die Industrialisierung viele Handwerker arbeitslos.

Zahlenmäßig weniger bedeutsam, aber politisch und kulturell durchaus folgenreich war die Flucht oder erzwungene Auswanderung von Liberalen und Demokraten, die, wie die deutschen »Achtundvierziger«, aktiv an den gescheiterten europäischen Revolutionen der Jahre 1848/49 teilgenommen hatten. Auf der anderen Seite des

Chicago aus der Vogelperspektive im Jahr 1868. Die Stadt in Illinois hatte sich um diese Zeit zum Knotenpunkt des Eisenbahn- und Telegrafennetzes entwickelt.

Atlantiks lockten billiges Siedlungsland, höhere Löhne und die Aussicht auf soziale Gleichheit und religiöse wie politische Freiheit.

Erleichtert wurde die massenhafte Migrationsbewegung durch das steigende transatlantische Handels- und Verkehrsaufkommen. Die Reedereien machten die Auswanderung nun zum profitablen Geschäft, indem sie ihre Frachtschiffe auf dem Weg nach Amerika mit Menschen vollstopften. In der protestantisch-angelsächsischen Bevölkerungsmehrheit löste die Einwanderung der katholischen Iren allerdings auch Besorgnis und sogar fremdenfeindliche Demonstrationen und Gewaltaktionen aus.

Ausbau der Infrastruktur
Das Voranschieben der Siedlungsgrenze (frontier) nach Westen beschleunigte sich durch Verbesserungen im Verkehrswesen der Union, die durch die Einzelstaaten und private Investoren finanziert wurden. Nicht die Straßen, sondern Kanäle und Flüsse bildeten das erste nationale Verkehrsnetz. Modellcharakter erhielt der Eriekanal, mit dessen Hilfe man ab 1825 von New York City aus über den Hudson River und den Eriesee die Siedlungsgebiete des Nordwestens erreichen konnte. Frachtgüter und

Menschen wurden nun wesentlich schneller und billiger als bisher nach Westen befördert, und auf dem umgekehrten Wege gelangten Agrarprodukte und Fleisch aus dem Westen an die Ostküste. Bis 1840 erreichte das Kanalnetz eine Ausdehnung von fast 5000 Kilometer, und in den 1850er-Jahren verkehrten über 700 Dampfschiffe zwischen den Großen Seen und dem Golf von Mexiko. Um diese Zeit war aber bereits die Eisenbahn zum bevorzugten Transportmittel geworden. Im Westen entwickelte sich Chicago zum Knotenpunkt eines nationalen Eisenbahn- und Telegrafennetzes, das die Entfernungen zusammenschrumpfen ließ. Man dachte schon an eine transkontinentale Eisenbahnlinie, die aber erst nach Ende des Bürgerkrieges vollendet wurde.

Landwirtschaft und frühe Industrialisierung
Das Wirtschaftswachstum nahm seinen Ausgang von der Erweiterung der Anbaufläche und der Kommerzialisierung der Landwirtschaft. Durch die Produktion für den Markt wurden die Siedler allerdings auch von der Konjunkturentwicklung und den schwankenden Getreidepreisen abhängig. In Krisenzeiten mussten viele Farmerfamilien in die Städte abwandern, wo sie Arbeit in den

1790 legte der Kongress fest, am Potomac River auf einem Gebiet, das der Bundesgewalt unterstellt werden sollte (»District of Columbia«), eine neue Bundeshauptstadt zu errichten: Im Oktober 1800 löste Washington, D. C., Philadelphia (Pa.) als Sitz der Bundesregierung ab.

Schlachthöfen, beim Landmaschinenbau, in der Holzverarbeitung und in Brauereien suchten. Chicago und Saint Louis wurden zu Zentren eines Marktsystems, das Vieh, Getreide und andere Naturprodukte in standardisierte, industrialisierte Waren verwandelte und an den Börsen in Geldwerte umsetzte.

Während sich der Mittlere Westen auf die Lebensmittelversorgung der östlichen Metropolen spezialisierte, nahmen im Nordosten Handel, Bankwesen und Industrie einen raschen Aufschwung. Über die New Yorker Wall Street floss immer mehr Kapital in Fabriken, die das traditionelle Handwerks- und Verlagswesen ablösten. Die ersten Belegschaften rekrutierten sich aus Farmerstöchtern, aber bald lieferte die Einwanderung ein zusätzliches Reservoir an Arbeitskräften.

Die relativ hohen Löhne begünstigten technische Innovationen, und die natürlichen Ressourcen Kohle, Erz und Holz standen nahezu unbegrenzt zur Verfügung. Auf diese Weise konnte der Vorsprung, den England im in-

Mount Rushmore National Memorial in den Black Hills in South Dakota mit den rund 20 m hohen, 1927–41 von Gutzon Borglum geschaffenen Porträtköpfen der amerikanischen Präsidenten George Washington, Thomas Jefferson, Theodore Roosevelt und Abraham Lincoln (von links).

dustriellen Bereich noch hatte, rasch aufgeholt werden. Das Wachstum des inneren Marktes ging einher mit der Expansion des Außenhandels, den die Amerikaner nun weltumspannend betrieben. Große Hoffnungen richteten sich auf den asiatischen Markt, den die Regierung durch Verträge mit China (1844) und Japan (1854) zu »öffnen« hoffte.

Durch den steigenden Bedarf der Textilindustrien in England und im amerikanischen Nordosten gewann die Baumwollproduktion des Südens überragende Bedeutung. Das Anbaugebiet und damit auch das System der Sklavenarbeit dehnte sich vom Atlantik über das Mississippidelta bis nach Texas aus. Zwischen 1820 und 1860 verzehnfachte sich der Baumwollexport von 500 000 auf fünf Millionen Ballen. Da die Erzeugung nur durch Vergrößerung der Anbaufläche gesteigert werden konnte, wehrten sich die Pflanzer gegen alle Versuche, die Sklaverei territorial einzugrenzen. Die Baumwollmonokultur behinderte jedoch den Aufbau eigener Industrien und brachte den Süden in immer stärkere Abhängigkeit vom Weltmarkt.

Sozialer Wandel und Reformbewegungen im Norden
Industrialisierung und Urbanisierung erzeugten Spannungen, die sich in den Wachstumszonen des Nordens besonders deutlich bemerkbar machten. Der Geist des Wettbewerbs nahm wenig Rücksicht auf die Schwachen und Außenseiter, und das Streben nach Glück und Besitz prallte mit dem republikanischen Ideal einer gerechten Gesellschaft zusammen. In dieser Situation erwuchsen vornehmlich aus der Mittelschicht zahlreiche Reforminitiativen, die dem gesellschaftlichen Wandel Richtung zu geben versuchten. Auslöser waren einerseits religiöse Erweckungsbewegungen in der Tradition der kolonialen revivals, andererseits die Ängste der Bürger vor einer undisziplinierten und »unmoralischen« Arbeiterschaft.

Die Reformer bekämpften den Alkoholkonsum als Quelle aller Übel, forderten den Ausbau des öffentlichen Bildungswesens und prangerten die unhaltbaren Zustände in den Gefängnissen an, wo Kriminelle, Geisteskranke und Obdachlose auf engem Raum zusammengepfercht dahinvegetierten. Einen wichtigen Angriffspunkt bildete auch die Sklaverei, die im britischen Empire be-

ZITAT
Wilhelm Zimmermann, der 1856 aus Deutschland nach Saint Louis ausgewandert war, schreibt an seine Frau:
... die Reise bis hierhin kostet nicht über 200 Dollar von Hagen aus, von Bremen bis hier kostet im Zwischendeck à Person 31 Dollar Inklusive Beköstigung Kinder unter 12 Jahren zahlen entweder die Hälfte oder 23 Doller Wendet Euch dereckt an einen Rehder in Bremen so habt ihrs am ende noch billiger ...

Beflaggtes Auto auf einer Parade am Independence Day. Der Nationalfeiertag am 4. Juli wird in den Vereinigten Staaten aufwendig gefeiert.

reits 1833 verboten worden war. Hauptinitiator der Abolitionismusbewegung war der Bostoner Journalist William Lloyd Garrison, der in seiner Wochenzeitung »Liberator« für die sofortige und vollständige Emanzipation der Sklaven eintrat. Seine American Anti-Slavery Society zählte 1838 schon 1350 lokale Gesellschaften mit 250 000 Mitgliedern.

Die Afroamerikaner fanden ihren eigenen Sprecher in Frederick Douglass, einem ehemaligen Sklaven, der aus Maryland nach Boston geflohen war. Garrison und Douglass waren allerdings nicht nur bei den Weißen des Südens verhasst, sondern erschienen auch vielen Nordstaatlern als gefährliche Fanatiker. Anfang der 1850er-Jahre ließ der Bestsellererfolg von Harriet Beecher Stowes Roman »Onkel Toms Hütte«, der die Sklaverei als zutiefst unmoralische Einrichtung schilderte, jedoch erkennen, dass der Antisklavereiprotest in ein neues Stadium getreten war.

Einen bedeutenden Anteil an den organisierten Reformbewegungen hatten Frauen, die auf diese Weise der Passivität und Isolierung in der bürgerlichen Familie entrinnen konnten. Um die Jahrhundertmitte formierte sich ein eigenständiges women's movement – eine eigenständige Frauenbewegung –, deren Angehörige die Gleichheit der Geschlechter proklamierten und das Wahlrecht für Frauen forderten. In der Praxis gaben sich die Reformerinnen vorerst mit bescheidenen Verbesserungen beim Eigentumsrecht verheirateter Frauen zufrieden. Als sich der Konflikt zwischen Nord- und Südstaaten verschärfte, ordneten sie ihre Wünsche jedoch zunächst dem großen Ziel der Sklavenemanzipation unter.

Die Sonderkultur des Südens
Das Sklavereisystem grenzte den Süden nicht nur kulturell und mentalitätsmäßig vom Norden ab, sondern teilte

Dem als Sklaven geborenen Frederick Douglass gelang 1838 die Flucht von Maryland nach New York. William Lloyd Garrison gewann ihn für die Anti-Sklaverei-Gesellschaft von Massachusetts. Zeitzeugen berichten von der charismatischen Persönlichkeit des farbigen Redners (New York, Metropolitan Museum of Art).

> **INFOBOX**
>
> **Das erste Manifest der Frauenbewegung**
> Auf der Frauenrechtskonferenz 1848 in Seneca Falls, New York, die von Lucretia Mott, einer Quäkerin aus Philadelphia, und Elisabeth Cady Stanton, der Tochter eines New Yorker Richters, einberufen wurde, verfassten die Teilnehmerinnen eine Deklaration (»The Seneca Falls Declaration of Sentiments and Resolutions«), die der Unabhängigkeitserklärung nachempfunden war. Nun saß aber nicht mehr König Georg III. auf der Anklagebank, sondern das männliche Geschlecht:
> »Wir halten diese Wahrheiten für selbstverständlich: dass alle Männer und Frauen gleich geschaffen sind... Die Geschichte der Menschheit ist eine Geschichte der fortwährenden ungerechten Behandlung und der Unterdrückung der Frau durch den Mann mit dem Ziel, sie einer totalen Tyrannei zu unterwerfen.... Er hat sie als Ehefrau zu einer vor dem Gesetz Toten gemacht. Er hat ihr jedes Eigentumsrecht genommen, ja selbst den von ihr verdienten Arbeitslohn... Er hat ihr die Möglichkeit verwehrt, eine gute Ausbildung zu erhalten... Jetzt, angesichts dieser völligen Entrechtung einer Hälfte der Bevölkerung dieses Landes, ihrer sozialen und religiösen Diskriminierung... verlangen wir, dass ihnen sofort alle Rechte und Privilegien gewährt werden, die ihnen als Bürgerinnen der Vereinigten Staaten zustehen.«

Mit ihrem 1852 erschienenen Roman »Onkel Toms Hütte« setzte Harriet Beecher Stowe ein Fanal gegen die Barbarei des Menschenhandels mit schwarzen Menschen.

die Region selbst in eine dominante weiße und in eine im Verborgenen existierende afroamerikanische Lebensgemeinschaft. Trotz der Interessengegensätze zwischen Arm und Reich verband die weiße Bevölkerung eine Solidarität, die sich zu einem regelrechten Südstaatennationalismus steigerte. Auch die einfachen Weißen hegten rassische Überlegenheitsgefühle und standen im Bann ideologischer Konzepte wie »Stolz« und »Ehre«, die aus der Oberschicht der Pflanzer stammten. Die Sklaverei wurde nicht mehr nur als notwendiges Übel verteidigt, sondern als ein positives Gut gepriesen, das der »Lohnsklaverei« in den Fabriken weit überlegen sei. Der weiße Süden schloss sich immer enger zusammen, um seine überlieferten Werte und Ideale gegen die Bedrohung zu verteidigen, als die er die individualistisch-egalitäre Gesellschaft des Nordens wahrnahm.

Es spricht für die Belastbarkeit der Schwarzen, dass sie unter diesem extremen Druck ein gewisses Maß an kultureller Autonomie und Identität wahren konnten. Um 1840 war bereits die Mehrheit der 2,5 Millionen Sklaven in Amerika geboren. Im Laufe der folgenden

> **INFOBOX**
>
> **»Negerleben« in den Sklavenstaaten Amerikas**
> Im Leben und im Werk von Harriet Beecher Stowe (1811–96) spiegeln sich soziale Entwicklungen und geistige Strömungen, die den Norden der Vereinigten Staaten um die Mitte des 19. Jh. prägten. Als moralische Reformerin setzte Harriet Beecher Stowe die Tradition ihres Vaters Lyman Beecher fort, eines presbyterianischen Pfarrers aus Neuengland, des Gründers der American Bible Society.
> Harriet Beecher Stowe begann »Uncle Tom's cabin. Or, Life among the lowly« – »Onkel Toms Hütte oder Negerleben in den Sklavenstaaten Amerikas« – als Fortsetzungsroman für eine Zeitschrift. 1852 erschien die erste Buchausgabe. Umgehend wurde das Werk in mehrere Sprachen übersetzt und erreichte bis Mitte 1853 eine Auflage von 1,2 Millionen. Die dramatische, menschlich anrührende Geschichte traf den Nerv der Zeit, weil die Sklaverei hier aus dem Gesellschafts- und Geschlechterverständnis des bürgerlichen Nordens heraus als eine Institution gebrandmarkt wurde, die Familien zerstörte und die Würde schwarzer Frauen verletzte. Das im Dienst christlicher Nächstenliebe entstandene Werk wurde zu einem der politisch wirksamsten Bücher der amerikanischen Literatur.

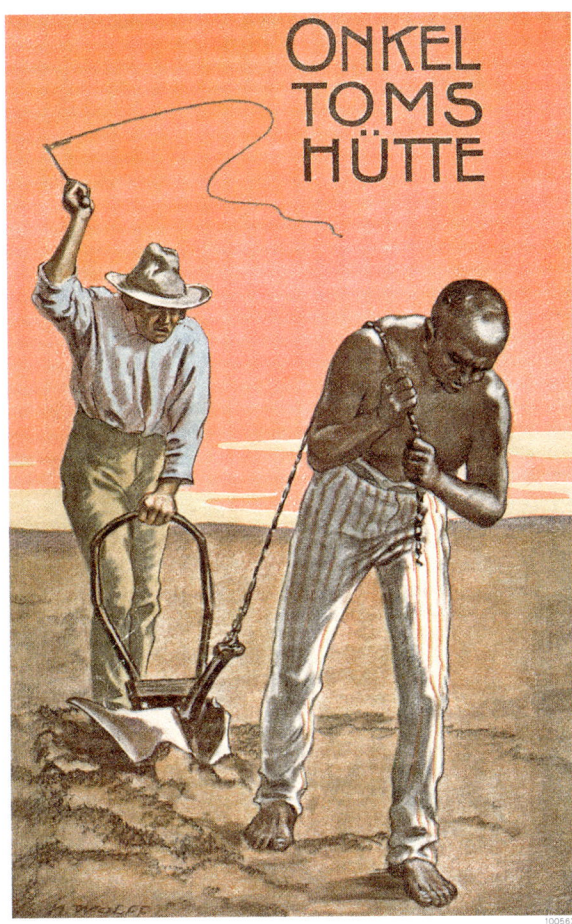

»Onkel Toms Hütte« von Harriet Beecher Stowe in einer Berliner Ausgabe von 1910. Der Roman, der die Sklaverei in den USA anprangerte, wurde in über 20 Sprachen übersetzt.

zwanzig Jahre stieg die Zahl der Sklaven durch natürliche Vermehrung noch einmal um etwa 1,4 Millionen an, und der Schwerpunkt der afroamerikanischen Bevölkerung verlagerte sich infolge der erzwungenen Binnenwanderung von der Atlantikküste zum Mississippidelta.

Während offener oder gar organisierter Widerstand von Sklaven die Ausnahme blieb, flohen jährlich Tausende auf eigene Faust oder mithilfe von Sklavereigegnern, die underground railroad (Untergrundeisenbahn), in den Norden der USA und nach Kanada in die Freiheit. Für die Masse derer, die in der Sklaverei zurückblieben,

Der Holzstich von 1835 zeigt die Auspeitschung eines Sklaven in den Südstaaten (Berlin, Sammlung Archiv für Kunst und Geschichte).

bildeten Familien- und Sippenbande, Religion, Musik und Tanz sowie andere von der afrikanischen Vergangenheit inspirierte Bräuche einen seelischen Halt. Aus diesen Elementen formte sich ein Bewusstsein der inneren Verbundenheit einer Schwarzen Nation, die eines Tages von Gott aus der Gefangenschaft befreit werden würde.

Jürgen Heideking †

Endstation Pazifik: Die territoriale Expansion, die Vertreibung der Indianer und die Sklavenfrage

Das allgemeine freie Wahlrecht für weiße männliche Erwachsene war seit den 1820er-Jahren in allen Staatenverfassungen verankert worden. Damit wurde Politik endgültig zu einem Massenphänomen, und Parteien erschienen als legitime, für die Willensbildung unerlässliche Einrichtungen. Auf diese Weise wurde der Geist des Wettbewerbs, der sich im Wirtschaftsleben ausbreitete, in die politische Arena übertragen.

»Jacksonian Democracy«
Diese neuen Tendenzen verkörperte Präsident Andrew Jackson, ein charismatischer Volksführer und erfolgreicher General, gegen den der intellektuelle, unnahbare Adams im Wahlkampf 1828 chancenlos war. Jackson war in Tennessee durch Heirat in die Elite aufgestiegen, hatte sich erfolgreich als Anwalt und Landspekulant betätigt und ließ seine Plantagen von Sklaven bearbeiten. Die meisten Amerikaner sahen in ihm jedoch den Selfmademan, der unabhängig von mächtigen Interessengruppen den Willen des Volkes ausführen würde. Anders als sein Vorgänger zögerte der neue Präsident nicht, sämtliche Staatsämter bis hinunter zum Poststellenleiter mit Anhängern der eigenen Partei zu besetzen. Auf diese Weise machte Jackson das in den Einzelstaaten schon erprobte »Beutesystem«, spoils system, zu einer nationalen Einrichtung, das politische Loyalität über Fachkompetenz stellte.

Jackson wollte den »einfachen Mann« von der Bevormundung durch den Bundesstaat und vom Druck mächtiger Interessengruppen befreien. Es entsprach seinen Vorstellungen von eng begrenzter Regierungsmacht, dass er vom Vetorecht gegen Gesetzesinitiativen des Kongresses häufiger Gebrauch machte als alle seine Vorgänger zusammen. Andererseits bewies er in der Indianerfrage und in der Auseinandersetzung um die Nationalbank Second Bank of the United States, dass er sehr wohl energisch handeln konnte, wenn die Interessen der Union, wie er sie verstand, dies erforderten.

Der Zug der Tränen: Jacksons Indianerpolitik
Wie viele seiner Landsleute hielt Jackson die Ureinwohner Nordamerikas für »Wilde«, savages, die nicht assimiliert werden konnten, sondern dem demokratischen »Reich der Freiheit« weichen mussten. In seiner ersten Botschaft an den Kongress kündigte er 1830 an, dass die rund 120 000 Indianer, die noch im Osten der USA lebten, in Gebiete jenseits des Mississippi verbracht würden. Das betraf in erster Linie die so genannten »fünf

> **INFOBOX**
>
> **»Old Hickory«**
> Andrew Jackson, der 1802 zum Generalmajor der Miliz von Tennessee gewählt wurde, gewann nationalen Ruhm in Kämpfen gegen die Indianer – Sieg über die Creek in der Schlacht von Horsehoe Bend 1814 – und durch die Verteidigung von New Orleans gegen die Engländer am 8. 1. 1815. Durch kühne, wenn auch umstrittene Unternehmungen gegen das spanische Florida – Unterwerfung der Seminolen, Besetzung von Pensacola 1817/18 – konnte »Old Hickory«, wie er genannt wurde, diesen Ruhm noch steigern.
> Die Feier zu seiner Amtseinführung, zu der »das Volk« eingeladen wurde, verlief so tumultuarisch, dass Jackson sich vor dem Andrang der Gäste aus einem Fenster des Weißen Hauses retten musste. Das war der Auftakt für die Ära der »Jacksonian Democracy«, die über Jacksons achtjährige Präsidentschaft hinaus bis weit in die 1840er-Jahre reichte.

zivilisierten Stämme« (auch »fünf zivilisierten Nationen«) der Cherokee, Creek, Chickasaw, Choctaw und Seminolen, die in South Carolina, Georgia und Florida Ackerbau und Handel betrieben.

Als Sofortmaßnahme entzog Jackson ihnen den Schutz der Armee, wodurch sich die Konflikte mit den Einzelstaaten und den weißen Siedlern verschärften, die ein Auge auf das fruchtbare Ackerland geworfen hatten. Im selben Jahr stellte der Kongress dann Land westlich des Mississippi als Entschädigung bereit (Indian Removal Act), und Agenten der Bundesregierung schlossen unter zweifelhaften Begleitumständen hundert Umsiedlungsverträge mit den Indianerstämmen.

Widerstand gegen diese legalisierte Vertreibung leisteten vor allem die Cherokee, die den Staat Georgia vor dem Supreme Court verklagten, weil er ihre 1827 verabschiedete Verfassung nicht anerkannte. Das Oberste Gericht erklärte sich 1831 zwar mit der Begründung für nicht zuständig, die Cherokee seien keine fremde Nation im Sinne der Bundesverfassung und hätten deshalb kein Klagerecht. In seiner Begründung definierte der Oberste Bundesrichter John Marshall die Indianerstämme jedoch als einheimische abhängige Nationen, die in einem speziellen Abhängigkeits- und Treuhandschaftsverhältnis zur Bundesregierung stünden.

Die Klage zweier weißer Missionare, die bei den Cherokee lebten und deshalb von einem Staatsgericht bestraft worden waren, lieferte Marshall 1832 eine Handhabe, die rechtliche Stellung der Indianer noch präziser zu fassen. Im Fall Worcester gegen Georgia entschied der Supreme Court, dass die Missionare zu Unrecht verurteilt worden seien und das entsprechende Gesetz Georgias gegen die Verfassung der Union verstoße. Marshall bescheinigte den Cherokee, sie besäßen als »a distinct people«, als eigenständiges Volk, einen ähnlichen Status wie die Einzelstaaten und dürften innerhalb ihrer Grenzen uneingeschränkte Hoheit ausüben. Ihre Landrechte müssten von den Vereinigten Staaten nicht nur anerkannt, sondern sogar geschützt werden.

Angesichts der Popularität des Umsiedlungskonzepts dachte Jackson aber gar nicht daran, sich vom Supreme Court Vorschriften machen zu lassen. In der Praxis setzten sich sowohl die Einzelstaaten als auch der Kongress und die Administration über Marshalls Spruch hinweg und trieben die Deportation der Indianer entschlossen weiter voran.

1832 richteten Bundestruppen und Milizen im westlichen Illinois ein Massaker unter den Fox und Sauk an, dem mehr als 800 Krieger zum Opfer fielen. Als 1837 ein Indianerterritorium im heutigen Oklahoma geschaffen wurde (Indian Intercourse Act), war die Verdrängung der »fünf zivilisierten Stämme« bereits in vollem

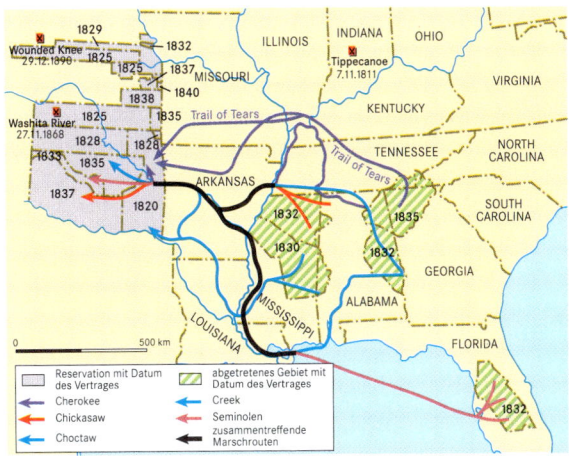

Die Vertreibung der im Osten lebenden »fünf zivilisierten Stämme« in Gebiete jenseits des Missouri

Gange. Den traurigen Höhepunkt bildete der fast 2 000 Kilometer lange »Zug der Tränen« (trail of tears), den die Cherokee 1838 unter Bewachung von Bundestruppen antraten und auf dem über 4 000 der 17 000 Stammesmitglieder umkamen. Jenseits des Mississippi mussten sich die Indianer mit einem Drittel des ursprünglichen Landes und mit weniger fruchtbaren Böden begnügen. Obwohl Reste des Seminolenstammes in Florida noch Guerillakämpfe führten, war die organisierte Präsenz von Indianern östlich des Mississippi um 1840 beendet.

Durch seine unerbittliche, von der großen Mehrheit der Bevölkerung jedoch gebilligte Haltung war es Jackson gelungen, die politische Basis seiner Partei im Westen und Südwesten der USA zu festigen. Erst im 20. Jahrhundert besannen sich die Amerikaner wieder darauf, dass Marshalls Urteile von 1831/32 Prinzipien und Richtlinien enthielten, die den Native Americans, den eingeborenen Amerikanern, Landrechte und ein weitgehendes Selbstbestimmungsrecht zuerkannten.

Neues Siedlungsland wurde in Nordamerika häufig nach rechtwinkligem Schema aufgemessen, wie es für Kolonisationen in traditionsfreien Räumen typisch ist, deren vorherige Bewohner keine Besitzrechte mehr geltend machen können. Das Luftbild zeigt eine Agrarlandschaft bei Calgary in Kanada.

Amerika

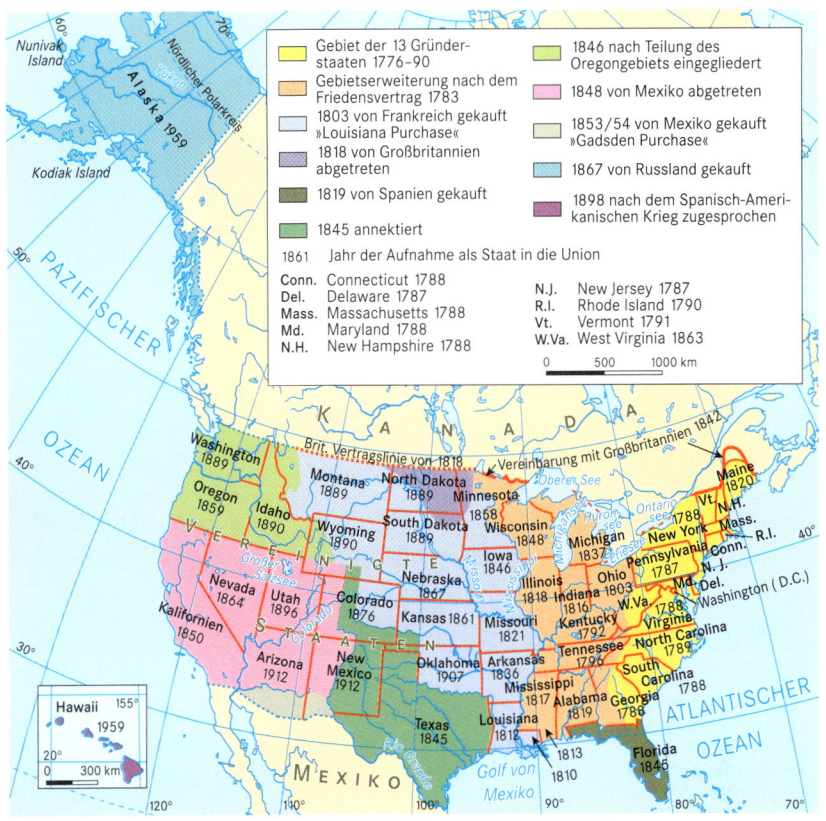

Die Entwicklung der Vereinigten Staaten von Amerika seit 1776

Nullifikationskrise und »Bankkrieg«

Das volle Gewicht seines Amtes setzte Jackson auch gegen South Carolina ein, das sich weigerte, die vom Kongress aufgestellten Zolltarife anzuerkennen. Vizepräsident John Calhoun, der aus South Carolina stammte, legte die Doktrin der Staatensouveränität (states' rights) so weit aus, dass sie den Staaten erlaubte, Bundesgesetze zu »nullifizieren«. Dagegen verfocht Jackson energisch den Vorrang der Bundesverfassung und drohte Calhoun sogar mit der Todesstrafe wegen Landesverrats. Der Kongress entschärfte schließlich die Krise, indem er eine stufenweise Senkung des Zolltarifs, der vor allem die Industrie im Norden schützen sollte, auf den Stand von 1816 beschloss.

Nachbildung eines Planwagens, mit dem Pioniere auf dem »Großen Treck« nach Westen, vor allem durch Nebraska als Durchgangsgebiet, zogen.

Das zentrale Thema der zweiten Amtszeit war Jacksons Absicht, die Nationalbank zu eliminieren, in der er ein Instrument seiner politischen Gegner sah. Er lehnte eine Verlängerung der auf zwanzig Jahre befristeten Charter von 1816 ab, die dieser Bank eine Art Oberhoheit über die anderen Banken gewährte, und griff die Bank in demagogischer Weise als eine Institution der »Reichen und Mächtigen« an, die »gefährlich für die Freiheiten des Volkes« sei. Gegen starke Opposition im Kongress verfügte er, dass die Regierungsgelder aus der Bank abgezogen und in Einzelstaatsbanken deponiert wurden.

Jacksons »Bankkrieg« war nicht schuldlos an den wirtschaftlichen Schwierigkeiten, die das Ende seiner Amtszeit überschatteten. Als er 1837 das Weiße Haus verließ, galt er dennoch als der populärste Amerikaner seiner Zeit. Die Mehrheit der Bürger verehrte ihn als den Mann, der die Demokratisierung vorangetrieben, das »Indianerproblem« gelöst und die Einheit der Union verteidigt hatte.

Die Angliederung von Texas und Oregon
Die wirtschaftlichen Erfolge, das rasche Bevölkerungswachstum und die religiösen Erweckungsbewegungen schufen in den USA eine Stimmung, die ihren besten Ausdruck in dem Schlagwort von der Manifest Destiny fand. Der Begriff stammt aus der Feder des New Yorker Publizisten John Louis O'Sullivan, der 1845 schrieb, es sei die »schicksalhafte Bestimmung« der Amerikaner, sich über den Kontinent auszubreiten, »den uns die Vorsehung für die freie Entwicklung unserer Jahr für Jahr sich vermehrenden Millionen zugewiesen hat«. Als säkularisierte Form der puritanischen Heilserwartung durchtränkte Manifest Destiny die gesamte amerikanische Kultur der Epoche und prägte sich dauerhaft in das kollektive Geschichtsbewusstsein ein.

Im Mittelpunkt des Interesses stand zunächst Texas, dessen weiße Siedler, verärgert über eine neue mexikanische Verfassung, die den Staat zentralisierte und die Sklaverei verbot, 1836 ihre Unabhängigkeit von Mexiko erklärt und im Kampf behauptet hatten. Die Aufnahme der Republik Texas in die Union scheiterte aber zunächst an der Sorge Washingtons vor internationalen Verwicklungen und an Widerständen im Kongress, wo die Abgeordneten aus dem Norden das Gespenst einer Verschwörung der Sklavenstaaten (slave power) an die Wand malten.

Die Südstaatler setzten dem eine eigene Verschwörungstheorie entgegen, die besagte, dass Großbritannien die USA von Kanada über Oregon und Kalifornien bis Texas »einkreisen« und die Sklaverei zerstören wolle, um seine Vorherrschaft zu festigen. Tatsächlich gab es Hinweise darauf, dass die britische Regierung Gefallen an einem unabhängigen Texas als Bollwerk gegen die weitere Expansion der USA fand. Auf diese Weise zeichnete sich die Gefahr ab, dass der britisch-amerikanische Interessenkonflikt in der Texasfrage auf die gesamte Pazifikregion übergriff.

Im Wahlkampf verfolgte der demokratische Präsidentschaftskandidat James Knox Polk die Strategie, die Themen Texas und Oregon miteinander zu verknüpfen, um den Widerstand der Nordstaatler gegen die Annexion von Texas zu überwinden. Im Norden herrschte nämlich das »Oregonfieber«, das durch Berichte von Reisenden und Missionaren über fruchtbares Siedlungsland, reiche

ZITAT
In diesem Artikel in der »Democratic Review« vom Juli 1845 erscheint die Expansion der USA bis an den Pazifik als naturnotwendiges Schicksal:
Texas wurde aufgrund des allgemeinen Gesetzes, das unsere Bevölkerung unweigerlich nach Westen sich ausbreiten lässt, von der Union absorbiert... (Sein) Anschluss war nicht nur unausweichlich, sondern die natürlichste, richtigste und angemessenste Sache der Welt...

Fischgründe und gute Möglichkeiten des Pelzhandels mit den Indianern ausgelöst worden war. 1843 hatte ein erster Zug von Planwagen auf der berühmt gewordenen Überlandroute nach Westen, dem Oregon Trail, dieses Gebiet erreicht.

Das Wahlprogramm der Demokraten forderte nun nicht nur die Aufnahme von Texas als Staat in die USA, sondern auch die Einverleibung des gesamten Oregonterritoriums, das noch unter gemeinsamer britisch-amerikanischer Verwaltung stand. Mit diesem Schachzug setzte Polk den Kandidaten der Whigs, Henry Clay, der in der Texasfrage schwankte, politisch matt. Nach Polks Wahlsieg sprachen sich Senat und Repräsentantenhaus im Februar 1845 für die Angliederung von Texas aus. Die endgültige Aufnahme in die Union erfolgte im Dezember 1845, obwohl die Grenzen des neuen Staates zu Mexiko umstritten waren.

Gleichzeitig verschärfte der neue Präsident Polk den Oregonkonflikt bis an die Schwelle des Krieges, indem er die gemeinsame Verwaltung aufkündigte. Die Londoner Regierung wollte mit Rücksicht auf Kanada eine militärische Konfrontation vermeiden und offerierte die Teilung Oregons entlang dem 49. Breitengrad – eine Kompromisslösung, die Polk selbst insgeheim anvisiert hatte. Der Grenzvertrag vom Juni 1846, der die Teilung völkerrechtlich festschrieb, enttäuschte nur die extremen Expansionisten. Die USA waren eine pazifische Macht geworden, obwohl in Oregon erst wenig mehr als 5 000 Amerikaner lebten.

INFOBOX

»Remember the Alamo!«
Bei der befestigten Missionsstation von Alamo (heute San Antonio, Texas) kamen während des texanischen Unabhängigkeitskampfes nach 13-tägiger Belagerung – vom 23. 2. bis zum 6. 3. 1836 – beim Sturmangriff einer mexikanischen Übermacht unter Antonio López de Santa Anna alle etwa 185 Verteidiger ums Leben, darunter so volkstümliche Amerikaner wie James Bowie, Davy Crockett und William Barret Travis. Auf mexikanischer Seite wurden etwa 600 Soldaten getötet oder verwundet.
Die Schlacht von Alamo wurde im amerikanischen Bewusstsein als Symbol für den texanischen Freiheitskampf verklärt und stand im Mittelpunkt mehrerer Filme.

Amerika

Der Mexikanische Krieg (1846–48)
Die Einigung über Oregon hielt der Administration Polk den Rücken für den erwarteten Zusammenstoß mit Mexiko frei. Ihre Begehrlichkeit richtete sich jetzt auf die Provinzen Neumexiko und Kalifornien. Als die mexikanische Regierung ein geheimes Angebot ablehnte, die beiden Territorien für rund dreißig Millionen Dollar an die USA zu verkaufen, provozierte Polk den Krieg, indem er amerikanische Truppen in das umstrittene Gebiet am Rio Grande beorderte. Ein Scharmützel nahm er zum Anlass, den Kongress zur Kriegserklärung aufzufordern, was am 13. Mai 1846 geschah.

Proteste europäischer Staaten hatten den Präsidenten in seiner Entschlossenheit bestärkt, eine rasche militärische Entscheidung zu suchen. Die große Mehrheit der amerikanischen Bevölkerung unterstützte den Krieg in einer Aufwallung patriotischer Gefühle, zumal sich schnell Erfolge einstellten. Kritik gab es hauptsächlich in Neuengland, wo viele Menschen von einer Machenschaft der slave power überzeugt waren. Zu den Opponenten im Kongress zählte der Whigabgeordnete Abraham Lincoln aus Illinois, der den Einmarsch nach Mexiko als rechtswidrige Aggression verurteilte.

Die historische Mission Alamo in San Antonio, Texas, ist im spanischen Kolonialstil erbaut. Der texanische Unabhängigkeitskampf um die Alamogarnison von 1836 weckt bis heute patriotische Gefühle.

Go West! – Die Darstellung setzt in pathetischem Stil der »heldenhaften« Erschließung des Westens durch die ersten Siedler ein Denkmal.

Die Mexikaner leisteten tapferen Widerstand, hatten aber der überlegenen Strategie der Amerikaner wenig entgegenzusetzen. Bis Anfang 1847 waren Kalifornien und Neumexiko durch das Zusammenwirken eines »Expeditionskorps«, das John Charles Frémont schon 1845 nach Westen geführt hatte, mit aufständischen Siedlern unter amerikanischer Kontrolle. Im Süden drangen die Truppen General Zachary Taylors über den Rio Grande vor und schlugen mexikanische Gegenangriffe zurück. Die Entscheidung fiel aber erst durch eine Landung bei Veracruz und die Eroberung von Mexico City durch General Winfield Scott im September 1847. Danach zeigte sich eine neue mexikanische Regierung verhandlungsbereit.

Im Frieden von Guadalupe Hidalgo 1848 verzichtete Mexiko auf Kalifornien und Neumexiko und erkannte die Rio-Grande-Grenze an. Dafür zahlten die USA 15 Millionen Dollar und übernahmen mexikanische Schuldverpflichtungen in Höhe von weiteren 3,25 Millionen Dollar. Diese Ausgaben und die hohen Kriegskosten wurden rasch durch die Entdeckung relativiert, dass der kalifornische Boden Gold im Wert von mehreren hundert Millionen Dollar barg.

Ungeachtet der beträchtlichen Verluste – 13 000 amerikanische Soldaten fielen oder starben an Krankheiten –

bestärkte der Ausgang des Krieges die Überlegenheitsgefühle der Angloamerikaner. Bei den Mexikanern, die unter politischer Instabilität und chronischer Finanznot litten, blieben tiefe Ressentiments zurück, die das gegenseitige Verhältnis dauerhaft belasteten.

Der Sklavereikompromiss von 1850
Mit der Einverleibung von Kalifornien und Neumexiko trat der Nord-Süd-Konflikt in ein neues Stadium ein. Im Repräsentantenhaus fand eine Gesetzesvorlage, das so genannte Wilmot Proviso, Unterstützung, die ein Verbot der Sklaverei in allen von Mexiko abgetretenen Gebieten vorsah. Der Senat lehnte diesen Vorschlag dagegen mehrfach ab. Stimmengewinne der sklavereifeindlichen Free Soil Party bei den Wahlen von 1848 beunruhigten die Weißen im Süden zusätzlich. 1850 beantragte Kalifornien, als sklavenfreier Staat in die Union aufgenommen zu werden. Der »Goldrausch« hatte die Bevölkerung dort innerhalb kurzer Zeit auf über 100 000 anschwellen lassen. Das Sklavereiverbot war nicht zuletzt deshalb zustande gekommen, weil die weißen Siedler und Goldsucher keine Konkurrenz von Schwarzen wünschten. Es gefährdete aber die Balance im Senat und damit das zunehmend prekäre Nord-Süd-Verhältnis.

Vor dem Goldrausch von 1848 war San Francisco noch eine kleine, beschauliche Hafenstadt, wie dieser kolorierte Stich zeigt.

In sieben Monate langen zähen Verhandlungen schnürte der demokratische Senator von Illinois, Stephen Arnold Douglas, ein »Kompromisspaket«. Der Norden konnte als Erfolg verbuchen, dass Kalifornien und Oregon sklavenfrei blieben und der Sklavenhandel in der Hauptstadt Washington, D.C., verboten wurde. Dafür erreichte der Süden die Öffnung von Utah und Neumexiko für die Sklaverei sowie die Verabschiedung eines Gesetzes, das die Rückgabe von geflohenen Sklaven an ihre Besitzer vorschrieb (Fugitive Slave Act). Dieses Gesetz war allerdings im Norden sehr unpopulär und lieferte den Abolitionisten neue Propagandamunition. Insgesamt stellte der »Kompromiss von 1850« einen Sieg der Interessenpolitik dar, der die fundamentalen Probleme ausklammerte. Im Norden wie im Süden breitete sich jedoch das Gefühl aus, weitere Zugeständnisse dürften auf keinen Fall mehr gemacht werden.

INFOBOX

Die Volkserhebungen der Alten Welt

»Als Europa 1848/49 von Revolutionen erschüttert wurde, standen die Amerikaner noch ganz unter dem Eindruck des Sieges über Mexiko. Insbesondere die deutschstämmigen Bürger sympathisierten mit den Volkserhebungen in der »Alten Welt« und versuchten, moralische und materielle Hilfe zu leisten. Im Unterschied zu Polk, der die revolutionären Regierungen umgehend anerkannt hatte, zog sich der Whig-Präsident Zachary Taylor ab März 1849 wieder auf die völkerrechtlichen Grundsätze der Nichteinmischung und Neutralität zurück. Um diese Zeit war das Scheitern der europäischen Revolutionen bereits abzusehen, und in der amerikanischen Öffentlichkeit breiteten sich Ernüchterung und Enttäuschung aus. Die Solidarität mit den europäischen Revolutionären lebte in der Hilfe weiter, die man den Flüchtlingen und Vertriebenen gewährte, darunter mehreren Tausend deutschen Forty-eighters mit Männern wie Friedrich Hecker, Franz Sigel und Carl Schurz an der Spitze. Diese drei brachten es zu hohen Ämtern und nahmen später als Generäle am Bürgerkrieg teil. Auch einige Frauen, etwa Mathilde Franziska Anneke, die sich in Wisconsin dem frühen Women's Movement anschloss, sollten in der amerikanischen Politik und Kultur noch eine bedeutende Rolle spielen.«

Charles Alexis Henri Clérel de Tocqueville, »Der alte Staat und die Revolution« (1856)

Amerika

Das Kansas-Nebraska-Gesetz von 1854
Die Anstrengungen, die Sklavereifrage aus der Innenpolitik herauszuhalten, wurden 1854 von Senator Douglas unterlaufen. Sein Plan einer transkontinentalen Eisenbahnlinie erforderte eine Regelung für das so genannte unorganized territory (nicht organisierte Territorium) zwischen Mississippi und Rocky Mountains. Der Missouri-Kompromiss von 1820 hatte bestimmt, dass der nördliche Teil dieses Gebietes sklavenfrei bleiben sollte. Douglas schlug dem Kongress vor, nach Ablösung der indianischen Landrechte zwei neue Territorien einzurichten, Kansas und Nebraska, deren Bewohner selbst über die Sklaverei entscheiden dürften.

Im Norden empfand man das im Mai 1854 verabschiedete Gesetz als endgültigen Beweis für die Absicht der slave power, das Sklavereisystem auf die gesamten USA auszudehnen. Der Streit um Kansas und Nebraska, der jetzt mit aller Heftigkeit losbrach, machte offenbar, dass das amerikanische Parteiensystem seine Kraft eingebüßt hatte, die sektionalen Interessengegensätze zu überbrücken und auszugleichen.

Jürgen Heideking †

Zu den kalifornischen Goldgräberstädten in der Sierra Nevada gehört auch Bodie, benannt nach Waterman S. Body, der hier 1859 Gold fand. Die etwa 50 noch heute stehenden Häuser gehören zum Bodie State Historic Park in der Nähe von Bridgeport.

Mittel- und Südamerika

Spaniens Rückzug aus der Neuen Welt: Lateinamerika am Vorabend der Unabhängigkeit

> **ZITAT**
>
> **1782 schildert ein Schweizer die Plantagenarbeit schwarzer Sklaven auf Santo Domingo:**
> ... ihre Glieder, schwer von der Hitze, ermüdet vom Gewicht ihrer Hacken... machten die größten Anstrengungen, alle Hindernisse zu überwinden. Das unbarmherzige Auge des Aufsehers beobachtete die Arbeitsgemeinschaft, und mehrere Wärter mit langen Peitschen... schlugen von Zeit zu Zeit hart selbst auf jene ein, welche die Müdigkeit zwang, ihre Arbeit zu verlangsamen...

Den beiden iberischen Kolonialmächten Portugal und Spanien führte der Siebenjährige Krieg einmal mehr vor Augen, wie stark die Position Großbritanniens in Übersee bereits geworden war. Die vorübergehende britische Besetzung Manilas, der heutigen Hauptstadt der Philippinen, und des Handelsknotenpunktes Havanna auf der Karibikinsel Kuba 1762/63 galt Madrid als mahnendes Beispiel für die militärische Verletzlichkeit seines überseeischen Imperiums. Während Marquis von Pombal, der Erste Minister des portugiesischen Königs Joseph I., schon 1755 erste Schritte unternommen hatte, um Brasilien stärker an das Mutterland zu binden, beantwortete der spanische König Karl III. nun diese bittere Erfahrung mit der Einleitung eines umfangreichen Reformprogrammes in Spanien und seinen amerikanischen Reichen.

Diese Reformpolitik des »aufgeklärten Absolutismus« schuf neue leistungsfähige Strukturen, an die die lateinamerikanischen Staaten nach ihrer Unabhängigkeit anknüpfen konnten. Sie trug somit langfristig dazu bei, deren Staatenbildungsprozess zu befördern, der gegen 1850 zu einem ersten Abschluss kam.

Die zur Umsetzung der Reformen in die Kolonien gesandten spanischen Beamten behandelten die Hispanoamerikaner häufig in herablassender Art und Weise. Mit dieser Geringschätzung unmittelbar konfrontiert, begannen die Amerikaner – und nicht nur vornehmlich die zum Teil aus den öffentlichen Ämtern verdrängte weiße Elite – verstärkt über ihre eigene Identität nachzudenken. Dabei orientierten sie sich nicht mehr allein am Mutterland; vielmehr identifizierte man sich mit der engeren Heimat, dem »kleinen Vaterland« (patria chica).

»Die zweite Conquista«: Die bourbonische Reformpolitik in Spanischamerika

Schon unter der Regierung König Philipps V. wurde 1739 als Reaktion auf britische Angriffe in der Karibik neben den bereits bestehenden Vizekönigreichen Neuspanien und Peru ein weiteres geschaffen, das die Verteidigung der karibischen Küste gewährleisten sollte: Neugranada mit der Hauptstadt Bogotá. In dessen Einzugsbereich lag die Meerenge von Panama, über die der gesamte Pazifikhandel mit Peru lief, mithin auch die Ausfuhr des für diese Zeit in seiner Bedeutung kaum zu überschätzenden Edelmetalls Silber. Die Reformpolitik nach 1763 widmete sich zunächst der Neuorganisation des Militärs und dem Ausbau der Verteidigungsstellungen. Als ambivalent erwies sich dabei der Beschluss, das reguläre Truppenkontingent durch Milizen zu ergänzen und somit weite Teile der Bevölkerung zum Militärdienst heranzuziehen: Die Spanier bewaffneten so jene Verbände, die sich später in den Unabhängigkeitskämpfen gegen das Mutterland stellen sollten.

Der portugiesische Staatsmann Marquis de Pombal betrieb nach dem Erdbeben von 1755 den Wiederaufbau Lissabons und sorgte sich um die Überseepolitik Portugals. Das Bild zeigt das Reiterstandbild König Josephs I. auf der Praça do Comércio in Lissabon; im Hintergrund der Arco Monumental da Rua Augusta.

Die Verteidigung der Mole von Havanna gegen die britische Flotte bei der Eroberung von Kuba (1762) hat der spanische Marinemaler Rafael Monleón y Torres als heroisches Seestück gestaltet. Die Briten besetzten die Insel schließlich für kurze Zeit (Madrid, Museo Naval).

Darüber hinaus unterwarf der bourbonische Reformeifer vor allem Justiz und Finanzverwaltung sowie Handel und Wirtschaft einem energischen Umgestaltungsprozess, der im Kern darauf zielte, den ökonomisch-fiskalischen Nutzen der Kolonien als Rohstofflieferant für die spanische Wirtschaft und als Absatzmarkt spanischer Produkte zu stärken.

Bereits 1765 entsandte der spanische König mit José de Gálvez einen Bürokraten als Generalinspektor (visitador) nach Neuspanien, der gleichermaßen vom Geist des aufgeklärten Absolutismus und von der Geringschätzung der Hispanoamerikaner durchdrungen war. Damit begann die »zweite Conquista«, unter der in erster Linie die in Amerika geborenen Nachfahren spanischer Einwanderer, die Kreolen, zu leiden hatten, die die gesellschaftliche Elite Hispanoamerikas bildeten und sich von den aus dem Mutterland kommenden Beamten zurückgesetzt und kontrolliert fühlten. Fortan sahen sie sich massiven Angriffen ausgesetzt: Madrid warf ihnen ein mangelhaftes Arbeitsethos vor, auf das die spanische Bürokratie im Wesentlichen auch die ihrer Einschätzung nach ungenügende wirtschaftliche Leistungsfähigkeit der Kolonien zurückführte; außerdem hielt ihnen die Krone Vetternwirtschaft vor.

Sehr schnell deckte Gálvez in Spaniens reichster Kolonie Schlampereien in der Finanzverwaltung und Kor-

Amerika

ruption im Justizwesen auf. Für Konfliktpotenzial sorgte zudem die zeitgleiche Vertreibung der Jesuiten aus den spanischen Reichen. Die Krone hielt der Gesellschaft Jesu unter anderem vor, einen Staat im Staate zu bilden. Der visitador selbst musste den Orden aus dem Vizekönigreich Mexiko ausweisen. Dieser Vorgang entfremdete die Kreolen zusätzlich dem Mutterland, war doch die hispanoamerikanische Elite in den Einrichtungen der Societas Jesu erzogen und geprägt worden.

Nach seiner Rückkehr bekleidete Gálvez von 1776 bis zu seinem Tod 1787 das Amt des Indienministers. Viele Impulse in der »Indienpolitik« gingen auf seine Initiative zurück. So ermöglichte er zum Beispiel Madrid durch die Neuorganisation der Finanzverwaltung sowie des Tabak-, Zucker- und Branntweinmonopols einen effektiveren Zugriff auf diese fiskalisch sensiblen Bereiche. Vor allem führte er das so genannte Intendantensystem ein, nach dem auf Provinzebene die bislang verstreuten Land- und Stadtkreise in Bezirke zusammengefasst wurden. Diesen Bezirken stand ein Beamter, der Intendant,

Die Stadt Antigua Guatemala, südwestlich der heutigen Hauptstadt von Guatemala, galt im 17. Jh. als eine der reichsten Städte der Neuen Welt. Wegen der häufigen Erdbeben sind die meisten der ehemals prächtigen Bauten der Kolonialzeit heute Ruinen. Im Hintergrund der erloschene Vulkan Agua.

vor. Er hatte beispielsweise sicherzustellen, dass bisher von den Lokalverwaltungen unterschlagene Steuern effektiver eingesetzt wurden.

Außerdem gewann die Krone ihren Einfluss auf die audiencias zurück. Diese als Appellationsinstanz dienenden und mit administrativen Aufgaben betrauten Gerichte waren bis zur Jahrhundertmitte – oft durch Ämterkauf – weitgehend in die Hände der Kreolen übergegangen. Gleichzeitig stärkte die Reorganisation der Provinzverwaltung die Position und das Zusammengehörigkeitsgefühl der Regionen. Zahlreiche Gliedstaaten der späteren unabhängigen Länder – in Zentralamerika sogar die Staaten selbst – fußten auf den seit 1782 eingeführten Intendantenbezirken.

1776 wurde ein neues Vizekönigreich am Río de la Plata geschaffen. Dieses übernahm nicht nur verteidigungsstrategische Funktionen gegen die nach Westen vorrückenden Brasilianer beziehungsweise Portugiesen. Auch ein Teil der Silberausfuhr, die traditionell über Lima abgewickelt wurde, lief nun von Hochperu, dem heutigen Bolivien, aus über Buenos Aires. Der Viehhandel und das Geschäft mit Häuten führten zu einem regelrechten Boom in diesem bislang eher vernachlässigten und unterentwickelten Teil des spanischen Amerika.

Die im 17.–18. Jh. erbaute Festung Portobello an der karibischen Küste der Meerenge von Panama war ein strategisch wichtiger Posten für den Handel zwischen Neugranada und Peru.

Amerika

Lateinamerika im 18. Jh. vor Ausbruch der Unabhängigkeitskriege

Buenos Aires entwickelte sich in der Folgezeit zu einem der dynamischsten Zentren Hispanoamerikas.

Aufstände vor 1808
Unter dem Indienminister Gálvez wurden seit 1776 Generalinspektionen in den Vizekönigreichen Neugranada und Peru durchgeführt. In Neugranada ging der visitador Juan Francisco Gutiérrez de Piñeres mit äußerster Rigidität vor. Ohne die Interessen der lokalen Kleinproduzenten zu berücksichtigen, wurden Zonen für den Tabakanbau neu ausgewiesen. Auf Kritik stieß ebenso, dass der Vertrieb des Branntweins den bisherigen Lieferanten entzogen und der königlichen Verwaltung zugeschlagen wurde. Als der eifrige spanische Beamte sich im Jahre 1781 der schon früher festgelegten, bisher jedoch nicht umgesetzten Möglichkeit der Steuererhöhung erinnerte und verfügte, die Umsatzsteuer um vier auf sechs Prozentpunkte zu erhöhen und deren Eintreibung scharf kontrollieren ließ, eskalierte die ohnehin schon ange-

ZITAT

Alexander von Humboldt kommentiert in seinem Reisetagebuch den Aufstand unter Führung Tupac Amarus:
Tupamaro, eines Kaziken Sohn, in Collegio erzogen, benutzte die Volksstimmung und bildete ein Heer von 30–40 000 Indianer(n), ließ sich thöricht in ofnem Felde schlagen... Tupamaro hatte Thorheit, auszubreiten, er wolle alle Nicht-Indier totschlagen... dicunt.

Diese Lithographie zeigt die Diamantenförderung in Brasilien. Unter Bewachung weißer Aufseher holen die vornehmlich schwarzen Arbeiter das Gestein aus der Mine, zerlegen es und sorgen für den Abtransport.

spannte Situation: Von März bis Juni 1781 erhob sich die Bevölkerung in weiten Teilen des Vizekönigreiches gegen den fiskalischen Druck. Der Vizekönig Manuel Antonio de Flores musste sogar die Hauptstadt Bogotá verlassen und an die Küste fliehen.

Auch im benachbarten Vizekönigreich Peru löste eine Visitationsreise stürmischen Protest aus. Das Interesse des dortigen Inspektors José Antonio de Areche galt vor allem der konsequenten Eintreibung des Indianertributs. Der im November 1780 beginnende Aufstand unter Führung eines indianischen Adligen, der sich in Gedenken an den von den Spaniern hingerichteten letzten Inkakönig Tupac Amaru nannte, bekämpfte zudem das System des Zwangshandels und die Zwangsrekrutierung von indianischen Arbeitskräften. Aber erst zu einem späten

Amerika

Zeitpunkt, als sich die Bewegung radikalisierte, wurden Stimmen laut, die die Unabhängigkeit von Spanien forderten. Das Zentrum der zwei Jahre dauernden Erhebung bildete das peruanisch-bolivianische Hochland mit der alten inkaischen Hauptstadt Cuzco. Getragen wurde die Rebellion vor allem von der indianischen Landbevölkerung; weder die Kreolen noch die Stadtbevölkerung konnten als Verbündete gewonnen werden, auch etliche Häuptlinge der Indios, die Kaziken, solidarisierten sich nicht mit den Aufständischen. Diese mangelnde Geschlossenheit und der Umstand, dass ein Teil der Indios letztlich desertierte, um die Arbeit auf den Feldern wieder aufzunehmen, bedingten unter anderem das Scheitern der Rebellion.

Die portugiesischen Reformen in Brasilien

Schon seit 1755 bemühte sich die portugiesische Krone darum, die Bande zwischen Lissabon und Brasilien wieder enger zu knüpfen. 1763 wurde der Sitz des Vizekönigs von Bahia, dem heutigen Salvador, nach Rio de Janeiro verlegt. Damit trug man der Tatsache Rechnung,

Die Stadt Ouro Prêto im brasilianischen Bundesstaat Minas Gerais wurde 1701 von Goldsuchern gegründet und gelangte schnell zu großem Reichtum. Zahlreiche Straßenzüge des 18. Jh. mit zweigeschossigen Häusern sind unverändert erhalten.

dass in der nahe gelegenen Region Minas Gerais ein neues ökonomisches Zentrum entstanden war, auch wenn der Goldboom, der 1690 eingesetzt hatte, just zum Zeitpunkt der Hauptstadtverlegung abebbte. Gleichwohl blieb die Region nicht zuletzt wegen bedeutender Diamantvorkommen nach wie vor wichtig. Doch auch der Zucker produzierende Norden, der wertmäßig gut die Hälfte aller Exporterlöse Brasiliens erwirtschaftete, behielt seine ökonomische Bedeutung. Neu gegründete Handelsgesellschaften sollten helfen, die Rohstofflieferungen – vor allem von Baumwolle und Zucker – nach Europa zu steigern.

Im Vergleich mit der spanischen wies die portugiesische Politik zwei charakteristische Unterschiede auf. Zum einen respektierte Portugal stets die Interessen Großbritanniens, mit dem es seit dem 17. Jahrhundert enge Beziehungen unterhielt. Zum anderen kooperierte Lissabon mit den lokalen Eliten Brasiliens, wohingegen in Spanischamerika sich die aus dem Mutterland entsandten Beamten über die alteingesessenen Familien hinwegsetzten. Gleichwohl formulierte auch Portugal ein ausgeprägtes fiskalisches Interesse an der Kolonie. Der wachsende Steuerdruck führte in der von einer wirtschaftlichen Krise heimgesuchten Region Minas Gerais zu Unmut unter den Bergwerksbetreibern. In der Verschwörung eines nebenberuflich als Zahnzieher tätigen und daher den Beinamen Tiradentes führenden Offiziers, der ein republikanisches Brasilien forderte, erreichte der im Ergebnis folgenlos gebliebene Protest 1789 seinen Höhepunkt.

Die Auswirkungen der Amerikanischen und der Französischen Revolution

Die Wirkung der Amerikanischen – gemeint ist die nordamerikanische – und der Französischen Revolution auf die Bevölkerung Lateinamerikas ist insgesamt schwer abzuschätzen. Scheinbar bestimmte Gleichgültigkeit die Einstellung der Hispanoamerikaner und Brasilianer. Die spanische Kolonialmacht hingegen verfolgte das Aufkommen revolutionärer Ideen mit äußerster Härte. Den Kolumbianer Antonio Nariño brachten seine Übersetzung der französischen Menschenrechtserklärung und die Abfassung weiterer Schriften ins Gefängnis. Derartige Exempel konnten die Beschäftigung mit dem revolutio-

Diese aus dem 18. Jh. stammenden Zeichnungen von Vögeln sind Bestandteil der von spanischen Missionen gesammelten Zeichnungen von Volkstypen, Tieren und Pflanzen aus Südamerika (Weimar, Stiftung Weimarer Klassik und Kunstsammlungen).

Amerika

1ª Spatula o Ayaya. 2ª Pelicano di gran gozzo. 3ª Oca Magellanica. 4ª Juarà. 5ª Aguapecacà, o Gallina acquatica armata. 6ª Jacanà. 7ª Jacanà bruno. 8ª Uccello de' Tropici.

> **ZITAT**
> **Bei einem Aufenthalt in Cartagena (Kolumbien) im Frühjahr 1801 notiert Alexander von Humboldt in seinem Tagebuch:**
> *1794 in S(anta) Fe ein Aufruhr?, weil ein Franzose Rious (der Arzt Louis de Rieux) aus Carcassone die Rechte des Menschen gedruckt und ausgetheilt. Man übte viel Grausamkeit aus und Prozess noch nicht geendigt.*

nären Gedankengut indes nicht verhindern. Das beweisen die Postulate in den Unabhängigkeitskämpfen, in denen die neuen Ideen schnell die in der Tradition der Spätscholastik stehenden Legitimationsmuster verdrängten. Zur eher vorsichtigen Rezeption trug sicherlich bei, dass die kreolische Elite soziale oder ethnische Spannungen befürchtete, sollten die neuen Ideen weiter um sich greifen.

Sichtbar und entscheidend verschlechterte sich das Verhältnis zwischen den amerikanischen Kolonien und Madrid in der Zeit der Koalitionskriege. Obgleich Spanien seine Neutralität zu wahren suchte, wurde es doch im Rahmen einer zunächst antifranzösischen und seit 1795 antibritischen Allianz in die Auseinandersetzungen hineingezogen. In deren Folge stiegen nicht nur die Staatsschulden horrend an, auch der Überseeverkehr wurde empfindlich gestört. Die Bonarenser Händler blieben auf ihren Häuten sitzen, die Kakaoexporteure aus Venezuela mussten Einbußen hinnehmen, und der Zustrom von Silber sowie Farbstoffen stockte ebenfalls. So begann man sich in Hispanoamerika allmählich an den Gedanken zu gewöhnen, dass man Handel auch mit anderen Ländern treiben konnte.

Die erste Unabhängigkeitsbewegung Lateinamerikas: Haiti (1804)

Nach den USA erkämpfte sich in Amerika die Karibikinsel Hispaniola, die de jure seit 1697 in einen französischen Teil – Haiti – und in einen spanischen Teil – Santo

Noch vor dem Unabhängigkeitskampf in Ecuador, der 1809 begann, besuchte Alexander von Humboldt das Land. Friedrich Georg Weitschs Gemälde zeigt ihn mit seinem Botaniker Aimé Bonpland auf der Hochebene von Tapia am Fuß des Chimborazo 1802 (1810; Berlin, Humboldt-Museum Schloss Tegel).

Amerika

Im Norden des heutigen Haiti brach im August 1791 ein Aufstand aus, der bald die gesamte französische Kolonie erfasste. Eine um 1840 entstandene Radierung zeigt den Aufstand der schwarzen Sklaven im heutigen Leogane.

Domingo – geteilt war, die Unabhängigkeit. Haiti zählte etwa eine halbe Million Einwohner, von denen 88 Prozent Schwarze und sechs Prozent Mischlinge waren; die weiße Elite belief sich ebenfalls auf sechs Prozent. Diese Sklavenhaltergesellschaft, die fast ausschließlich Zucker für das französische Mutterland produzierte, band das merkantilistische Handelssystem an Frankreich.

Als 1788 in Paris eine Notabelnversammlung und kurze Zeit später die Generalstände einberufen wurden, fühlten sich die weißen Pflanzer ermutigt, ebenfalls Forderungen an den französischen König zu stellen. Im Laufe des Jahres 1789 geriet Haiti in den Sog der revolutionären Ereignisse, ohne dass die Weißen ein Übergreifen der politischen Forderungen auf Mulatten und Sklaven verhindern konnten. Namentlich die Mulatten, die in der haitianischen Sklavenhaltergesellschaft eine Art Mittelschicht bildeten, verlangten die Menschen- und Bürgerrechte. Dagegen verwahrte sich die weiße Bevölkerung, wobei der Widerstand insbesondere von Kleinhändlern, Gewerbetreibenden und freien weißen

Der »schwarze Napoleon« François Dominique Toussaint Louverture in der Pose des Schlachtenlenkers. 1799 zum Generalgouverneur von Haiti ernannt, wurde er 1802 von französischen Truppen verhaftet und in Frankreich interniert, wo er im darauf folgenden Jahr starb.

Landarbeitern ausging. Nicht zuletzt angesichts eines Mulattenaufstandes im Jahre 1791 verfügte die Konstituante die volle rechtliche Gleichstellung der Mischlinge beziehungsweise Freigelassenen.

Noch im gleichen Jahr forderten die Sklaven ihre Freiheit und organisierten im Norden Haitis einen Aufstand, der rasch auf die gesamte Insel übergriff. Dabei verwandten sie royalistische Symbole; offensichtlich erhofften sie von der Monarchie Unterstützung, wenngleich der bereits 1685 von der Krone verabschiedete Code noir, eine Sammlung von Sklavenschutzgesetzen, kaum angewandt worden war. Die politischen Richtungskämpfe im revolutionären Frankreich verunsicherten die Weißen in Haiti zunehmend. Als schließlich 1793 Großbritannien und Spanien Frankreich den Krieg erklärten, glaubten die jakobinischen Kommissare auf Haiti die Loyalität gegenüber Frankreich nur dadurch sicherstellen zu können, dass man den schwarzen Sklaven im Februar 1794 die Freiheit zubilligte.

Durch die Abschaffung der Sklaverei ermutigt, wechselte einer der schwarzen Rebellenführer, der bislang auf der Seite der Spanier gestanden hatte, die Front: François Dominique Toussaint Louverture. Nachdem Spanien 1795 im Frieden von Basel die Osthälfte der Insel an Frankreich abgetreten hatte, stieg Toussaint zur alles beherrschenden Figur auf. Als Gouverneur baute er seine Macht aus – Frankreich hatte seinen Einfluss auf Hispaniola so gut wie verloren. Aus einem Bürgerkrieg 1799 zwischen Mulatten und altfreien Schwarzen im Süden einerseits und den erst vor kurzem emanzipierten Sklaven andererseits ging Toussaints Partei als Sieger hervor.

Für die schwarze Bevölkerung hatte sich allerdings kaum etwas geändert: Nur wenige kamen in den Genuss von Landverteilungen; für die Masse der ehemaligen Sklaven wurde vielmehr ein harter Arbeitsdienst eingeführt. Unter dem Konsulat des späteren französischen Kaisers Napoleon I., der sich die Interessen der haitianischen weißen Emigranten zu Eigen gemacht hatte und die Sklaverei wieder einführen wollte, brach ein Aufstand der schwarzen Bevölkerung aus, in dessen Verlauf die Rebellen unter Jean Jacques Dessalines im November 1803 die napoleonischen Truppen und die Weißen aus

Haiti vertrieben. Dessalines erklärte Haiti 1804 für unabhängig und begründete ein Kaiserreich.

Die Wirkung der Vorgänge auf Haiti seit 1791 kann nicht überschätzt werden. In jenen Regionen des kolonialen Lateinamerika, in denen die Sklaverei verbreitet war – in der Karibik und im östlichen Teil des Kontinents, von Brasilien bis zum Río de la Plata –, galt der Aufstand der weißen Oberschicht als warnendes Beispiel dafür, wohin die Verbreitung der Ideen der Französischen Revolution führen konnte. *Peer Schmidt*

Der Unabhängigkeitskampf beginnt: Von der politischen Krise zu den liberalen Revolutionen

Erst als die Krone Spaniens selbst Zeichen politischer Schwäche zu erkennen gab, griff der Funke des Unabhängigkeitsgedankens wirklich auf Lateinamerika über. Ausgelöst wurde die Staatskrise, die auch Portugal und sein Imperium erfasste, durch die napoleonische Außen- und Handelspolitik. Das traditionell englandfreundliche Portugal beteiligte sich nicht an der von Napoleon I. verfügten Kontinental- beziehungsweise Handelssperre. Auf französischen Druck hin gewährte Spanien den napoleonischen Truppen ein Durchmarschrecht bis zur portugiesischen Grenze. Angesichts des französischen Vorrückens floh das Königshaus am 22. Januar 1808 unter dem Schutz der britischen Marine nach Brasilien. So wurde Rio de Janeiro für die kommenden zwölf Jahre Regierungssitz und damit Zentrum der portugiesischen Monarchie. Die Präsenz der Bragança in Brasilien trug dazu bei, Unabhängigkeitsbestrebungen im Keim zu ersticken.

Staatskrisen in Spanien und Portugal
In Spanien nutzte Napoleon den Streit zwischen König Karl IV. und dessen Sohn Ferdinand, in dessen Folge 1808 der Vater zugunsten seines Sohnes zur Abdankung gezwungen wurde, um sich der Bourbonen zu entledigen. Im gleichen Jahr ließ der französische Kaiser seinen Bruder als Joseph I. zum spanischen König ausrufen, woraufhin sofort ein Aufstand ausbrach. Auch in allen größeren Städten Hispanoamerikas bekundeten die lo-

Der Erste Hofmaler Francisco José de Goya y Lucientes porträtierte die spanische königliche Familie im Jahr 1800. Im Zentrum Karl IV. und die Königin Marie Luise (Madrid, Prado).

kalen und regionalen Eliten Ferdinand VII. ihre Treue. Von Loslösung war zunächst nicht die Rede.

Während Ferdinand im französischen Exil in Bayonne weilte, formierte sich in Spanien eine Juntabewegung, die eine konstitutionelle Monarchie etablieren wollte. An eine gleichberechtigte Beteiligung der etwa 15 Millionen Hispanoamerikaner – denen rund zehn Millionen Spanier gegenüberstanden – dachte die liberale Bewegung indes nicht: Nur dreißig der 105 Abgeordneten der verfassunggebenden Versammlung in Cádiz sollten aus Spanischamerika kommen. Wenn auch diese ungleiche Repräsentation heftig umstritten war, setzte sich schließlich die spanische Interpretation durch, nach der den Schwarzen und den Mulatten das Wahlrecht verweigert wurde. Damit blieb zum Beispiel in Venezuela, in Neugranada und in der Karibik ein erheblicher Teil der Bevölkerung von den demokratischen Neuerungen ausgeschlossen.

Zwei Faktoren trugen überdies beträchtlich zur Destabilisierung in Lateinamerika bei. Zum einen wurde offensichtlich, dass das Mutterland keine einheitliche Führung mehr besaß: Joseph I. sah sich heftigem spanischem Widerstand gegenüber, die Zentraljunta kontrollierte nur die Bucht von Cádiz, und von Ferdinand VII. kamen aus dem Exil keine politischen Signale. Zum anderen initiierten Teile der in Hispanoamerika, namentlich in Buenos Aires und in Mexiko lebenden Spanier selbst Aufstände. Vor allem die im Spanienhandel engagierten, in den Kaufmannsvertretungen (consulados) organisierten Kaufleute und ein Teil der im Umfeld der audiencias anzusiedelnden Kronbürokratie befürchteten, die Vizekönige könnten eine den Kreolen freundlich gesinnte Politik mit den entsprechend schädlichen Auswirkungen auf ihre Interessen einleiten. Um dem zuvorzukommen, erhoben sie sich. Der Widerstand der Hispanoamerikaner ging im Wesentlichen von den Stadträten aus, die – bis auf Buenos Aires – das Sprachrohr der Kreolen darstellten.

Darüber hinaus gab die Schwester des im Exil weilenden Königs Ferdinand, Carlotta Joaquina, die mit dem portugiesischen Regenten Johann verheiratet war, vor, sie wolle die Regentschaft für ihren Bruder ausüben. So taktierte sie zum Teil gegen Ferdinand VII. und trug zur weiteren Verunsicherung bei. Letztlich allerdings verriet sie jene, die mit ihr zusammenarbeiten wollten, und lieferte sie an die spanientreuen Kreise aus.

Das Geflecht unterschiedlicher, zum Teil entgegengesetzter Interessen und die Führungsschwäche Madrids, die fortgesetzte Diskriminierung der Hispanoamerikaner sowie ökonomische Probleme – Hispanoamerika litt nach wie vor unter der Unterbrechung der Handelswege – radikalisierten die Bewegung, die eine Loslösung von Spanien anstrebte.

Die Unabhängigkeitskämpfe beginnen
Allen voran schritt dabei das ehemalige Vizekönigreich Río de la Plata mit der eine Art Hegemonialstellung beanspruchenden Hauptstadt Buenos Aires. Die Nachricht von der französischen Besetzung Südspaniens beantwortete Buenos Aires mit der Absetzung des Vizekönigs im Mai 1810 und der Unabhängigkeitserklärung kurze Zeit

> **ZITAT**
> **Aus dem »Politischen Journal« 1819 zur »Biographie des Insurgenten-Chefs Bolívar«:**
> *Er hat ein Spanisches Gesicht vom angenehmsten Ausdruck, feurige schwarze Augen, regelmäßige Züge, ist von mittlerer Größe, sehr beredt, mit kühnem Character und glänzender Einbildungskraft begabt. Er ist sehr gebildet, thätig und lernbegierig, und hat sich mit allen neuen Erfindungen vertraut gemacht...*

Mit dem Madrider Aufstand vom 2. 5. 1808 begann die Erhebung Spaniens gegen die französische Besetzung und die Herrschaft Josephs I. Goyas berühmtes Gemälde zeigt die Erschießung der insgesamt 43 Patrioten am folgenden Tag (Madrid, Prado).

später. Dagegen wandte sich Hochperu, das spätere Bolivien, in der Schlacht von Suipacha am 7. November 1810 vom Río de la Plata ab und schlug sich auf die Seite des royalistischen Lima. An dieser Konstellation änderten auch die späteren Einigungsversuche der Bonarenser nichts mehr.

Ein weiteres wichtiges Zentrum des Unabhängigkeitskampfes bildete Venezuela. Obgleich dort 1806 einer der ersten Aufstandsversuche unter Francisco de Miranda gescheitert war, wurde Caracas erneut von einer Unabhängigkeitsbewegung erfasst. Eine Versammlung von Stadtbürgern verweigerte am 19. April 1810 der Zentraljunta in Cádiz die Anerkennung. Die meisten venezolanischen Städte folgten diesem Beispiel, und am 5. Juli 1811 erklärte ein aus sieben Provinzen zusammengesetzter Kongress in Caracas Venezuela für unabhängig. Doch die junge Republik konnte sich nicht halten: Am 25. Juli 1812 unterzeichnete Miranda die Kapitulation. Als er das Land verlassen wollte, wurde er im Hafen von La Guaira von dem jungen Simón Bolívar verhaftet und

> **INFOBOX**
>
> **San Martín und Bolívar**
> Am 26. und 27. 7. 1822 kam es in der ecuadorianischen Hafenstadt Guayaquil zur Begegnung der beiden führenden Persönlichkeiten der Unabhängigkeitskriege: des Argentiniers José de San Martín, der 1817 Chile von der spanischen Herrschaft befreit hatte und »Protektor« Perus war, und Simón Bolívars, der den Norden Südamerikas befreit hatte. Sie diskutierten über die anzustrebenden Staatsformen und die Möglichkeiten der Zusammenarbeit ihrer Unabhängigkeitsbewegungen. Im Hinblick auf die Staatsform vertrat San Martín seinen alten Plan einer Monarchie mit einem europäischen Prinzen, während Bolívar an der Republik festhielt. Besonders heftig stießen sie hinsichtlich gegenseitiger Hilfeleistungen aufeinander. Bolívar weigerte sich, auf San Martíns Wunsch einzugehen, der zur Beendigung der Kämpfe in Peru ein starkes Truppenkontingent forderte. Auch das Angebot San Martíns, sich dem Befehl Bolívars zu unterstellen und gemeinsam mit ihm den Kampf fortzusetzen, nahm der »Libertador« nicht an. Ohne sich auf ein direktes Kräftemessen mit Bolívar einzulassen, überließ San Martín seinem einflussreicheren Konkurrenten 1824 das militärische und politische Feld und begab sich nach Europa ins Exil.

den Spaniern übergeben. Man wird diesen Akt sowohl als Rivalität zwischen Miranda und Bolívar interpretieren dürfen als auch als einen Protest des zukünftigen Führers gegenüber der zu konzilianten Politik Mirandas.

Im benachbarten Neugranada spielte Cartagena bei der Loslösung vom Mutterland eine besondere Rolle. Diese im Überseehandel engagierte Hafenstadt strebte einen freien Schiffsverkehr an, der bislang vom spanischen Handelssystem verhindert worden war. Eine kreolische Junta setzte den dortigen Gouverneur ab. Von der Küste aus erfasste die Aufstandsbewegung schließlich auch das Hochland und die Hauptstadt Bogotá, in der eine Junta Vizekönig Antonio Amar y Bourbon absetzte. Rivalitäten schwächten wie so oft in dieser ersten Phase des Unabhängigkeitskampfes die Reihen der so genannten Patrioten: Cartagena erkannte Bogotá als Tagungsort für die anstehenden Beratungen nicht an, und die Hafenstadt Santa Marta, die in Konkurrenz zu Cartagena stand, hielt zu Spanien. Als man sich im Dezember 1810 in Bogotá traf, war mithin nur ein Teil des Landes vertreten.

> **ZITAT**
>
> **Der Kolumbianer Pedro Fermin de Vargas kritisiert die Monopolstellung Cartagenas:**
> *Es gibt keinen Grund, warum sich ganz Neugranada nur über den Hafen Cartagena mit spanischen Waren versorgen kann und man sich direkt über die Häfen bedienen kann, die den verschiedenen Zentren am nähesten liegen. Dieses ganze System bedeutet nichts anderes als ein Monopol Cartagenas und die Tyrannei der Händler jenes Hafens...*

Das Zerwürfnis unter den Neugranadinern gipfelte zunächst in der Gründung zweier Staaten: Die neugranadinische Provinz Cundinamarca mit der Hauptstadt Bogotá erhielt einen zentralistischen Staatsaufbau; der erste Präsident wurde Antonio Nariño. Schließlich formierte sich eine föderalistische Gegenrepublik, der »Staatenbund der Vereinigten Provinzen von Neugranada« in Tunja.

Zwar hatte die venezolanische Befreiungsbewegung mit der Kapitulation von 1812 unter Miranda eine schwere Niederlage erlitten, doch ließ sich Simón Bolívar von diesem Rückschlag nicht entmutigen. Von Cartagena aus rief er im November 1812 zum Kampf gegen die Spanier auf. Mit einem Heer von lediglich 600 Kämpfern begann er seinen Marsch nach Venezuela, dem sich immer mehr Menschen anschlossen. Am 6. August 1813 zog er in Caracas als libertador (Befreier) ein.

Nach Bolívar trug die föderative Verfassung der ersten venezolanischen Republik eine wesentliche Schuld an deren Untergang. Er, der das napoleonische Herrschaftssystem und die Problematik von Verfassungsexperimenten sowie politischer Regimewechsel aus eigener Anschauung kannte, lehnte – ohne den Liberalismus völlig infrage zu stellen – die bloße Übertragung dieses politischen Modells auf Lateinamerika ab. Daher wurde die zweite venezolanische Republik zentralistisch organisiert, und Bolívar erhielt 1814 diktatorische Vollmachten. Im gleichen Jahr jedoch schlugen sich die Viehhirten (llaneros) des Orinocobeckens – eine unterbäuerliche Schicht von armen Weißen, Mulatten und ehemaligen Sklaven – auf die Seite der Royalisten und stellten sich gegen Bolívar. Somit war auch die zweite venezolanische Republik gescheitert.

In das Jahr 1810 fällt auch ein wichtiger Sezessionsversuch in der reichsten Kolonie Spaniens. In Mexiko kam es zu einem Aufstand, der von dem Dorfgeistlichen Miguel Hidalgo y Costilla und einigen Lokalbeamten nördlich von Mexiko-Stadt im Bajío initiiert wurde. Die indianisch-mestizische Landbevölkerung versammelte sich um den Pfarrer. In der Hoffnung auf Landverteilung und auf eine Verbesserung des Lebensstandards folgte dem Geistlichen bald eine Truppe von 80 000 Männern. Zwar konnte eine gut 6 000 Mann starke spanische Armee die Aufständi-

Amerika

schen zunächst militärisch besiegen, nicht jedoch den Aufruhr endgültig beenden. Nach dem Tod Hidalgos erwuchs der Bewegung in dem Geistlichen José María Morelos y Pavón ein neuer Führer. Der Trupp der Aufständischen wandte sich nach Südwesten und Südmexiko.

Schließlich wurde in Chilpancingo eine Nationalversammlung einberufen, die als Höhepunkt ihrer Beratungen am 6. November 1813 die Unabhängigkeit Mexikos ausrief. Der Aufstand unter Führung der beiden Geistlichen zeigte einmal mehr, dass die Unabhängigkeitsbestrebungen nicht allein auf die politische Ebene beschränkt blieben; vielmehr verbanden sich mit ihnen soziale Forderungen, die zu erfüllen die Kreolen freilich

In diesem Haus in Caracas wurde am 24. 7. 1783 der Anführer der lateinamerikanischen Unabhängigkeitsbewegung, Simón Bolívar, geboren.

Das Bild hält Simón Bolívars triumphalen Einzug in Caracas am 6. 8. 1813 fest.

nicht gewillt waren. So wird verständlich, dass die kreolische Oberschicht schließlich einen Pakt mit der spanischen Kolonialverwaltung schloss, um die Erhebung endgültig niederzuschlagen.

Diese erste Phase der Aufstandsbewegungen hatte deutlich werden lassen, wie sehr die Regionen oder Provinzen doch untereinander zerstritten waren. Auch hinsichtlich der sozialen Trägerschaft waren jeweils nur Teile, nie aber die gesamte Bevölkerung zum Aufstand bereit. Die Bewegungen schwächten sich somit zum großen Teil selbst.

Im Jahre 1814, als sich der Sturz Napoleons abzeichnete, kehrte Ferdinand VII. nach Spanien zurück. Mit seinem Regierungsantritt wurde in Spanien und in den Kolonien das absolutistische Regiment wiederhergestellt. Hatte man sich in Hispanoamerika gerade an Wahlen, Abgeordnete und an eine verfassungsmäßige Ordnung gewöhnt, so gab nunmehr die koloniale Bürokratie zu verstehen, dass diese Phase konstitutioneller Herrschaft beendet sei. In der Tat gewann Spanien in Hispanoamerika noch einmal die Oberhand. Ein im Februar 1815 entsandtes Expeditionsheer besiegte die letzten aktiven Aufständischen in Neugranada. Das gesamte nördliche Südamerika war wieder in spanischer Hand. Auch in Chile wurde der maßgeblich von Bernardo O'Higgins organisierte Widerstand bereits 1814 gebrochen. Doch trug die harte Haltung Ferdinands VII. gegenüber seinen amerikanischen Untertanen zur weiteren Entfremdung bei.

Venezuela und Buenos Aires als Zentren des südamerikanischen Befreiungskampfes im Jahre 1816
Betrachtet man die Kräfteverteilung im Jahre 1815, so war nur das Gebiet um den Río de la Plata wirklich für die Unabhängigkeit gewonnen worden. Doch auch in Venezuela gab sich Simón Bolívar nicht geschlagen. In seinem berühmten Brief aus Jamaika rief er zum Bruch mit Madrid auf. Dem folgte ein neuer Versuch, Venezuela von der spanischen Herrschaft zu befreien. Diesmal aber gewann Bolívar 1818 die llaneros. Des Weiteren versprach er den Sklaven ihre Freiheit – ein mutiger Schritt, wenn man die haitianischen Entwicklungen bedenkt.

> **ZITAT**
> **Aus Simón Bolívars Rede vom 15. 2. 1819 zur Eröffnung des Kongresses von Angostura:**
> *Haben Sie die Güte und geben Sie Venezuela eine zutiefst demokratische, zutiefst gerechte, zutiefst moralische Regierung, welche Unterdrückung, Anarchie und Unrecht in Fesseln schlägt. Eine Regierung, welche Unschuld, Menschlichkeit und Friede walten lässt. Eine Regierung, welche unter der Herrschaft unerbittlicher Gesetze Gleichheit und Freiheit triumphieren lässt.*

Der Kongress von Caracas (1811) erklärte die Unabhängigkeit Venezuelas und verhängte das Kriegsrecht. Francisco de Miranda wurde zum Oberbefehlshaber mit diktatorischen Vollmachten ernannt. Das Fresko im Rathaussaal von Caracas zeigt die Unterzeichnung der Unabhängigkeitsakte.

Auf dem Kongress von Angostura 1819 entwarf er für das noch zum großen Teil von Spaniern besetzte Land eine zentralistische Verfassung. Von einer lebenslangen Präsidentschaft und einem erblichen Senat erhoffte sich Bolívar politische Stabilität. Ferner wollte er die staatliche Einheit mit Neugranada und Ecuador anstreben und damit eine Republik Großkolumbien etablieren. Folgerichtig marschierte Bolívar auf die alte Hauptstadt des Vizekönigreiches Bogotá zu. Am 7. August 1819 vernichtete er die royalistischen Truppen an der Brücke von Boyacá. Der Kongress von Cúcuta 1821 beschloss dann die Vereinigung von Venezuela, Neugranada und Quito zu einem zentralistisch verfassten Großkolumbien. Am 24. Juni bezwang Bolívar in der Schlacht bei Carabobo die Spanier im nördlichen Andenraum endgültig.

Die Regierung in Buenos Aires erblickte in den royalistischen Regierungen eine Gefahr für ihre eigene Sicherheit. So schwang sich ein argentinisches Heer unter José de San Martín auf, den chilenischen Unabhängigkeitskämpfern beizustehen. Es marschierte über die Anden nach Chile und besiegte dort in kurzer Zeit 1817 die

Zwischen Paraguay und Brasilien liegt am oberen Paraná die kleine argentinische Provinz Misiones, die ab 1617 durch die Indianerreduktionen der Jesuiten erschlossen wurde. Nach der Vertreibung der Jesuiten 1767 verfielen die Gebäude; im Bild die Ruinen der Jesuitenmission Santa Ana.

Der Geistliche José María Morelos y Pavón wurde von dem spanischen Expeditionskorps im Oktober 1815 gefangen genommen und zwei Monate später erschossen. Damit scheiterte die erste große mexikanische Unabhängigkeitsbewegung.

Spanier. Nachdem sich Bolívar in Neugranada durchgesetzt hatte, blieb am Ende des Jahres 1818 noch Peru, das sich die gesamte Zeit über als das spanientreueste Vizekönigreich erwiesen hatte. Widerstand gegen die spanische Herrschaft leisteten dort vor allem Guerilleros, die in Hochperu im Kleinkrieg gegen den Kolonialherrn kämpften. Gegen diese Bastion des Royalismus auf dem südamerikanischen Kontinent richteten sich nun die Aktivitäten Bolívars und San Martíns.

Der endgültige Bruch zwischen Mutterländern und Kolonien
Bis zum Jahre 1820 befanden sich immer noch weite Teile Hispanoamerikas – Mexiko, Zentralamerika, Kuba und Peru – in der Hand der Spanier. Es war einmal mehr das Mutterland selbst, das den weiteren Kurs zur Unabhängigkeit bestimmte. Als 1820 eine liberale Bewegung die Wiedereinführung der Verfassung von Cádiz durchsetzte, wurde die Position der Royalisten geschwächt. Auch stockte der Nachschub von Truppen und Waffen, um die spanische Sache zu unterstützen. Erneut mussten die Hispanoamerikaner erkennen, dass auch ein liberales Spanien ihnen keine wirkliche Gleichberechtigung zugestehen würde.

In Mexiko lehnte man die abermalige Vorherrschaft Spaniens – diesmal im liberalen Gewande – ab. Dass die Mexikaner ihre Unabhängigkeit 1821 keineswegs als konservative Reaktion auf eine liberale Verfassung verstanden wissen wollten, wie das lange Zeit in der Historio-

Peter I., der spätere Kaiser von Brasilien, rief im Dezember 1822 die Unabhängigkeit Brasiliens aus (zeitgenössische kolorierte Lithographie; Paris, Bibliothèque Nationale de France).

graphie dargestellt wurde, geht schon aus der Tatsache hervor, dass sich das junge Land selbst eine Konstitution gab – aber eben eine mexikanische und keine spanische.

Mit der Unabhängigkeit Mexikos, der sich auch Zentralamerika anschloss, blieb nur noch Peru als letzte Bastion der Royalisten. Wie schon 1808 brach der Konflikt innerhalb der Kolonialverwaltung aus. Der Vizekönig zeigte sich gegenüber den peruanischen Liberalen, die inzwischen von San Martín unterstützt wurden, nachgiebig, wohingegen spanientreue Offiziere diesen konzilianten Kurs missbilligten. Obwohl im Verlauf der kriegerischen Auseinandersetzungen Lima 1821 zum ersten Mal in die Hände der Patrioten geriet, konnten sich San Martíns Truppen nicht gegen die Royalisten im gesamten Peru durchsetzen. Der General selbst nahm die Stellung eines Protektors ein; die Verabschiedung einer Verfassung war nach dem endgültigen Sieg über die spanischen Truppen vorgesehen.

Bei einer Unterredung zwischen Bolívar und San Martín in Guayaquil 1822 räumte der Argentinier, der politisch und militärisch immer mehr an Unterstützung verloren hatte, den Platz für Bolívar. Inzwischen waren die royalistischen Truppen von General Antonio José Sucre, dem späteren ersten verfassungsmäßigen Präsidenten Boliviens, im Gebiet des heutigen Ecuador entscheidend geschlagen worden. Nachdem nun Großkolumbien etabliert war, wandte sich Bolívar Peru zu, wo er im September 1823 eintraf. Dort versuchte er, die zerstrittenen patriotischen Fraktionen zu einen. Als Nichtperuaner wurde er mit diktatorischen Vollmachten ausgestattet. In der Schlacht von Ayacucho am 9. Dezember 1824 konnte der militärische Widerstand der Spanier endgültig gebrochen werden.

Auch in Portugal ereignete sich 1820 eine liberale Revolution, in deren Folge die Liberalen auf die Rückkehr des Königshauses aus Brasilien pochten. Johann VI. entsprach diesem Verlangen und ließ seinen Sohn Peter als Stellvertreter in Brasilien zurück. Als die Liberalen das zwischenzeitlich gleichberechtigte Brasilien in den Status einer Kolonie zurückstufen wollten, stellte sich der Prinzregent an die Spitze einer Unabhängigkeitsbewegung. Im September 1822 rief er die Unabhängigkeit aus; am 1. Dezember wurde er als Peter I. zum brasilianischen Kaiser gekrönt. *Peer Schmidt*

Ein Kontinent ordnet sich neu: Staatenbildungsprozesse in Lateinamerika

Infolge der Unabhängigkeit Lateinamerikas brachen zwar die alten Kolonialsysteme zusammen, neue Ordnungen waren dagegen noch nicht in Sicht. Während der Staatenbildungsprozess im Kern etwa Mitte des 19. Jahrhunderts zu einem gewissen Abschluss kam, dauert der Prozess der Nationbildung noch bis heute an.

Brasilien erlangte seine Unabhängigkeit auf friedliche Weise. Das kaiserliche Oberhaupt wahrte ein hohes Maß an Kontinuität, und seine Autorität vermochte vorübergehend soziale und politische Konflikte zu überdecken. Wenngleich dem Land, das erst 1889 zur Republik wurde, dadurch zahlreiche innenpolitische Konflikte erspart blieben, mangelte es dennoch nicht an Sezessionsbewegungen und sozialen Protesten. Allein unter der ein Jahrzehnt währenden Regentschaft für den noch minderjährigen Pedro, den späteren Peter II., fanden 1831/32 fünf Erhebungsversuche in der Hauptstadt und sieben größere Provinzkriege statt sowie 1835 die von muslimischen Afrikanern getragene Sklavenrevolte in Bahia – dem heutigen Salvador –, der Aufstand der indianischen und übrigen armen Bevölkerung in Pará, dessen fünf Jahre dauernde Kämpfe etwa einem Fünftel der Provinzbevölkerung das Leben kosteten, sowie der von 1835 bis 1845 währende Sezessionskrieg in der südlichsten Provinz Rio Grande do Sul.

Als wesentlich konfliktreicher und gewaltsamer erwies sich jedoch die Staatenbildung in den spanischsprachigen Ländern. Auf die Unabhängigkeit waren die Lateinamerikaner – Simón Bolívar hatte das klarsichtig analysiert – nicht vorbereitet. Das absolutistisch-koloniale Regime schloss sie weitgehend von der politischen Macht aus und ermöglichte ihnen mithin nicht, Formen der Selbstregierung, wie sie beispielsweise die nordamerikanischen Siedler schon vor der Unabhängigkeit praktizieren konnten, einzuüben.

Streitpunkte der kommenden Jahrzehnte bildeten nicht nur die Regierungsform – Republik oder Monarchie –, sondern ebenso die staatliche Organisationsform sowie die bislang dominierende Rolle der Kirche in Staat und Gesellschaft, im Erziehungswesen und der Wirtschaft. Dabei standen sich Liberale und Konservative unversöhnlich gegenüber: Während Erstere für föderative Systeme und einen laizistischen Staat fochten, befürworteten Letztere nicht nur einen zentralistischen Staatsaufbau und in der Regel die Monarchie, sondern wollten gerade den Einfluss der Kirche als Ordnungsfaktor gewahrt wissen. Diese Konflikte verbanden sich nicht selten mit brisanten Auseinandersetzungen zwischen Regionen und Zentrum der noch in Bildung begriffenen Staaten und führten zu zahlreichen Bürgerkriegen, Sezessionskämpfen und Grenzstreitigkeiten.

Politische Konflikte der Neuordnung
Die Tatsache, dass viele Führer der Befreiungsbewegungen in den ehemaligen Reichen der spanischen Krone ernsthaft über die Errichtung von Monarchien nachdachten, gründete vorderhand im Wunsch nach Kontinuität. So erwog man im Andenraum mehrmals, Nach-

Unter der Herrschaft von Peter II. brachen in Brasilien Aufstände in der Hauptstadt Rio de Janeiro und in den Provinzen aus.

fahren der Inka als oberste Repräsentanten einzusetzen; im sich allmählich formierenden Argentinien setzte man vornehmlich auf eine bourbonische Sekundogenitur, mithin auf die nicht unmittelbar Erbberechtigten in der spanischen Königsnachfolge. In Peru begab sich der argentinische General José de San Martín mit seinem Plädoyer für ein königliches Staatsoberhaupt in einen strikten Gegensatz zum glühenden Republikaner Simón Bolívar.

Von einer Monarchie erwarteten die Befürworter nicht nur eine ausgleichende Wirkung auf die verschiedenen sozialen und ethnischen Gruppen, sondern auch die rasche Anerkennung der neuen Staaten in der internationalen Politik. Das auf dem Wiener Kongress 1815 etablierte restaurative System in Europa bevorzugte eindeutig Monarchien gegenüber Republiken mit ihren verfassungsmäßigen Ordnungen nach liberalen Prinzipien. Großbritannien ging in der Anerkennung der jungen Staaten voran, doch ließ es sich diesen diplomatischen Schritt jeweils mit vorteilhaften Handelsverträgen belohnen: Abkommen, die häufig das einheimische Gewerbe einem existenzvernichtenden Preisdruck durch britische Waren aussetzten.

Die Plaza San Martín in Lima mit dem Reiterdenkmal des argentinischen Generals José de San Martín, der als Befreier Perus von der spanischen Herrschaft gilt.

Um ein Gegengewicht zur europäischen Staatenwelt aufzubauen, verfolgte Simón Bolívar anfangs Pläne, alle Staaten Amerikas in einer Konföderation zusammenzufassen. Seinem Aufruf zu einem panamerikanischen Kongress in Panama blieben nicht nur die USA und Brasilien fern; auch Buenos Aires wollte sich nicht an einem solchen Staatengebilde beteiligen. In der Folge sollte die Idee einer Andenföderation von Venezuela bis Bolivien ebenfalls scheitern. 1826 war dieser nach Bolívar benannte Staatenbund gegründet worden. Doch schon im folgenden Jahr sagte sich Peru und 1828 Bolivien los. Rivalitäten in der Oberschicht oder zwischen den Militärführern der jeweiligen Länder bedingten, dass im Todesjahr Bolívars 1830 auch das 1821 ins Leben gerufene Großkolumbien in die drei Staaten Ecuador, Venezuela und Kolumbien zerfiel.

Als einzige der früheren spanischen Kolonien hatte Mexiko 1822 mit der Ausrufung des wenig charismatischen Generals Agustín de Itúrbide zum Kaiser eine Monarchie etabliert. Nach dessen Sturz schon wenige Monate später sah sich das politisch instabile Land mit verschiedenen sezessionistischen Bewegungen konfrontiert. Einige der erst kurz vor Ende der Kolonialzeit zu Intendantenbezirken zusammengefassten Regionen reklamierten ihre Unabhängigkeit. Auch in Zentralamerika, das sich 1821 der mexikanischen Unabhängigkeitsbewegung und dann dem Kaiserreich angeschlossen hatte, gewannen desintegrative Kräfte die Oberhand. Nach der Loslösung von Mexiko strebte man zunächst eine zentralamerikanische Konföderation an. Doch öko-

Die Feierlichkeiten anlässlich der Krönung des Generals Itúrbide zum Kaiser Augustin I. fanden in der Kathedrale von Mexiko statt (zeitgenössische Lithographie).

Die Kathedrale aus dem 18./19. Jh. in Managua überstand das große Erdbeben vom 23. 12. 1972; sie ist heute Museum. In der neuen Republik Nicaragua konkurrierten zunächst die Städte Granada und León um die Hauptstadtwürde, bis man sich 1858 auf Managua einigte.

nomische, kulturelle und soziale Unterschiede führten rasch zum Ende dieses Staatenverbundes. Zentralamerika zerfiel, allen weiteren Einigungsversuchen zum Trotz, in die Republiken Guatemala, Honduras, El Salvador, Nicaragua und Costa Rica. Aber auch die neuen Republiken blieben von Spannungen, deren Ursachen in den Gesellschaften der Kolonialzeit lagen, nicht unberührt. Rivalitäten zwischen verschiedenen Städten wirkten zusätzlich destabilisierend, so konkurrierten zum Beispiel in Nicaragua zunächst Granada und León um die Hauptstadtwürde: Schließlich verständigte man sich auf Managua.

Ein starker Regionalismus bei gleichzeitiger Ablehnung der Vorherrschaft von Buenos Aires über die Provinzen führte am Río de la Plata zu zahlreichen bewaffneten Auseinandersetzungen und Bürgerkriegen. Noch während der Unabhängigkeitsphase hatte sich Hochperu, das heutige Bolivien, von Buenos Aires abgewandt. Auch die am 12. Oktober 1813 proklamierte Unabhängigkeit Paraguays richtete sich nicht nur gegen die Spanier, sondern verstand sich ebenso als Zurückweisung der Hegemonieansprüche von Buenos Aires. Uruguay,

Blick vom Palacio Salvo über die Plaza de la Independencia auf die Häuser Montevideos und den Río de la Plata in Uruguay. Nach einer Erhebung 1810 wurde das Land 1817 von Brasilien besetzt und erhielt erst 1828 die Unabhängigkeit.

die so genannte Banda Oriental, das in seiner wechselvollen Geschichte sogar kurzzeitig zu Brasilien gehörte, widersetzte sich schließlich unter dem Milizoffizier José Gervasio Artigas ebenfalls Buenos Aires. 1820 zerbrach die Einheit des übrigen Argentinien. Nicht zuletzt aufgrund einer Politik des Freihandels, die den Wirtschaftsinteressen der Binnenprovinzen völlig entgegenstand, erholte sich die Hafenstadt Buenos Aires von diesem Zerfall sehr schnell.

Diese strukturell begründeten wirtschaftlichen Spannungen konnten auch in der langen Regierungszeit des Präsidenten und Diktators Juan Manuel de Rosas zwischen 1829 und 1852 kaum abgeschwächt werden. Die

Bürgerkriege um die innere Ordnung Argentiniens fanden schließlich mit der Gründung der »Argentinischen Konföderation« ihr Ende, der Buenos Aires nicht angehörte. Erst 1862 gelang es dem Gouverneur von Buenos Aires, Bartolomé Mitre, das konföderierte Heer entscheidend zu schlagen. Mitre war bis 1868 erster verfassungsmäßiger Präsident des wieder vereinigten Argentinien.

Auf die noch im Gange befindliche Staatenbildung verwiesen überdies eine Fülle von Grenzstreitigkeiten. So verlor Mexiko zwischen 1848 und 1853 seine nördlichen Gebiete an die USA. Das wohl spektakulärste Beispiel für unsichere Grenzen stellt Paraguay dar, dessen Nachbarn, allen voran 1864 Brasilien, Anspruch auf den südamerikanischen Binnenstaat erhoben. 1865 kam es zum Krieg zwischen der aus Brasilien, Argentinien und Uruguay bestehenden »Tripelallianz« und Paraguay, in dessen Folge dieses Land besetzt wurde und in dem allein etwa siebzig Prozent der männlichen Bevölkerung Paraguays ihr Leben verloren haben sollen. Letztlich behauptete sich Paraguay als Pufferstaat.

Insgesamt hatte sich in den einzelnen Ländern ein zentralistischer Staatsaufbau durchgesetzt. Diesem entsprach das weitgehende Übergewicht der Exekutive über die Legislative, für das sich schon Bolívar ausgesprochen und das ihn in einen Gegensatz zu seinen Mitstreitern gebracht hatte. Das Amt des an ihn übertragenen peruanischen Staatsoberhauptes war mit diktatorischen Voll-

ZITAT

Simón Bolívar analysiert die Situation in Lateinamerika:
Die Haltung der Bewohner der amerikanischen Hemisphäre war jahrhundertelang rein passiv: ihre politische Existenz war gleich null. Wir standen auf einer noch niedrigeren Stufe als der Knechtschaft und hatten es deshalb noch schwerer, uns zur Freiheit emporzurichten... Amerika (war) nicht darauf vorbereitet..., sich von der Metropole zu lösen, wie es dann plötzlich geschah...

INFOBOX

Die wechselvolle Karriere eines Caudillo

Der 1790 geborene José Antonio Páez kämpfte zwischen 1810 und 1812 auf spanischer Seite gegen die Aufständischen unter Führung de Mirandas und Bolívars. 1814 wechselte er zu den »Patrioten« über und sicherte in der Schlacht von Carabobo am 24. Juni 1821 deren Sieg. Als militärischer Führer, seit 1826 auch als höchste zivile Autorität in Venezuela, wandte er sich gegen die großkolumbianische Zentralgewalt und erreichte 1830 die Loslösung Venezuelas von Bogotá. Zwischen 1831 und 1835 sowie 1839 und 1845 regierte er das Land als Präsident im konservativen Sinne. 1846 wurde er gefangen gesetzt und später verbannt. Zwischen 1861 und 1863 bekleidete er erneut das Amt des Präsidenten, er wurde jedoch nochmals vertrieben und starb 1873 im Exil in New York.

Staatenbildungen in Lateinamerika in der 1. Hälfte des 19. Jahrhunderts

machten ausgestattet; diese starke Stellung des Präsidenten sollte sich in den meisten Ländern behaupten. Wenn auch die Verfassungen zugleich liberale Elemente betonten, blieben föderale Korrektive selten. Nichtsdestoweniger untergrub die Macht lokaler und regionaler Eliten de facto den Führungsanspruch der Hauptstädte, und regionalistische Bestrebungen zeitigten nicht selten bewaffnete Konflikte.

Amerika

Blick auf die Plaza de Armas in Veracruz. Im Mexikanischen Krieg (1846–48) stießen die Truppen der USA auf mexikanisches Territorium vor und belagerten unter General Winfield Scott den wichtigen mexikanischen Hafen.

»Caudillos« und Personalismus

Angesichts eines fehlenden verbindlichen politischen Rahmens und infolge des Machtvakuums traten seit Beginn der Unabhängigkeitskriege Heerführer auf den Plan, die mittels Waffengewalt ihren jeweiligen politischen Zielen zum Durchbruch verhelfen wollten. Nicht selten motivierte das Streben nach persönlicher Bereicherung die Kämpfe entscheidend. Die Präsenz des Militärs in der Politik stellte ein Novum in der lateinamerikanischen Geschichte dar. Zwar existierte in der Kolonialzeit ein Militär- und Heereswesen, aber den zahlenmäßig unbedeutenden Truppenkontingenten kam nie eine besondere soziale oder gar politische Rolle zu.

Erst die im Verlauf der Unabhängigkeitskämpfe entstandenen zahlreichen Guerillagruppen brachten die Figur des militärischen Führers, des so genannten Caudillo hervor. Diese Truppen wurden nun in innenpolitischen Auseinandersetzungen und Bürgerkriegen zwischen Konservativen und Liberalen eingesetzt. Die Caudillos gehörten meist der Land besitzenden Oligarchie an und waren aufgrund ihres wirtschaftlichen Hintergrundes in der Lage, Gefolgsleute zu rekrutieren und Soldaten auszurüsten. Zahlreiche Guerillakämpfer waren zu Generälen und schließlich zu Staatspräsidenten aufgestiegen, wie zum Beispiel José Antonio Páez, der seit 1830 mehrfach in Venezuela regierte, oder Manuel Fernández Guadelupe Victoria, der zwischen 1824 und 1829 das Präsidentenamt in Mexiko innehatte.

Die Caudillos waren keineswegs Garanten politischer Stabilität, wechselten sie doch mitunter mehrmals die Fronten. Unter den Militärführern der ersten Jahre nach der lateinamerikanischen Unabhängigkeit ist insbesondere General Santa Anna hervorzuheben, der in Mexiko zwischen 1824 und 1855 elf Staatsstreiche durchführte und sich nicht scheute, gegen seine eigene Regierung zu putschen. Festzuhalten bleibt, dass es den Staaten Lateinamerikas bis heute nicht gelang, ein von allen Gruppen anerkanntes Machtmonopol durchzusetzen.

So ist es gerade jene Epoche der Caudillos – von Gabriel García Marquéz so plastisch in seinem Roman »Hundert Jahre Einsamkeit« dargestellt –, die lateinamerikanische Länder in europäischen Augen zu »Operettenstaaten« werden ließ. Die häufig anzutreffende Konzentration der Militärführung und der Präsidentschaft auf eine Person ergab eine Verquickung von militärischer und ziviler Herrschaft. Doch bei aller Tendenz zu autoritärer Herrschaft zeigen die Auseinandersetzungen gerade auch das Ringen lateinamerikanischer Staaten um eine verfassungsmäßige Ordnung. Alle Länder bemühten sich um eine durch eine Konstitution legitimierte Herrschaft, wobei die Instabilität der politischen Verhältnisse durch nichts sinnfälliger wird als durch die Tatsache, dass es manche Länder, wie zum Beispiel Peru, Kolumbien oder Ecuador, auf ein halbes Dutzend Verfassungen im Laufe des 19. Jahrhunderts brachten; Bolivien und Haiti sogar auf ein Dutzend. Diese Verfassungen beschrieben nicht den Istzustand, sondern vielmehr ein in der Zukunft zu verwirklichendes Ideal.

Mit den Caudillos trat erstmals der Personalismus in der lateinamerikanischen Geschichte in Erscheinung. Politische Parteien und Weltanschauungen – die sicherlich auch vorhanden waren – spielten hier eine untergeordnete Rolle. Stattdessen gaben persönliche Bindungen an einen politischen Führer den Ausschlag. Ihnen kam

Der hier auf einem Holzstich von etwa 1860 abgebildete José Antonio Páez starb 1873 als Verbannter in New York.

auch weitaus größere Bedeutung zu als den ohnehin schwachen staatlichen Institutionen. Mittels vielschichtiger Klientelbeziehungen sicherten sich die vermögenden Schichten auf diese Weise ihren Einfluss und kontrollierten weite Teile der Bevölkerung.

Bei der Bewertung der chaotisch anmutenden lateinamerikanischen Staatenbildungsprozesse bleibt zu berücksichtigen, dass die betroffenen Länder einen völligen Zusammenbruch ihrer politischen Ordnung erlebt hatten. Europa wurde letztlich mithilfe politischer Repression stabilisiert, worüber für das deutsche Gebiet die Karlsbader Beschlüsse von 1819 beredtes Zeugnis ablegen. In der zweiten Jahrhunderthälfte säumten allein drei größere Kriege den Weg der nationalen Einigung Deutschlands: der Deutsch-Dänische des Jahres 1864, der Deutsche 1866 sowie der Deutsch-Französische Krieg 1870/71. Während sich in Europa die politische, gesellschaftliche und ökonomische Modernisierung nacheinander in verschiedenen Phasen vollzogen, musste sich Lateinamerika diesen Modernisierungsprozessen beschleunigt und zeitgleich stellen. *Peer Schmidt*

Kreolen, Mestizen, Indios: Soziokulturelle und ökonomische Konflikte

Hinter dem mangelnden Konsens über Regierungsform und Staatsziele verbirgt sich ein ernstes soziokulturelles Problem, das in der Kolonialzeit angelegt wurde und erst mit der Unabhängigkeit voll in Erscheinung trat. Unter der spanischen Herrschaft hatte sich eine Gesellschaft ausgebildet, in der mehrere ethnische und soziale Gruppen mit ihren jeweiligen Religionen, Sprachen, Lebensformen und Wertesystemen fast ohne Berührung nebeneinander bestanden. Die der Möglichkeit nach angelegten sozialen und kulturellen Gegensätze sollten nach der Unabhängigkeit, als das einigende Band von Thron und Altar nicht mehr vorhanden war, voll zum Durchbruch kommen.

Die Befreiungskämpfe hatten die hierarchische Gliederung der lateinamerikanischen Gesellschaften nicht erschüttert. An deren Spitze standen nach wie vor die in Amerika geborenen Nachfahren der Spanier, die Kreo-

> **ZITAT**
>
> Wie die Kreolen am Ende der Kolonialzeit die Indios sahen, veranschaulicht die Aussage des Kolumbianers Pedro Fermin de Vargas:
>
> *Um unsere Landwirtschaft zu fördern, wäre es gut, unsere Indios zu »verwestlichen«. Ihre allgemeine Bequemlichkeit, ihre Ignoranz und ihr Unverständnis gegenüber allem, was einen normalen Menschen antreibt und befördert, gibt zu der Vermutung Anlass, dass sie zu einer degenerierten Rasse gehören.*

len. Auf die Mestizen und indianischen Völker blickten sie meist nur mit Verachtung herab. Diese Gruppen der Bevölkerung standen abseits der hauptstädtischen Politik und hatten entweder kein Interesse oder keine Möglichkeit, sich politisch zu betätigen. Besonders trifft das für die große Gruppe der indianischen Ureinwohner zu. Die bäuerlich geprägte Lebenswelt der meisten Indios war und ist von der jeweiligen Region bestimmt sowie von ihren indianischen Traditionen und ihrer Sprache. Des Spanischen oft nicht mächtig, lag und liegt ihnen nichts am Aufbau eines Staates, dessen Grenzen und Ausdehnung sich nicht mit denen ihrer Region deckten beziehungsweise decken. Wurden Interessen in ihrem unmittelbaren Lebensumfeld berührt, so wehrten sie sich in direkten Aktionen.

In den beiden politisch bestimmenden Lagern stieß die indianische Lebensweise auf Unverständnis. Die Konservativen behandelten die indianischen Gemeinden durchweg in paternalistischer Manier, wobei sich die herrschende Großgrundbesitzerschicht stets darum bemühte, sich die politische und ökonomische Kontrolle über beispielsweise Wasser- und Weiderechte zu sichern. Die Liberalen, die sich in ihrem ideologischen Eifer dem Fortschrittsgedanken und den – eher abstrakt gedachten – Menschenrechten verpflichtet fühlten, sahen in den indianischen Gemeinden unliebsame Bastionen der Be-

---

INFOBOX

Benito Juárez

Benito Juárez (1806–72) stammte aus einfachsten Verhältnissen und stieg zum Präsidenten der Republik Mexiko auf. Seine Eltern waren Zapoteken, sie gehörten also zu einem Volk, das zur Urbevölkerung Mexikos zählt.
Die Einstellung von mexikanischen Zinszahlungen gab Anlass zur französisch-englisch-spanischen Intervention. Während die Franzosen 1864 das Kaiserreich Maximilians errichteten, wurde Juárez bis in den äußersten Norden des Landes zurückgedrängt; ein jahrelanger Guerillakrieg folgte, bis er nach dem Abzug der französischen Truppen die Oberhand gewann und Maximilian am 19. 6. 1867 in Querétaro erschießen ließ. 1867 und 1871 wurde Juárez wieder gewählt, konnte aber einen dauernden inneren Frieden nicht herstellen. Seine Regierungszeit wird mit dem Begriff der liberalen Reformära – »La Reforma« – verknüpft.

Amerika

harrung. Für sie kam daher nur die vollkommene Umerziehung der Indios zu Staatsbürgern liberaler Prägung infrage. Respekt vor der Lebensweise ihrer Mitbürger war dieser Gruppierung fremd.

Den Mestizen, die aus Verbindungen zwischen Europäern und Indianerinnen hervorgegangen sind, fiel und fällt die Identitätssuche besonders schwer. Ihr Wertesystem ist weder ausschließlich indianisch noch vollkommen europäisch geprägt; ihr Verhältnis zu beiden Kulturen ist von Widersprüchen gekennzeichnet. Die Mestizen kritisieren den Hochmut der Europäer und lehnen sie deshalb ab; gleichzeitig verachten sie die Indios wegen ihrer rückständigen Lebensweise. Zwar sind die Mestizen, die

Die Suche nach eigener Identität weckte im Lateinamerika des 19. Jh. das historische Interesse an den indianischen Kulturen der vorkolumbischen Zeit. Häufig dargestellt wurden etwa in Peru Stammbäume der Inkaherrscher (Ausschnitt aus einem Gemälde in der Kathedrale von Cuzco, Peru).

Beim weltberühmten Karneval von Rio de Janeiro ziehen prächtig ausstaffierte Sambagruppen durch das Marques de Sapucai-Sambadrome. Die Bevölkerung von Brasilien ist ethnisch stark gemischt.

heute den überwiegenden Teil der Mittelschichten bilden, inzwischen weitgehend in das politische Leben integriert, doch wirkt das spannungsreiche Nebeneinander verschiedener Lebenswelten und Wertesysteme bis heute fort.

Zusätzlich überlagern sich ethnisch-kulturelle Probleme der Mestizen mit solchen, die sich aus deren sozio-ökonomischer Stellung ergeben. Mit ihren Abschottungstendenzen gegen die ständig wachsende Zahl der Armen trägt diese Mittelschicht mitunter zur Verschärfung der ethnisch überformten gesellschaftlichen Konflikte bei. Somit stellt die sonst für die demokratische Herrschaft so wichtige Mittelschicht eher eine Bedrohung denn ein Förderungselement für eine pluralistisch-liberale Ordnung dar.

In den innerlateinamerikanischen Diskussionen sind Bedeutung und Rolle der Mestizen umstritten. So diskutierte man zum Beispiel die Frage, ob der Militarismus und der Caudillismus nicht speziell mestizische Phänomene seien. Schon Simón Bolívar erkannte früh das daraus erwachsende Problem für die zukünftige lateinamerikanische Gesellschaft und Kultur. So forderte er bereits 1819 auf dem Kongress von Angostura: »Einheit, Einheit, Einheit muss unsere Devise sein. Das Blut unserer Bürger ist unterschiedlich; mischen wir es, um es zu vereinen.«

Wenn sich auch seit 1810 Staaten etabliert haben, so kann man von Nationen bei diesen neuen politischen Einheiten noch lange nicht sprechen. Die Länder dieser Region waren weit davon entfernt, über Normen und Verhaltensformen zu verfügen, die von der überragenden Mehrheit der Bevölkerung akzeptiert wurden; außerdem fehlte die Toleranz, unterschiedliche Gruppen als gleichberechtigt anzuerkennen. Freilich bleibt zu bedenken, dass auch unser politisches Wertesystem sich erst allmählich und unter großen Verwerfungen herausgebildet hat, man denke nur an die nationalistischen Bewegungen als Antwort auf den Zerfall des Ancien Régime nach 1789 und infolge des Niederganges der zentraleuropäischen Monarchien nach dem Ersten Weltkrieg.

> **ZITAT**
> **Benito Juárez über Krieg und Frieden:**
> *Krieg bestraft Strafende und Bestrafte. Der Respekt vor dem Recht des Anderen – das ist der Frieden.*

Das wirtschaftliche Erbe – Beginn der Verschuldung
Zum mangelnden politischen Konsens in den ersten Jahren der staatlichen Selbstständigkeit gesellte sich darüber hinaus eine schwere wirtschaftliche Hypothek. Die Unabhängigkeitskriege hatten die Wirtschaft der einzelnen Regionen schwer in Mitleidenschaft gezogen. Die neuen Staaten erbten zudem von Spanien Schulden. Madrid hatte zur Finanzierung der Koalitionskriege Kredite aufgenommen, die durch die Einnahmen der amerikanischen Zölle und Kassen gedeckt werden sollten. Doch bis zur Unabhängigkeit war davon nur ein Teil zurückgezahlt worden. Die so wichtige internationale Anerkennung aber setzte voraus, die von der Kolonialmacht verursachten Verpflichtungen zu übernehmen. Bereits hier nahm die lateinamerikanische Verschuldungsproblematik ihren Anfang.

Die während der Kolonialzeit in einigen Regionen Hispanoamerikas ertragreichen Edelmetallbergwerke waren durch Überflutung unrentabel geworden, und die

Felder waren durch die umherziehenden Truppen schweren Verwüstungen ausgesetzt gewesen. Europäische Bankhäuser bezahlten den Versuch, die Minen wieder flottzumachen, mit hohen Verlusten – unter anderem die traditionsreiche britische Baringbank – oder sogar mit dem Bankrott.

Außerdem hatten sich die jungen Staaten verschulden müssen, um ihre Kriegskosten zu bestreiten. Kredite auf dem internationalen Markt, besonders aber im damals tonangebenden Großbritannien, waren nur zu sehr ungünstigen Konditionen zu bekommen. Da sich die Hoffnung auf eine rasche Amortisation der Anleihen nicht erfüllte, bestanden die Schulden der jungen Republiken das gesamte 19. Jahrhundert über und belasteten – zusammen mit den noch von Spanien verursachten Verpflichtungen – die Volkswirtschaften beträchtlich.

Zudem erhielten die jungen lateinamerikanischen Staaten – im Gegensatz zu den USA – während der Unabhängigkeitskämpfe sowie danach keine internationale

Auf dem Gemälde von Cesare dell'Acqua bietet die mexikanische Delegation Maximilian von Habsburg, Erzherzog von Österreich, auf Schloss Miramare bei Triest 1863 die Krone an.

> **INFOBOX**
>
> **Verschuldung – das Beispiel Mexiko**
> Mexiko übernahm zum Zeitpunkt seiner Unabhängigkeit 70 Mio. Pesos Staatsschulden. Unter den Unabhängigkeitskriegen hatten v. a. der Bergbau und die Industrie gelitten. Im Jahr 1821 befanden sich die Bergwerke in einem katastrophalen Zustand: Es mangelte an Arbeitskräften, das spanische Kapital hatte sich zum großen Teil zurückgezogen und die meisten Bergwerke waren überschwemmt. Um sie wieder in Betrieb zu nehmen, bedurfte es außerordentlich hoher Investitionen.
> Die Instandsetzung in den 1820er-Jahren besorgten im Wesentlichen britische und deutsche Gesellschaften. Sie bauten Wasserpumpen ein, um die überfluteten Stollen trockenzulegen. Londoner Banken gewährten der mexikanischen Regierung 1824 einen Kredit über 32 Mio. Pesos, die Briten investierten zwischen 1823 und 1827 allein 12 Mio. Pesos, um die Silberproduktion anzukurbeln. Dieses Engagement brachte indes nicht die erhofften Gewinne. Neue Direktinvestitionen von Auslandskapital stellten in Mexiko bis 1850 eher die Ausnahme dar. Bereits 1827 sah sich die Regierung mit ersten Schwierigkeiten bei der Rückzahlung der Schulden konfrontiert.

Unterstützung. Dass sich demokratische Lebensformen und Verhaltensmuster angesichts einer verheerenden ökonomischen Situation und der damit verbundenen mangelhaften sozialen Sicherheit nicht durchsetzen können, gehört zu den grundlegenden Einsichten der Demokratietheorie.

Wie sehr außenpolitische, ökonomische und innere Faktoren zusammenwirkten, zeigt das Eingreifen britischer, französischer und spanischer Truppen in Mexiko im Jahre 1861. Anlass dafür bot die säumige Schuldentilgung Mexikos, das sich im Bürgerkrieg befand. Die mexikanischen Konservativen, die gegen die liberale antiklerikale Gesetzgebung unter dem Präsidenten Benito Juárez kämpften, hatten sich wiederholt für die monarchische Staatsform eingesetzt. Napoleon III. organisierte die Intervention, bei der der Habsburger Maximilian zum Kaiser von Mexiko bestimmt wurde. Schließlich gelang es 1866 Juárez, das französische Interventionsheer zu besiegen. Der im Land verbliebene Maximilian wurde 1867 gefangen genommen und erschossen.

Das Porträt von Kaiser Maximilian von Mexiko kopiert ein Bild des an den Höfen Europas beliebten Gesellschaftsmalers Franz Xaver Winterhalter aus dem Jahr 1864 (London, Königliche Sammlung).

Die Hinrichtung Kaiser Maximilians von Mexiko 1867 durch republikanische Truppen malte Eduard Manet im gleichen Jahr (Mannheim, Städtische Kunsthalle).

Die Regierungen, gleich ob von Zivilisten oder von Militärs geführt, erwiesen sich angesichts der beschriebenen Strukturdefizite als unfähig, die vielfältigen Probleme zu lösen. Im Gegensatz zu den europäischen Staaten, die die zahlreichen politischen, sozialen und wirtschaftlichen Transformationsprozesse sicher nicht ohne gravierende politische Verwerfungen, aber dennoch ohne die traumatischen Belastungen einer kolonialen Vergangenheit durchliefen und die auf mehr oder weniger evolutionärem Wege sich zu modernen Ländern entwickelten, sahen sich die Republiken südlich des Rio Grande vor die Aufgabe gestellt, die Modernisierung auf einmal zu bewerkstelligen.

Gleichzeitig verfügten die neuen Staaten kaum über ausreichende finanzielle Ressourcen. Sowohl der Rückgang der Wirtschaftstätigkeit als auch der staatlichen Steuer- und Zolleinnahmen untergruben den Handlungsspielraum und das Durchsetzungsvermögen der

> **INFOBOX**
>
> **Maximilian, Kaiser von Mexiko**
> Ferdinand Maximilian, Erzherzog von Österreich, nahm im April 1864 die ihm auf Betreiben Napoleons III. angetragene mexikanische Kaiserkrone an, da er glaubte, das mexikanische Volk selbst habe ihn gerufen. Er konnte jedoch in Mexiko nicht Fuß fassen, da er sich durch seine liberale, auf Ausgleich und Mäßigung bedachte Politik die ihn stützenden Konservativen und die Kirche entfremdete. Der liberale Präsident Benito Juárez bekämpfte Maximilians Intervention, das Land spaltete sich in einem Bürgerkrieg.
> Als die USA unter Berufung auf die Monroedoktrin 1866 den Abzug der französischen Hilfstruppen erzwangen, weigerte sich Maximilian, Mexiko mit ihnen zu verlassen. Durch Verrat geriet er am 15. 5. 1867 in die Hände von Juárez, wurde von einem Kriegsgericht zum Tode verurteilt und erschossen.

Regierungen. Die strukturelle Korruption durch schlecht bezahlte oder unterbezahlte Beamte bürgerte sich ein.

Auch die einseitige Wahrung egoistischer Gruppeninteressen durch die Regierenden bestimmte nur allzu oft die Politik. So setzten beispielsweise zivile Oligarchien eine ihnen genehme Niedrigzollpolitik durch, ohne sich auch nur im Mindesten um die Folgen für die nationale Volkswirtschaft, mithin um die Auswirkungen auf Kleinproduzenten, Handwerker oder Gewerbetreibende, zu kümmern. Weite Teile der lateinamerikanischen Eliten verhielten sich sozial verantwortungslos und entzogen sich ihrer gesellschaftlichen Aufgabe.

Peer Schmidt

Exkurs:
Die Menschenrechte

»Leben, Freiheit und Streben nach Glück«

Unverletzlich und unveräußerlich: Idee und Verständnis der Menschenrechte

Die Idee der Menschenrechte ist uralt und lässt sich im europäischen Kulturkreis bis zur griechischen Philosophie zurückverfolgen. Doch erst im 18. Jahrhundert wurden, wenngleich nur vereinzelt, die Menschenrechte in feierlichen Erklärungen, Gesetzen und Staatsverfassungen ausdrücklich proklamiert. Es sollte aber noch bis zum 20. Jahrhundert dauern, dass die »Positivierung« der Menschenrechte, das heißt ihre Einbindung in geltendes Recht, weltweit als Aufgabe der Rechtssetzung erkannt worden ist. Nicht einmal die am 10. Dezember 1948 von der Generalversammlung der Vereinten Nationen verkündete »Allgemeine Erklärung der Menschenrechte« konnte bindende Wirkung entfalten. Erst die beiden 1976 in Kraft getretenen Menschenrechtspakte der Vereinten Nationen, denen bis heute 135 Staaten beigetreten sind, verpflichteten die Signatarstaaten völkerrechtlich zur Beachtung der Menschenrechte.

Für die Geschichtswissenschaft stellt sich die Frage, ob im 18. Jahrhundert der erste Schritt vom Gedanken zur Tat gewagt und damit ein Weg beschritten worden ist, der am Ende des 20. Jahrhunderts wenn nicht zur globalen Verwirklichung der Menschenrechte, wenigstens aber zur weltweiten Forderung nach ihrer Verwirklichung führt. Nicht nur die Skepsis gegenüber der Vorstellung von scheinbar geradlinigen historischen Entwicklungen verbietet es, diese Frage vorschnell zu beja-

Exkurs: Die Menschenrechte

hen. Vielmehr sind die Ereignisse des 18. Jahrhunderts unterschiedlicher Deutung fähig, sie haben eine lange Vorgeschichte und wirkten in den einzelnen Ländern durchaus verschieden.

Zudem gilt, dass Rechtsgeschichte und politische Geschichte stets zweigleisig laufen. Die eine Spur ist die Ideengeschichte, die andere ist die Institutionengeschichte, wobei sich die Ideen der Philosophen und Rechtsgelehrten immer erst später in politischen Institutionen, Gesetzen und anderen Rechtsinstrumenten auswirken. Bei der Geschichte der Menschenrechte lassen sich Ideengeschichte und Institutionengeschichte jedoch nicht in dieser Weise voneinander trennen. Theoretische Begründung und praktische Realisierung der Menschenrechte sind so stark abhängig von der Einstellung zu den Grundfragen der individuellen menschlichen Existenz und der menschlichen Gemeinschaften, dass in jeder Kultur, in der ein geistiger Pluralismus möglich war, gleichzeitig verschiedene theoretische Begründungen der Menschen-

Die barocke evangelische Friedenskirche von Jawor (Jauer) in Niederschlesien wurde nach dem Westfälischen Frieden von 1648 aus Dankbarkeit für den Friedensabschluss erbaut.

Auch bei den Farbigen löste die Französische Revolution die Forderung nach Freiheit und nach den Menschenrechten aus.

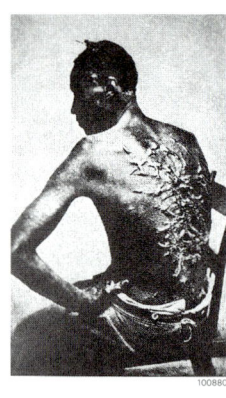

Das Foto entstand 1863 in Baton Rouge, Louisiana, und zeigt die Spuren, die eine brutale Auspeitschung auf dem Rücken des Sklaven Gordon hinterlassen hat.

rechte aufgestellt wurden, von denen nur selten eine als die prägende Kraft einer gesamten Epoche angesehen werden kann.

Mit Recht begnügen sich die Historiker daher in der Regel damit, den Gedanken der Menschenrechte in den verschiedenen Kulturepochen aufzuspüren und in der vorhandenen Mannigfaltigkeit die Haupttendenzen herauszustellen, mit deren Hilfe dann die betreffende Epoche charakterisiert wird. Nur selten lassen sich solche Haupttendenzen zugleich als prägende Kraft von Institutionen nachweisen. Während die Idee des Rechtsstaats, der Glaube an einen Gott oder der soziale Gedanke sich in mächtigen Institutionen manifestieren – Justizapparat, Kirche, Wohlfahrtsorganisationen und Sozialgesetzgebung –, verbirgt sich die Idee der Menschenrechte fast immer hinter Rechtsinstrumenten, politischen Leitsätzen und Handlungsmotiven, die innerhalb der vorhandenen Institutionen wirken.

Erst spät in der Geschichte der Menschheit, nämlich in den geschriebenen Verfassungen seit dem 18. Jahrhundert und in den modernsten Tendenzen des Völkerrechts im 20. Jahrhundert, lässt sich eine Institutionalisierung der Menschenrechte erkennen. Doch auch für frühere Zeiten kann die Geschichte der Menschenrechte nicht nur als eine Geschichte unverbindlicher philosophischer Prinzipien, gar utopischer Träumereien beschrieben werden; bereits vor dem 18. Jahrhundert gab es politisch Handelnde, die von der Idee der Menschenrechte motiviert waren.

Souveränität und Völkerrecht im Spannungsverhältnis zu Menschenrechten

In der politischen Geschichte finden wir die große Wegmarke der Neuzeit nicht im 18., sondern bereits im 17. Jahrhundert: Gemeint ist der Westfälische Frieden von 1648, mit dem der Dreißigjährige Krieg beendet wurde. Er markiert einerseits den Abschluss der bedeutendsten Entwicklung im europäischen Staatsdenken, andererseits den Beginn der Wirkungsgeschichte des Völkerrechts, das in seiner ersten Phase von 1648 bis 1918 die Bezeichnung »klassisches Völkerrecht« erhielt. Obwohl die beiden Entwicklungen verschiedene Ebenen betreffen, ist ihr historisches Zusammentreffen im West-

Exkurs: Die Menschenrechte

Der englische Politiker John Pym war mitverantwortlich für die Abfassung und die Durchsetzung der »Petition of Right« 1628 in England (zeitgenössischer Kupferstich).

fälischen Frieden nicht zufällig. Im staatsrechtlichen wie im völkerrechtlichen Bereich liegt die Bedeutung dieses Friedensschlusses, an dem alle europäischen Großmächte beteiligt waren, darin, daß die Souveränität endgültig als Rechtsbegriff etabliert wurde.

Zwar war sie schon früher von Staatsphilosophen erörtert und von Landesherren gefordert worden, aber solange in der Institution des Heiligen Römischen Reiches noch ein Widerschein der Einheit des christlichen Abendlandes existierte, konnte die juristische These aufrechterhalten werden, daß Kaiser und Papst als Garanten des universellen Friedens über den lokalen Herrschern standen. In Wirklichkeit war die Einheit des christlichen Abendlandes – nicht nur infolge der Reformation – längst zerbrochen. Der Westfälische Frieden trug daher den Realitäten Rechnung, wenn er die als Kampfruf gegen Kaiser und Papst gedachte spätmittelalterliche Losung vom »Fürsten, der keinen Höheren über sich anerkennt« zum Rechtsgrundsatz erhob und in den Mittelpunkt der nunmehr entstehenden Staatenordnung stellte.

Die Souveränität war zunächst eine rechtliche Eigenschaft des Fürsten, der sein Land frei von Fremdbestim-

Ausgelöst durch den Streik von Pittsburgh verwirklichte Robert Koehler mit dem Bild »Der Streik« (1886; Berlin, Deutsches Historisches Museum) lang gehegte Pläne. Peter Weiss würdigte es in »Die Ästhetik des Widerstands« (1975).

mung regieren durfte. Die Französische Revolution, die sich gegen die Fürsten als Souveräne richtete, beseitigte nicht deren wichtigstes Rechtsinstrument, sondern formte es um: Die Fürstensouveränität wandelte sich im Innern zur Volkssouveränität, nach außen hin zur Staatensouveränität. Für den Verkehr zwischen den souveränen Staaten wurde eine neue Rechtsordnung errichtet, die den Namen »Völkerrecht« erhielt. Von Anfang an war dieses Völkerrecht kein Recht der Völker, sondern ein Recht der Souveräne beziehungsweise souveräner Staaten. Dabei ist es trotz der Fortschritte, die der internationale Menschenrechtsschutz im 20. Jahrhundert erzielt hat, grundsätzlich geblieben.

Wenn auch seit dem Ende der Periode des klassischen Völkerrechts die Staaten aufgrund internationaler Vereinbarungen in zunehmendem Maße Souveränitätsrechte an zwischenstaatliche oder überstaatliche Einrichtungen abgegeben haben, wodurch ihre Souveränität zurückgedrängt und inhaltlich geschwächt wurde, hat jedoch der internationale Menschenrechtsschutz die Souveränitätsschwelle noch immer nicht überwunden. In der gesamten Epoche des klassischen Völkerrechts wurde auch nicht der geringste Versuch unternommen, sie zu überwinden.

Exkurs: Die Menschenrechte

Das gilt insbesondere für diejenige Phase der Staatengeschichte, die als Absolutismus bezeichnet wird. Sie leitet ihren Namen von dem Grundsatz ab, dass der souveräne Fürst »von den Gesetzen losgelöst« herrscht. Diese Phase reichte vom Westfälischen Frieden bis zur Französischen Revolution, außerhalb Frankreichs dauerte sie noch länger an. Im deutschsprachigen Raum begann eine neue verfassungsgeschichtliche Epoche, nämlich die der konstitutionellen Monarchie, erst im zweiten Jahrzehnt des 19. Jahrhunderts. Ihre Anfangsphase hat die Bezeichnung »Frühkonstitutionalismus« erhalten.

Die damals vor allem in den süddeutschen Staaten in Kraft getretenen geschriebenen Verfassungen können als zaghafte Versuche gewertet werden, einige Menschenrechte im innerstaatlichen Bereich rechtlich abzusichern. An einen internationalen Menschenrechtsschutz war nicht zu denken. Eine gewisse Ausnahme bildeten die Bestimmungen zugunsten religiöser Minderheiten in den mit Gebietsabtretungen verknüpften Friedensverträgen nach dem Westfälischen Frieden. Den Übergang zu einem nationalen Minderheitenschutz kann man in Artikel 2 der Wiener Kongressakte von 1815 sehen, der Schutzbestimmungen zugunsten der in Russland, Österreich und Preußen lebenden Teile des polnischen Volkes enthielt. Aber auch dieser Ansatz wurde während des 19. Jahrhunderts auf völkerrechtlicher Ebene nicht weiter verfolgt.

Gewerkschaftsfahne der Berliner Zigarrenarbeiter von 1858. Neben den Buchdruckern bildeten v. a. die Zigarettenarbeiter Ende der 1840er-Jahre erste gewerkschaftsähnliche Berufsverbände in Deutschland, um ihre Interessen zu vertreten (Ausschnitt; Berlin, Märkisches Museum).

Die Suffragetten, radikale Aktivistinnen der britischen Frauenbewegung, kämpften Anfang des 20. Jh. für das Frauenwahlrecht. Ab 1918 durften alle Britinnen über 30 Jahre, ab 1928 alle volljährigen Britinnen wählen.

Ein wirksamer internationaler Menschenrechtsschutz ist unmöglich, solange die Souveränität der zentrale Rechtsbegriff des Völkerrechts ist. Denn Souveräne und souveräne Staaten lassen sich nicht vorschreiben, wie sie ihre eigenen Untertanen oder Staatsangehörigen zu behandeln haben. So übte der Rechtsbegriff der Souveränität nach außen wie nach innen eine hemmende Wirkung auf die Entfaltung der Menschenrechtsidee und ihre Verwirklichung in der Praxis aus. Nach außen hin bewahrte das aus der Souveränität abgeleitete Verbot der Einmischung in die inneren Angelegenheiten den souveränen Staat vor jeglicher Kontrolle über die Einhaltung der von den Philosophen geforderten Menschenrechte.

Im Innern erstickte die Theorie des Gottesgnadentums, auf das sich die Herrschergewalt des Souveräns stützte, jeden Gedanken an die Verbriefung von Menschenrechten, die aus einer über dem Souverän stehenden Rechtsquelle abgeleitet wurden. Die von Staatsrechtlern des Absolutismus entwickelte Patrimonialtheorie betrachtete den Staat als »väterliches Erbe« (patrimonium) des Souveräns. Die Verfügungsgewalt des Souveräns über das Staatsgebiet stand im Mittelpunkt der gesamten Staatstheorie. Die Bevölkerung des Staatsgebiets wurde nur als Pertinenz, das heißt als Zubehör betrachtet.

Diese juristische Konstruktion erklärt die Selbstverständlichkeit, mit der ganze Provinzen in Staatsverträgen abgetreten oder getauscht, Prinzessinnen als Heiratsgut mitgegeben oder in Testamenten als Teil des Nachlasses behandelt wurden. Im 20. Jahrhundert kommentierten Historiker und Soziologen, die sich mit der Entstehung der europäischen Nationalstaaten beschäftigten, spöttisch, die Staaten seien in Wirklichkeit zusammengeheiratet, -geerbt oder -geraubt worden. In der Tat ermöglichte das klassische Völkerrecht den legalen Gebietserwerb auch auf der Grundlage kriegerischer Eroberung.

Das Plakat für den internationalen Frauentag am 8.3.1914 fordert das Frauenwahlrecht.

Die Behandlung der auf dem Staatsgebiet lebenden Menschen als Zubehör des Gebiets erscheint auf den ersten Blick als unmenschlich. Sie schützte aber die Menschen in der zweiten Hälfte des 17. Jahrhunderts und in den beiden darauf folgenden Jahrhunderten vor einer

Exkurs: Die Menschenrechte

Grausamkeit, die ausgerechnet im 20. Jahrhundert mit seinen hochtönenden Lippenbekenntnissen zu den Menschenrechten ungeheure Ausmaße annahm, nämlich vor der Vertreibung. Während der Epoche des klassischen Völkerrechts war es für einen Staat undenkbar, Gebiete zu erwerben, ohne die darauf lebende Bevölkerung mit zu übernehmen. Privatrechtliche Rechtspositionen wurden durch den Gebietsübergang nicht berührt. Es fand lediglich ein Obrigkeitswechsel statt.

Als im 19. Jahrhundert das Untertanenverhältnis vom Status der Staatsangehörigkeit abgelöst wurde, entstand das Problem des Staatsangehörigkeitswechsels. Es gehört zu den eindrucksvollsten Tatsachen der Rechtsgeschichte, dass gleichzeitig mit dem Entstehen der Staatsangehörigkeit auch das Rechtsinstrument der Option geschaffen wurde, nach dem die von einem Gebietswechsel betroffenen Einzelpersonen frei entscheiden konnten, ob sie ihre bisherige Staatsangehörigkeit beibehalten oder ablegen wollten. Die nachabsolutistische Staatstheorie fand ihre bis heute gültige Formulierung erst im späten 19. Jahrhundert. Es ist die so genannte Drei-Elemente-Lehre, die das geltende Völkerrecht noch immer für die Bestimmung der Staatsqualität verwendet. Danach besteht der Staat aus drei konstitutiven Begriffselementen: Volk, Gebiet und Staatsgewalt. Die Staats- und Völkerrechtstheorie des ausgehenden 20. Jahrhunderts präsentiert sich somit weiterhin als Ausdruck des

Der polnische Dichter Adam Mickiewicz war 1849 Kopf der christlich-radikalen Zeitschrift »La Tribune des Peuples«, die die Befreiung der Völker Europas von sozialer und nationaler Unterdrückung anstrebte.

Erste Arbeiterbildungsvereine entstanden in den 1860er-Jahren in Deutschland. Aus ihnen gingen auch einige politische und gewerkschaftliche Organisationen hervor. Der Holzstich von 1868 zeigt die Versammlung eines Arbeiterbildungsvereins (Berlin, Deutsches Historisches Museum).

territorialstaatlichen Denkens, das sich zu Beginn der Neuzeit durchsetzte und den modernen Staatsbegriff hervorbrachte.

Vom mittelalterlichen Herrschaftsverband zum modernen Staat
Neben der Durchsetzung des Rechtsbegriffs der Souveränität markiert der Übergang vom personenverbandsrechtlichen Denken des Mittelalters zum territorialstaatlichen Denken der Neuzeit den entscheidenden epochalen Wandel in der Organisation von Herrschaftsverbänden, der nicht nur den modernen Staat formte, sondern auch den Platz des Einzelnen in ihm bestimmte und damit die Entfaltung der Menschenrechte jahrhundertelang behinderte. Diese erst in der Rückschau gewonnene Erkenntnis will nicht besagen, dass es im Mittelalter um den Menschenrechtsschutz besser gestellt gewesen wäre als in der Neuzeit.

Eher könnte das Gegenteil behauptet werden. Zwar hatte sich bereits im Altertum die griechische Philosophie mit dem Schicksal des Menschen und seinen natürlichen Rechten beschäftigt, im 2. Jahrhundert sprach der große römische Jurist Gaius vom »gemeinsamen Recht aller Menschen«, und das Christentum postulierte die Gleichheit und Brüderlichkeit der Menschen. Aber in die Institutionengeschichte drangen diese philosophischen und religiösen Überlegungen nicht ein. So blieb zum Beispiel die Institution der Sklaverei nicht nur während des gesamten Altertums, sondern auch noch viele Jahrhunderte hindurch in christlicher Zeit erhalten; ihre Bedeutung nahm sogar seit der frühen Neuzeit wieder zu.

In Europa bestimmte das personenverbandsrechtliche Denken etwa in der Zeit vom 8. bis zum 15. Jahrhundert das Zusammenleben der Menschen. Es fand seinen Ausdruck im Lehnswesen, das keine durchgehende Befehlsstruktur von der Herrschaftsspitze bis zur Basis kannte, sondern auf persönlichen, gegenseitigen Treueverhältnissen zwischen Lehnsherrn und Lehnsmann beruhte. Durch die Weitergabe von Lehen ergab sich eine aus zahlreichen Schichten zusammengesetzte »Lehenspyramide«, an deren Spitze der König als oberster Lehnsherr stand. Auf der untersten Ebene dieses engen Geflechts persönlicher Rechtsverhältnisse ist die bäuerliche Bevölkerung anzusiedeln, die das agrarische Fundament des gesamten Lehnswesens bildete.

Auch der mittelalterliche Herrschaftsverband, der aufgrund seiner wesensmäßigen Verschiedenheit vom modernen Staat nur mit großen Vorbehalten als Staat bezeichnet werden kann, verfügte über ein Territorium, auf dem Menschen lebten und sich durch Ackerbau, Viehzucht, Jagd und andere forstwirtschaftliche Nutzung ernährten. Aber dieses Territorium gehörte nicht zu den konstitutiven Merkmalen des Herrschaftsverbandes, wodurch sich der Personenverband des Mittelalters vom modernen »Flächenstaat« unterscheidet. Die Hinwendung zum territorialstaatlichen Denken hatte indes bereits im Spätmittelalter begonnen. Zu Beginn der Neuzeit waren aus Lehnsherren längst Landesherren (domini terrae) geworden. Neben der Rezeption des römischen Rechts bildete vor allem der Abschluss dieser Entwicklung eine der grundlegenden Voraussetzungen für die Herausbildung des modernen Staates.

Die Politikwissenschaft betrachtet den modernen Staat zwischen 1650 und 1850 als einen Machtapparat, zu dem Beamtentum und Militär als wesentliche Teile gehören. Diese Auffassung spiegelt unausgesprochen Vorstellungen wider, die bereits im Bild des Staates als Maschine, das aus dem 18. Jahrhundert stammt, enthalten sind. Die Maschine symbolisierte damals noch nicht das Energiepotenzial des Industriezeitalters; vielmehr war sie zu Beginn des 18. Jahrhunderts kaum mehr als eine Spielerei, die in Gelehrtenstuben und Mechanikerwerkstätten zu finden war.

Der Vergleich des Staates mit einer Maschine sollte zum Ausdruck bringen, dass die Staatsgeschäfte reibungslos, steuerbar und nach Programm abliefen. Aber bald erwies sich der viel tiefere Wahrheitsgehalt dieses Vergleichs. Der in der Zeit des Absolutismus perfektionierte Staat glich auch deshalb einer Maschine, weil er die einzelnen Menschen zu winzigen Teilchen in einem gewaltigen Räderwerk degradierte, das vom Hebeldruck des Monarchen gesteuert wurde. Als im 19. Jahrhundert die Maschine zudem zum Symbol der Unterdrückung des arbeitenden Menschen wurde, hatte der Vergleich des Staates mit der Maschine endgültig seine Harmlosigkeit verloren.

Der amerikanische Kulturhistoriker Lewis Mumford hat versucht, die Geschichte der Menschenrechte unter Zuhilfenahme jenes Vergleichs zu deuten. Die Frage, wie es bereits im Altertum ohne den Einsatz von Maschinen zu technischen Hochleistungen wie dem Bau von Pyramiden und riesigen Bewässerungsanlagen kommen konnte, beantwortete er mit dem Hinweis auf das Vor-

Die in England entstandene puritanische Bewegung der Quäker tritt für die Gleichheit aller Menschen ein und kämpft gegen jegliche Art von Diskriminierung und Gewalt. In Deutschland wurden sie v. a. durch die »Quäkerspeisungen« nach beiden Weltkriegen bekannt. Für diese Maßnahmen wurden das amerikanische und britische Quäkerhilfswerk 1947 mit dem Friedensnobelpreis ausgezeichnet.

Das Bild vom Menschen als Teil einer Maschine lässt sich noch heute anhand des funktionellen Eisatzes des Einzelnen im militärischen Apparat nachzeichnen.

handensein von »Menschenmaschinen«, das heißt von großen Menschenmassen, die mit strengster Disziplin dirigiert wurden. Die Despotien des frühen Altertums mit ihren unvorstellbar grausamen, Menschen verachtenden Praktiken seien nichts anderes als solche Menschenmaschinen gewesen. In der Spätantike und im Mittelalter sei die Erinnerung hieran allmählich verblasst. In der Neuzeit aber sei im Laufe mehrerer Jahrhunderte, und deshalb kaum bemerkt, erneut eine gewaltige Menschenmaschine konstruiert worden: der moderne Staat.

Gegen ihn richtete sich naturgemäß die Forderung der Philosophen, Menschenrechte als subjektive öffentliche Rechte des Einzelnen verfassungsmäßig zu verbriefen, damit jeder Einzelne über eine »staatsfreie Sphäre« zur Entfaltung seiner Persönlichkeit verfüge. Die Menschenrechte sollten gleichsam der Zaun sein, der diese staatsfreie Sphäre vor Übergriffen des Staates zu schützen hatte. Deshalb erhielten diese »klassischen Freiheitsrechte« die Bezeichnung status negativus.

Der Kampf um diese Kategorie von Menschenrechten war zu Beginn des 19. Jahrhunderts im Wesentlichen gewonnen. Gleichzeitig begann in einer zweiten Phase das Ringen um die Grundrechte des status activus, das sind die Rechte des Einzelnen auf Mitwirkung bei der politischen Willensbildung im Staat, deren Kern das aktive und passive Wahlrecht bildeten. Dieses Ringen endete in Europa erst im Laufe des 20. Jahrhunderts mit der Durchsetzung des allgemeinen Wahlrechts auch für Frauen.

Zu Beginn des 20. Jahrhunderts hatte in den Industriestaaten der Kampf um die dritte Gruppe von Menschenrechten begonnen, nämlich die Grundrechte des status positivus, mithin die Rechte des Einzelnen auf positive Leistungen des Staates, die im Begriff des Sozialstaats zusammengefasst werden. Das Ringen um sie ist bis heute nicht abgeschlossen. Gleichzeitig zeichnen sich aber auch neue Gefährdungen der Freiheitsrechte ab, sodass die Überlegungen der Philosophen der Aufklärungszeit, die am Beginn der Entwicklung jener Kategorie von Menschenrechten standen, erneut aktuell geworden sind.

Otto Kimminich †

Anspruch auf Universalität und Verankerung in Verfassungen: Die Menschenrechte seit der Aufklärung

Die Bedeutung der Philosophie der Aufklärung für die Geschichte der Menschenrechte ist unbestritten. Alle früheren philosophischen Ansätze – von der Naturrechtslehre der Sophisten in der Antike bis zur spätmittelalterlichen Scholastik – werden dadurch nicht abgewertet. Wie bereits Felix Ermacora konstatierte, bleibt es aber eine Tatsache, dass im Zeitalter der Aufklärung die Menschenrechte »zuerst den Anschein von umfassender Effektivität und Universalität erreicht haben. Nicht, dass die Wissenschaft nicht schon vorher die Existenz von einzelnen Menschenrechten und Grundfreiheiten zu beweisen sucht; aber diese wurden zu dem, was sie heute sind, durch die Herauslösung des Menschen aus dem mittelalterlichen Weltbild, durch die Lösung der Staaten von bestimmten Kirchen und durch die kraft der Laisierun-

> **ZITAT**
>
> **In seiner »Kritik der reinen Vernunft« nennt Immanuel Kant David Hume als den wichtigsten Erkenntnistheoretiker:**
> *Er brachte kein Licht in diese Art der Erkenntnis, aber er schlug doch einen Funken, bei welchem man wohl ein Licht hätte anzünden können, wenn er einen empfänglichen Zunder getroffen hätte.*

> **INFOBOX**
>
> **»Über den menschlichen Verstand«**
> Entscheidende Einflüsse für die Philosophie der Neuzeit kamen von den Britischen Inseln. Schon Francis Bacon, auf den die modernen Naturwissenschaften zurückgehen, hatte das Wissen auf die Erfahrung gegründet. John Lockes 1689 erschienener Essay »Über den menschlichen Verstand« verschaffte nun dem Empirismus eine bis dahin ungekannte philosophische Geltung. Gemäß dem Grundsatz, dass nichts im Verstand ist, was nicht vorher durch die Sinne erfasst worden wäre, setzt Locke seine Vorstellung des menschlichen Verstandes als einer leeren Tafel (Tabula rasa) gegen den Rationalismus und Descartes' Modell der angeborenen Ideen ab. Lockes Erkenntnistheorie war enorm folgenreich. In England und Deutschland beeinflusste sie George Berkeley, John Stuart Mill, David Hume und über diesen Kant. Für die französischen Aufklärer waren hingegen v. a. Lockes politische Gedanken bedeutungsvoll.

gen des Einzelnen bewirkte, nunmehr isolierte Konfrontierung des Menschen mit der Allgewalt des Staates und den Gewalten gesellschaftlicher Gruppen«.

Die oft als erstes menschenrechtliches Dokument bezeichnete Magna Charta von 1215 verkündete keineswegs die allgemeinen Menschenrechte, sondern schützte im Wesentlichen eine bestimmte Schicht, die Barone, gegen den Rechtsmissbrauch durch ihren Feudalherren, den englischen König. Die dort verbrieften Rechte fügten sich noch ganz in das System des mittelalterlichen Personenstaatsverbandes ein. Diese Einschränkung soll

In einem revolutionären Akt konstituierte sich der dritte Stand im Juni 1789 zur französischen Nationalversammlung und schwor im so genannten Ballhausschwur am 20. Juni, nicht vor Vollendung einer Verfassung auseinander zu gehen (Bild von Jacques-Louis David, 1791; Paris, Louvre).

Exkurs: Die Menschenrechte

Ein Freiheitsbaum, das Siegeszeichen der Französischen Revolution, stand 1794 auch im französisch besetzten Köln.

indes Englands Beitrag nicht schmälern: Im 16. und 17. Jahrhundert finden sich dort einige Philosophen, die als Vorläufer und Wegbereiter der Aufklärung die naturrechtliche Idee der Menschenrechte propagierten.

Zu ihnen gehören John Milton und John Locke. Auf der Grundlage des Calvinismus traten sie für die Selbstbestimmung des Menschen ein und plädierten für eine staatsfreie Sphäre. Es ist kein Zufall, dass der eigentliche Begründer derjenigen Freiheitstheorie, die später in die utilitaristische Formel »Leben, Freiheit und Streben nach Glück« – gleichsam als »Urmenschenrechte« in der amerikanischen Unabhängigkeitserklärung festgehalten – mündete, John Locke, sein Hauptwerk »Über die Regierung« kurz nach der »Glorreichen Revolution« von 1688/89 veröffentlichte, in deren Folge erstmals ein englischer König vor seiner Thronerhebung einen Grundrechtskatalog unterschreiben musste.

Aber schon im darauf folgenden Jahrhundert bildeten Nordamerika und Frankreich die Schwerpunkte des Ringens um die Menschenrechte. In der Geschichtswissenschaft herrscht noch immer Uneinigkeit darüber, welchem der beiden Länder der Vorrang gebührt. Einer der Altmeister der deutschen Staatslehre, Georg Jellinek (1851–1911), vertrat dezidiert, dass die Naturrechtslehre allein das System der Menschen- und Bürgerrechte nicht geschaffen hat und dass nicht die Französische Revolu-

ZITAT

Auf dem Grab John Lockes ist zu lesen:
Hier liegt John Locke. Wenn du fragst, was für ein Mann er war, so antwortet er: einer, der mit seinem bescheidenen Los zufrieden war.

> **INFOBOX**
>
> **Prinzipien einer neuen Ordnung**
> Die in der Anfangsphase der Französischen Revolution verkündete »Erklärung der Menschen- und Bürgerrechte« vom August 1789 war ein entscheidender Schritt in der Entwicklung des westlichen Verfassungsdenkens, formulierte sie doch die Prinzipien des modernen liberalen Verfassungsstaats. Vom Geist der Aufklärung geleitet und dem optimistischen Glauben an die Allmacht der Vernunft beflügelt, legten die Mitglieder der französischen verfassunggebenden Nationalversammlung nach amerikanischem Vorbild die Prinzipien einer neuen, auf Freiheit und Rechtsgleichheit gegründeten politischen Ordnung fest.
> So heißt es im ersten Artikel: »Die Menschen werden frei und gleich an Rechten geboren und bleiben es.« Artikel 2 erklärt »Freiheit, Eigentum, Sicherheit und Widerstand gegen Unterdrückung« zu den »natürlichen und unantastbaren Menschenrechten«, Artikel 3 postuliert die Souveränität des Volks. Die weiteren Artikel betreffen fundamentale rechtsstaatliche Garantien wie den Schutz vor willkürlicher Verhaftung, weltanschauliche Toleranz des Staats, Meinungs- und Pressefreiheit, Steuergerechtigkeit sowie die Teilung der Gewalten (Legislative, Exekutive und Rechtsprechung) als institutionelle Voraussetzung der Freiheit.

tion mit ihren Vorläufern, sondern die amerikanische Unabhängigkeitsbewegung den eigentlichen Anfang für die Umsetzung der Menschenrechtsidee in die politische Praxis darstellt.

Tatsächlich ist der erste verfassungsrechtliche Grundrechtskatalog in der Verfassung des Staates Virginia aus dem Jahre 1776 enthalten. Diese Verfassung stammt von Thomas Jefferson, dem Autor der amerikanischen Unabhängigkeitserklärung. Sie beginnt mit dem Bekenntnis zu unveräußerlichen Menschenrechten, die dem Einzelnen von seinem Schöpfer gegeben worden sind, und bekräftigt die berühmte Dreiheit der Urmenschenrechte »Leben«, »Freiheit« und »Streben nach Glück«. Virginia war aber keineswegs die einzige Kolonie, die damals einen Grundrechtskatalog (Declaration of Rights) verkündete. Die Declaration of Rights waren zugleich Rechtsinstrumente im Kampf um die Unabhängigkeit von England.

Die Vorkämpfer dieser Unabhängigkeit, darunter vor allem die Juristen James Otis und Alexander Hamilton,

Die von dem Elsässer Frédéric Auguste Bartholdi geschaffene Freiheitsstatue wurde 1886 auf Liberty Island vor New York aufgestellt.

Exkurs: Die Menschenrechte

Der englische Dichter John Milton, unter Oliver Cromwell 1649–60 Staatssekretär im außenpolitischen Amt, forderte neben einer Demokratisierung der Kirche auch eine allseitige Erziehung, Pressefreiheit und das Recht der Ehescheidung.

versuchten zunächst, die Rechte der amerikanischen Kolonisten aus der englischen Verfassung abzuleiten. Als dies nicht gelang, übernahmen sie die im englischen Recht begründeten civil liberties (bürgerliche Freiheiten) und erklärten sie zu human rights (Menschenrechten), die unabhängig von der englischen Verfassung gelten. Auf dieser Grundlage verkündete 1776 der in Philadelphia versammelte Kongress von Politikern der 13 amerikanischen Kolonien die Unabhängigkeitserklärung. Nichtsdestoweniger enthielt die 1787 verkündete Bundesverfassung noch keinen Grundrechtskatalog. Eine derartige Ergänzung gelang erst vier Jahre später, indem zehn Zusatzartikel aufgenommen wurden, die später abermals erweitert wurden.

Die Verbindungen zwischen der amerikanischen Unabhängigkeitserklärung und der Französischen Revolution sind wechselseitig. Zwar brach die Französische Revolution später aus als der Amerikanische Unabhängigkeitskrieg, aber ihre philosophische Vorbereitung hatte ein gutes Menschenalter vorher begonnen. Die amerikanischen Juristen verwendeten die Argumente der französischen Philosophen, als sie die englischen Bürgerrechte in allgemeine Menschenrechte ummünzten. Freiheitsliebende Franzosen kämpften aufseiten der amerikanischen Kolonisten und stürzten sich, erfüllt von den Idealen der Unabhängigkeit nach Frankreich zurückgekehrt, mutig in die Revolution.

Die französische Menschenrechtsphilosophie hatte eine eigene Tradition in der Aufklärung. Das Hauptproblem Montesquieus war die Sicherung der Bürgerrechte durch eine entsprechende Staatsorganisation. Aber er betonte auch, dass der Mensch wichtiger sei als der Bürger. »Die Pflicht, die man als Bürger erfüllt, ist Verbrechen, lässt sie uns die Pflicht vergessen, die man als Mensch hat.« Jean-Jacques Rousseau versuchte das Problem der staatsfreien Sphäre anders zu lösen: Durch den Gesellschaftsvertrag gibt der Einzelne seine natürliche Freiheit auf, um die bürgerliche Freiheit zu gewinnen. Sein individueller Wille wird vom Gemeinwillen, den er letztlich als seinen wahren Willen erkennt, aufgesogen. Diese Argumentation hat später auch Vertreter totalitärer Ideen dazu verleitet, sich auf Rousseau zu berufen.

Die tatsächliche Entwicklung in Frankreich ging andere Wege. Einer der Vorkämpfer der Revolution, Graf Mirabeau, erhob bereits im Jahre 1770 die Forderung nach Anerkennung von Menschenrechten, die er droits fondamentaux (Grundrechte) nannte. Seit dieser Zeit werden in der Philosophie die Begriffe Grundrechte und Menschenrechte häufig synonym gebraucht. Die Rechtssprache unterscheidet sie allerdings: Grundrechte sind die in Verfassungen verbrieften subjektiven öffentlichen Rechte. Sofern sie nicht auf Staatsbürger beschränkt sind – wie etwa das aktive und passive Wahlrecht –, sind sie zugleich Menschenrechte, die allen

> **ZITAT**
>
> **John Milton setzte sich für Meinungsfreiheit und Demokratie ein:**
> *Wer gewaltsam triumphiert, hat seinen Feind nur halb bezwungen.*

Der englische Philosoph John Locke vertrat in seiner Staatsrechtslehre »Über die Regierung« von 1690 das Recht auf Unverletzlichkeit von Person und Eigentum, das der Staat zu schützen habe.

Honoré Gabriel du Riqueti Mirabeau, einer der Vorkämpfer der Französischen Revolution, formulierte schon 1770 die Forderung nach Anerkennung der Menschenrechte.

Menschen im Geltungsbereich der betreffenden Verfassung zustehen. Auf der Ebene des Völkerrechts entfällt die Beschränkung auf den Geltungsbereich einzelner Verfassungen.

Nach Ausbruch der Französischen Revolution 1789 wurde Mirabeaus Gedanke alsbald zum Programm erhoben: Am 26. August 1789 verkündete die französische Nationalversammlung feierlich die Erklärung der Menschen- und Bürgerrechte. Ähnlich wie die amerikanische Unabhängigkeitserklärung spricht sie von »natürlichen und unveräußerlichen und geheiligten Menschenrechten«, deren Erhaltung der »Endzweck aller politischen Vereinigungen« sei. Die Erklärung der Menschen- und Bürgerrechte wurde in die Verfassung vom 3. September 1791 aufgenommen. In der Verfassung vom 24. Juni 1793 nahmen die Menschenrechtsartikel einen noch größeren Raum ein, während die dritte Revolutionsverfassung vom 22. August 1795 von vier »Rechten des Menschen innerhalb der Gesellschaft« sprach: Freiheit, Gleichheit, Sicherheit und Eigentum; daneben setzte sie auch Pflichten des Bürgers.

Nach der Überwindung der Revolution durch Napoleon wurde die Revolutionsverfassung außer Kraft gesetzt. Die Erklärung der Menschen- und Bürgerrechte aber wirkte fort und befruchtete die gesamte liberale Verfassungstradition, in die auch der Grundrechtskatalog der deutschen Reichsverfassung vom 28. März 1849 einzuordnen ist. Da die Revolution von 1848/49 scheiterte, trat er niemals in Kraft. Doch knüpfte die Staatsrechtslehre bei der Interpretation der Grundrechtskataloge der Weimarer Reichsverfassung von 1919 und des Bonner Grundgesetzes von 1949 an die in ihm zum Ausdruck gekommenen Ideen an. *Otto Kimminich †*

Süd- und Ostasien
um 1520 bis um 1870

Indien

Timurs Nachfahren: Die Moguldynastie

Nach der »klassischen« Zeit der Guptadynastie hatte sich in Indien ein System mittelalterlicher Regionalreiche ausgebildet. Diese hatten eine beschränkte Herrschaftsreichweite etwa im Umkreis von hundert bis 200 Kilometer um ihre Hauptstadt. Oft hatten sie aber eine beträchtliche Interventionsreichweite und sandten Heere über weite Strecken hinweg auf Eroberungszüge. Die Könige kehrten dann mit Beute zurück und setzten die Herrscher, die sie besiegt hatten, als »Vasallen« wieder ein. Sie erfüllten damit den traditionellen Auftrag, sich als chakravartin (Eroberer aller vier Weltgegenden) zu bewähren, und verkündeten ihre Erfolge auf Fels-

INFOBOX
Orientalisches Märchenland
»Nach Agra und Lahore des Großmoguls« lässt der englische Dichter John Milton 1667 den Blick Adams wandern, als Gott ihm die künftigen Wunder der Welt zeigt. Das seit 1526 bestehende Reich der muslimischen Großmoguln in Indien galt den Europäern bald als orientalisches Märchenland schlechthin – noch heute weckt das Wort »Mogul« die Vorstellung geradezu exotischen Reichtums. Im 17. Jh. waren die ersten indischen Miniaturen nach Europa gelangt, kein Geringerer als Rembrandt besaß viele Blätter. 1762 ließ Kaiserin Maria Theresia das so genannte Millionenzimmer in Schönbrunn mit 260 solcher Miniaturen »tapezieren«. Der letzte Mogulfürst, zugleich Dichter und Kalligraph, starb 1862 elend im britischen Exil in Rangun.

Eine indische Elefantenrüstung aus dem 18. Jh. wird im Londoner Tower aufbewahrt.

Die Buddhafigur steht in dem bedeutendsten Bauwerk birmanischer Kultur, dem um 1100 erbauten Anandatempel in Pagan.

inschriften. Da ihre Nachbarn ähnliche Ambitionen und Machtmittel hatten, ergab sich ein Gleichgewicht der Regionalmächte. Der Glanz großer Eroberer, die gelegentlich wie leuchtende Kometen vorbeizogen, verlosch bald wieder. Die Hauptwaffengattung blieb über fast ein Jahrtausend der Kriegselefant, dessen Haltung teuer war. Er stand daher nur mächtigen Königen in genügender Anzahl zur Verfügung. Reichtum, Elefantenmacht und Interventionspotenzial bedingten sich gegenseitig.

Das Gleichgewicht der indischen Regionalmächte wurde empfindlich gestört, als islamische Reiterkrieger in Indien einbrachen und das Sultanat von Delhi errichteten. Waren frühere Reiche meist nach der herrschenden Dynastie benannt worden und nach deren Ende auseinander gebrochen, so wurde dieses Sultanat nacheinander von mehreren Dynastien beherrscht, darunter immer wieder auch Usurpatoren, die jeweils ins Zentrum strebten und die Kontinuität des Sultanats wahrten, statt an Sezession zu denken. Der Kriegsapparat des Sultanats war gewaltig. Auch Kriegselefanten wurden weiter gehalten, aber die eigentliche Wunderwaffe war jetzt die rasante Kavallerie, die militärische Unternehmungen von größerer Reichweite und höherer Geschwindigkeit garantierte. Eine Züchtung guter Kriegspferde gab es in Indien nicht, sie mussten aus Arabien und Persien importiert werden und waren daher sehr teuer. Wieder bedingten sich Reichtum und Heeresmacht gegenseitig, aber nun in ganz anderen Dimensionen.

Die Kavalleriemacht erforderte sowohl eine starke Zentralverwaltung als auch eine dezentrale Verteilung der Garnisonen. Das führte zur Entstehung eines Militärfeudalismus, der sich bald über ganz Indien verbreitete. Schlüsselfigur dieses Systems war der Kavalleriehauptmann, dem ein Militärlehen (iqta) zugeteilt wurde, von dessen Erträgen er seine Garnison und die Pferde unterhalten musste. Zugleich aber war er auf dem Gebiet des Lehens für die lokale Verwaltung und die Steuereinziehung verantwortlich. In der Regel war dieser Hauptmann ein Fremder ohne Hausmacht; so blieb er vom Sultan abhängig.

Wer sich gegen dieses System behaupten wollte, musste es nachahmen. So gingen denn auch die Hindukönige Südindiens dazu über, ihre Staaten nach dem

Dem kurzzeitigen indischen Herrscher Sher Shah errichtete man 1540 ein Mausoleum in Sasaram. Inmitten eines Sees erhebt sich auf einer hohen quadratischen Basis der mehrstöckige oktogonale Bau.

Muster des Sultanats von Delhi zu organisieren. Krishnadeva Raya, der größte Herrscher des Reiches von Vijayanagar, nannte sich daher selbst »Sultan der Hindus«. In der Tat war dieses Reich, das nacheinander von vier Dynastien beherrscht wurde, in seiner Struktur dem Delhisultanat sehr ähnlich. Krishnadevas Pferdebedarf war enorm. Er war ein guter Kunde der Portugiesen, die die persischen Pferdehändler ersetzt und deren Landeplatz Goa erobert hatten. Er bezahlte ihnen sogar tote Pferde, so waren die Portugiesen gegen Verluste versichert. Krishnadeva, der von 1509 bis 1529 regierte, war ein Zeitgenosse des ersten Mogulherrschers Babur, aber ein beziehungsloser Zeitgenosse, denn der große Eroberer des Nordens traf nie auf den großen Eroberer des Südens.

Als Babur in Indien einfiel, um es im Namen seines Ahnherrn Timur, des von Moskau bis Delhi gefürchteten Eroberers des 14. Jahrhunderts, als sein Erbe zu beanspruchen, übernahm er das System des Militärfeudalismus. Aber er fügte der Militärmacht neue Elemente hinzu, die es ihm ermöglichten, den ihm sonst wesentlich überlegenen Sultan von Delhi vernichtend zu schlagen.

Baburs Wunderwaffen: Feldartillerie und Reiterschützen
Babur war von den Usbeken aus seiner Heimat Samarkand vertrieben worden und hatte sich in Afghanistan eine neue Machtstellung aufgebaut, von der aus er in Indien einfallen konnte. Von den Usbeken hatte er die Taktik der Reiterschützen gelernt, die an den Feind heranpreschten, dann ihr Pferd blitzschnell herumrissen und in dem Moment, in dem es mit dem Rücken zum Feind stillstand, zielgenau ihre Pfeile abschossen. Von den Türken übernahm er leichte Kanonen, die neue Wunderwaffe der Feldartillerie, mit der zu jener Zeit der osmanische Sultan Selim I. die Reiterheere der Mamelucken niedermähte und Syrien und Ägypten eroberte.

Das Grabmal von Akbars Vater Humayun in Delhi wurde 1564–72 erbaut. Stilistisch ist es nach Persien orientiert.

Die Verbreitung dieser neuen Waffengattung vollzog sich mit atemberaubender Geschwindigkeit. Die Perser setzten sie ein, um sich gegen Selim behaupten zu können, und das Mogulreich wurde das dritte dieser »Schießpulverreiche«. Die Sultane von Delhi hatten zwar auch schon Kanonen, aber es waren schwere, unbewegliche Kaliber, die nur zur Belagerung oder Verteidigung von Festungen geeignet waren. In die Schlacht zogen sie mit Hunderten von Kriegselefanten und großen Kavallerieheeren.

Als Babur 1526 auf dem Schlachtfeld von Panipat nördlich von Delhi der riesigen Armee des Sultans Ibrahim Lodi entgegentrat, hatte er seine Stellung gut vorbereitet. Die leichten Kanonen der Feldartillerie wurden mit

Die Miniatur zeigt die Szene einer Schlacht, in der sowohl Elefanten als auch Pferde eingesetzt wurden (Ausschnitt einer Illustration aus dem »Akbar-Name«, um 1590).

Süd- und Ostasien

> **INFOBOX**
>
> **Eine »Wunderwaffe«**
>
> In der Schlacht von Panipat (1526) besiegte Babur das zahlenmäßig weit überlegene Heer des Sultans von Delhi, Ibrahim Lodi, der in der Schlacht fiel. Babur hatte diesen Sieg dem geschickten Einsatz seiner Feldartillerie zu verdanken, mit deren Hilfe er danach noch verschiedene andere lokale Herrscher unterwarf. In seinen Erinnerungen »Babur-Name« (Baburnamā) geht er in der Eintragung für den 22. 10. 1526, vor der Schlacht von Panipat, auf seine »Wunderwaffe« ein: »Für den Krieg gegen Biyana ... befahl ich Meister Ali Quli, eine große Kanone zu gießen ... Auf dem Platz um die Gussmulde herum hatte er acht Öfen für das Metall errichtet. Vom Fuß jedes Ofens lief eine Rinne direkt zur Gussform der Kanone. Sobald ich eingetroffen war, öffnete er die Ofenlöcher. Das geschmolzene Metall lief durch die Rinnen in die Gussform und plätscherte dabei wie Wasser. Kurz darauf aber – die Gussform war noch nicht angefüllt – versiegte bereits der Metallfluss aus den Öfen ... Ali Quli war in großer Not und wollte sich schon in die Metallschmelze stürzen, aber ich tröstete ihn ... Ein oder zwei Tage später, als die Gussform erkaltet war, wurde sie geöffnet. Meister Ali Quli war überglücklich und schickte jemanden zu mir, um mir zu melden, dass die Steinkammer fehlerfrei gelungen sei und man nun mühelos die Pulverkammer anbringen könne.«

Lederriemen miteinander verbunden, damit die feindliche Kavallerie nicht zwischen den Kanonen hindurchpreschen konnte. Die Reiterschützen trieben mit ihrem Pfeilhagel die Armee des Sultans auf die Artilleriestellung zu. Pferde und Kriegselefanten wurden niedergemäht. Der Sultan fiel auf dem Schlachtfeld. Baburs Sieg über eine zahlenmäßig weit überlegene Armee alten Stils zeigte den Wert der neuen Waffengattungen und Baburs Kunst, diese Waffen als Feldherr zu koordinieren. Selbst in späteren Zeiten fand sich kaum ein Feldherr von seinem Rang. Das Zusammenspiel von Artillerie und Kavallerie erwies sich stets als problematisch. Aber eine Zentralmacht ohne Feldartillerie war von nun an undenkbar.

Babur wiederholte seine siegreiche Taktik bald darauf bei einer Schlacht gegen den Maharaja (Maharadscha) von Mewar, den Führer der Adels- und Kriegerkaste der Rajputen. Dann sandte er seine Artillerie auf Flößen über Yamuna und Ganges nach Osten und eroberte Bengalen.

Die von Sher Shah eingeführte Rupie, eine Silbermünze, fand unter Akbar allgemeine Verbreitung in Indien. Abgebildet ist eine eckige Rupie (Vorder- und Rückseite), die unter Akbar geprägt wurde.

Amber war 600 Jahre lang die Hauptstadt des Rajputenreiches Kachwaha, bis 1727 wenige Kilometer entfernt die neue Hauptstadt Jaipur gegründet wurde. Abgebildet ist der alte Palast der Maharadschas.

Schon wenig später, im Jahr 1530, fand sein Leben ein ungewöhnliches Ende. Sein 22-jähriger Sohn Humayun erkrankte, und Babur betete zu Gott, lieber sein Leben zu nehmen und den Sohn genesen zu lassen. So geschah es. Doch Humayun musste bald darauf sein Erbe gegen den Afghanen Sher Shah verteidigen, der aus Bihar heranzog und ihn besiegte. Auf der Flucht wurde im Oktober 1542 Humayuns Sohn Akbar geboren, den er bei seinen Verwandten in Afghanistan ließ, während er sich selbst ins Exil nach Persien begab, wo ihn Schah Tahmasp gastfreundlich aufnahm. Mit seiner Unterstützung gelang es Humayun 1555, sein Reich zurückzuerobern, indem er die schwachen Nachfolger Sher Shahs besiegte. Die persische Verbindung blieb von nun an für die Großmoguln wichtig. Persisch wurde ihre Hof- und Verwaltungssprache, persische Literatur und Baukunst wurden für sie zum Vorbild.

Sher Shah war ein hervorragender Verwaltungsfachmann, der ein gutes Münzwesen und eine geregelte Grundsteuerveranlagung eingeführt hatte, die Humayun nun zugute kam. Dieser konnte freilich seine neu gewonnene Herrschaft nicht lange genießen. Schon im Januar 1556 starb er nach einem Sturz auf der steilen Treppe seiner Bibliothek. Es wird vermutet, dass ein Opiumrausch zu diesem Sturz beigetragen hat. Sein junger Sohn Akbar kam auf diese Weise bereits im Alter von 13 Jahren auf den Thron, den er bis 1605 innehaben sollte. Fast hätte ihm ein Usurpator, der Hindu Hemu, der sich Raja (König oder Fürst) Vikramaditya nannte, den Thron streitig gemacht. Er war ein fähiger Feldherr, der für seinen Herrn, einen afghanischen Sultan, bereits viele Schlachten geschlagen hatte. In der entscheidenden Schlacht gegen Akbar wurde er durch einen Pfeil getroffen und stürzte zu Boden. Akbars General empfahl dem jungen Herrscher, den Kopf des Feindes selbst abzuschlagen, und er tat es.

Akbar wurde bald einer der größten Eroberer aller Zeiten. Im Alter von 34 Jahren nannte er bereits ein großes Reich sein Eigen, das sich von Gujarat im Westen bis Bengalen im Osten ausdehnte. Er konnte nun seine Herrschaft konsolidieren und zeigte sich dabei als Meister der staatlichen Verwaltung. Dies war umso erstaunlicher, als er im Gegensatz zu Vater und Großvater ein Analphabet war. Manche sagen, dass er in seiner Jugend im rauen Afghanistan nicht Lesen und Schreiben gelernt hatte, andere vermuten, dass er ein Legastheniker war. An über-

Das Audienzgebäude Diwan-i-Khas des Großmoguls Akbar war ein Zentrum der Gelehrten.

ragender Intelligenz mangelte es ihm nicht. Da er seine Weisheit nicht aus Büchern schöpfen konnte, suchte er sie im Gespräch. Die von ihm anberaumten öffentlichen Streitgespräche waren berühmt. Für sie ließ er ein besonderes Gebäude errichten. Er selbst thronte auf einer Säule in der Mitte von Brücken, die zu den Galerien führten, auf denen die Diskussionspartner standen. Das Publikum stand unten und durfte zuhören. Dabei ging es meist um religiöse Fragen, für die Akbar ein großes Interesse zeigte.

Akbars Politik: Religiöse Toleranz und staatliche Ordnung

Akbar war sich dessen bewusst, dass die große Mehrheit seiner Untertanen Hindus waren und blieben. Als er eine Rajputenprinzessin heiratete, erlaubte er ihr, ihren Glauben beizubehalten. Er schaffte die Kopfsteuer (jiziya) ab, die Ungläubige in islamischen Staaten zahlen mussten, damit der Staat sie schützte. Die Hindu-Untertanen wussten Akbar diese große Geste zu danken. Die Rajputen, zunächst die größten Widersacher der Moguln, wurden Akbars treueste Verbündete.

Der Rajputengeneral Man Singh war sein bedeutendster Heerführer. Der Hindu Todar Mall wurde sein Finanzminister; er erwarb sich große Verdienste um die Einziehung der Grundsteuer in Bargeld, die für die Aufrechterhaltung der Zentralmacht entscheidend war. Als einige seiner großen Lehnsleute Akbar einmal fragten, warum er ausgerechnet einen Hindu zum Finanzminister machen musste, fragte er zurück, wer denn ihnen die Bücher führe. Er wusste genau, dass sie diese Aufgabe den Hindus übertrugen.

Akbar ging aber noch über diese Politik der passiven Toleranz hinaus und versuchte eine neue Religion zu stiften, die er Din-i Ilahi (Gottesglaube) nannte. Es sollte dies eine tolerante, synkretistische – verschiedene religiöse Formen vereinende – Religion mit ihm als Großmeister sein. In der Tat wurde diese Religion nie unter den Massen verbreitet, sondern blieb eher ein Eliteorden. Die Vergöttlichung des Herrschers, die seinen Hindu-Untertanen geläufig, den orthodoxen Muslimen aber zuwider war, spielte dabei eine Rolle. Der bekannte Spruch »Allahu Akbar« (Gott ist groß) wurde am Hof

---

Die Regierungszeit von Akbars Sohn Jahangir war durch innere Stabilität geprägt. Dem Herrscher wurde 1637 ein Mausoleum in Lahore erbaut, das für seine Marmorintarsien berühmt ist.

Süd- und Ostasien

Akbars oft gehört. Man konnte ihn als eine Anspielung auf seinen Namen verstehen.

Akbar wollte als Herrscher nicht nur die islamischen Gesetze anwenden, er wollte sie auch selbst auslegen und erneuern dürfen. Die Streitgespräche mit Vertretern aller Glaubensrichtungen hatten den Sinn, ihn als Richter und Vermittler in den Mittelpunkt zu stellen. Die Anordnung der erwähnten Diskussionshalle zeigte diesen Anspruch Akbars. Damit verstieß er natürlich gegen den rechten Glauben des Islam, doch es gelang ihm zugleich – und darum ging es ihm ja –, sich als Herrscher aller seiner Untertanen, auch der Ungläubigen, zu profilieren. Aber es waren gewiss nicht nur pragmatische Überlegungen, die ihn zu dieser Religionspolitik bewogen. Er behauptete, selbst religiöse Erfahrungen gemacht zu haben, und war auf seine Weise ein Sucher nach der ewigen Wahrheit.

In den profaneren Fragen der Grundsteuerveranlagung und der Neuordnung des Militärfeudalismus zeigte sich Akbar ebenso engagiert und eigenwillig wie in reli-

Die Medrese von Ulug Beg war die Hochschule im Zentrum Samarkands.

Die nordafghanische Stadt Balkh lag an der Seidenstraße und war ein wichtiger Handelsplatz. Abgebildet ist die Grabmoschee des Kalifen Ali aus dem 15. Jahrhundert.

giösen Dingen. Er ließ alle Militärlehen für zehn Jahre einziehen, bezahlte die Offiziere aus der Staatskasse und ließ die Steuerbuchhalter für ein Jahrzehnt Preise und Steuererträge genau registrieren. Dann wurde daraus der jährliche Durchschnitt ermittelt und die Veranlagung auf dieser Basis fortgeschrieben. Damit löste Akbar gleich zwei Probleme. Er hatte bisher in jedem Jahr den Steuersatz aufgrund der gerade herrschenden Preise selbst festlegen müssen, auch wenn er auf dem Schlachtfeld war. Diese ohne Zweifel willkürliche Entscheidung konnte nur der Herrscher selbst treffen. Auch der Afghane Sher Shah hatte das so gemacht. Nun war das Reich inzwischen viel größer geworden, und es gab regionale Preisunterschiede. Die Fortschreibung des Zehnjahresdurchschnittswerts machte die jährliche Willkürentscheidung überflüssig. Ferner hatten die Militärlehnsträger natürlich kein Interesse daran gehabt, den Herrscher über die Steuererträge ihrer Gebiete genau zu informieren. Auch dieses Problem war durch die zehnjährige Bestandsaufnahme gelöst worden. Als Akbar die Militärlehen wieder ausgab, stand der Wert jedes Lehens fest.

Die Hierarchie der Lehnsleute wurde von Akbar ebenfalls auf eine rationale Grundlage gestellt. Jedem wurde ein Rang (mansab) zugeordnet, der sich nach dem persönlichen Gehalt und der Größe seines Kavalleriekontingents bemaß. Bei nichtmilitärischen Beamten konnte die Gehaltsstufe hoch und das Kavalleriekontingent klein sein. Der höchste Mansabdar hatte den Rang 7000, die große Zahl der kleinen Mansabdars hatte Ränge von wenigen Hundert.

Im Verbund mit der reformierten Grundsteuerveranlagung war dieses System sehr effizient und bewährte sich unter Akbars Sohn Jahangir und seinem Enkel Shah Jahan, der freilich die Staatskasse arg strapazierte, als er den vergeblichen Versuch unternahm, die Stammheimat der Moguln, Samarkand, zurückzuerobern. Unter Shah Jahan, der ein großer Bauherr und Förderer der Künste war, erlebte das Mogulreich seine Blütezeit. Sein Sohn Aurangseb, der den Feldzug nach Samarkand leitete, kam nur bis Balkh und musste dann unverrichteter Dinge zurückkehren. Er ließ sich das eine Lehre sein und eroberte in seiner Regierungszeit lieber Südindien, als noch einmal den Blick nach Nordwesten zu richten.

Die Überdehnung des Reichs unter dem Großmogul Aurangseb
Im Hochland des Südens, dem Dekhan, war im späten Mittelalter das Bahmani-Sultanat entstanden, das stets im Kampf mit dem Hindureich von Vijayanagar lag. Dieses Sultanat war in vier Nachfolgestaaten zerfallen, die sich untereinander bekriegten, aber immerhin 1565 gemeinsame Sache machten und in einer Entscheidungsschlacht das Reich von Vijayanagar besiegten. Das Mogulreich blieb zu jener Zeit noch auf Nordindien beschränkt. Die drei Sultanate von Golconda (Hyderabad), Bijapur und Ahmednagar bildeten für fast ein Jahrhun-

dert ein gleichgewichtiges System, bis Shah Jahan Ahmednagar eroberte und damit die Mogulmacht auf das Hochland ausdehnte.

Aurangseb war in seinen jungen Jahren Vizekönig des Hochlands gewesen und machte es sich nach seinem Regierungsantritt 1658 zur Aufgabe, die Sultanate des Südens zu erobern. Dabei trat ein unerwartetes Hindernis auf. Der Führer des im westlichen Hochland lebenden Volks der Marathen, Shivaji, der von seinem Vater ein Lehen in Pune geerbt hatte, schwang sich zum Widerstandskämpfer gegen die Mogulmacht auf und ließ sich 1674 feierlich zum Hindukönig krönen.

Shivaji versuchte nicht, dem Großmogul eine eigene Feldartillerie entgegenzusetzen, sondern verlegte sich auf eine Guerillataktik. Mit leichter Kavallerie überfiel er den Feind blitzartig und zog sich dann wieder zurück. Auf den Tafelbergen um Pune ließ er uneinnehmbare Festungen errichten. Die schwerfällige Armee des Großmoguls, die für die großen Feldschlachten in den Ebenen des Nordens bestens gerüstet war, tat sich in diesem Ter-

Auf einer Flussterrasse in Agra ließ Shah Jahan seiner 1631 verstorbenen Lieblingsfrau Mumtaz-Mahal die nach ihr benannte Grabanlage Taj Mahal bauen. In der Krypta befindet sich auch der reich mit Einlegearbeiten verzierte Sarkophag von Shah Jahan.

Vijayanagar, eine ausgedehnte Ruinenstadt beim heutigen Dorf Hampi im Bundesstaat Karnataka, ist für ihre Tempelarchitektur berühmt. In dem um 1521 erbauten Vitthalatempel steht der aus Stein gehauene, 9 m hohe Tempelwagen.

rain schwer. Aurangseb konnte schließlich die Sultanate unterwerfen, aber die Marathen blieben ein Pfahl in seinem Fleische. Shivaji konnte er nicht besiegen, aber dessen Sohn Sambhaji schlug er und ließ ihn grausam töten. Sambhajis Sohn Shahu ließ er als Geisel an seinen Hof verbringen und dort erziehen, um ihn dereinst als gefügigen Vasallen einzusetzen. Um das Hochland dauernd unter Kontrolle zu bringen, errichtete Aurangseb dort eine zweite Reichshauptstadt namens Aurangabad. An diesem Ort verbrachte er die letzten 25 Jahre seines Lebens. Schon zu seinen Lebzeiten machten sich die Schwierigkeiten bemerkbar, die sich aus der Überdehnung des Reichs ergaben.

Aurangseb vermehrte die oberen Ränge der Mansabdars, um sich im Süden eine Gefolgschaft zu sichern. Aber das Grundsteueraufkommen des kargen Hochlandes kompensierte diese Maßnahme nicht. Dann reduzierte Aurangseb die Kavalleriekontingente der Lehnsträger zum Zweck der Inflationsanpassung. Im Unterschied zu Akbar war Aurangseb ein orthodoxer Muslim und führte die Kopfsteuer (jiziya) wieder ein, was seine Hindu-Untertanen gegen ihn aufbrachte. Was sich aber vielleicht am ungünstigsten auswirkte, war Aurangsebs lange Regierungszeit von einem halben Jahrhundert. Der dynastische Darwinismus, der darin bestand, dass es kein Erstgeburtsrecht bei den Moguln gab, sondern die Nachfolge meist durch blutige Kämpfe unter den Prinzen entschieden werden musste, hatte dafür gesorgt, dass in der Regel starke Herrscher an die Macht kamen. Aurangsebs Sohn Akbar, der gegen ihn rebelliert hatte, starb lange vor dem Vater im Exil. Der Sohn, der ihm dann 1707 auf dem Thron folgte, war schon 63 Jahre alt und ein sehr schwacher Herrscher, der den Verfall des Reiches nicht mehr aufhalten konnte.

Dietmar Rothermund

Zwischen Panipat und London: Die Regionalstaaten des 18. Jahrhunderts

Nach dem Zerfall des Mogulreichs bildeten sich wieder Regionalstaaten in Indien. In der Rückschau wurde das 18. Jahrhundert als eine dunkle, chaotische Epoche verteufelt. Besonders die nationalistische indische Geschichtsschreibung stellte es so dar, denn sie brauchte eine Erklärung für den Verlust der Freiheit, der Indien damals zum Schicksal wurde.

In wirtschaftlicher Hinsicht war dieses Jahrhundert keine schlechte Zeit, das zeigt nicht zuletzt die landwirtschaftliche und handwerkliche Produktion, die die europäischen Handelsgesellschaften zu einem immer stärkeren Engagement in Indien bewog. Die weißen, unbedruckten Baumwollstoffe Bengalens wurden in den ersten Jahrzehnten des 18. Jahrhunderts in großen Mengen als Halbfertigfabrikate an die Londoner Textildruckereien geliefert. Silber floss bis zur Mitte des 18. Jahrhunderts weiterhin reichlich nach Indien. Der Großmogul war nahezu bedeutungslos geworden.

Dafür stiegen die muslimischen Nawabs (Fürsten) von Bengalen und Oudh und der Nisam (Gouverneur) von Hyderabad – alle noch nominell Statthalter des Mogulregimes – zu bedeutenden regionalen Machthabern auf. Im Westen Indiens machten sich die Marathen wieder bemerkbar. Tonangebend waren jetzt nicht mehr die Nachfolger Shivajis, sondern deren mächtige Hausmeier (Peshwa), die in Pune residierten. Baji Rao I., der dieses Amt von 1720 bis 1740 innehatte, war ein unermüdlicher Reiterkrieger, von dem es hieß, dass er bei seinen Feldzügen in der Nähe seines Pferdes auf dem Boden übernachtete. Er war nicht nur ein kühner Krieger, sondern auch ein kühler Rechner, dem nie das passierte, was so viele indische Kriegsherrn erlebten, dass nämlich im entscheidenden Moment die Kriegskasse leer war und ihnen die Soldaten wegliefen.

Hätten sich nicht ausländische Mächte eingemischt, dann wäre wohl ein indisches Gleichgewicht entstanden. Denn die Interventionen der Nachbarn blieben reine Episoden, die nicht zu dauerhaften politischen Veränderungen führen konnten. Der Perser Nadir Schah plünderte 1739 Delhi und nahm den Pfauenthron der Großmogul als Beute mit, wurde dann aber nie wieder in Indien gesehen. Der Afghane Ahmed Schah Durrani fiel mehrfach in Indien ein und besiegte die Marathen 1761 auf dem Schlachtfeld von Panipat, zog sich dann aber wieder nach Afghanistan zurück.

Wären nicht die europäischen Seemächte in Indien erschienen und hätten dort ihre Brückenköpfe errichtet, von denen aus sie nach und nach tiefer ins Land eindrangen, so hätte sich in Indien zunächst nichts geändert. Aus der Sicht der indischen Machthaber waren diese Europäer unwichtig und ungefährlich. Wer keine Kavallerie hatte, der wurde nicht als ernsthafter Herausforderer an-

> **INFOBOX**
>
> »Vater« der Afghanen
> Ahmed Schah Durrani (1722–72) stammte aus dem paschtunischen Stamm der Popalzai. Er befehligte zunächst die Leibgarde von Nadir Schah und ließ sich nach dessen Ermordung 1747 – so die traditionelle Überlieferung – von einer Stammesversammlung in Kandahar zum Herrscher wählen.
> Mit Kandahar als Hauptstadt schuf er in zahlreichen Kriegszügen ein Großreich (Durrani-Reich), das sich im Osten bis Delhi, im Süden bis an das Arabische Meer und im Norden bis zum Amudarja erstreckte; seine Herrschaft basierte allein auf der Präsenz seines Heeres. Ahmed Schah Durrani gilt als »Vater« der Afghanen und Begründer eines ersten afghanischen Reiches.

Süd- und Ostasien

Der Krug mit Smaragden ist ein Geschenk von Nadir Schah an Kaiserin Anna Iwanowna (17. Jh.; Sankt Petersburg, Eremitage).

gesehen. Selbst als die Europäer anfingen, in ihren Handelsstationen indische Söldner als Infanteristen auszubilden, wurde das in Indien nicht als Bedrohung empfunden. Der als undiszipliniert geltende Fußsoldat hatte in der indischen Armee keine wichtigen Aufgaben. Im besten Fall war er ein Scharfschütze, der sich auf einzelne Ziele konzentrierte. Dass Schützen mit modernem europäischen Infanteriedrill wie eine Maschine Salven abfeuern und damit die Kavallerie niedermähen konnten, wurde den indischen Feldherrn erst langsam, dann aber sehr schmerzlich bewusst.

Der bei der Plünderung Delhis 1739 von Nadir Schah erbeutete Pfauenthron stand in der Audienzhalle der Roten Burg. Das Bild zeigt die Wandgestaltung an dem nie wieder in Indien aufgetauchten Thron.

Die Überlegenheit der Europäer lag nur im Drill und in der Organisation. Ihre Waffen waren in Indien bekannt und standen allgemein zur Verfügung. Während sonst jeder schicksalhafte Umschwung in der indischen Geschichte mit der Einführung neuer Wunderwaffen verbunden war, vom Streitwagen über den Kriegselefanten bis zur Feldartillerie, war die europäische Übermacht nur den effizienteren Organisationsmethoden zu verdanken. Das bemerkten auch einige indische Machthaber, die europäische Offiziere anwarben, um ihre Truppen auf Vordermann zu bringen. Doch gerade weil es hier nicht um Technologietransfer, sondern um Menschenführung ging, waren diese Offiziere selten erfolgreich, es sei denn sie beschränkten sich auf die Ausbildung von Spezialeinheiten, die ihnen direkt unterstanden.

Die Briten, die im 18. Jahrhundert zur wichtigsten Handelsmacht in Indien aufstiegen, hätten von sich aus wohl nicht versucht, in großem Umfang Territorialherrschaft auf indischem Boden zu erwerben. Die Direktoren der Ostindiengesellschaft waren auf Sparsamkeit bedacht und verurteilten unnötige Militärausgaben. Aber die weltweite britisch-französische Rivalität, die das

18. Jahrhundert kennzeichnete, machte auch vor Indien nicht Halt und bewirkte schließlich, dass sich beide Mächte indische Klienten suchten und Stellvertreterkriege führten. Die indischen Machthaber hatten keinerlei Vorurteile gegen Bündnisse mit den Europäern, die für sie ja immer noch unbedeutend waren und schon gar nicht als bedrohlicher empfunden wurden als der jeweilige indische Feind. *Dietmar Rothermund*

Unter den Vizekönigen: Die Anfänge der britischen Kolonialherrschaft

Der Kampf Großbritanniens gegen Frankreich, bei dem es um die Weltherrschaft ging, erstreckte sich von den Wäldern Kanadas bis ins Innere Indiens. In Europa wurde dieser Kampf immer wieder durch Friedensschlüsse unterbrochen, an der Peripherie wurde er zum Dauerkrieg. An sich war dies ein sehr ungleicher Kampf, denn Großbritannien hatte damals nur etwa fünf Millionen Einwohner, Frankreich dagegen 25 Millionen. Die Briten hatten aber das bessere Finanzsystem und konnten genug Geld mobilisieren, um Bundesgenossen zu unterstützen, die Frankreich in die Schranken forderten. Der Preußenkönig Friedrich der Große, der »Festlandsdegen« der Briten, war nur das prominenteste Beispiel.

In Indien hatten die Briten von Anfang an die besseren Karten. Ihre Ostindiengesellschaft war besser organisiert als die französische, die mit viel Aufwand und wenig Gewinn arbeitete und immer wieder ihren Betrieb einstellen musste. Die 1600 gegründete Londoner East India Company hatte schon 1660 den Schiffbau auf einer eigenen Werft aufgegeben und mietete stattdessen die Schiffe privater Schiffseigner, die sich bemühten, der Gesellschaft die besten und schnellsten Schiffe anzubieten. Lief das Geschäft einmal nicht gut, wurden weniger Schiffe gemietet. Die französische Gesellschaft, die Compagnie des Indes Orientales, investierte dagegen ihr Geld in eine eigene Flotte und besaß dann oft nicht genug Kapital, um Handelsgüter zu erwerben. Der Kontrast im Verhalten der beiden Nationen wurde schon bei der ersten Unternehmung der 1664 gegründeten Gesellschaft klar. Ein französischer Vizekönig, De La Haye, erschien mit neun Schiffen vor der südindischen Küste, und da es gerade die Zeit des dritten englisch-niederländischen Seekriegs war, erhoffte er sich von den Engländern in Indien Unterstützung gegen die Niederländer. Er bekam aber die Antwort, dass die englische Ostindiengesellschaft sich nicht um die Kriege ihres Königs kümmere und ihm daher auch keine Hilfe leisten könne. De La Haye wurde von den Niederländern geschlagen, verlor alle Schiffe und wurde auf einem niederländischen Schiff nach Europa zurückgebracht.

Lange Zeit blieben die Aktivitäten der Franzosen in Indien Randerscheinungen. Erst unter dem fähigen Gouverneur Joseph-François Dupleix machte sich der französische Einfluss in Indien deutlicher bemerkbar. Er war es auch, der damit begann, indische Söldner einzustellen und sie mit europäischem Drill auszubilden. Die Briten folgten diesem Beispiel bald. Der unmittelbare Nachbar der Briten und Franzosen in Südindien war der Nawab von Arcot, der seinerseits dem Nisam von Hyderabad unterstand. Sowohl in Arcot als auch in Hyderabad gab es Nachfolgestreitigkeiten, als 1748 der alte Nisam von Hyderabad starb. Daraufhin bildeten sich in beiden Zentren je zwei Parteien, und Briten und Franzosen ergriffen für ihre jeweiligen Klienten Partei. Dupleix glaubte, gewonnen zu haben, als sein Schützling Nisam von Hyderabad wurde. Zugleich zeichnete sich 1751 ein britischer Schreiber, Robert Clive, bei der Einnahme und Verteidigung von Arcot aus und erwarb damit im Alter von 26 Jahren bereits großen militärischen Ruhm.

Dupleix wurde der Ausbruch des Siebenjährigen Krieges zum Verhängnis. Ein hochfahrender französischer General wurde nach Indien entsandt, der von Land und Leuten keine Ahnung hatte und 1760 bei Wandiwash in der Nähe von Madras von britisch-indischen Truppen vernichtend geschlagen wurde. Die französische Ostindiengesellschaft entschied bald darauf, ihren verlustreichen Betrieb in Indien einzustellen und Dupleix abzuberufen. Damit begab sich Frankreich seiner Einwirkungsmöglichkeiten, als gegen Ende des 18. Jahrhunderts noch einmal ein indischer Herrscher, Tipu Sultan, im Kampf gegen die Briten auf die französische Karte setzte und dann den Kürzeren zog.

Süd- und Ostasien

Die Ostindiengesellschaft als Territorialmacht
Robert Clive hatte inzwischen rasch Karriere gemacht und war nach England zurückgekehrt, um einen Sitz im Parlament zu erlangen. Dabei hatte er kein Glück, kehrte dann aber mit dem Offizierspatent eines Oberstleutnants nach Indien zurück. Gerade zu jener Zeit hatte der junge Nawab von Bengalen den Briten befohlen, ihre ohne seine Genehmigung in Kalkutta errichtete Festung zu schleifen. Clive wurde nach Bengalen entsandt und besiegte den Nawab 1757 auf dem Schlachtfeld von Plassey. Den Sieg bewirkte der General des Nawab durch Verrat: Er lief – wie zuvor vereinbart – während der Schlacht zu Clive über und wurde dafür von ihm zum Nawab gemacht. Clive nahm diesen Usurpator namens Mir Jafar tüchtig aus. Es begann eine unrühmliche Zeit der Ausplünderung Bengalens durch die Angestellten der Ostindiengesellschaft.

Indien unter britischer Herrschaft

Der Großmogul, der schon lange den ihm zustehenden Anteil des Steueraufkommens von Bengalen nicht mehr erhalten hatte, wollte nun mit den Briten ins Geschäft kommen und trug ihnen die Diwani (zivile Verwaltung) Bengalens an. Clive wollte dieses Angebot akzeptieren, meinte aber, dass dies im Namen der Krone und nicht der Ostindiengesellschaft geschehen solle. Außenminister William Pitt befürchtete indes, dass das Steueraufkommen Bengalens in die Hände König Georgs III. geraten und so die Macht des Parlaments schmälern könne. Pitt empfahl Clive, die Diwani für die Ostindiengesellschaft zu übernehmen. Das geschah 1765, und so wurde die Ostindiengesellschaft zur Territorialmacht in Indien.

Unter den Nawabs war das Steueraufkommen Bengalens im Lande verblieben, die Briten aber brachten es ins Ausland. Es bildete sich ein für die Briten äußerst profitabler Dreiecksverkehr. Silber wurde von Bengalen nach China transferiert, wo die Ostindiengesellschaft Tee kaufte, den sie auf ihren schnellen Schiffen nach London, ja sogar bis nach Amerika brachte. Der Teehandel wuchs gegen Ende des 18. Jahrhunderts gewaltig an. Die Chinesen waren in der Lage, bei wachsender Nachfrage den Tee zu immer niedrigeren Preisen zu liefern, weil sie die Teeanbaufläche enorm erweiterten. Viel von dem Silber, das die Europäer seit über zwei Jahrhunderten nach Indien gesandt hatten, um dort Agrarprodukte und Textilien zu kaufen, wurde auf diese Weise in kurzer Zeit wieder aus Indien herausgepumpt. Hinzu kam, dass sich im 19. Jahrhundert die Warenströme umkehrten und nun die Produkte der neuen britischen Textilindustrie in Indien verkauft wurden.

Inzwischen hatten die Briten ihre Territorialherrschaft wesentlich ausgeweitet; sie brauchten für ihre Eroberungen immer mehr Geld, das sie dem indischen Steuerzahler abringen mussten. Der erste große Architekt des British Empire in Indien war der Generalgouverneur Warren Hastings, der mit meisterhafter Diplomatie und wohl dosierter Gewaltanwendung viel Land gewann. Er wurde dafür vor dem britischen Parlament angeklagt und abberufen. Doch das Parlament setzte sich keineswegs für die Rückgabe des Landes, das Hastings erworben hatte, an seine indischen Eigentümer ein. Has-

Ein Beamter der Ostindiengesellschaft sitzt auf der Terrasse und raucht eine Wasserpfeife. Der Ausschnitt aus einem Gemälde zeigt vermutlich William Fullarton, der Mitte des 18. Jh. in Bengalen und Bihar als Arzt tätig war.

tings hatte von der Pike auf in der Ostindiengesellschaft gedient. Sein Nachfolger war ein adliger General, Lord Charles Cornwallis, der gerade den amerikanischen Unabhängigkeitskrieg verloren hatte, aber nun mit großen Vollmachten nach Indien entsandt wurde. Er beglückte Bengalen mit einer Festschreibung der Grundsteuerveranlagung (permanent settlement). Die bisherigen indischen Steuereinnehmer wurden Grundherren nach britischem Recht, ihre Untergebenen wurden zu Pächtern. Das hatte für die Briten den Vorteil, dass sie sich nur noch an die neuen Grundherren halten mussten, deren Besitz sie, falls nötig, zwangsversteigern lassen konnten. Lord Cornwallis musste sich auf ein geregeltes Steueraufkommen aus Bengalen verlassen können, weil seine Kriege gegen Tipu Sultan in Südindien sehr kostspielig waren. Tipu hatte eine modern ausgerüstete Armee aufgebaut und machte den Briten sehr zu schaffen. Außerdem pflegte er Kontakte zu den Franzosen, was ihm nicht viel nützte, aber den Briten in Indien als Argument dienen konnte, um den Krieg gegen ihn voranzutreiben.

Die Angestellten der Ostindiengesellschaft waren durch diese kriegerischen Zeiten militarisiert worden. Es waren sozusagen viele kleine Clives emporgekommen, die nicht mehr in der langweiligen Verwaltungslaufbahn, sondern im Kriegsruhm den Weg zum raschen Aufstieg sahen. Ihnen war der neue Generalgouverneur Lord Richard Wellesley willkommen, der ebenfalls auf Kriegsruhm bedacht war und Indiens angebliche Bedrohung durch Napoleon als Argument für eine offensive Strategie nutzte. Wellesley wagte es sogar, Geld, das die Direktoren für den Kauf von Waren nach Indien sandten, diesem Zweck zu entfremden und für militärische Abenteuer auszugeben. Der letzte Krieg gegen Tipu Sultan 1799 wurde ein voller Erfolg. Wellesleys jüngerer Bruder Arthur, der spätere Herzog von Wellington, der Napoleon bei Waterloo schlug, konnte sich in diesem Krieg gegen Tipu seine Sporen verdienen. Danach versuchte Wellesley, die Marathen zu bezwingen, doch das wäre ihm fast zum Verderben geworden. Als er 1805 Indien verließ, standen die wesentlichen Konturen Britisch-Indiens fest. Es folgten dann noch die Eroberung Sindhs 1843 und die Sikhkriege, die 1846 mit der Eroberung des Pandschab endeten.

> **INFOBOX**
>
> **Die Sikhs**
> Der Wanderlehrer Guru Nanak begründete Ende des 15. Jh. in Nordindien eine religiöse Reformbewegung mit dem Anliegen, Hindus und Muslime auf der Grundlage eines bilderfreien Monotheismus zu einigen. 1577 wurde der »Goldene Tempel« in Amritsar gegründet, der als Aufbewahrungsort des Adigrantha, der heiligen Schrift der Sikhs, das Hauptheiligtum des Sikhismus bildet. Nach dem Adigrantha haben für die Sikhs Gültigkeit: die Karmalehre und der Geburtenkreislauf (Samsara), aus dem der Gläubige durch ein auf Ausgleich zwischen irdischen und jenseitigen Dingen bedachtes Handeln und durch Gottesliebe (Bhakti-Frömmigkeit) erlöst werden kann. Gott wird als der »wahre Name« (Punjabi sat nam) verehrt. Ihr Kult besteht im Rezitieren von Gebeten unter Musikbegleitung.
> Seit dem 16. Jh. gewannen die Sikhs großen politischen Einfluss im Pandschab; der 10. Guru Gobind Singh (1675–1708) gab ihnen angesichts äußerer Bedrohung eine straffe militärische Organisation. Äußeres Zeichen der männlichen Sikhs sind seither Bart, ungeschnittenes Haar, Turban und der Beiname Singh – »Löwe«.

Die Verwaltung des Riesenreiches erforderte eine kompetente Beamtenschaft. Die Angestellten der Ostindiengesellschaft wurden aber ursprünglich nur für das Handelsgeschäft rekrutiert. Die Direktoren der Gesellschaft hatten ein Vorschlagsrecht und waren für das Wohlverhalten ihrer Kandidaten verantwortlich; diese mussten aber auch noch eine Kaution stellen, die etwa das Zehnfache ihres Jahresgehalts betrug. Das ganze System war darauf angelegt, dass sich die Angestellten in Indien bereicherten. Sie durften das, wenn sie die Gesellschaft nicht direkt schädigten. Erst Cornwallis hatte das System geändert. Die Beamten der Territorialverwaltung erhielten nun hohe Gehälter, die ihnen Unbestechlichkeit ermöglichen sollten. Für ihre Ausbildung wurde in England das Haileybury College errichtet. In Indien brauchte man zur Unterstützung der britischen Beamten indische Beamte mit westlicher Bildung. Englisch löste bald Persisch als Verwaltungssprache ab. Thomas Babington, Baron Macaulay, der als Justizminister nach Indien entsandt wurde, empfahl, die Förderung einheimischer Bildungsinstitutionen abzuschaffen und konzentriert westliche Bildungsinhalte zu vermitteln. Hastings hatte sich noch für indische Sprachen und Literaturen interessiert, Macaulay meinte, die gesamte orientalische Literatur sei nicht so viel wert wie ein Regal einer europäischen Bibliothek. Er wollte Inder heranziehen, die nur noch der Abstammung nach Inder, sonst aber britische gentlemen seien. Als diese dann tatsächlich nach einiger Zeit heranwuchsen, besser Englisch sprachen als die Kolonialherren und sie an Intelligenz übertrafen, wurden sie den Briten unheimlich.

Der große Aufstand von 1857
In der Mitte des 19. Jahrhunderts fühlten sich die britischen Kolonialherren noch auf der Höhe ihrer Macht. Ihr Sendungsbewusstsein war ungebrochen. Generalgouverneur Lord James Andrew Dalhousie, der in England ein Pionier des Eisenbahnbaus gewesen war, entwarf einen kühnen Plan für ein indisches Schienennetz von 8000 Kilometern. Die erste Strecke, die von Bombay nach Thane führte, wurde 1853 eröffnet. Neben der Eisenbahn war es der Telegraph, der Dalhousies Fantasie beflügelte. Er entwarf eigenhändig die Telegraphenlinie von Kalkutta bis nach Peshawar an der Nordwestgrenze Indiens und empfing schon 1854 die erste telegraphische Nachricht, die ihm von Agra nach Kalkutta übermittelt wurde.

Derselbe Dalhousie schmiedete aber auch noch andere Pläne, die die Macht der Briten in Indien ernsthaft gefährden sollten. In den Jahren der Eroberung hatten die Kolonialherren mit vielen indischen Fürsten Bündnisverträge geschlossen, die sich bisher als nützlich erwiesen hatten. Meist waren es wirtschaftlich nicht besonders wertvolle Gebiete, die den Fürsten belassen worden waren und nun unter »indirekter« Herrschaft standen. Ein britischer Resident am Fürstenhof genügte, um diese Art der Herrschaft auszuüben. Die Fürsten blieben so wie Insekten im Bernstein in Britisch-Indien eingeschlossen. Das war kostengünstig und störte niemanden. Dalhousie hätte gut daran getan, nicht daran zu rühren. Doch als rational Denkender fand er das ganze Bündnissystem anachronistisch und überflüssig. Sicher konnte man es nicht mit einem Federstrich abschaffen, aber doch zumindest immer dann, wenn ein Fürst ohne Erben starb, seinen Staat als »heimgefallenes Lehen«

Der britische Feldherr Arthur Wellesley, der spätere Herzog von Wellington, war seit 1796 als Offizier in Indien. Er nahm erfolgreich an dem letzten Krieg gegen Tipu teil.

einziehen. So geschah es denn auch, und Dalhousie verbuchte etliche Erwerbungen dieser Art, ehe er Indien 1856 verließ. Seine letzte und folgenschwerste Initiative war jedoch die Amtsenthebung des Nawab von Oudh wegen »Misswirtschaft«, ein äußerst fadenscheiniger Vorwand, der nur dazu dienen sollte, das Steueraufkommen dieses reichen Staats den Briten zu sichern.

Ein großer Teil des indischen Söldnerheeres, das von den Briten als »Bengal Army« bezeichnet wurde, stammte aus dem Fürstenstaat Oudh. Die Soldaten fühlten sich durch die Absetzung des Nawab gekränkt, hatten aber auch noch andere Gründe, um mit den Kolonialherren unzufrieden zu sein. Es war ein Gesetz ergangen, das die Soldaten zum Dienst in Übersee verpflichtete, obwohl das Überqueren des Meeres für orthodoxe Hindus verboten war. Diese Regel galt früher nicht, sondern wurde erst im Mittelalter eingeführt, dafür aber umso gewissenhafter beachtet. Ferner wurde ein neues Gewehr eingesetzt, dessen Patronen eine unangenehme Eigenschaft hatten: Ihre Schutzhülsen waren mit tierischem Fett eingefettet und mussten von den Soldaten beim Laden abgebissen werden. Es zirkulierten Gerüchte, dass die Briten durch diese Maßnahme die Soldaten zwangsweise zum Christentum bekehren wollten, weil sie durch das Tierfett verunreinigt und von ihren Religionsgemeinschaften ausgestoßen worden wären. Viele Soldaten verweigerten daher die Annahme der Patronen und wurden fristlos entlassen.

Als auch der britische Oberst, der die Garnison von Meerut, in der Nähe von Delhi, befehligte, ein Exempel statuieren wollte und die Verweigerer vor versammelter Mannschaft in Ketten legen ließ, meuterte die Garnison am folgenden Tag. Einige britische Offiziere wurden ermordet. Dann zogen die Meuterer nach Delhi und unterstellten sich dort dem greisen Großmogul, dessen Herrschaft sie wieder errichten wollten. Der fand aber nur einen alten Artilleriefeldwebel, den er den Meuterern als Anführer empfehlen konnte. Der Mangel an Führung war denn auch der Grund für das Scheitern des Aufstandes. Die neue Bildungsschicht der Inder verhielt sich still und unterstützte die Meuterer nicht; sie hätte unter den restaurativ gesonnenen Rebellen auch keine Zukunft gehabt.

Amritsar im Bundesstaat Pandschab ist das religiöse Zentrum der Sikhs und Standort ihres Hauptheiligtums, des inmitten eines heiligen Sees gelegenen »Goldenen Tempels«. Das 1764 nach der Zerstörung wieder aufgebaute Heiligtum ist seit Anfang des 19. Jh. mit vergoldeten Kupferplatten verkleidet.

Dagegen fanden die Rebellen bei den Grundherren und Bauern Nordindiens, die von der britischen Grundsteuerveranlagung und den Zwangsverkäufen ihres Landes betroffen worden waren, durchaus Sympathisanten. Fürstinnen wie die junge Rani von Jhansi, deren Ehemann gestorben und der die Briten die Adoption eines Sohnes verweigert hatten, um ihr Territorium einziehen zu können, stießen auch zu den Rebellen. Die Rani zog hoch zu Ross in die Schlacht und fiel; sie wird noch heute als Nationalheldin verehrt. Spätere Nationalisten haben den Aufstand als ersten indischen Unabhängigkeitskrieg gefeiert, aber das war er nicht. Er blieb auf einige Gebiete Nordindiens beschränkt und wurde hauptsächlich von den meuternden Soldaten getragen.

Die Briten waren zunächst geradezu sprachlos und kaum imstande, die gefährliche Lage zu überblicken. Immerhin hatte der neue Telegraph die Nachricht vom Aufstand noch von Agra nach Kalkutta übermittelt, ehe die Rebellen die Telegraphendrähte durchschnitten. Auf indische Truppen konnte man sich nicht mehr verlassen, doch die Briten bedurften dringend der Unterstützung: Es gab in Indien zu jener Zeit nur 40 000 britische Soldaten, denen 232 000 indische Soldaten gegenüberstanden. Unerwartete Hilfe bekamen die Briten von den Sikhs, die nur wenige Jahre zuvor von der »Bengal Army« besiegt worden waren und sich jetzt rächen konnten. Die Sikhs machten sich dadurch bei den Briten besonders beliebt und wurden später bevorzugt für die britisch-indische Armee rekrutiert. Es dauerte immerhin fast ein Jahr, bis die Briten in Nordindien wieder die Oberhand hatten. Die Ostindiengesellschaft blieb dabei auf der Strecke. Sie hätte die Verluste, die durch den Aufstand entstanden waren, nicht tragen und auch nichts in den Wiederaufbau investieren können. So kam Indien unter die Herrschaft der Krone. *Dietmar Rothermund*

Indochina

Von einzigartiger Vielfalt: Festlandsüdostasien

Festlandsüdostasien besteht heutzutage aus den fünf Staaten Kambodscha, Laos, Myanmar (Birma), Thailand und Vietnam, umfasst damit also die Hälfte jener zehn Staaten, die dem heutigen Subkontinent »Südostasien« zugerechnet werden. Die fünf hatten sich als mehr oder weniger zentralisierte Einheiten bereits Mitte des 17. Jahrhunderts herausgebildet, ohne allerdings dagegen gefeit zu sein, später erneut auseinander zu fallen, Gebietsverluste verkraften oder, mit Ausnahme von Siam, dem heutigen Thailand, ein traumatisches koloniales Schicksal durchlaufen zu müssen.

Drei Haupteigenschaften kennzeichneten schon damals diese Region, nämlich die Nord-Süd-Besiedlung, die seit Jahrhunderten zu oft blutigen Verdrängungskämpfen und zur Herausbildung einer eigenartigen anthropo-geographischen Höhenschichtung geführt hatten, zweitens eine Vielfalt von Völkern, Lebensweisen, Kulturen und Religionen, die weltweit ihresgleichen sucht, sowie, drittens, eine Zweiteilung des Subkonti-

Die um 967 erbaute Tempelanlage Banteay Srei, nahe Angkor, gilt als eines der schönsten und charakteristischen Bauwerke der Baukunst der Khmer.

Süd- und Ostasien

nents in einen chinesischen und einen indischen Kulturbereich, der die Bezeichnung »Indochina« – zumindest für Vietnam, Kambodscha und Laos – angemessen erscheinen lässt.

Die Nord-Süd-Besiedlung des festländischen Südostasiens war eine Folge der topographischen Berg- und Flussgegebenheiten, die jedes der großen Zuwanderervölker schicksalhaft mit einem der großen Stromsysteme in Verbindung gebracht haben: die Birmanen mit dem Irawadi, die Siamesen mit dem Menam, die Laoten, Kambodschaner und Südvietnamesen mit dem Mekong und Nordvietnam mit dem Roten Fluss. An ihren Oberläufen ziehen diese Ströme noch in einem Abstand von kaum 600 Kilometern aneinander vorbei, während sich ihre Mündungen bis auf 7 000 Kilometer Abstand voneinander entfernen, und ihre Mittelläufe durch mächtige, fast immer dicht bewaldete Faltengebirge voneinander getrennt sind. Völker, die hier, von Norden kommend, einsickerten, konnten anfangs noch zwischen mehreren Nord-Süd-Streifen wählen. Hatten sie sich aber einmal für ein Stromtal entschieden, blieben sie fortan seine Gefangenen, es sei denn, es gelang ihnen, die bewaldeten

> **INFOBOX**
>
> **Theravada, die »Alte Lehre«**
> Der Buddha hatte vor seinem Tod keinen Nachfolger eingesetzt, sondern den Jüngern gesagt, die Lehre (Dharma) solle fortan ihr Meister sein. Dies hatte zur Folge, dass die Mönche über die Worte Buddhas bald uneins wurden und dass sich verschiedene Schulen bildeten. Die bedeutendste Schule, die heute noch in Sri Lanka und in Hinterindien vorkommt, ist die der Theravadins, die sich auf die Ansichten der Mönche der ältesten Zeit berufen. Sie behauptet, dass ihr Kanon und ihre Lehren auf drei Konzilen als maßgebend festgesetzt und gegen irrige Anschauungen verteidigt worden seien. Die Konzile sollen unmittelbar nach dem Tod Buddhas in Rajagriha (heute Rajgir in Bihar), 100 Jahre später in Vaishali (Bihar) und um 245 v. Chr., zur Zeit des Königs Ashoka, in Pataliputra getagt haben.
> Der gesamte Kanon der Theravada-Schule, das Tipitaka (»Dreikorb«), sowie eine reiche Kommentarliteratur dazu sind in Pali überliefert. Theravada wurde auch zum Synonym für alle frühen Schulen des Buddhismus, die vom Mahayana abschätzig als »Hinayana« (»Kleines Fahrzeug«) bezeichnet wurden.

Berghindernisse da und dort in Ost-West-Richtung zu durchbrechen und die Völker im Nachbartal von der Flanke her in Bedrängnis zu bringen.

Die Geschichte Festlandsüdostasiens ist eine Abfolge von immer neuen Versuchen, zunächst einmal die bereits früher angekommenen und im eigenen Nord-Süd-Streifen lebenden Bevölkerungen aus den fruchtbaren Tälern hinauszudrängen, sie also dem Schicksal von »Montagnards« – wie die Bergstämme in Vietnam, Laos und Kambodscha genannt werden – zu überantworten, sich sodann aber auch, wo immer möglich, in Ost-West-Richtung auszubreiten.

Am einfachsten hatten es hier die Khmer gehabt, die noch auf verhältnismäßig geringen Widerstand gestoßen waren und deshalb seit dem 9. Jahrhundert als Erste fast das ganze festländische Gebiet Südostasiens unter ihre Kontrolle hatten bringen können. Im 11. und 16. Jahrhundert, das heißt unter den Königen Anawratha (Anoratha) und Bayinnaung, entwickelte dann Birma die stärksten Expansionskräfte. Im 14. und 16. Jahrhundert folgten ihm hierin die Siamesen unter den Königen Rama Thibodi I. und Naresuen (Naresuan) sowie die Laoten unter Fa Ngoum (Fa Ngum) im 14. und Souligna Vongsa im 17. Jahrhundert. Mit ihnen traten im 16. wie im 19. Jahrhundert wiederum die Vietnamesen in Wettbewerb, und zwar mit ihrem Marsch nach Süden, der später nach Südwesten, in Richtung Kambodscha, weiterführte.

Fünf Hauptsprachen, alle großen Religionen
Angesichts dieser ständigen Verschiebungen und Überlagerungen, die sich auch im Zeitraum zwischen 1650 und 1850 fortsetzten, hatte sich Festlandsüdostasien schon damals zu einem Gebiet von unvergleichlicher Vielfalt entwickelt. Noch heute finden sich hier Menschen aller Hautfarben und Vertreter aller Lebensweisen, angefangen bei der Altsteinzeit (Jäger und Sammler!) bis hin zur modernsten Kulturstufe, man denke etwa an Bangkok. Dazu kommen fünf Hauptsprachen und eine Fülle von Dialekten, die oft von Dorf zu Dorf wechseln. Vertreten sind in dem Gebiet darüber hinaus alle großen Religionen, angefangen beim Theravada-Buddhismus über den Mahayana-Buddhismus und den

Unter Jayavarman VII. wurde der Mahayana-Buddhismus zur vorherrschenden Glaubensform erhoben. Eine der weiblichen Gottheiten ist Tara. Die abgebildete Statue stellt möglicherweise auch die erste Frau Jayavarmans, Königin Jayarajadevi, dar.

Islam bis hin zu den verschiedenen christlichen und hinduistischen Sekten.

Auch die vier wichtigsten Zivilisationen – die indische, die chinesische, die malaio-islamische, die westliche – und die vielschichtigsten Regierungssysteme finden sich hier auf engem Raum versammelt, angefangen bei konstitutionellen Monarchien in Thailand und Kambodscha über parlamentarische Systeme wie in Thailand und sozialistische sowie halbsozialistische Spielarten in Vietnam, Kambodscha und Laos bis hin zur Militärdiktatur in Myanmar. Eine dritte Konstante, die dafür gesorgt hat, dass sich, trotz aller Vielfalt der Subkulturen, am Ende doch wieder eine klare Zweiteilung eingestellt hat, ist die markant unterschiedliche Beeinflussung Kambodschas, Laos', Myanmars und Thailands durch die indische Kultur sowie Vietnams durch die chinesische.

Diese Unterschiede treten heute vor allem im religiösen Erscheinungsbild zutage und wirken sich auch auf die Organisationsweise sowie auf die wirtschaftliche Dynamik aus, die sich neuerdings vor allem bei den Vietnamesen zeigt, seit sie die stalinistische Zwangsjacke abgelegt und einen Prozess der »Renormalisierung« eingeleitet haben. *Oskar Weggel*

Im Land der Khmer: Kambodscha

Die historisch früheste Vormacht Festlandsüdostasiens war das Khmerreich von Angkor (802–1432), das sich auf dem Höhepunkt seiner Entwicklung in ostwestlicher Ausdehnung von der Andamanensee bis zum Südchinesischen Meer und in nordsüdlicher Richtung von Zentrallaos bis zum Mekongdelta erstreckte.

Nach dem Untergang des Reiches von Angkor
Im Laufe der Jahrhunderte war das Reich zuerst von den Cham, die den Tonlefluss heraufkamen, später immer wieder von einigen aus dem Norden eindringenden Zuwanderervölkern angegriffen, eingeschnürt und schließlich in seinen Grundfesten erschüttert worden, vor allem nach zwei Eroberungsfeldzügen des Thaireiches von Ayutthaya in den Jahren 1352 und 1431/32. Bei der zwei-

Der Ta-Keo-Tempel in Angkor gehört mit zu den wichtigsten Tempelanlagen des Khmerreiches. Erbaut wurde er Ende des 10. und Anfang des 11. Jahrhunderts.

ten Eroberung Angkors war es zu einem für Festlandsüdostasien typischen Verfahren gekommen, nämlich zur Zwangsumsiedlung ganzer Bevölkerungsteile in andere Regionen. Die Verschleppung der gesamten »Intelligenz« Angkors, vor allem der Bewässerungsbauspezialisten, Tempelarchitekten, Bildhauer, Ritualfachleute und Verwaltungsbeamten, führte nicht nur dazu, dass die einst blühende Metropole zu einer kulturellen Wüste wurde, sondern zudem dazu, dass sie zu einer Brutstätte für Moskitos herabsank und damit unbewohnbar wurde, während die Thaikultur in Ayutthaya sich umgekehrt zu »kambodschanisieren« begann.

Mit dem Untergang Angkors im 15. Jahrhundert waren auch all jene Eigenschaften, die dem bis dahin sieben Jahrhunderte alten Königreich immer wieder Stärke und Zusammenhalt verliehen hatten, plötzlich wie verschwunden: An die Stelle des Hinduismus und des späteren Mahayana-Buddhismus, die dem Monarchen sowie dem Brahmanen- und Hofbeamtentum stets Möglichkeiten für ein hartes organisatorisches Durchgreifen an die Hand gegeben hatten, war der in seinen Lebens- und Organisationsweisen demokratischere Theravada-

Der Tempelkomplex Angkor Vat, der unter Suryavarman II. in der 1. Hälfte des 12. Jh. erbaut wurde, ist wesentlicher Teil der Khmer-Hauptstadt. Die ursprünglich Vishnu geweihte Anlage wurde von Jayavarman VII. zum buddhistischen Heiligtum umgewandelt.

Buddhismus getreten. Damit war gleichzeitig auch jener Kult des Devaraja (Gottkönigs) hinfällig geworden, in dessen Namen einst gewaltige Bewässerungsanlagen und Königsmausoleen – zum Beispiel der Tempel von Angkor – errichtet wurden und auf den sich auch Zentralisierungsmaßnahmen hatten stützen können. Bezeichnenderweise verschwand der für frühere Königsnamen so charakteristische Bestandteil »varman« (Sanskrit »Herr«) spätestens seit dem Untergang Angkors aus den Inschriften.

Auch von Zentralisierung konnte jetzt kaum noch die Rede sein. Selbst die Hauptstädte, die weit nach Süden, vom Monsun- ins Tropengebiet, verlegt worden waren und nun zumeist am Tonlefluss lagen, wurden immer wieder gegeneinander ausgetauscht, angefangen mit Srei Santhor über Lovek und Udong bis hin zu Phnom Penh. Bis zu seiner Zerstörung im Jahre 1594 schien sich wenigstens Lovek, und zwar in einem Zeitraum von hundert Jahren, als politisches Zentrum des Königreichs etabliert und als ein zweites Angkor gefestigt zu haben, doch nach der Zerstörung dieses neuen Zentrums ging auch hier jeder Halt verloren.

Frankreich greift zu
Hand in Hand mit dieser Auflösung sah sich auch der Hof schon bald einer Zerreißprobe zwischen zwei Konkurrenten ausgesetzt, die mittlerweile zu Schicksalsmächten für das einst so starke, nun aber nur noch wie ein Schatten seiner selbst wirkende kambodschanische Königreich geworden waren, nämlich zwischen dem im Westen des Landes gelegenen Siam und dem vietnamesischen Nachbarn im Osten, Annam, das »friedlicher Süden« bedeutet.

König Barom Reachea V. beispielsweise hatte zum Zeitpunkt seiner Thronbesteigung 1618 bereits viele Jahre des Exils im thailändischen Ayutthaya hinter sich und führte deshalb am kambodschanischen Hof sogleich siamesische Hofzeremonien ein. Chettha II. wiederum, der ihm 1620 auf dem Thron nachfolgte, stand dagegen unter vietnamesischer Kuratel: Unter anderem hatte er eine Tochter des Nguyenherrschers geehelicht und schlug, kaum im Amt, sogleich einen provietnamesischen Kurs ein.

Fast das ganze 17. und 18. Jahrhundert hindurch dauerte dieses Tauziehen zwischen prosiamesischen und provietnamesischen Fraktionen am Khmerhof an. 1690 rissen die vietnamesischen Nguyen die Initiative an sich, indem sie das im Mekongdelta liegende Südkambodscha annektierten und es mit vietnamesischen Reisbauern besiedelten. Erst seit diesem Zeitpunkt also gehört »Kampuchea Khrom« – »Ostkambodscha«, wie es die Roten Khmer zu nennen pflegten – zu Vietnam.

INFOBOX

Die Khmer
Die Khmer, das Staatsvolk von Kambodscha, gehören ebenso wie die Mon zu der über ganz Südostasien verbreiteten Mon-Khmer-Gruppe der austroasiatischen (südasiatischen) Sprachfamilie. Sie waren die Träger des im 6. Jh. n. Chr. entstandenen Reiches von Zhenla am mittleren Mekong sowie des Reiches von Angkor, das im 12. Jh. seine größte Blüte hatte. Obwohl Angkor noch bis zum Ende des 18. Jh. als Pilgerstätte aufgesucht und als Platz von Dynastietempeln geheiligt wurde, hatte es beim Untergang des Reiches 1432 seine einstige politische Bedeutung längst verloren, wurde seit Beginn des 19. Jh. völlig aufgegeben – und erst Jahrzehnte später von den französischen Kolonialherren wieder entdeckt sowie von der »École Française d'Extrême Orient« teilweise restauriert.

Als 1854 die Gefahr aufkam, dass nun auch noch das restliche Kambodscha geschluckt würde, und zwar diesmal von Siam, wandte sich der kambodschanische Thron in seiner Not an den französischen Konsul in Singapur und bat um Protektion. Frankreich ließ sich diese Bitte nicht zweimal vortragen, sondern ergriff schnell die günstige Gelegenheit, als Retter Kambodschas auftreten zu können. Restkambodscha wurde damit 1863 zu einem Protektorat der französischen Kolonialmacht; seine Selbstständigkeit erhielt es erst 1954 wieder zurück, und zwar im Rahmen der vertraglichen Vereinbarungen auf der Genfer Indochinakonferenz. *Oskar Weggel*

Im Land der Thai: Siam

Mitte des 17. Jahrhunderts stand Siam, wie Thailand damals hieß, seit bereits 300 Jahren unter der Herrschaft des Hofs von Ayutthaya, der die theravada-buddhistische und künstlerische Erbschaft des Vorgängerreichs von Sukhothai (um 1250–1349) übernommen, sie aber quantitativ wie auch qualitativ verändert hatte.

Das Reich von Ayutthaya (1350–1767)
Zum einen wurde das Herrschaftsgebiet nach Süden und Osten ausgedehnt: Das neue Reich hatte sich die Gebiete des unteren Menam und die heute weitgehend malaiische Halbinsel bis Malakka gesichert; überdies gelang es dem Hof von Ayutthaya durch die Eroberung Angkors im Jahre 1431/32, dem eigenen Herrschaftsgebiet vorüber-

Ayutthaya war von 1350 bis 1767 Landeshauptstadt von Siam. Nach ihr ist eine Stilepoche der Kunst benannt, zu der auch der hier abgebildete Bronzekopf des Buddha aus dem 17. Jh. rechnet.

> **INFOBOX**
>
> **Die Thai**
>
> Die Thai, früher »Siamesen« genannt, gehören zu den Thaivölkern, die in der Völkerkunde zumeist Tai geschrieben werden. Zu dieser Gruppe eng verwandter Völker und Stämme in Hinterindien und Südchina zählen auch die im nördlichen und östlichen Thailand sowie in Laos lebenden Lao, die Dai in Yunnan und die Shan im östlichen und nördlichen Myanmar (Birma). Ihre Sprache, das Tai, ist im südostasiatischen Raum die zahlenmäßig verbreitetste, literarisch bedeutsamste Sprachgruppe; sie gehört zu den sinotibetischen Sprachen, ist also mit dem Chinesischen verwandt. Ihre Religion ist ein mit Geister- und Ahnenkult durchsetzter Buddhismus.

Die drei großen Chedis des Vat Sri Sanphet entstanden 1492 und 1532 als Begräbnisstätte für die Könige. Dieser Privattempel der königlichen Familie war der größte in Ayutthaya.

gehend noch riesige Gebiete des früheren Khmerreichs einzuverleiben.

Zum anderen war mit der Eroberung Angkors, wie erwähnt, eine Kambodschanisierung der thailändischen Kultur einhergegangen, die nicht nur den Tempelbau, die Plastik und die Literatur, sondern auch die Herrschaftsausübung beeinflusst und zum Teil wesentlich verändert hatte: Die Monarchen, lange Zeit lediglich Oberhäupter von Nomadenstämmen, nahmen nun die Würde eines Devaraja (Gottkönigs) oder Buddharaja (Buddhakönigs) an, ließen sich als Verkörperungen Gottes oder Buddhas verehren, umgaben sich mit Brahmanen, rückten zur Bevölkerung immer mehr auf Distanz – niemand durfte dem Herrscher jetzt beispielsweise noch in die Augen blicken –, führten rigorose Strafen gegen Ungehorsam ein, verschärften die Steuer- sowie die öffentlichen Arbeitslasten und suchten vor allem die Vasallen und die Beamten noch stärker unter Kontrolle zu bringen. Neben Ayutthaya wurde Lop Buri zur Sommerresidenz und zu einer Art zweiten Hauptstadt.

König Narai der Große (1656–88)

Dies war der Stand der Entwicklungen, als Mitte des 17. Jahrhunderts eine der glänzendsten Herrschergestalten der thailändischen Geschichte die Bühne betrat und

Lop Buri wurde neben Ayutthaya zur Sommerresidenz und zu einer zweiten Hauptstadt des siamesischen Reiches erwählt. Die Abbildung zeigt das im 13./14. Jh. errichtete Kloster Wat Phra Ratena Si Mahathat.

Der siamesische Kopf einer Buddhastatue aus dem 17. Jh. weist indische Einflüsse bei der Gestaltung der Skulptur auf.

das »Goldene Zeitalter Ayutthayas« einleitete: König Narai, genannt »der Große«. Narais Herrschaft kennzeichneten drei Merkmale, die auch den Herrschaftsstil späterer Könige prägten. Er unterhielt erstens ein dichtes Netz von Tributbeziehungen. Gegenüber China trat Siam als Tributbringer auf, gegenüber Birma, Lan Na (mit dem Mittelpunkt Chiang Mai), Lan Xang (Laos), Kambodscha und einigen malaiischen Sultanaten fungierte es dagegen als Tributempfänger. Zweitens verschärfte Narai, der erst nach zwei blutigen Auseinandersetzungen gegen rivalisierende Prinzen an die Macht gekommen war, die ohnehin bereits strenge Devaraja-Tradition noch ein weiteres Mal, und zwar vor allem gegenüber seiner Beamtenschaft.

Zum bekanntesten Merkmal der Herrschaft Narais entwickelten sich aber, drittens, vielfältige und intensive Kontakte zu Europäern, die der König zunächst einmal geschickt gegeneinander auszuspielen wusste. So ließ er beispielsweise die angriffslustige niederländische Ver-

enigde Oostindische Compagnie (VOC) durch Briten, vor allem aber durch Franzosen – er pflegte Kontakte mit dem Hof Ludwigs XIV. – in Schach halten; darüber hinaus unterhielt er mit ihnen auch umfangreiche Handelsbeziehungen. Aus den Reihen der Europäer verpflichtete er nicht zuletzt zahlreiche Repräsentanten als Beamte, unter anderen auch den in der thailändischen Geschichtsschreibung so berühmt-berüchtigten griechischen Abenteurer Konstantin Phaulkon. Dieser brachte es, sehr zum Unwillen der eifersüchtigen Hofbeamten, sogar bis zum Minister.

Der von Narai eingeführte Brauch, Ausländer in Hofdiensten zu beschäftigen, wurde auch von späteren Monarchen, vor allem von den beiden großen Reformkönigen der nachfolgenden Chakridynastie, Rama IV. Mongkut (1851–68) und Rama V. Chulalongkorn (1868–1910), fortgeführt. Rama IV. schloss ab 1855 mit England, den USA und einigen weiteren europäischen Staaten Freundschafts- sowie Handelsabkommen und holte westliche Experten ins Land. Rama V. hob die Leibeigenschaft auf, förderte den Eisenbahnbau – unter anderem mit deutscher Hilfe – und besuchte als erster siamesischer Herr-

Thon Buri wurde die neue Hauptstadt des siamesischen Reiches. Die Abbildung zeigt eine Wandmalerei aus dem 19. Jh. in dem Tempel Wat Ratchasitaram. In der Szene erlangt der Fürstensohn Siddhartha Gautama die vollständige Erleuchtung und wird zum Buddha.

scher Europa. Dies war eine, wie sich später herausstellen sollte, höchst weitsichtige Politik, die Siam als einzige Nation neben Japan davor bewahrte, in koloniale Abhängigkeit zu geraten.

Die Chakridynastie (seit 1782)
Die Dynastie von Ayutthaya ging 1767 unter, und zwar hauptsächlich im Gefolge der militärischen Niederlage gegen den damaligen Todfeind Birma, der die Hauptstadt Ayutthaya brandschatzte. Daraufhin flohen die Reste der Beamtenschaft und des Militärs unter der Führung des chinesischstämmigen Generals Taksin, der 1768 den Königstitel annahm, nach Süden an die Küste und gründeten dort am sumpfigen rechten Ufer des Menam die neue Hauptstadt Thon Buri (heute ein Stadtteil von Bangkok) und, nach der Hinrichtung Taksins, ein neues Herrscherhaus, die Chakridynastie.

Die Birmanen wussten aus ihrem Sieg keine Vorteile zu ziehen, sondern trafen schon bald nach ihrem Triumph zahlreiche Fehlentscheidungen, die, wie sich später herausstellen sollte, zur Kolonisierung ihres Landes wesentlich beitrugen. Dagegen zeigte die neue thailändische Führung von Anfang an eine glückliche Hand: Während sich die birmanischen Könige weit ins Innere des Landes zurückzogen, und sich damit in eine verhängnisvolle Isolation begaben, ließen sich die Überlebenden der Katastrophe von Ayutthaya an der Küste nieder, vor allem im Raum des heutigen Bangkok. Während das birmanische Königshaus ferner zu den Europäern auf Distanz ging, knüpften die Chakrikönige, wie erwähnt, an die Europäerpolitik König Narais an und öffneten, ähnlich wie das Japan der Meijizeit, die Tore ihres Königreichs weit für moderne Reformen.

1932 wurde im Gefolge einer Militärrevolte sogar die absolute Monarchie – und damit ein wesentlicher Teil des Devarajatums – abgeschafft. Gleichzeitig betrieb das Königshaus eine flexible Außenpolitik, die von anderen, weniger glücklichen Nachbarn, vor allem von den Vietnamesen und den Birmanen, immer wieder als »opportunistisch« kritisiert wurde, die sich in jedem Fall aber als weitsichtig erwies und die dem seit 1932 »Thailand« genannten Staat vor allem das Schicksal der Kolonisierung ersparte. *Oskar Weggel*

Erbe mehrerer Königreiche: Laos

Mehr als 350 Jahre hatte sich das theravada-buddhistische Königreich der Laoten unter dem Namen »Lan Xang (Hom Khao)«, das heißt »Reich der Millionen Elefanten (und des weißen Schirms)«, in den Grenzen des heutigen Laos als selbstständige und im Wesentlichen zentralistisch geführte Einheit behaupten können. Es gehörte damit, wie bisweilen ungläubig festgestellt wird, zu den stabilsten Reichen der Region. Anders als im sprachlich und kulturell verwandten Siam hatte sich im laotischen Königshaus nie ein Devaraja-Kult durchsetzen können, sodass das Verhältnis zwischen Monarchen und Untertanen in Lan Xang wesentlich entspannter blieb als im Königreich von Ayutthaya.

Seinen Höhepunkt – und paradoxerweise gleichzeitig auch sein Ende – erlebte Lan Xang mit seinem bedeutendsten Herrscher, König Souligna Vongsa, der 57 Jahre lang, von 1633 bis 1690, an der Spitze des Landes gestanden hatte, aber ohne Erben gestorben war. Er hatte das Land so regiert, wie es die Bevölkerung von einem wahrhaft weisen Herrscher erwartete. Auf ihn ging zum Beispiel der berühmte und für die südostasiatische Denkweise so typische Grenzvertrag mit dem vietnamesischen Reich der Nguyen von 1660 zurück, in dem festgelegt wurde, dass alle Gebiete, die von Menschen mit Pfahlhäusern bewohnt werden, zu Lan Xang gehören sollten, alle anderen dagegen zu Vietnam. Damit folgte die Grenzziehung ethnischen Prinzipien; bis auf den heutigen Tag leben die meisten Thaivölker, zumindest in den ländlichen Gebieten, in Pfahlbauten, während die Vietnamesen ihre Wohngebäude seit jeher auf ebener Erde zu errichten pflegen.

Unter fremden Herren
Der Tod des kinderlosen Souligna Vongsa hinterließ ein Vakuum – und löste augenblicks Thronstreitigkeiten aus, in deren Gefolge der bis dahin verhältnismäßig einheitlich regierte Staat bereits 1707 zu zerfallen begann, und zwar anfangs in zwei, später sogar in drei voneinander unabhängige Königreiche: Vientiane (Vieng Chan), Luang Prabang und Champassak. Kaum hatten sie sich verselbstständigt, begannen sie auch schon gegeneinander Krieg zu führen und gerieten damit in Gefahr, zur Beute

Die Tempelanlage That Mak Mo ist eine der ältesten (Anfang 16. Jh., 1932 restauriert) in Luang Prabang.

Süd- und Ostasien

Deutlich siamesischen Einfluss zeigt der 1563 erbaute Wat Phra Keo in Vientiane.

ihrer gebietshungrigen Nachbarn zu werden. In der Tat kamen sie seit 1778/79 zum Teil unter birmanische, vor allem aber unter siamesische Herrschaft.

Als der letzte König von Vientiane, Anou Vong (Anu Vong), versuchte, vier Jahrzehnte siamesischer Vorherrschaft abzuschütteln und zu diesem Zweck Krung Thep (Bangkok) angriff, traten die siamesischen Truppen zum Gegenfeldzug an. Sie eroberten 1827 Vientiane und machten die Stadt dem Erdboden gleich; der König wurde in einen Käfig gesperrt, nach Bangkok transportiert und dort 1829 in aller Öffentlichkeit langsam zu Tode gequält. Anou Vong gilt in Laos bis heute als Nationalheld.

Anlässlich der für Frankreich erfolgreichen Operation bei der Übernahme der laotischen Besitzungen von Siam erschien im »Le Petit Journal« am 29. 7. 1893 ein Bericht über die Ausstattung der siamesischen Armee.

Süd- und Ostasien

Die Vorherrschaft Siams über die drei Königreiche dauerte allerdings gerade einmal hundert Jahre, da das auf Abrundung seiner indochinesischen Besitzungen begierige Frankreich die laotischen Gebiete zu »erwerben« wünschte. Mit einer Mischung aus Diplomatie und Kanonenpolitik wurde Siam daher gezwungen, seine laotischen Eroberungen wieder herauszurücken. 1893 erhielt das Royaume du Laos den Status eines französischen Protektorats. Nachdem sich jedoch herausgestellt hatte, dass der Mekong keinen schiffbaren Zugang nach China bot, verlor Frankreich schnell wieder das Interesse an seinem jüngsten »hinterindischen« Erwerb. Infrastrukturell unerschlossen erlangte Laos 1954 wieder seine Unabhängigkeit.

Oskar Weggel

Der um 1560 erbaute Tempel Wat Xieng Thong ist einer der bedeutendsten in der ehemaligen Königsstadt Luang Prabang am Mekong.

Das »eremitenhafte« Land der Birmanen: Myanmar

Während die Thaivölker bereits Mitte des 9. Jahrhunderts ihre ersten Fürstentümer sowohl im Bereich des Menam (Chiang Rai) als auch im Tal des Salween, wo sich die Vorläufer der Shan niederließen, gegründet hatten, waren die Birmanen in Festlandsüdostasien erst während des 10. Jahrhunderts aufgetaucht und 1044 mit einer Reichsproklamation hervorgetreten. Verglichen mit den Thai waren sie also Nachzügler. Aus ihrer Urheimat in der heutigen nordchinesischen Provinz Gansu hatten sie animistisches Brauchtum, unter anderem den Naturgeister- und Stammesheldenkult der 37 Nat, sowie kriegerische Traditionen mitgebracht.

Diese begannen sich erst nach der Begegnung mit den von ihnen unterworfenen Mon, den »Griechen Südostasiens«, abzuschleifen. Von den Mon – wie auch von den Völkern des Thaireiches Nan Chao in Südchina – hatten sie vor allem den Theravada-Buddhismus und die Tradition des Nassreisbaus übernommen. Im Gegensatz zu den Mon war es ihnen gelungen, einen zentralis-

Pagan ist die bedeutendste historische Stätte in Birma und heute eines der größten Ruinenfelder der Erde. Fotografiert ist ein Blick über das große Tempelfeld.

Süd- und Ostasien

Der um 1105 erbaute Anandatempel ist der bekannteste Tempel im frühen Monstil in Pagan.

tischen Staat zu gründen, der im Laufe der Jahrhunderte von drei Dynastien getragen wurde, den Pagan (1044–1287), Toungoo (1531–1752) und Alaungpaya (1755–1885).

Von der birmanischen Expansion zur britischen Kolonisierung
Wie viel kriegerisches Potenzial aber trotz der Bekehrung zum Buddhismus noch in ihnen steckte, hatten die Birmanen vor allem im 11. und 16. Jahrhundert erkennen lassen, als zuerst die Könige der Pagandynastie, allen voran Anawratha (1044–77), Gebiete eroberten, die nicht nur das heutige Myanmar umfassten, sondern sich weit bis ins moderne Thailand (Chiangmai) hinein erstreckten, und als im 16. Jahrhundert auch noch Teile des heutigen Laos (Luang Prabang) zum Königreich Birma hinzukamen. Mit diesen Eroberungen war das Reich auf dem Gipfelpunkt seiner Machtausdehnung angelangt.

Damit nicht genug, versuchten die Birmanen seit dem frühen 18. Jahrhundert auch noch das Thaikönigreich

In Mandalay, einer der Hauptstädte der Birmanen, wurde 1857 die Kutho-Daw-Pagode erbaut. Um sie gruppieren sich 729 kleinere Pagoden.

von Ayutthaya zu unterjochen. Beinahe hätten sie damit auch Erfolg gehabt, vor allem nach der Eroberung der Hauptstadt Ayutthaya, die, wie erwähnt, 1767 von birmanischen Armeen erstürmt und eingeäschert wurde. Doch stießen sie jetzt auf einen anderen Gegner, der – ganz untraditionell – von der Westflanke her anrückte, nämlich die Briten.

Diese hatten zu Beginn des 19. Jahrhunderts das indische Brahmaputratal unter ihre Kontrolle gebracht und legten weiteren birmanischen Ausdehnungsversuchen nicht nur Hindernisse in den Weg, sondern trugen sich ganz offensichtlich auch mit der Absicht, Birma in ihren subkontinentalen Kolonialverband einzubeziehen. In der Tat folgten 1826, 1852/53 und 1885/86 jene drei britisch-birmanischen Kriege, in deren Verlauf sich die Briten nacheinander das nördliche Arakan, die Küstenabschnitte von Assam und Tenasserim, Pegu und das Irawadidelta sicherten sowie am Ende auch noch Oberbirma (um Mandalay), die Shanstaaten im Nordosten und das nordwestliche Bergland von Chin. Birma war damit zur Gänze erobert und wurde 1886 als Provinz Teil von Britisch-Indien.

Ganz im Gegensatz zu ihren Vorgängern, den Mon, die die politischen Zentren ihrer Königreiche Lamphun und Sudhammavati in Küstennähe, nämlich in Pegu und Thaton errichtet hatten, ließen die Birmanen im Laufe der Geschichte immer eine Vorliebe für meeresferne Standorte erkennen und legten vor allem ihre Hauptstädte weitab von den Küsten an, sei es nun in Kyanksek, in Pagan, in Mandalay oder in Prome und Ava.

Noch zu Beginn des 17. Jahrhunderts hatte es den Anschein gehabt, als wollten die Könige von dieser Tradition abrücken und ihre Hauptstadt in Pegu, der alten Metropole der Mon, errichten. Zu dieser Zeit gab es bereits rege Handelsbeziehungen mit der niederländischen und der britischen Ostindienkompanie; doch zog sich König Thalun überraschenderweise dann doch wieder ins ferne Ava zurück und schottete sein Reich – möglicherweise aus Angst vor den immer näher rückenden Briten – von weiteren Außenbeziehungen ab.

In den britisch-birmanischen Kriegen sicherten sich die Briten zahlreiche am Irawadi, dem Hauptstrom des Landes, gelegene Gebiete.

Die Straßenszene von Mandalay aus dem Jahr 1887 zeigt deutlich, wie weit sich der britische Einfluss im öffentlichen Leben von Birma gefestigt hatte.

Diese Tradition der »Zurückgezogenheit« wirkt bis auf den heutigen Tag nach: Birma ist auch nach seiner Entlassung aus britischer Kolonialherrschaft im Jahre 1948 das am stärksten »eremitenhaft« wirkende Land Südostasiens geblieben; es war in der Tat der vorletzte unter den zehn südostasiatischen Staaten, der der Vereinigung südostasiatischer Staaten (ASEAN) beitrat (1997).

Oskar Weggel

Wie eine Bambusstange mit zwei Reissäcken: Vietnam

Anders als die Birmanen hatten sich die Vietnamesen schon früh in Festlandsüdostasien, genauer: im Delta des Roten Flusses, niedergelassen – und zwar bereits rund tausend Jahre vor Beginn der birmanischen Einwanderung. Von 111 v. Chr. bis 939 n. Chr. war ihr Reich allerdings unter direkte chinesische Herrschaft geraten und unter dem Namen Giao-Chi als Provinz verwaltet worden.

Die großen Familienklane
Nach Abschüttelung der chinesischen Vorherrschaft hatte sich das Land unter den Dynastien Li, Tran und Le zu einem zentralistisch verwalteten Staatswesen nach chinesischem Vorbild entwickeln können, dessen wichtigstes außenpolitisches Ziel es war, kein zweites Mal mehr unter chinesische Vorherrschaft zu geraten. Fast 500 Jahre sollte es dauern, ehe das Reich der Mitte – zur Zeit der Mingdynastie – wieder einen Sieg über Vietnam erringen und über die einstige Kolonie erneut direkte Herrschaft ausüben konnte, allerdings nur die wenigen Jahre von 1407 bis 1427.

Die radikale Sinisierungs- und Ausbeutungspolitik, die der Wiederbesetzung folgte, führte zu Aufständen unter Führung des bäuerlichen Rebellen Le Loi, der nach Vertreibung der chinesischen Armeen 1428 eine neue Dynastie gründete und sich selbst zum Kaiser ausrufen ließ. Die Ledynastie brachte eine Blütezeit des Feudalismus hervor, geriet jedoch bereits zu Beginn des 17. Jahrhunderts in eine Doppelkrise: Da war erstens der Kampf zwischen den großen Familienklanen des Landes, die sich im Zuge des damaligen Lehnssystems zu Grundbesitzmagnaten entwickelt hatten und nun ihre Hand nach der obersten Macht auszustrecken begannen, und da waren zweitens die Erhebungen der Bauern.

Zwischen 1627 und 1672 kam es zu militärischen Auseinandersetzungen zwischen den Klanen der Trinh und der Nguyen, die für jeden vietnamesischen Patrioten zu den schmerzlichsten Momenten der nationalen Geschichte gehören, zumal sie von keiner Seite gewonnen werden konnten und deshalb lediglich eine Schwächung der vietnamesischen Kräfte mit sich brachten. Nach nicht weniger als sieben ergebnislosen Feldzügen begann sich die Front nach und nach am Fluss (Song) Gianh zu stabilisieren, einem Schicksalsfluss der Vietnamesen, der vorher schon die Grenze zwischen dem annamitischen Reich Dai Viet, wie Vietnam bis 1804 hieß, und dem Königreich der Cham, Champa, gebildet hatte. Er verläuft übrigens nur rund hundert Kilometer nördlich jener Grenzlinie am 17. Breitengrad, die im 20. Jahrhundert erneut den Graben zwischen Nord- und Südvietnam bilden sollte.

Kaum hatten sich im Gefolge dieser Stabilisierung die Bürgerkriegsauseinandersetzungen gelegt, konnten die Nguyen ihren »Marsch nach Süden« fortsetzen, der unter den Le bereits 1471 bis in die heutige Küstenprovinz Phu Yen – auf halbem Weg zwischen Saigon, dem heutigen Ho-Chi-Minh-Stadt, und Da Nang – vorangetrieben worden war. Sie unterwarfen 1693 das Königreich Champa endgültig, erreichten 1708 den äußersten Süden des Landes und entrissen den Khmer das Mekongdelta.

Zum Dauerthema der Abwehr und zugleich Nachahmung Chinas waren damit im Verlauf des 17. Jahrhunderts zwei weitere Leitmotive hinzugekommen, die das historische Geschehen Vietnams bis ins späte 20. Jahrhundert hinein begleiten sollten, nämlich der fortdauernde Marsch nach Süden, das heißt nach Kambodscha, und die damit zusammenhängende Spaltung zwischen einem konservativen Norden und einem pionierhaft-unruhigen Süden. Die erste Spaltung des so merkwürdig lang gestreckten Landes, dessen kartographische Darstellung an eine mit zwei Reissäcken belastete Bambusstange erinnert, Landes dauerte von 1591 bis 1802, also 211 Jahre, die zweite überdauerte dagegen nicht einmal ein Zehntel dieses Zeitraums und währte von 1954 bis 1975.

Die Du-Hang-Pagode aus der frühen Ledynastie erfuhr zwischen 1672 und 1917 zahlreiche Restaurierungen.

Süd- und Ostasien

Die Grabanlage bei Huê des Kaisers Tu Duc entstammt der Nguyendynastie.

Das Zeitalter der Bauernaufstände
Schon im 17. Jahrhundert kam es überall im Land zu Bauernerhebungen. Zwar führten die ständigen Kriege zu einer permanenten Vergrößerung, schließlich sogar zur Verdopplung des gesamtvietnamesischen Territoriums, gleichzeitig aber auch zur Verelendung der Bauern, die sowohl unter der kriegsbedingten Verarmung als auch unter den Zugriffen der Großgrundbesitzer zu leiden hatten. Vor allem das 18. Jahrhundert wurde so zu einem Zeitalter der Bauernaufstände, die ihren Höhepunkt in den Jahren 1771 bis 1786 erreichten, als die drei vor allem in der kommunistischen Geschichtsschreibung verklärten Brüder Tay Son die bis dahin verzettelten bäuerlichen Kräfte zusammenfassten und mit den Armeen

Das vietnamesische Tongking wurde neben Annam »Protektorat« Frankreichs. Hier ein Blick in die Bucht von Halong im Golf von Tongking.

der Nguyen und der Trinh ähnlich kurzen Prozess machten wie die Volksheere der Hussiten 300 Jahre früher mit den europäischen Ritteraufgeboten.

Sogar die 200 000 Mann starke Armee, die von der chinesischen Qingdynastie 1788 – wieder einmal – in Richtung Vietnam entsandt worden war, wurde von den Truppen der Tay Son vernichtend geschlagen, und zwar ausgerechnet im Revolutionsjahr des späteren Kolonialherrn Frankreich, 1789. Im 18. Jahrhundert, dem Säkulum der vietnamesischen Bauern, erhielt bezeichnenderweise auch die in der einheimischen Nomschrift verfasste Literatur zum ersten Mal einen weiten Vorsprung vor dem in klassischem Chinesisch aufgezeichneten Schrifttum, wie ja überhaupt die Vietnamisierung jetzt schneller um sich zu greifen begann als jemals zuvor.

Gegen Ende des Jahrhunderts begann der Schwung der Bauernbewegung zu erlahmen, sodass die Trinh und die Nguyen langsam wieder zu Kräften kommen und ihr Duell erneut aufnehmen konnten. Mit dem Sieg der Nguyen im Jahre 1802 kam es zur Wiedervereinigung des Landes, diesmal vom Süden her; 173 Jahre später sollte sie von Norden her erfolgen.

Die Gründung der Nguyendynastie und die Erhebung Nguyen Anhs unter dem Namen Gia Long zum Kaiser in der neuen Hauptstadt Huê 1802 trugen alle Merkmale einer Restauration und waren damit von Anfang an mit einem Geburtsfehler behaftet, der sich bei den Auseinandersetzungen mit den immer heftiger auf Vietnam eindringenden europäischen Kolonialmächten als gravierende Hypothek erweisen sollte. Ähnlich wie später am chinesischen Kaiserhof – und anders als am Hof in Bangkok – begannen jetzt nämlich alle Reformvorschläge an der konservativen Haltung des Hofes abzuprallen; mehr Angst als vor den Ausländern hatte man dort vor der eigenen Bauernbevölkerung, der man keinerlei Zugeständnisse mehr machen wollte.

Unter französischer Herrschaft
So kam es, dass die Übergriffe der am meisten auf Vietnam erpichten europäischen Macht, nämlich Frankreichs, von vornherein nur auf schwachen Widerstand stießen und die Angreifer immer bedenkenloser vorgehen konnten. 1858 attackierten französische Truppen Da Nang, ihr späteres »Tourane«, 1859 besetzten sie Saigon, 1862 verleibten sie sich das südvietnamesische »Cochinchina« als Kolonie ein, 1883 besetzten sie Hanoi und bis 1884 hatten sie auch den Rest des Landes im Norden aufgerollt.

Huê, das mit dem Rücken zur Wand stand, gab sich äußerlich mit dem Versprechen Frankreichs zufrieden, seine Macht nur indirekt ausüben zu wollen und die Privilegien sowie den Grundbesitz des Hofes unangetastet zu lassen. Nachdem Cochinchina bereits zur Kolonie erklärt worden war, kam es jetzt, im Jahre 1884, zu der Vereinbarung, dass Tongking und Annam, der südliche und der zentrale Teil des Landes, »Protektorate« Frankreichs werden sollten: ein Schritt, der von der kommunistischen Geschichtsschreibung später als »Verrat der Feudalisten am vietnamesischen Volk« gegeißelt wurde.

Für Frankreich erwies sich die Willfährigkeit des Hofs als äußerst hilfreich, da der Widerstand von den Dörfern her noch lange vorhielt – und übrigens während des ersten Indochinakriegs von 1946 bis 1954 schnell wieder zur alten Stärke zurückfand. Alles in allem dauerte die Herrschaft Frankreichs jedoch nur 61 Jahre, nämlich bis zur »Augustrevolution« Ho Chi Minhs von 1945, deren Ergebnisse nach acht Jahren Krieg auf der Genfer Indochinakonferenz 1954 bestätigt wurden.   *Oskar Weggel*

China

Vorstoß bis zum Äußersten: Der Aufstieg der Mandschu

Der Aufstieg der Mandschu, die schon einmal, zwischen 1115 und 1234, ganz Nordchina bis zum Huaifluss beherrscht hatten – sie hießen damals noch Dschurdschen –, zur asiatischen Großmacht folgte einem bei den Nordvölkern »eingespielten« Drehbuch: Ein junger, unzufriedener Draufgänger namens Nurhachi aus einer renommierten, aber politisch kaltgestellten Sippe sammelt eine Schar Gleichgesinnter, ohne Ansehen der Stammeszugehörigkeit, um sich und macht sich daran, der herrschenden Aristokratie die Macht zu entreißen.

Ein Draufgänger namens Nurhachi
Zwischen 1599 und 1613 gelang es Nurhachi, fast alle Stämme der Mandschu zwischen dem Liaofluss im Süden und dem Amur im Norden unter seinem Befehl zu vereinen. Er begnügte sich aber nicht damit, nur die alte Aristokratie zu verdrängen; er dachte weiter und zerschlug gleichzeitig auch – vielleicht unter dem Einfluss seiner chinesischen Berater, Überläufern der Ming – die alte Stammesgesellschaft. Diese gruppierte er, mit Ausnahme seiner eigenen Familie, seit 1601 in vier, später acht »Banner« (gusai) um, Einheiten, die nicht allein für die militärischen Belange, sondern auch für die zivile Verwaltung der ihnen zugehörenden Familien zuständig waren.

1616 fühlte er sich sogar stark genug, China herauszufordern, und rief sich selbst zum »vom Himmel ernannten Kaiser« aus; seine Dynastie nannte er in Erinnerung an die ruhmreiche Vergangenheit seines Volkes Jin. In den anschließenden Kämpfen mit den Ming dehnte er seine Herrschaft nach und nach auf das von den Chinesen besiedelte Gebiet östlich des Liao aus. Aber erst seinem Sohn und Nachfolger Abahai (1592–1643), der auch Korea in die Botmäßigkeit zwang und die Ostmongolen besiegte, gelang es ein Jahr vor seinem Tode, die letzten Festungen der Ming vor der Gro-

> **ZITAT**
> **Der zweite Kaiser der Qingdynastie, Kangxi, über die Reitkünste seiner Vorfahren, der Mandschuren. Aus dem »Tingxün geyan« (Gespräche mit den Söhnen):**
> *... so fliegen sie dahin und erlegen mit Pfeilen das fliehende Wild. Ein guter Reiter weiß immer, aus welcher Richtung er sich dem Opfer nähern muss, und ein gut trainiertes Pferd versteht die Absichten seines Reiters, trabt voran oder hält sich seitlich, je nachdem, wie es am besten ist.*

Süd- und Ostasien

ßen Mauer zu überwinden. Zuvor hatte Abahai, um die Chinesen für seine Sache erwärmen zu können, den für diese mit unangenehmen Erinnerungen verknüpften Namen seines Dschurdschenvolkes in Mandschu geändert und den ebenfalls anrüchigen Dynastienamen Jin 1636 in Da Qing (Große Reinheit), meist abgekürzt Qing genannt.

Den letzten Schritt, den Großangriff über die Mauer hinweg nach China, tat dann 1644 sein Bruder Dorgon, der für den minderjährigen Thronfolger Fulin die Regierungsgeschäfte führte. Dies war ihm allerdings nur möglich, weil ein furchtbarer Bauernaufstand, der seit 1621 ganz Nordchina verheerte, die Mingdynastie lähmte. Als am 25. April 1644 die Aufständischen gar in

China während der Qingdynastie

ZEITTAFEL
Die Kaiser der Qingdynastie (bis 1850)
Shunzhi (1644–61)
Kangxi (1661–1722)
Yongzheng (1722–35)
Qianlong (1735–95)
Jiaqing (1796–1820)
Daoguang (1820–50)

Peking eindrangen und der Kaiser sich im Palast erhängte, brach die angeschlagene Dynastie vollends zusammen. Der Brigadegeneral Wu Sangui, Oberkommandierender von Liaodong und des Mauerabschnitts nördlich von Peking, der mit seinen Entsatztruppen zu spät gekommen war, handelte daraufhin so wie schon manch anderer Offizier und Beamter vor ihm: Er schloss sich den Mandschu an, in denen er das kleinere Übel sah, und öffnete Dorgon die Tore der Großen Mauer. Gemeinsam gelang es ihnen, die Rebellen in die Flucht zu schlagen, und am 5. Juni zogen die Mandschu als neue Herrscher in Peking ein. Am 3. Oktober des gleichen Jahres wurde Abahais Sohn Fulin unter dem Regierungsnamen Shunzhi als neuer Herrscher Chinas inthronisiert.

Der Besitz Pekings bedeutete noch nicht die Herrschaft über China. Die wirtschaftlich wichtigere Reichshälfte südlich des Jangtsekiang war weiterhin der alten Dynastie treu und huldigte verschiedenen dorthin ge-

Kangxi, chinesisch »friedvolle Harmonie«, war die Regierungsdevise und danach der Name des zweiten Kaisers der Qingdynastie. Unter ihm erlebte China eine wirtschaftliche und kulturelle Blütezeit.

Die zweite Reise von Kaiser Kangxi von Tsinan nach T'ainan illustriert ein um 1700 entstandenes Rollbild (New York, Metropolitan Museum of Art).

flüchteten Angehörigen des Kaiserhauses der Ming. Nur mithilfe ihm loyal ergebener chinesischer Generäle, unter ihnen auch Wu Sangui, und ihrer Truppen konnte der Hof der Mandschu diese alle bis 1662 besiegen. Nur dem Ming-Anhänger Zheng Chenggong – besser bekannt unter seinem europäisierten Namen Koxinga – gelang es, sich aus seiner bisherigen Basis in Fukien nach Formosa, dem heutigen Taiwan, zurückzuziehen, nachdem er dort die Holländer vertrieben hatte. Erst 1683 konnten die Mandschu die Insel ihrem Machtbereich einverleiben.

Und auch jetzt war die Herrschaft der Mandschu über den Süden eher eine nominelle. Die wahren Herrscher waren hier drei Generäle – allesamt ehemalige Truppenkommandeure der Ming in Liaodong – die die Ming-Loyalisten, also die Anhänger der alten Dynastie, für die Qing vernichtet hatten. Sie schalteten und walteten jetzt in den westlichen und südlichen Provinzen als faktisch unabhängige Vizekönige und befehligten zusammen eine Militärmacht, die derjenigen des Hofes in Peking ebenbürtig war. Erst der junge Kaiser Kangxi konnte sie in ihre Schranken weisen. Als er 1673 ihre Versetzung in den Norden befahl, rebellierten sie und marschierten auf Peking zu. Wieder wurde die Dynastie mithilfe loyaler chinesischer Truppen gerettet, die Rebellion aber erst 1681 endgültig niedergeschlagen.

Langlebige Herrscher: Von Kangxi bis Qianlong
Kangxi, der 1661 den Thron bestieg, war der erste von drei aufeinander folgenden Herrschern, die dank ihrer Tüchtigkeit, ihrem autoritären Führungsstil und meist langen Regierungszeiten – Kangxi 60, Qianlong 59 Jahre – dem chinesischen Reich nicht nur die innere Stabilität schenkten, sondern es auch zur asiatischen Großmacht machten. Er wies die aufsteigende und nach Sibirien und in den Pazifik vordringende Großmacht Russland in die Schranken und besiegte 1696 die westlichen Mongolen – auch als Dsungaren und später Oloten bekannt –, die eine ständige Bedrohung der Nordgrenzen des Reiches darstellten. Der Sieg garantierte die Herrschaft der Qing über die äußere Mongolei und das östliche Turkestan.

Kangxis Nachfolger, sein vierter Sohn Yongzheng, der bei der Machtübernahme 1722 bereits 45 Jahre alt war, regierte das Reich 13 Jahre lang mit noch strengerer Hand und führte die Außenpolitik seines Vaters erfolgreich fort. Auch er achtete auf gute Beziehungen zu Russland, und auch ihm gelang 1732 ein bedeutender Sieg über die keineswegs schon ganz befriedeten Westmongolen.

Ihren Höhepunkt erreichte diese von Sicherheitserwägungen getriebene Expansionspolitik unter Kaiser Qianlong. In der Zeit von 1755 bis 1759 wurden die Westmongolen endgültig vernichtet, die Region um den Balchaschsee sowie Turkestan, das 1768 den heutigen Namen Sinkiang (Xinjiang »Neues Territorium«) erhielt, dem Qingreich eingegliedert. Ebenso wurde Tibet, das lange zwischen den Westmongolen und China umkämpft war, endgültig, wenn auch nur als Protektorat, Teil des Reiches (1751). Abgerundet wurde diese Eroberungspolitik mit den Feldzügen gegen Birma (1766–70), Vietnam (1788–89) und Nepal (1791), die militärisch zwar von zweifelhaftem Erfolg waren, immerhin aber diese Länder zwangen, die chinesische Oberhoheit anzuerkennen.

Eine Vase aus Porzellan mit Emailfarbendekor entstammt der so genannten Kangxi-Periode 1662–1722 (Paris, Musée National des Arts Asiatiques Guimet).

Süd- und Ostasien

Die 74 cm hohe Statue eines Kriegsgottes ist ein Beispiel für die Holzbildhauerkunst der Qingdynastie (1780; Privatsammlung).

China war nun wie selten zuvor ein Vielvölkerstaat, ein Umstand, dem der Hof damit Rechnung trug, dass er neben dem Chinesischen und Mandschurischen auch das Mongolische, Tibetische und Uigurische in den Rang offizieller Verwaltungssprachen erhob. Auf die Eroberungen Qianlongs gehen die territorialen Ansprüche des modernen China zurück, aber auch die Minderheitenprobleme, denen sich das Land seit den 1950er-Jahren in Tibet und seit neuestem 1997 auch in Sinkiang – hier mit den Uiguren – gegenübersieht. *Klaus Tietze*

Der Kaiser hält die Fäden in der Hand: Die Verwaltung

Als Eroberer sicherten sich die Mandschu eine privilegierte Position. Nicht mehr in den traditionellen Stämmen, sondern in den acht Bannern organisiert, eigentlich militärischen Einheiten, denen der Mandschure auch in Friedenszeiten angehörte, lebten sie getrennt von den Chinesen in eigenen Garnisonen, von denen die meisten um Peking herum stationiert waren. So gab es auch in Peking eine »Tatarenstadt« nördlich des Palastes und eine Chinesenstadt im Süden. Im Umkreis von etwa 400 Kilometern waren alle Ländereien zugunsten der Versorgung der Bannerleute mit Ackerland konfisziert worden. Die restlichen Garnisonen waren an anderen neuralgischen Punkten des Reiches neben den regulären chinesischen Provinzialarmeen, den nach ihren Fahnen benannten »Grünen Bataillonen«, als Eingreiftruppen stationiert.

Um die Eigenständigkeit und die Vorherrschaft des Mandschuvolkes zu bewahren, das gerade einmal zwei Prozent der Gesamtbevölkerung des chinesischen Reiches ausmachte, waren Heiraten mit den Chinesen strikt untersagt; dem gleichen Zweck diente auch eine Erziehung in den traditionellen Werten der Mandschuren und das Verbot der Ansiedlung von Chinesen in den drei Heimatprovinzen des Mandschuvolkes. Die männlichen Chinesen dagegen mussten den Vorderkopf scheren und am Hinterkopf einen Zopf tragen, ganz nach der mandschurischen Sitte. Aber keine dieser Maßnahmen konnte auf die Dauer die schleichende Sinisierung des Erobe-

Der von den Europäern gebrauchte Name »Mandarin« für die höheren chinesischen Beamten leitet sich von der portugiesischen Version des malaiischen »mantri« (Berater) ab. Die zwei sitzenden Mandarine sind mit ihren Dienern gezeigt.

rervolkes, das heißt die Prägung durch die chinesische Kultur, verhindern. Die Mandschu konnten sich dennoch an der Macht halten, weil es ihnen gelang, die chinesische Elite in die Machtstrukturen des Reiches einzubinden, ohne dass sie ihre eigenen Privilegien aufgeben mussten.

Paritätische Amtsführung selbst im Staatsrat
Alle wichtigen hohen Ämter der Reichsverwaltung, die die Eroberer ohne wesentliche Änderungen von der Vorgängerdynastie übernommen hatten, waren paritätisch mit Mandschu und Chinesen besetzt, auch die politisch einflussreichsten. Das bedeutendste war lange Zeit das »Innere Kabinett« (neige), eine Art Küchenkabinett von vier Großsekretären und zwei beigeordneten Sekretären. 1729 ersetzte Kaiser Yongzheng dieses Amt durch den Staatsrat (junji chu); das »neige« existierte weiter, erfüllte seither aber nur noch die Aufgabe einer Kanzlei oder eines Archivs. Die fünf bis sechs Staatsräte und die ihnen zuarbeitenden Sekretäre (bis zu 32) – allesamt paritätisch mit Chinesen und Mandschuren besetzt – wohnten im Inneren Palast, damit sie dem Kaiser jederzeit zur Verfügung standen und ihn in wichtigen politischen und militärischen Fragen, in Personalfragen und bei Ämterbesetzungen beraten konnten.

Im Übrigen hielt der Kaiser alle Fäden der Regierung in seiner Hand. Nicht nur die ihm direkt unterstehenden Kontrollinstanzen die Zensoren, sondern auch alle Zentral-, Provinzial- und Lokalbehörden durften ihm unter Umgehung des Instanzenweges Bericht erstatten; auf

> **ZITAT**
> **Aus einem Edikt des Kaisers Kangxi vom 23.12.1717:**
> Die Arbeit des Kaisers ist von großer Wichtigkeit, und es sollte dabei keine Verzögerung geben; deshalb kümmere ich mich um alle Dinge, gleichgültig, ob sie nun groß oder klein. Selbst wenn in einer Eingabe nur ein Schriftzeichen falsch ist, korrigiere ich es stets, bevor ich sie weitergebe. Es ist mein Amt, nichts zu vernachlässigen.

Aus einem 1830 erschienenen Bilderbuch für Kinder stammt die Illustration über das »Wohnen der Chinesen«. Sie zeigt das noble Haus eines hohen Beamten.

Süd- und Ostasien

Diese prächtige Seidenstickerei gehörte auf das Prunkgewand eines chinesischen Beamten (Ende 17. Jh.; Privatsammlung).

diese Weise konnte er die verschiedenen Ebenen des Verwaltungsapparates gegeneinander ausspielen und als Einziger den Durchblick bewahren. Die Folge war eine enorme Stärkung seiner Position gegenüber der Beamtenschaft; aber auch ein Anschwellen des für das chinesische Verwaltungssystem so typischen »Papierkriegs«.

Provinzen, Präfekturen, Kreise
Die paritätische Besetzung der Ämter mit Mandschu und Chinesen setzte sich auch in der Provinzialverwaltung fort. War der Generalgouverneur, der den Rang eines Vizekönigs besaß und dem in der Regel zwei, manchmal auch drei der insgesamt 18 Provinzen unterstanden, ein Mandschu, so waren die ihm unterstehenden Provinzgouverneure Chinesen und umgekehrt, wobei chinesische Generalgouverneure in der Regel aus den chinesischen Bannerorganisationen kamen. Dagegen war die darunter liegende Lokalverwaltung mit 154 Präfekturen und 1 287 Kreisen fast ausschließlich die Domäne der Chinesen. Die dort tätigen Beamten durften nie in ihrer Heimatprovinz tätig sein und wurden spätestens nach drei Jahren versetzt.

Ein Kreisvorsteher war für die Steuereintreibung, die Rechtsverwaltung und das Polizeiwesen eines Territoriums verantwortlich, das mehrere Städte umfasste und von durchschnittlich 200 000 Menschen bewohnt wurde. Oft genug war er dabei ganz allein, unterstützt nur noch von seinen persönlichen Sekretären – Gelehrte wie er, aber ohne Amt –, die er aus eigener Tasche bezahlte. Diese arbeiteten ihm als eigentliche Verwaltungsexperten zu und beaufsichtigten das oft nach Tausenden zählende niedere Verwaltungspersonal der Kreisbehörde. Dieses Personal rekrutierte sich aus schreibkundigen Angestellten und »Läufern«, die Botendienste versahen, gleichzeitig aber auch die Funktion einer Polizei ausübten. Angestellte und Läufer finanzierten sich selbst, indem sie für ihre Dienste vom Volk mehr oder weniger legale Gebühren erhoben. Dass hier der Bestechung Tor und Tür geöffnet waren, versteht sich von selbst.

Der Kreisvorsteher residierte wie ein kleiner Kaiser in seinem von der Öffentlichkeit abgeschirmten Amtssitz, dem »yamen«. Dort entschied er Tag für Tag alle öffentlichen Angelegenheiten des Kreises. Wer sein Recht suchte, musste die oft beschwerliche und teure Reise in die Kreisstadt antreten, da es außerhalb des »yamen« keine weitere Entscheidungsinstanz gab. In den Städten und Dörfern wurden die Anordnungen des »yamen« von »ehrenamtlichen« Amtsträgern umgesetzt, zwangsverpflichteten Männern, zumeist solchen mit Vermögen, die dem »yamen« die aktuellen Bevölkerungs- und Katasterdaten liefern mussten und auch als eine Art Ordnungshüter für die Steuereintreibung und die Überwachung der Bevölkerung zu sorgen hatten.

Sämtliche Haushalte eines Kreises waren zu diesem Zweck in Zehner-, Hundert- und Tausendschaften zusammengefasst, die alle natürlich gewachsenen Strukturen ignorierten und denen jeweils ein ehrenamtlicher Volksvertreter vorstand. Wer konnte, drückte sich vor dieser Ehre, da sie den Betroffenen nicht nur hohe Kosten aufbürdete, sondern auch die Last einer Verantwortung, für die sie unter Umständen mit Besitz und Leben geradestehen mussten.

Einbahnstraße zu den Pfründen: Die Prüfungen
Im ganzen Riesenreich, das auf seinem Höhepunkt über 400 Millionen Menschen zählte, gab es nur 20 000 zivile und 7 000 militärische Beamtenstellen aller Stufengrade,

Politik und Kunst verbanden sich in China in der Person des Beamtengelehrten. Die Darstellung zeigt Gelehrte bei einem Gartenfest (Hui Zong zugeschrieben, Anfang 12. Jh., Ausschnitt; T'aipei, Nationales Palastmuseum).

kaum mehr als zu den Zeiten, da in China nur 100 Millionen Einwohner lebten. Um diese Stellen bewarben sich theoretisch eine Million Männer: jene, die eine der drei Examina – die Präfekturprüfung, Provinz- oder Palastprüfung – bestanden hatten, die zur Bewerbung berechtigten.

Sie zählten damit zum Stande der Literatenbeamten, dem vornehmsten Stand der vormodernen chinesischen Gesellschaft, der im Westen in Anlehnung an den englischen Landadel, »Gentry« genannt wurde. Die Prüfungen, die jetzt wie nie zuvor eine Einbahnstraße zu den Amtspfründen waren, fanden in der Regel alle drei Jahre statt. Ihr wichtigster Teil bestand in der Abfassung literarischer und philosophischer Traktate, bei der eine möglichst umfassende Kenntnis der klassischen konfuzianischen Schriften und ein blendender Stil zutage treten sollten.

Eine Vorauswahl zu den klassischen Examina stellte die Kreisprüfung dar. Von den zwei Millionen zur Kreisprüfung angetretenen Kandidaten, die ihre Erziehung und Vorbereitung auf die Prüfungen Privatlehrern, Klanschulen oder Provinzakademien verdankten, blieben nach der Palastprüfung, 300 »avancierte Gelehrte« (jinshi) übrig, die dann insgesamt 160 Tage in schriftlichen Prüfungen gesessen hatten.

Die Chancen, den Titel eines »jinshi« zu erreichen, standen also für einen Kandidaten eins zu sechstausend. Nur die »jinshi« hatten einen automatischen Anspruch auf eine Amtsstelle, vom Kreisvorsteher aufwärts, je nach Examensergebnis. Auch vierzig Prozent der erfolg-

Den Prüfungen, die für die Beamtenkarriere abzulegen waren, wurde besonderes Gewicht beigemessen. Der Ausschnitt aus einer Radierung zeigt einen Kandidaten in einer Literaturprüfung.

Examina in den kanonischen Schriften waren die Voraussetzung für eine Beamtenkarriere. Abgebildet ist eine schematische Zeichnung von Examenshallen.

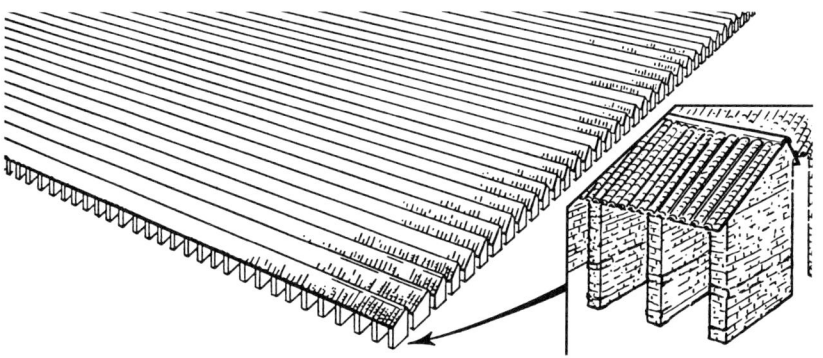

reichen Kandidaten der Provinzprüfungen konnten sich noch Hoffnung auf einen niederen Beamtenposten machen; die »xiucai«, die Absolventen der Präfekturprüfungen, aber nur in Ausnahmefällen: Von ihnen schafften es gerade drei Prozent. *Klaus Tietze*

Geld war nicht alles: Gesellschaft und Wirtschaft

Die Mühe lohnte sich wenigstens in der Provinzial- und Lokalverwaltung. Zwar waren die Grundgehälter lächerlich niedrig, doch mit den regulären Aufschlägen, die mehr als das Zehnfache betragen konnten, den halblegalen Gebühren und sonstigen Zuwendungen, soll es ein Kreispräfekt, dem jährlich eigentlich nur 45 Silberunzen als Gehalt zustanden, auf 30 000 bis 40 000 Unzen gebracht haben, ein Generalgouverneur gar auf 250 000.

Doch Geld war nicht alles; fast noch mehr zählte das Prestige, Angehöriger eines Standes zu sein, zu dem nicht einmal zwei Prozent der Familien des Reiches gehörten und der über eine Reihe rechtlicher und wirtschaftlicher Privilegien verfügte, die ihn zu einem Quasi-Adel machten. So wurde das Vergehen eines gewöhnlichen Bürgers gegen einen Angehörigen dieses Standes besonders streng bestraft, während dieser die demütigende Prügelstrafe durch eine Geldstrafe kompensieren konnte; und ein erfolgreicher Examenskandidat war von der lästigen Arbeitsdienstpflicht befreit.

Hohes Prestige, wirtschaftliche Dominanz – Die Gentry
Allerdings war die Gentry ein nach unten offener Stand, denn gut ein Drittel aller erfolgreichen Absolventen eines Prüfungsjahrgangs stammten aus Familien, die seit mindestens drei Generationen keinen Literatenbeamten hervorgebracht hatten, also »frisches Blut« waren. Vom sozialen Abstieg waren besonders die »xiucai« bedroht; sie mussten sich weiterhin den alle drei Jahre stattfindenden Präfekturprüfungen stellen und wurden aus den Listen gestrichen, wenn sie dreimal hintereinander versagten.

Dieser »Landadel« war untereinander durch verwandtschaftliche und landsmannschaftliche Bande verbunden. Über diese engeren lokalen Grenzen hinaus war zwischen diesen einflussreichen und grundbesitzenden Familien noch ein anderes, reichsweites Beziehungsgeflecht aufgespannt: dasjenige zwischen den Schülern eines Lehrers, dem Prüfer und seinen Prüflingen sowie den Absolventen des gleichen Prüfungsjahrgangs. Über dieses Netz konnte auch ein Gentrymitglied ohne Amt – und dieser Zustand war das Schicksal der Mehrzahl der Literatenbeamten – und fern der Kaiserresidenz für sich Unterstützung mobilisieren und unter Umständen sogar das Ohr des Kaisers gewinnen.

In einem Land, das über keine unabhängige Rechtssphäre verfügte, war es nützlich, wenigstens ein männliches Familienmitglied in den exklusiven Kreis der Literatenbeamten zu bringen. Dieses konnte dank seiner Beziehungen drohende Unbill vonseiten des Staates abwehren und so den Besitzstand wahren. Der ortsfremde Präfekt war deshalb in der Regel darauf bedacht, mit der lokalen Gentry, gegen deren vornehmere Kreise er selbst nicht rechtlich vorgehen konnte – dies durften nur höhere Instanzen –, auf gutem Fuß zu stehen, wenn er seine weitere Karriere, die gerade auch von günstigen Beurteilungen seiner Amtstätigkeit abhing, nicht gefährden wollte.

INFOBOX

Unentbehrliches Salz

Als unentbehrliches Konservierungs- und Nahrungsmittel, das zudem noch an wenigen und damit vom Staat leicht zu kontrollierenden Orten gewonnen wurde, war Salz in China von jeher eine wichtige Steuerquelle; in der Qingzeit deckte die Salzsteuer noch 15 % der Staatseinkünfte. Das Salz wurde entweder in staatlicher Regie direkt vertrieben oder, wie in der Qingzeit, über wenige lizensierte Großhändler, die dem Staat die Vertriebsrechte abkauften. Der Salzbedarf des Reiches wurde zu 80 % von Meersalz gedeckt, das an allen Küsten mithilfe natürlicher oder künstlich angelegter Verdunstungsbecken erzeugt wurde.

In Nordwestchina wurde mit ähnlichen Methoden Salz aus natürlichen Salzteichen gewonnen. In Südwestchina wurde mithilfe einer einfachen Tiefbohrtechnik Salzsole aus einer Tiefe von bis zu 1000 m gefördert und von Hunderten von Siedepfannen zu Salz gekocht; diese Pfannen wurden, wenn vorhanden, mit Erdgas beheizt.

Ein Mann, der Bücher studiert, ist auf dieser chinesischen Seidenmalerei aus der Zeit der Qingdynastie zu sehen (Singapur, Museum Li Kong Chian).

Dank ihrem hohen sozialen Prestige, ihrer wirtschaftlichen Dominanz und ihrer Verwurzelung in der Region hatte die Gentry eine lokale Führungsrolle inne, die sie zum natürlichen Mittler zwischen den Volksmassen und dem landfremden Vorsteher machte, der oft nicht einmal den lokalen Dialekt verstand. Ohne sie konnte der Vorsteher, der über keinen ausreichenden professionellen Verwaltungsstab und auch über kein eigenes Budget verfügte – alle Einnahmen gingen an die Zentrale –, keine einigermaßen effektive Verwaltung seines Kreises realisieren.

Viele Rechtshändel in der Bevölkerung wurden durch Vergleiche unter dem Vorsitz der lokalen Gentry aus der Welt geschafft und belästigten nicht den ortsfremden Vorsteher, dem das lokale Gewohnheitsrecht – und das chinesische Zivilrecht war immer das lokale Gewohnheitsrecht, die Zentralregierung interessierte sich nur für das Strafrecht – fremd war. Auch für das Gemeinwohl ihres Kreises sorgte häufig die Gentry, indem sie, auch mit eigenen Mitteln, öffentliche Einrichtungen wie Schulen und Tempel finanzierte; vor allem aber kümmerte sie sich um den Erhalt der Bewässerungs- und Entwässerungsanlagen wie auch des Wege- und Kanalnetzes. In Zeiten der Unruhen und des Krieges stellte sie auch Lokalmilizen zur Aufrechterhaltung von Ruhe und Ordnung auf.

Sie müssen alles bezahlen – Die Bauern
Doch bezahlt wurde der Lebensstil der Gentry letztlich von den Bauern, die achtzig Prozent der Bevölkerung stellten, aber, vor allem im Süden, der »Reisschüssel« des Reiches, gerade einmal die Hälfte der Ackerfläche besaßen und doch beinahe die gesamte Steuerlast auf ihren Schultern trugen. An sich waren die regulären Steuern nicht erdrückend hoch. Dafür waren es die zahlreichen halblegalen Sonderabgaben, die zur Deckung der Kosten der Steuertransporte erhoben wurden. Diese Sonderabgaben wurden nur den Bauern abgepresst, nicht aber der Gentry; das heißt, dass die kleinen Bauern für die Grundbesitzer mitzahlen mussten.

Am Ende zahlten die Bauern ein Mehrfaches des regulären Steuersatzes. Die kleinen unter ihnen, und das war die Mehrzahl, konnten diese Bürde nicht lange tragen, schon gar nicht nach einer Missernte als Folge von Dürre im Norden und Überschwemmungen im Süden. Sie waren dann gezwungen, sich bei den örtlichen Grundherren zu verschulden und mussten diesen letztlich ihre Felder zur Tilgung der Schulden überlassen. Sie arbeiteten dann als Tagelöhner oder als Pächter auf ihrem ehemaligen Besitz. Als Steuerzahler gingen sie verloren; als Pächter zahlten sie jetzt eine oft hohe Pacht von fünfzig Prozent oder mehr der Ernteerträge.

> **ZITAT**
>
> **Kritik an der gegen Ende des 18. Jh. zunehmenden Korruption übt der Beamte und Historiker Wang Huizu (1731–1807) in seinem Buch »Xuezhi Yishuo« (Das Regieren lernen):**
>
> *Schließlich wurde es so schlimm, dass alle Amtsgeschäfte über Bestechung oder unmoralische Vereinbarungen erledigt wurden, und die Männer zum gegenseitigen Schutz Cliquen und Allianzen schufen. Nicht einmal zwei oder drei von zehn verhielten sich korrekt. Neue Beamte übernahmen diese Unsitte von ihrer Förderern und wussten es deshalb nicht anders.*

Wegziehen und woanders neu anfangen oder gar neues Land kaufen war schon lange nicht mehr möglich, denn aufgrund des starken Bevölkerungswachstums, das sich gerade in den Zeiten der Prosperität unter Kangxi und Yongzheng enorm zu beschleunigen begann, war dieses knapp geworden. Um 1850 lebten schließlich 450 Millionen Menschen in China, gegenüber etwa 150 Millionen zu Beginn der Qingherrschaft. Die Ackerfläche aber hat sich im gleichen Zeitraum nur verdoppelt, teilweise durch die Erschließung minderer Böden, auf denen die von den Portugiesen aus Südamerika gebrachten genügsameren Feldfrüchte wie Mais, Süßkartoffeln, Erdnüsse und Tabak angepflanzt wurden. Auch die damals beginnende Auswanderung der Küstenbewohner nach Südostasien milderte den Bevölkerungsdruck kaum.

Zur Not der Bauern hinzu kamen ruinierte Staatsfinanzen. Die Grundsteuer, die bei weitem wichtigste Einnahmequelle des Reiches, brachte zwischen 75 und 85 Prozent der gesamten Staatseinkünfte; der Rest fiel auf die Getreidesteuer und das Salzmonopol. Kangxi und Yongzheng hinterließen beide noch beträchtliche Überschüsse in der Staatskasse. Boden war zu ihrer Zeit noch reichlich vorhanden; so konnte trotz des Bevölkerungsanstiegs die Nachfrage nach Ackerland befriedigt werden. Steigende Produktion bedeutete aber steigende Steuereinnahmen. Qianlong ruinierte die Staatsfinanzen; die stagnierenden Steuereinnahmen hielten jetzt nicht mehr Schritt mit den hohen Staatsausgaben, die eine Folge seiner kostspieligen Expansionspolitik und der unter ihm immer mehr um sich greifenden Korruption waren.

Vorkapitalistisch: Handel und Industrie
Handel und Wandel konnten diesem Notstand nicht abhelfen. Zwar war China der bei weitem größte Wirtschaftsraum seiner Zeit; doch Handel und Industrie steckten trotz der für europäische Verhältnisse riesigen Textil- und Seidenindustrie und der Porzellanmanufaktur noch in der vorkapitalistischen Phase.

Der Stand der Kaufleute galt von jeher als einer der niedrigsten und war zahlreichen gesetzlichen Einschränkungen unterworfen. Über die Berufsgilden unterstan-

Die Textilherstellung spielte in China eine große Rolle. Die Seidenmalerei zeigt eine Frau beim Spinnen (18. Jh.; Bern, Historisches Museum).

Süd- und Ostasien

den die Kaufleute der strengen Aufsicht und Willkür der Behörden, die nur eines im Sinn hatten: die reichen unter ihnen zu schröpfen. Unter den Großkaufleuten gab es kaum Konkurrenz; der Staat bevorzugte die relativ leicht zu kontrollierenden Monopole und vergab daher, gegen entsprechende Vorauszahlungen, die Vertriebsrechte an ausgesuche Kandidaten, zum Beispiel im Salzhandel oder im immer lukrativer werdenden Außenhandel.

Hinderlich auf dem Weg in eine mehr kapitalistische Produktionsweise war nicht nur der technische Rückstand – auch in Europa begann die technische Revolution erst gegen Ende des 18. Jahrhunderts –, sondern auch die zu lockere und altmodische Form der Organisation der Arbeitsteilung bei der Herstellung von Massengütern. So waren die verschiedenen Arbeitsprozesse bei der Produktion von Baumwolltextilien (Entkernen, Spinnen, Färben und Weben) auf viele Produktionsstätten verteilt; die Herstellung und der Transport der halbfertigen Produkte von einem Herstellungsort zum nächsten wurde von jeweils spezialisierten Kaufleuten besorgt. Ein umfassendes Wissen über die Produktion von Textilien und über mögliche technische Verbesserungen und Rationalisierung von Arbeitsvorgängen konnte so nicht entstehen, zumal auch das unerschöpfliche Angebot an billigen Arbeitskräften dank einer immer mehr verelendenden Bevölkerung Rationalisierungsüberlegungen gar nicht erst aufkommen ließ.

Das größte Hindernis für eine Entwicklung kapitalistischer Strukturen lag aber in den Köpfen der Kaufleute selbst. Ein Standes- und Selbstbewusstsein wie das ihrer Kollegen in Europa kannten sie nicht; sie hatten nie, weder im Reich noch auf lokaler Ebene, politische Macht ausgeübt. In einer Gesellschaft, die ihr Gewerbe offiziell verachtete, neigten sie eher dazu, Mitglied der Gentry zu werden, weshalb sie ihr Vermögen auch in den immer wertvoller werdenden Grundbesitz investierten. Damit waren sie Angehörige des Bauernstandes und hatten demnach auch das Recht, ihre Söhne an den Examina teilnehmen zu lassen, neben dem Grundbesitz das zweite Eintrittsbillet zur Klasse der Gentry. Auf bloße Bewahrung des Erreichten zielend, fielen sie als Pioniere des Wirtschaftslebens aus. *Klaus Tietze*

Konfuzianisch geprägt: Das Geistesleben

Der Zusammenbruch der Mingdynastie und die Eroberung Chinas durch das Fremdvolk der Mandschu zeigte keine Auswirkungen auf Kultur und Kunst der Zeit – weder auf die Staatsideologie des Neokonfuzianismus noch auf die gegenläufigen Trends des Denkens, welche gegen Ende der Ming in privaten Zirkeln propagiert worden waren und auch jetzt noch weiter diskutiert wurden.

Die Mandschuherrscher waren sich bewusst, dass sie als Fremde das Riesenreich nicht ohne die Mitarbeit der chinesischen Literatenbeamten, der Elite des Landes, unterwerfen und beherrschen konnten. Da deren konfuzianisches Welt- und Gesellschaftsbild autoritär gefärbt war und der Herrscher darin eine unangefochtene, absolute Stellung einnahm, fiel es ihnen nicht schwer, sich dieses Weltbild zu Eigen zu machen. Nie schien China, wenigstens an der Oberfläche, stärker konfuzianisch geprägt zu sein als unter den Mandschuherrschern, die sich gerne so gaben, als seien sie die Verkörperung des idealen konfuzianischen Herrschertyps. Als Dank dafür, dass sich die Literatenbeamten kooperationsbereit zeigten, beteiligten sie diese an der Macht. Sie sorgten auch dafür, dass die Staatsprüfungen, die jetzt im Wesentlichen den Zugang zu dieser Macht regelten, ausschließlich im Geiste des Neokonfuzianismus abgehalten wurden.

Eindrucksvoll: Literarische Großunternehmungen
Sie förderten die konfuzianischen Studien nicht nur durch die dem Kaiser direkt unterstellte, zeitweise 300 Gelehrte zählende Hanlin-Akademie, in die jeweils die Prüfungsbesten aufgenommen wurden; sie befahlen auch zahlreiche, oft umfangreiche und bisher nie dagewesene gelehrte Unternehmungen, bei denen auch viele stellungslose Literatenbeamte über viele Jahre hinweg ihr Auskommen finden konnten.

Schon zu Zeiten des Kaisers Kangxi, des Erzkonfuzianers, beeindruckte die Publikationstätigkeit. 1716 erschienen der »Zitatenschatz der kaiserlichen Studierstube«, eine nach Reimen angeordnete Konkordanz zweisilbiger Begriffe aus der klassischen chinesischen Literatur in 558 Kapiteln, und das »Kangxi Wörterbuch«, das 42 000 Schriftzeichen und ihre Verwendung erklärte.

Neun Jahre später wurde nach 19-jähriger Arbeit die bis dahin umfangreichste Enzyklopädie fertig gestellt, die »Bebilderte Sammlung der Vergangenheit und Gegenwart«, die das Wissen ihrer Zeit unter sechs Rubriken in 10 000 mit Illustrationen versehenen Kapiteln darstellte. Im Jahr 1728 mit beweglichen Kupferlettern gedruckt, zählte sie insgesamt zehn Millionen Schriftzeichen. Ein weiteres Großunternehmen stellte 1703 die Herausgabe der »Sämtlichen Lieder der Tangzeit« mit 48 000 Gedichten von 2 200 Dichtern dar.

Sie alle aber wurden von einem Mammutprojekt übertroffen, an dem unter Kaiser Qianlong zwischen 1772

Die Darstellung zeigt Zhong Kui, der als Schutzgott der Literaten verehrt wurde.

und 1782 360 Gelehrte und 15 000 Schreiber arbeiten: die Bestandsaufnahme des klassischen chinesischen Schrifttums in der Sammlung »Sämtliche Schriften in vier Literaturgattungen«, die in kanonische, historische, philosophische und literarische Schriften untergliedert war. Mehr als 10 000 Titel aus der kaiserlichen Bibliothek, aber auch aus Provinzbibliotheken und, aufgrund einer kaiserlichen Verfügung, auch aus privaten Sammlungen, wurden der Bewahrung für würdig befunden und entweder für den Kaiser in Reinschrift kopiert (3400 Titel) oder wenigstens in Form einer bibliographischen Notiz in einem Katalog von 200 Kapiteln erfasst.

Dieses Mammutprojekt hatte aber auch seinen Preis. So wurden davon nicht nur das umfangreiche daoistische und buddhistische Schrifttum ausgenommen. Weitere 10 000 andere Werke, die entweder als mandschufeindlich oder als ketzerisch gedeutet wurden, kamen auf den Index; über 2000 wurden gar vernichtet und ihre Autoren, oft auch deren Angehörige, schwer bestraft, mitunter sogar dem Henker überantwortet.

Nicht nur die öffentliche, auch die private Tätigkeit trug zur Sichtung und Bewahrung des Kulturerbes bei. Reiche Kaufleute, vor allem die Salzhändler aus Yangzhou, taten sich dabei als Mäzene hervor, die nicht nur eigene Sammlungen von Büchern, Malereien und Kalligraphien anlegten, sondern auch Gelehrte bei ihren zahlreichen sammelnden und kommentierenden Tätigkeiten unterstützten, die von der Inschriftenkunde bis zur Regionalgeschichte reichten.

Die Entschleierung des konfuzianischen Himmels
Dieser Hang der Literaten zum Sammeln und zum Enzyklopädischen war auch das Ergebnis einer geistigen Bewegung, die von Anfang an die staatlich geförderte Orthodoxie bekämpfte. Die Anfänge dieses kritischen Konfuzianismus lagen schon in der Mingzeit, als die Verknöcherung des Neokonfuzianismus mit seinem nach außen abgeschotteten Ideengebäude, das dazu noch der bestehenden, als ungerecht empfundenen hierarchischen konfuzianischen Ordnung die höheren Weihen verlieh, erstmals als unzulänglich empfunden wurde und zum Widerspruch herausforderte. Dieser gegen die Obrigkeit

> **ZITAT**
> **In seinem Werk »Mengzi Ziyi Shuzeng« (Erklärungen der Zeichen und Bedeutungen im Buche Mengzi) übt der Gelehrte Dai Zhen (1724–77) Kritik an der verlogenen neokonfuzianischen Moral:**
> *Die Hochgestellten ermahnen die Einfachen, die Alten die Jungen und die Adligen die Gemeinen unter dem Hinweis auf das »Prinzip« – und selbst wenn sie noch so sehr im Unrecht sind, werden sie doch als im Recht stehend angesehen.*

und den Neokonfuzianismus gerichtete Affekt verstärkte sich noch mit der Mandschuherrschaft, die als fremd und damit als doppelt ungerecht empfunden wurde. Anfangs gehörten Ming-Loyalisten zu dieser Schule, später vor allem Gelehrte, die keine Beamtenlaufbahn eingeschlagen hatten.

Des ewigen Begriffeklopfens der Neokonfuzianer müde geworden, wollten die Anhänger dieses kritischen Konfuzianismus, als dessen Begründer der Privatgelehrte Gu Yanwu (1613–82) gelten kann, zurück zu den Wurzeln des konfuzianischen Denkens; denn ihrer Ansicht nach hatte der Neokonfuzianismus durch erhebliche Anleihen bei Daoismus und Buddhismus die reine Lehre des Meisters verfälscht.

Was zunächst als philologische Textkritik begann und dabei etliche kanonische Schriften der Orthodoxie, ja des Konfuzianismus überhaupt, als Schöpfungen späterer Zeit entlarvte oder deren Inhalt jeglicher konfuzianischen Deutung entkleidete und ihnen ihren ursprünglichen Sinn zurückgab, mündete schließlich in eine grundlegende Ideologiekritik überhaupt, die auch vor Konfuzius selbst und seinen Ideen nicht mehr Halt machte. Diese Entschleierung des konfuzianischen Himmels ist durchaus vergleichbar mit der zeitgleich in Europa ablaufenden innertheologischen Bibelkritik, der Entschleierung des christlichen Himmels. *Klaus Tietze*

Doch mehr als eine Randerscheinung:
Die Begegnung mit der europäischen Zivilisation

Kaum hatten die Portugiesen das Kap der Guten Hoffnung umsegelt und in Goa an der indischen Westküste Fuß gefasst, da tauchten sie auch schon zwischen 1516 und 1518 an der Südküste Chinas auf. Für die Chinesen waren diese Abenteurer aber keine Abgesandten einer fremden Macht, denen man mit gebührendem Respekt begegnen musste, sondern Gesindel, eine ärgerliche Randerscheinung, Seeräubern irgendwoher aus Südasien oder Japan vergleichbar, die gerade im 16. Jahrhundert die Küsten Chinas belästigten.

Die abweisende Reaktion des Minghofes war verständlich, denn oft genug benahmen sich die portugiesi-

Süd- und Ostasien

Um über mehr Handelsrechte zu verhandeln, wurde 1792 Lord Macartney die Führung der ersten britischen Gesandtschaftsreise nach China übertragen. Noch im selben Jahr erschien diese Karikatur über die Unterwürfigkeit der Europäer vor dem chinesischen Kaiser Qianlong (London, Victoria and Albert Museum).

schen Seefahrer und Händler wie Piraten. Dennoch erhielten sie, wohl auf Drängen der örtlichen Behörden, ab 1535 ein Aufenthaltsrecht auf der kleinen Halbinsel Macao, von der aus sie bis 1636, dem Jahr ihrer Ausweisung aus Japan und damit auch des wirtschaftlichen Niedergangs der Niederlassung, den vom Minghof für Chinesen verbotenen und deshalb lukrativen Handel zwischen Japan und China dominierten.

Das zarte Pflänzchen der Christianisierung – Die Jesuitenmission

Schon bald war Macao aber auch das Sprungbrett der Missionierung Chinas durch den 1534 gegründeten Orden der Jesuiten. Die wohlwollende Behandlung, die der italienische Priester Matteo Ricci (1552–1619) am Minghof in Peking erfuhr, blieb auch seinen Nachfolgern am Hof erhalten, da vor allem die beiden ersten Qingkaiser Shunzhi und Kangxi ihre schützende Hand über die Jesuitenmissionare hielten.

Diese gingen ihrerseits ganz im Geiste Riccis mit großer Behutsamkeit vor, mit der klaren Strategie, die in Staat und Gesellschaft tonangebende Schicht der Literatenbeamten für den christlichen Glauben zu gewinnen. Sie traten daher weniger als Priester denn als Gelehrte auf, als Mathematiker, Astronomen und Kartographen; ihren profunden Kenntnissen auf diesen Gebieten war es

> **ZITAT**
>
> **Aus einem Brief des Sonderbevollmächtigten im Kampf gegen den Opiumschmuggel Lin Zexu an Königin Viktoria (1839):**
>
> *Ich habe gehört, dass Opiumrauchen in Ihrem Land strengstens verboten ist; das ist so, weil der Schaden, den Opium anrichtet, klar erkannt wird. Da es nicht erlaubt ist, Ihrem Land Schaden zuzufügen, sollten Sie noch weniger anderen Ländern Schaden zufügen – und schon gar nicht China.*

> **INFOBOX**
>
> **Ein Missionar am Kaiserhof**
> Der italienische Jesuit Matteo Ricci (1552–1610) leitete ab 1597 die jesuitische Mission in China. Ab 1601 lebte er – wie ein Mandarin – am Kaiserhof in Peking, wo er neben der Missionsarbeit mathematische und astronomische Studien betrieb. Er verfügte über gründliche Kenntnisse der chinesischen Sprache und Kultur und bemühte sich, die christliche Botschaft unter Einbeziehung traditioneller chinesischer Glaubensanschauungen, Riten und Wertvorstellungen – z. B. Ahnenkult und Konfuziusverehrung – zu vermitteln. Diese Missionsmethode, die v. a. unter den gebildeten Schichten recht erfolgreich war, prägte über ein Jahrhundert die jesuitische Chinamission. Widerstände dagegen formierten sich jedoch schon bald und führten im 18. Jh. zum päpstlichen Verbot einer Teilnahme an nichtchristlichen Riten.

zu verdanken, dass von 1643 bis 1827 das so wichtige Hofamt für Astronomie in den Händen von Missionaren lag; als Erster hatte es Pater Adam Schall von Bell inne. Hierin zeigt sich die enorme Wertschätzung ihres Wissens, denn das chinesische Denken schrieb den Himmelserscheinungen große Bedeutung für das Gedeihen der Dynastie zu.

Solange die Jesuiten bis zur Auflösung ihres Ordens im Jahre 1773 in der Chinamission das Sagen hatten, blieben sie unaufdringlich, kleideten sich wie die chinesischen Gelehrten, benutzten zur Darstellung des christlichen Glaubens die neokonfuzianische Terminologie und integrierten den Ahnenkult und andere konfuzianische Rituale in die christlichen Zeremonien. Auf diese Weise gelang es ihnen, einige hohe Beamte und sogar Mitglieder der Kaiserfamilie zum christlichen Glauben zu bekehren.

Seit aber der Vatikan zu Beginn des 18. Jahrhunderts sich gegen den Ahnenkult und die Teilnahme der Christen an konfuzianischen Ritualen aussprach und vom Kaiserhof die Aufsicht über die Missionare einforderte – in China war die Religion immer dem Primat des Staates unterworfen –, verkümmerte das zarte Pflänzchen der Christianisierung mehr und mehr, zumal sich die gegensätzlichen Auffassungen des Vatikans und des Kaiserhofs zunehmend verhärteten. 1721 ließ dann Kangxi die meisten der Missionare ausweisen.

Der A-Ma-Tempel steht in Macao, wo Mitte des 16. Jh. die Portugiesen eine Niederlassung gründeten.

> **INFOBOX**
>
> **Porzellanexport**
> Als im 17. Jh. der Handel mit chinesischem Porzellan einsetzte, war das »Reich der Mitte« gerüstet, um die Welt mit dem begehrten Luxusgut zu versorgen. Die Zahl der für den Export nach Europa hergestellten Stücke lässt sich anhand der erhaltenen Bestell- und Ladelisten auf mehrere Hundert Millionen schätzen. Als 1985 die Fracht der 1752 auf der Fahrt von Kanton nach Amsterdam gesunkenen »Geldermalsen« geborgen wurde, fand man in ihren Laderäumen über 150 000 Stück Porzellan; der erhaltene Frachtbrief nennt 63 623 Teetassen mit Untertassen, 19 535 Kaffeetassen mit Untertassen sowie 25 921 Spülschalen. Zum ersten Mal erfuhren die Europäer, was Massenproduktion in China bedeutete.

Kontakte mit Russland und Großbritannien
Die Jesuitenmission blieb also eine Episode in der Geschichte Chinas und Europas, wenn auch eine nicht ganz folgenlose. China profitierte von den naturwissenschaftlichen Kenntnissen Europas in der Mathematik, Astronomie und Kartographie, aber auch in der Waffentechnik (Kanonen); Europa dagegen wurde mehr auf dem Gebiet der Ästhetik – die »Chinoiserien« in der Kunst des Rokoko und in der Gartenarchitektur – und der Philosophie beeinflusst.

Das positive Bild, das die Jesuiten von China zeichneten, wirkte sich nachhaltig auf die Philosophie der Aufklärung aus. Dieser bot sich das von einem aufgeklärten Despoten (Kaiser) mit Philosophen (Literatenbeamten) nach rationalen Methoden verwaltete Reich als Gegenmodell zur überlebten irrationalen Herrschaftsform des Feudalismus an. Dieser Chinaschwärmerei sollte angesichts der inneren Missstände und der äußeren Schwäche des Reiches Ende des 18. Jahrhunderts aber die Chinaverachtung folgen.

An dieser Entwicklung waren nicht die Russen schuld, die schon seit Beginn des 17. Jahrhunderts mehr und mehr in Kontakt zu China getreten waren – zunächst in kriegerischen, dann immer mehr in friedlichen Absichten. Erste Übergriffe der nach Sibirien vordringenden Russen auf das Stammland der Mandschu am Amur blieben zunächst wegen des langwierigen Bürgerkriegs in Südchina ungestraft, wurden dann aber 1686 von Kangxi umso energischer abgewiesen.

Von einem chinesischen Künstler stammt die Darstellung des Kölner Jesuiten Johann Adam Schall von Bell, kaiserlicher Astronom und Ratgeber am Hofe in Peking, die den abendländischen Gelehrten in der Kleidung eines chinesischen Mandarins zeigt.

Die Kaffeekanne mit Chinoiserien aus der Porzellanmanufaktur Kloster Veilsdorf zeigt den Einfluss chinesischer Kultur in Europa (um 1780; Hamburg, Museum für Kunst und Gewerbe).

Das weiß-blaue chinesische Porzellan erfreut sich bis heute in Europa einer großen Beliebtheit. Abgebildet ist eine Vase mit vegetabilem Dekor (Paris, Musée National des Arts Asiatiques Guimet).

Mit dem Vertrag von Nertschinsk 1689, dessen sechs Artikel die Grenze zwischen den beiden Reichen am Amur festlegten, begann eine Periode der friedlichen Koexistenz und der diplomatischen Kontakte. 1727 wurde im Vertrag von Kjachta die Grenze in ungefähr der heutigen Linienführung erneut festgelegt; darüber hinaus wurde den Russen erlaubt, alle drei Jahre mit einer Handelskarawane von 200 Personen in China einzureisen. Ab 1728 gab es in Peking eine von China unterhaltene Schule zur Unterweisung russischer Studenten im Chinesischen und eine ständige russische Kirche. Russland war der einzige Staat, den China nicht wie sonst gemäß der Theorie des Reichs der Mitte als Tributstaat behandelte; es unterhielt mit ihm einen Gesandtschaftsverkehr und räumte ihm Privilegien ein, die andere Staaten erst 1861 erhielten.

Ganz anders gestalteten sich die Beziehungen zu Großbritannien, das zur See die Nachfolge der Portu-

Süd- und Ostasien

giesen, Spanier und Niederländer angetreten hatte. Versuche der Engländer, den Seehandel mit China auf andere Häfen als Kanton auszuweiten, lehnte der Hof in Peking trotz der Befürwortung durch die Provinzbehörden strikt ab. Die rabiaten Methoden, mit denen sich die Kolonialländer fremdes Land in Südasien aneigneten, waren den Chinesen durchaus bekannt. Viele dieser kolonisierten Staaten standen in einem Tributverhältnis zu China, und der Seehandel mit ihnen war noch größer als der mit den westlichen Staaten. Um unnötige Konfrontationen mit den Ausländern zu vermeiden, sollten deshalb nur Handelskontakte erlaubt werden, die sich möglichst weit von der Hauptstadt entfernt abspielten und der besseren Kontrolle wegen auf einen einzigen Ort beschränkt blieben.

Dieser Handel lag auf der chinesischen Seite in den Händen weniger lizenzierter Kaufleute, der »cohong«, die für dieses lukrative Privileg hohe Summen an den Hof und an die Provinzbehörden zu zahlen hatten. Auf der anderen Seite des »Kanton-Systems« standen als Nutznießer des Handels vor allem die Engländer, vertreten durch die britische Ostindiengesellschaft. Allein sechzig Prozent der Schiffe, die alljährlich in Kanton anlegten, kamen aus Bombay. Die Handelssaison dauerte wegen der Monsunwinde nur von Oktober bis einschließlich Januar.

Die Handelsniederlassungen der Engländer, Amerikaner, Holländer, Spanier, Schweden, Dänen und Franzosen befanden sich auf der vor Kanton im Perlfluss liegenden Insel Shamian; nur dort kamen die Kaufleute in Kontakt mit den »cohong« und den für diese arbeitenden Chinesen; das Betreten von Kanton war ihnen strikt untersagt. Die Ausländer brachten hauptsächlich Wollwaren, Blei, Zinn, Eisen, Kupfer und Leinen nach Kanton und holten dafür Tee, Rohrzucker, Porzellan und Lackwaren. Die Engländer luden dazu noch Textilien, Aluminium, Pfeffer und Drogen für den indischen Markt, der seinerseits Baumwolle, Elfenbein, Silber und Opium nach China lieferte.

Der Opiumkrieg (1840–42)
Das Opium wurde schließlich zum Casus Belli, zum Kriegsgrund. Da der weitgehend autarke chinesische Markt dem europäischen und amerikanischen überlegen

Der Fächer mit Chinoiserien eines unbekannten Künstlers zeigt eine chinesische Kaiserin umgeben von Pflanzengruppen. Er entstand Mitte des 18. Jh. und wird im Goethe-Nationalmuseum in Weimar aufbewahrt.

Süd- und Ostasien

Auch in der europäischen Gartenarchitektur ist der Einfluss chinesischer Kultur zu sehen. Bereits 1789/90 wurde der Chinesische Turm im Englischen Garten in München erbaut.

war, entwickelte sich ein starker Handelsüberschuss zugunsten Chinas. Diesen musste vor allem die Ostindische Gesellschaft, die allein im Jahre 1800 für 23 Millionen Pfund Tee importierte, mangels Interesse der Chinesen an anderen Waren mit barer Münze, mit Silber, bezahlen. Teilweise bestand die Ladung der Schiffe der Gesellschaft in Richtung Kanton zu neunzig Prozent aus Silberbarren. Um diesem Missstand abzuhelfen, ließ die Gesellschaft in Indien mehr und mehr Opium produzieren, das dann mithilfe bestochener chinesischer Hafen-

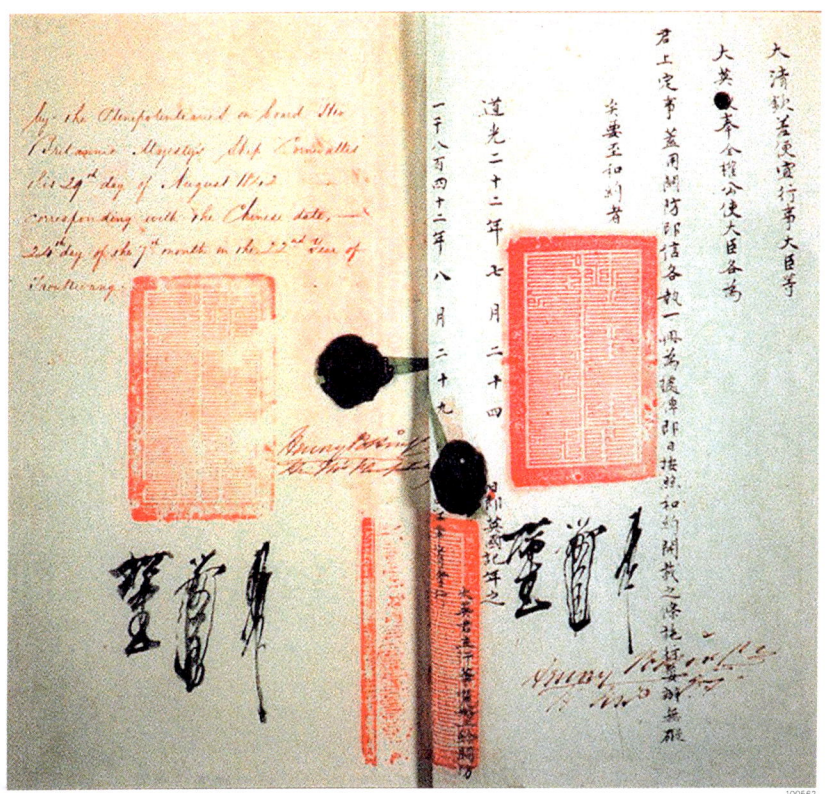

Der Vertrag von Nanking zur Beendigung des Opiumkrieges wurde am 29.8.1842 für China von Chi Xing und von Großbritannien von Sir Henry Pottinger unterzeichnet.

und Provinzbehörden auf den chinesischen Markt geworfen wurde. Die Folge war, dass jetzt große Mengen Silber ins Ausland abflossen und sich der chinesische Handelsüberschuss ab 1826 in ein massives Defizit verwandelte.

Als London 1834 das Handelsmonopol der Ostindiengesellschaft aufhob und die privaten Händler den Markt noch mehr mit dem illegalen Opium überschwemmten, ging Peking energischer gegen den Opiumschmuggel vor. Unklar bleibt, ob dafür wirtschaftliche Überlegungen ausschlaggebend waren oder die Tatsache, dass die Opiumsucht große Teile der südlichen Küstenprovinzen heimgesucht hatte – inzwischen waren gerade die hohen Gesellschaftsschichten und auch die Armee besonders davon betroffen. Der vom Hof ernannte Sonderbevollmächtige Lin Zexu ließ 1839 die Niederlassungen auf der

Insel Shamian so lange von der Außenwelt abriegeln, bis der Vertreter der Krone und Sprecher der englischen Kaufleute, Charles Elliot, bereit war, das dort gelagerte Opium, immerhin 20 000 Kisten, auszuliefern.

Doch Großbritannien schlug auf Drängen der schwer geschädigten Kaufleute zurück. Ein Expeditionskorps griff nicht nur Kanton an, sondern trug die Feindseligkeiten weiter nach Norden, in die Gegend von Shanghai, und bedrohte sogar Tianjin unweit von Peking. Nach dem Eintreffen von Verstärkungen besetzten die Engländer Amoy (Xiamen) und Ningbo und drangen auf dem Jangtsekiang tief ins Landesinnere vor, bis Nanking. Die technisch völlig unterlegenen und disziplinlosen kaiserlichen Truppen waren außerstande, das verhältnismäßig kleine englische Expeditionskorps von einigen Tausend Mann in Schach zu halten. Ein Grund dafür war vielleicht auch, dass die Regierung in Peking in der Frage des Opiumhandels und der Behandlung der Engländer keine einheitliche Linie vertrat.

So musste China 1842 im Vertrag von Nanking demütigende Konzessionen machen, das heißt, neben der Zahlung einer Entschädigung von 21 Millionen Silberdollar der Abtretung der Insel Hongkong, der Öffnung der Häfen von Amoy, Shanghai, Ningbo und Kanton für den Handel sowie der Abschaffung des Monopols der »cohong« zustimmen. In einem Zusatzvertrag erhielten 1843 die ausländischen Konzessionsnehmer exterritoriale Rechte und Großbritannien die Meistbegünstigungsklausel, nach der jedes einer anderen Nation verliehene Vorrecht auch von Großbritannien automatisch in Anspruch genommen werden konnte. Dies waren die ersten von den Chinesen als »ungleiche Verträge« empfundenen Abmachungen, die die Souveränität des Kaiserreiches empfindlich einschränkten.

Klaus Tietze

Japan

Eine »Welt hinter Mauern«: Das Schogunat der Tokugawa

»World within walls«, »Welt hinter Mauern«, hat Donald Keene seine Literaturgeschichte der Edozeit überschrieben und damit ein für westliche Betrachter wesentliches Merkmal Japans in dieser Epoche genannt, deren Name auf die Hauptstadt Edo, das heutige Tokio, verweist. Europäern galt die Verweigerung der Beziehungen zum Westen als ein Sündenfall, doch schon Engelbert Kaempfer, der sich von 1690 bis 1692 in holländischen Diensten in Japan aufhielt, hat ihre Notwendigkeit anerkannt. Für die nächsten 200 Jahre sollte sie Japan die Möglichkeit einer ungestörten Entwicklung bieten.

1639 war die anfangs wohl nicht so geplante Abschließung Japans mit der Vertreibung der Fremden und dem Verbot für Japaner, das Land zu verlassen, vollendet worden. Dahinter stand ebenso die Furcht vor den Machtgelüsten der Kolonialmächte wie die Ablehnung des Christentums, zu dem sich Angehörige des Kriegerstandes wie des Volkes – insgesamt etwa 700 000 Menschen – bekannt hatten. Auch die Enttäuschung darüber, dass sich der Handel mit den westlichen Ländern bei weitem nicht als so einträglich erwiesen hatte wie erhofft, war eines der Motive; vor allem aber stand zu befürchten, dass die inneren Verhältnisse, die erst im Jahre 1600 mit der Schlacht bei Sekigahara eine neue Ordnung gefunden hatten, erneut aus dem Gleichgewicht geraten würden. Ein Bauernaufstand auf der Halbinsel Shimabara 1636/37 hatte diese Gefahr verdeutlicht; die Beteiligung einer großen Zahl von Christen bestärkte zudem den Verdacht gegenüber dem Christentum und legitimierte seine Verfolgung.

So wurde einer Epoche lebhaften internationalen Austauschs ein Ende gesetzt und der Außenhandel, mit dem einige der großen Territorialherren (Daimyō) ihre Macht gestützt hatten, der Kontrolle des Schogunats unterstellt. Neben den chinesischen wurden nur die niederländischen Kaufleute der Vereinigten Ostindischen

Kompanie weiter zum Handel zugelassen, denen die künstliche Insel Dejima im Hafen von Nagasaki als Niederlassung diente.

Machtsicherung für das Haus Tokugawa
Es wäre falsch, diese Maßnahmen als vor allem gegen das Christentum gerichtet zu sehen. Vielmehr festigte das Haus Tokugawa mit dieser Abschließungspolitik seine Macht. Nachdem Tokugawa Ieyasu mit dem Sieg bei Sekigahara 1600 seine Konkurrenten aus dem Feld geschlagen hatte, begann er, Führungsposition politisch abzusichern. Die Ernennung zum Schogun (Schōgun), zum Militärregenten durch den machtlosen Kaiser (Tenno) im Jahre 1603 war die formale Anerkennung einer Macht, die durch den Sieg legitimiert war – und die 1615 durch die Vernichtung des Hauses Toyotomi, der einzigen Alternative, gefestigt werden sollte. Das Amt erhob Ieyasu über die Daimyō und übertrug ihm die Verantwortung für das Reich. Mit gesetzlichen Regelungen für Kaiserhof und Hofadel (Kinchū narabini kuge shohatto, 1615) sowie für Daimyō und Krieger (Buke shohatto, 1615) und durch die Wiedereinrichtung eines obersten Gerichts (Hyōjōsho, 1635) dokumentierten die Inhaber des Schogunats Macht und Herrschaft über das ganze Land.

Zentrales Problem waren die mächtigen Kriegerfamilien, die auch dem Schogunat gefährlich werden konnten, und es galt, ein Gleichgewicht zu finden, das ihre Macht berücksichtigte und neutralisierte. So mussten die Daimyō die Burgen in ihren Territorien bis auf eine zerstören; ihre Angehörigen mussten als Geiseln am Sitz des Schoguns in Edo leben, während sie selbst ab 1634/35 im System des »sankin kōtai« (wörtlich: wechselnde Anwesenheit) in meist jährlichem Abstand zwischen ihrem Territorium und Edo wechselten. Diese aufwendigen Reisen dienten wie der zwangsläufige Unterhalt zweier Residenzen zugleich ihrer wirtschaftlichen Belastung. Die Aufwendungen dafür konnten über die Hälfte der Barauslagen eines Territoriums betragen.

Daneben wurde die Kontrolle durch Neuordnung der Territorien gefestigt. Bis in die Mitte des 17. Jahrhunderts verloren 213 Daimyō-Häuser ihren Besitz, andere wurden in ihrem Gebiet verkleinert oder in andere Territorien eingewiesen. Besitzungen befreundeter und neu

---

ZITAT

Die im Westen verbreitete Meinung zur Abschließung Japans drückt dieser Artikel der »Edinburgh Review« (Oktober 1852) aus:
Die Japaner haben ohne Zweifel ein ausschließliches Recht am Besitz ihres Territoriums; aber sie dürfen dieses Recht nicht so weit missbrauchen, dass sie alle anderen Nationen von einer Beteiligung an seinen Reichtümern und Vorzügen ausschließen.

Süd- und Ostasien

Eine Hofdame der Edo- oder Tokugawazeit (Malerei auf Papier, Fragment eines Schiebetürflügels, 17. Jh.; New York, Privatsammlung)

belehnter Daimyō oder des Schogunats wurden strategisch so verteilt, dass mögliche Bündnispartner voneinander getrennt blieben. Das Ergebnis war eine veränderte Landkarte, in der sich die neuen Machtverhältnisse widerspiegelten. Nicht, dass das Schogunat übermächtig gewesen wäre, aber es verfügte über den umfangreichsten Territorialbesitz, der es zudem von den Steuerleistungen der Gefolgsleute unabhängig machte. Die Kontrolle des Bergbaus und das Münzrecht sollten wie auch der Außenhandel die wirtschaftliche Position des Schoguns stärken.

Ein labiles Gleichgewicht
Es war ein diffiziles Gleichgewicht: Das Schogunat besaß zwar wirtschaftlich die größte Macht, war jedoch in dem Augenblick bedroht, da andere sich mit ihrem wirt-

Auch mit der Belagerung der Burg von Osaka im Jahr 1615 festigte das Haus Tokugawa seine Macht. Die abgebildete Szene malte Kuroda Nagamasa auf einen Wandschirm (um 1620).

schaftlichen Potenzial zusammentaten. Das Staatswesen musste ausbalanciert werden zwischen dem Schogunat als Zentrum, das die zentrifugalen Kräfte band, und den Territorialherren, den Daimyō, die ihren Besitz weitgehend selbstständig beherrschten. Die Beziehungen zwischen beiden Ebenen waren persönlich, durch die Gefolgschaft zwischen Daimyō und Schogun begründet, und nicht institutionell.

Diese feudalistische Organisation spiegelte sich in der Verwaltungsstruktur des Schogunats wider: Den »Älteren Räten« (rōjū) oblag neben der nationalen Politik die Kontrolle der Daimyō, während die direkten Gefolgsleute des Schoguns, die »gokenin« und »hatamoto«, in die Zuständigkeit der »Jüngeren Räte« (wakadoshiyori) fielen. Für schwer wiegende Ausnahmefälle konnte ein Tairō, ein »Großer Berater«, berufen werden. Diesen Führungsgremien, die ihre Aufgaben gemeinschaftlich erfüllten, folgten die Verwaltungsbeamten, vor allem die Magistrate (bugyō) für die laufenden Geschäfte.

Dass es in diesem System bis 1854 kein Amt für auswärtige Angelegenheiten gab, mag angesichts der Abschließung des Landes einleuchten. Bezeichnenderweise gab es an der Verwaltungsspitze auch keine eigene Position für die Finanzen des Schogunats. Selbst auf der unteren Ebene wurde erst 1633 ein entsprechendes Amt geschaffen und erst nach 1680 mit der Einrichtung des »kattegakari rōjū« die Verantwortlichkeit für die Finanzen aus den Aufgaben des Kollegiums der »Älteren Räte« ausgegliedert und einem einzelnen »rōjū« übertragen.

Die Gesellschaft war in vier Stände gegliedert, mit den Kriegern (Daimyō und ihre Vasallen, die Samurai) an der Spitze, den Bauern als wichtigstem Stand des Volkes und den Handwerkern und Kaufleuten am Ende der Hierarchie; das Haus des Kaisers, Hofadel, Klerus und soziale Randgruppen waren ausgenommen. Damit wurde zumindest in der Theorie eine auf der konfuzianischen Soziallehre beruhende Standesordnung festgeschrieben, in der ein sozialpolitischer Ordnungsprozess seinen Abschluss fand. Dieser hatte mit den so genannten Schwertjagden im späten 16. Jahrhundert begonnen, als, um die immer wieder aufflackernden Kämpfe um Landbesitz zu beenden, Kriegerfamilien vom Landbesitz getrennt und um die Burg ihres Daimyō angesiedelt, die Bauern aber entwaffnet wurden.

Auf dieser Grundlage, von den Historikern als »bakuhan«-System (aus bakufu für »Schogunat« und han für die Territorien der Daimyō) bezeichnet, konnte das Staatswesen stabilisiert werden, auf ihr ruhte die »Pax

s. ZEIT Aspekte
Tokugawa-Dynastie
S. 535

INFOBOX

Abgeschottet von der Außenwelt
Schon zu Beginn der Tokugawa-Periode (1615–1868) begannen die Regenten Japans, den Einfluss der europäischen Missionare zu fürchten. Den Verfügungen gegen die Christen aus den Jahren 1611–14 folgten zahlreiche drastische Dekrete. Die Niederschlagung des Aufstands von Shimabara (1637/38), der von unklaren christlichen Idealen inspiriert schien, geriet zum Blutbad: Von 37 000 revoltierenden Christen überlebten nur etwa 100. Die Isolationsgesetze wurden nun erheblich verschärft. Nur wenigen Christen und einer Hand voll Holländern war es erlaubt, in einer Niederlassung auf der Insel Deshima vor Nagasaki zu leben. Der intellektuelle und materielle Austausch mit der Außenwelt blieb von jetzt an den Japanern versagt – 200 Jahre lang bis 1854!

Tokugawa«. Ein labiles Gleichgewicht, möchte man meinen, aber es sicherte den Frieden, der zur Grundlage einer dynamischen Entwicklung wurde und mehr als 250 Jahre Bestand hatte.

Städtische Zentren entstehen
Man kann die Entwicklung der Edozeit unterschiedlich bewerten: pessimistisch, wie es dem Standpunkt der Krieger, insbesondere der Tokugawa entsprach, ebenso aber auch dem der konfuzianischen Gelehrten, deren Werke als wichtigste Quellen die moderne Geschichtsschreibung geprägt haben. Eine optimistischere Betrachtungsweise, die weniger den Machtverfall der Krieger in das Zentrum der Betrachtung stellt, ist demgegenüber weniger bekannt, obwohl sie für viele Entwicklungslinien eine angemessene Interpretation bietet.

Die Ursache für den Machtverfall lag in der Organisation der Gesellschaft nach der konfuzianischen Soziallehre. Im 15. Jahrhundert in der Form des Song- oder Neokonfuzianismus erneut nach Japan gekommen, wurde diese in ihren Grundzügen in der Agrargesellschaft des 6. und 5. vorchristlichen Jahrhunderts entstandene Lehre auf eine Wirklichkeit angewandt, die ihr nicht mehr entsprach. Zumindest einige stärker entwickelte Gebiete, etwa die Region um Kyōto und Ōsaka, hatten die als Grundlage dieser Ordnung vorausgesetzte Naturalwirtschaft längst überwunden.

Die Trennung der Krieger vom Landbesitz und deren Ansiedlung bei den Burgen der Daimyō ließ diese Siedlungen rasch zu »Städten« heranwachsen, zumal dort zur Versorgung auch Handwerker und Kaufleute lebten. So entstanden in allen Territorien große Konsumzentren, deren Bedarf über den Markt gedeckt werden musste (der Begriff der Stadt ist europäischen Ursprungs und war, wie damit verbundene Vorstellungen, zum Beispiel Stadtrecht, zu der Zeit in Japan nicht bekannt, er wird heute aber allgemein gebraucht).

Von diesen Städten gingen kräftige Impulse aus, die zum einen die Entwicklung eines gesamtjapanischen Marktes in Ōsaka beschleunigten, zum anderen aber die Bauern zu einer intensiven Produktion anregten. Damit ließ sich auch die beabsichtigte Trennung der Bauern von Stadt und Geldwirtschaft nicht durchsetzen, denn in

---

1583 hatte Toyotomi Hideyoshi Ōsaka zur Residenz bestimmt und eine Burg errichten lassen. Ōsaka, das an der Wende zum 18. Jh. etwa 350 000 Einwohner zählte, hatte sich rasch zu einer führenden Handelsstadt entwickelt.

Süd- und Ostasien

Umland der Städte stellten sie sich in ihrer Produktion auf die städtische Nachfrage ein.

Impulse für Agrarproduktion und Handel
So setzte, von den stärker entwickelten und stadtnahen Gebieten ausgehend, eine Kommerzialisierung des Ackerbaus ein. Daneben schritt auch die Ausbildung spezialisierter Erzeugergebiete voran, die Baumwolle, Tee, Seide und andere Waren für den Markt produzierten. Auch das System der Besteuerung trug zu dieser Entwicklung bei, da es die Bauern begünstigte, die durch neue Techniken, Investitionen und intensiven Anbau ihre Erträge vermehrten. Mit der wachsenden Nachfrage breitete sich diese intensivierte Landwirtschaft aus und erreichte allmählich auch abgelegenere Regionen, die so in die Kommerzialisierung einbezogen wurden. Auf diese Weise konnte die Agrarproduktion mit der wachsenden Nachfrage und den höheren Ansprüchen der städtischen Bevölkerung bis in das erste Viertel des 19. Jahrhunders Schritt halten.

Angesichts der großen Zahl städtischer Konsumzentren – in den knapp 300 Territorien gab es mindestens je eine Burgstadt, dazu kamen andere Städte, allen voran die Kaiserstadt Kyōto und Ōsaka, das rasch zum zentralen Handelsplatz wurde, außerdem Hafenorte, Verkehrsknotenpunkte und Pilgerzentren – erhielt der Handel kräftige Impulse. Hier fand unternehmerisches Handeln ein neues Feld, nachdem durch die Abschließung der Überseehandel unterbunden worden war.

Daneben entwickelte sich ein umfangreiches Transportgewerbe, das durch Fluss- und Küstenschifffahrt wie durch Träger und Packpferde Erzeugerregionen, Märkte und Städte verband. Der Verkehr auf den für Wagen allerdings ungeeigneten Fernstraßen war nach Kaempfers Berichten äußerst lebhaft; an Flussübergängen und Poststationen entstand ein Gastgewerbe, das dem Reisenden alle Bequemlichkeiten zur Erholung und zum Vergnügen bot. Reiseführer unterrichteten ihn schon im 17. Jahrhundert bis hin zum Preis eines Bechers Tee über alle Einzelheiten.
Klaus Müller

Umkehrung der natürlichen Ordnung? – Wirtschaft und Gesellschaft unter den Tokugawa

Dies alles stärkte Geld und Handel, sehr zum Kummer der herrschenden Krieger und der konfuzianischen Gelehrten, die am Ideal der Subsistenzwirtschaft, der ländlichen Selbstversorgung, festzuhalten versuchten und sich damit von der Entwicklung ausschlossen. Nicht, dass sie wirklich verarmt wären, aber die städtischen Lebensbedingungen unterschieden sich von den traditionellen auf dem Land: Dienstleistungen und Waren kosteten Geld, während die Einkünfte der Krieger vor allem aus Naturalabgaben bestanden, an deren Umwandlung in Waren die Kaufleute verdienten. Auf deren Kredite war man angewiesen, wenn die Erträge nicht reichten. Kein Wunder, dass der Gelehrte Ogyū Sorai von einem »Leben wie im Gasthaus« sprach. Wer mit dem Lebensstandard mithalten wollte, geriet in Gefahr, sich zunehmend zu verschulden.

Die konfuzianischen Gelehrten sahen darin eine Bedrohung. Die Abhängigkeit der zur Herrschaft bestimmten Krieger (das Wort meinte im Konfuzianismus eigentlich »die Tugendhaften«, »Gelehrten«) von den Kaufleuten kehrte die natürliche Ordnung um, stellte die vom Universum gesetzte Ordnung der Gesellschaft infrage. Deshalb gehörten Wirtschaft und Gesellschaft zu den zentralen Themen ihres Denkens, deshalb forderten sie Reformen.

Es waren die unteren Stände, die vom wirtschaftlichen Aufschwung Vorteile hatten, und zwar nicht nur die Kaufleute, sondern ebenso die Bauern und das Stadt-

> **INFOBOX**
>
> **Der »Weg des Kriegers«**
> In Anlehnung an konfuzianische und buddhistische Grundsätze forderte der Bushidō, der »Weg des Kriegers«, Treue gegen den Herrn, Waffentüchtigkeit, Selbstzucht und Todesverachtung. Seine eigentliche Ausformung als Ehrenkodex der Samurai erhielt er im 17. Jh., in einer Zeit, in der sich die Krieger als politisch herrschender Stand einer fortschreitenden Befriedung und Bürokratisierung ihrer Lebenswelt zu fügen hatten. Die in der Edozeit zunehmenden wirtschaftlichen Schwierigkeiten der Krieger wurden als Mangel an Tugendhaftigkeit im konfuzianischen Sinn interpretiert.

Auf einem Wandschirm aus der Zeit um 1600 sind Werkstätten von Handwerkern dargestellt. Hier wird Einblick in eine Weberei gewährt.

volk. Gewannen die oberen Schichten des Bauernstandes durch die Anpassung ihrer Produktion an den Markt, so fanden die ländlichen Unterschichten wie Kleinbauern und Pächter im Nebenerwerb einen Zusatzverdienst, der ihnen das Leben erleichterte. Das konnte die Aushilfe in einer Sakebrauerei sein, die im Winter produzierte, wenn im Ackerbau die Arbeit ruhte, das waren ebenso die Arbeit am Webstuhl oder andere gewerbliche Tätigkeiten.

Erst recht boten die Städte neue Verdienstmöglichkeiten. Schon im 17. Jahrhundert klagten Tempel und Kriegerfamilien, die mit dem Land auch ihr Gesinde verloren hatten, über die Schwierigkeit, Dienstboten zu finden. Handel und Gewerbe konkurrierten um Arbeitskräfte, boten denen leichter zu verdienenden und oft besseren

Lohn, die bereit waren, ihr Heimatdorf zu verlassen und als Saisonarbeiter oder für immer in die Stadt zu ziehen.

Wohlgemerkt, Japan war keine Insel der Seligen: Nicht alle hatten Anteil am Wohlstand, Überwachung und soziale Kontrolle waren streng, auch geringe Vergehen wurden hart bestraft, und wenn Missernten das Land heimsuchten, kosteten die Hungersnöte zahllose Menschenleben. Aber es gab eine gesicherte Existenzgrundlage für das Stadtvolk, das vom Land immer neuen Zuzug erlebte. So wuchs in den Städten jene kritische Masse heran, die Handel und Gewerbe immer neue Impulse verschaffte und die Entwicklung weiter vorantrieb. Das System des »sankin kōtai«, das die Daimyō nötigte, jährlich mit großem Gefolge zwischen ihrem Territorium und Edo hin- und herzureisen, trug dazu bei, die städtische Lebensweise auch in die fernen Burgstädte zu verbreiten.

Ein neues Selbstbewusstsein
Das veränderte die Gesellschaft. In den Städten entwickelte sich eine Kultur des Stadtvolkes, unübersehbar vor allem in der raffinierten Welt der Vergnügungsviertel, ebenso im Theater oder in der Unterhaltungsliteratur. Auch zahlreiche Verlage in Kyōto und Leihbuchhändler, die mit den neuesten Fortsetzungsromanen hausierten, sind Merkmale dieser städtischen Kultur, die an der Wende zum 18. Jahrhundert einen Höhepunkt erlebte. Auf dem Land zerbrachen die patriarchalisch geprägten Bindungen zwischen reichen Bauern, Kleinbauern, Pächtern und Arbeitern. An ihre Stelle trat das Vertragsverhältnis, das von Gleichberechtigten ausgehandelt wurde – Ausdruck des wirtschaftlichen Wertes der Arbeitskraft.

Und alle Schichten trugen ein neues Selbstbewusstsein zur Schau. Die Klage über widerspenstiges Gesinde dokumentiert es für die Unterschichten, bei den Kaufleuten wurde es im Umgang mit Kriegern und Daimyō erkennbar. Reiche Bauern begannen, Hauslehrer zu beschäftigen, die ihre Kinder in Lesen, Schreiben und Rechnen unterrichteten. Die Blüte bäuerlicher Agrarschriften um diese Zeit zeigt den Bildungsgrad dieser ländlichen Oberschicht. Im 19. Jahrhundert wird von Bauern berichtet, die sich von Samurai in den Kriegs-

> **ZITAT**
> **Aus einem Erlass (»Keian ofuregaki«) der Edozeit zur Lebensführung der Bauern:**
> *4) Man stehe früh am Morgen auf, mähe zeitig das Gras, widme sich den Tag über der Bestellung der Felder, am Abend drehe man Stricke und flechte Säcke. Ein jeder gehe mit Umsicht seinen jeweiligen Aufgaben nach.*
> *5) Man soll keinen Reiswein und keinen Tee trinken. Für Ehefrauen und Kinder gilt das Gleiche.*

künsten unterweisen ließen, und von anderen, die einen Krieger, der um einen Kredit bat, beschieden, er solle erst seine Verhältnisse ordnen und seinen nichtsnutzigen Bruder davonjagen. Auch die Zunahme von Aufständen kann zumindest teilweise dem neuen Selbstverständnis zugerechnet werden, wenngleich sie ebenso darauf hinweist, dass der Verteilungskampf härter wurde.

Beim Schogunat weckte dies Besorgnis, und so ergoss sich ein Strom von Ermahnungen über das Volk, die vor Luxus warnten und zu Fleiß und Bescheidenheit anhielten – vergeblich, wie die ständige Wiederholung zeigt. Im 19. Jahrhundert verkauften Schogune und manche Daimyō an reiche Bauern das Recht, einen Familiennamen und zwei Schwerter zu führen – beides Privilegien der

Ein weiterer Ausschnitt auf dem Wandschirm zeigt eine Werkstatt für die Papierherstellung.

Süd- und Ostasien

> **INFOBOX**
>
> **Das Ende des Gleichgewichts**
> Dynamik und Stabilität kennzeichneten gleichermaßen das staatliche und gesellschaftliche System der Edozeit. Kritik an der Standesordnung wurde nur selten laut. Gegen Ende der Epoche aber bekamen viele ländliche Unternehmer ihre Enge deutlicher zu spüren. Das hing damit zusammen, dass sich in der 2. Hälfte des 18. Jh. die Situation dramatisch zuspitzte. Hungersnöte wie die der Jahre 1783–87, Temmei-Hungersnot, kosteten unzählige Menschenleben, Aufstände in wachsender Zahl erschütterten die Gesellschaft, und die wirtschaftliche Situation des Schogunats verschlechterte sich zusehends. Weder erzwungene Darlehen der Kaufleute noch Währungsmanipulationen wie Münzverschlechterung brachten eine dauerhafte Abhilfe. Das System war an seine Grenzen gestoßen.

Krieger –, um damit ihre Kassen aufzubessern, während gleichzeitig arme Samurai sich genötigt sahen, Bauern- und Kaufmannssöhne zu adoptieren oder gar Schwert und Rüstung zu verkaufen.

Die schwierige Lage der Krieger
Seit dem frühen 18. Jahrhundert waren die Schogune und viele Daimyō ständig verschuldet. Neue Einkünfte zu erschließen war schwer und gelang nur einigen Daimyō, denn gegen Steuererhöhungen setzten sich die Bauern mit Aufständen zur Wehr. Vielen blieben nur die Kredite der Kaufleute. Insofern hatten die konfuzianischen Gelehrten mit ihren Warnungen Recht: Die Situation stärkte die Kaufleute und bedrohte die Machtgrundlage der Krieger.

Auch die Geschlossenheit des Kriegerstandes war gefährdet. Zwar war das Verhältnis zwischen Daimyō und Gefolgsleuten durch den Treueeid ethisch fundiert, doch hatte es in der Abhängigkeit der Krieger von den Zahlungen ihrer Herren auch eine ökonomische Seite. Da viele Daimyō auch die Bezüge ihrer Gefolgsleute kürzten, lockerte sich die Bindung zwischen beiden. In der zweiten Hälfte der Edozeit wuchs deshalb die Zahl der herrenlosen Krieger (rōnin). Wenn sie nicht anderswo in Dienst traten, wurden sie Bauern oder Kaufleute, nutzten ihre Fähigkeiten als Lehrer oder gingen unter die Räuber.

Die Rüstung eines Samurai stammt aus dem 16. bzw. 17. Jh. Kombinierte Schichten von Eisen, Stahl und Leder boten bestmöglichen Schutz gegen die Wirkung des Zweihänderschwertes.

Dreimal versuchte das Schogunat, das Rad zumindest aufzuhalten: Zu Beginn des 18. Jahrhunderts mit der Kyōhō-Reform, an der Wende zum 19. Jahrhundert mit der Kansei-Reform und um die Mitte desselben Jahrhunderts in der Tempō-Reform. Ungeachtet aller wirtschaftspolitischen Maßnahmen verfolgten diese Reformen stets ein ethisches Ziel: die Rückkehr zu den Tugenden des einfachen Lebens. Aber das Rad ließ sich nicht aufhalten, nur die Schwäche des Schogunats wurde von Mal zu Mal offensichtlicher.

Der Vorrang der Moral vor der wirtschaftlichen Sanierung musste die Kriegerherrschaft schwächen, das Beharren auf der Naturalwirtschaft verhinderte wirksame Reformen. Die Konzentration auf den Ackerbau band das Interesse an die Landwirtschaft, obgleich eine sinnvolle Gewerbepolitik bessere Möglichkeiten geboten hätte. Bemühungen in dieser Richtung waren in einigen Territorien erfolgreich, wurden aber im Bereich des Schogunats rückgängig gemacht, bevor sie wirksam werden konnten. Die Betrachtung wirtschaftlicher Prozesse aus dem Blickwinkel der konfuzianischen Soziallehre verhinderte ein weniger theorielastiges Verständnis. Am Ende hatte das Schogunat Macht und Ansehen verloren.

Trotz Dynamik: Stabilität
So hatten die Tokugawa mit der auf Stabilisierung zielenden Neuordnung eine Dynamik in das System gebracht, die den ursprünglichen Absichten zuwiderlief: Was auf Statik und Dauer angelegt war, erwies sich als systemverändernd zum Nachteil der Krieger. Die scheinbar so festgefügte Standesordnung indessen zeigte sich im Widerspiel mit der dynamischen Entwicklung überraschend flexibel.

Das lag zum einen daran, dass die Strenge der konfuzianischen Lehre durch pragmatisches Denken gemildert wurde. Schon im 17. Jahrhundert waren Bauern und Krieger in den Kaufmannsstand übergegangen – so entstand etwa das Haus Mitsui –, reiche Kaufleute investierten in die Kultivierung neuen Ackerlandes und verwischten so den Unterschied zum Bauernstand, während im späten 17. Jahrhundert bäuerliche Unternehmer auftraten, die sich erst in der Sakebrauerei, dann auch in der

Auf einem japanischen Farbholzschnitt ist ein Schauspieler in der Rolle eines Samurai wiedergegeben (1. Hälfte 19. Jh.; Prag, Privatsammlung).

Süd- und Ostasien

Weberei, Spinnerei und in anderen Gewerben etablierten. Sogar Positionen in der Verwaltung wurden gelegentlich nach Fähigkeit und nicht nach Rang besetzt, eine Übung, von der später konservativere Staatsmänner wieder abrückten. Auch dass beispielsweise in Kanazawa wichtige Kaufleute zur Beratung in die Burg des Daimyō gerufen wurden, zeigt, wie flexibel die Standesordnung gehandhabt wurde.

Zum anderen trug auch die Haltung des Kriegerstandes zu dieser Stabilität bei. Seine Anpassungsfähigkeit, die in der Umwandlung der mehr in den Kriegskünsten als in den Wissenschaften bewanderten Samurai in eine Verwaltungselite deutlich wurde, ging Hand in Hand mit der Loyalität für Herrn und Territorium. Weil in Japan das konfuzianische Denken mit den eher archaischen Kriegertugenden und ihrer Gefolgschaftstreue zusammentraf, wurde hier die Bindung der Krieger an ihren Herrn, an das Territorium, betont, während in China und Korea die Bindung an die Familie vorherrschend blieb. Dass diese Bindung sich später auf ganz Japan oder, in der Phase der Modernisierung, auf die Firma übertragen ließ, sei nur am Rande vermerkt, hier wirkte sie im Einsatz für das Heimatterritorium.

> **ZITAT**
>
> Der deutsche Arzt und Naturforscher Engelbert Kaempfer beschreibt eine Audienz beim Kaiser (»Geschichte und Beschreibung von Japan«, 1779):
>
> ... bald mussten wir nämlich aufstehen und hin und her spazieren, bald uns untereinander komplimentieren, dann tanzen, springen, einen betrunkenen Mann vorstellen, Japanisch stammeln, Holländisch und Deutsch lesen, singen, die Mäntel bald um- und wieder wegtun, und dergleichen...

Aufstieg durch Bildung

Auch die hohe Bewertung der Bildung trug zur inneren Stabilität bei. Sie wurde nicht nur von den Kriegern gefordert, um ihren Vorrang zu wahren, sondern blieb auch Angehörigen anderer Stände zugänglich. Bedeutende Gelehrte mit einer großen Schülerschaft entstammten anderen Ständen und dokumentierten so eine gesellschaftliche Offenheit, die bei weitem nicht überall anzutreffen war. Der Zugang zur konfuzianischen oder priesterlichen Gelehrsamkeit bot den Angehörigen anderer Stände eine Möglichkeit der Emanzipation, die zwar nicht die Standesgrenzen überwinden konnte, ihren Adepten aber den Eintritt in eine Welt ermöglichte, in der solche Standesgrenzen in den Hintergrund traten.

Von gleicher Bedeutung ist das Fehlen von Orthodoxie. Es gab – und das im Jahrhundert der europäischen Glaubenskämpfe – keine Lehre, der die Stellung einer Staatsdoktrin eingeräumt wurde. Zwar genoss die neokonfuzianische Shushi-Schule die Förderung durch das Schogunat, daneben aber blühten konkurrierende Schulen. Selbst als das Schogunat 1790 mit dem Verbot heterodoxer Studien regulierend eingriff (Kansei igaku no kin) zielte die Maßnahme nur auf die Ausbildung für den Bedarf der Verwaltung und bedeutete nicht das grundsätzliche Verbot anderer Schulrichtungen.

Die Freiheit der Gelehrsamkeit von Orthodoxie und von gesellschaftlichen Beschränkungen hat für das System stabilisierend gewirkt und den Konsens bewahrt, nach dem konfuzianisches Denken die Grundlage des Staatswesens und der Gesellschaft war. Dies lässt sich ausgerechnet an den Aufständen zeigen, die mit der fortschreitenden Epoche immer zahlreicher wurden. Sie richteten sich gegen Missstände, gegen Versuche, die Steuern zu erhöhen, gegen Beamtenwillkür oder ungerechte Daimyō, aber sie hatten nicht die Veränderung der Gesellschaft zum Ziel und endeten meist damit, dass Abhilfe geschaffen wurde. Erst in der ausgehenden Epoche demonstrierten sie auch den Wunsch nach Reformen.

Klaus Müller

Eine Epoche geht zu Ende: Die Öffnung Japans und das Ende des Schogunats

Die Abschließung, die den Verkehr mit der Außenwelt einschränkte, war doch nie so strikt, dass keine Nachrichten über den Westen ins Land gelangt wären. Zwar dienten die regelmäßigen Berichte der Niederländer nur der Unterrichtung des Schogunats, doch waren seit der ersten Hälfte des 18. Jahrhunderts das Einfuhrverbot für Bücher mit westlichem Inhalt gelockert und auch die Kontakte mit Angehörigen der niederländischen Faktorei erleichtert worden. So konnte sich die »Holländische Wissenschaft« (rangaku) entwickeln, die durch Übersetzungen westliches Wissen erschloss.

Als 1823 Philipp Franz von Siebold in holländischen Diensten nach Japan kam, erhielt diese Wissbegierde neue Nahrung. Siebold konnte das Vertrauen der Behörden gewinnen und durfte auf einem Grundstück außerhalb der niederländischen Faktorei als Arzt japanische Patienten behandeln und Gelehrte und Ärzte wissen-

Die Landung von Kommodore Matthew Perry in Gorahama im Juli 1853 schildert eine Lithographie aus dem Werk »Narrative of the Expedition ... to the China Seas and Japan ...« von Francis L. Hawks (1856).

schaftlich unterweisen. Freilich sammelte er Informationen über Japan, und als entdeckt wurde, dass er sogar Landkarten erworben hatte, war das Vertrauen zerstört; Siebold wurde 1829 nach langen Verhören ausgewiesen – eine milde Strafe, verglichen mit dem Schicksal einiger seiner treuesten Schüler, die hingerichtet wurden.

Dieser Siebold-Zwischenfall war deshalb so gravierend, weil er das Gefühl einer latenten Bedrohung durch den Westen zu bestätigen schien, das sich im ausgehenden 18. Jahrhundert verschärft hatte, als russische Schiffe von Norden her in japanische Gewässer vorrückten. Mit Beginn des 19. Jahrhunderts war auch die Gefahr im Süden gewachsen, wo sich die Briten um eine Öffnung Japans bemühten und zudem bei dem Versuch beobachtet wurden, in japanischen Gewässern Vermessungen vorzunehmen. So gesellte sich nun zu den wachsenden inneren Problemen die Sorge vor einem westlichen Angriff. An eine Öffnung war nicht zu denken, zumal im Zusammenhang mit der Kansei-Reform die Abschließungspolitik eher noch eine Verhärtung erfahren hatte. Selbst die Diskussion des Themas in einem vertrauten Zirkel wurde hart bestraft. Vielmehr versuchte das Schogunat, das Problem durch den Befehl zur Beschießung und Vertreibung fremder Schiffe zu lösen.

In dieser angespannten Lage trafen aus China die Berichte über den britischen Sieg im Opiumkrieg ein. Mit großer Hektik bemühte man sich um eine Verbesserung der Küstenverteidigung, in verschiedenen Territorien wurde mit westlichen Methoden der Eisenverhüttung und des Geschützgusses experimentiert. Auch daran war die Holländische Wissenschaft durch die Erschließung der erforderlichen Technik aus holländischen Büchern beteiligt. Der Erfolg indessen stellte sich für diesen Zweck zu spät ein.

Es waren schließlich amerikanische Schiffe, die unter Kommodore Matthew Perry die Öffnung Japans erzwangen. Amerika hatte das Interesse an Japan erst spät entdeckt, ein Interesse, das wirtschaftliche Motive – Stützpunkte für den Walfang und Chinahandel zu erhalten – mit den Wünschen der Missionsgesellschaften und der Überzeugung von der gottgewollten Bestimmung Amerikas verband. Entgegen den japanischen Vorschriften fuhr Perry 1853 mit seinen »schwarzen Schiffen« in die Bucht von Edo ein, um ein Schreiben des amerikanischen Präsidenten zu überreichen. Der russische Admiral Jefim Wassiljewitsch Putjatin befolgte dagegen die japanischen Anweisungen und steuerte Nagasaki an, wo er von Perrys Ankunft erfuhr. Am 31. März 1854 erzwang Perry den Vertrag von Kanagawa, der amerikanischen Schiffen japanische Häfen öffnete.

Damit war die Abschließung Japans beendet, und als ob das Schicksal der Tokugawa tatsächlich an das »Dogma der Abschließung« geknüpft gewesen wäre, leitete die Öffnung Japans auch den Sturz des Schogunats ein. Schon im Vorfeld der Verhandlungen mit Perry hatte der Schogun die Daimyō zum Problem der Öffnung be-

s. ZEIT Aspekte Tokugawa-Dynastie S. 544

Eine weitere Lithographie aus dem Werk Francis L. Hawks zeigt den Kommodore Matthew Perry bei der Übergabe eines Schreibens des amerikanischen Präsidenten Millard Fillmore.

fragt und war damit von seinem Vorrecht abgerückt, allein die japanische Außenpolitik zu bestimmen. Die Antworten waren überwiegend negativ, manche hatten darauf verwiesen, dass der Titels Schogun »der die Barbaren vertreibende Großgeneral« bedeutet. Nun bot die Öffnung Japans den Gegnern des Schogunats Gelegenheit, diesem den Verrat japanischer Interessen anzulasten, und so stellten sich vor allem die alten Feinde der Tokugawa an die Spitze einer Bewegung, die mit dem kaiserlichen Hof zusammenarbeitete und unter der Losung »Ehrt den Tenno, vertreibt die Barbaren« die Politik des Schogunats bekämpfte.

Die Situation spitzte sich zu, als sich nach Verträgen mit weiteren Staaten – Großbritannien 1854, Russland 1855, den Niederlanden 1856, Frankreich und Preußen 1861 – Fremde in den geöffneten Hafenstädten niederließen. Eine Welle der Fremdenfeindlichkeit zog über das Land, mit Anschlägen und der Beschießung ihrer Schiffe suchte man die Eindringlinge zu vertreiben; Japan stand an der Schwelle zum Bürgerkrieg. Die Westmächte antworteten mit Härte und beschossen 1863 Kagoshima, 1864 Shimonoseki. Mit einer Flottenparade in der Bucht von Kobe erzwangen sie 1865 die Ratifikation der Verträge durch den Tenno. Das darauf folgende Ringen um eine Lösung zog sich bis in den Herbst 1867 hin, als junge Samurai aus den westlichen Territorien im Handstreich die Restauration der kaiserlichen Macht verkündeten und den Rücktritt des letzten Schoguns erzwangen. Am 3. Januar 1868 übernahmen die Gegner der Tokugawa im Namen des jungen Kaisers Mutsuhito die Regierung.

Klaus Müller

Afrika
um 1500 bis um 1850

Nordafrika

Eroberungen im Westen: Der Maghreb bis zum 17. Jahrhundert

Mit dem 15. Jahrhundert kündigte sich für den »Äußersten (Westlichsten) Maghreb« bereits die Neuzeit an, die hier das Auftreten und Eingreifen der Portugiesen bedeutete. Zwar brachte bereits das 16. Jahrhundert den Zusammenbruch der portugiesischen Herrschaft, doch wurde diese von der spanischen abgelöst. Von Ceuta (Sabta) aus nach Osten vordringend, sollte Spanien für eine Zeit lang die stärkste Macht im westlichen und zentralen Mittelmeer darstellen.

Portugiesen und Spanier greifen ein
Zunächst aber Marokko: 1415 besetzten die Portugiesen die Hafenstadt Ceuta an der Straße von Gibraltar, was für den gesamten Maghreb ein unerhörtes Ereignis von kaum zu überschätzender Wirkung war. Die Ankömmlinge wurden zunächst im Norden aktiv: Nach Ceuta besetzten sie 1458 Ksar es-Seghir, 1471 Arzila und Tanger. Danach weiteten sie ihre Aktivitäten nach Süden hin aus: 1481 beziehungsweise 1486 mussten Safi und Azemmour die Oberhoheit des Königs von Portugal anerkennen, 1505 erbauten die Portugiesen nahe Funti am Kap Ghir die Festung Santa Cruz de Aguer, 1506 Mogador (heute Essaouira), 1514 unternahmen sie sogar einen Vorstoß nach Marrakesch, der allerdings scheiterte. Sie schufen auch drei christliche Diözesen: Ceuta, Tanger und Safi.

Den marokkanischen Widerstand, unter dem Herrscherhaus der Wattasiden (1465/76–1554) zunächst schwach und kaum organisiert, nahmen nun die seit 1511 eingreifenden Sadier in die Hand. Dies führte zum einen dazu, dass sie ab 1554 die Wattasiden ablösten und zum anderen, dass die Portugiesen fast alle ihre Stützpunkte verloren: 1541 eroberte der Sadier Mohammed al-Mahdi Santa Cruz, im selben Jahr wurden Safi und Azemmour, 1550 Arzila und Ksar es-Seghir geräumt. Den Portugiesen verblieben nur Mazagan, Tanger und Ceuta.

An eine vollständige Eroberung Marokkos hatte Portugal vermutlich nicht gedacht, wohl aber die Absicht und den Vorsatz gehabt, die eroberten Plätze zu halten. Beweggrund seines Eingreifens war, was die Eroberung der Häfen der Atlantikküste betraf, die Sicherung des Seewegs nach Indien, den man suchte und fand. Man vergesse doch nicht, dass die langsamen Segelschiffe auf die Möglichkeit, sichere Häfen anzulaufen und sich mit Proviant zu versorgen, angewiesen waren! Was die Eroberung Ceutas betraf, so ging es um Beute und auch darum, einen der bedeutendsten Handelsplätze der Zeit in die Hand zu bekommen!

Spanien trat 1497 auf den Plan. Admiral Alonso Pérez de Guzmán, Herzog von Medina Sidonia, bemächtigte sich der Stadt Melilla, die noch heute unter spanischer Hoheit steht. Die Insel Badis, spanisch Peñón de Velez (de la Gomera), wurde 1507 erobert, 1520 verloren und 1564 wiedergewonnen. Es folgten – im heutigen Algerien – 1505 Mers el-Kebir und 1509 Oran, 1510 Bejaïa (Bougie) und Algier oder vielmehr die Insel in der Bucht, außerdem das heute libysche Tripolis. 1535 nahmen sie Tunis ein, beließen aber die einheimischen Hafsidensultane unter spanischer Oberhoheit an der Regierung. Tripolis wurde 1530 den Maltesern übergeben, die es bis zur Eroberung durch den türkischen Piraten Dragut (Turgud Reis) 1551 hielten.

Auch die spanische Expansion im Maghreb war nicht von Dauer, weil sie das Eingreifen der osmanischen Großmacht hervorrief. Eigenartig ist der Vorgang deswegen, weil er durch das Auftreten türkischer Piraten wie dem eben genannten Dragut und den »Gebrüdern Barbarossa« von der Insel Mytilene (Lesbos) eingeleitet wurde, während erst später reguläre türkische Truppen eingriffen.

Die älteste Moschee Marokkos, die um 857 gegründete Karawijin-Moschee in Fès, ist in 16 Schiffe unterteilt, die außen als Satteldächer mit grün glasierten Ziegeln in Erscheinung treten. Al-Mansur, der Marokko von 1578 bis 1603 regierte, versah den Hof der Moschee mit zwei Pavillons, die die des Löwenhofes der Alhambra in Granada nachahmten.

Die an der Straße von Gibraltar gelegene Hafenstadt Ceuta war unter arabischer Herrschaft (711–1415) als Ausgangsbasis nach Spanien die bedeutendste Stadt Marokkos. 1415 eroberten es die Portugiesen; mit Portugal kam es 1580 an Spanien.

Marokko: Von den Wattasiden zu den Sadiern

In Marokko setzten sich die Wattasiden, nahe Verwandte und Minister der seit 1269 regierenden Meriniden, schließlich 1465/76 an deren Stelle. Obwohl bemüht, den vordringenden Portugiesen Widerstand zu leisten, haben sie diese Aufgabe nur halbherzig wahrgenommen und waren zu sehr in innere Kämpfe verwickelt. Marokko steckte in einer tiefen Krise, wie sich schon unter den Meriniden gezeigt hatte. Das Heraufkommen lokaler und regionaler Führer, vor allem von geistlichen Häuptern – den so genannten Marabuts – der immer zahlreicher und einflussreicher werdenden religiösen Bruderschaften, schränkten die tatsächliche Herrschaftsgewalt der Sultane von Fès ganz erheblich ein, und als gar der Wattaside Mohammed asch-Scheich 1471 mit den Portugiesen einen zwanzigjährigen Waffenstillstand schließen musste, war es um das Ansehen der Dynastie geschehen.

Marokko unter den Wattasiden hatte vor allem deswegen den Portugiesen und Spaniern keinen entscheidenden Widerstand leisten können, weil es technisch lies: hinsichtlich der Feuerwaffen, Gewehre und Artillerie, völlig im Hintertreffen war. Die notwendige Modernisierung zu leisten blieb neuen Herren vorbehalten, den so genannten scherifischen Dynastien, also solchen, die vom Propheten abstammten oder dies behaupteten.

Zunächst betraten die Sadier, arabisch Banu Sad, die Szene. Einem aus ihrer Sippe, Mohammed al-Kaim, gelang es gegen 1510, die zerstrittenen Abteilungen des mit ihm verbündeten Stammes der Makil, aus Südarabien stammender arabischer Beduinen, zu einigen. 1511 wurde er zum Anführer des »heiligen Krieges« im Sous gegen die Portugiesen gewählt. Die Sadier sind etwa Anfang des 14. Jahrhunderts aus dem Hidjas gekommen und haben sich am Oberlauf des Draa in Tagemdart (nahe dem heutigen Zagora) niedergelassen, in einem der am dichtesten besiedelten Teile der Region.

Das von den Portugiesen 1505 gegründete Agadir wurde Zentrum ihrer Expansion; Berberstämme, die sich gegen die Portugiesen von Safi sperrten, riefen Mohammed al-Kaim auf, einzugreifen. Mit seinen Söhnen ließ er sich in Afougal bei Chichaoua (halben Wegs zwischen Marrakesch und Essaouira) nieder, wo er 1517 starb und beigesetzt wurde. Seinen Söhnen gelang es 1525, sich Marrakeschs zu bemächtigen. Der ältere von ihnen, Ahmed al-Aradj, rief sich zum König des Südens aus, erkannte aber die Oberhoheit des Wattasiden ausdrücklich an.

Bereits al-Kaim hatte eine rudimentäre Verwaltung organisiert, die Abgaben eintrieb und den Anbau von Zuckerrohr förderte, um die Produktion von raffinier-

---

INFOBOX

Maghreb

Der Begriff Maghreb, arabisch »Westen«, bezeichnet im Unterschied zu »Maschrek« den westlichsten Teil der arabisch-muslimischen Welt, das war in der ursprünglichen Bedeutung – seit dem Beginn der arabischen Eroberung im 7. Jh. – das Land westlich von Ägypten.

Der Maghreb oder Maghrib umfasst heute im Kern die Staaten Marokko, Algerien und Tunesien, die eigentlichen Maghrebstaaten, im weiteren Sinn, als »Großer Maghreb«, auch Libyen und Mauretanien sowie das Gebiet von Westsahara. Zum Maschrek (Mashrik), arabisch »Osten«, gehören die am östlichen Rand des Mittelmeeres gelegenen arabisch-muslimischen Länder Syrien, Jordanien, Libanon, Irak, Ägypten und die Arabische Halbinsel.

> **INFOBOX**
>
> **Cheireddin, Admiral des Sultans**
> Cheireddin, der den Beinamen Barbarossa (»Rotbart«) trug, eroberte 1515 mit seinem Bruder Horuk Algerien, das er nach dessen Tod ab 1518 allein regierte. 1519 unterstellte er sich dem türkischen Sultan und unterwarf in dessen Auftrag Tunis. Seine Piratenzüge beunruhigten alle christlichen Mittelmeerländer, sodass sich Kaiser Karl V. entschloss, eine Expedition gegen ihn zu unternehmen. Er landete 1535 an der Küste von Tunis und erstürmte Goletta (heute Tunis-La Goulette). Cheireddin musste sich zurückziehen und wurde nach Konstantinopel berufen.
> Als osmanischer Admiral setzte er nun seine Kriegszüge fort. 1538 zwang er den Stadtherrn von Genua, Andrea Doria, zum Rückzug, vernichtete 1540 eine christliche Flotte bei Kreta, zog 1543 mit einer starken Seemacht Franz I. von Frankreich gegen Karl V. zu Hilfe und half bei der Plünderung von Villefrance und der vergeblichen Blockade Nizzas 1543.

tem Zucker für den Export nach Europa zu ermöglichen. Mit den Erlösen kauften seine Söhne von spanischen und französischen Waffenhändlern in Südmarokko Feuerwaffen und warben europäische Waffenschmiede an. Al-Aradj und sein Bruder und Nachfolger Mohammed asch-Scheich waren nunmehr imstande, 1536 den Wattasiden eine Niederlage zu bereiten und 1541 Agadir zu erobern, das zum Exporthafen für den Handel nach Europa ausgebaut wurde. Portugal räumte daraufhin von sich aus Safi und Azemmour.

Die mittlerweile nach türkischem Vorbild organisierte Armee schlug 1545 die Wattasiden und eroberte 1549 Fès. Die inzwischen in Algerien herrschenden Osmanen stießen bald mit ihren Nachbarn zusammen, und nach Kämpfen zwischen den muslimischen Feinden kam es 1552 zu einem Waffenstillstand, der die Grenze zwischen Marokko und Algerien am Fluss Moulouya festlegte.

Aufeinandertreffen zweier Großmächte:
Spanier und Osmanen
Zwischen 1557 und 1581 trafen im Maghreb die beiden Großmächte der Epoche, die Spanier und die Osmanen aufeinander. Dazu die Vorgeschichte: Die schon erwähnten Brüder Barbarossa kamen gegen 1512/13 in den west-

lichen Mittelmeerraum und durften mit Erlaubnis der Hafsidensultane den Hafen von Tunis als Stützpunkt benutzen. 1516 eroberten sie Algier, und 1517 gelang es ihnen, Tlemcen zu besetzen, jedoch nicht, den Spaniern die Küstenhäfen zu entreißen. Der älteste der Brüder, (Baba) Arudj, im Westen auch Horuk genannt, starb 1518. Von 1519 an wurde der osmanische Sultan in Algerien, das Cheireddin Barbarossa inzwischen großenteils erobert hatte, als Souverän anerkannt. 1534 folgte die Eroberung von Tunis, das Kaiser Karl V. im Jahr darauf für Spanien zurückeroberte. Cheireddin starb 1534 im Range eines osmanischen Großadmirals, Paschas und Gouverneurs mit dem Titel Beglerbeg (beylerbeyi).

In Mogador (heute Essaouira), einer an der marokkanischen Atlantikküste gelegenen Hafenstadt, errichteten die Portugiesen 1506 eine Festung. Unter Einbeziehung des portugiesischen Forts wurde die Stadt im 18. Jh. neu angelegt. Das abgebildete Stadttor ist Teil der ummauerten Medina.

Indem er das Eingreifen der Türken im Maghreb erreichte, setzte er dem Vordringen der Spanier ein Ende; die spanische Oberhoheit über Tunis (1535–74) vermochte daran nichts zu ändern. Cheireddin hatte bereits die Grundlagen der türkischen Regentschaft in Algier gelegt. Mithilfe türkischer Truppen und Korsaren wie des berühmten Dragut von Tripolis, der ebenfalls in den Dienst der Hohen Pforte – der türkischen Regierung – trat, gelang es zwischen 1520 und 1575, den gesamten Maghreb bis an die Grenzen Marokkos dem Sultan zu unterstellen. Nachdem seit 1533 der Beglerbeg von Algier aus zunächst über alle osmanischen Besitzungen im Westen geboten hatte, teilte Sultan Murad III. 1587 die enorme Ländermasse in die drei Regentschaften Tripolis, Tunis und Algier, die durch periodisch zu ernennende Paschas verwaltet werden sollten.

Zuvor prallten, wie schon gesagt, die beiden führenden Mächte der christlichen und der islamischen Welt, Habsburger (Spanier) und Osmanen, mit voller Wucht und unter unerhörten Kraftanstrengungen aufeinander. Die Spanier sahen sich allmählich ans westliche Ende des Mittelmeeres zurückgedrängt. Bereits 1558 gelang es den Korsaren, die Stadt Mostaganem im Westen Algeriens

Spanien setzte sich ab 1497 in Nordafrika fest und bemächtigte sich der marokkanischen Mittelmeerstadt Melilla, die noch heute unter spanischer Hoheit steht. Die im 16. Jh. von den Spaniern angelegte Festung (Bild) wird noch heute militärisch genutzt.

In der Medina von Tunis, das, hart umkämpft, 1574 nach vorübergehender spanischer Herrschaft endgültig in osmanischen Besitz überging, liegt die Große Moschee Djama es-Situna, ein 732 gegründetes religiöses Zentrum. Ihr Minarett wurde 1653 restauriert und 1834 auf 44 m erhöht.

zu erobern, und 1569 wurde von Algier aus Tunis besetzt. Spanien holte im Verein mit Venedig und dem Vatikan zum Gegenschlag aus: Die gemeinsame Flotte unter dem Befehl von Don Juan d'Austria vernichtete in einer gewaltigen Seeschlacht bei Lepanto (Naupaktos), am Eingang in den Golf von Korinth, 1571 die osmanische Flotte, allerdings ohne deren nordafrikanischen Teil, der Kern einer neuen Flotte wurde. Daraufhin konnten zwar die Spanier 1573 die Türken aus Tunis vertreiben, besaßen aber im Jahre darauf nicht mehr die nötigen Schiffe, um eine osmanische Flotte mit Kurs auf Tunis zu stoppen. Die Stadt fiel endgültig in türkische Hand, und die Hafsiden wurden beseitigt.

> **INFOBOX**
>
> **Die Dreikönigsschlacht**
> Während die »Dreikönigsschlacht« 1578 bei Ksar el-Kebir für den weiteren Verlauf der marokkanischen Geschichte eher unerheblich war, zeitigte sie kurioserweise in Europa weitaus größere Auswirkungen: Ein Heer einer der europäischen Großmächte der Zeit war von einem marokkanischen geschlagen worden! Von 18 000 portugiesischen Kriegern kehrten nur 60 zurück. In europäischen Augen galt nun Marokko selbst als bedeutende Macht, und diese Überschätzung des Status von Marokko sollte bis ans Ende des 19. Jh. nachwirken. Das portugiesische Volk indessen glaubte nicht an den Tod seines jungen Königs Sebastian, sondern erwartete seine Wiederkehr (»Sebastianismus«).

Marokko unter den Sadiern

Dieses enorme Ringen war nur möglich geworden, weil Marokko aus der Reihe der Türkengegner ausgeschieden war. Das aber ergab sich durch den Verlauf seiner Geschichte unter den Sadiern, die deshalb hier nachgezeichnet werden muss. Zeitgenössische Berichte zeigen übrigens, dass die Sadier in Nordmarokko und besonders in Fès als ungeschlachte und ungehobelte Fremdlinge und Emporkömmlinge betrachtet wurden, denen erst einmal das Auftreten und Benehmen von Fürsten beigebracht werden musste, von der Führung der Staatsgeschäfte ganz zu schweigen.

Nach der Ermordung des ersten Sadiersultans Mohammed asch-Scheich 1557 durch osmanische Agenten bestieg Abdallah al-Ghalib, bis dahin Gouverneur von Fès, den Thron, residierte aber in Marrakesch, da ihm die Parteigänger der Türken in Fès zu zahlreich waren. Bei seinem Regierungsantritt flüchteten drei seiner Brüder zu den Türken; einen von ihnen ließ er in Tlemcen ermorden, die beiden anderen, Abd el-Malik und Abu l-Abbas Ahmed, entkamen nach Istanbul. Al-Ghalib hielt an der Allianz mit den christlichen »Erbfeinden«, den Spaniern, fest. Selbst die Revolte der Morisken, der unter christlicher Herrschaft in Granada zurückgebliebenen Mauren, bewog ihn nicht zum Eingreifen, doch wurden Flüchtlinge aufgenommen und integriert.

Al-Ghalib betätigte sich als großer Bauherr: In Marrakesch restaurierte er die Almohaden-Moschee der

Kasba und baute die Ben-Jusuf-Medrese aus, in Agadir errichtete er die heutige Zitadelle. Sein Tod 1574 führte das Land in eine kurze, aber heftige Krise, die mit der berühmten »Schlacht der drei Könige« endete.

Sein ihm nachfolgender Sohn Mohammed al-Mutawakkil, Gouverneur von Fès, bestieg ohne Schwierigkeiten den Thron und richtete sich wie Vater und Großvater in Marrakesch ein; eine türkische Intervention zugunsten seines geflüchteten Onkels Abd el-Malik, Niederlagen und Verrat veranlassten ihn, Fès aufzugeben und in den Süden zu fliehen. Sein Onkel zog 1576 in Fès ein. Er schickte alsbald seine türkischen Helfershelfer heim, baute eine eigene, schlagkräftige Armee auf und vertrieb seinen Neffen, der nach Spanien, dann nach Portugal flüchtete.

Der junge portugiesische König Sebastian, Neffe Philipps II. von Spanien, war bestrebt, die frühere Vormachtstellung seines Landes in Marokko wieder herzustellen, und zudem von Kreuzzugsgedanken erfüllt. Zu seinen Beweggründen, Mohammed al-Mutawakkil zu unterstützen, gehörte aber auch die Absicht, den wachsenden Einfluss der Engländer in Marokko einzudämmen und die Sorge, die Osmanen könnten dauerhaft in

Der königliche Palastkomplex Dar el-Makhzen in Fès el-Djedid, einer 1276 gegründeten ummauerten Residenzstadt, mit einer Medrese aus dem 14. Jh. und Palastbauten aus dem 18. Jh. umfasst einschließlich seiner Gartenanlagen etwa 80 ha.

diesem Lande Fuß fassen und sich im Einvernehmen mit Venedig in den Atlantikhandel einschalten. Trotz Abratens aller Kenner der Verhältnisse erschien er 1578 in Nordmarokko und wählte noch dazu ein äußerst ungünstiges Schlachtfeld bei Ksar el-Kebir. So kam es zu einer vernichtenden Niederlage der portugiesischen Armee, in deren Verlauf alle drei beteiligten Herrscher ums Leben kamen (Abd el-Malik durch Krankheit). Abu l-Abbas Ahmed, später al-Mansur (der Siegreiche) genannt, folgte seinem Bruder Abd el-Malik auf dem Thron; Portugal fiel – da Sebastian ohne legitimen Erben war – an seinen Onkel Philipp II. und damit an Spanien.

Ahmed al-Mansur regierte Marokko von 1578 bis 1603; seine Herrschaft gilt gemeinhin als Höhepunkt der Sadierzeit. Mithilfe eines Söldnerheeres von angeblich 40 000 Mann – davon drei Viertel Türken –, das mit modernen Waffen ausgerüstet war, hielt er das Land fest in der Hand und bescherte ihm friedliche Jahre. Mächtige Festungsbauten in Taza und Fès sicherten diese Städte und flößten ihren Bewohnern heilsamen Respekt ein. Im »Machsen«, der Regierung des Herrschers, spielten ausländische Ratgeber, besonders Türken und spanische

Die Sadier, eine Dynastie, die angeblich aus dem Geschlecht des fünften Kalifen Hasan stammt, behaupteten sich gegen Spanier, Portugiesen und Türken. Ihre 1578–1603 errichteten Mausoleen in Marrakesch sind Meisterwerke maurischen Innendekors.

> **INFOBOX**
>
> **Die Sadiergräber**
> Im südlichen Teil der Medina von Marrakesch, unweit der Kasba-Moschee, liegt hinter deren Kiblawand ein gartenähnlicher Grabkomplex: die Sadiergräber. Die unter Ahmed al-Mansur (1578–1603) als Familiengrabstätte errichtete Anlage erinnert mit ihren beiden, durch üppige Stalaktitbögen geschmückten Mausoleen und dem »Saal der zwölf Säulen«, dem eigentlichen Grabraum des »Goldenen Sultans«, an die maurische Kunst Andalusiens und insbesondere Granadas. Ein an Dekor reiches Fayencemosaik mit verschlungenen Schriftbändern und Arabesken umzieht die gesamte Außenwand im Eingangsbereich. Neben Ahmed al-Mansur ruhen hier vier weitere Sultane aus der Sadierdynastie mit ihren Familienangehörigen. Ein quadratischer Mittelbau, von grün glasierten Ziegeln überdacht, beherbergt das Grab Lalla Messaudas, der Mutter al-Mansurs, die im Volk wegen ihrer Wohltätigkeit und Güte besondere Verehrung genoss.
> Der Alawidensultan Mulai Ismail ließ während seiner Regierungszeit (1672–1727) die gesamte Nekropole durch eine dicke Ziegelmauer verschließen, um das Andenken an die »verhasste« Sadierdynastie dem allgemeinen Bewusstsein zu entziehen. Erst 1917 wurden die Gräber von der französischen Denkmalschutzbehörde wieder entdeckt und der Öffentlichkeit zugänglich gemacht.

Muslime, eine bedeutende Rolle, zumal auf militärischen Kommandoposten.

Besonders rege betätigte sich der Herrscher als Bauherr. Zunächst wurde die Kasba von Marrakesch ausgebaut, dann von 1578 bis 1594 der Sultanspalast, der viel gerühmte Kasr al-Badi, errichtet, von dem nur die Fundamente erhalten sind. Seine Formensprache blieb im Rahmen der spanisch-maurischen Kulturtradition. Al-Mansur restaurierte auch die Königsgärten Agdal und Menara; er versah den Hof der Karawijin-Moschee zu Fès mit den beiden Pavillons, die ganz die des Löwenhofes der Alhambra nachahmten, wie überhaupt die Baukunst der Sadier stärker von der des Nasridenreiches von Granada beeinflusst war als von der älteren, »klassischeren« Epoche zur Zeit der Almoraviden und Almohaden (11. bis 13. Jahrhundert).

Diese vielseitige Bautätigkeit verschlang enorme Summen, wofür auch die beträchtlichen Einkünfte des Reiches, zum Beispiel aus der noch immer blühenden

In Nordafrika verbreitete sich die Kasba, eine weitläufige Burganlage, besonders im 11. und 12. Jh. unter den Almoraviden und Almohaden. In Marokko findet man Kasbas vor allem in den Ausläufern des Atlas-Gebirges. Das Foto zeigt eine Kasba oberhalb von Fès.

Zuckerrohrverwertung und dem -export, die Staatsmonopol waren, bei weitem nicht genügten. Gegen den Rat seiner einheimischen Minister, die einen Angriff auf ein muslimisches Land nicht billigen konnten, entschloss sich al-Mansur, das Gold des Sudans in die Hand zu bekommen und zu diesem Zweck das islamische Reich der Songhai am Niger zu erobern.

Eine Armee von 3000 Mann, überwiegend fremde Söldner, durchquerte 1591 unter dem Oberbefehl des Pascha Djuder (hocharabisch: Djaudhar), eines spanischen Überläufers, die Sahara und eroberte Gao sowie Timbuktu. Erhebliche Werte gelangten nach Marokko, Plünderungen und Massaker der Soldateska waren an der Tagesordnung, zahlreiche Mitglieder der Intelligenzschicht wurden nach Marokko deportiert, so 1593 auch der große Gelehrte Ahmed Baba, ein Massufa-Berber, der 1607 in seine Heimat zurückkehren durfte.

Ab 1618 kümmerte sich Marokko nicht mehr um diesen Außenposten und überließ ihn der Willkür der Besatzungstruppen. Von 1612 bis 1750 »regierten« hier 109 Paschas(!). Abgesehen von dem zeitweiligen materiellen Gewinn für Marokko waren die Konsequenzen dieser Expedition die Vernichtung des Sudanhandels, der Niedergang der einheimischen islamischen Aristokratie und Kultur und ein lang anhaltender Rückgang des Islam am mittleren Niger.

Tod al-Mansurs und Niedergang
Al-Mansur, der den Beinamen ad-Dhahabi, »der Goldene«, erhalten hatte, starb 1603 an der Pest. Nach seinem Tode entbrannten neuerliche Thronstreitigkeiten, die dazu führten, dass Marokko wieder in ein Nord- und ein Südreich geteilt wurde. Das Land versank in Anarchie. Ab 1626 hatten die Sadier in Fès ausgespielt; in Marrakesch konnten sie sich noch bis 1659 halten. Spanien besetzte inzwischen 1610 Larache (Al-Araisch) an der Nordwestküste und erbaute 1614 eine Festung an der Mündung des Sebou (al-Mamora, heute Mehdia); aus Spanien vertriebene Morisken ließen sich in Tétouan und 1609/10 in Ribat al-Fath (dem heutigen Rabat) nieder, wo sie 1627 eine oligarchische Republik schufen. Im gleichen Jahr errichtete Abu l-Hasan (Bu Hassun) as-Samlali, ein Marabut (»heiliger Mann«) aus Massat, im Sous und Antiatlas ein unabhängiges »Fürstentum«, das erst von den Alawiden beseitigt werden sollte.

Im Norden kämpften der Marabut Mohammed al-Hadjdj und die Marabuts der mächtigen Zawija (Religionszentrum) von ad-Dila am Rande des Mittleren Atlas um die Vorherrschaft. Der erstere wurde 1641 von den Morisken von Rabat-Salé und den Dilaiten gemeinsam besiegt und getötet, nachdem letztere ein Jahr zuvor den Sadiersultan Mohammed asch-Scheich al-Asgar geschlagen hatten. Sie waren damit Herren des nördlichen Marokko (den Rif ausgenommen), unterlagen aber schließlich einer neuen, aufsteigenden Macht, nämlich jener der alawidischen Scherifen des Tafilalt.

Hans-Rudolf Singer †

Janitscharen und Korsaren:
Algerien unter türkischer Herrschaft

Die türkische Eroberung des größten Teils des Maghreb stellt eines der folgenschwersten geschichtlichen Ereignisse dieser Region dar. Abgesehen vom Zustrom neuer Menschen, neuer Sitten und Gebräuche (das »türkische Café«, die türkische Kleidung der Städter), öffnete die Bindung an das Osmanische Reich, die zentrale islamische Macht der Zeit einen Weg kultureller Beeinflussungen, der in den vergangenen Jahrhunderten fast abgeschnitten worden war, und knüpfte neue Bande zum Orient, dem Mutterboden des Islam.

Durch die Türken wurden auch die Grenzen geschaffen oder endgültig festgelegt, die bis heute die Staaten des Maghreb voneinander scheiden. Indem das heutige Ostalgerien endgültig von Tunesien getrennt und mit dem Westen des Landes unter eine gemeinsame Verwaltung gestellt wurde, ist die Richtung der staatlichen Entwicklung dieses Raumes für die kommenden Jahrhunderte vorgezeichnet und die Grundlage für die Entstehung eines algerischen Staates gelegt worden, die auch die französische Kolonisation des 19. Jahrhunderts nicht mehr zu zerstören vermochte. Das zeigt sich schon daran, dass jetzt die Darstellung des historischen Geschehens wesentlich einfacher und klarer wird, weil eben von nun an in diesem Gebiet nur mehr Staatswesen zu berücksichtigen sind, die, obwohl nominell osmanische Provinzen, bereits sehr bald weitgehend unabhängig waren.

> **INFOBOX**
>
> **Das Erbe der Türken**
> Die Bilanz der Türkenherrschaft in Algerien ist ziemlich mager, wenn wir von ihrem politischen Erbe absehen. Außer einigen Bauwerken – Moscheen, Stadtpaläste und Villen im anatolischen Stil, von denen nur wenige die »Gründerzeit« der Kolonie überlebt haben – und einigen Hundert Lehnwörtern türkischer Herkunft in den arabischen Dialekten des Landes blieb nicht viel von der 300-jährigen Herrschaft zurück. Eines aber ist unbestritten: Es waren die Türken, die Algerien seine Grenzen und die erste neuzeitliche – wenn auch noch rudimentäre – Verwaltungsstruktur gaben.

Größtmögliche Gewinne für die herrschende Schicht
Die osmanische Zeit Algeriens, in der das Land den Übergang vom Mittelalter in die Neuzeit erlebte, ist von allen Perioden der algerischen Geschichte leider fast am schlechtesten bekannt. Das mag unter anderem daran liegen, dass es nach den wiederholten enormen Verwüstungen der vorangegangenen Jahrhunderte, in denen städtisches Leben fast zum Erliegen gebracht worden war, bedeutender Anstrengungen einer an geistigem Leben interessierten Staatsleitung bedurft hätte, um das kulturelle Niveau wieder zu heben.

Die Türkenherrschaft aber zielte nicht darauf ab, sondern war ihrem Wesen nach parasitär: Ihr kam es nur darauf an, Gewinne zu erzielen und einigen wenigen große Reichtümer zu verschaffen. Abgesehen davon brachte die ungebildete Masse der rohen türkischen Miliz auch keine Voraussetzungen zur Erfüllung einer kulturellen Mission mit. Zudem existierte ja schon vom Sprachlichen her eine schwer zu überwindende Schranke: Die Türken konnten kein Arabisch und zeigten wenig Neigung, es zu erlernen, und das Gleiche gilt umgekehrt von den Algeriern, soweit die Besatzer überhaupt mit jenen in Berührung kamen, die sie im Übrigen verachteten.

Hier wirkten sich auch die geographische Natur des Landes aus und seine Größe, und darum wohl musste die Entwicklung anders verlaufen als im kleineren Tunesien mit seinen vielen städtischen Siedlungen. Die spanischen Morisken, die sich in Algerien niederließen, waren seit mehr als einem Jahrhundert islamischer Bildung entfremdet. Zwar stellten sie tüchtige Handwerker und Bauern, aber nicht Handel, nicht Ackerbau war die Losung in Algier, sondern Piraterie, und die Landbewohner wurde fiskalisch erbarmungslos ausgebeutet. Der algerische Staat war nur auf ein Ziel hin organisiert: größtmögliche Gewinne für die herrschende Schicht abzuwerfen.

Allerdings darf man nicht übersehen, dass womöglich der Verlust nicht unerheblichen Quellenmaterials – historischer wie literarischer Handschriften sowie Archivalien – während der späteren französischen Eroberung Algeriens und den Kämpfen der ersten Jahrzehnte danach ein solch hartes Urteil verstärkt haben könnte, einmal ganz davon abgesehen, dass es im Interesse der

Ein Teil der Bevölkerung Algeriens lebt in Oasenstädten wie Ghardaïa. Die Stadt, Hauptort der im nördlichen Zentralalgerien gelegenen Oasenregion Mzab, wird von einem 22 m hohen Minarett überragt.

Franzosen lag, das Bild der Türkenherrschaft möglichst schwarz zu malen.

An der Spitze: Janitscharen und Korsarenkapitäne
Die Regentschaft war in drei Provinzen (beylik) eingeteilt: die des Westens mit der Hauptstadt Mazuna (ab 1710 Mascara, ab 1792 Oran), die des Titerigebirges im Zentrum mit dem Hauptort Médéa und die des Ostens mit dem Hauptort Constantine; daneben gab es den unmittelbar der Kontrolle des Paschas beziehungsweise Deis unterstehenden Dar as-sultan, zu dem der Küstenstreifen von Ténès bis Dellys mit Algier im Mittelpunkt gehörte. Die Provinzen waren wiederum in Kantone oder Kreise (autan) unterteilt, die jeweils mehrere Stämme oder einen besonders großen Stamm umfaßten, die von Kadis verwaltet wurden, welche die zivile, militärische und richterliche Gewalt ausübten.

Das türkische Algerien war also ein Militärstaat, in dem die Miliz der Janitscharen (udjak, türkisch ocak »Herd«) die privilegierte Herrenschicht darstellte. Diese rekrutierte und erneuerte sich aus den ärmsten und nicht gerade feinsten Volksklassen Anatoliens und wählte ihre Offiziere selbst. Der einfachste Soldat konnte mit vorschreitendem Lebensalter zum Befehlshaber der Miliz, dem Aga, aufsteigen. Dieser wurde drei Monate nach Erreichen des Grades als Ehren-Aga in den Ruhestand versetzt.

Die Miliz umfasste mehrere Kompanien (orta »Horde«) variabler Größe, die in gut gehaltenen Kasernen in Stuben (oda) mit zwölf bis zwanzig Mann Belegschaft hausten und gemeinsam kochten. Sie wurde steuerlich bevorzugt behandelt und unterstand nicht der allgemeinen Gerichtsbarkeit; Übeltäter wurden von den Offizieren abgeurteilt. Wie weit die Duldung von Übergriffen seitens gewählter Offiziere ging, kann man sich unschwer vorstellen! Die Truppe bestand nur aus Infanterie, denn die Kavallerie (spahi) wurde von ehemaligen Agas und einheimischen Stammesangehörigen gestellt. Ähnlich hatten einst die Almohaden, die selbst Streiter zu Fuß waren, mit ihrer von den westalgerischen Stämmen der Zanata gestellten Kavallerie das Land kontrolliert. Die Führung der Miliz, der Diwan (divan), war im Staatsrat vertreten und versuchte oft, diesen zu beherrschen.

Die zweite privilegierte Stütze des Staates stellte die Korporation (taifa) der Korsarenkapitäne oder gegebenenfalls, der Schiffseigentümer dar. Erstere waren zum allergrößten Teil Europäer, oft ehemalige Gefangene, die zum Islam übergetreten waren; eine geringere Zahl stellten die Mauren (als solche sollte man nur nordafrikanische Stadtbewohner spanisch-arabischer Herkunft und Bildung bezeichnen). Im Jahre 1558 verfügte diese Korporation, die großes Gewicht im Staate besaß, über 35 Galeeren, 25 Brigantinen oder Fregatten und zahlreiche bewaffnete Barken.

Man kann getrost sagen, dass im 16./17. Jahrhundert das Land von ihren Kaperfahrten lebte, und zwar gut lebte. Abgesehen von den erbeuteten Waren und Geldern, schätzte man die Zahl christlicher Gefangener gegen 1600 auf etwa 25 000, die entweder gegen gepfeffertes Lösegeld freigelassen wurden oder äußerst billige und zudem geschickte Arbeitskräfte abgaben. Im 18. Jahrhundert allerdings ging mit den Einnahmen aus der Piraterie auch die Bedeutung der Korsarenkapitäne zurück, und zwar in dem Maße, in dem sich die europäischen Staaten zu energischen gemeinsamen Aktionen aufrafften und wirksame Gegenmaßnahmen einzuleiten begannen. Von allen europäischen Nationen verfügte übrigens England über die besten Beziehungen und oft nicht unbeträchtlichen Einfluss.

Statthalter, Paschas, Agas und Deis
Die vom Sultan in Istanbul ernannten Statthalter, die Beglerbegs (beylerbeyi), die das Land bis 1587 regierten, taten das entweder selbst oder durch einen Stellvertreter (chalifa). Sie waren den Paschas von Tunis und Tripolis übergeordnet und stets getreue Untertanen des Großherrn. Sie versuchten mehrmals, ihre oder vielmehr ihres Herrschers Macht über Marokko auszudehnen, was aber misslang und nur dazu führte, dass sich dieses Land selbst mit seinem Erbfeind Spanien gegen die Türken verbündete.

Die seit 1587 anstelle der Beglerbegs regierenden Paschas der Regentschaft Algerien sahen ihre Macht immer mehr schwinden, und ab 1656 übte der Aga der Janitscharen, vom Staatsrat unterstützt, die tatsächliche Macht aus. Schließlich nahm die Korporation der Kor-

In der Sahara nördlich des Hoggar liegt das fast vegetationslose Bergland Tassili N'Ajjer; tiefe Schluchten, steile Felswände und vom Wind erodierte Felssäulen sind für diese Landschaft typisch. In der Altsteinzeit war die Region noch besiedelt.

Afrika

Die Bewohner der Kabylei, eines Gebirges in Nordalgerien, haben sich weitgehend der Kontrolle des Dei zu entziehen verstanden. Erst die Franzosen konnten ihr Gebiet zwischen 1851 und 1857 besetzen, mussten aber danach mehrere Aufstände niederschlagen.

sarenkapitäne das Heft in die Hand und setzte 1671 einen Dei ein, der ab 1689 von den Offizieren der Miliz gewählt wurde. Die Regierung des Sultans, die sich damit abfinden musste, verlieh ihnen ab 1771 den Titel eines Pascha. Die Mehrzahl der Deis waren verständige und besonnene Männer und keineswegs die Halbbarbaren, als die sie häufig dargestellt werden.

Indessen gingen die Kaperfahrten ständig zurück, die das Land drückende Steuerlast vermehrte sich entsprechend, und der Staat, der es nie verstanden hatte, alle Bewohner zu seinen Bürgern zu machen, verfiel allmählich. Die Bergmassive, so die Kabylei und der Aurès, waren ohnedies nie wirklich besetzt worden und wurden von einem Sicherheitskordon von Wachtposten und -türmen umgeben, um sie so wenigstens unter Beobachtung zu halten; an strategisch wichtigen Punkten installierte man Militärkolonien (smala, Plural smul). Der Regierung ergebene Stämme, die mit Steuererleichterung belohnt und entlohnt wurden, besorgten das Eintreiben der Steuern und wachten einigermaßen über die Sicherheit der Verbindungswege.

Man schätzt, dass im späten 18. Jahrhundert nur etwa ein Sechstel des heutigen Algeriens (ohne die Saharage-

Der Aurès, das höchste Massiv des Saharaatlas in Ostalgerien, wird von Berberstämmen bewohnt. Diese sind vorwiegend in Gebirgsdörfern sesshaft, von denen aus sie in den Tälern Bewässerungskulturen bewirtschaften und Fernweidewirtschaft betreiben.

biete) tatsächlich der Kontrolle des Dei unterstand. Trotzdem mischte man sich in tunesische Thronstreitigkeiten ein; 1756 wurde Tunis erobert, geplündert und mit einem Tribut belegt, den es bis 1821 entrichten musste. Im Westen gelang es 1708 endlich, die spanischen Herrschaften (presidios) Oran und Mers el-Kebir einzunehmen; Oran kam allerdings von 1732 bis 1792 noch einmal in spanische Hand.

Trotz des allgemeinen Niedergangs hätte die Regentschaft Algier vermutlich noch lange existieren können, wäre nicht der Dei durch finanzielle Machenschaften, deren Opfer, nicht etwa Nutznießer er war, in einen fatalen Gegensatz zu seinem alten Verbündeten Frankreich gedrängt worden, und hätte er sich nicht, durch die undurchsichtigen Intrigen und das ungehörige Benehmen des französischen Konsuls Jacques Deval gereizt, dazu hinreißen lassen, diesem den berüchtigten Schlag mit dem Fächer oder Fliegenwedel zu versetzen (1827). Nicht diese drei Jahre(!) später geltend gemachte Schmach, sondern sehr handfeste wirtschaftliche Interessen und Gegebenheiten der französischen Innenpolitik führten zu der Landung und Besetzung Algiers am 5. Juli 1830 durch Frankreich. *Hans-Rudolf Singer †*

Unter einheimischen Beis:
Die »Regentschaft Tunis«

Wichtigstes Erbe der türkischen Herrschaft in Nordafrika ist, wie schon gesagt, die gegenseitige Abgrenzung der verschiedenen Hoheits- und Verwaltungsgebiete: Marokko, Algerien, Tunesien und Tripolitanien, das spätere Libyen, erhielten damals im Wesentlichen ihren heutigen Umfang. Hinfort existierte zum Beispiel eine »Imalat Tunis«, eine »Regentschaft Tunis«, aus der das heutige Tunesien hervorging. Bougie und Constantine wurden definitiv von Tunis abgetrennt, ebenso Tripolis. Im Übrigen kann man wohl sagen, dass Tunesien unter türkischer Herrschaft im Vergleich zu seinen Nachbarländern noch gut abschnitt.

Das lag ohne Zweifel auch daran, dass eine eigene tunesische Identität schon lange im Werden war, zumindest die Ansässigen sich anderen gegenüber als »Tunesier« empfanden und das beduinische Element in diesem Lande schwächer als in den anderen war. Auch hier gab es Rivalitäten, Machtkämpfe und kriegerische Auseinandersetzungen, aber im Unterschied zu Algier und Tripolis in der Türkenzeit kannte die Regentschaft Tunesien spätestens seit der Mitte des 17. Jahrhunderts eigene Dynastien: Von 1631/40 bis 1672 regierten – als Beis – die Muradiden, sodann, von 1705 an, die Husainiden, die bis 1957 zwar nicht immer an der Macht waren, aber doch Einfluss ausübten, was dem Land ein gewisses Mindestmaß an Stabilität verlieh.

Bestimmende Faktoren: Die Ansiedlung der Morisken und das Korsarentum
Zwei Faktoren sehr verschiedener Natur verdienen es, aus dem Gestrüpp der Details hervorgehoben zu werden: Da ist einmal, nach 1609, die Aufnahme der aus Spanien vertriebenen Mauren oder Morisken, wie sie dort nach ihrer Zwangsbekehrung genannt wurden, die einen äußerst wertvollen und wirtschaftlich aktiven Bevölkerungszuwachs bedeuteten. Sie kamen als Europäer, im Besitz damals moderner Handwerkstechniken (Seidenweberei vor allem und Herstellung der handgearbeiteten Schaschijas, der roten Kappen, deren schlechte maschinelle Nachahmung bei uns als »Fes« bekannt ist), und sie

Tunis war im 16. Jh. zwischen Spaniern und Osmanen umkämpft, Letztere eroberten es 1574 endgültig. 1881 gelangte die Stadt unter französisches Protektorat. Die Abbildung zeigt die Altstadt von Tunis, links der Turm der Großen Moschee Djama es-Situna, eines 732 gegründeten religiösen Zentrums.

waren des Arabischen unkundig, wofür die noch im 18. Jahrhundert spanischsprachigen Ortschaften in Nordtunesien Zeugnis ablegen. Dei Othman (1593–1610) kommt das Verdienst zu, sie freundlich aufgenommen und durch Entgegenkommen hinsichtlich Steuerzahlung und Gewährung von Privilegien zur Ansiedlung ermuntert zu haben.

Der zweite bestimmende Faktor der Geschichte Tunesiens vom 16. bis ins 19. Jahrhundert war, wie in den Nachbarländern, das geschäftsmäßig aufgebaute und betriebene Korsarentum, das dem Lande zuzeiten erhebliche Einnahmen brachte. Dabei darf nicht vergessen werden, dass es auch eine »christliche« Seeräuberei im Mittelmeer gab und die »Untaten« der Gegenseite maßlos übertrieben wurden. Die Verlagerung des europäischen Seehandels vom Mittelmeer in den Atlantik und die gleichzeitige langsame Erstarkung der europäischen Flotten ließen diesen Erwerbszweig allerdings nach und nach verkümmern, sodass die Einnahmen der »Barba-

Afrika

Das in Osttunesien am Golf von Hammamet gelegene, seit 647 arabische Sousse war im 16. Jh. Stützpunkt einer Korsarenflotte. Die Medina der Stadt ist von einer mächtigen Mauer mit Rundzinnen und quadratischen Türmen umschlossen.

reskenstaaten« – wie die arabisch-berberischen Staaten Nordafrikas im Westen genannt wurden – entscheidend zurückgingen.

Aus jenen Jahrhunderten datiert auch der Einfluss Frankreichs in Tunesien, das dort seit 1577 (seit 1564 in Algier) ein Konsulat unterhalten durfte, das der Abwicklung von Handelsgeschäften wie dem Loskauf christlicher Sklaven diente. Der französische Konsul vertrat dabei mit Ausnahme Englands und Hollands alle europäischen Mächte und darf ein im Ganzen segensreiches Wirken für sich verbuchen.

Am Ende der Entwicklung:
Tunesien als französisches Protektorat
Zu Beginn des 19. Jahrhunderts war es mit der Regentschaft wie mit dem Osmanischen Reich gewaltig bergab gegangen, auch hatten sich die Verbindungen zwischen beiden so sehr gelockert, dass Tunesien praktisch von Istanbul unabhängig geworden war. Algerien hatte inzwi-

Monastir, seit Caesar Hauptquartier der Römer in Nordafrika, behielt seine strategische Bedeutung auch in der Türkenzeit. Die heutige Stadtmauer (Bild) wurde im 18. Jh. errichtet.

schen aufgehört, Regentschaft des Reiches zu sein und war, nachdem 1830 französische Truppen gelandet waren und die Hauptstadt und ihr Umland erobert hatten, im Begriff, französische Kolonie zu werden.

Dieser Umstand, der allmählich anwachsende Druck moderner europäischer Ideen hinsichtlich konstitutioneller Regierung, die Ausbeutung und Misswirtschaft im Lande, das Absinken der eigenen Produktion, Verlust von Auslandsmärkten, die von billigen europäischen Maschinenerzeugnissen überschwemmt wurden, vermehrte Einfuhren bei gleichzeitiger Verminderung der Steuereinnahmen: All dies führte das Land immer tiefer in eine Krise hinein, die in der Regierungszeit von Bei Mohammed as-Sadik kulminierte.

Der Herrscher verkündete 1861 eine Verfassung, die jedoch in der Praxis nicht funktionierte. Gewaltige Steuererhöhungen führten 1864 zu einer Revolte im Süden des Landes, die erbarmungslos niedergeschlagen wurde. Die Jahre zwischen 1865 und 1868 waren für das geplagte Land Jahre fortgesetzter Missernten, der Hungersnöte und Seuchenplage. Tunesien war hoffnungslos beim europäischen Ausland, zumal bei Frankreich oder zumindest bei französischen Geldgebern, verschuldet. Eine internationale Kommission, die von 1869 bis 1872 arbeitete, stellte ihre Tätigkeit ein, da sie ihre Aufgaben für unlösbar ansah.

Der Einfluss Frankreichs, der als Folge des verlorenen Krieges von 1870/71 zunächst zurückgegangen war, und, zunehmend, der des neuen Italiens, fanden ihren Ausgleich auf dem Berliner Kongress von 1878, auf dem das Schicksal Tunesiens zwischen Frankreich, Großbritannien und Deutschland praktisch entschieden wurde. Im Jahre 1881 besetzte Frankreich die Regentschaft, und der Bei musste im Vertrag von Kasr as-Said (Bardovertrag, nach dem nahen Ort Bardo bei Tunis) vom 12. Mai 1881 die französische Okkupation anerkennen, die sich im Text der 1883 folgenden »Konvention von La Marsa« in ein Protektorat verwandelte. Von diesem Zeitpunkt an bis zum Erlöschen desselben, am 20. März 1956, war Tunesien de facto eine Kolonie Frankreichs und wurde, wenn es darauf ankam, zum Beispiel im Kriegsfall bei der Rekrutierung von Soldaten, auch als solche behandelt. *Hans-Rudolf Singer †*

Eine neue Dynastie kommt auf: Marokko unter den Alawiden

In Marokko etablierten sich nach dem Ende der Sadier allmählich die Alawiden (oder Hasaniden), Nachkommen des Prophetenenkels Hasan, die aus dem Hidjas stammten. Sie hatten sich Ende des 13. Jahrhunderts im Tafilalt niedergelassen und lebten dort als angesehenes, aber politisch machtloses Geschlecht. Als der Marabut des Sous, as-Samlali, und die Marabuts von ad-Dila Ansprüche auf das Tafilalt erkennen ließen, machten seine Bewohner das Haupt der dortigen Scherife, Mohammed asch-Scharif, 1631 zu ihrem Führer, der die Gefahr auch abwenden konnte.

Sein Sohn Mulai Mohammed gewann den Osten Marokkos. Unter dessen Sohn Mulai ar-Raschid begann der eigentliche Aufstieg der Alawiden zur Macht: Zwischen 1659 und 1666 eroberte er den Norden des Landes, vernichtete die Bruderschaft von ad-Dila (1668), nahm Marrakesch ein (1669) und unterwarf 1670 die

Marabuts des Sous. Bereits zwei Jahre später starb er durch einen Unfall.

Mulai Ismail
Sein Bruder, der berühmt-berüchtigte Mulai (Herr) Ismail, regierte nun Marokko für mehr als ein Menschenalter mit eiserner Faust. Grausam, gewalttätig, zeugungsfreudig und habgierig, übt er eine seltsame Faszination auf Historiker wie Schriftsteller aus. Fünf Jahre benötigte er, um sein Erbe antreten zu können, und Revolten, die erbarmungslos niedergeschlagen wurden, machten in den folgenden zwanzig Jahren zahllose Feldzüge nötig.

Dazu schuf er sich eine ihm blind ergebene Truppe schwarzer Söldner (und Sklaven), die unter anderem aus dem Sudan rekrutiert wurden. Das stehende Heer war bis zu 150000 Mann stark, die zum Teil in Kasbas, die über das ganze Land verstreut waren, in Garnison lagen, zum Teil an einigen Hauptwaffenplätzen konzentriert waren. Die europäischen Besitzungen an der Atlantikküste wurden erobert oder ihre Räumung erzwungen: 1681 fiel Mamora, 1684 Tanger, 1689 Larache und 1691 Arzila (Asila). Trotz mehrerer Vorstöße nach Algerien verfestigte sich die Grenze zwischen den beiden Ländern an der Tafna.

Mulai Ismail bemühte sich um das wirtschaftliche Gedeihen des Staates, besonders um eine Verstärkung des Außenhandels. Seine Bautätigkeit in der neuen Residenz Meknès hatte außerordentlichen Umfang: Es entstand eine vollständige Regierungsstadt mit Palästen, Moscheen, Stallungen, Lagerhäusern, Zitadellen und Forts, umgeben von einem Wall von 25 Kilometern Länge. Der insgesamt eher monumentale als künstlerische Komplex schließt einige erstaunliche Bauwerke ein, darunter auch das von Mulai Ismails Sohn vollendete Stadttor Bab Mansur (Bab el-Mansour el-Aleuj), das imposanteste Tor der Stadt.

Dieser Herrscher entschied alles selbst, duldete nicht den geringsten Widerstand noch Widerspruch und handelte stets nur nach seinem eigenen Gutdünken. Das marokkanische Recht unterschied bled el-machsen, das vom Sultan effektiv kontrollierte Gebiet, das auch Steuern zahlte, und bled es-siba, das Gebiet, das sich der Autorität des Sultans mehr oder weniger entzog und dessen Stämme durch Kriegszüge (harka) zu Tributzahlungen gezwungen werden mussten. Unter seiner Regierung war diese Zweiteilung eher Reminiszenz denn politische Wirklichkeit; das letztere Gebiet schrumpfte auf ein Nichts zusammen. Die innere Sicherheit des Landes war nie größer als unter ihm.

Doch das imposante Gebilde des marokkanischen Staates unter Mulai Ismail ruhte auf einer zu unsicheren Basis, in erster Linie auf ihm selbst. Noch ehe er gestorben war, kündigten Revolten seiner Söhne den Ruin sei-

Mulai Ismail baute Meknès zur Residenz Marokkos aus und ließ Paläste, Moscheen, Stallungen, Lagerhäuser, Zitadellen und Forts errichten. Das Foto zeigt das Portal zu seinem Mausoleum, das aus zwei Vorhöfen, einer Moschee und dem eigentlichen Grabraum besteht.

Das Bab Mansur in Meknès, 1732 – zur Zeit der Regentschaft des Hasanidensultans Mulai Abd Allah – fertig gestellt, gilt als eines der schönsten Stadttore des Maghreb.

nes Werkes an. Im Augenblick seines Todes machte sich wiederum Anarchie breit, und die Sklavengarde versuchte, die Macht zu ergreifen. Bemerkenswert ist, dass während all dieser Wirren, die nun über Jahrzehnte hin das Land erschüttern, der Handel mit Europa beziehungsweise die Handelstätigkeit der Europäer in Marokko weiter gedieh; Niederländer und Engländer verdrängten die Franzosen mehr und mehr vom Markt.

Sidi Mohammed
Seit 1746 herrschte als Vizekönig in Marrakesch über den Süden des Staates Mohammed, Sohn des viermal regierenden Abdallah (1729–35, 1736, 1740–45, 1745–57);

er bestieg nach seines Vaters Tod unangefochten den Thron und arbeitete während seiner langen Regierungszeit unermüdlich, mit einer hohen Auffassung von Monarchenpflicht, an der Genesung des erkrankten Staatswesens. Sidi (»Herr«, wie Mulai) Mohammed ibn Abdallah war ein frommer, gerecht denkender und friedensliebender Fürst, den man wohl – wäre nicht die Figur seines Großvaters so viel blutvoller und farbiger – als bedeutendsten der Alawiden bezeichnen würde, sicherlich aber war er der Herrscher seines Hauses, der die größten Anforderungen an sich selbst stellte.

Sidi Mohammed gelang es 1769 zwar, die Portugiesen zur Aufgabe ihres letzten Stützpunktes Mazagan/Jadida zu zwingen, nicht aber Melilla einzunehmen, das bis heute als presidio unter spanischer Hoheit steht. Nach den Plänen des französischen Architekten Théodore Cornut entstand als Neugründung – an der Stelle der alten portugiesischen Festung – Mogador/Essaouira, das den Handel mit dem Sudan an sich zu ziehen verstand, wodurch der Sous, ewiger Unruheherd und Zentrum des Widerstandes gegen die Zentralgewalt, seiner Exportmärkte beraubt wurde und verarmte.

Die Bautätigkeit dieses Sultans war erheblich: Von Mogador/Essaouira abgesehen, errichtete er in Marrakesch – wo er noch als Gouverneur die verfallene Kasba restauriert und später mit einem großartigen Palastkomplex ausgestattet hatte – den Palast Dar el-Beida, einen gleichnamigen in Meknès, und erbaute in Fès die Medrese am Tor Bab Gisa (Bab Guissa). Der Stadt Marrakesch gilt er mit Recht als ihr großer Wohltäter, unter dem sie noch einmal Hauptstadt war.

INFOBOX

Die Hasaniden

Die noch heute in Marokko herrschende Dynastie der Hasaniden führt ihren Stammbaum auf den 5. Kalifen Hasan zurück sowie auf dessen Vater, den 4. Kalifen Ali ibn Abi Talib. Als Nachkommen des Propheten – Ali ibn Abi Talib, ein Vetter Mohammeds, war mit dessen Tochter Fatima aus der Ehe mit Chadidja verheiratet – werden die Angehörigen dieser Dynastie auch Alawiden oder scherifische Aliden genannt. Die Hasaniden stellen seit 1666 die Sultane – seit 1957 Könige – von Marokko.

Der Niedergang
Nach dem Tode dieses bedeutenden Herrschers im Alter von achtzig Jahren ging es, trotz respektabler Leistungen einzelner Monarchen, stetig mit dem Lande bergab. Der Abstand des immer stärker in selbst gewählter Isolierung verharrenden Staates teils frühneuzeitlichen, teils geradezu noch mittelalterlichen Charakters, zu dem in Erfindungen schwelgenden und ob seiner technischen Fortschritte und des daraus resultierenden Machtzuwachses immer selbstbewußteren Europa, vergrößerte sich laufend. Im Innern gelang es nicht, der Autorität des Sultans weitere Gebiete zu unterwerfen; das bled es-siba, in sich selbst zerrissen und mit sich beschäftigt, behauptete seine Ausdehnung. Mit der Eroberung Algeriens durch

Marrakesch wurde vermutlich 1070 als Hauptstadt des entstehenden Reichs der Almoraviden gegründet. Eines der bedeutenden Bauwerke seiner von der UNESCO zum Weltkulturerbe erklärten Altstadt ist der Bahia-Palast mit seinen prächtigen Wandmosaiken.

Afrika

Frankreich war Marokko vom Dar al-Islam, dem »Gebiet des Islam«, fast abgeschnitten, und das Prekäre seiner Lage, der Anachronismus seiner Institutionen, wurde immer deutlicher.

Die durch die Unkenntnis Europas herbeigeführte völlige Fehleinschätzung seiner Möglichkeiten und seiner Macht verleiteten gar Sultan Sidi Mohammed ibn Abd ar-Rahman (1859–73) dazu, sich in einen Krieg mit Spanien (1859/60) einzulassen, dessen Ausgang dem Lande ein böses Erwachen bereitete. Mehrfach geschlagen, mussten die marokkanischen Truppen Tétouan aufgeben und die Besetzung Tangers befürchten. Großbritannien, nicht darauf erpicht, Spanien sich dort festsetzen zu lassen, vermittelte den Frieden, der Marokko zwanzig Millionen Duros Kriegsentschädigung und die Erweiterung des spanischen presidio Ceuta kostete. Die Vertreter der europäischen Mächte residierten hinfort in Tanger, das zur diplomatischen Hauptstadt des Landes wurde. *Hans-Rudolf Singer †*

Ohne die Intervention Großbritanniens wäre Tétouan in spanischen Besitz geraten, nachdem sich Sultan Sidi Mohammed ibn Abd ar-Rahman auf einen Krieg gegen die Spanier eingelassen hatte. Die Abbildung zeigt den Platz Hasan II. mit dem Königspalast Dar el-Makhzen in Tétouan.

Osmanenherrschaft im Osten: Ägypten und Libyen

Nach der osmanischen Eroberung Ägyptens 1517 dauerte es geraume Zeit, bis sich das neue Regime auch in Oberägypten und den Außenposten durchsetzen konnte; andererseits gelang es bis zum Ende des 16. Jahrhunderts, die Tribut- und Steuerzahlungen an die Hohe Pforte in der festgesetzten Höhe abzuführen. Im weiteren Verlauf wurde indes die Macht des türkischen Paschas schwächer, und allmählich etablierten sich neue »Machthaber«, Beis genannt; schließlich setzten sich die früheren Herren wieder durch, die Mamelucken. Die Gewaltherrschaft der Mameluckenbeis löste die französische ägyptische Expedition von 1798 aus. Dieses Unternehmen unter Leitung von Napoléon Bonaparte war militärisch ein Misserfolg, aber kulturell für das Land von größter Bedeutung.

Obwohl, von den Kopten abgesehen, die Bevölkerung den Europäern ablehnend, ja feindlich gegenüber stand, wurde Ägypten von dieser Begegnung mit dem Westen tief gehend beeinflusst: Buchdruck, moderne Verwaltungsstrukturen, höhere Schulen, auch vom Typ der französischen Écoles, fanden Eingang, wiewohl vieles davon erst unter Mehmed Ali (1805–48) und seinen Nachfol-

Ziel der ägyptischen Expedition Napoleons war es, das dem direkten französischen Angriff entzogene Großbritannien zu treffen. In der »Schlacht bei den Pyramiden« besiegten die Franzosen 1789 das Mameluckenheer und besetzten anschließend Kairo.

Afrika

gern wirksam wurde. Der osmanische Offizier albanischer Herkunft, Mehmed (in Ägypten: Muhammad) Ali, wurde 1805 als Statthalter des Sultans eingesetzt und beseitigte 1811 die Mameluckenbeis. Durch seine Reformpolitik wurde er zum Begründer des modernen Ägypten.

> Kairos Bedeutung ging seit der osmanischen Eroberung Ägyptens (1517) stetig zurück. Als Napoleon 1798 die Stadt besetzte, hatte sie weniger als 300 000 Einwohner. Erst seit dem Ende des 19. Jh. entwickelte sich Kairo zur Weltstadt (Zitadelle von Kairo).

INFOBOX

Die Mamelucken

Mamelucken oder Mamluken hießen ursprünglich die Kaufsklaven türkisch-kaukasischer Herkunft, die, nach sorgfältiger Ausbildung und Bekehrung zum Islam freigelassen, unter den Aijubiden in Ägypten und Syrien Kriegsdienst leisteten, aber auch im Staatsdienst eingesetzt wurden.

Die Einrichtung der Militärsklaverei geht bis ins 9. Jh. zurück, zahlenmäßig und politisch bedeutsam wurden die Mamelucken jedoch erst gegen Ende der Aijubidenherrschaft. Schließlich ergriffen Generäle der Mamelucken 1250 selbst die Macht und beherrschten bis zur osmanischen Eroberung von Kairo aus Ägypten mit Syrien. Auch nach der osmanischen Eroberung spielten die Mamelucken in der Politik und Verwaltung Ägyptens noch jahrhundertelang eine wichtige Rolle, bis 300 ihrer führenden Beis 1811 einem von Mehmed Ali befohlenen Massaker in der Zitadelle von Kairo zum Opfer fielen.

Ferdinand Lesseps leitete 1859–69 den Bau des Suezkanals. Eine von Napoleon beauftragte Kommission hatte das Projekt noch für undurchführbar gehalten.

Der Bau des Suezkanals durch Ferdinand Lesseps 1859–69, wiewohl eine Großtat, hatte fatale Folgen. Das Land wurde einer europäischen Zwangsschuldenverwaltung unterworfen und endete 1882 in der britischen Okkupation. Die Folge aller Entwicklungen in Ägypten aber war, dass das Land noch heute zivilisatorisch und kulturell der bedeutendste arabische (und islamische) Staat ist.

Libyen, nach der türkischen Eroberung zunächst osmanisches Paschalik, war zwischen 1711 und 1835 unter der Beidynastie Karamanli halb unabhängig und stand dann wieder unter direkter osmanischer Herrschaft, bis diese 1912 durch einen von Italien vom Zaun gebrochenen Krieg beseitigt und das Land italienische Kolonie wurde. *Hans-Rudolf Singer †*

Schwarzafrika

Handelsstädte zwischen Nord und Süd: Die Stadtstaaten der Hausa

Sieben »echte« und sieben »Bastard«-Staaten sind nach der Gründungslegende der Hausa seit dem 11. Jahrhundert von den Söhnen und Enkeln des aus Bagdad stammenden Prinzen Bayajidda in der Nachbarschaft des Reiches Kanem-Bornu im Gebiet des Tschadsees errichtet worden. Die Legende nennt die ehelich geborenen Nachfahren des Prinzen als Gründer der »echten« Stadtstaaten Daura, Kano, Gobir, Zaria, Katsina, Rano und Biram (Garun Gabas) und schreibt den Abkömmlingen seiner Nebenfrau, herabsetzend »Bastarde« genannt, die Errichtung von Kebbi, Zamfara, Gwari, Jukun (Kwararafa), Yoruba, Nupe und Yauri zu.

Die Legende selbst stammt aus dem 16. Jahrhundert, einem Zeitraum, in dem die Stadtstaaten bereits ein hohes Niveau an wirtschaftlicher Entwicklung und politischer Stabilität erreicht hatten. Über den historischen Ursprung der im Gebiet des heutigen Nordnigeria und Südniger entstandenen Stadtkulturen und Handelszentren gibt sie keinen Aufschluss. So wurde zum einen der Prinz aus Bagdad von der Geschichtsforschung mittlerweile tatsächlich ins Reich der Legende verwiesen. Zum anderen erstreckte sich die Gründung der Stadtstaaten über einen Zeitraum von mehreren Jahrhunderten.

Nicht alle der oben genannten Staaten sind den Stadtstaaten der Hausa zuzurechnen, sondern waren zum Teil – und hierin liegt das Geheimnis der »Bastarde« Jukun, Nupe und Yoruba – eigenständige Königreiche, die indes rege Handels- und politische Beziehungen mit den »echten« Staaten, den »Hausa-Sieben«, pflegten und sich kulturell von ihnen inspirieren ließen.

Der Stadtentwicklung im Europa der frühen Neuzeit vergleichbar, entstanden im Zentralsudan durch die Anbindung an Fernhandelsnetze und durch das Zusammenleben von Menschen verschiedener Herkunft und Religionszugehörigkeit prosperierende städtische Gemeinwesen, die zum Schutz gegen Übergriffe seitens der benachbarten Territorialreiche Kanem-Bornu, Mali und Songhai sowie konkurrierender Stadtstaaten befestigt wurden. Ein komplexes und fein gegliedertes Regierungs- und Verwaltungssystem, in das die einzelnen Berufs- und Standesgruppen einbezogen waren, regelte das Zusammenleben im Inneren der Städte sowie die Beziehungen zum jeweiligen Hinterland.

Die »Erfolgsgeschichte« der Hausastadtstaaten, deren Anfänge sich mithilfe archäologischer Zeugnisse und nach mündlichen Traditionen auf das 11. Jahrhundert datieren lassen, umfasst 450 Jahre – von ihrem Aufstieg im

Die Hausa, eine islamisierte Völkergruppe in Westafrika, aber auch in den Staaten der zentralen Sudanzone, bilden keine kulturelle oder politische Einheit. Die Abbildung zeigt einen Miniaturkoran der Hausa aus dem späten 17. bzw. frühen 18. Jahrhundert.

Der Staat Kano war einer der wichtigsten der seit etwa 1000 n. Chr. bestehenden Hausastaaten im Norden Nigerias; seine gleichnamige Hauptstadt war Endpunkt der Transsaharakarawanen. Bei den Hausa setzte sich seit dem 14. Jh. der Islam durch (große Moschee in Kano).

Zuge der Ausweitung des Transsaharahandels ab der Mitte des 14. Jahrhunderts bis zur militärischen Eroberung durch die Truppen des muslimischen Reformers Osman dan Fodio, in dessen Reich sie zwischen 1804 und 1812 eingegliedert wurden.

Grundlagen der Stadtentwicklung im Zentralsudan
Die Anfänge der Hausastaaten gehen, entgegen früheren Auffassungen, weder auf Migrationen aus dem arabischen Raum noch auf Südwanderungen im Zuge der Austrocknung der Sahara zurück, sondern sind auf die ortsansässige Bevölkerung – eventuell vermischt mit ehemaligen Bewohnern vom Westrand des Tschadsees – zurückzuführen. Obwohl die Geschichtsforschung vor allem für die Frühzeit starke Einflüsse besonders aus Kanem-Bornu festgestellt hat, lässt sich die historische Entwicklung des Hausalandes aufgrund der schwierigen

Quellenlage bis auf Ausnahmen erst für die Zeit von der Mitte des 15. Jahrhunderts an präziser bestimmen.

Fruchtbare Böden, Eisenerzvorkommen und eine relativ hohe Bevölkerungsdichte bildeten die Grundlagen für die Stadtentwicklung. Die Überschüsse aus dem Anbau von Hirse, Sorghum und Reis, die Rinderhaltung sowie die Produktion von Baumwolle und Indigo schufen die Voraussetzungen für die gesellschaftliche Arbeitsteilung. Von spezialisierten Handwerkern hergestellte Textilien, Lederwaren, Metallwerkzeuge und Keramik hoben den städtischen Lebensstandard und förderten die Entstehung lokaler und regionaler Märkte. Begünstigt durch die geographische Lage des Hausalandes zwischen Sahara und Sahel im Norden, Savanne und tropischem Regenwald im Süden entwickelten sich die Städte zu wichtigen Umschlagplätzen im Transsaharahandel.

Sie exportierten Hirse, indigogefärbte Baumwollstoffe, Leder- und Sattlerwaren aus der Produktion der Hausa, Sklaven und Kolanüsse aus den südlichen Regionen, dem heutigen Südnigeria und Nordghana. Aus Nordafrika und Europa importierte Produkte wie Metall- und Glaswaren, Waffen und Pferde, Perlen und Luxusbekleidung sowie Salz, Natron und Zinnbarren aus der Sahara (Takedda, Bilma) waren für den Eigenbedarf oder zum Handel mit den Südregionen bestimmt.

Aufgrund der Vielfalt der Handelskontakte befanden sich verschiedene Zahlungsmittel im Umlauf. Während auf lokaler Ebene der Tauschhandel überwog, bezahlte man im überregionalen Handel mit Baumwollstreifen, Kaurimuscheln, Salz, Sklaven oder Gold. Durch festgesetzte Wechselkurse – so kam der Wert eines Pferdes beispielsweise dem eines jungen Sklaven oder einer bestimmten Menge an Kupfer gleich – waren die verschiedenen »Währungen« konvertierbar.

Der genaue Zeitpunkt der Integration der Hausastädte in den Transsaharahandel ließ sich bislang nicht ermitteln. Sicher ist allerdings, dass der Handel nicht nur die wirtschaftliche Prosperität und die kulturelle Entwicklung aller Hausastädte vorantrieb, sondern auch die Rivalität unter ihnen anfachte. So unterwarf Kano um 1400 den südlichsten Stadtstaat Zaria und sicherte sich damit den Zugriff auf den Sklaven- und Kolanusshandel. Wiederholte militärische Auseinandersetzungen um Han-

Die berittenen Truppen des islamischen Reformators und Reichsgründers Osman dan Fodio waren vermutlich ähnlich gerüstet wie dieser von dem englischen Forschungsreisenden Hugh Clapperton gezeichnete Lanzenreiter der Fulbe aus Bornu (Zeichnung von 1826).

delsvorteile und politische Vorherrschaft prägten zwischen Mitte des 14. und Ende des 16. Jahrhunderts auch das Verhältnis zwischen Kano und Katsina.

Gleichgewicht der Kräfte
Trotz wechselnder Machtverhältnisse in den Beziehungen der Stadtstaaten untereinander und in Bezug auf die benachbarten Großreiche Songhai und Bornu gelang es auf Dauer keinem der Konfliktpartner, die hegemoniale Vorherrschaft zu erringen. Viel spricht dafür, dass letztlich ihr gemeinsames Interesse an dem für alle vorteilhaften Fernhandel überwog, sodass die Region ab dem Ende des 16. Jahrhunderts durch ein latentes Gleichgewicht der Kräfte geprägt war, das sich unter anderem in einer »Arbeitsteilung« ausdrückte.

So galten nach der schon erwähnten Gründungslegende Kano und Rano, deren baumwollene Batiktextilien auch in Nordafrika sehr geschätzt wurden, als »Könige des Indigo«, während Katsina und Daura, die »Könige des Marktes«, ihren Vorrang als Umschlagplätze im Transsaharahandel behaupteten. Der nördlichste Hausastaat Gobir, der »König des Krieges«, verteidigte die Region unter anderem gegen Einfälle der Tuareg, und Zaria, der »König der Sklaven«, kontrollierte den Handel mit Menschen aus den Regionen südlich des Hausalandes, welche als Arbeitskräfte für die Stadtstaaten oder als »Handelsware« zum Export nach Nordafrika bestimmt waren.

Bis heute werden die in ganz Westafrika geschätzten tiefblauen Indigotücher in Behältern gefärbt, die in die Erde eingelassen sind. Die kunstvollen Batikmuster entstehen durch Falten und Binden des Stoffes.

> **INFOBOX**
>
> **»Land der Hausasprache«**
> Obwohl sie erst im 16. Jh. entstand und somit für die Rekonstruktion der Ursprungsgeschichte ohne Aussagekraft ist, bildet die Gründungslegende zum Verständnis des historischen Aufstiegs der Stadtstaaten der Hausa eine wichtige Quelle. Sie nennt das »Hausa« – wörtlich »Sprache« – als gemeinsames Merkmal all derer, die in »kasar hausa«, im »Land der Hausasprache«, siedelten und verweist somit auf den übergreifenden, »kosmopolitischen« Charakter von Wirtschaft, Bevölkerung und Kultur des Hausalandes.
> Die frühesten Hausastaaten waren Kano, Gobir, Daura, Biram, Rano, Zaria und Katsina. Sie werden nach einer mündlichen Überlieferung auf die sieben Söhne des legendären Urahnen von Daura zurückgeführt.

Afrika

Günstige Handelsaussichten und der hohe Lebensstandard machten die Hausastädte für Immigranten aus den Nachbarreichen, aber auch für Angehörige anderer Kulturkreise attraktiv. Diese Zirkulation von Waren, Menschen und Ideen übte nachhaltigen Einfluss auf die gesellschaftliche und kulturelle Entwicklung in Zentralsudan aus, wie sich insbesondere am Beispiel der Stadt Kano verfolgen lässt.

Muslimische Händler und Gelehrte – Bevölkerung und wirtschaftliches Wachstum
Kano, mit dessen Befestigung um 1100 begonnen wurde, entwickelte sich ab 1350 zum prosperierenden Wirtschaftszentrum, das auf dem Karawanenweg vom Mittelmeerhafen Tripolis aus in zwei Monaten zu erreichen war. Bedeutenden Anteil am Aufschwung hatten die Händler vom Volk der Mande (auch Wangara oder Dyula) aus Mali, die sich vor allem nach dem Niedergang des Großreiches im 15. Jahrhundert in größerer Zahl in Kano niederließen und unter deren Einfluss der Stadtchronik zufolge bereits der Herrscher Yaji (1349–85) zum Islam übergetreten sein soll.

Neben Natron und Zinnbarren aus der Sahara war Salz eines der Güter, mit denen die Hausa handelten. Noch heute durchqueren Salzkarawanen die Wüste auf der Route Agadés – Bilma.

Angezogen durch den florierenden Handel und die ersten Islamisierungserfolge kamen weitere Gruppen in die Stadt: Fulbe aus Fouta Toro (Senegalflussgebiet), unter denen sich muslimische Schriftgelehrte und Marabuts (von arabisch murabit »Weiser«, »Heiliger«), aber auch Hirtennomaden befanden; Aristokraten, Gelehrte und Händler aus dem muslimischen Nachbarreich Bornu sowie Vertreter der nordafrikanischen geistlichen Elite, die religiöse Schriften und Gesetzestexte mitbrachten, darunter der bekannte Jurist al-Maghili aus Tlemcen im heutigen Algerien. Er verfasste für Kanos Herrscher Mohammed Rumfa (1463–99) »Die Pflichten der Prinzen«, eine Anleitung zur Verankerung der Scharia, des islamischen Rechts, und zur Verbreitung des Glaubens im Staat. In gleicher Absicht stattete al-Maghili auch Kanos Handelsrivalin Katsina, deren Herrscher Mohammed Korau (1445–95) bereits Muslim gewesen sein soll, seinen Besuch ab.

Spätestens seit der Herrschaft Mohammed Rumfas lässt sich von einer höfischen muslimischen Kultur in Kano sprechen. Nach nordafrikanischen Vorbildern baute man in der zweiten Hälfte des 15. Jahrhunderts einen neuen Palast, eine Moschee und einen Harem für die

Das in den Salzpfannen bei dem Oasenort Bilma (Ost-Niger) gewonnene Salz wird zu runden Laiben oder hutartigen Salzstöcken geformt und von Salzkarawanen transportiert.

> **INFOBOX**
>
> **Islamische Einflüsse**
> Im politischen und sozialen Alltag der Hausa-Stadtstaaten schlugen sich islamische Kultureinflüsse zwar vielfach nieder, nachhaltig religiös geprägt wurden davon bis zum Ende des 18. Jh. jedoch nur die Berufsgruppe der Händler sowie der Hof. Die Hausahändler, die einen beträchtlichen Teil der Stadtbevölkerung ausmachten, konvertierten unter dem Einfluss der Mande-Immigranten zum Islam. Sie haben später diese Religion im Zuge des in Richtung Süden expandierenden Handels in den nigerianischen Waldgebieten und in der Voltaregion (im heutigen Ghana) weiter verbreitet.

tausend Ehefrauen des Herrschers, verwendete Langtrompeten und Fächer aus Straußenfedern als Insignien königlicher Macht und beging das Ende des Fastenmonats Ramadan mit einem Fest (Id al-Fitr).

Sehr zum Missfallen der muslimischen Gelehrten ließ die politische Führungsschicht jedoch große Toleranz gegenüber der »heidnischen« Bevölkerungsmehrheit in den Städten und im Hinterland walten. Prunkvolle Inszenierungen und das Nebeneinander von Islam und Animismus kennzeichneten über Jahrhunderte den Alltag in den Stadtstaaten, bevor sich an diesen Zuständen im späten 18. Jahrhundert schließlich der djihad, der »heilige Krieg«, des Reformers Osman dan Fodio entzündete.

Trug der Islam also in politischer Hinsicht dazu bei, die Position der Führungsschicht zu stärken und ihre Herrschaft zu legitimieren, so spielte er auch eine wichtige kulturelle Rolle, die nicht auf die Höfe beschränkt blieb. Prediger und Koranschullehrer verbreiteten nicht nur die religiöse Lehre in Stadt und Land, sondern auch das Lesen und Schreiben in ajami, das heißt in Hausa, das mithilfe des entsprechend angepassten arabischen Alphabets schriftlich wiedergegeben wurde. Zahlreiche in ajami verfasste religiöse, literarische und Gebrauchstexte waren vermutlich ab dem 17. Jahrhundert in Umlauf.

Diese bemerkenswerte Anpassung neuer Kulturtechniken an die allen Bewohnern des Hausalandes geläufige Sprache, der sich nachweislich auch die Händler der Mande und der aus Bornu stammenden Kanuri bedienten, war nicht nur ausschlaggebend für die Entwicklung

Die Tuareg sind ein Berbervolk, das in den Gebirgen der westlichen Zentralsahara und dem südlich anschließenden Sahel lebt. Ihre Amulette, darunter das berühmte, Stolz und Größe symbolisierende »Kreuz von Agadès«, werden im Wachsausschmelzverfahren hergestellt.

von Handel und Handwerk. Die Alphabetisierung breiter Bevölkerungsschichten erleichterte auch die Regierungs- und Verwaltungsgeschäfte und trug darüber hinaus maßgeblich zur Entfaltung einer einheitlichen Kultur bei, in der sich animistische und islamische Anschauungen vermischten. Vom Kulturkontakt geprägt wurden auch die mündlichen volkstümlichen Überlieferungen der Hausa, in die islamische Elemente einflossen.

Stadträte, Sklaven und Zünfte – Politik und Verwaltung
Staatsoberhaupt in den jeweiligen Hausastädten war der sarki, der von einem mehrköpfigen Gremium hoher Regierungsbeamter und Provinzgouverneure aus den Reihen der Prinzen der herrschenden Dynastie bestimmt wurde. Die Regierungsform lässt sich als oligarchische Monarchie bezeichnen, insofern das Wahlgremium, dessen Votum einstimmig erfolgen musste, auch nach der Inthronisierung des Souveräns im Amt blieb und ihm als oberster Staatsrat zur Seite gestellt wurde, der im Falle Kanos, Gobirs und Zamfaras neun Personen umfasste.

Ursprünglich aus Angehörigen der herrschenden Dynastie sowie der führenden Familien des Landes zusammengesetzt, hatte dieser »Rat der Neun« die politischen und administrativen Schlüsselpositionen inne. Unter ihnen befanden sich der Oberbefehlshaber über die Armee, der Verwalter der Staatsfinanzen und der mit weit reichenden Kompetenzen ausgestattete galadima, der Premierminister und offizielle Stellvertreter des sarki. Zahlreiche Unterbeamte aus dem Verwandtenkreis, der Klientel, aber auch Sklaven dieser Spitzenpolitiker waren als Berater und Boten, Steuereintreiber und Marktaufseher, Grundstücksverwalter sowie als Verantwortliche für die königlichen Pferdeställe und das höfische Protokoll tätig.

Eine Ausnahme von diesem ausschließlich männlichen Beamtenapparat verkörperte die asarki. Diese »Königinmutter« – nicht zwangsläufig die leibliche Mutter des Souveräns, sondern häufig seine Schwester oder Tante mütterlicherseits – spielte eine führende Rolle im Staatsgeschehen. Wie eine Quelle aus Kano um 1500 berichtet, schaltete sie sich in Machtkämpfe ein und konnte somit den drohenden Sturz eines Herrschers verhindern. Der einflussreichen Prinzessin Amina von Zaria wird nicht nur die Initiative zum Bau neuer Befestigungsanlagen und zur Ausdehnung von Handelsrouten zu Beginn des 16. Jahrhunderts zugeschrieben; sie ist darüber hinaus auch als Heerführerin in die Geschichte eingegangen.

Die starke Stellung der führenden Familien des Landes, die sich im Staatsrat und dessen weit reichenden Befugnissen ausdrückte, blieb in der Praxis nicht unangefochten, wie sich an wiederholten Machtkämpfen zwischen Monarch und Rat zum Beispiel in Kano und Zamfara zeigte. Deshalb betrauten die Souveräne zunehmend Sklaven, darunter auch Eunuchen, die ursprünglichen Haremswächter, mit hohen Ämtern und versicheren sich dadurch einer loyalen Gefolgschaft. So lag in Kano die Verwaltung der Staatsfinanzen, die Oberaufsicht über Stadt und Palast sowie über die freie Beamenschaft seit Mohammed Rumfa in Händen »importierer« Sklaven. Die außergewöhnliche Karriere dieser Spitzenbeamten, die, obwohl sie zeitlebens unfrei blieben, mitunter sogar mit nahen Verwandten des Herrschers verheiratet waren, stand in scharfem Kontrast um Schicksal der Mehrheit der Sklavenbevölkerung, die in allen Wirtschaftszweigen als Arbeitskräfte eingesetzt beziehungsweise als Handelsware verkauft wurden.

Nicht nur das prestigeträchtige Berufspolitikertum – in Hausa sarauta »das Regieren« – das die führenden Familien des Landes aufgrund ihrer ererbten Ansprüche und später durch den Aufbau von Klientelbeziehungen für sich zu monopolisieren versuchten, prägte das politische Leben der Hausastaaten. Auch die verschiedenen Berufs- und Herkunftsgruppen waren beteiligt. So regelten die Vertreter der in Zünften zusammengeschlossenen Schmiede und Maurer, Weber, Färber, Gerber und Sattler, Schlachter und Jäger, aber auch Musiker, Geschichtenerzähler und Prostituierten den Umgang mit den hohen Staatsbeamten, Marktbehörden und Händlern, führten Gewerbesteuern ab und stellten, wie im Falle der Schmiede und Jäger, eigene Regimenter für Kriegszüge auf.

Während diese zünftig organisierten Berufe eher am unteren Ende der politischen Rangskala angesiedelt waren, galten Händler, Handelsgehilfen, Bankiers und Makler – Letztere beobachteten das regionale Marktgeschehen und bahnten Handelsgeschäfte an – als politisch und gesellschaftlich hoch angesehene Gruppe. Der Umstand, dass sie nicht nur aus Angehörigen verschiedener Nationalitäten, darunter zahlreichen Immigranten aus Mali und Bornu, zusammengesetzt waren, sondern auch der Zugang zum Handelsgewerbe offensichtlich keinen Beschränkungen unterlag, lässt sie im Rückblick als bemerkenswert moderne gesellschaftliche Gruppen erscheinen.

Den mallamai, muslimischen Gelehrten, Schreibern und Geistlichen, wurde neben ihren religiösen und kulturellen Aufgaben auch politische Bedeutung beigemessen, wie sich in ihren Funktionen als Berater und Sekretäre am Hof sowie als Richter zeigt.

Die Gouverneure und Provinzstatthalter, welche die Beziehungen zwischen Städten und Hinterland regelten setzten sich überwiegend aus Nachkommen der jeweiligen ortsansässigen Aristokratie zusammen, die sich, von Region zu Region verschieden, mit der herrschenden Dynastie in den Zentren verbündet hatte oder unter ihre Vasallenschaft geraten war. Dementsprechend unterlag das Verhältnis zwischen Zentrum und Provinzen in

Afrika

historischen Verlauf beträchtlichen Schwankungen. Den Quellen zufolge hat es sowohl Rebellionen seitens einiger Vasallen gegeben – wie jene, die Kanos Herrscher gegen Ende des 17. Jahrhunderts zur Absetzung und Hinrichtung eines unbotmäßigen Gouverneurs bewog – als auch Provinzen in Zamfara oder Katsina, die über längere Zeiträume einen hohen Grad an Autonomie aufrechterhalten konnten.

Bauern und Hirtennomaden – Das Leben auf dem Land
Obwohl es auch innerhalb der Stadtmauern dörfliche Siedlungen gab, lebte die Mehrheit der bäuerlichen Bevölkerung im Hinterland der städtischen Zentren. Trotz

Die Fulbe sind eine Stammesgruppe in West- und Zentralafrika, die in isolierten Einheiten über die ganze westliche Sudanzone verstreut leben. Das Foto zeigt einen Mann vom Volk der Fulbe auf seinem Kamel.

Die als nomadisierende Rinderhirten lebenden Fulbe sind nur oberflächlich islamisiert. Die sesshaften Feldbauern und städtischen Fulbe hingegen haben sich den Völkern ihrer Wohngebiete stark angeglichen und gelten als fanatische Muslime. Das Foto zeigt ein typisches Fulbe-Haus.

ihres niedrigen politischen Status – der sie bezeichnende Begriff talakawa bedeutet sowohl »Bauern« als auch »Regierte« –, gehörten sie, sozial gesehen, zu den freien Bürgern und waren nicht selten durch Blutsverwandtschaft oder Heiraten mit einflussreichen städtischen Familien verbunden. Dies erleichterte zum Beispiel nicht nur einzelnen Landbewohnern den Einstieg in Handwerk oder Handel, sondern hob langfristig den Stadt-Land-Gegensatz zunehmend auf, da größere Gruppen aus den ländlichen Regionen saisonal in die Zentren zogen und dort Handwerk und Handel nachgingen.

Den innerstädtischen Verhältnissen vergleichbar, war die politische Organisation auf dem Land durch ein hie-

Afrika

> **INFOBOX**
>
> **Orale Traditionen**
> Schriftlose Gesellschaften sind nicht geschichtslos, wie die Historiker und Philosophen in früheren Zeiten meinten. Ihr Gedächtnis, das Archiv einer schriftlosen Gesellschaft, ist jedoch anders strukturiert als das einer schriftbesitzenden Gesellschaft: Das Wissen über den Ursprung der eigenen Gruppe, über historische Ereignisse, Religion und Kultur wird – häufig in Rituale eingebunden – mündlich weitergegeben.
> In dieser »mündlichen Literatur« nehmen Genealogien einen besonderen Stellenwert ein. Sie binden das Individuum ein in eine Reihe von Vorvätern (seltener Müttern), und sie verbinden Gruppen von Menschen durch die Abstammung von einem gemeinsamen, meist mythischen Ahnen. Noch heute spielen orale Traditionen in den ehemals schriftlosen afrikanischen Gesellschaften eine große Rolle und sind eine wichtige Quelle für die Geschichtswissenschaft. Sie sind jedoch nicht einfach übersetzbar, keine mündlichen »Geschichtsbücher«. Daher ist das Wissen über die vorkolonialen und frühen Kolonialgesellschaften aus europäischer, geschichtswissenschaftlicher Sicht sehr unvollständig. Unsere Kenntnis beruht v. a. auf Reiseberichten und Tagebüchern, Aufzeichnungen von Missionaren und Händlern.

rarchisch abgestuftes System gekennzeichnet. Angefangen bei den Familienvorständen, über die Chefs der nächsthöheren Ebenen Dorf und Bezirk bis hin zum sarki des jeweiligen Stadtstaats, in dem sich gewissermaßen alle Autorität bündelte, regelte ein genauer Kanon die Kompetenzen und Pflichten eines jeden Amtsträgers. Im Inneren dieses Gefüges spielten persönliche Beziehungen und wechselseitige Verpflichtungen jedoch eine wichtige Rolle. So bemaß sich der tatsächliche Einfluss eines Amtsinhabers in der Stadt wie auf dem Land daran, inwieweit es ihm gelang, eine loyale Gefolgschaft hinter sich zu bringen und Beziehungen zu Ranghöheren – bis hin zum Souverän – zu knüpfen, die sich wiederum für ihn und seine Klientel vorteilhaft auswirkten.

Landwirtschaft und Sozialleben wurden von der Großfamilie geprägt, deren Mitglieder – zumeist zwei Männer, deren Frauen und Kinder – ein Anwesen bewohnten und die Felder gemeinsam bestellten. Dem ältesten männlichen Mitglied väterlicherseits kam der Rang des Familienvorstandes und rechtlichen Vertreters

Die zu den Westatlantischen Klassensprachen zählende Sprache der Fulbe, das Ful, wird im gesamten westafrikanischen Raum zwischen Senegal und der Republik Sudan gesprochen. Das Foto zeigt Frauen beim Getreidestampfen in einem Dorf der Fulbe.

gegenüber den politischen Autoritäten zu. Er war nicht nur verantwortlich für die Vergabe der Felder und die Zuteilung der Ernteerträge, die Anschaffung von Saatgut und Ackergeräten sowie die Ausführung der Zeremonien anlässlich von Aussaat und Ernte, sondern schlichtete auch Familienstreitigkeiten. Darüber hinaus führte er die von der Agrarbevölkerung jährlich zu leistenden Steuern, die zum Beispiel für Kano etwa ein Achtel der Ernteerträge ausmachten, und weitere Abgaben wie Brunnen- oder Handwerkersteuer ab.

Ausgereifte Agrartechniken wie der Einsatz von Dünger, Fruchtwechsel und Mischkulturen machten den Ackerbau zwischen 1500 und 1800 zum Grundpfeiler der wirtschaftlichen Prosperität im Hausaland. Wie in allen anderen Wirtschaftszweigen wurden auch in der Landwirtschaft aus den südlich gelegenen Regionen importierte Sklaven eingesetzt, deren Anteil an der Landbevölkerung auf zehn bis zwanzig Prozent geschätzt wird. Obwohl vermutlich jede Familie danach strebte, solche zusätzlichen Arbeitskräfte zu besitzen, hat es organisierte Sklavenarbeit, wie sie zum Beispiel Grundlage von Plantagenwirtschaft war, auf dem Land nicht gegeben. Ebenso wie sie in die familiären Landwirtschafts- und Handwerksbetriebe integriert wurden, nahm man Sklaven gewissermaßen auch in die Familie auf, was sie in der Regel davor bewahrte, wieder verkauft zu werden.

Die Tuareg, ein Berbervolk in den Gebirgen der westlichen Zentralsahara und dem Sahel, sind zwar sunnitische Muslime, haben aber ältere Glaubensvorstellungen und mutterrechtliche Elemente bewahrt. Das Foto zeigt Tuareg auf dem Markt in Watagouna, einer Siedlung in Nord-Mali.

Anders verhielt es sich vermutlich mit den Domänen des Herrschers und führender Staatsbeamter. Ob sie allerdings ausschließlich von Sklaven bewirtschaftet wurden, wie Einzelzeugnisse nahe legen, ließ sich bislang nicht zweifelsfrei ermitteln. So berichtet die – vom Quellenwert her umstrittene – Chronik von Kano für Mitte des 15. Jahrhunderts nicht nur von Tausenden von Sklaven in Kano und Umgebung, sondern auch von 21 neu gegründeten Dörfern, die mit jeweils tausend Sklaven besiedelt worden seien!

Neben dem Ackerbau prägte die überwiegend von Tuareg und Fulbe betriebene Weidewirtschaft das ländliche Leben. Während die Tuareg die Gebiete in Zamfara als saisonale Weidegründe für Kamele, Ziegen und Schafe nutzten, hielten die Fulbe im Hinterland von Katsina, Kebbi und Zamfara große Rinder- und Schafherden und ließen sich dort zunehmend auf Dauer nieder. Dies wirkte sich positiv für die Staatskasse aus, an die sie jährliche, an der Größe ihrer Herden bemessene Abgaben an Rindern, Milch und Butter zu leisten hatten. Im Verhältnis zwischen Bauern und Viehzüchtern überwogen gutnachbarliche Beziehungen und wirtschaftliche Zusammenarbeit. Die Bauern profitierten von den Rinderherden, die nicht nur ihre Brachfelder düngten und somit zur Steigerung der Erträge beitrugen, sondern auch Fleisch und Milch lieferten. Im Gegenzug versorgten sie die Viehzüchter mit Getreide und Gemüse.

In jeder anderen Hinsicht haben sich die Hirten-Fulbe als immerhin größte ländliche Immigrantengruppe einer Integration widersetzt. Dank einer staatlich garantierten Autonomie hielten sie über Jahrhunderte ihre auf der nomadisierenden Lebensweise beruhenden politischen, sozialen und religiösen Gemeinschaftsformen aufrecht und blieben somit lange Zeit die einzige gesellschaftliche Gruppe im Hausaland, die sich äußeren Einflüssen – auch islamischen – nachhaltig verschloss.

Konsolidierung und Niedergang
Die Hausastadtstaaten haben es in wirtschaftlicher Hinsicht verstanden, sich als Mittler im Fernhandel zu behaupten, ja sogar den ursprünglich von Nordafrika dominierten Transsaharahandel unter eigener Führung

Das Foto zeigt eine Ruine der auf einem isolierten Felsen liegenden Fliehburg Aney in Ost-Niger, die die Kanuri, das Staatsvolk des ehemaligen Reiches Bornu, gegen Nomadenüberfälle errichtet haben; die Burg war nur über Leitern zu erreichen.

nach Süden hin auszudehnen. Als politische Einheiten konnten sie sich gegenüber den benachbarten mächtigen Territorialstaaten nicht nur auf Dauer behaupten; sie haben diese auch überlebt und »beerbt«. So fielen wirtschaftliche Blüte und politische Konsolidierung im 17./18. Jahrhundert zusammen mit dem Niedergang Songhais und der Schwächung Bornus.

Im Verhältnis der Stadtstaaten untereinander wirkte sich die Politik der Stärke langfristig allerdings verhängnisvoll aus: Permanente militärische Konflikte zogen hohe Ausgaben für Befestigungsanlagen und Armeen nach sich und führten nicht nur zur wirtschaftlichen Stagnation, sondern auch zu wachsendem Unmut bei breiten ländlichen und städtischen Bevölkerungsgruppen, die mit ihren Abgaben die Expansionsbestrebungen ihrer Souveräne finanzieren mussten. Neue Besteuerungssysteme und die anhaltende Vermischung islamischer und »heidnischer« Kultur am Hofe brachten auch die muslimischen Geistlichen gegen die Staatsführung auf.

Weder Eroberung von außen noch die Vorherrschaft eines ihrer Rivalen brachte die Hausastaaten letztlich zu Fall, sondern eine interne muslimische Reformbewegung unter der Führung des Gelehrten und Geistlichen Osman dan Fodio, der selbst lange Jahre in Diensten der herrschenden Dynastie in Gobir gestanden hatte, bevor er ihr den Krieg erklärte. Dabei erwies sich die innere politische und soziale Organisation der Stadtstaaten als ihr eigentliches »Erfolgsrezept«: Sie überdauerte nicht nur das von dan Fodio eingerichtete Kalifat von Sokoto, sondern blieb auch während der britischen Kolonialzeit ein weiteres Jahrhundert später unangetastet.

Brigitte Reinwald

Zeit der Krisen und Spannungen: Senegambien im 17. und 18. Jahrhundert

Am Mittellauf des Senegal, des »Nils der Schwarzen«, wie ihn die klassischen arabischen Autoren bezeichneten, trat ab Mitte des 17. Jahrhunderts eine religiöse Bewegung in Erscheinung, die eine Zeitenwende in der Geschichte Westafrikas einleiten sollte. Vor dem Hintergrund des transatlantischen Sklavenhandels hatten sich hier muslimische Erneuerer radikalisiert und 1673 zum »heiligen Krieg« (djihad) gegen die herrschenden Aristokratien aufgerufen.

Diese erste – gescheiterte – islamische Revolution wurde zum Fanal und »Modell« für die nächsten Generationen, die den djihad im Verlauf des 18. und 19. Jahrhunderts in alle Gebiete der Sudanzone tragen sollten. Ausgangspunkt dieser Entwicklung, die Prediger und Reformer zu Militärführern machte, die schließlich – wie Osman dan Fodio und El-Hadj Omar Saidu Tall – die politische Landkarte Westafrikas veränderten, war die Zerrüttung der vom transatlantischen Sklavenhandel betroffenen Gesellschaften der westlichen Sudanzone.

Die europäische Präsenz an der westafrikanischen Atlantikküste – den etwa 1450 erstmals in Senegambien angelandeten Portugiesen folgten bis zum Ende des 17. Jahrhunderts Händler, Missionare und Abenteurer aus Holland, England und Frankreich – löste tief greifende wirtschaftliche und politische Krisen aus. Eine neue am Überseehandel ausgerichtete wirtschaftliche Infrastruktur entstand, die langfristig zum Ruin der transsaharischen Handelsbeziehungen führte.

Güter, zunächst Gold und Elfenbein, bald aber auch Sklaven für die europäischen Plantagen in der »Neuen Welt«, wurden nunmehr über Flüsse (Senegal, Gambia, Casamance) und Meeresarme (im heutigen Guinea-Bissau) in die neu errichteten europäischen Handelsniederlassungen Saint-Louis, Gorée und Portudal (Senegal), Saint-James (Gambia), Cacheu und Bissau (im heutigen Guinea-Bissau) transportiert und von dort aus nach Amerika verschifft. Bis zur Ächtung des transatlantischen Sklavenhandels Anfang des 19. Jahrhunderts exportierte Senegambien zeitweilig bis zu 8 000 Menschen pro Jahr. Dabei schufen die in den europäischen Faktoreien vertriebenen Importwaren wie Schusswaffen und Munition, Alkohol und Baumwollstoffe Anreize für die lokalen Aristokratien, sich am expandierenden Handel mit der Ware Mensch zu beteiligen.

Der transatlantische »Dreieckshandel« – afrikanische Sklaven für Amerika, amerikanische Produkte für Europa, europäische Importgüter für Afrika – wirkte sich sowohl im Inneren der betroffenen Gesellschaften als auch in ihrem Verhältnis untereinander verheerend aus. Von allgegenwärtiger Angst und Gewalt geprägt war insbesondere das Leben der bäuerlichen Bevölkerung, die von ihren eigenen Souveränen oder benachbarten Herrschern gejagt wurde. Plünderungen, Versklavung und Entvölkerung ganzer Landstriche, deren Bewohner sich durch Flucht den Razzien zu entziehen suchten, führten darüber hinaus zu einem drastischen Rückgang des Getreideanbaus mit katastrophalen Langzeitfolgen. So haben historische Untersuchungen für das 18. Jahrhundert in Nordsenegal zwanzig (!) Hungerperioden ermittelt, im Zuge derer die bereits geschwächte Bevölkerung weiter dezimiert wurde.

Dass die bereits erwähnte erste islamische Revolution, der »Marabut-Krieg«, angeführt von dem Koranprediger (Marabut) Nasir ad-Din, 1673 im Gebiet des Senegal aufflammte, erscheint im Rückblick wenig überraschend. Diese von Sklavenrazzien stark betroffene Region gehörte zum Einflussbereich der Monarchien von Fouta Toro, Walo und Kajor, deren Souveräne enge Handelsbeziehungen mit der französischen Niederlassung Saint-Louis an der Flussmündung pflegten. Weitere Gegner der Aufständischen waren die vom nördlichen

Dieses Elfenbein-Salzfass aus Benin verweist auf die Anwesenheit der Portugiesen in Westafrika. Den Sockel bilden portugiesische Edelleute, auf dem Deckel befindet sich ein portugiesisches Segelschiff (16. Jh.; London, British Museum).

Flussufer (im heutigen Mauretanien) aus operierenden Krieger der arabischen Hassani, unter denen besonders die Berberbevölkerung stark zu leiden hatte.

Trotz anfänglicher militärischer Erfolge der muslimischen Revolutionäre scheiterte die Bewegung letztlich am Interessenbündnis der Aristokratien, deren Armeen ihr mithilfe französischer Unterstützung vernichtende Niederlagen beibrachten und die Überlebenden nach 1677 scharfer Repression aussetzten. Der dadurch ausgelöste muslimische Massenexodus aus Fouta Toro nach Bundu (Südostsenegal) und Fouta Djalon (Oberland von Guinea) wirkte sich langfristig ausschlaggebend für die Erstarkung und Konsolidierung der Bewegung aus, wie sich an den »drei glorreichen Revolutionen« des 17. und 18. Jahrhunderts zeigt.

»Heiliger Krieg« und Staatsgründung

Nach einem erfolgreichen djihad gründete der Geistliche Malick Sy 1690 den ersten muslimischen Staat in Bundu. Unter ähnlichen Voraussetzungen wurden 1725 auch in Fouta Djalon religiöse und politische Macht unter Karamoko Alfa und seinem Nachfolger Ibrahima Sori vereinigt. Ausgehend von diesen beiden Stützpunkten, gelang es den Muslimen schließlich 1760, ihre Heimatre-

Dieses zwischen 1634 und 1637 entstandene Aquarell von Zacharias Wagner zeigt einen Sklavenmarkt, auf dem die Europäer die feilgebotene »Ware« mustern (Dresden, Kupferstichkabinett).

Afrika

Les Anglais faisans part aux Africains du Traité de Paix des Puissances alliées du 20 9.bre 1815 sur l'abolition de la traite des Noirs.

The English making the Africans partners of the treaty of peace between the allied powers of the 20.th of 9.br 1815 upon the abolition of the slave trade.

gion Fouta Toro am Mittellauf des Senegalflusses zurückzuerobern und unter dem almamy (von arabisch al-imam »Gebetsführer«) Abd el-Kader Kane ihren Einfluss bis nach Brakna und Trarza (Mauretanien) auszudehnen.

Im Gegensatz zu den seit Jahrhunderten an den Höfen der senegambischen Aristokratien und in den Handelszentren ansässigen muslimischen Geistlichen und Schriftgelehrten, die sich darauf beschränkt hatten, als Ratgeber der Fürsten zu wirken, wandten sich die »heiligen Krieger« (Djihadisten) des späten 17. und frühen 18. Jahrhunderts ans Volk und machten den Islam zum Massenphänomen. Schwert und Mission fanden nicht zuletzt deshalb breite Resonanz bei der ländlichen Bevölkerung, weil der Übertritt zum Islam sie vor der Versklavung und Deportation nach Übersee bewahrte. Darüber hinaus verhieß die Errichtung islamischer Staaten das Ende der an die Aristokratien zu leistenden Tribute.

Die Djihadisten verfochten allerdings keineswegs die Abschaffung von Menschenhandel und Sklavenarbeit.

Bis zur Ächtung des transatlantischen Sklavenhandels exportierte Senegambien zeitweilig bis zu 8 000 Menschen pro Jahr. Die Radierung thematisiert die Abschaffung des Sklavenhandels, die die Hauptmächte des Wiener Kongresses 1815 beschlossen (Paris, Bibliothèque Nationale de France).

Gorée, eine Felseninsel am Kap Verde, war einer der bedeutendsten Sklavenumschlagplätze Westafrikas. Das Foto zeigt den ehemaligen Gouverneurspalast auf der Insel.

Im Gegenteil: Die muslimischen Herrscher von Bundu, Fouta Djalon und Fouta Toro übernahmen das Sklavenhandelsmonopol ihrer »ungläubigen« Vorgänger. Opfer der Razzien wurde nunmehr die nichtmuslimische Bevölkerung ihrer Staaten und diejenige benachbarter Territorien. Wer nicht an die europäischen Handelsniederlassungen verkauft wurde, hatte ein Leben in den runde, eigens eingerichteten Sklavendörfern, vor sich. Die Männer und Frauen, die dort die Felder bestellten, handwerkliche und häusliche Arbeiten verrichteten, sicherten den Lebensunterhalt der geistlichen Elite, die sich somit dem Studium der Schriften, dem geistigen Austausch und der Missionstätigkeit widmen konnte. Ernteüberschüsse aus den runde wurden an die Küste verkauft, wo sie den hohen Bedarf an Getreide zur Ernährung der Exportsklaven deckten.

Brigitte Reinwald

Das Schwert des Glaubens: Islamische Reformstaaten der Sudanzone

Politisch betrachtet, wurde der Islam von den muslimischen Autokraten Bundus, Fouta Djalons und Fouta Toros als ideologisches Mittel eingesetzt, um ihre Macht zu legitimieren und aufrechtzuerhalten. Dies erklärt allerdings noch nicht die gesellschaftliche Anziehungskraft, die vom Islam als neuem Modell der Lebensgestaltung ausging, um dessentwillen sich Tausende von Freiwilligen in den bewaffneten Kampf stürzten.

Torodbe, Wahhabiten und Sufismus
Als torodbe (Singular torodo), »aus Fouta Toro stammend«, bezeichneten sich die Djihadisten in Bundu, Fouta Djalon und Fouta Toro. Sie verbanden damit, über ihre gemeinsame geographische Abstammung hinaus, ihre Zugehörigkeit zu einer islamischen, von Sklaven und deren Nachkommen begründeten Kultur, die sich dem Ideal des Propheten Mohammed – der Gleichheit aller Muslime – verpflichtet hatte. Dementsprechend waren sie offen für Angehörige verschiedener Bevölkerungsgruppen wie Wolof, Mande, Berber und Fulbe. Obgleich die bedeutendsten geistlichen und militärischen Führer aus den Reihen der Fulbe stammten, sodass die Torodbe später gemeinhin mit den Fulbe gleichgesetzt wurden, trugen die Überwindung ethnischer Barrieren und die gemeinsame Erfahrung der Unterdrückung grundlegend dazu bei, die Identität der Muslime als gesellschaftlicher Gruppe zu festigen.

Die Elite der Torodbe – Gelehrte, Prediger und Studenten – widmete sich dem Studium des Koran und der hadith (Überlieferungen des Propheten Mohammed) sowie den religiösen, philosophischen und rechtlichen Schriften arabischer und nordafrikanischer Herkunft. Diesem intellektuellen Milieu, dessen Mitglieder durch Reisen oder Studienaufenthalte weit verzweigte Kontakte knüpften, die bis nach Ägypten (Azhar-Moschee, Kairo) und Arabien (Mekka) reichten, aber auch das Hausaland einbezogen, entstammten die Familien der Reformer des 19. Jahrhunderts, Osman dan Fodio und Omar Saidu Tall.

Über diese Netzwerke mit dem politischen Geschehen innerhalb der islamischen Welt verbunden, nahmen auch

> **ZITAT**
> **Als Rechtfertigung für den djihad zählt Osman dan Fodio in seiner Schrift »Die Erleuchtung der Brüder« auf, woran der Ungläubige zu erkennen ist:**
> *Wer die Grundlagen des Glaubens leugnet, den islamischen Glauben vespottet oder die Werke des Islam mit den Werken des Unglaubens vermischt, ist ohne jeden Zweifel ein Ungläubiger, auch wenn er den Islam praktiziert.*

die westafrikanischen Muslime mit Betroffenheit zur Kenntnis, dass sich die Krise des Osmanischen Reichs zuspitzte und sein Zusammenbruch drohte. Spätestens ab der zweiten Hälfte des 18. Jahrhunderts wurde offensichtlich, dass die Hegemonialmacht aufgrund innerer Stagnation und äußerer Bedrohung durch die expandierenden europäischen Staaten im Niedergang begriffen war. In Reaktion auf diese Zerfallsprozesse, welche die gesamte islamische Welt in Aufruhr versetzten, erstarkte die puritanische islamische Reformbewegung der Wahhabiten, deren Anhänger sich schließlich mit Mekka (1803) und Medina (1805) der arabischen »Geburtsstätten« des Islam bemächtigten.

Während der Wahhabismus allgemein als Katalysator muslimischer Militanz wirkte und somit auch die Bereitschaft westafrikanischer Muslime zur militärischen Auseinandersetzung stärkte, so fühlten sich Letztere, Anhänger des Sufismus, der auf der mystischen Erfahrung Gottes durch Meditation, Fasten und Gebet beruht, aufgrund der strikten Ablehnung des Mystizismus durch die Wahhabiten dazu herausgefordert, ihre eigenen Glaubenssätze weiterzuentwickeln und sich enger zusammenzuschließen. Diese Entwicklung bekräftigte sich in der Wiederbelebung der bereits im 12. Jahrhundert gegründeten Sufi-Bruderschaft der Kadirije sowie in der Neugründung der Bruderschaft der Tidjanije (Kairo 1780).

Vom »heiligen Krieg« zum Kalifat von Sokoto –
Osman dan Fodio
Schehu Osman dan Fodio (der Lehrer Osman, Sohn von Fodio), der am 15. Dezember 1754 als Sohn eines Gelehrten und Imams geboren wurde, war torodo, das heißt Abkömmling einer Familie, deren Vorfahren im 15. Jahrhundert aus Fouta Toro nach Gobir im heutigen Grenzgebiet von Nigeria/Niger emigriert waren und sich seit dieser Zeit zum Islam bekannten. Das intellektuelle und strenggläubige Milieu seines Elternhauses prägte Kindheit und Jugend Osmans, der zunächst von seinem Vater, später von Schehu Djibril ben Omar, einem hoch geschätzten Gelehrten aus dem Berbervolk der Tuareg, in das Koranstudium eingeführt wurde.

Nach dem Besuch der höheren Islamschule und im Anschluss an ausgedehnte Studienreisen zu geistlichen

Lehrern begab sich der Zwanzigjährige 1774 als Missionar nach Kebbi, wo er eine beträchtliche muslimische Gemeinde um sich versammelte und ein Netzwerk von Kontakten zum Hinterland knüpfte. Im Bemühen um religiöse Erneuerung und die »Reinigung« des Islam von animistischen Einflüssen, aber auch in Vorwegnahme der Feindseligkeiten, die er vonseiten der Herrschenden für seine Bewegung befürchtete, traf dan Fodio den Entschluss, sich als Berater in die Dienste des Souveräns von Gobir zu stellen. Unter dessen Schutz setzte er zwischen 1786 und 1791 seine Missionstätigkeit in Zamfara fort.

Der transsaharische und der – sich ab 1780 auch auf das Hausaland auswirkende – transatlantische Sklavenhandel beschleunigten die Entwicklung. Sie führten der Bewegung dan Fodios eine rapide wachsende Anhängerschaft vor allem aus der bäuerlichen, von Sklavenrazzien bedrohten Bevölkerung, aber auch entlaufene Sklaven zu und waren somit indirekt auch für dan Fodios zunehmend gespanntes Verhältnis zur Herrscherdynastie Gobirs verantwortlich. Diese sah ihre Macht durch die erstarkte, dan Fodio auch politisch ergebene, muslimische Fraktion untergraben. Darüber hinaus ging sie durch die den Muslimen ehedem gewährten Privilegien –

Wenn die Niederschläge nicht ausreichen, können mithilfe von Bewässerungsfeldbau die Ernteerträge wesentlich gesteigert werden. Das Foto zeigt einen für den Bewässerungsfeldbau eingesetzten Ziehbrunnen bei Cheddra, einem Ort in der Provinz Kanem.

Die Fulbe kamen wahrscheinlich gegen Ende des 1. Jahrtausends n.Chr. aus der Sahara. Vom 12./13. Jh. an breiteten sie sich von Senegal nach Süden und Osten aus. In den meisten der von ihnen besiedelten Gebiete sind die Fulbe nur eine Minderheit inmitten anderer Volksgruppen. Das Foto zeigt musizierende und tanzende Fulbe.

autonome Rechtsprechung und Besteuerung – nunmehr beträchtlicher Staatseinnahmen verlustig.

Nach dem Scheitern repressiver Maßnahmen zur Eindämmung des Islam, gefolgt von mehreren Attentatsversuchen auf Osman dan Fodio, eskalierte die Situation 1804 mit dem Auszug der Muslime aus Gobir ins Exil nach Gudu. Dort bereiteten sie unter dem Oberkommando dan Fodios den djihad vor, mit dem sie in der Folge das gesamte Hausaland überzogen und der in die Gründung des Kalifats von Sokoto einmündete (1812).

Die überwältigenden militärischen Erfolge der Djihadisten – bis Januar 1809 waren die meisten Hausastadtstaaten zur Kapitulation gezwungen und ihre Souveräne ins Exil getrieben worden – beruhten auf einer Kombination mehrerer Faktoren. Dazu zählten die Anwendung klassischer arabischer Kriegstaktiken durch die muslimischen Generäle und die psychologische Kriegsführung: Djihadisten sahen sich ja im Falle ihres Todes mit dem Paradies belohnt, indes ihre animistischen Gegner Höllenstrafen zu gewärtigen hatten. Darüber hinaus hatten die von Regierungsseite gegen die Fulbe-Hirtennomaden gerichteten Plünderungen und Sklavenrazzien den Djihadisten wichtige Verbündete zugetrieben, deren Zahl und Kampfkraft zum siegreichen Ausgang maßgeblich beitrug.

Bis zu seinem Tod am 20. April 1817 residierte Osman dan Fodio in Sokoto, dem ehemaligen militärischen Hauptquartier der Djihadisten und nunmehrigen Sitz des Kalifen, während seine Kampfgefährten als Emire (arabisch amir »Heerführer«) mit der Regierung der Provinzen betraut waren.

Mohammed Bello

Mohammed Bello, Sohn und Nachfolger Osman dan Fodios im Kalifenamt, gilt als der eigentliche Organisator des Kalifats, der es nicht nur unternahm, die infolge des djihad daniederliegende Landwirtschaft sowie Wirtschaft und Handel wieder zu beleben, sondern sich auch der Loyalität der Emire und Verbündeten Sokotos zu versichern. Weder ihm noch seinen Nachfolgern gelang es allerdings, die Konfliktherde an den »Rändern« des Kalifats zu beseitigen, wo sich mit Kebbi und dem 1859

INFOBOX

Sidi al-Mukhtar al-Kunti, ein »Mann der Feder«
Ihre geistige und spirituelle Inspiration bezogen die Torodbe aus den Schriften des frühen, 1504 gestorbenen Radikalreformers und Juristen al-Maghili aus dem algerischen Tlemcen, aber auch von Sidi al-Mukhtar al-Kunti (1729–1811), einem zeitgenössischen Mystiker und Prediger der Bruderschaft der Kadirije, dessen Einfluss sich, ausgehend vom südwestsaharischen Raum, bis nach Kankan am Oberlauf des Niger erstreckte. Osman dan Fodio und Seku Amadu wählten diesen charismatischen Geistlichen zum »Mann der Feder« zu ihrem geistlichen Führer und beriefen sich ebenso wie später auch El-Hadj Omar Saidu Tall auf seine rechtlichen und religiösen Darlegungen, um ihren djihad zu legitimieren.

gegründeten Emirat von Kontagora neue Machtzentren herausbildeten, die die Stabilität Sokotos langfristig ernsthaft bedrohten.

Gemäß der Zielsetzung der Djihadisten, der Vermischung von Islam und Animismus im Hausaland ein Ende zu setzen, gründete sich die Staats- und Gesellschaftsordnung in Sokoto auf die Scharia, das islamische Recht. Abgesehen von den Schlüsselpositionen, die strenggläubigen Angehörigen der muslimischen Elite vorbehalten blieben, griff man freilich, insbesondere im Kernland der Hausa, auf die hoch entwickelte Verwaltungsstruktur der Stadtstaaten zurück und hielt auch am System der Patronage-Klientel-Beziehungen und der Besetzung von Ämtern mit Sklaven fest. Insgesamt stellten Sklaven nach wie vor einen beträchtlichen, im Verlauf des 19. Jahrhunderts zunehmenden Anteil an der Bevölkerung des Kalifats. Sklavenarbeit erwies sich nicht zuletzt als eine der Säulen des wirtschaftlichen Booms, den Sokoto zwischen 1855 und 1880 dank landwirtschaftli-

> **INFOBOX**
>
> **Krieger Gottes**
>
> In einer Vision, niedergeschrieben 1794 in einem »wird«, einer Litanei, schaute Osman dan Fodio seine Berufung zum Krieger Gottes: »... Unser Herr Abd-el Kader el-Djilani (Gründer der Bruderschaft Kadirije) brachte ein grünes Gewand, auf dem eingestickt war: ›Es gibt keinen Gott außer Gott, Mohammed ist sein Bote‹ und einen Turban, bestickt mit den Worten: ›Er ist Gott, der Einzige‹... Er hieß mich setzen, bekleidete mich damit und band mir den Turban. Dann nannte er mich »Imam der Heiligen« und befahl mir, das zu tun, was rechtens ist, und verbot mir das, was für Unrecht befunden wurde. Und er gürtete mich mit dem Schwert der Wahrheit, das ich gegen die Feinde Gottes ziehen sollte.«
>
> Nach diesem Erlebnis sammelte Osman dan Fodio Schüler um sich, die ihm auch als politischem Führer folgten. Er entwickelte eine Lehre, wonach gerechte islamische Herrscher unter strikter Anwendung des koranischen Rechts (Scharia) und ohne Kompromisse mit heidnischen Sitten regieren sollen, aber ohne das Volk zu bedrücken oder auszubeuten; die Gelehrten sollen den Umsturz einer schlechten Staatsgewalt betreiben. 1802 von einem neuen Sultan von Gobir vertrieben, trat er an die Spitze des daraufhin ausbrechenden Aufstandes und rief den heiligen Krieg (djihad) gegen die alte Ordnung aus.

Afrika

Das um 1250 gegründete Djenné war im 14. Jh. eine bedeutende Handelsstadt des Reiches Mali und zudem für lange Zeit islamisches Kulturzentrum (Blick über einen Arm des Niger auf das im Niger-Binnendelta gelegene Djenné).

cher Neuerungen wie dem Bewässerungsfeldbau, der Einrichtung einer Zuckerplantage und -fabrik sowie der Marktproduktion von Baumwolle, Zwiebeln und Erdnüssen erlebte.

Nicht seine wirtschaftlichen Errungenschaften, sondern seine strategische Lage als Pufferzone zwischen den französischen und britischen Einflussgebieten in Westafrika machten das Kalifat von Sokoto für die expandierenden europäischen Kolonialmächte zum begehrenswerten Objekt. Angesichts der unnachgiebigen Haltung der Emire und des Kalifen, die sich einer »friedlichen« Einflussnahme widersetzten, leitete die britische Krone die militärische Eroberung ein. Nach erbittertem Widerstand gegen den militärtechnisch weit überlegenen Gegner fiel das Kalifat 1903 ans britische Kolonialreich.

Seku Amadu und Omar Saidu Tall – Masina und das Torodbe-Reich

Im Gegensatz zu den Torodbe-Intellektuellen stammte der um 1773 in der Region Masina im Niger-Binnendelta, Mali, als Sohn von Fulbehirten geborene Seku Amadu (auch: Hamadu) aus einfachen Verhältnissen. Sein Ruf als strenggläubiger Erneuerer des Islam, aber auch sein politisches Engagement für die vom Reich Ségou stark bedrängten Fulbe-Hirtennomaden führten ihm eine rasch wachsende Zahl von Anhängern zu, die vom siegreichen Ausgang des djihad im Hausaland inspiriert waren, wenn nicht gar an der Seite der Truppen Osman dan Fodios gekämpft hatten.

> **INFOBOX**
>
> **Das Erbe El-Hadj Omars**
> El-Hadj Omar hinterließ keinen organisierten Zentralstaat, sondern eine Reihe stark befestigter militärischer Stützpunkte, umgeben von einer eroberten, von der Rechtmäßigkeit der neuen Herrschaft keineswegs überzeugten Bevölkerung. Die mehr oder weniger erfolgreiche Konsolidierung des Imperiums, das bis zur kolonialen Eroberung durch die Franzosen zwischen 1887 und 1893 fortbestand, war das Werk seines Sohnes und rechtmäßigen Nachfolgers Ahmadu, vom Vater 1863 mit der Herrschaft über Ségou betraut, und seines Neffen Tidjani Alfa, der sich 1865 in Masina – jedoch nicht in Timbuktu – durchsetzen konnte.

Ein Aufstand gegen die Repressionen der animistischen Herrscher Ségous und ihrer Fulbe-Verbündeten bildete 1818 den Auftakt zum erfolgreichen djihad Seku Amadus und zur Gründung des islamischen Staates Masina (auch dina genannt, arabisch »Religion«). Dessen Einfluss erstreckte sich 1845, dem Todesjahr Amadus, schließlich bis nach Djenné im Süden und Timbuktu im Norden. Regierungsgeschäfte und Alltagsleben in der Hauptstadt Hamdallahi – der Name bedeutet im Arabischen »Gelobt sei Gott« – waren auf der Grundlage der Scharia geregelt und von extremer Strenge gekennzeichnet.

Während es seinem Sohn und Nachfolger Amadu Seku (1845–53) noch gelang, die Geschlossenheit des Staates zu wahren, das heißt, die Angriffe der Tuareg und des Reiches von Ségou abzuwehren sowie die Machtkämpfe im Inneren einzudämmen, spitzte sich die Situation unter dem politisch unerfahrenen Amadu mo Amadu (1853–62) zu. Mithilfe von Intrigen ins Amt gehievt, löste das »Kind«, wie der Enkel Seku Amadus aufgrund seiner Jugend allgemein genannt wurde, eine Reihe schwerer innenpolitischer Krisen aus, die Masina zerrütteten. Als leichte Beute fiel es schließlich im Mai 1862 den Truppen El-Hadj Omars in die Hände.

Omar Saidu Tall, der spätere Eroberer Masinas, wurde um 1796 in Halwar in Fouta Toro geboren, der Provinz, die der französischen Kolonie von Saint-Louis am nächsten lag. Zwanzig Jahre lang, von 1826 bis 1847, bereiste er die islamische Welt und beeindruckte die Gelehrten seiner Zeit durch seinen intellektuellen

> **ZITAT**
>
> Im Mai 1902, ein Jahr vor der Eroberung des Kalifats von Sokoto durch die Engländer, schrieb der Kalif an den Vertreter der britischen Krone in Nordnigeria, Sir Frederick Lugard:
> *Zwischen euch und uns kann es keine andere Beziehung geben als die zwischen Muslimen und Ungläubigen – den Krieg, wie ihn uns der Allmächtige befohlen hat.*

Afrika

Scharfsinn und sein Wissen. Er vollendete den hadjdj, die Pilgerfahrt nach Mekka und Medina, den heiligen Stätten des Islam, und kehrte als »el-Hadj« (Pilger) und Großkalif der Sufi-Bruderschaft Tidjanije mit der Mission nach Westafrika zurück, die Islamisierung der Schwarzen zu vollenden. Politisches und militärisches Ansehen erwarb er sich während seines Aufenthalts in Sokoto (1830–38), wo er sich von Mohammed Bello in die Grundlagen des djihad einführen ließ, an Kriegszügen teilnahm und Bellos Tochter Maryem heiratete.

Leitmotiv des neuen »djihad«: Islamische Erneuerung
Ab 1840/41 bereitete El-Hadj Omar zunächst vom Stützpunkt Jegunko (nahe Timbo in Fouta Djalon) und – nach der Unterwerfung von Tamba 1852 – von Dinguiraye aus den djihad vor. Oberstes Leitmotiv war die islamische Erneuerung, zu der sich der Mystiker ebenso wie Osman dan Fodio von Gott berufen fühlte. Der Machtpolitiker und Militärstratege verband diese Mission mit einem anderen, durchaus irdischen Ziel: der Errichtung eines muslimischen Imperiums von der Stärke des alten Reiches Mali. Dabei sah er sich mit drei sehr unterschied-

Timbuktus Stadtbild ist von in sudanesischer Lehmbauweise errichteten Moscheen aus dem 13., 14. und 15. Jh. und einer Medrese geprägt. Seine Altstadt zählt zum UNESCO-Weltkulturerbe. Das Foto zeigt den Eingangsbereich einer der Moscheen Timbuktus.

Der von El-Hadj Omar angeführte Glaubenskrieg führte zum Krieg mit den Franzosen, die jedoch ihre Interessen an der Mündung des Senegal erfolgreich verteidigten. Das Foto zeigt die am Senegal gelegene ehemals französische Stadt Saint-Louis.

lichen Gegnern konfrontiert: der Hegemonialmacht Ségou, der expandierenden französischen Kolonie Saint-Louis und dem islamischen Bruderstaat Masina.

Das in der ersten Hälfte des 18. Jahrhunderts entstandene animistische Reich der Bambara von Ségou hatte seinen Einfluss unter Ngolo Diarra (1766–90) und dessen Nachfolger Monzon Diarra (1790–1808) bis nach Senegambien im Westen und Timbuktu im Nordosten ausgedehnt. Ein beträchtlicher Teil seiner Staatseinnahmen verdankte sich dem Sklavenhandel, gespeist durch die Razzien, mit denen Ségous Armeen die Region zwischen dem Niger (Gegend um Bamako) im Süden, Bundu im Westen und Kaarta im Norden überzogen. Unter der Herrschaft Da Monzon Diarras (1808–27) waren mit den aufständischen Fulbehirtennomaden und dem islamischen Staat Seku Amadus in Masina erstmals politische und gesellschaftliche Gegenkräfte in der Großregion entstanden, welche Ségous Hegemonie bedrohten beziehungsweise beschnitten.

Der siegreiche Auftakt des djihad El-Hadj Omars – die Eroberung der Provinz Kaarta und die Einnahme ihrer Hauptstadt Nioro durch seine mudjahidun (arabisch

»Glaubenskämpfer«) am 11. April 1855 – versetzte die Franzosen in Saint-Louis in Alarmbereitschaft. Die Offensive des Generals und Gouverneurs Louis Faidherbe, der die von El-Hadj Omar gehaltene Provinz Khasso am Oberlauf des Senegal zum französischen Protektorat erklärte und ein Fort in Medina errichten ließ, zwang Letzteren zur Aufgabe seiner Strategie, die direkte Konfrontation mit den Europäern zu vermeiden und bewog ihn zur Belagerung von Medina (April bis Juli 1857). Hier wie in den Folgekriegen von 1858/59 scheiterten die Djihadisten jedoch an der militärischen Überlegenheit der Franzosen, die ihnen schwere Verluste beibrachten und El-Hadj Omar im August 1860 zum Waffenstillstand mit General Faidherbe und zum Rückzug nach Osten zwangen.

Sein Sieg im blutigsten Gemetzel des djihad, der viertägigen Schlacht von Woitala (September 1860), öffnete El-Hadj Omar den Weg zur Stadt Ségou, die er im März 1861 zur Hauptstadt seines islamischen Reiches machte. Ali Monzon Diarra, der Herrscher Ségous, floh nach Masina, wo Amadu mo Amadu ihm Exil gewährte. Bereits 1859 hatte die Expansion El-Hadj Omars, welche die Herrscher Ségous und Masinas um ihre politische und religiöse Vormachtstellung fürchten ließ, die Erzfeinde zum Bündnis und gemeinsamen militärischen Vorgehen (Schlacht von Sansanding, Februar 1860) bewogen. Angesichts der Weigerung Amadus, Ali Monzon auszuliefern, wurde eine erneute militärische Konfrontation zwischen den beiden islamischen Staaten unausweichlich, die mit Amadu mo Amadus Tod und der schon berichteten Einnahme Hamdallahis im Mai 1862 endete.

Mit der Eingliederung Masinas und der damit verbundenen nominellen Kontrolle über Timbuktu, der Hochburg der Sufi-Bruderschaft der Kadirije, erreichte das Torodbe-Reich von El-Hadj Omar Saidu Tall seine maximale Ausdehnung. Den vorläufigen Schlusspunkt setzte jedoch eine Gegenoffensive der Unterlegenen. Nach achtmonatiger Belagerung Hamdallahis durch die verbündeten Armeen Masinas und Timbuktus gelang El-Hadj Omar der Ausfall. Er starb auf der Flucht vor seinen Verfolgern in einer Felshöhle bei Bandiagara am 14. Februar 1864.

Inspiriert von El-Hadj Omars Erfolgen, rief eine neue Generation von Glaubenskämpfern unter Führung von Maba Diakhu (1861–67), Mamadu Lamine (1885–88) und Samori Ture (Samory Touré, 1879–98) in Senegambien und Guinea zum Widerstand gegen die expandierende französische Kolonialmacht auf. Doch zu diesem Zeitpunkt hatten die »ungläubigen Eindringlinge«, die sich parallel zu El-Hadj Omars Bewegung in der Sudanzone etabliert hatten, die politischen Kräfteverhältnisse schon zu ihren Gunsten gewendet. Gegen diesen auch militärtechnisch weit überlegenen Gegner blieben Schwert und Koran ohne Chance.   *Brigitte Reinwald*

Ostafrika zwischen den Kulturen: Aufstieg und Blüte der Suahelikultur

Dank der stetigen und leichten Winde des Nordostmonsuns ist die ostafrikanische Küste zwischen November und Februar von Arabien aus in etwa dreißig bis vierzig Tagen mit Segelschiffen zu erreichen. In umgekehrter Richtung gelangt man von April bis September mithilfe des Südwestmonsuns in den persisch-arabischen Golf und nach Indien. Kenntnis und Nutzung dieser natürlichen Gegebenheiten ermöglichten vor mehr als 2000 Jahren die Aufnahme von Wirtschafts- und Kulturbeziehungen im Großraum des Indischen Ozeans, in die nach und nach die afrikanische Ostküste und die ihr vorgelagerten Inseln zwischen Mogadischu (Somalia) und Sofala (Moçambique) einbezogen wurden.

> **INFOBOX**
>
> **Handelskontakte**
>
> Regelmäßige Handelskontakte zwischen Südarabien, Indien und dem Fernen Osten sind seit dem 1. Jh. v. Chr. durch überwiegend griechische Quellen – beispielsweise Diodor von Sizilien und Strabon – belegt. Für die ostafrikanische Küste gibt insbesondere der wahrscheinlich im 1. Jh. n. Chr. verfasste »Periplus des Erythräischen Meeres« (Umsegelung des Roten Meeres) detaillierte Informationen über umgeschlagene Waren, Schiffstypen und Handelsplätze. Ihm zufolge wurde damals die Küste zwischen dem Kap Guardafui in Nordsomalia und Tansania bis zur Höhe der heutigen Stadt Daressalam angelaufen.

Von den – auf insgesamt 170 geschätzten – ostafrikanischen Küstensiedlungen, die zwischen dem 9. und 20. Jahrhundert gegründet worden sind, entstanden mehr als hundert zwischen dem 12. und 15. Jahrhundert, dem goldenen Zeitalter der Suahelikultur. Die Bezeichnung »Suaheli« oder »Swahili« kommt von arabisch sawahil, dem Plural von sahel »Küste«. Die Küstenlage und das Zusammenwirken der damit verbundenen geographischen, wirtschaftlichen und religiösen Faktoren verliehen der Suahelikultur auch tatsächlich ihre spezifische Prägung.

Ein breites trockenes Hochplateau, das sich unmittelbar hinter dem schmalen fruchtbaren Küstenstreifen von Somalia über Kenia bis nach Tansania ausdehnt, trennt die Küste vom ostafrikanischen Binnenland. Aufgrund dieser natürlichen Barriere – in Kisuaheli, der Sprache der Suaheli, nyika (Wildnis) genannt –, haben bis zum späten 16. Jahrhundert kaum Kontakte zwischen beiden Regionen bestanden. Mehr noch: Das Fehlen eines Hinterlandes begünstigte wahrscheinlich auch die frühe Besiedlung der vorgelagerten Inseln und die maritime Orientierung der waswahili, der Küstenbewohner. Diese Annahme wird unter anderem durch das vorläufig früheste archäologische Zeugnis der Suahelikultur gestützt, die 1966 ausgegrabene und dem 9. Jahrhundert unserer Zeit zugeordnete Siedlung Manda auf der gleichnamigen Insel des Lamu-Archipels.

Wirtschaftliche und kulturelle Triebkraft für die historische Entwicklung der ostafrikanischen Küste war der Fernhandel im Indischen Ozean. Seit der Mitte des 8. Jahrhunderts erlebte er unter den Abbasidenkalifen von Bagdad einen Aufschwung, in dessen Verlauf sich die Beziehungen zwischen Ostafrika und dem persisch-arabischen Golf intensivierten. Nach dem Niedergang des Kalifats, der schließlich durch die mongolische Invasion besiegelt werden sollte (Zerstörung Bagdads 1258), und dem Aufstieg Ägyptens, das sich seit dem Ende des 10. Jahrhunderts zur führenden Wirtschaftsmacht im Vorderen Orient entwickelte, orientierten sich auch die ostafrikanischen Küstenstädte zunehmend nach Süd- und Südwestarabien.

Als sich unter den in Ägypten und Syrien regierenden Mamelucken ab der Mitte des 13. Jahrhunderts die mus-

Fundstücke aus chinesischem Porzellan deuten auf die Handelsbeziehungen zwischen China und der Suahelikiste hin. Bei diesem Pfeilergrab aus dem 18. Jh. in Kunduchi bei Daressalam wurden Porzellanteller der Mingzeit als Dekor in die Wände eingelassen.

Holztüren mit Kerbschnittverzierungen sind ein typisches Gestaltungselement in der Architektur der alten Suahelihäuser. Diese Tür zum Haus von Tippu Tip, die so genannte Sansibartür, ist die größte und kunstvollste ihrer Art.

ZITAT

Der portugiesische Historiker João de Barros schwärmte 1552 von Kilwa:
Von unserem Schiff aus sah die Stadt mit ihren hübschen Häusern, Terrassen und Minaretten, mit den Palmen und den Bäumen in den Obstgärten so schön aus, dass unsere Leute sehnlichst zu landen wünschten.

limische Dominanz im Indischen Ozean erneut festigte, waren Mogadischu, Malindi, Mombasa und Kilwa bereits als bedeutende Handelszentren bekannt, die Gold, Elfenbein, Ambra (zur Parfümherstellung verwendete Ausscheidung des Pottwals), Bienenwachs, Kopal (Baumharz zur Lackherstellung) und Mangrovenholz exportierten.

Anschluss an die universelle Zivilisation des Islam
Im Zuge der Handelskontakte und der politischen Machtverschiebungen vermischte sich die ansässige afrikanische Küstenbevölkerung mit persischen, arabischen, später auch indischen Händlern und Einwanderern und bildete eine eigenständige, homogene Kultur aus. Diese spiegelte nicht nur den kosmopolitischen Charakter der Küstenbewohner wider, sondern verlieh auch den Bedürfnissen einer durch den Handel prosperierenden städtischen Bevölkerung Ausdruck. Der Verständigung diente an der gesamten Küste das Kisuaheli, eine mit zahlreichen arabischen Lehnworten durchsetzte Bantusprache, die unter Verwendung des arabischen Alphabets verschriftlicht wurde. Mit dem Bekenntnis zum Islam und der Übernahme muslimischer Lebensart schlossen sich die Küstenbewohner einer universellen Zivilisation an, deren hoher wissenschaftlicher und technologischer Entwicklungsstand zwischen dem 10. und 15. Jahrhundert unübertroffen war.

Der afrikanische Anteil an der Suahelikultur ist bis heute Gegenstand wissenschaftlicher Kontroversen. Lange Zeit hat die Geschichtsforschung deren Ursprünge den Fremden – Arabern und Persern – zugesprochen und Afrikaner lediglich als passives Element betrachtet, dessen Einfluss sich allenfalls in der Dekadenz der von außen gebrachten Hochkultur bemerkbar gemacht habe. Neuere Forschungen, die sich mehr für die durch den Fernhandel entstandenen Mischkulturen interessieren, haben diese »biologische« Betrachtungsweise, die auch hinsichtlich anderer Regionen Afrikas angewendet worden ist, inzwischen in den Hintergrund treten lassen. Die historische Abstammung der »Muslime gemischten Blutes«, wie der arabische Geograph Idrisi die Suaheli im 12. Jahrhundert bezeichnete, bleibt dabei bis heute umstritten. Einschätzungen variieren zwischen 25 bis fünfzig Prozent arabischsprachigen Migranten aus dem Mittleren Osten.

Die Suaheli selbst haben der Verwirrung gewissermaßen Vorschub geleistet, insofern sich vor allem die führenden Familien der Stadtstaaten allgemein auf ihre persische oder arabische Abstammung beriefen, was vor allem der Steigerung ihres Prestiges diente. Darüber hinaus führen auch die häufig erst später erstellten Chroniken oft externe Stadtgründer auf, bezeichneten zum Beispiel jemenitische Übersiedler als Gründer Mogadischus im 9. und persische Kaufleute als Stadtväter Kilwas im 10. Jahrhundert.

Es ist anzunehmen, dass die lokale Aristokratie muslimische Kaufleute aus Hadramaut (Jemen) und Schiras (Persien) als Konkurrenten um die Macht betrachtete und danach strebte, sie durch Einheirat zu integrieren, um selbst in den Genuss von Handelsvorteilen zu kommen und den eigenen politischen Einfluss abzusichern. Dabei wurden jedoch auch unter islamischem Einfluss afrikanische Nachfolgeregelungen, die sich nach dem Verwandtschaftsgrad und dem Prinzip der Altersklassen richteten, weitgehend aufrechterhalten.

Die Altstadt von Sansibar repräsentiert auch heute noch die einzigartige Architektur der Suahelikostenstädte. Der Sultanspalast von 1890 steht an der Stelle eines älteren Gebäudes aus der Zeit Sultan Said al-Busaidis (1804–56).

Die arabisch-persische Handelsstadt Mogadischu wurde im 15. Jh. von den Somal erobert, gehörte später zum Sultanat von Oman und wurde 1870 von Sansibar erworben (Blick auf die Stadt am Indischen Ozean).

In diesem Prozess bildete sich eine kleine, wohlhabende, mehr oder weniger gemischte politische Führungsschicht heraus, die ihren Reichtum in prachtvollen mehrstöckigen, aus behauenen Korallensteinen gebauten Häusern mit kunstvoll geschnitzten Holztüren und in die Außenwände eingelassenen chinesischen und persischen Porzellantellern und -vasen zur Schau stellte. Während archäologische Untersuchungen immer wieder Spuren dieses hohen Lebensstandards zutage fördern, sind die von der Mehrheit der Bevölkerung in den städtischen Vierteln oder im Hinterland bewohnten palmblatt- oder strohgedeckten Lehmhäuser längst verschwunden. Als Freie gingen sie der Landwirtschaft, einem Handwerk – vor allem der Eisenverarbeitung –, dem Fischfang oder dem Binnenhandel nach. Sklaven wurden vermutlich für die Feldbestellung (Hirse und Reis) eingesetzt, wie aus einem portugiesischen Bericht über Kilwa aus dem frühen 16. Jahrhundert hervorgeht.

Handelsmetropole und Architekturwunder – Kilwa
Mit der Kontrolle über Sofala, den Umschlagplatz für Gold aus Simbabwe, den die Sultane von Kilwa der Handelsrivalin Mogadischu Anfang 1300 abgejagt hatten, be-

gann der spektakuläre Aufstieg von Kilwa, Hauptort der Koralleninsel Kilwa Kisiwani, zur wohlhabendsten und von ihren Bauwerken her wohl beeindruckendsten ostafrikanischen Küstenmetropole. Hier wurde während des gesamten 14. Jahrhunderts das Gros des Handels abgewickelt, und zwar in erster Linie der Export von Gold und Elfenbein nach Arabien, Indien und China, aber auch der Import indischer, ägyptischer und somalischer Baumwollstoffe, die man zum Teil nach Sofala weiterhandelte. Als Zahlungsmittel waren wie überall an der Küste zunächst Kaurimuscheln, Glasperlen und chinesisches Porzellan in Umlauf, seit Ende des 12. Jahrhunderts aber auch Silber- und Bronzemünzen aus eigener Prägung.

Den marokkanischen Weltreisenden Ibn Battuta, der Kilwa 1331/32 besuchte, beeindruckten Frömmigkeit und Gerechtigkeitssinn der Bevölkerung und der für die Rechtsprechung zuständigen Kadis (muslimische Richter). Ausdruck des Glaubens und gleichzeitig »Dokument« des florierenden Handels war die aus Korallensteinen errichtete Große Moschee, ein riesiger Kuppelbau mit Tonnengewölben, der in der ersten Hälfte des 15. Jahrhunderts fertig gestellt wurde.

Ihr weltliches Pendant, die in das frühe 14. Jahrhundert datierte Große Festung (husuni kubwa), umfasste mehr als hundert Räume. Sie gilt als bedeutendster Palastbau in Ostafrika und als größtes Gebäude des subsaharischen Afrika überhaupt. Sie diente den Sultanen als luxuriös ausgestattete und mit einem achteckigen Schwimmbassin versehene Residenz, beherbergte aber auch geräumige Warenlager und ein Handelskontor.

Archäologische Grabungen lassen auf eine insgesamt rege Bautätigkeit und einen hohen Grad der Verstädterung in Kilwa schließen, das um 1500 etwa 10 000 Einwohner zählte. Dennoch war zu diesem Zeitpunkt der Zenit bereits überschritten, hatte die durch interne Regierungskrisen geschwächte Metropole ihre Vormachtstellung zunehmend an die aufstrebenden Handelskonkurrentinnen Sansibar, Mombasa und Malindi verloren.

Brigitte Reinwald

Vasco da Gama und die Folgen: Die Portugiesen in Ostafrika

Auf der Suche nach dem Seeweg nach Indien berührte die Flotte Vasco da Gamas – nach Umrundung der Südspitze Afrikas, des Kaps der Guten Hoffnung – im Januar 1498 an der Mündung des Kilimane (Moçambique) erstmals die südlichen Ausläufer der Suaheliküste. Die portugiesische Expedition hatte drei Ziele: das muslimische Gewürzhandelsmonopol im Indischen Ozean zu brechen, den Islam zu bekämpfen – die Vertreibung der Muslime aus Europa durch Spanien lag erst fünf Jahre zurück – und sich direkten Zugang zu den ostafrikanischen Goldmärkten zu verschaffen.

Die Seefahrer waren den Suahelistädten allerdings alles andere als willkommen. Lediglich Malindi bereitete den Portugiesen einen guten Empfang – wahrscheinlich in der Absicht, Verbündete gegen die Erzrivalin Mombasa zu gewinnen – und stellte ihnen einen indischen Steuermann und Lotsen zur Seite, der sie noch im selben Jahr nach Calicut an der westindischen Küste geleitete.

Wendige Segelschiffe und Feuerwaffen
Durch wendige Segelschiffe und Feuerwaffen überlegen, eroberten die Eindringlinge strategisch wichtige Punkte im Persischen Golf (Hormus, Maskat) und im Golf von Aden (Insel Sokotra) und erschwerten fortan – indem sie allen nicht portugiesischen Schiffen Handelslizenzen und Zölle aufzwangen – den afrikanisch-arabischen Seehandel, brachten ihn indes nicht völlig zum Erliegen. Sie überzogen die ostafrikanische Küste mit einer Serie von »Vergeltungsschlägen« gegen all diejenigen, die sich weigerten, sie mit Proviant zu versorgen und Tribute zu entrichten. Mit der Zerstörung von Kilwa (1505) und Mombasa (1505, 1528) nahm eine mehr als 200-jährige Periode militärischer Auseinandersetzungen, Plünderungen und Verwüstungen ihren Anfang, von denen letztlich nur das mit den Portugiesen verbündete Malindi und die außerhalb ihrer Interessenzone liegende Stadt Mogadischu verschont blieben.

Mit Ausnahme des »Goldlandes« Monomotapa im heutigen Moçambique, bis 1975 in portugiesischem Besitz, strebte Portugal keine Kolonisierung der ostafrika-

---

Das Kap der Guten Hoffnung ist ein Felsvorsprung am westlichen Südende der Kaphalbinsel; ihm sind Untiefen und Klippen vorgelagert. Das Kap wurde 1488 von dem Portugiesen Bartolomeu Diaz, der Vasco da Gama 1497/98 auf dessen erster Indienfahrt begleitete, zum ersten Mal umsegelt und zunächst »Kap der Stürme« genannt.

Afrika

In Reaktion auf zwei – gescheiterte – Angriffe der türkischen Flotte unter Mir Ali Bei (Lamu 1585, Mombasa 1588/89) errichteten die Portugiesen in Mombasa 1593/94 das Bollwerk Fort Jesus.

nischen Küste an, sondern beschränkte sich auf die Abschöpfung ihrer Reichtümer sowie auf die Errichtung von Handelsniederlassungen, Verwaltungsposten und militärischen Stützpunkten zur Absicherung des Seewegs nach Indien, wo seit 1510 in Goa der portugiesische Vizekönig residierte. So sehr dies die Suahelistädte einerseits in ihrer wirtschaftlichen Entwicklung zurückwarf und sich darüber hinaus die Gräben zwischen ihnen durch die portugiesische Taktik des Gegeneinanderausspielens vertieften, so haben sie sich andererseits ihre innerstädtische Organisation, Kultur und Religion weitgehend bewahren können. Die Küstenbewohner traten bis auf wenige Ausnahmen weder zum Christentum über noch ließen sie die Handelsverbindungen mit Arabien und Indien abreißen. Sie verlegten sich vielmehr auf andere Produkte oder lenkten den Seeverkehr über Mogadischu oder die Komoren um.

Gleichzeitig verstärkten sie ihre Bemühungen um eine Allianz mit dem Osmanischen Reich, das 1517 die Mamelucken als muslimische Hegemonialmacht abgelöst und den Kampf gegen die Portugiesen im persisch-arabischen Golf aufgenommen hatte. In Reaktion auf zwei – gescheiterte – Angriffe der türkischen Flotte unter Mir Ali Bei (Lamu 1585, Mombasa 1588/89) errichteten die Portugiesen in Mombasa 1593/94 das Bollwerk Fort Jesus und machten sich Mombasa vorerst gefügig, indem sie den ihnen verbündeten Sultan von Malindi auch zum Herrscher von Mombasa einsetzten.

Der Niedergang der Suahelistadtstaaten darf jedoch nicht ausschließlich der portugiesischen Besatzung zugeschrieben werden. Erstmals gegen Ende des 16. Jahrhunderts kam es, wahrscheinlich infolge einer längeren Trockenperiode, zu größeren Bevölkerungsbewegungen aus dem Landesinneren in Richtung Küste. So überzogen die von Süden her vordringenden Zimba 1588 Kilwa und 1589 Mombasa mit Massakern und Plünderungen. Von Norden her drängten die Oromo die Küstenbevölkerung sukzessive nach Süden ab, sodass im Verlauf des 17. Jahrhunderts unter anderem in Pemba und Mombasa die Bevölkerung stark zunahm sowie überall eine Vielzahl neuer Siedlungen entstand, eine historisch noch kaum untersuchte Entwicklung, in deren Folge sich unter anderem die Versorgungslage der Suahelistädte stark verschlechterte.

ZITAT

Der portugiesische Handelsreisende Duarte Barbosa berichtet 1518 über Mafia, Pemba und Sansibar:
Man findet Reis, Hirse und Fleisch in großer Menge, Orangen, Limonen, Zitronen und jede Art Früchte. Sie sind ein schwächliches Volk und haben nur wenig Waffen. Die Könige dieser Inseln leben in großem Luxus... Es gibt viele Moscheen, und die Bewohner dieser Inseln verehren den Koran Mohammeds sehr.

Im Innenhof des von den Portugiesen gebauten Fort Jesus in Mombasa befinden sich Reste der rechteckigen Zisterne, die vom Dach der rechts davon angelegten Kirche mit Regenwasser gespeist wurde. Im Hintergrund die Kasernen der Soldaten.

Die Vertreibung der Portugiesen
Das Erscheinen von Niederländern und Engländern im Verlauf des 17. Jahrhunderts beendete nicht nur die Hegemonie der Portugiesen im Indischen Ozean (Malabarküste, Sri Lanka, Indonesien), sondern leitete auch deren Machtverlust an der Suaheliküste ein. Mit englischer Unterstützung vertrieb der Schah von Persien 1622 die Portugiesen aus Hormus und warf sie somit auf Maskat zurück, den von ihnen zum arabischen Gegenstück Mombasas ausgebauten Stützpunkt. Damit aber erwuchs ihnen in der Jarubidynastie von Oman eine entschlossene Gegnerin, die sie nicht nur zur Aufgabe Maskats (1650) zwang und durch zahlreiche Seegefechte zermürbte, sondern auch den Widerstand der Suaheli unterstützte, deren neues Zentrum die aufstrebende Insel Pate des Lamu-Archipel war.

Streng genommen besiegelte bereits im Dezember 1698 der Fall des zweieinhalb Jahre durch die vereinten Kräfte Lamus und Omans belagerten Fort Jesus das Ende der portugiesischen Besatzung an der Suaheliküste. 1728 gelang den Portugiesen ein kurzes »Comeback«, als die über die rüde Behandlung seitens der Omani, ihrer neuen Besatzungsmacht, aufgebrachten Suahelihändler und Notabeln von Mombasa und Pate sie um Beistand baten – ein Schritt, den sie angesichts erneuter portugiesischer Pressionen jedoch schnell bereuten. So erzwangen schließlich die Suahelistädte Pate, Mombasa, Sansibar, Pemba und Mafia selbst, mit afrikanischer Unterstützung aus dem Hinterland, bis November 1729 den vollständigen Abzug der Portugiesen beziehungsweise deren Rückzug nach Moçambique.
Brigitte Reinwald

Die Expansion des Sklavenhandels: Die Busaididynastie von Oman

Während wir, mangels Quellen, für die Zeit vor dem 18. Jahrhundert keine genaue Kenntnis über Umfang und Bedeutung des Sklavenhandels in den Stadtstaaten der Suaheli haben, so wirkte seine Ausweitung spätestens ab den 1770er-Jahren als Motor ihrer wirtschaftlichen Wiederbelebung.

Afrika

Die noch heute gebaute Dau, ein arabisches Segelschiff mit eineinhalb Masten und Lateinsegel, ist eines der ältesten Segelschiffe überhaupt. Wegen ihres geringen Tiefgangs ist eine Dau ideal für die mit Riffen übersäten afrikanischen Küsten des Indischen Ozeans.

Über die nördliche Route exportierten zwischen 1700 und 1815 hauptsächlich omanische Sklavenhändler etwa 2 250 Menschen pro Jahr. Bestimmungsziele waren der Jemen, Oman, Persien, der (türkische) Irak sowie Indien. Ostafrikanische Sklaven wurden in der Land- und Hauswirtschaft, in der Schifffahrt und der Armee sowie zum Perlentauchen im Persischen Golf eingesetzt. Im Süden verfügte Portugal mit Moçambique über ein »eigenes Sklavenreservoir«, mit dem es den Transatlantikhandel speiste. Hauptbestimmungsziel war ab 1807/08 die portugiesische Kolonie Brasilien, in die 12 000 bis 16 000 ostafrikanische Sklaven pro Jahr exportiert wurden.

Den entscheidenden Impuls für die Eröffnung einer weiteren südlichen Route gab Frankreich, das sich der

Sansibar war der Hauptumschlagplatz für Elfenbein, das in Europa in großen Mengen verbraucht wurde. Das Foto aus dem Jahr 1912 zeigt eine Ansicht des Elfenbeinzimmers des Gästeappartements für den russischen Zaren in der Orangerie im Park von Sanssouci (Potsdam).

Maskareneninseln – Île-de-France (Mauritius) und Île Bourbon (Réunion) – bemächtigt hatte und dort ab 1735 Zuckerrohrplantagen aufbaute. Zunächst von den Portugiesen mit etwa 3000 Sklaven pro Jahr aus Moçambique beliefert, winkte bald auch Kilwa mit attraktiven Angeboten: 1776 unterzeichnete der Sklavenhändler Jean-Vincent Morice einen Hundertjahresvertrag, mit dem sich die Suahelistadt verpflichtete, 1000 Sklaven pro Jahr für die französischen Maskarenen zu liefern. Versklavt wurde zunächst die Bevölkerung im Hinterland von Kilwa, dem Makondeplateau (Südtansania); ab 1780 drangen dann die ersten Suahelikarawanen zur Beschaffung von Sklaven ins Landesinnere bis zum Malawisee vor.

> **INFOBOX**
>
> **Sklavenhandel**
> Im Zuge der europäischen Kriege zwischen 1792 und 1815 erlitt auch der Handel im Indischen Ozean einen drastischen Einbruch, den lediglich die Omani aufgrund strikt gewahrter Neutralität gegenüber England und Frankreich erfolgreich zu »umschiffen« verstanden. Als die »Île de France« 1810 zur britischen Kolonie Mauritius wurde, stagnierte aufgrund der abolitionistischen Haltung Englands der Sklavenhandel auf der südlichen Route. Aber weder dies noch die britisch-omanischen Abkommen zur Beendigung der Sklavenexporte von 1822 und 1847 brachten den Handel mit der Ware Mensch zum Erliegen, sondern stimulierten im Gegenteil dessen »Modernisierung«: die Nutzung von Sklavenarbeit in der Plantagenwirtschaft.

Mit dem Direkthandel demonstrierte Kilwa sein Bestreben, sich aus der wirtschaftlichen Abhängigkeit von den Omani zu lösen, die – nach einem langen Bürgerkrieg in Oman – als neuer Machtfaktor an die Suaheliküste zurückgekehrt waren. Die »Kaufmanns«-Dynastie der Busaidi (auch: Said) hatte 1744 die Jarubidynastie in Oman gestürzt und sogleich danach damit begonnen, von ihrem Gouverneurssitz Sansibar aus den Überseehandel zu monopolisieren. Als passionierte »Händler und Schiffseigner« – so das Urteil von Zeitgenossen – schätzten sie die wirtschaftlichen Aussichten, die der Markt durch die europäische Nachfrage nach Sklaven und Elfenbein bot, hoch ein.

Eine omanische Militärexpedition beendete den Alleingang Kilwas, das 1785 einen omanischen Gouverneur und hohe Tributzahlungen auferlegt bekam. Sansibar, das politische Machtzentrum der Busaidi in Ostafrika, wurde nicht nur zum bevorzugten Einwanderungsgebiet omanischer Siedler, die nach und nach die fruchtbaren Böden der Insel in ihren Besitz brachten, sondern zog im Rahmen britisch-omanischer Handelsvereinbarungen auch zunehmend indische Kaufleute und Bankiers an, die vor allem den expandierenden Elfenbeinhandel kontrollierten (Handelsroute Sansibar–Bombay–Europa).

Im nördlichen Küstengebiet spitzten sich die Konflikte zu. 1746 hatte Mombasa, das seit 1735 von Abkömmlingen der omanischen Jarubidynastie regiert

Gewürznelken wurden früher als Grundstoff für Genussmittel, Kosmetika und Medikamente verwendet. Indien war einer der Hauptabnehmer von Gewürznelken, die von Sansibar aus, dem größten Umschlagplatz des Myrtengewächses, in alle Welt exportiert wurden.

wurde, seine Unabhängigkeit von Oman erklärt und war bis zum Ende des 18. Jahrhunderts zur wohlhabendsten und einflussreichsten Stadt an der Küste geworden. Bis 1837 widerstand sie, nach einem kurzen Zwischenspiel als britisches Protektorat 1824 bis 1826, allen politischen und militärischen Interventionen der Busaidi. Pemba, Lamu, Pate und Brava hatten dagegen bereits bis 1822 deren Autorität anerkannt.

Billardkugeln, Klaviertasten und Gewürznelken – Sansibar

Unter Saijid (Herr) Said ibn Sultan al-Busaidi, von 1806 bis 1856 Herrscher von Oman und Sansibar, vollzog sich Sansibars spektakulärer Aufstieg zur Hauptstadt eines neuen Handelsimperiums im westlichen Indischen Ozean, das die gesamte Küste des heutigen Kenia und Tansania mit einschloss. In seine Regierungszeit fiel auch die zunehmende Ausweitung der Handelsnetze vor der Küste ins ostafrikanische Binnenland bis zu den großen Seen. Der außerordentliche Geschäftssinn und das diplomatische Geschick des Sultans, der 1840 seinen Regierungssitz endgültig nach Sansibar verlegte, machte die Insel zum Hauptumschlagplatz für Elfenbein und Gewürznelken und zum Standort für Handelshäuser und Konsulate der Vereinigten Staaten (1837), Großbritanniens (1839), Frankreichs (1844) und der deutschen Hansestädte (1859).

s. ZEIT Aspekte
Sansibar S. 551

Was europäische und amerikanische Handelsinteressen nach Sansibar zog, war die seit Beginn des 19. Jahrhunderts rapide steigende Nachfrage nach tropischen Gütern, die auf die beginnende industrielle Revolution und einschneidende gesellschaftliche Umbrüche in Europa und den Vereinigten Staaten zurückzuführen war. Mit dem Bürgertum entstand eine neue kaufkräftige Schicht, deren Konsumwünsche unter anderem den Bedarf an Elfenbein – zur Herstellung von Schmuck, Kämmen, Billardkugeln und Klaviertasten – hochschnellen ließen. Gleiches galt für Gewürznelken, die als Grundstoff für Genussmittel, Kosmetika und Medikamente verwendet wurden. Neben diesen neuen Absatzmärkten spielte der alte Handelspartner Indien weiterhin eine wichtige Rolle als Hauptabnehmer von Elfenbein und zweitgrößter Importeur für Gewürznelken.

Zugleich entwickelte sich Ostafrika über Sansibar zum Absatzmarkt für europäische und amerikanische Waren wie Gewehre, Schießpulver, Messingwaren und das begehrte merekani, das ungebleichte Baumwolltuch

---

INFOBOX

Eine »kleine arabische Prinzessin«
Ein abenteuerliches Leben zwischen drei Kulturen – Arabien, Afrika und Europa – führte Salme, Prinzessin von Omar und Sansibar. 1844 als Tochter des in Sansibar residierenden Sultans Saijid Said ibn Sultan geboren, verließ sie 1866 heimlich die Insel, um den Kaufmann Heinrich Ruete zu heiraten, einen Angestellten des Hamburger Handelshauses Oswald auf Sansibar. Von Aden aus, wo sie evangelisch getauft wurde, folgte Emily, wie sie nun hieß, ihrem Mann nach Hamburg. Dort erregte die »kleine arabische Prinzessin« großes Aufsehen. Nach dem frühen Tod Ruetes 1870 lebte sie, mit ihren drei Kindern völlig auf sich allein gestellt, in Dresden, Berlin und Köln; 1924 starb sie. Infolge der deutsch-britischen Kolonialkonflikte, zwischen deren Fronten sie ab 1885 geriet, blieb ihr die Rückkehr in die Heimat verwehrt. Ihre 1886 veröffentlichten Memoiren geben faszinierende Einblicke in das Alltags- und Palastleben auf Sansibar.

aus den Südstaaten der USA. Vom schwunghaften Handel profitierten insbesondere nordamerikanische Kaufleute, deren Exporterlöse allein zwischen 1838 und 1856 von 100 000 auf 550 000 Dollar stiegen.

Anhand der Exportprodukte Elfenbein und Gewürznelken lassen sich auch die tief greifenden materiellen und sozialen Veränderungen aufzeigen, die die Einbindung in die Weltwirtschaft in einigen afrikanischen Gesellschaften zeitigte. So belieferten ab den 1820er-Jahren arabisch-indisch-suahelische Handelskarawanen, ausgehend von Mombasa, Bagamoyo – der Festlandsstation von Sansibar – und Kilwa das ostafrikanische Hinterland bis zum Gebiet der großen Seen (von Uganda bis Malawi) regelmäßig mit westlichen Importgütern und wurden ihrerseits durch Binnenhändler (Yao, Nyamwesi, Kamba) mit Elfenbein und Sklaven versorgt. Diese neuen Warenströme lösten, neben der Entvölkerung ganzer Regionen, Krisen in den einheimischen Produktionszweigen (Bekleidung) oder Verteilungskämpfe um Waffen und Prestigegüter aus. Entlang der neuen Verkehrswege verbreiteten sich aber auch die Sprache und Kultur der Suaheli sowie der Islam, auf dessen Spuren zum Beispiel die um 1870 im Königreich Buganda (Uganda) eintreffenden christlichen Missionare stießen.

Carl Peters gründete 1884 die »Gesellschaft für deutsche Kolonisation«. Er erwarb bei einer Expedition nach Ostafrika im Hinterland des Sultanats Sansibar durch Schutzverträge mit einheimischen Häuptlingen das Kernland des späteren Deutsch-Ostafrika.

An der Küste entwickelte sich ab 1830 mit der Ausweitung des Gewürznelkenanbaus auf Pemba und Sansibar die Sklavenarbeit zum Grundpfeiler der Wirtschaft. Hauptproduzent und -exporteur war der Initiator dieses neuen Produktionszweiges selbst: Auf den 45 Plantagen des Sultans Saijid Said wurden zwei Drittel der Jahresernte erzeugt. Ein Großteil der 60 000 Sklaven, die um 1850 auf Sansibar lebten (Gesamteinwohner 150 000), dürfte hier gearbeitet haben. Bis zu 10 000 Sklaven wurden von der kleinen Schicht vorwiegend omanischer Plantagenbesitzer auf Pemba und Sansibar jährlich neu hinzugekauft, bevor der »Nelkenboom« 1860 infolge des Preisverfalls auf dem Weltmarkt einbrach und der Gewürznelkenanbau zugunsten profitablerer Ausfuhrprodukte wie Kokosnüsse und Sesamsaat an Bedeutung verlor.

Die Sklavenwirtschaft wurde dadurch allerdings vorerst kaum beeinträchtigt; trotz wachsenden Drucks seitens der britischen Regierung, die Sultan Bargasch, den

Sohn und Nachfolger Saijid Saids, 1876 zum endgültigen Verbot des Sklavenhandels zwang, konnte sie sich, wenn auch in abgeschwächter Form, bis zur Jahrhundertwende halten.

Um 1900 hatten sich durch die europäische Kolonialexpansion die Machtverhältnisse an der Küste und im ostafrikanischen Binnenland bereits erneut gewendet. Angestoßen durch den Erwerb von Land westlich von Daressalam seitens der Gesellschaft für deutsche Kolonisation unter Carl Peters im November/Dezember 1884, wurde den Suahelistädten in der Folge der Stempel der deutschen (Tansania) beziehungsweise britischen Kolonialherrschaft (Kenia, Sansibar, Pemba, Mafia) aufgedrückt. *Brigitte Reinwald*

Wanderungen, Handelsströme und Staatenbildung: Die »Goldküste« in Westafrika

Auf europäischen Landkarten des 17. und 18. Jahrhunderts wurden die Landstriche der Guineaküste nach ihren hauptsächlichen Exportgütern unterschieden: Pfefferküste (Liberia), Elfenbeinküste (Côte d'Ivoire), Goldküste (Ghana) und Sklavenküste (Togo, Benin, Nigeria). Westafrikas Außenhandel mit Europa und Amerika, auf den diese Namensgebung zurückzuführen ist, spielte jedoch nur einen – wenn auch sehr gewichtigen – Part in dessen historischer Entwicklung ab dem 17. Jahrhundert. Jenseits des Küstenstreifens wurde bereits im 16. Jahrhundert die politische Landkarte von innen her »neu gezeichnet«.

Im Zuge der Ausweitung des Transsaharahandels nach Süden errang einer der Yorubastaaten, Oyo, der so genannte Hausa-»Bastard« Yoruba, durch seine Handelsverbindungen mit Songhai und den Hausastadtstaaten eine Vormachtstellung in der Region, abgesichert durch eine schlagkräftige Armee aus Kavallerie und Bogenschützen. Deren Aufbau war auch durch Oyos Savannenlage (kein Vorkommen der Tsetsefliege) ermöglicht worden. Damit verbunden, konnte es seinen Machtbereich bis 1800 nach Norden und Westen (Dahome) ausdehnen, während ihm die Waldgebiete im Osten und Südosten eine natürliche Grenze setzten.

ZITAT

Der Niederländer Olfert Dapper beschrieb 1670 den Palast von Benin: *Das Schloss des Königs... ist wohl so groß, als die Stadt Harlem, und rund herum mit einer sonderlichen mauer umgeben. Es ist in viel prächtige wohnungen eingeteilet, und hat schöne lange viereckichte Lustgänge, die ohngefähr so groß seynd, als die Börse zu Amsterdam: doch einer ist grösser, als der andere.*

> **INFOBOX**
>
> **Der Handel mit dem »schwarzen Gold«**
> Bezahlt wurden die Sklaven, das »schwarze Gold«, v. a. mit Waffen. Gewehre und Schießpulver, die englische Kaufleute der »Royal African Company« ab 1640 erstmals in größeren Mengen eingeführt hatten, entwickelten sich zu den begehrtesten Importgütern an der Goldküste. Dies gab den am Sklavenhandel beteiligten Gesellschaften nicht nur die Mittel an die Hand, ihre Sklavenrazzien erheblich auszuweiten. Einmal in Gang gesetzt, entlud sich die Spirale der Gewalt auch in ungezählten militärischen Auseinandersetzungen der westafrikanischen Staaten untereinander, die letzten Endes wieder neue Handelsware »lieferten«: Kriegsgefangene galten als politisches Risiko und wurden infolgedessen sofort nach Übersee verkauft.

Dort expandierte seit dem 12. Jahrhundert sein »Pendant«, das Reich der Edo von Benin, das ab 1486 direkte Kontakte mit den Portugiesen unterhielt. Auch Benin, das sich wie Oyo auf seine Abstammung vom legendären Reich von Ife berief, war ein Militärstaat, der seinen Machtbereich bis 1800 im Norden bis zum Niger und im Südwesten bis an die Küste auf der Höhe von Lagos ausdehnte.

Im Wechselspiel innerer und äußerer Faktoren – Bevölkerungsverschiebungen und Ausweitung des Transsahara- und Transatlantikhandels – bildeten sich zwischen 1580 und 1630 in der Großregion eine Vielzahl neuer Staaten heraus. Zwei von ihnen, die Konföderation der Asante (heute Ghana) und das Königreich Dahome (Dahomey, heute Benin), stiegen schließlich ab 1700 zu Hegemonialmächten auf.

Neben diesen politisch ausgeklügelten und militärisch straff organisierten Zentralstaaten haben sich an der Küste aber auch zahlreiche kleinere Regionalstaaten und Gemeinwesen ohne Zentralgewalt (segmentäre Gesellschaften) behaupten können. Dazu zählen die Königtümer der Fante in Westghana, die ihre Autonomie gegenüber dem Asantereich bis zum 19. Jahrhundert erfolgreich verteidigten. Zu nennen sind in diesem Zusammenhang auch die »Lagunenvölker« des Westens (Elfenbeinküste), des Nigerdeltas (Ijo und Igbo, Nigeria) und des Cross River (Ibibio und Efik, Calabar/Nigeria).

Unter den ab 1500 einsetzenden Wanderungen größerer Bevölkerungsgruppen (Ga, Ewe und Akan), die

Die Kunst am Hof von Benin stellt einen Höhepunkt innerhalb der afrikanischen Kunst dar. Die frühesten Beispiele sind dünnwandige Bronzeköpfe, die seit 1500 in der Tradition der Bronzekunst von Ife entstanden sind (18. Jh.; Paris, Musée National des Arts d'Afrique et d'Océanie).

Afrika

Porto Novo, die Hauptstadt Benins, verdankte seinen wirtschaftlichen Aufschwung dem Sklavenhandel mit den Portugiesen. Die Kathedrale der Stadt, die Sitz eines katholischen Bischofs ist, erinnert an die portugiesische Vergangenheit von Porto Novo.

sich über das gesamte Gebiet zwischen den Flüssen Bandama im Westen und Mono im Osten erstreckten, hat die sternförmige Ausbreitung der Akan zwischen 1600 und 1700, ausgehend von ihrem Kerngebiet südlich von Kumasi, langfristig wohl die größte Bedeutung gehabt. Aus der Vermischung der Einwanderer mit ansässigen Bevölkerungen sind im heutigen Ghana die östlichen Akan (etwa Asante und Fante) und im Gebiet der heutigen Elfenbeinküste die westlichen Akan (Anyi/Agni und Baule) hervorgegangen.

Verschiedene Quellen weisen darauf hin, dass die Migrationen der Akan in engem Zusammenhang mit dem Transsaharahandel standen, dem der Aufstieg Songhais

Afrika

und die Konsolidierung der Hausastadtstaaten neue Impulse verliehen hatten. So unterhielten die östlichen Akan vom 16. Jahrhundert an als Hauptanbieter von Gold, Kolanüssen und Sklaven, die aus ihren neuen Siedlungsgebieten in den Waldregionen (Voltaregion/ Ghana) stammten, regelmäßige Handelsbeziehungen mit den Mande und Hausa, von denen sie im Gegenzug mit Salz, Leder- und Eisenwaren, Stoffen und türkischen Teppichen beliefert wurden. Im Zuge des florierenden Handels entwickelten sich die Verkehrsknotenpunkte, allen voran Kumasi, aber auch die weiter nördlich gelegenen Orte Begho und Salaga, zu bedeutenden städtischen Zentren.

Dem Gold galt zunächst das Begehren der Portugiesen, die 1471 als erste ihren Anker vor der Küste warfen und westlich des Praflusses 1482 das Fort Elmina (»die Mine«) errichteten. Ihnen folgten nach und nach sämtliche aufstrebenden europäischen Nationen: im 16. Jahrhundert Franzosen, Engländer und Holländer, im 17. Jahrhundert dann Dänen, Schweden und Brandenburger, deren erbitterte Konkurrenz um die attraktiven Handelsplätze sich unter anderem in einer regen Bautätigkeit niederschlug. Von den insgesamt 42 an der westafrikanischen Küste zwischen Senegal und Kamerun errichteten Forts befanden sich allein 32 an der »Goldküste«.

INFOBOX

Die Portugiesen in Benin
1492 erreichten portugiesische Seefahrer auf ihrer Suche nach einem Seeweg nach Indien das westafrikanische Königreich und die Residenzstadt Benin. Sie errichteten in Gwato einen Handelsposten. Neben anderen Waren wurden v. a. Messingobjekte aus Europa eingeführt, wie etwa Armreifen. Diese wurden unter dem Namen »Manillas« zu einem in ganz Westafrika üblichen Zahlungsmittel.
Das Handelsmonopol auf wichtige Waren besaß der König, der Oba von Benin. Er verfügte mit diesem Messingüberfluss über mehr Rohmaterial als früher, um sich repräsentative Bronzeobjekte gießen zu lassen. Die Menge der Bronzeplastiken und die Größe der einzelnen Kunstwerke nahmen in der Folge zu. Es entstanden nun u. a. die berühmten Palastplatten, auf denen neben einheimischen Motiven auch Portugiesen – häufig mit »Manillas« in den Händen – dargestellt sind.

> ZITAT
>
> Der Prediger Wilhelm Johann Müller aus Harburg, der zwischen 1661 und 1663 im Gebiet des heutigen Ghana als Missionar tätig war, schreibt über die Religion der Bewohner der »Goldküste«:
> *Sie verehren nicht den mächtigen Schöpfergott, sondern dienen dem Teufel, damit sie von diesem kein Leid erfahren. Ihr eingebildeter Gottesdienst kann nur als Teufelsdienst bezeichnet werden...*

»Schwarzes Gold« statt Gold

Infolge des rapide wachsenden Bedarfs an Arbeitskräften für die europäischen Zuckerrohrplantagen in der Karibik und im Zusammenhang mit der Kolonisierung Nordamerikas erschien sich der transatlantische Sklavenhandel von der Mitte des 17. Jahrhunderts an zunehmend attraktiver als der Export von Gold. Bis 1710 hatte er ihm schließlich den Rang abgelaufen, sodass die »Goldküste«, wie schon ein englischer Reisender 1726 ironisch anmerkte, ihren Namen eigentlich nicht mehr verdiente. Durchschnittlich 12 000 Menschen jährlich wurden während des 18. Jahrhunderts von den Forts der Goldküste aus nach Übersee eingeschifft, während sich die Exporte von der eigentlichen »Sklavenküste« – den Buchten von Benin und Biafra – im selben Zeitraum auf etwa 30 000 Menschen pro Jahr beliefen. Die Gesamtzahl der Sklavenexporte aus Westafrika ist bis heute noch nicht abschließend geklärt. Nach neuesten Schätzungen kann jedoch davon ausgegangen werden, dass allein über die Häfen der Unteren Guineaküste zwischen 1700 und 1800 annähernd drei Millionen afrikanischer Männer, Frauen und Kinder verschleppt worden sind.

Hatte der Transsaharahandel als Katalysator für die Staatenbildung im Inneren der »Goldküste« gewirkt, so »beschleunigte« nunmehr der transatlantische Handel mit dem »schwarzen Gold« die Expansion und Zentralisierung einiger der Staaten, die sich ehedem in der Übergangszone zwischen Savanne und Wald entfaltet

> INFOBOX
>
> **Die Goldküste**
> Das heutige Ghana hieß früher »Goldküste«. Vermutlich kannten die Akan, die Bevölkerungsmehrheit in der Region, die Kunst des Goldgusses in verlorener Form schon zu Beginn des 1. Jahrtausends n. Chr. Die Könige und Häuptlinge der Akan sind noch heute mit reichem Goldschmuck ausgestattet. Die zahlreichen Goldgewichte bezeugen die ehemalige Bedeutung des Goldhandels. Arabische Krarawanen transportierten jahrhundertelang ungeheure Mengen von Gold über die transsaharischen Handelswege von der Goldküste nach Norden. Der Goldreichtum schien derart groß zu sein, dass Ibn al Fakih im 9./10. Jh. vom »Pflanzengold« Westafrikas schreiben konnte. Er war der Meinung, es wachse auf Bäumen und werde bei Sonnenaufgang gepflückt.

Afrika

Das 1652 erbaute Schloss Carolusburg in Cape Coast, heute »Cape Coast Castle« genannt, ist der zweitgrößte Festungsbau an der ghanaischen Küste; es war Sitz der britischen Kolonialregierung und ist heute Museum für die Geschichte der Sklaverei.

hatten und dank des lukrativen Handels mit Europa wirtschaftlich und militärisch erstarkt waren. Unter dem Einfluss fortgesetzter Kriege und Wanderungen »verschmolzen« die 38 Staaten, die auf einer holländischen Karte von 1629 zwischen den Flüssen Tano und Volta verzeichnet waren, bis zum Ende des 17. Jahrhunderts zu drei Hegemonialstaaten: Denkyira, Aowin und Akwamu.

Dieses neue Machtgleichgewicht wurde allerdings bereits zu Beginn des 18. Jahrhunderts durch zwei unterschiedliche Gegenkräfte erschüttert. So setzten sich zum einen die Fantestaaten an der Küste erfolgreich gegen ihre drohende Eroberung zur Wehr. Sie hatten zur Verteidigung ihres Territoriums, zu dem die bedeutenden holländischen und englischen Handelsniederlassungen Komenda, Elmina, Cape Coast und Anomabu gehörten, eine Konföderation gebildet und ihre Streitkräfte einem gemeinsamen Oberbefehlshaber unterstellt. Zum anderen erhob sich 1698 im Inneren das Asantereich von Kumasi, Vasall des mächtigen Denkyira, gegen dessen exzessive Tributforderungen und ging, unterstützt von Akwamu, aus dem anschließenden Krieg gegen Denkyira (1700–01) als Sieger und unabhängiger Staat hervor. *Brigitte Reinwald*

Osei Tutu und der »Goldene Stuhl«: Die Konföderation der Asante

Der Sieg der Asante über Denkyira war der Auftakt für die Bildung eines Zentralstaates, der seine Macht bis 1750 auf das gesamte Gebiet des heutigen Ghana, mit Ausnahme der Küstenstaaten der Fante, ausdehnen konnte. Die erfolgreiche militärische Expansion und politische Konsolidierung des Asantereiches beruhten darauf, dass es sich die innenpolitische Schwäche seiner Gegner zunutze machte und darüber hinaus gewissermaßen aus deren Fehlern lernte, indem es mit einem konföderativen Staatsmodell neue Wege zur nationalen Einigung beschritt. Diesem Staatenbund schlossen sich als Erste die Vasallen Denkyiras an, die durch mitunter erdrückende Tributzahlungen an dessen Imperium gebunden, politisch aber von diesem vernachlässigt, wenn nicht gar verachtet worden waren.

Nach der Überlieferung wurde dem ersten Staatsoberhaupt des Reiches, dem von 1689 bis 1717 regierenden asantehene Osei Tutu, vom Himmel der »Goldene Stuhl« überbracht, der Sitz der »Seele der Asante-Nation« und Symbol der politischen Einheit des Staates. Auf diesen Thronsitz, der nie »besessen«, jedoch bei allen festlichen Anlässen in der Öffentlichkeit gezeigt wurde, leisteten die Bundesgenossen den Eid, mit dem sie die Oberhoheit der Asante anerkannten. Auf den Überbringer dieser »göttlichen Gabe«, den Priester

Okomfo Anokye, geht auch die Unionsverfassung des Reiches zurück. Sie bestand aus 77 Gesetzen und schrieb die politische Grundstruktur des Staates fest, der in ein metropolitanes Asante und seine Provinzen, Groß-Asante, unterteilt wurde.

Zum metropolitanen Asante gehörten alle im Umkreis von fünfzig Kilometern um die Hauptstadt Kumasi gelegenen Territorien, deren Staatsoberhäupter als Mitglieder der Ratsversammlung an den Regierungsgeschäften beteiligt wurden und im Kriegsfall das Oberkommando über ein Regiment innerhalb der in fünf Flügel unterteilten Asantearmee führten – eine geschickte Verquickung politischer und militärischer Teilhabe am Staatsgeschehen, durch die sich der Hof in Kumasi die Loyalität seiner Bundesgenossen sicherte.

Anders verhielt es sich mit den Provinzen, die sich aus den von den Asante eroberten und zu Tributzahlungen

Außer als Goldschmiede waren und sind die Asante auch als Holzschnitzer tätig und stellen vor allem Mutter-und-Kind-Figuren sowie Fruchtbarkeitsgruppen her. Das Foto zeigt zwei Fruchtbarkeitsstatuetten (Paris, Musée National des Arts d'Afrique et d'Océanie).

und Beteiligung an Kriegszügen verpflichteten Staaten zusammensetzten. Sie hatten weder einen Sitz im Rat der Asante noch direkten Zugang zum »Stuhl«, sondern waren lediglich über einen Mitgliedsstaat der Konföderation angebunden (Klientelsystem). Um der Gefahr einer Destabilisierung des Reiches von den Rändern her zu begegnen, entsandte Kumasi ab 1760 Verwaltungsbeamte und politische Aufseher in seine nördlichen Provinzen Dagomba, Gonja und Mamprusi.

Da staunten die Europäer: die »Königinmütter«
Dem Monarchen zur Seite stand die einzige Frau im Asantereich, die ein politisches Amt innehatte. Die asantehemaa, der »weibliche Herrscher Asantes« – zumeist

Wegen des Goldreichtums ihres Landes entwickelten die Asante eine bedeutende Goldschmiedekunst. Die Abbildung zeigt Goldgeschmeide des westafrikanischen Volkes (London, British Museum).

> **INFOBOX**
>
> **Der Bundeskönig**
> Der asantehene verkörperte als Staatsoberhaupt nicht nur die territoriale Einheit des Asantereiches, sondern wurde darüber hinaus auch als Mittler des friedlichen Zusammenlebens zwischen Vorfahren und Lebenden und als Garant der – pflanzlichen wie menschlichen – Fruchtbarkeit betrachtet. Er war, politisch betrachtet, kein absolutistischer Monarch, sondern auf die Zusammenarbeit mit der Ratsversammlung angewiesen, die den asantehene wählte, über Krieg und Frieden entschied sowie Verträge mit Nachbarstaaten abschloss.

die leibliche Mutter des Souveräns oder seine Tante mütterlicherseits – war dessen oberste politische Beraterin und laut Verfassung auch zur öffentlichen Kritik seiner Fehlentscheidungen berechtigt. Darüber hinaus überwachte sie die Rechtmäßigkeit der Thronfolge und schlug der Ratsversammlung ihren Kandidaten für den »Stuhl« vor.

Wichtige Staatsangelegenheiten konnten im Rat der Asante, dem sie als stellvertretende Vorsitzende angehörte, nur in ihrem Beisein beschlossen werden. Sie verfügte über eine separate Residenz mit eigenem Gerichtshof, wo sie den Vorsitz in Frauenangelegenheiten und den Rechtsstreitigkeiten innerhalb des königlichen Klans führte. Aufgrund der Gütertrennung zwischen Ehegatten konnte sie, wie alle Frauen der Asante, ihr eigenes Einkommen erwirtschaften. Die als Besitzerinnen großer Farmen und als Händlerinnen von Gold, Kolanüssen und Kautschuk zu beträchtlichem Reichtum gekommenen »Königinmütter« wurden von staunenden europäischen Reisenden des 19. Jahrhunderts wiederholt erwähnt.

Wirtschafts- und Kulturmetropole: Kumasi
Ihre 15 bis dreißig Meter breiten, von Bananenstauden gesäumten Avenuen verliehen der zu Beginn des 19. Jahrhunderts etwa 200 000 Einwohner zählenden Hauptstadt des Asantereiches den Ruf einer »Gartenstadt«, in deren Anlage und Architektur sich die Wirtschaftskraft, die politische Macht und kulturelle Vielfalt des Reiches verkörperten. Während die Stadtentwicklung an der Küste als direkte Folge der europäischen Präsenz und des

> **ZITAT**
>
> **Der britische Gesandte Thomas Edward Bowdich war beeindruckt von den sanitären Verhältnissen in Kumasi (1817):**
> *Jedes Haus hat seine eigene Toilette..., die sich häufig im oberen Stockwerk in einem kleinen abgeteilten Raum... befindet. Über die kleinen Abflusslöcher, die erstaunlich tief gebohrt sind, wird jeden Tag kochendes Wasser hinuntergegossen. Jeden Morgen wird der häusliche Abfall hinter dem Haus verbrannt.*

Kumasi wurde im 17. Jh. als Residenz der Asantekönige gegründet; dank seiner Lage an Nord-Süd-Handelswegen entwickelte sich die Stadt zu einem Handelszentrum. Das Foto zeigt die San-Pedro-Kathedrale in Kumasi.

Transatlantikhandels anzusehen ist, waren für Aufstieg und Blüte der bis zu Beginn des 19. Jahrhunderts von europäischem Einfluss unberührten Binnenmetropole Kumasi andere Faktoren maßgeblich: Neben dem Transsaharahandel schlugen sich vor allem die militärischen Expansionen Asantes und die Bildung der Konföderation im Stadtbild nieder.

Hier befand sich das Machtzentrum des Landes, der Palast des asantehene, umgeben von Regierungs- und Verwaltungsgebäuden sowie den Wohnhäusern der Staatsbediensteten. Die Quartiere der muslimischen Gemeinde – der Händler, Schriftgelehrten und Imame aus dem Norden –, die reich verzierten zweistöckigen Anwesen von Asante-Kaufleuten, deren Wohlstand sich dem Sklavenhandel verdankte, sowie zahlreiche Werkstätten von Töpfern, Holz- und Elfenbeinschnitzern, Goldschmieden und Messinggießern, Baumwoll- und Seidenwebern zeugten von Kumasis Bedeutung als Drehscheibe des Handels und Zentrum des Kunsthandwerks.

In Schwung gehalten wurde die städtische Wirtschaft in erster Linie vom königlichen Hof, dem wichtigsten Auftraggeber und Förderer von Handwerkern und Künstlern, die er aus allen Teilen des Reiches in Kumasi zusammengezogen hatte. Sie fertigten unter anderem die goldenen Königsinsignien und Gewänder, welche ebenso wie die strenge höfische Etikette und prunkvolle Zeremonien die Herrschaftsverhältnisse im Asantereich symbolisch überhöhten. Bei diesen Gelegenheiten wurde Macht inszeniert, aber auch Gemeinschaftsgefühl und Respekt bei der Bevölkerung geweckt.

Die Asante-Fante-Kriege und die britische Expansion
In der Absicht, den transatlantischen Sklavenhandel, der neunzig Prozent aller Exporte von der »Goldküste« ausmachte, unter ihre direkte Kontrolle zu bringen, hatten die Asante bereits seit Mitte des 18. Jahrhunderts militärische Vorstöße zur Küste unternommen, waren aber stets an der von den Europäern unterstützten Allianz der Fantestaaten gescheitert. Ein erneuter, unter asantehene Osei Bonsu (1801–24) ab 1807 unternommener Feldzug brachte dem Asantereich zwar 1816 die vorläufige Oberherrschaft über die Küste ein; seine wirtschaftlichen Interessen riefen jedoch starke Gegenkräfte auf den Plan. Da Großbritannien 1807 die Abschaffung des Sklavenhandels verfügt hatte und die britische Flotte vor der Küste patrouillieren ließ, um das Verbot durchzusetzen, war der Zusammenstoß zwischen den beiden Großmächten vorprogrammiert.

Ein entsprechender Anlass war bald gegeben: 1821 erklärte Großbritannien die Forts der »Goldküste« zum britischen Krongebiet und ernannte Sir Charles MacCarthy zum ersten Gouverneur. Der Mangel an diplomatischem Geschick auf der britischen Seite sowie die Entführung und Hinrichtung eines Fantesergeanten in

> **ZITAT**
> **Nachdem der britische Gouverneur Hodgson am 28.3.1900 von den Asante die Herausgabe des »Goldenen Stuhls« gefordert hatte, rief die Königinmutter Yaa Asantewaa zum Widerstand gegen die britische Besatzungsmacht auf:**
> *... Wenn Ihr als Oberhäupter von Asante Euch wie Feiglinge benehmen wollt und Euch weigert zu kämpfen, dann solltet Ihr statt Eures Lendenschurzes besser meine Frauenunterwäsche tragen!*

Diensten der britischen Armee durch die Asante mündeten in den ersten »Asantekrieg« ein, in dessen Verlauf MacCarthy 1824 in Kumasi fiel. Bereits zwei Jahre später wendete sich das Blatt, als die Asante von einer Koalition aus Fante und Briten vernichtend geschlagen wurden.

Kurze Zeit darauf setzte an der Küste unter dem britischen Gouverneur George MacLean (1830-43) eine Periode der Stabilität und friedlichen Entwicklung ein, unter deren Einfluss sich die Fantestaaten wirtschaftlich und politisch regenerieren konnten. Da die britische Krone sich 1830 aus Kostengründen von der »Goldküste« zurückgezogen hatte, lag die Verwaltung der Forts nun wieder in Händen von Kaufleuten. MacLean selbst war Vorsitzender des britischen Handelsrats und mit bemerkenswertem Geschäftssinn und Menschenkenntnis ausgezeichnet.

So erzielte er den Abschluss eines Dreiervertrages zwischen Asante, Fante und Großbritannien, deren Unterzeichner die Unabhängigkeit der Küstenstaaten anerkannten, offene Handelsrouten garantierten und sich verpflichteten, im Konfliktfalle Großbritannien als Schlichter anzurufen. Er führte die britische Rechtsprechung ein und gab der Fantebevölkerung damit ein Mittel an die Hand, das sich für sie später im Umgang mit der britischen Krone als sehr nützlich erweisen sollte.

Die Fante waren die engsten Handelspartner der Europäer im Geschäft mit den Sklaven gewesen. Nach der Abschaffung des transatlantischen Sklavenhandels lag ihre Wirtschaft danieder. MacLean verhalf ihr durch die Förderung der Palmölproduktion zu neuem Aufschwung. Damit legte er auch den Grundstein für den wirtschaftlichen Strukturwandel an der südlichen »Goldküste«, den Übergang zum »legitimen Handel«. Bereits 1840 stellte Palmöl das wichtigste Ausfuhrprodukt der »Goldküste« dar; hinzu kam der ab 1870 erstmals in größerem Umfang exportierte Kautschuk.

Den Erfolgen MacLeans, die er oft in Missachtung der amtlichen Anweisungen aus London errungen hatte, wurde 1843 mit seiner Absetzung ein abruptes Ende gesetzt. Die britische Krone brachte sich erneut in den Besitz der Forts an der »Goldküste« und erklärte deren Hinterland nach Abschluss eines Vertrages mit den

Afrika

Oberhäuptern der Fantestaaten 1844 zum britischen Protektorat.

Widerstand gegen die Briten
Die britische Kolonialpolitik an der »Goldküste« fand jedoch nur wenig Anklang bei den neuen Untertanen der Krone. Mit einer Petition protestierten 1864 die Oberhäupter der Küstenstaaten gegen die 1852 eingeführte Kopfsteuer, die entgegen der Zusage nicht zum Bau von Straßen und Schulen verwendet wurde, sondern im Verwaltungsapparat versickerte, und gegen die Missachtung ihrer Autorität seitens der britischen Verwaltungsbeamten.

Freetown, die Hauptstadt von Sierra Leone, wurde 1787 von der britischen Antisklavereigesellschaft als erste Siedlung für Freigelassene gegründet. 1790 zerstört, 1792 mit 1 200 Nachkommen ehemaliger Sklaven neu als englische Gartenstadt angelegt, erhielt die Stadt 1799 Selbstverwaltung. 1808 wurden Stadt und Halbinsel britische Kolonie.

Unterstützt wurde die Bewegung von der ersten Generation einheimischer Intellektueller, die unter anderem aus dem 1827 gegründeten »Fourah Bay College« in Freetown (Sierra Leone) hervorgegangen waren. 1868 schlossen sich 31 Staaten – Fante- und andere Küstenstaaten, aber auch die Asanteprovinzen Denkyira und Assin – zu einer Konföderation zusammen (Mankessim-Versammlung). Sie verabschiedeten eine Verfassung, richteten ein Verwaltungs-, Steuer- und Justizwesen ein und stellten eine Armee auf, um sich gegen die Übergriffe der Asante zu verteidigen.

Von den Kolonialbehörden wurde dieser bemerkenswerte Versuch der Selbstregierung, in dem sich afrikanische und europäische Staatsideen verbanden, als Verschwörung betrachtet und bis 1872 zu Fall gebracht. Dies schmälert allerdings keineswegs die historische Bedeutung der Konföderation als politische Vorläuferin der »Gesellschaft zum Schutz der Rechte der Einheimischen« (1897) und des »Nationalkongresses von Britisch-Westafrika« (1913).

1872 unternahm die Asantekonföderation einen erneuten militärischen Vorstoß an die Küste, um die abtrünnigen Provinzen Denkyira, Assin und Akyem zu-

Naturkautschuk wurde erst industriell bedeutsam, als C. N. Goodyear 1839 die Vulkanisation erfunden hatte. Seit 1870 begann die »Goldküste«, in größerem Umfang Kautschuk zu exportieren. Das Foto zeigt eine Kautschukzapferin im Regenwald von Ghana.

rückzuerobern und darüber hinaus Asantes Anspruch auf das Fort Elmina durchzusetzen, das mit dem Abzug der Holländer 1871 in britische Hände übergegangen war. In der Absicht, das »Asanteproblem« ein für alle Mal zu regeln, und in unguter Erinnerung an zwei empfindliche Niederlagen, die ihnen die letzte Invasion der Asante 1863 beigebracht hatte, rückten schwer bewaffnete und kanonenbestückte britische Truppen 1874 auf Kumasi vor, legten die Stadt in Schutt und Asche und sprengten den Palast.

Die Sieger zwangen den asantehene zum Vertrag von Fomena (1874), in dem der Asantestaat auf seine territorialen Ansprüche an der Goldküste, dem britischen Protektoratsgebiet, verzichtete und sich zur Zahlung eines Schadensersatzes von 50000 Unzen Gold verpflichtete. Nach Jahren erbitterten Widerstandes wurde die Asante-Nation 1901 schließlich der britischen Kolonie Goldküste einverleibt. Der Forderung nach Herausgabe des »Goldenen Stuhls« widersetzte sie sich allerdings mit Erfolg.

Brigitte Reinwald

Vom Vasallen zur Hegemonialmacht: Dahome

Die Anfänge Dahomes gingen laut Überlieferung auf einen Familienstreit im Herrscherhaus von Allada zurück: War es ratsam, die Beziehungen zu den holländischen Sklavenhändlern an der Küste auszubauen? Diejenigen, die sich dagegen ausgesprochen hatten, zogen nach Abomey – achtzig Kilometer nördlich von Allada und außerhalb europäischer Reichweite –, um dort 1625 ihren eigenen Staat zu gründen. Ob das genannte Motiv tatsächlich den Exodus ausgelöst oder es sich um einen Thronfolgestreit gehandelt hat, ist ungeklärt. Sicher ist allerdings, dass die Beteiligung der Königreiche Allada, Ouidah, Popo und Jakin am transatlantischen Sklavenhandel im Verlauf des 17. Jahrhunderts zur zunehmenden inneren Zerrüttung und zum Zusammenbruch ihrer gegenseitigen Beziehungen geführt hatte. In diesem politischen Vakuum gelang es Dahome, sich bis 1700 zur stärksten Macht in der Region zu entwickeln und unter König Agadja (1708–40) schließlich Allada (1724) und Ouidah (1727) zu erobern.

> **ZITAT**
>
> **Der englische Forschungsreisende John Duncan beschreibt die Kampfuniform der Amazonen von Dahome (1847):**
> Sie tragen ein blau-weiß gestreiftes Überkleid aus Baumwolle, ... ohne Ärmel, sodass sie die Arme frei bewegen können. Die Tunika ist ungefähr so lang wie der Kilt der Schotten. Darunter tragen sie kurze Hosen, die etwa 5 cm unterhalb des Knies enden. Ein ... Patronengürtel hält das Ganze zusammen.

Dahomes spektakulärer Aufstieg beruhte im Wesentlichen darauf, dass es zu einem zentralisierten Staat mit einem absoluten Herrscher an der Spitze und einer gut ausgebildeten Berufsarmee aufgebaut worden war. Damit ließ es herkömmliche Vorstellungen vom Staat als »Großfamilie«, in denen den Ältestenräten große Bedeutung zugekommen war, hinter sich zurück. Seiner Staatsphilosophie zufolge glich das Königreich einem durchlöcherten und mit lebensspendendem Wasser, dem Symbol für den Monarchen, gefüllten Topf. Um das Auslaufen des Wassers zu verhindern, mussten alle Bewohner von Dahome die Öffnungen zuhalten, das heißt, jeder einzelne war gefordert, dem König loyal zu dienen.

Vermutlich lag hierin auch der Grund für das von König Agadja zunächst verhängte Verbot des Sklavenexports, insofern man Kriegsgefangene und andere Unfreie vorrangig für den wirtschaftlichen und militärischen Aufbau Dahomes und für die alljährlichen Menschenopfer von oft beträchtlichem Ausmaß benötigte. Diese Zurückhaltung wurde spätestens mit der Eroberung Ouidahs, einem Hauptumschlagplatz des transatlantischen Sklavenhandels, aufgegeben; bereits 1730 erklärte Dahome den Menschenhandel zum staatlichen Monopol und führte ihn von da an fort, solange Nachfrage bestand.

Dahomes Expansionen forderten das militärische Eingreifen des Yorubareiches Oyo zwischen 1726 und 1739 geradezu heraus. Die Hegemonialmacht sah durch den Verlust ihres Vasallen Allada, verbunden mit der Weigerung Dahomes, Tribut zu entrichten, ihre Vor-

> **INFOBOX**
>
> **Die »Frauen des Königs«**
> Reisende des 19. Jh. berichteten immer wieder, dass die Amazonen, das weibliche Heer Dahomes, im Kriegshandwerk die Männer noch übertroffen hätten. Insgesamt belief sich die Zahl der in die Armee oder in den Palasthaushalt eingegliederten »Frauen des Königs« von Dahome Mitte des 19. Jh. auf etwa 5 000. Manche von ihnen wurden verdienstvollen Männern des Königreichs als Ehefrauen »geschenkt«, einigen wenigen gelang der Aufstieg in den prestigereichen Rang der »Ehefrauen des Leoparden«. König Gelele z. B. wurde die magische Zahl von 1 000 Ehefrauen nachgesagt.

Afrika

Beim rituellen Tanz tragen die Mitglieder des Gelede-Geheimbundes, der einen Wachstumskult der Yoruba praktiziert, solche Helmmasken. Diese Masken werden nicht vor dem Gesicht, sondern wie ein Helm auf dem Kopf getragen. Die Aufbauten auf dem Helm beziehen sich wohl auf Elemente des geheimen Rituals des Bundes.

machtstellung in der Region bedroht. Auch fürchtete sie nach dem Fall Ouidahs um ihren ungehinderten Zugang zur Küste, mit dem die Abwicklung ihrer Sklavenexporte verbunden war. Der Friedensvertrag von 1748, in dem Agadjas Nachfolger Tegbesu (1740–74) Dahomes Vasallenstatus gegenüber Oyo anerkannte und sich zur jährlichen Entrichtung eines Tributs von »40 Männern, 40 Frauen, 40 Gewehren und 40 Säcken Kaurimuscheln« verpflichtete, beendete vorläufig die Konflikte.

Erst ab 1820, mit dem Zusammenbruch des durch innenpolitische Krisen und die Expansion des Kalifats von Sokoto schwer erschütterten Oyo, erlangte Dahome seine Unabhängigkeit wieder. Mehr noch: Eine Reihe von Angriffskriegen gegen die Yoruba, aber auch gegen

1863 begab sich der König von Porto Novo zum Schutz gegen die britische Kolonie Lagos unter französisches Protektorat, das 1882 erneuert wurde. Nach der Eroberung des Hinterlandes wurde Porto Novo 1904 Verwaltungssitz der französischen Kolonie Dahomey (Blick auf die St.-Joseph-Kirche und den Markt von Porto Novo).

die Küstenstaaten (Porto Novo), sicherte ihm unter den Königen Ghezo (1818–58) und Glele (1858–89) die Hegemonie in der Region. Die mit Dahomes Aufstieg zur Großmacht gewachsene Bedeutung des Militärs schlug sich in der Gesellschaftsstruktur nieder und schuf nicht zuletzt den Stoff für zahlreiche Legenden.

Die Frauen des Königs

Maßgeblich zum Mythos eines mächtigen und unbesiegbaren Dahome beigetragen hat sein »Furcht erregendes Amazonenheer«, das kein europäischer Berichterstatter des 18./19. Jahrhunderts zu erwähnen vergaß. Historisch nachgewiesen ist, dass seit Ende des 17. Jahrhunderts

(Regierungszeit von Akaba 1680–1708) Frauen als Kriegerinnen und Palastwachen dienten. Aber erst nach 1840 baute König Ghezo ein weibliches Berufsheer auf, das nach Schätzungen von Historikern 4000 bis 5000 Soldatinnen umfasste, das waren dreißig bis fünfzig Prozent der gesamten Armee. Diese Amazonen wurden zur Ehelosigkeit verpflichtet.

Durch die verstärkte Rekrutierung von Frauen sollten zum einen die hohen Verluste, die Dahomes Angriffskriege unter seinen Truppen gefordert hatten, ausgeglichen werden. Darüber hinaus schrieb man Frauen sowohl ein hohes Maß an Mut und Tapferkeit als auch besondere Geschicklichkeit im Umgang mit Waffen zu und setzte sie aus diesem Grund überwiegend als Angriffstruppen und Scharfschützinnen ein; die Vorliebe der »Amazonen« für Winchester- und deutsche

Nach der Überlieferung wurde der Titel der »Königinmutter« von Oba Esigie eingeführt. Die Königinmutter in Benin regiert einen eigenen Hof und berät den Oba bei Staatsangelegenheiten. Gedenkköpfe aus Messing mit der typischen vorgezogenen Krone erinnern an die verstorbenen Königinmütter (16. Jh.; Liverpool, Liverpool Museum).

Schnellfeuergewehre war ab den 1880er-Jahren in den Reihen der Kolonialtruppen allseits bekannt und gefürchtet.

Der Militärdienst von Frauen war jedoch nur ein Aspekt der gesellschaftlichen »Architektur« Dahomes im 19. Jahrhundert, wonach Frauen eine ebenso große Bedeutung wie Männern beigemessen wurde. Grundlage dafür war die »duale Komplementarität«, das heißt die Auffassung von der Harmonie, die auf dem Zusammenwirken von Gegensätzen – Männer/Frauen, Lebende/Tote, Adlige/Gemeine, links/rechts – beruht. Diese Weltsicht durchzog sämtliche Bereiche, angefangen von der Palastarchitektur über die Staatsämter, deren jedes stets gedoppelt, das heißt mit einem Mann und einer Frau besetzt wurde, bis hin zur Organisation der Dorf- und

Nach 1840 baute König Ghezo ein weibliches Berufsheer auf, das 4 000 bis 5 000 Soldatinnen umfasst haben dürfte, also 30 bis 50 Prozent der gesamten Armee Dahomes. Reisende berichteten immer wieder, dass die Amazonen im Kriegshandwerk die Männer übertroffen hätten (Holzstich von 1877).

> **INFOBOX**
>
> **Sir Richard Francis Burton**
> Der englische Welt- und Entdeckungsreisende Sir Richard Francis Burton war einer der bekanntesten europäischen Besucher Dahomes im 19. Jahrhundert. Der sprachbegabte und sehr eigenwillige Forscher bereiste, als Muslim verkleidet, zunächst den vorderen Orient und verschiedene arabische Länder, wobei er bis Mekka gelangte. Er war der Erstbesteiger des Kamerunberges und der erste Europäer am Tanganjikasee. 1854 konnte er – ebenfalls als erster Europäer – die Stadt Harar in Ostafrika besuchen. Zwei Expeditionen zu den Quellen des Nil schlugen fehl.
> Später trat er in die Dienste des Foreign Office ein und wurde britischer Konsul in Fernando Póo, einem Inselstaat im Golf von Benin. In seiner Zeit als Konsul war Burton ständig in Afrika unterwegs. Im Jahr 1863 besuchte er im Auftrag seiner Regierung auch den damals regierenden König von Dahome, Gelele. Seine Eindrücke beschrieb er in seinem zweibändigen Werk »A Mission to Gelele, King of Dahome«.

Familienräte mit ihren männlichen und weiblichen Oberhäuptern.

Nicht nur im spirituellen Sinne, sondern auch in realpolitischer Hinsicht wurden Frauen als wichtige Elemente zur Konsolidierung des Staates und der Integration der eroberten Regionen betrachtet. Nicht zufällig stammten viele weibliche Palastangehörige aus dem Yorubaland oder der Mahiregion (Nordostdahome). Darüber hinaus rekrutierte der Hof auch in großem Umfang loyale weibliche Vertraute aus den Reihen der eigenen Bevölkerung.

Jede Familie in Dahome musste eine Tochter als »Tribut« an die Monarchie abgeben. Die im Alter von zehn bis 14 Jahren rekrutierten Mädchen wurden auf Lebenszeit zu »Frauen des Königs«, das heißt entweder in die Armee oder in den Palasthaushalt eingegliedert, der vollständig in weiblichen Händen lag. Je nach gesellschaftlicher Herkunft, ihrem Dienstalter und ihren Fähigkeiten arbeiteten sie dort als Dienstmädchen, Hauswirtschafterinnen, Handwerkerinnen oder Verwalterinnen, waren als Händlerinnen, Aufseherinnen der königlichen Palmölplantagen, als Spioninnen, aber auch als Prostituierte in den staatlich betriebenen Bordellen tätig.

> **ZITAT**
>
> Sir Richard Francis Burton, der 1863 den Herrscher Gelele aufsuchte, berichtet über Menschenopfer und Ahnenkult im alten Dahome:
> *Der König hat eine lästige Pflicht über den Gräbern seiner Ahnen zu erfüllen, und er erledigt sie. Seine Untertanen würden es als ruchlos erachten, verkürzte oder ließe er die Zeremonie ganz ausfallen. Sie plötzlich zu unterdrücken wäre, wie wenn ein europäischer Monarch gewaltsam die Totengebete unterdrückt.*

Palmöl ist ein aus dem Fruchtfleisch der Ölpalme gewonnenes Öl. Das nach verschiedenen Methoden gereinigte Palmöl wird besonders zur Herstellung von Speisefetten und Seifen verwendet (Palmölherstellung in São Tomé und Principe).

Wie im Asantereich war auch in Dahome die einflussreichste Stellung, zu der eine Frau aufsteigen konnte, das Amt der »Königinmutter«. Zur Kpojita, »derjenigen, die den Leoparden geboren hat«, wurde die leibliche oder »Adoptiv«mutter des Monarchen ernannt, häufig eine der Ehefrauen seines Vorgängers, die einen aussichtsreichen Prinzen protegierte. Diese »Mutter der Nation« durfte allerdings, im Gegensatz zum Asantestaat, aus Gründen der oben beschriebenen gesellschaftlichen »Architektur« keine Aristokratin sein, sondern musste aus dem Volk stammen. Auch hier schlug sich der Integrationsgedanke nieder, insofern die Königinmütter fast ausnahmslos aus Grenzregionen kamen.

Afrika

Innere Umbrüche und äußere Bedrohung
Von Symmetrie und dem Ausgleich der Gegensätze war die Situation in Dahome in der zweiten Hälfte des 19. Jahrhunderts allerdings weit entfernt. Darauf deuten nicht nur zahlreiche Versuche der Bevölkerung hin, ihre Töchter vor den Rekrutierungen zu verstecken, sondern auch die durch Dahomes Expansionen ausgelösten massiven Fluchtbewegungen in Yorubaland und Porto Novo. Kriegsgefangenschaft bedeutete nach wie vor Versklavung und damit entweder die Verschiffung nach Brasilien – wohin bis 1888 regelmäßig Menschen exportiert wurden – oder den Einsatz in den Palmenplantagen, mit denen Dahome in den »legitimen Handel« (Palmöl) einstieg. Dementsprechend hoch war der Anteil an Sklaven, die zwanzig bis dreißig Prozent der insgesamt etwa 350 000 Einwohner Dahomes ausmachten.

Die Machenschaften der Prinzen und der höfischen Günstlinge, die nach materieller Bereicherung und politischer Einflussnahme strebten – unter König Ghezo waren Angehörige der Aristokratie erstmals zu Ministerämtern zugelassen worden –, zersetzten die politische

Kriegsgefangenschaft bedeutete in Dahome Versklavung und damit häufig die Verschiffung nach Brasilien, wohin bis 1888 Menschen exportiert wurden. Das Foto aus dem Film »Roots« zeigt die Bedingungen, unter denen der Transport der Sklaven erfolgte.

Geschlossenheit des Königreichs von innen her und brachten die neue bürgerliche »Mittelschicht« in den Küstenstädten zunehmend gegen die Monarchie auf. In Ouidah und Porto Novo hatten sich, zusätzlich zu den schon seit Jahrhunderten hier ansässigen und im Sklavenhandel engagierten brasilianischen Familien, eine beträchtliche Anzahl freigelassener Sklaven aus Kuba, Bahia (Brasilien) und den Westindischen Inseln etabliert. Ihre Aktivitäten in Handel, Handwerk und Bildung trugen maßgeblich zur Entwicklung einer modernen städtischen Wirtschaft und Kultur bei – was Dahome übrigens seinen Ruf als »Quartier Latin« Westafrikas eintrug.

Als im Anschluss an die britische Annexion von Lagos 1861 die gesamte Untere Guineaküste zum Objekt rivalisierender europäischer Kolonialinteressen wurde, fand eine Intervention durchaus die Zustimmung derer, die unter Dahome zu leiden hatten, angefangen bei der Einrichtung des französischen Protektorats in Porto Novo 1863 oder der britisch-französischen Aufteilung des Yorubalandes im selben Jahr. Was dann folgte, gehorchte alleine dem Widerstreit der imperialistischen Interessen: Angesichts britischen und deutschen »Appetits« auf Dahome ging Frankreich 1890 zum Angriff gegen das Königreich über, das nach erbittertem Widerstand und unter dramatischen Verlusten 1894 zur französischen Kolonie Dahomey wurde.

Brigitte Reinwald

> **ZITAT**
> **Robert Norris, ein britischer Sklavenhändler, kam 1772 zur Zeit des Ahnenfestes nach Abomey. Er schreibt:**
> *Am Palasteingang lag zu beiden Seiten ein kürzlich abgehackter Menschenkopf mit dem Hals zum Eingang gerichtet.*

Fahrten in den »dunklen« Kontinent: Aufbruch ins Innere Afrikas

Obgleich das Vordringen der Portugiesen nach Afrika seit Beginn des 15. Jahrhunderts den neuzeitlichen Aufbruch Europas in die außereuropäische Welt eröffnete, sollte der »dunkle« Kontinent gleichwohl noch eine geraume Zeit im Windschatten umfassenderer europäischer Expansionsbestrebungen verbleiben, hatten doch Amerika und Asien der westlichen Nachfrage nach wertvollen Metallen und Handelsgütern mehr zu bieten. Die Portugiesen beschränkten sich daher auf wenige Vorstöße ins Innere Afrikas. Interessiert waren sie allein an Gold und, nachdem der Goldhandel zurückging, am

Afrika

»schwarzen und weißen Elfenbein«. So blieb ihr »Geschäft« mit Afrika ganz überwiegend auf die Sklavenausfuhr von den Küstenstützpunkten aus beschränkt.

Das gleiche vorrangige Interesse am Sklavenhandel bestimmte die afrikanischen Aktivitäten der anderen europäischen Expansionsnationen, die seit dem Beginn des 17. Jahrhunderts Handelsstationen an den Küsten Afrikas errichteten und um ihren Anteil am lukrativen Dreieckshandel, dem Austausch europäischer Waren gegen Sklaven und deren Weiterverkauf in Amerika gegen Zucker, Rum, Tabak und andere Güter, bemüht waren. Zwischen der Senegal- und der Nigermündung entstand eine Kette von portugiesischen, spanischen, holländischen, englischen, französischen, schwedischen und dänischen Forts, die ihre Kanonen weniger gegen Afrikaner als gegen die europäischen Konkurrenten richteten.

Im Landesinnern blieben die Weißen vom guten Willen der einheimischen Herrscher abhängig, der durch Tribute, Pachtzinsen und Geschenke erkauft werden

Seit dem Beginn des 17. Jh. errichteten die Europäer Handelsstationen an den Küsten Afrikas und beteiligten sich an einem lukrativen Dreieckshandel: In Afrika wurden europäische Waren gegen Sklaven getauscht, diese wiederum wurden in Amerika u. a. mit Zucker bezahlt. Das Foto zeigt eine historische Zuckermühle auf Kuba.

Die 1683 angelegte Festung Groß-Friedrichsburg an der Goldküste war eine der außereuropäischen Besitzungen des Großen Kurfürsten Friedrich Wilhelm. König Friedrich Wilhelm I. von Preußen verkaufte Groß-Friedrichsburg 1717 an die Niederländer.

musste. Ihrerseits erwarteten die afrikanischen Potentaten von den technisch überlegenen Ankömmlingen militärische Hilfe gegen innenpolitische Gegner und äußere Feinde, aber auch die Aufwertung des eigenen Prestiges und Unterstützung bei der Verfolgung expansionistischer Absichten.

Zu den Mitbewerbern um die Gunst der Afrikaner gehörten schließlich auch die Brandenburger, die mit der Gründung von Groß-Friedrichsburg im Gebiet des heutigen Ghana am 1. Januar 1683 und der Anlage weiterer afrikanischer Stationen sowie dem Erwerb eines Teils der Antilleninsel Sankt Thomas am Dreieckshandel zwischen Europa, Afrika und Amerika teilnahmen. Da sich Brandenburg-Preußen jedoch außerstande sah, seine überseeischen Besitzungen und Unternehmungen wirksam gegenüber den großen seefahrenden Nationen zu schützen, verkaufte Friedrich Wilhelm I. die afrikanischen Gebiete 1717 »für 7200 Dukaten und zwölf Mohren« an die Holländer, während die Dänen Preußens Anteil an der westindischen Insel Sankt Thomas einschließlich der Faktorei kurzweg beschlagnahmten.

Die Gründe dafür, warum sich Afrika so lange als unattraktiv und abweisend darbot, waren vielfältiger Art.

An erster Stelle ist zweifelsohne die Natur des Landes mit seinen großen Wüsten – im Norden die Sahara und im Süden die Kalahari – sowie mit dem für Mensch und Tier schier undurchdringlichen Tropenwald im Äquatorialbereich zu nennen. Eine starke Brandung, Riffe, ständiger Nebel aufgrund der Staubstürme aus den Wüsten und nur wenige natürliche Häfen erschwerten eine Landung. Zwar durchzogen große Flusssysteme auch Afrika, aber manche waren wegen zahlreicher Stromschnellen nur streckenweise, andere nur saisonal befahrbar. Die späteren Entdecker und Forscher mussten daher riesige Entfernungen zu Fuß zurücklegen. Nur im Norden waren Kamel und Pferd, im Süden der Reitochse und der Ochsenwagen zu gebrauchen.

Das entscheidende Hindernis stellte jedoch das afrikanische Klima mit seinen Tropenkrankheiten wie der Malaria und dem Gelbfieber dar. Im Übrigen war der Handel mit Sklaven, Pfeffer, Elfenbein und Gold so gut von den Afrikanern organisiert worden, dass die Europäer keinen Grund besaßen, ins fieberverseuchte Hinterland vorzudringen und die Feindschaft der afrikanischen Zwischenhändler herauszufordern. Erst nachdem sich seit den 1840er-Jahren die Chininprophylaxe durch-

Das Gelbfieber war die Krankheit, die die europäische Kolonisation der Tropen am stärksten behinderte. Zunächst wurde der in Feuchtgebieten wachsende Gelbfieberbaum, fälschlich, anstelle der Moskitos für die Krankheit verantwortlich gemacht.

> **INFOBOX**
>
> **Ausrüstung der Europäer**
> Das Vordringen der Europäer ins Innere Afrikas stellte auch im 19. Jh. noch immer ein in mancher Hinsicht gefahrvolles Unternehmen dar. Namentlich tropische Krankheiten wie die Malaria und das Schwarzwasserfieber ließen den »dunklen Kontinent« zu einem »Grab des weißen Mannes« werden.
> Zur Standardausrüstung der Europäer gehörte daher immer eine gut sortierte Apotheke, deren wichtigster Bestandteil das Chinin zur Malariaprophylaxe war.
> Der Richtungs- und Standortbestimmung dienten Sextant und Kompass. Perlen und Muscheln wurden als Geschenke und Zahlungsmittel – wie die Kaurimuschel – verwendet. Hinzu kam im Fall Morton Stanleys noch ein modernes Winchestergewehr, von dem er nicht selten Gebrauch machte.

setzte, verlor Afrika allmählich seinen Schrecken als das »Grab des weißen Mannes«. Nur im klimatisch zuträglicheren Süden hatten die Niederländer seit 1652 eine Siedlungskolonisation begonnen.

Entsprechend ungenaue geographische Vorstellungen existierten noch um die Mitte des 18. Jahrhunderts von Afrika. Nicht selten lebten auf den zeitgenössischen Karten, abgesehen von den genauer bekannt gewordenen Küstenbereichen, die antik-mittelalterlichen Anschauungen fort, und fiktive Gewässer und Gebirge – wie die berühmten »Mondberge« als Ursprung der Nilquellen – überdeckten die tatsächlich weißen Flecken.

Europäische Reisende ließen sich und ihr Gepäck meist von einheimischen Trägern befördern. In den feuchtheißen Zonen der tropischen Wälder war dies eine äußerst mühselige Arbeit (Holzplastik vom unteren Kongo; Ende des 19. Jh.).

Afrika

Ebenso wusste man nichts Genaueres von den Afrikanern selbst und ihrem Leben. Auf den Schiffen der holländischen Ostindischen Kompanie reisende Schriftsteller wie Andreas Josua Ultzheimer, Samuel Brun, Michael Hemmersam und Wilhelm Johann Müller zeichneten überdies ein von europäischem Überlegenheitsbewusstsein gegenüber den »Kindern Hams« bestimmtes Bild, während selbst christliche Gelehrte die Einrichtung der Sklaverei theologisch und sozial rechtfertigten.

Adam Smith, der Vater des ökonomischen Liberalismus, sprach sich gegen Sklaverei aus, weil von freien, motivierten Menschen geleistete Arbeit für den Unternehmer kostengünstiger sei als der Unterhalt von arbeitsunwilligen Sklaven.

»Handel und Christentum«
Ein Wandel im Hinblick auf den vergessenen Kontinent vollzog sich in den 1780er-Jahren; er ging von der in Großbritannien sich vehement artikulierenden Antisklavereibewegung – eine der gewaltigsten Massenbewegungen der Neuzeit überhaupt – aus. Mit der Gründung des englischen Komitees für die Abschaffung des Sklavenhandels fand der in Presse, Parlament und Schrifttum ausgefochtene Kampf zur Ächtung von Sklavenhandel und Sklaverei seine organisatorische Umsetzung. Politisch und christlich-humanitär motivierte Philanthropen wie Granville Sharp, Thomas Clarkson und William Wilberforce trugen maßgeblich dazu bei, dass 1807 der britische Sklavenhandel und 1833 die Sklaverei im britischen Herrschaftsbereich abgeschafft wurden.

Dieser Einsatz fiel mit dem großen Missionsaufbruch des erweckten Großbritannien zusammen. Ein biblisch-christlich fundiertes Auserwähltheits- und Überlegenheitsgefühl sowie ein aus Kulturoptimismus und Fortschrittsgläubigkeit zusammengefügter Aktivismus zeichneten die Antisklavereibewegung aus, die nicht zuletzt die Missionierung der »armen Schwarzen«, der »Söhne Hams«, zu ihrem Programm machte.

In der praktischen Umsetzung ihrer christlich-humanitären Ziele setzte diese mittelständische, freihändlerisch orientierte Bewegung auf einen – gegenüber dem Unrecht des Sklavenhandels – »gerechten Handel« (legitimate trade) in Afrika, verfocht doch nicht zuletzt Adam Smith (1723–90), der Vater des ökonomischen Liberalismus, die These vom erhöhten Wert der freien Arbeit gegenüber der Sklavenarbeit. Folgerichtig propagierten Thomas Fowell, Baronet Buxton, der Wortführer

Charles Lavigerie wurde 1867 Erzbischof von Algier und 1884 Erzbischof von Karthago sowie Primas von Afrika. Er gründete die Missionsorden der Weißen Väter und der Weißen Schwestern und setzte sich für die Abschaffung der Sklaverei ein.

David Livingstone kam 1841 als Missionar und Arzt nach Südafrika. Von Luanda brach er 1854 zu einer Durchquerung des Kontinents auf und erreichte 1856 Quelimane. Damit hatte er als erster Forscher den Kontinent von Westen nach Osten gequert. Der Holzstich zeigt Livingstone dabei, wie er Ureinwohnern aus der Bibel vorliest (Holzstich von 1874).

der zweiten Generation der Sklavereigegner, und der schottische Forschungsreisende und Missionar David Livingstone den Interessenverbund von Commerce and Christianity (Handel und Christentum), um den gleichen Zweck zu erreichen: das »Königreich Gottes« und eine »wohltätige Zivilisation« in Afrika zu verbreiten; Ziele, die für die beiden und ihre Mitstreiter eine Einheit darstellten. Infolgedessen waren die Sklavereigegner und die Missionspropagandisten zugleich die vehementesten Vertreter eines kulturellen Expansionismus in Afrika. Dass sich britische Handelshäuser nach dem Verlust Nordamerikas nach neuen Betätigungsfeldern umzusehen begannen, förderte ebenfalls das neue Interesse an Afrika.

Antisklaverei- und Missionsbewegung sowie der Verlust der amerikanischen Kolonien standen auch insofern in einem engen, konkreten Zusammenhang, als es eine

»Lösung« für die im amerikanischen Unabhängigkeitskrieg der britischen Seite treu gebliebenen und nach London verbrachten Schwarzen sowie für die ebenfalls in London sich aufhaltenden Sklaven geben musste. Nach mehreren erfolglosen Anläufen entstand 1790/91 die mit einem königlichen Freibrief ausgestattete Sierra Leone Company zur Ansiedlung der »schwarzen Loyalisten«.

Die Probleme vor Ort erwiesen sich jedoch als stärker als die Euphorie der Initiatoren. Bald kam es zu Streitigkeiten zwischen zurückgekehrten und einheimischen Afrikanern, an denen das politisch-kulturelle Überlegenheitsgefühl der Neuankömmlinge, die weitgehend eine christlich-europäische Schulbildung erhalten hatten, nicht schuldlos war. Schließlich verschärften sich die Konflikte so weit, dass die britische Regierung mit dem 1. Januar 1808 Sierra Leone als Kronkolonie übernehmen musste. *Horst Gründer*

An Niger und Nil:
Entdeckungsreisen in Zentralafrika

Das neu erwachte Interesse an Afrika wurde durch das für die Zeit typische Moment der wissenschaftlichen Neugier ergänzt. »Im Verlangen, unsere Zeit von der Last einer Unkenntnis zu befreien, die so wenig ihrem Charakter entspricht«, begann bezeichnenderweise die Präambel, in der die Gründung der Britischen Gesellschaft zur Förderung der Entdeckung des Innern Afrikas am 9. Juni 1788 in London angekündigt wurde. Zwar schrieben ihre Mitglieder, politisch zumeist im liberalen, freihändlerischen Lager stehende Staatsbeamte, Militärs, Wissenschaftler, Publizisten sowie Kirchen- und Geschäftsleute, auch »die Ausbreitung des Handels und englischer Erzeugnisse« in die inneren Regionen Afrikas auf ihre Fahnen, aber ihr Hauptinteresse galt in erster Linie der geographischen Erkundung des »schwarzen« Kontinents. Die Gesellschaft, die ebenfalls ausländische Reisende unterstützte, wurde so zum wichtigsten Förderer der Erforschung Afrikas in Europa; zugleich bildete sie aber auch das Vorbild anderer europäischer Gesellschaften mit gleicher Zielsetzung.

Mungo Park reiste 1795–97 zur Erforschung des Nigerlaufs von der Mündung des Gambia aus über den Oberlauf des Senegal an den Niger bei Ségou. Im Verlauf seiner zweiten Afrikareise kam er bei Kämpfen mit der einheimischen Bevölkerung ums Leben.

Mungo Park und der Vorstoß zum Niger
Zunächst entschied sich die Afrikanische Gesellschaft, wie sie kurz hieß, das Quellgebiet und den Verlauf des Niger zu erkunden. Bis um die Mitte des 18. Jahrhunderts hatten sich widersprüchliche Informationen über den geheimnisumwitterten Fluss angesammelt. Sie entstammten den Berichten sowohl antiker und arabischer Geographen, Geschichtsschreiber und Reisender wie Herodot (um 490 bis 425 v. Chr.), Plinius dem Älteren (23/24 bis 79), Idrisi (12. Jahrhundert) und Leo Africanus (um 1490 bis nach 1550) als auch portugiesischer Kaufleute und Seefahrer.

Der Niger ist mit einer Länge von 4 160 km der drittgrößte Strom Afrikas. Bei Hochwasser ist er auf weiten Strecken schiffbar, in seinem Mündungsdelta können Hochseeschiffe die Häfen von Burutu, Warri und Port Harcourt erreichen.

Afrika

Ungeklärt war, ob die drei Flüsse Senegal, Gambia und Rio Grande die Mündung des westlich fließenden Niger waren oder ob er nach Osten floss, ob es einen Zusammenhang zwischen Niger und Nil gab und wo die sagenhaften reichen Goldminen des Nigerhinterlandes lagen. Um diese Fragen zu klären, wurde von der Afrikanischen Gesellschaft der schottische Wundarzt Mungo Park ausersehen, der im Dezember 1795 von der atlantischen Küste aus aufbrach, um Quellgebiet und Mündung des Niger zu erkunden und wichtige Städte im Nigerbecken wie das geheimnisumwobene Timbuktu aufzusuchen.

In Begleitung eines Dolmetschers und eines Dieners, mit Lebensmitteln für zwei Tage sowie Korallen, Bernstein und Tabak als Tauschmitteln versehen, dazu mit Sonnenschirm, Taschensextant, Kompass, Thermometer, zwei Vogelflinten, zwei Pistolen und einem Pferd, durchquerte er die Gebiete afrikanischer Potentaten, wobei vor allem muslimische Herrscher der Gruppe immer wieder Schwierigkeiten bereiteten. Am 20. Juli 1796 erreichte Mungo Park nach siebenmonatiger Reise den Oberlauf des Niger bei Ségou, der Hauptstadt der Bambara. Seine Empfindungen beim Anblick des gesuchten Flusses beschrieb er so: »Ich blickte vorwärts und mit unendlichem Vergnügen sah ich den großen Gegenstand meiner Sendung, den majestätischen Niger, so breit wie die Themse bei Westminster, in der Morgensonne flimmernd und langsam nach Osten fließend.«

Die Überraschung darüber, dass der Niger in Richtung Osten strömte, hielt sich indessen in Grenzen; hatten die Afrikaner ihm doch schon während der Reise immer wieder versichert, dass er der »aufgehenden Sonne« entgegenfließe. Dagegen faszinierte Park die Stadt Ségou mit ihren rund 30 000 Einwohnern, ihren zum Teil zweistöckigen Häusern, ihrem Handelsleben und ihrer Kultur. Seinen Auftrag konnte Park nur zur Hälfte erfüllen: Die Quelle des Niger und seine Mündung blieben ebenso »unentdeckt«, wie er Timbuktu verfehlte. Am Ende seiner Kräfte, krank und ohne Geld überlebte er nur aufgrund der Fürsorge eines islamischen Sklavenhändlers, der ihn zur Küste zurückbrachte.

Wenn nunmehr auch geklärt war, dass Senegal, Gambia und die Bucht Rio Grande nicht die Mündungsflüsse

Heinrich Barths Forschungen waren bahnbrechend für die geographisch-ethnographische und linguistische Kenntnis des zentralen Nordafrika. Der Gelehrte zeichnete u. a. 49 Sudansprachen auf.

ZITAT

Mungo Park über Ségou, die Hauptstadt der Bambara, deren Einwohnerzahl er auf 30 000 schätzte (Reisen ins innerste Afrika 1795–1806, 1976):
Der Anblick dieser ansehnlichen Stadt, die Menge von Kähnen auf dem Fluss (Niger), das Gedränge des Volkes, die Kultur der ganzen umliegenden Gegend, dies alles deutete auf eine Grad von Bildung und Wohlstand, den ich im Herzen von Afrika nicht vermutet hätte.

> **INFOBOX**
>
> **Die Quellen des Nils**
>
> Die Quellen des Nils zu erreichen, galt in der Antike als unlösbare Aufgabe; es wurde vermutet, dass im Quellgebiet mit Schnee bedeckte Berge – die »Montes unae« des Ptolemäus – und Seen lägen.
> Die wissenschaftliche Erforschung des Nils und seines Ursprungsgebiets setzte im Zeitalter der Entdeckungen ein. 1770 entdeckte James Bruce die Quellen des Blauen Nils. 1821/22 drang u. a. Frédéric Cailliaud zum Zusammenfluss des Weißen und Blauen Nils vor. Von Ostafrika aus entdeckte John Hanning Speke 1858 den Victoriasee und erforschte 1860–63 mit James Augustus Grant den Victorianil bis Gondokoro, dort traf Speke mit Samuel Baker zusammen. 1876 erreichte Romolo Gessi den Abfluss des Albertnils aus dem Albertsee. 1892 stellte Oscar Baumann den Kagera als Hauptzufluss des Victoriasees und damit indirekt als Hauptquellfluss des Weißen Nils fest. Das Quellgebiet des Nils wurde erst im 20. Jh. eingehend erforscht und kartographiert.

des Niger waren, blieben doch weitere Streitpunkte: Mündete der Strom in einen Binnensee? Oder handelte es sich bei ihm um einen Zufluss des Kongo oder gar des Nil? Diese Fragen zu klären, aber auch als Folge erster Ansätze eines kolonialen Programms bei einigen Mitgliedern der Afrikanischen Gesellschaft wie ihrem Präsidenten Sir Joseph Banks, trat der zum Hauptmann beförderte Mungo Park in den Jahren 1805/06 eine zweite Reise an, begleitet von einem Trupp von dreißig Soldaten.

Da Park den Fehler beging, zu Beginn der Regenzeit seinen Marsch anzutreten, erreichte er den Niger bei Bamako gerade noch mit zehn Mann. Mit einem Boot fuhr er den Nigerbogen hinab bis Bussa, wo er und seine Leute entweder in den Stromschnellen umkamen oder von Einheimischen getötet wurden. Die Bemerkung: »Segel gesetzt für die Reise zur Küste« in seinem letzten Brief vom 19. November 1805 lässt jedoch darauf schließen, dass er von einer Mündung des Niger in den Atlantik ausging und erkannt hatte, dass der Niger ein selbstständiges Flusssystem war.

Die weitere Erforschung des Niger verlief mit vielen Rückschlägen. Bereits im Jahre 1795 hatte sich der deutsche Theologe Friedrich Konrad Hornemann der

Die Victoriafälle, die Wasserfälle des Sambesi, befinden sich bei Livingstone an der Grenze von Simbabwe und Sambia. Der 1 700 m breite Strom stürzt hier 110 m tief in eine nur 50 m breite Schlucht, die rechtwinklig zu der bisherigen Richtung verläuft.

Afrika

Livingstones Aufnahme bei Schinte

Diese Illustration aus der deutschen Übersetzung von David Livingstones Reisebeschreibung »Zum Sambesi und quer durch das südliche Afrika« (1858) zeigt den Forschungsreisenden während des Empfangs bei einem afrikanischen Würdenträger.

Afrikanischen Gesellschaft zur Verfügung gestellt, um zum Niger vorzustoßen. Er brach von Kairo in Richtung Libysche Wüste auf und gelangte von dort aus am 17. November 1798 nach Mursuk im Fessan, musste dann jedoch wegen feindlich gesonnener Araber sein Unternehmen abbrechen. Erst bei einem zweiten Versuch im Jahre 1800, von Mursuk aus über das Reich Bornu zum Niger vorzudringen, hatte er möglicherweise Erfolg. Er starb im Jahre 1801 in Bokane etwa fünfzig Kilometer nördlich des Stromes wahrscheinlich an der Ruhr.

Wunschtraum blieb eine Reise zum Niger dagegen für den Schweizer Afrikaforscher Johann Ludwig Burckhardt. Dem hoch begabten Natur- und Sprachforscher gelang es jedoch, als muslimischer Kaufmann Ibrahim verkleidet, weite Teile Kleinasiens und des Nahen Ostens zu bereisen und 1814 Zutritt nach Mekka zu erlangen, der heiligen Stadt des Islam. Burckhardt verdanken wir die erste genaue Beschreibung der Kaaba, des größten Heiligtums der Muslime.

Erst im Jahr 1822 erreichte ein junger britischer Kolonialoffizier wieder den Niger. Alexander Gordon Laing stieß von Sierra Leone aus zweimal in das Quellgebiet des Niger vor, doch der Besuch der Quelle selbst wurde ihm von den Einheimischen verwehrt. Vom britischen Kolonialminister Henry Bathurst erhielt er daraufhin den Auftrag, von Tripolis über Timbuktu zum Niger vorzudringen. Tatsächlich traf der Schotte am 18. August 1826 in Timbuktu, der sechs Kilometer nördlich des Niger gelegenen, fremdenfeindlichen Handelsstadt, ein, wo er sich über einen Monat aufhielt. Kurz nach seiner Abreise wurde er jedoch von Arabern ermordet. Nur wenige Monate später, im April 1828, gelang es hingegen dem französischen Afrikaforscher René Caillié lebend die für ihn enttäuschende Stadt wieder zu verlassen. Auf seiner 4 500 Kilometer langen Reise hatte er allerdings nur einen Nebenfluss des Niger berührt.

Im »Nigerproblem« gründete letztlich auch die Expedition des schottischen Marineoffiziers Hugh Clapperton an den Tschadsee. Nach einer abenteuerlichen Durchquerung der Sahara erreichten er und seine beiden Reisebegleiter Kuka, das Zentrum des alten Königreiches Bornu, und am 23. Februar 1823 standen sie am Tschadsee. Clapperton zog allein weiter nach Kano, einer volkreichen Handels- und Festungsstadt, und nach Sokoto, der Hauptstadt des gleichnamigen Fulbereiches, gelegen an einem Nebenfluss des Niger. 1825 nach Großbritannien zurückgekehrt, brach er im gleichen Jahr im Auftrag der Afrikanischen Gesellschaft erneut nach Afrika auf. Diesmal startete er von Badagri im Golf von Benin aus, durchzog das Yoruba- und Borgureich und überquerte den Niger bei Bussa, wo Mungo Park gestorben war. Er marschierte dann über Kano nach Sokoto weiter, wo er erkrankte und am 13. April 1827 starb.

Von den Begleitern der letzten Expedition Hugh Clappertons hatte nur einer die Reise überlebt, sein »vertrauter Diener« Richard Lemon Lander. Die postume Veröffentlichung der Aufzeichnungen des Expeditionsleiters zusammen mit seiner eigenen Schilderung der Reise brachten ihm den Auftrag durch den britischen Kolonialminister Bathurst ein, Clappertons Werk fortzusetzen und den Unterlauf des Niger zu erforschen. Auf einem leicht von Clappertons Route abweichenden Weg erreichte Lander zusammen mit seinem jüngeren Bruder John am 27. Juni 1830 den Niger bei Bussa. Mit Kanus fuhren die Brüder stromabwärts, wobei sie noch die Einmündung des Benue in den Niger entdeckten. Den letz-

ZITAT

Heinrich Barth über Kano, das »afrikanische London«
(Die große Reise. Forschungen und Abenteuer in Nord- und Zentralafrika 1849–1855):

... Berücksichtigen wir nun, dass diese Gewerbetätigkeit nicht, wie in Europa, in ungeheuren Fabriken betrieben wird, ... sondern dass jede Familie zu der wirtschaftlichen Blüte beiträgt, ohne ihr Privatleben aufzuopfern, so dürfen wir schließen, dass Kano eines der glücklichsten Länder der Welt sein müsse.

ten Teil der Strecke legten sie als Gefangene eines einheimischen Häuptlings zurück, der sie an der Küste des Atlantischen Ozeans, die sie am 17. November 1830 erreichten, gegen ein Lösegeld freiließ.

Das Nigerrätsel war endgültig gelöst. Für seine Verdienste erhielt Richard Lander als Erster die Goldmedaille der Königlichen Geographischen Gesellschaft, der Nachfolgerin der Afrikanischen Gesellschaft. Bereits seit den 1850er-Jahren begann dann das Palmölgeschäft die hohen Erwartungen der Europäer in den Nigerhandel zu bestätigen.

Heinrich Barth und der Sudan
Afrikareisende wie Hornemann, Burckhardt, Clapperton und Caillié hatten den Zugang zum Niger von Norden her gewählt. Sie wurden auf diese Weise zugleich zu Pionieren der Sahara- und Sudanforschung. Deren eigentlicher Begründer sollte jedoch der deutsche Privatgelehrte Heinrich Barth werden. Der sprachbegabte junge Geograph und Historiker hatte schon im Rahmen der Studien für seine Habilitationsschrift die nordafrikanischen Küstenländer des Mittelmeeres sowie das Niltal bis Assuan zwischen 1845 und 1847 bereist.

Da seine Vorlesungen über die »Geographie des nördlichen Afrika« Studenten nicht gerade in großer Zahl anlockten, schloss er sich einer geplanten britischen Expedition unter Leitung des Missionars James

Henry Morton Stanley war ab 1867 Korrespondent für den »New York Herald«, in dessen Auftrag er 1869–71 nach dem verschollenen David Livingstone suchte. 1871 fand er Livingstone in Ujiji und begleitete diesen auf der Suche nach den Nilquellen.

INFOBOX

»Donnernder Rauch«
Am 17. 11. 1853 stand David Livingstone überwältigt vor einem riesigen Wasserfall, den die Einheimischen »Mosi-oa-Tunya« nannten, was so viel wie »donnernder Rauch« bedeutet. »Als wir uns in unseren Kanus ... näherten, sahen wir die Säulen der Gischt und hörten wir das donnernde Brüllen des Wassers schon Meilen von den Fällen entfernt«, notierte Livingstone in seinen Reiseaufzeichnungen. Er war tief beeindruckt: »Niemand kann sich die Schönheit der Aussicht vorstellen, es gibt nicht Vergleichbares in England. Kein europäisches Auge hat sie bisher gesehen; aber eine so wunderschöne Landschaft muss von Engeln im Flug betrachtet worden sein.«
Zu Ehren seiner Königin nannte Livingstone die Wasserfälle des Sambesi »Victoriafälle«.

Afrika

Als Henry Morton Stanley endlich den verschollenen David Livingstone aufgespürt hatte, begrüßte er ihn mit den berühmten Worten: »Dr. Livingstone, nehme ich an?« (kolorierter Holzstich, 1872; Berlin, Sammlung Archiv für Kunst und Geschichte).

Richardson an, die Erkenntnisse zur Abschaffung des Sklavenhandels gewinnen und Handelsbeziehungen mit sudanesischen Staaten knüpfen wollte. Barth seinerseits hoffte, mit einer großen »geographischen Tat« seiner akademischen Karriere zum Durchbruch verhelfen zu können.

Zwischen 1850 und 1855 durchzog der aufmerksame Beobachter und asketische Reisende Barth, zunächst mit Adolf Overweg als Begleiter, geographisches Neuland in Nord- und Zentralafrika. Über Mursuk, Ghat und das Bergland Aïr sowie nach einem Abstecher in die alte Handelsstadt Agadès erreichte er in Katsina das Gebiet der islamisierten, als nomadisierende Rinderhirten lebenden Fulbe, die als Nachfolger der Hausastaaten Herrschaftszentren in Sokoto, Gando und Masina errichtet hatten. Er reiste weiter nach Kano, dem – wie er schrieb – »afrikanischen London« und »bedeutendsten Mittelpunkt des Verkehrs im eigentlichen so genannten Sudan oder Land der Schwarzen«. Die nächste Station war Kuka, die Zentrale des Reiches Kanem-Bornu, wo er sich der Zuneigung des Sultans Omar erfreute. Wichtigste Entdeckung war jedoch die »Bornu-Chronik«, das

Der fischreiche Tanganjikasee ist ein lang gestreckter Süßwassersee im Zentralafrikanischen Graben. Mit einer Breite von 22–80 km und einer Länge von 670 km lang nimmt er eine Fläche von 34 000 km² ein.

entscheidende Dokument für die historische Erschließung dieses großen Reiches im mittleren Sudan.

Anschließend zog Barth weiter in das bis dahin völlig unbekannte Adamaua. Dann kehrte er nach Kuka zurück und brach von dort über die Zwischenstationen Sokoto und Gando zur legendären Stadt Timbuktu auf. In Gando, der Residenzstadt des mittleren Fulbereiches, entdeckte er eine Handschrift des »Tarikh as-Sudan«, eine Geschichte des Königreiches Songhai bis 1640, aus der er zudem die Vergangenheit der alten Sudanreiche Gana und Mali rekonstruieren konnte. Zwei weitere Quellen zur Geschichte des Fulbereiches erlaubten es ihm, frühere Nachrichten über dieses von Osten eingewanderte Eroberervolk – deren Wanderungsrichtung Barth allerdings fälschlich umgekehrt sah – zu korrigieren.

In Timbuktu konnte sich Barth, der in der Verkleidung eines arabischen Gelehrten auftrat und unter dem Namen Abd el-Kerim höchstes Ansehen genoss, sich aber auch die Feindschaft des Scheichs Ahmed el-Bakáy mit den Fulbe von Masina zunutze machte, über ein halbes Jahr lang aufhalten. Nach Laings und Cailliés Kurzbesuchen lieferte er als erster Europäer eine ausführliche Beschreibung dieser alten Handelszentrale im westlichen Sudan. Über Kuka kehrte er schließlich auf der alten Karawanenstraße durch das Gebiet der kriegerischen Tuareg nach Tripolis zurück, wo er am 28. August 1855 eintraf.

Im Verlauf seiner über fünfjährigen Forschungsreise hat Heinrich Barth rund 18 000 Kilometer zu Fuß, zu Pferd oder auf dem Kamel zurückgelegt. Dabei trug der unermüdliche, geradezu akribische Chronist eine ungeheure Fülle von geographischem, topographischem, hydrographischem, historischem, ethnologischem und linguistischem Material zusammen, das er gewissenhaft auswertete. Er selbst beherrschte sieben einheimische Sprachen, andere zeichnete er auf; in seinem hand-

INFOBOX

Mission in Ostafrika: Johann Ludwig Krapf
Im Februar 1837 begab sich der aus Tübingen stammende evangelische Missionar Johann Ludwig Krapf (1810–81) zunächst nach Äthiopien, um dort im Auftrag der Church Missionary Society (CMS) Missionsstationen in Tigray und später im Süden bei den Oromovölkern einzurichten. Ende 1843 segelte er über Massawa nach Sansibar. Hier erhielt er von Sultan Said al-Busaidi die Erlaubnis zur Missionierung der Küste von Mombasa, wo er im Mai 1844 ankam; er begann mit dem Studium der Suahelisprache und der Übersetzung der Bibel. Später reiste er landeinwärts und gründete im höher gelegenen Rabai unter den Nyika die erste Missionsstation Ostafrikas (sie besteht noch heute). Von hier aus unternahm Krapf vier Vorstöße ins Hinterland.
1850 kehrte er nach Deutschland zurück, wo er die erste Grammatik und das erste Wörterbuch der Suahelisprache herausgab. 1856, nach erneuten Aufenthalten in Afrika, entstand sein zweibändiges Werk »Reisen in Ost-Afrika, ausgeführt in den Jahren 1837–55« (1858).

> **ZITAT**
>
> **David Livingstone über »legitimen Handel« (Zum Sambesi und quer durchs südliche Afrika 1849–1856, 1985):**
> *Als ich mit meinem Begleiter diese Verhältnisse besprach, kam uns der Gedanke, dass der Sklavenhandel unmöglich werden müsse, wenn der Markt durch ehrlichen Handel mit Erzeugnissen europäischer Manufakturen versehen würde.*

schriftlichen Nachlass befinden sich Vokabularien von über vierzig Sprachen.

Grundlegend waren aber vor allem seine Studien zur Geschichte des Islam im Sudan und zu den sudanesischen Staaten, mit denen er das Fundament für die moderne Geschichtsschreibung über das nördliche Afrika legte. Vom Vorsprung Europas und seiner zivilisatorischen Mission in Afrika überzeugt, war der vielleicht größte Afrikaforscher nichtsdestoweniger bereit, sich auf die ihm begegnenden fremden Kulturen einzulassen, und lehnte es ab, wie Georg Friedrich Wilhelm Hegel in den Schwarzafrikanern Völker ewigen Stillstandes zu sehen.

David Livingstone und der »Wettlauf zum Nil«
Der bahnbrechende Erforscher des zentralen und südlichen Afrikas war der schottische Arzt und Missionar David Livingstone, der fast dreißig Jahre auf dem »schwarzen« Kontinent zubrachte. Livingstone stammte aus einfachen Verhältnissen und hatte in Glasgow Medizin und Theologie studiert. 1841 kam er zum ersten Mal nach Südafrika, wo er fast neun Jahre auf entlegenen Missionsstationen arbeitete. Da er, wie er in seinen 1857 veröffentlichten, berühmten »Missionsreisen und Forschungen in Südafrika« schrieb, »die geographische Tat als den Beginn der missionarischen Unternehmung« ansah, brach er 1849 zu seiner ersten Expedition in den Norden auf. Er durchzog dabei die Kalahariwüste, entdeckte den Ngamisee im nördlichen Betschuanaland und stieß im August 1851 auf den Oberlauf des Sambesi. »Dies war ein wichtiges Ereignis, denn bislang war nicht bekannt, dass dieser Fluss hier überhaupt existierte«, vermerkte er in seinem Bericht.

Nachdem er Frau und Kinder von Kapstadt aus nach Großbritannien zurückgeschickt hatte, kehrte er zum Sambesi zurück. Er weilte eine längere Zeit bei den Makololo, die ihn freundlich aufnahmen. Im November 1853 begann Livingstone eine Reise zur afrikanischen Westküste, die er bei Luanda erreichte. Von dort kehrte er, um den Sambesi als Handelsweg für Großbritannien zu erkunden, zu den Makololo zurück. Anschließend brach er in Richtung Osten auf, erblickte bereits am 17. November die gigantischen Wasserfälle des Sambesi, die er nach der britischen Königin Victoriafälle nannte, und erreichte am 20. Mai 1856 auf dem Land- und Wasserweg bei Quelimane die Ostküste Afrikas. Als erster Europäer hatte er den Kontinent von Westen nach Osten durchquert.

Auf seiner zweiten Reise von 1858 bis 1864 entdeckte er den Shire, einen Nebenfluss des Sambesi, und dessen Quellgewässer, den Njassasee, heute Malawisee genannt. Es gelang ihm, den gesamten Lauf des Sambesi zu erforschen. Mehrere Rückschläge im Kampf gegen Sklavenhändler und bei der Anlage von Missions- und Handelsstationen beendeten diesen zweiten Afrikaaufenthalt.

Der Kilimandscharo, in der Sprache der Suaheli der »Berg des bösen Geistes«, ist ein vulkanischer Gebirgsstock in Nordosttansania. Mit 5 892 m über dem Meeresspiegel ist er die höchste Erhebung Afrikas. Der Kilimandscharo wurde erstmals 1889 von Hans Meyer und Ludwig Purtscheller bestiegen.

Der Victoriasee, der von John Hanning Speke zu Ehren der britischen Königin seinen Namen erhielt, ist mit einer Fläche von 68 000 km² Afrikas größter See und der drittgrößte der Erde. Es handelt sich bei ihm um einen natürlichen, mit einer maximalen Tiefe von 85 m relativ flachen Stausee.

Die »Nilquellenfrage« stand im Mittelpunkt der dritten Entdeckungsreise von 1865 bis 1873. Von Sansibar aus drang Livingstone zum Tanganjikasee vor. Völlig erschöpft, wurde er ausgerechnet von arabischen Sklavenjägern gerettet. In ihrer Begleitung gelangte er im November 1867 zum Mweru- und im April 1868 zum Bangweolosee, die beide in Europa noch unbekannt waren. Nach mehrmonatiger Krankheit stieß er 1871 zum Lualaba vor.

Wäre er ihm gefolgt, hätte er möglicherweise vor Henry Morton Stanley den Zusammenhang von Lualaba und Kongo – der Lualaba setzt sich im Kongo fort – entdeckt. So kehrte er entkräftet zum Tanganjikasee zurück. Bei Ujiji fand ihn Stanley, der von einer amerika-

nischen Zeitung ausgesandt worden war, den als verschollen geltenden Livingstone zu suchen. Der Journalist begrüßte seinen berühmten Landsmann mit den Worten: »Dr. Livingstone, I presume?« (»Dr. Livingstone, nehme ich an?«)

Gemeinsam erkundeten die beiden Briten den Norden des Tanganjikasees, dann trennten sie sich. Stanley kehrte nach Europa zurück und bereitete seine zwischen 1874 und 1877 stattfindende große Kongoexpedition vor, in deren Verlauf er den letzten der großen Ströme Afrikas bezwang. Livingstone brach nach Süden zu einer gründlichen Untersuchung des Bangweolosees auf, in dem er eine Quelle des Nils vermutete. Am Südufer des Sees starb er am 1. Mai 1873. Seine treuen afrikanischen Diener begruben sein Herz am Sterbeort und brachten den einbalsamierten Leichnam nach Sansibar, von wo die sterblichen Überreste des populären Afrikahelden nach Westminster Abbey überführt wurden.

Während Livingstone noch nach dem Quellfluss des Nils suchte, durfte diese seit der Antike umstrittene Frage bereits als gelöst gelten. Nachdem der schottische Aristokrat James Bruce im Jahre 1770 den früher schon bekannten Ursprung des Blauen Nils im Äthiopischen Hochland erneut entdeckt hatte, war klar, dass die antiken Berichte der Wahrheit nahe kamen, zumal Ende der 1840er-Jahre die beiden deutschen Missionare Johann Ludwig Krapf und Johannes Rebmann die »Schneeberge« Kilimandscharo und Mount Kenya sahen und von großen Seen im Landesinnern hörten.

1857 beauftragte die Londoner Königliche Geographische Gesellschaft schließlich Richard Francis Burton mit der Erforschung der großen innerafrikanischen Wasserfläche, des so genannten Ujijimeeres, als dem möglichen Ausgangspunkt des Weißen Nils. In Begleitung von John Hanning Speke gelangte Burton 1858 erstmals zum Tanganjikasee, musste aber infolge eines Fiebers die Entdeckung des weiter nordöstlich gelegenen Ukereweesees Speke überlassen, der das größte afrikanische Gewässer zu Ehren der britischen Königin »Victoria Nyanza« (Victoriasee) taufte.

Nach London zurückgekehrt, erhielt Speke 1860 von der Geographischen Gesellschaft den Auftrag, seine von Zeitgenossen immer wieder bezweifelte Annahme, der

s. ZEIT Aspekte
Henry Morten Stanley
S. 557

König Leopold II. gründete 1881 den Kongostaat als »Privatkolonie«. Harte Kritik an dem Herrschafts- und Ausbeutungssystem Leopolds II. führte dazu, dass 1908 der Kongostaat unter dem Namen Belgisch-Kongo in den Besitz des belgischen Staats gelangte.

Nil besitze seinen Ursprung im Victoriasee, letztgültig zu klären. Zusammen mit Captain James Augustus Grant fand Speke den Kagera als Hauptquellfluss des Victoriasees und dessen nördlichen Abfluss, den so genannten Victorianil. Da ihn Einheimische hinderten, dem Verlauf dieses Flusses unmittelbar zu folgen, stieß er erst wieder nördlich des Albertsees auf den Oberlauf des Nils, dem er bis zum Zusammenfluss mit dem Blauen Nil bei Khartum folgte. Von dort telegraphierte er nach London: »The Nile is settled.« (»Die Nilfrage ist gelöst.«)

Afrikaforscher wie Park, Lander, Speke, Livingstone und Stanley wurden bekannt, weil sie an der Lösung so spektakulärer Probleme wie der Niger-, Nil- und Kongofrage entscheidend beteiligt waren. Andere Wissenschaftler, Kaufleute, Missionare, Militärs und Kolonialbeamte vollbrachten oft kaum weniger große entdeckerische Leistungen. Daneben standen allerdings bereits seit der Jahrhundertmitte jene vornehmlich adeligen Jagd- und Abenteuerreisenden – und ihre bürgerlichen Berichterstatter –, die mit Armsessel und Badewanne die verhältnismäßig sicheren Gebiete Nordostafrikas durchzogen.

Vor allem gewannen aber zunehmend koloniale Ziele und rassistische Untertöne in den Schilderungen Afrikas an Gewicht. Schon Stanleys Maxime lautete: »Der Wilde respektiert nur Gewalt, Macht, Kühnheit und Entschlossenheit.« Als er zwischen 1879 und 1884 abermals die Kongoregion bereiste, handelte er im Auftrag des belgischen Königs Leopold II., dessen »Privatkolonie« am Kongo er aufbauen half. Der imperialistische »Wettlauf um Afrika« hatte begonnen. *Horst Gründer*

Südafrika

Vor der Ankunft der Fremden: Buschleute und Khoikhoin

Die südafrikanische Geschichtsschreibung hat sich lange Zeit auf die Geschichte der weißen Besiedlung und Expansion konzentriert. Dabei wurden entweder die Leistungen der Buren bei der »Erschließung« des Landes oder die Bedeutung der britischen Herrschaft in den Vordergrund gerückt. Koloniale Unterwerfung und Rassentrennung wurden als natürliche Bedingung und zugleich als Folge der Durchsetzung einer überlegenen europäischen Gesellschaftsordnung angesehen.

Ab den 1950er-Jahren wurde die afrikanische Geschichte zu einem eigenständigen Untersuchungsgegenstand. Ausgangspunkt der Geschichtsschreibung waren nicht länger allein die weißen Siedler und ihre Konflikte, sondern interne Prozesse der afrikanischen Gesellschaften selbst. Damit wurde auch einer der zentralen Mythen der älteren Geschichtsschreibung infrage gestellt, der Mythos, dass die Kolonisten ein leeres Land in Besitz nahmen.

Archäologische Funde belegen heute zweifelsfrei, dass Südafrika bereits lange Zeit vor Ankunft der europäischen Seefahrer, Händler und Missionare von afrikanischen Völkern besiedelt war. Am Kap trafen die Europäer zunächst auf San und Khoikhoin (Buschleute und Hottentotten), die von Jagd, Sammeln, Fischfang und Viehzucht lebten. Mit der Expansion der Kapkolonie drangen die Kolonisten auch in die Gebiete der so genannten Bantuvölker ein, die von Ackerbau und Viehzucht lebten.

Die Vorfahren der später Buschleute (Buschmänner) oder San genannten Bevölkerungsgruppe besiedelten, wie ihre Felszeichnungen und -gravuren zeigen, das gesamte südliche Afrika. Im Laufe der Geschichte wurden sie jedoch immer weiter in die trockenen Gebiete des heutigen Botswana, nach Nordnamibia und Südangola verdrängt. Sie waren in Familienverbänden organisiert und lebten vorwiegend als Jäger und Sammler. Die Vorfahren der San handelten mit Vieh und Elfenbein und

> **ZITAT**
>
> **In Balthasar Springers Reisebericht »Die Merfart« (1509) wird das Volk der Khoikhoin erstmals beschrieben:**
> *... Etliche von ihnen hängen sich Kleidung aus Tierfellen um, wie man in unseren Landen kurze Mäntel trägt. Viele von ihnen haben ihr Haar mit Gummi und Pech aufgetürmt und zur festlichen Zier viele und kostbare Edelsteine hineingesteckt. Sie haben eine schnelle, seltsam wunderliche Sprache, und ihre Wohnungen sind unter der Erde.*

Die Vorfahren der später Buschleute oder San genannten Bevölkerungsgruppe besiedelten, wie ihre Felszeichnungen und -gravuren zeigen, das gesamte südliche Afrika.

ZITAT
Im frühen 18. Jh. schrieb der deutsche Afrikaforscher Peter Kolb über die Khoikhoin:
Die tägliche Erfahrung zeigt, dass sie die Sprache der Holländer gelernt haben. Einige gibt es sogar, die ehemals bei den Engländern in Bantam waren und die gebrochen Englisch sprechen, welches sie gewiss nicht könnten, wenn sie gar so dumm und einfältig wären, wie sich mancher einbildet.

lebten zeitweilig auch in abhängigen Klientelverhältnissen bei Viehzüchtern und Ackerbauern.

Die Vorfahren der Khoikhoin, die von den Europäern »Hottentotten« genannt worden sind, haben vermutlich vor ungefähr 2000 bis 3000 Jahren im Gebiet des heutigen Botswana die Viehzucht übernommen und sind auf der Suche nach Weidegebieten langsam nach Süden gezogen. Sie dehnten sich über das westliche Simbabwe, den Transvaal bis in das Gebiet des Oranje aus und trennten sich hier, um in zwei großen Migrationsbewegungen weiter nach Süden in das Gebiet der Kaphalbinsel einzuwandern.

Afrika

Khoikhoin und Buschleute/San sind in den verschiedenen historischen Epochen nicht immer eindeutig voneinander zu unterscheiden. Vermutlich gab es Allianzen und verwandtschaftliche Beziehungen, und möglicherweise war die Zuordnung von San beziehungsweise Khoikhoin in europäischen Quellen auch sozial bestimmt. Das heißt, Viehzüchter wurden generell als »Hottentotten«, Jäger und Sammler als Buschleute bezeichnet.

Zwischen 200 und 1 000 n. Chr. fand eine zweite große Migrationsbewegung statt. Ackerbauern wanderten in mehreren großen Wellen aus Ost- und Zentralafrika in die Region ein und besiedelten Natal, Transvaal, Zululand und die Transkei. Diese der Bantusprachfamilie zugeordneten Völker kannten die Eisengewinnung und -verarbeitung und betrieben ebenfalls Viehzucht.

Neben Ackerbau und Viehzucht spielten Jagd, Handel und insbesondere der Fernhandel mit der Küste eine bedeutende Rolle. Ausgrabungsfunde zeigen, dass im süd-

In den Höhlen und Felsüberhängen der Drakensberge in Südafrika, die früher den Buschleuten Schutz boten, finden sich mehr als 20 000 Felsbilder. Die mono- und polychromen Felsmalereien zeigen v. a. Wildtiere, Jagd- und Kampfszenen. Die ältesten Malereien sind kaum älter als 2 000 Jahre.

> **INFOBOX**
>
> **Erste Kontakte**
>
> Von der zweiten Hälfte des 15. Jh. an kamen regelmäßig Schiffe an die Küste, um frisches Wasser zu laden und von den Khoikhoin Schlachtvieh gegen Eisen, Kupfer, Tabak und Gebrauchsgegenstände einzutauschen. Schon 1613 war ein Küstenbewohner in die umgekehrte Reichtung gereist und hatte England »entdeckt«. Gorachouqua, so sein Name, war von einer Schiffsmannschaft nach London gebracht worden. Nach seiner Rückkehr war er als Handelsagent zwischen den Schiffsmannschaften und der einheimischen Bevölkerung tätig. Seit den ersten Begegnungen kam es sowohl zu friedlichem Handel als auch zu gewaltsamen Konflikten zwischen Europäern und Küstenbewohnern.

lichen Afrika Anfang des zweiten Jahrtausends mehrere Handels- und Regierungszentren entstanden sind. Neben den berühmten Ruinen von Simbabwe wurden die Stätten Ingombe Ilede im heutigen Sambia sowie Mapungubwe im nördlichen Transvaal entdeckt.

Im Gebiet des heutigen Südafrika waren die meisten Gesellschaften jedoch staatenlos und dezentral organi-

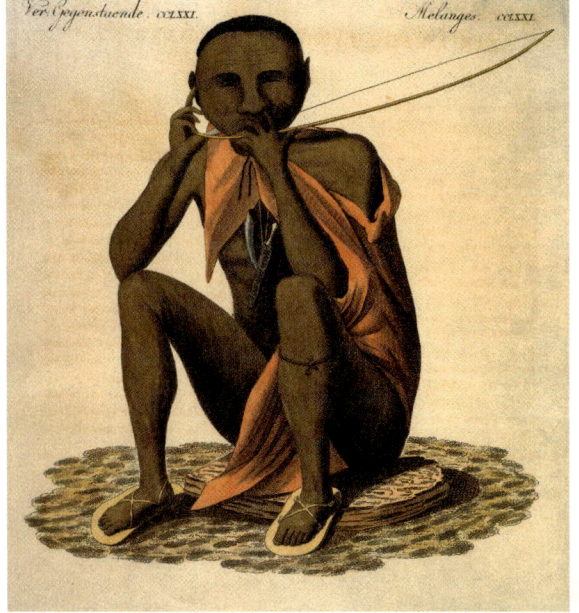

Dieser kolorierte Kupferstich von 1821 zeigt einen Buschmann mit einer Gora, einem Musikbogen, bei dem die gespannte Saite mit einem Stäbchen geschlagen oder gezupft wird; als Resonator dient die Mundhöhle.

Afrika

Die Buschleute leben heute vorwiegend in der Kalahari und ihren Randgebieten. Das Foto zeigt zwei Frauen der Kung im südlichen Afrika.

siert und basierten auf einem Prinzip von Gefolgschaft und Klientel. Sowohl die extensive Viehzucht wie auch das Jagen und Sammeln verlangten Mobilität und standen der dauerhaften Konzentration größerer Gemeinwesen entgegen. Auch Ackerbaugesellschaften tendierten zur Aufteilung und Migration infolge von ökologischen Krisen, Erbstreitigkeiten oder wenn Bevölkerungsdruck und Viehvermehrung zu einer natürlichen Expansion führten.

Kriegerische Auseinandersetzungen und Konflikte wurden in Konkurrenz um Ressourcen geführt, zielten jedoch nicht auf territoriale Eroberungen oder die Vernichtung der Gegner. Es handelte sich eher um eine Verschiebung von Machtverhältnissen und Einflussgebieten. Unterworfene Klane (clans) und Kriegsgefangene wurden, wenn sie nicht flohen, integriert, denn die Macht erfolgreicher Oberhäupter, der chiefs, beruhte in erster Linie darauf, Gefolgschaft und Viehbesitz zu vermehren.

Ein Netzwerk von Verwandtschaft und Allianzen umfasste Klane und Klanföderationen, die Sprache und Kultur teilten, jedoch nicht einer zentralen Herrschaft unterworfen waren. Die Ansiedlung der Europäer mit ihrer anderen gesellschaftlichen Organisation, ihrer waffentechnischen Überlegenheit und ihrem anderen Verständnis von Landbesitz und Herrschaft bildete einen neuen Faktor in diesem gesellschaftlichen Gefüge.

Gesine Krüger

Der Naturforscher François Le Vaillant, der 1780–84 das Innere Südafrikas bereiste, zeigt auf diesem kolorierten Kupferstich eine mit einem Fellmantel bekleidete Hottentottenfrau.

Am Fuß des Tafelbergs: Die Herrschaft der niederländischen Ostindischen Kompanie

Die Geschichte der weißen Besiedlung Südafrikas beginnt mit der Einrichtung einer Schifffahrtsstation der niederländischen Ostindischen Kompanie am Fuß des Tafelbergs. Ursprünglich hatte die Kompanie kein Interesse, eine Siedlungskolonie zu etablieren, sondern wollte eine Versorgungsstation für die etwa dreißig Schiffe pro Jahr anlegen, die auf ihrem Weg nach Indien mit Frischfleisch und Gemüse versorgt werden mussten. Am 6. April 1652 wurde die erste Niederlassung unter Jan Anthonisz. van Riebeeck gegründet. Der Auftraggeber, kein Staat, sondern eine gewinnorientierte Aktiengesellschaft, war nicht an territorialer Herrschaft interessiert. Der Stützpunkt sollte bei möglichst geringen Kosten der Verpflegung und Erholung der Mannschaften sowie der Ausbesserung der Schiffe dienen. Die ersten Weißen waren daher keine selbstständigen Siedler, sondern Personal der Kompanie.

Die Kompanie erkannte jedoch bald, dass es lukrativer war, durch freie Siedler auf eigenem Land und auf eigenes Risiko Getreide und Gemüse anbauen zu lassen und entließ 1657 die ersten Freibürger, die sich am nahen Liesbeeck River niederließen und Agrarprodukte zu fes-

---

INFOBOX

Freibrief an Harmen Remajenne

»Da Harmen Remajenne aus Köln, Seemann im Dienst der Gesellschaft, uns ersucht hat, aus dem Dienst der Gesellschaft entlassen und freigestellt zu werden, so haben wir, trotzdem er noch zehn Monate zu dienen hat – wozu er jederzeit verpflichtet bleiben wird –, sein Gesuch bewilligt und ihm erlaubt, als freier Bürger hier am Kap in Gehorsam und unter der Herrschaft des Staates der Vereinigten Niederlande zu wohnen, sich seinen Wohnplatz hier zu wählen und sich durch Ackerbau und rechtmäßigen Handel zu ernähren, sich hierbei allen Verfügungen und Artikeln zu unterwerfen, wie sie aufgestellt sind und zum Dienst bei der Gesellschaft veröffentlicht werden, vorausgesetzt, dass er wenigstens zwölf Jahre ›Freibürger‹ bleibt, gemäß dem mit ihm abgeschlossenen Vertrag.«
Ausgestellt am 11. 4. 1657 durch die niederländische Ostindische Kompanie.

> **INFOBOX**
>
> **Die niederländische Ostindische Kompanie**
> Die niederländische »Verenigde Oostindische Compagnie« wurde 1602 als Zusammenschluss verschiedener kommerzieller Unternehmen gegründet, die als »Kamers« eine gewisse Eigenständigkeit behielten. Die Kamers wurden von Direktoren (bewindhebers) geleitet, aus deren Mitte sich die »Heren XVII«, das leitende Gremium der Kompanie, rekrutierten. Die überseeischen Aktivitäten leiteten der Generalgouverneur und der »Council of India« mit Sitz in Batavia auf Java. Bis 1732 wurde die Kapkolonie durch die Heren XVII und den Council of India regiert, danach kamen die Instruktionen nur noch von den Heren XVII. Eine direkte Kontrolle wurde durch gelegentliche Inspektionsreisen ausgeübt. Die niederländische Ostindische Kompanie regierte die Kapkolonie bis 1795.

ten Preisen an die Kompanie lieferten. Dies legte bereits den Keim eines Konfliktes, der die Periode der Herrschaft der niederländischen Ostindischen Kompanie bis zu ihrem Ende prägte. Auf der einen Seite standen die Angestellten der Handelsgesellschaft, die an einer möglichst kostengünstigen und konfliktfreien Verwaltung von Fort und Hafen interessiert waren. Auf der anderen Seite standen die Freibürger, die Schutz und Verteidigung ihrer Interessen gegenüber der afrikanischen Bevölkerung forderten und sich gegen die Monopolpolitik der Kompanie wehrten.

Die Siedler begannen, die Gesellschaft der Khoikhoin zu stören. Das Land war zwar äußerst dünn besiedelt, aber die Freibürger besetzten gerade die Teile, die von den Khoikhoin als Weiden beansprucht wurden. Die Khoikhoin kannten keinen Landbesitz im Sinn eines abgegrenzten Territoriums, das gesichert und verteidigt wird. Auf gute Weidegebiete und Wasserstellen gab es jedoch codierte Ansprüche, die auch innerhalb der Gesellschaft zur Überschneidung von Interessen und zu Konflikten führen konnten. In dieses System von Rechtsansprüchen, Verhandlungen, Kompromissen und kriegerischen Auseinandersetzungen wurden die ersten weißen Siedler einbezogen. Als Fremde in diesem System betrachteten sie das von ihnen beanspruchte Land jedoch als Eigentum und waren bereit, es zu verteidigen. Die Khoikhoin mussten entweder die neue Macht anerkennen oder sich auf Kriege einlassen.

Die Geschichte der weißen Besiedlung Südafrikas beginnt mit der Einrichtung einer Schifffahrtsstation der niederländischen Ostindischen Kompanie am Fuß des Tafelbergs. Das Foto zeigt den Tafelberg am Westkap von Südafrika.

Bereits 1659, sieben Jahre nach der Gründung der Station und zwei Jahre, nachdem zum ersten Mal Land an Freibürger vergeben wurde, kam es zum ersten Krieg. Doman, der als Übersetzer für die Kompanie tätig war und Java besucht hatte, führte eine Koalition von Klanen an. Die Bürger und Soldaten verschanzten sich in der Festung, und 1660 hatte die Kompanie die Situation wieder unter Kontrolle. Zwei der Klane unterwarfen sich, Doman wurde verwundet, und die Allianz zerbrach. Im Friedensvertrag wurde festgelegt, dass die Khoikhoin keine Reparationen leisten mussten und erbeutetes Vieh behalten durften. Viel schwerer wog jedoch, dass sie im Gegenzug die Souveränität der Kompanie über das Land der Freibürger anerkennen mussten.

Die Expansion der Kapkolonie
Ab den 1670er-Jahren hatte die Kompanie ihre Politik geändert und zielte nun auf eine Konsolidierung der Kolonie, um die Engländer davon abzuhalten, ihrerseits das Kap zu besetzen. Formal wurde das Territorium der Kolonie 1679 mit den Niederlassungen Stellenbosch (1679) und Drakenstein (1687) erweitert.

Durch großzügige Landvergabe und die Gewährung freier Überfahrten wurden niederländische und deutsche Siedler angeworben; Mädchen aus den Waisenhäusern in Amsterdam und Rotterdam wurden als Bräute in die Kolonie geschickt. 1687/88 wurde die Siedlerschaft um etwa 225 Hugenotten ergänzt, die Frankreich nach der Aufhebung des Edikts von Nantes 1685 verlassen hatten. Die Hugenotten assimilierten sich innerhalb weniger Generationen und übernahmen das aus deutschen Dialekten und dem Holländischen entstandene Afrikaans als Muttersprache.

Mit der Ausweitung der Station und der Einrichtung eines Krankenhauses wurde mehr Vieh angefordert, als die Khoikhoin liefern wollten. Die Handelsexpeditionen drangen daher immer weiter ins Landesinnere vor. Damit wurden alle Khoikhoinklane im westlichen Kap in das Handelsnetz der Kompanie eingebunden. Die Klane im Landesinneren standen den europäischen Siedlern nicht prinzipiell feindlich gegenüber, sondern betrachteten sie als Handelspartner und potenzielle Verbündete.

DIE BEVÖLKERUNG DER KAPKOLONIE 1798–1834			
Jahr	Gesamt-bevölkerung	Sklaven	
		Anzahl	Anteil (%)
1798	61 947	25 754	42
1806	77 055	29 861	39
1815	85 739	29 607	35
1824	116 271	31 744	27
1834	153 027	36 169	24

Konflikte entstanden aus Auseinandersetzungen über Menge, Qualität und Preise von Vieh. Zudem wurde den Khoikhoin immer wieder Viehdiebstahl vorgeworfen. Die Einrichtung von Patrouillen und Wachtposten verstärkte dabei das Sicherheits- und Überlegenheitsgefühl der Europäer, die sich häufig anmaßten, nach eigenem Rechtsempfinden Khoikhoin zu bestrafen.

Die ab Mitte der 1670er-Jahre immer stärkere Einflussnahme in militärischer, diplomatischer, ökonomischer und juristischer Hinsicht bildete den Hintergrund des zweiten Krieges von 1673 bis 1677, der die meisten Klane des südwestlichen Kaps betraf. Gonnema, einem unabhängigen und der Kompanie gegenüber feindselig eingestellten chief, unterstellte man Viehdiebstahl und Belästigung weißer Jäger und Siedler. Nach vier Strafexpeditionen wurde Gonnema 1677 zum Friedensschluss gezwungen. Er musste bis zu seinem Tod einen jährlichen Tribut entrichten, der auch einen symbolischen Charakter hatte, denn er bezeugte immer wieder, dass sich der stärkste oppositionelle chief unterworfen hatte.

Um 1700 war aus der Schifffahrtsstation eine komplexe Siedlergesellschaft auf der Basis von Sklaverei und unfreier Arbeit geworden. Die kommerzielle Landwirtschaft war so erfolgreich, dass die Kolonie bis 1781 der Hauptweizenlieferant für die holländischen Besitzungen

---

INFOBOX

Niedergang der Khoikhoin

Die rapide Verarmung der Khoikhoin und die Destabilisierung ihres gesellschaftlichen Systems beruhte nicht nur auf direkten Eingriffen, Krieg, Tributforderungen und Siedlerkonkurrenz. 1713 wütete eine Pockenepidemie wütete unter den Khoikhoin, die keine Abwehrkräfte gegen die Krankheit hatten. Klane und Familienverbände zerbrachen, viele Khoikhoin suchten Schutz und Arbeit in der expandierenden Kolonie. Der Einfluss der Kolonialherren wirkte sich auch indirekt aus. Interne Spannungen nach Kriegen oder ökologischen Krisen verlängerten und intensivierten sich, weil immer größere Bevölkerungsteile in die Siedlergesellschaft integriert wurden. In dieser Periode gab es Konkurrenz nicht so sehr um Land, sondern um Vieh und um Menschen. Die Kompanie räumte den Freibürgern immer größe Rechte ein und erlaubte ihnen, auf eigene Rechnung Viehhandel zu betreiben, was zu wahren Raubzügen bis weit in den Osten führte.

Afrika

in Ostindien war. Die ökonomische, aber auch politisch-militärische Macht des »neuen Stammes« war durch ein System von Zwangshandel, Tribut und Raub etabliert. Unter dem neuen Kommandanten Simon van der Stel (1679–99) wurde zudem der Brauch eingeführt, dass neue chiefs offiziell von der Kompanie anerkannt und mit einem Hoheitszeichen ausgestattet wurden. Dies stärkte zwar ihre Position, zumal gegenüber feindlichen Klanen, bedeutete aber gleichzeitig einen Verlust von Souveränität.

1687/88 wurde die Siedlerschaft der Kapkolonie um etwa 225 Hugenotten ergänzt, die Frankreich nach der Aufhebung des Edikts von Nantes 1685 verlassen hatten. An diese erinnert das Hugenottendenkmal im östlich von Kapstadt gelegenen Franschhoek.

Sklaven und »freie Schwarze«
Die Sklaverei in Südafrika begann mit der weißen Besiedlung. Schon wenige Wochen nach der Landung forderte Jan van Riebeeck die Entsendung von Sklaven, die 1658 aus Dahome und Angola eintrafen. Später wurden auch Sklaven aus Westafrika, aus Moçambique und Madagaskar, aus Indien, China und Indonesien an das Kap verschleppt. So entstand im Laufe der Zeit eine sozial äußerst heterogene Sklavengesellschaft, die sich aus afrikanischen Feldsklaven, asiatischen Haussklaven und Handwerkern sowie gebildeten Schreibern zusammensetzte.

> **INFOBOX**
>
> **Abolitionismus**
> Die von Großbritannien ausgehende Bewegung zur Abschaffung der Sklaverei, der Abolitionismus, erreichte mit der britischen Besetzung (1806) auch das Kap. Nachdem seit 1807 der Sklavenhandel auf britischen Schriffen untersagt war, wurde 1834 die Sklaverei offiziell verboten, wobei die Sklaven noch vier Jahre an ihre ehemaligen Herrn gebunden blieben. Durch eine Reihe gesetzlicher Maßnahmen wurde auch nach der Abschaffung der Sklaverei und der rechtlichen Gleichstellung der Sklaven mit den Khoikhoin den Mischlingen und den freien Schwarzen ein rigides System der Arbeitskontrolle aufgezwungen.

Das Sklavereisystem in Südafrika war zumeist strikt und undurchlässig. Die Taufe war keineswegs ein Weg zur Freilassung, weder nach den Vorstellungen der offiziellen Politik noch in der Praxis. Zudem war der Einfluss des Christentums eher gering, denn die reformierte Kirche hatte wenig Interesse an der Missionierung. Noch 1812 wurde unter dem Gouverneur Sir John Cradock offiziell bestätigt, dass das christliche Bekenntnis keinen Einfluss auf den Sklavenstatus hätte. Der Islam war unter den Sklaven weit stärker verbreitet. Da die Kapkolonie unter der Herrschaft der Kompanie als Strafkolonie diente, wurden auch eine Reihe politischer Gegner der Holländer aus Ostasien und Indien – unter ihnen gelehrte Muslime – hierher deportiert, die zur islamischen Gemeindebildung unter den Sklaven in Kapstadt beitrugen. Die Sklavenhalter tolerierten den Islam offensichtlich, weil er Disziplin und das Verbot von Alkohol forderte.

Zwischen 1715 und 1791 wurden 1075 Sklaven freigelassen, eine Quote, die beispielsweise weit unter der von Brasilien im gleichen Zeitraum lag. Bei den Freigelassenen handelte es sich vor allem um Sklaven asiatischer Herkunft und um solche, die Europäer als Väter hatten. In der Stadt konnten einige Sklaven auch selbst ein Einkommen erzielen und so ihre Freilassung kaufen. Ein Viertel aller freigelassenen Sklaven war von »freien Schwarzen« gekauft worden, die auf diesem Weg Familienmitglieder befreiten.

Nach dem Zensus von 1807 bestand die Gruppe der freien Schwarzen in Kapstadt aus 1204 Menschen gegenüber 29303 Sklaven und 25614 Weißen. Die freien

Schwarzen in der Stadt waren eine heterogene Gruppe. Zu ihnen gehörten nicht nur freigelassene Sklaven, sondern auch so genannte Mischlinge sowie zum Beispiel Seeleute aus Ostindien. Sie arbeiteten hauptsächlich als Handwerker, Fischer und im Kleinhandel. Bis in das späte 18. Jahrhundert hielt sich ihre rechtliche Diskriminierung in Grenzen, aber die Gesellschaftsordnung war nie »farbenblind«. Es herrschte eine Passpflicht für freie Schwarze, und ab 1727 wurden bestimmte Beschäftigungen für Weiße reserviert.

Weiße und Khoikhoin, Sklaven und freie Schwarze gehörten unterschiedlichen rechtlichen und politischen Statusgruppen an, die sich aber von Anfang an mischten. Drei Viertel aller Kinder von Sklavinnen hatten europäische Väter. Bis ins 18. Jahrhundert war es auch nicht unüblich, dass Farmer und Kompanieangestellte freigelassene Sklavinnen, meist asiatischer Herkunft, oder freie schwarze Frauen heirateten. *Gesine Krüger*

Trekburen und Xhosa-Kriege: Die Ausdehnung der europäischen Siedler

Ab 1717 wurden keine Siedler mehr angeworben, aber das hohe Bevölkerungswachstum führte zu einer steigenden Nachfrage nach Land. Zudem gab es für besitzlose Weiße kaum Möglichkeiten, eine Beschäftigung zu finden, weil die meisten abhängigen Arbeiten von Sklaven

Im Zuge des Großen Trecks (1835–40) verließen ungefähr 6000 Siedler die Kapkolonie, um neues Land zu suchen (Ochsengespanne der Trekburen beim Überqueren des Sunday River, kolorierte Zeichnung von François Le Vaillant).

> **INFOBOX**
>
> **Mission am Kap**
> Die christliche Mission in Südafrika begann erst im späten 18. Jh. eine größere Rolle zu spielen. Die Herrnhuter Brüdergemeine hatte zwar bereits 1737 eine Missionsstation bei Stellenbosch gegründet, sie verließ das Land aber schon 1744 wieder. 1742 wurden die ersten fünf Khoikhoin getauft; der Politische Rat und die reformierte Kirche sprachen jedoch dem Missionar Georg Schmidt das Recht zu taufen ab. 1792 kamen die Herrnhuter zurück. Erst im Zuge der Reformbewegungen des Protestantismus im späten 18. Jh. gewann die Mission in Südafrika an Einfluss, weil sie versuchte, die Lebensweise der »Heiden« zu ändern, gleichzeitig aber Partei für sie ergriff.

und freien Schwarzen verrichtet wurden. Zwischen 1657 und 1717 hatte die Kompanie etwa 200 Quadratkilometer Land vergeben, verteilt auf einer Fläche von 6 500 Quadratkilometern, das hauptsächlich für den Ackerbau genutzt wurde. So war im Umland von Kapstadt eine relativ wohlhabende Schicht von Weizenfarmern und Winzern entstanden. Der Aufbau eines Ackerbaubetriebes erforderte hohen Kapitaleinsatz, und der Markt war im frühen 18. Jahrhundert gesättigt.

Die stetige Nachfrage nach Fleisch und der einfache Zugang zu weiterem Land bewirkten, dass sich immer mehr Siedler außerhalb des ursprünglichen Siedlungsgebietes als Viehzüchter niederließen. Viele dieser so genannten Trekburen lebten als Halbnomaden und verließen abgeweidete und schlechte Gebiete wieder. Dadurch wurde das Gebiet, das unter den Einfluss der Kolonie kam, auch ohne militärische Eroberung immer größer. Im Laufe des 18. Jahrhunderts dehnte sich die Kapkolonie etwa 400 Kilometer nach Norden und 800 Kilometer nach Osten aus. 1786 wurde die Kolonie formal erweitert und ein Landdrost im neuen Distrikt Graaff-Reinet eingesetzt.

Die Kompanie erlaubte die Besiedlung eines riesigen Territoriums, überließ »Erschließung« und Verteidigung aber den Trekburen selbst. Zwar gab es immer wieder Konflikte zwischen Trekburen und Khoikhoin, aber bis 1770 keinen organisierten Widerstand. Die Gesellschaft der Khoikhoin war wie schon früher durch die Pockenepidemien 1755 und 1767 extrem geschwächt

---

Kapstadt wurde 1652 von Jan van Riebeeck im Auftrag der niederländischen Ostindischen Kompanie als Versorgungsstation auf dem Seeweg nach Indien gegründet. Das Foto zeigt einen alten Uhrturm an der Victoria & Albert Waterfront, dem Hafenviertel der Stadt.

Afrika

> **ZITAT**
>
> **Nelson Mandela, der erste schwarze Staatspräsident der Republik Südafrika, über die Xhosa:**
>
> *Die Xhosa sind stolze, patrilineare Menschen mit einer ausdrucksstarken, wohlklingenden Sprache und einem unerschütterlichen Glauben an die Bedeutung von Recht, Erziehung und Höflichkeit. Die Xhosa-Gesellschaft hatte eine ausgewogene, harmonische Sozialordnung, in der jeder Einzelne seinen Platz kannte.*

worden, und das Land war äußerst dünn besiedelt. Viele Khoikhoin suchten daher Arbeit bei den Trekburen. Die neu entstehende Grenzgesellschaft beruhte noch nicht auf einer ausgesprochenen rassistischen Ideologie. Die Trekburen waren auf die Arbeitskraft der Khoikhoin angewiesen und hatten kein Interesse daran, sie zu vertreiben.

Die »Bastaards« und die Griqua
Viele Trekburen lebten auch mit Khoikhoinfrauen im Konkubinat. Da die Rechtsstellung der Kinder vom Status ihrer Mutter abhing, blieben die Kinder von Sklavinnen unfrei, während Kinder aus Verbindungen mit Khoikhoinfrauen frei waren. Diese entstehende Mischlingsbevölkerung, die »Bastaards«, stellte die hierarchische Rassengesellschaft allerdings langfristig nie infrage, auch wenn es bis heute ein offenes Geheimnis ist, dass viele der burischen Gründungsfamilien schwarze Mütter hatten. Die »Bastaards« wurden zu einer eigenständigen kulturellen Gruppe und sozialen Klasse. Sie waren nicht voll akzeptiert, hatten aber einige Bürgerrechte, wenn sie getauft waren. Sie sprachen Niederländisch oder Afrikaans und unterschieden sich in ihrem Lebensstil wenig von den Europäern.

Die Kapkolonie war im 17. Jh. an die Niederlande gefallen, die sich hier bis zum Ende des 18. Jh. halten konnten. Mit der britischen Eroberung des Kaps verloren die Buren, die Nachkommen der niederländischen Siedler, ihre Unabhängigkeit.

> **INFOBOX**
>
> **Die Kommandos**
> Die »Kommandos«, wie die Bürgerwehren der Trekburen hießen, waren ursprünglich von der Ostindischen Kompanie eingesetzt worden, um Viehdiebstähle zu ahnden. Obwohl sie offiziell der Regierung unterstellt waren, operierten sie oft unabhängig von Weisungen aus Kapstadt. 1739 wurde der Dienst in einem der Kommandos für die Bürger im Grenzgebiet obligatorisch.
> Im Verlauf des 18. Jh. entwickelten sich die Kommandos immer stärker zu einer eigenständigen Form der Raubwirtschaft. Neben der Verteidigung gegen die Guerillaangriffe der Khoisan (Khoikhoin und San) wurden die Kommandos auch genutzt, um zu jagen, Vieh und Arbeitskräfte, v. a. Frauen und Kinder, zu »erbeuten«.

Eine weitere Bevölkerungsgruppe, die aus der Dynamik der Grenzgesellschaft hervorgegangen war, waren die Griqua. Diese Gruppe setzte sich aus freigelassenen und geflohenen Sklaven, Khoikhoin und so genannten Mischlingen zusammen. Wie die Trekburen suchten sie außerhalb der Kolonie nach Land. Sie zogen nach Norden und waren bereits 1730 bis zum Oranje gekommen. Hier bildeten sie neue politische Einheiten, die zwar der Kompanie und später der britischen Kolonialregierung unterstanden, aber weitgehend unabhängig agierten. Ähnlich wie die Trekburen waren sie in Kommandos organisiert, bewaffnet und beritten. Ihre wirtschaftliche Grundlage bildete neben Viehdiebstahl und Viehzucht vor allem die Jagd und der Handel mit Jagdprodukten. Wie ein Teil der Mischlingsbevölkerung am Kap waren sie Christen, und ihre Verbindung zur Verwaltung wurde häufig durch Missionare aufrechterhalten.

Ab 1779 kämpften die Xhosa am Great Fish River (Großer Fischfluss) gegen die nach Osten vorrückenden weißen Rinderzüchter. Einer ihrer Häuptlinge war Ndlambe, den diese Darstellung um 1820 vermutlich zeigt.

Widerstand

Die Abwesenheit einer verbindlichen politischen Autorität vor Ort kennzeichnete die Anfangsphase der Expansion. Aufgrund der geringen Bevölkerungsdichte waren die Machtverhältnisse noch nicht endgültig festgelegt. Eine pragmatische Politik der Kooperation und wechselseitigen Kompromisse bestimmte die Verhältnisse. Erst nach der Niederschlagung des Widerstands der Khoikhoin und San im Nordosten wurde eine eindeutig hierarchische und ideologisch abgesicherte Sozi-

Die früher Kaffern genannten Xhosa sind ein in zahlreiche Stämme untergliedertes Bantuvolk aus der Sprachgruppe der Nguni in der Republik Südafrika. Das Foto zeigt jugendliche Xhosa, die sich für einen Initiationsritus bemalt haben.

alordnung zementiert, die auf Gewalt, Akkumulation und Enteignung beruhte. Ab 1770 wurden »Bastaards« als eigene Kategorie von Untertanen ausgewiesen und zum Militärdienst verpflichtet. Gleichzeitig wurde eine Reihe von Rechten bezüglich Jagd, Handel und Transport für Bürger reserviert.

Um 1770 waren die Trekburen bis in den Nordosten vorgedrungen und trafen hier auf verarmte Gruppen von Khoikhoin und San – zusammenfassend »Khoisan« genannt –, die keine Ausweichmöglichkeiten mehr hatten, weil ihnen der Weg von sesshaften Gemeinschaften von Ackerbauern und Viehzüchtern versperrt war. Dreißig Jahre lang wurde in dieser Region ein Krieg mit äußerster Härte und Brutalität geführt. Obwohl die Trekburen waffentechnisch überlegen waren und Khoikhoin als Hilfstruppen in ihren Diensten standen, konnten sie den Widerstand der Khoisan zunächst nicht brechen. Zu dessen Bekämpfung wurde keine Kolonialarmee eingesetzt, sondern so genannte »Kommandos«. Diese Bürgerwehren wurden im 18. Jahrhundert zum wichtigsten Symbol des kulturellen und sozialen Zusammenhalts der Trekburen. Offiziell der Regierung unterstellt, operier-

> **INFOBOX**
>
> **Inboekselings**
> Das in den Burenrepubliken herrschende System der »Inboekselings« war eine Praxis zwischen Kindersklaverei, Knechtschaft und Tributbeziehungen. Aufgrund des Arbeitskräftemangels wurden afrikanische Kinder auf Kriegszügen oder auch durch gezielte Überfälle gefangen genommen und als Arbeitskräfte eingesetzt. Teilweise gaben aber auch Chiefs Halbwüchsige und Kinder als Tribut an die siegreichen Buren. Bis zum 21. (Frauen) bzw. 25. (Männer) Lebensjahr dienten die Inboekselings als weitgehend rechtlose Abhängige bei ihren Herren. Das System war zwischen 1830 und 1850 besonders im nördlichen und östlichen Transvaal verbreitet. Ein politisches Ziel der Buren war es dabei, mit den in europäischen Haushalten aufgewachsenen Kindern eine zukünftige »Pufferklasse« zu schaffen. Der Treckführer Andries Pretorius z. B. verfügte über acht, Hendrik Potgieter über 15 dieser Kinder.

ten die Kommandos oft unabhängig von Weisungen aus Kapstadt.

Der Krieg im Nordosten hatte einen direkten Einfluss auf die Stellung der »Mischlinge« und der Khoikhoin. Einerseits sollten potenzielle Konkurrenten um Land und Ressourcen ausgeschaltet werden, andererseits waren sie als Hilfstruppen zur Bekämpfung des Widerstandes nötig. Der Krieg führte auch auf den Farmen zu Spannungen. Selbst loyale und seit langer Zeit in europäischen Diensten stehende Khoikhoin und Mischlinge wurden einem zunehmend brutalen Regime unterworfen. Besonders Khoikhoin und San wurden als skepsels, als Unter-

Colonel Harry Smith jagt den Xhosa-Chief Hintsa. Dieser zeitgenössische Druck ist historisch nicht korrekt: Hintsa wurde in einem britischen Lager, in dem er sich zu Verhandlungen aufhielt, gefangen genommen und bei einem Fluchtversuch ermordet.

menschen, betrachtet. 1792 sah sich die Regierung veranlasst, Fangprämien für Khoikhoin und San auszusetzen, um zu verhindern, dass sie wie Tiere abgeschossen wurden. Kriegsgefangene, besonders Frauen und Kinder, wurden zu einer wesentlichen Quelle von Arbeitskraft. Im letzten Jahrzehnt des 18. Jahrhunderts kamen im Distrikt Graaff-Reinet auf einen Sklaven zwei Kriegsgefangene.

Die ersten Xhosa-Kriege
An der Ostgrenze war Ende des 18. Jahrhunderts ein weiteres Konfliktpotenzial entstanden, als die Trekburen in Land vorgedrungen waren, auf das die Xhosa, Ackerbauern und Viehzüchter, Anspruch erhoben. Die Siedler waren hier mit einer relativ bevölkerungsreichen Gesellschaft konfrontiert, die auf einer komplexen Ökonomie beruhte und deren politisches System sehr viel widerstandsfähiger als das der Khoikhoin und San war.

Um Konflikte zu verhindern, hatte der Gouverneur Baron Joachim van Plettenberg bereits 1778 eine Grenze proklamiert, bei der er allerdings weite Gebiete, die von Xhosa bewohnt waren, der Kompanie zuschlug. Die Regierung war zwar nicht an einer militärischen Eroberung interessiert, verhinderte aber die Expansion der Siedler nicht und benutzte sie zur Grenzsicherung.

Schon ein Jahr nach Proklamation der Grenze brach ein bewaffneter Konflikt aus. Die Siedler waren nicht stark genug, um sich zu verteidigen und konnten erst 1781 ein größeres Kommando zusammenstellen, um die Xhosa aus dem besonders geeigneten Weideland des Zuurveld zu vertreiben. Der Great Fish River wurde als neue Grenze proklamiert, die aber de facto nie beachtet wurde. Siedler und Xhosa zogen mit ihrem Vieh auf beide Seiten der Grenze, und 1793 brach ein neuer Krieg aus, nachdem viele Xhosa in das Zuurveld zurückgekehrt waren. Auch dieser Krieg brachte keine Entscheidung, weil die Kommandos nicht stark genug waren, die Grenze zu sichern.

1799 begann erneut ein Krieg, der eine andere Qualität als die vorangegangenen Grenzkonflikte aufwies. Khoikhoin, San und eine Reihe von Farmarbeitern schlossen sich den Xhosa an. Die Farmarbeiter waren dabei in doppelter Hinsicht eine Gefahr, denn die Sied-

Dieses Gemälde des Lehrers und Künstlers Frederick Timpson I'ons, der ab 1834 in Südafrika lebte, zeigt Sandile, einen Chief der Xhosa, in repräsentativer Kleidung.

Afrika

Mit dem 1803 stattfindenden Treffen des niederländischen Gouverneurs Jan Willem Janssens und Ngqika, eines Chiefs der Xhosa, am Kat River wurde der dritte Xhosakrieg beendet.

ler waren auf ihre Arbeitskraft angewiesen und zudem waren sie im Reiten und Schießen geübt. Erst 1803 wurde der Krieg nach einem Friedensschluss mit den chiefs der Xhosa und der Aufgabe der Khoikhoin beendet, denen bessere Arbeitsbedingungen zugesagt wurden. Die Situation an der Grenze änderte sich allerdings erst 1811 grundlegend, als die neuen britischen Herren ihre Politik gegenüber dem Hinterland änderten.

Gesine Krüger

Geschwader vor Kapstadt:
Die Anfänge der britischen Herrschaft

Zwischen 1795 und 1814 wechselte die Kapkolonie dreimal ihre Besitzer. Nachdem Frankreich die Niederlande erobert und zur »Batavischen Republik« erklärt hatte, schickte die britische Regierung ein Geschwader nach Kapstadt, um sich die Kolonie zu sichern, bevor sie von Frankreich beansprucht werden konnte. Die höheren Offiziere und Beamten sympathisierten mit Großbritannien und daher blieb der Widerstand eher symbolisch. Nach dem Frieden von Amiens 1802 gab Großbritannien die Kapkolonie zurück an die Batavische Republik, die drei Jahre lang am Kap regierte. Die zweite britische Besetzung folgte 1806, die endgültige Abtretung an Großbritannien mit der offiziellen Erklärung zur Kronkolonie im August 1814.

Kapstadt war 1806–1910 die Hauptstadt der britischen Kapkolonie. Das Foto zeigt das Parlamentsgebäude, in dem seit 1814 Sitzungen stattfinden.

Während in Europa Krieg herrschte, landeten im Januar 1806 6 700 britische Soldaten an der Tafelbucht, um diesen strategisch wichtigen Punkt zu besetzen. Bereits die beiden ersten Gouverneure, der Earl of Caledon und Sir John Francis Cradock, nahmen einschneidende Änderungen vor. Sie unterlagen keinerlei offizieller lokaler Kontrolle mehr und regierten per Proklamation. Die Briten waren eher noch rassen- und hierarchiebewusster als die burische Kapgesellschaft, verfolgten aber eine andere Politik. Sie formalisierten die vorgefundenen Restriktionen, verboten den Sklavenhandel und modernisierten das Arbeitssystem. Eine weitere wichtige Maßnahme war die Regulierung des Landrechts, und mit der Einrichtung von Gerichtstagen wurde versucht, das Rechtssystem auch auf die Grenzgebiete auszudehnen.

Von Teilen der weißen Bevölkerung wurde die britische Regierung als Fremdherrschaft verstanden. Großbritannien reagierte im Gegenzug, nach anfänglichem Zögern des Kolonialbüros (Colonial Office), mit der systematischen Rekrutierung britischer Siedler für die neue Kolonie. Gouverneur Lord Charles Somerset (1814–26) beabsichtigte, die militärischen Stützpunkte zwischen

Grahamstown und Cradock durch eine Kette von Siedlungen zu unterstützen und damit die Ostgrenze zu stabilisieren. Dies war nach den erneuten Kriegen von 1811 und besonders von 1819, als die Xhosa unter dem Propheten Nxele Grahamstown angegriffen hatten, ein vordringliches Problem.

In der ersten Hälfte des Jahres 1820 kamen 4000 Siedler in die Kolonie. Idealerweise sollten sie bereits Kapital und Gefolge mitbringen und sich in der Kolonie als Landwirte betätigen. Tatsächlich waren unter ihnen aber auch viele Abenteurer und Arbeitslose, die als Wanderhändler und Handwerker versuchten, ein Auskommen zu finden. Gemessen an den Trekburen bildeten die britischen Siedler aber eine relativ gebildete Klasse, die städ-

Die Buren haben ihrer Sprache, dem Afrikaans, in Paarl bei Kapstadt ein Denkmal gesetzt; es erinnert an das Jahr 1875, als Afrikaans, eine Mischung aus niederländischen Dialekten mit Elementen aus Bantu- und Khoisansprachen sowie aus dem Portugiesischen, Englischen und Mailaiischen, zur Schriftsprache wurde.

> **INFOBOX**
>
> **Wohlstand am Kap**
> Eine Phase wirtschaftlicher Prosperität erlebte das Kap aufgrund der Napoleonischen Kriege in Europa. Viele Flotten legten am Kap an, große Garnisonen waren zu versorgen. Die Handelsmonopole der Kompanie wurden abgeschafft, Handelshäuser in Kapstadt und später Port Elizabeth gegründet, und britisches Kapital floss in die Kolonie. Die Kapkolonie wurde nun in das Britische Empire und damit in das zu dieser Zeit dynamischste Handelsnetz der Welt eingebunden.

tisch orientiert und mit der Geldökonomie vertraut war. Auf ihre Initiative und gegen den Widerstand von Gouverneur Somerset setzten sie Pressefreiheit und ein größeres Mitspracherecht durch. Ein Advisory Council (Beirat) wurde 1825 eingerichtet, ein Executive and Legislative Council (Exekutiv- und Legislativrat) 1834, Institutionen, die den Grundstein für die spätere repräsentative Regierung (ab 1853) legten.

Da viele Siedler mit ihren Familien in die Kolonie gekommen waren, vermischten sich die beiden weißen Bevölkerungsgruppen wenig. Buren und Briten teilten zwar ein kulturelles Überlegenheitsgefühl gegenüber den »Eingeborenen«. Aber der Gegensatz zwischen einer vorwiegend afrikaanssprachigen ländlichen und einer städtischen oder nicht in der Landwirtschaft tätigen englischsprachigen Bevölkerung führte im Laufe der Geschichte zur Herausbildung getrennter Identitäten, die unabhängig von realen Lebenssituationen bis heute Bestand haben.
Gesine Krüger

Propheten und Chiefs:
Die Grenzkriege und die »Zeit der Wirren«

Der erste Grenzkrieg mit den Xhosa war der Beginn einer hundertjährigen Kriegsperiode, die mit der Niederlage aller Xhosa-Klane endete. Dabei waren die Fronten allerdings nicht immer eindeutig. Es gab neben Konflikten und kriegerischen Auseinandersetzungen auch Allianzen und Bündnisse zwischen Siedlern und Xhosa. Dies beruhte nicht auf Unfähigkeit oder Kurzsichtigkeit der chiefs, sondern auf dem spezifischen politischen System und den Beziehungen zu den Kolonisten. Diese waren anfangs auch abhängig vom Wohlwollen der Xhosa und wurden von ihnen, je nach Macht, als Untertanen oder konkurrierende chiefs betrachtet, mit denen Allianzen wie mit anderen chiefs eingegangen wurden.

Den Siedlern stand nicht eine einheitliche »Nation« oder eine politisch zentral organisierte Gesellschaft gegenüber, sondern Klankonföderationen mit unterschiedlichen Interessen und Einflussgebieten. Aus einer Vielzahl kleinerer Häuptlingsschaften hatten sich im 18. Jahrhundert drei Hauptgruppen herausgebildet und ein großes Gebiet in Besitz genommen: Die Gcaleka siedelten östlich des Kei, die Ngqika zwischen Kei und Great Fish River und die Ndlambe im Zuurveld, westlich des Great Fish River. Im Verlauf der Expansion und Zentralisierung wurden auch Khoikhoin, Buschleute und Thembu in das politische System einbezogen. Die Interaktion zwischen Xhosa und Khoikhoin beruhte dabei nicht ausschließlich auf Unterordnung und Unterwerfung, sondern auch auf einem Verhältnis von Klientel und Nachbarschaft.

Ntsikana, Prophet der Xhosa, verband in seiner Lehre christliche Glaubensvorstellungen mit Elementen traditioneller Religiosität seines Volkes. Er selbst hatte die Religion der Kolonialherren erst 1816, im Alter von 56 Jahren, angenommen.

INFOBOX

Bantu – Menschen

Das Wort Bantu heißt »Menschen« und bezeichnet eine große Anzahl von Völkern im südlichen und mittleren Afrika, die verwandte Sprachen sprechen, aber keine ethnische oder kulturelle Einheit bilden. Wichtige Völker mit Bantusprachen sind u. a. die Ambo, Herero, Kikuyu, Kongo, Nguni, Sotho, Tswana, Xhosa, Zulu. Die meisten dieser Völker sind Hackbauern mit Kleintierhaltung; außerhalb von Waldgebieten wird auch Großvieh, v. a. Rinder, gehalten.

Die Bantusprachen waren schriftlose Sprachen; nur das Suaheli besaß eine Literatur in arabischer Schrift. Daher wurden die Mythen, Märchen und Fabeln, Lieder, Sprichwörter und Rätsel sowie die Stammesgeschichte früher nur mündlich überliefert. Unter europäischem Einfluss entstand in vielen Bantusprachen eine Schul- und christliche Literatur (zahlreiche Bibelübersetzungen) in lateinischer Schrift.

Viele Bantu sprechende Völker haben eine hoch entwickelte Kunst hervorgebracht, z. B. die Fang, Kongo, Luba, Lunda, Kuba, Chokwe. Ein großer Teil der Kunstobjekte stand in Zusammenhang mit Ahnenkult sowie Geister- und Fetischglauben; besonders an Königshöfen dienten die Kunsterzeugnisse aber auch rein ästhetischen Zielsetzungen.

Die Flexibilität des gesellschaftlichen Systems, das auf die Integration von Fremden angewiesen war, zeigte sich gegenüber den Europäern letztlich als Schwäche. Die ersten drei Grenzkriege wurden noch, trotz aller Grausamkeiten und Verluste, zwischen relativ gleich mächtigen Gruppen geführt, die um Wasser und Weidegebiete konkurrierten, ohne territoriale Eroberungen und eine Vernichtung des Gegners anzustreben. Erst der vierte Grenzkrieg von 1811/12 war eine Zäsur. Zum ersten Mal stellte die Kolonialregierung eine große reguläre Truppe auf, die im Bündnis mit Hilfstruppen in der Lage war, ungefähr 20 000 Xhosa zurück über den Great Fish River zu drängen, der erneut zur Grenze zwischen der Kolonie und den Gebieten der Xhosa erklärt wurde.

Die Propheten

In dieser Situation gewannen zwei Propheten, Nxele und Ntsikana, großen politischen Einfluss. Beide versuchten in ihren Lehren, eine Synthese zwischen der Kosmologie der Xhosa und dem Christentum herzustellen. Während Ntsikana zeit seines Lebens einen friedfertigen Weg verfolgte, wurde Nxele zunehmend militanter und wandte sich schließlich radikal gegen die Kolonialmacht.

Der Einfluss von Propheten auf die Xhosa-Gesellschaft im gesamten 19. Jahrhundert war nicht Kennzeichen einer irrationalen Weltflucht, sondern der Versuch, mit einem bisher unbekannten Phänomen umzugehen. Obwohl sie ganz unterschiedliche Antworten für die Dominanz der weißen Kolonialherren fanden, hatten sie die

Eine der bekanntesten Persönlichkeiten der südafrikanischen Geschichte ist Shaka Zulu (um 1783–1828). Mit seinem Namen verbinden sich umfassende gesellschaftliche Veränderungen, eine Heeresreform und die Einführung neuer Kampftechniken.

> **INFOBOX**
>
> **Die Macht der neuen Herren**
> Im vierten Grenzkrieg von 1811/12 stellte die Kolonialregierung erstmals eine große Truppe auf. Der englische General Sir John Francis Cradock, 1811–14 Gouverneur der Kapkolonie, bestimmte, dass alle Xhosa westlich des Great Fish River vertrieben werden sollten, etwa 20 000 Menschen. Die unterlegenen Chiefs baten um eine Frist, damit sie die Ernte noch einbringen könnten, aber in einer Politik der verbrannten Erde wurden ihre Felder zerstört und die Gehöfte niedergebrannt. Zum ersten Mal war das ganze Ausmaß der Macht der neuen Kolonialherren deutlich geworden.

Die in zahlreiche kleine Stämme untergliederten Zulu leben heute v. a. in KwaZulu/Natal und den angrenzenden Gebieten von Mpumalanga. Nach alter Tradition wohnten sie früher in patriarchalischen Großfamilien und betrieben Ackerbau und Viehzucht. Das Foto zeigt einen Zulu-Dorfhäuptling.

gleiche soziale Funktion. Der Rang und die Legitimation traditioneller Heiler und Propheten entstand im Dialog mit der Gemeinschaft. Sie waren dafür zuständig, Zerstörung und Unordnung zu deuten und zu beheben. Die Einbeziehung christlicher Lehren in traditionelle Formen der Erklärung und Bewältigung von Krisensituationen war eine Reaktion auf die koloniale Übermacht und gleichzeitig der Beginn einer afrikanischen Theologie. Ntsikana, und nicht die Missionare, verbreitete das Christentum als afrikanische Religion unter den Xhosa.

1819 war Nxele auf der Höhe seiner politischen Macht angelangt. Er stellte ein stehendes Heer auf, entwickelte

Nur rund 30 Prozent der Zulu sind heute noch Anhänger der traditionellen Zulu-Religion, doch bestimmt diese auch weiterhin Denken, Symbolwelt und rituelles Handeln der sonst weitgehend christianisierten Zulu (Eingang zum Zulu-Dorf Shakaland bei Ulundi).

neue Kampftechniken und versuchte mit seiner neuen politisch-religiösen Lehre verfeindete chiefdoms (Häuptlingstümer) zusammenzuschließen. Im fünften Grenzkrieg griff das Heer unter Nxele die Garnison Grahamstown an, musste aber nach drei Monaten aufgeben. Nxele, auf Robben Island inhaftiert, ertrank bei einem Fluchtversuch.

Der sechste und siebte Grenzkrieg
Die Xhosa waren zwar geschlagen, aber es bestand weiterhin das Problem für die Kolonialherren, die Grenze zu sichern. Es war zu teuer, für den Schutz der wenigen Siedler ein stehendes Heer zu unterhalten, und das Experiment, durch die Ansiedlung britischer Auswanderer die Grenze zu sichern, misslang. Ganz im Gegenteil, die neuen Siedler verschärften den Grenzkonflikt noch. Um die Bevölkerungsdichte zu erhöhen, erhielten die Siedler relativ knappe Landzuteilungen von vierzig Hektar, während die Größe durchschnittlicher Burenfarmen 2 400 Hektar betrug. Sie sollten keine extensive Viehzucht, sondern intensive Landwirtschaft betreiben. Vielen fehlte jedoch das Kapital, und zudem bot das Zuurveld zwar gute Weiden, war aber für den Ackerbau kaum ge-

eignet. Der Expansionsdruck im Grenzgebiet verstärkte sich daher, obwohl die Mehrheit der britischen Siedler sich in die Städte und Dörfer zurückzog, wo nach dem Verbot des Sklavenhandels ein Bedarf an Arbeitskräften bestand.

Auch der Versuch, die Grenze durch die Erklärung einer neutralen Zone zwischen dem Great Fish River und dem Keiskamma zu befrieden, musste scheitern. Die Wirtschaftsweise der Xhosa und der Buren beruhte auf Expansion und Weidewechsel, und eine bürokratische Verfügung über das Land konnte das Problem konkurrierender Interessen nicht lösen.

1834 im sechsten Krieg kooperierten fast alle chiefs der Xhosa gegen die Kolonie. Sie hatten ihre Lehre aus der Schlacht von Grahamstown gezogen und verlegten sich auf eine Guerillataktik. Anfänglich konnten sie viele Farmer von ihrem Land vertreiben. Nachdem die Armee jedoch bis über den Kei vorgerückt war und der Häuptling der Gcaleka, Hintsa, der als Oberhaupt aller chiefs der Xhosa galt, erschossen wurde, kapitulierten die überlebenden chiefs 1835. Das Land zwischen Keiskamma und Kei wurde als Provinz Queen Adelaide annektiert.

> **ZITAT**
>
> **Ntsikana, Prophet der Xhosa, verband in seiner Lehre christliche Glaubensinhalte mit Elementen traditioneller Religiosität seines Volkes. Kraftvoll und poetisch klingt seine »Große Hymne« (Auszug):**
>
> *Er ist der große Gott, er im Himmel;*
> *Du bist es, Schild der Wahrheit,*
> *Du bist es, Festung der Wahrheit,*
> *Du bist es, Dickicht der Wahrheit,*
> *Du bist es, der in der höchsten Höhe verweilt.*

> **INFOBOX**
>
> **Die Gesellschaft der Zulu**
>
> Die Zulu lebten von Ackerbau und Viehzucht und waren in einer Vielzahl von Klans und Stämmen organisiert. Der Häuptling beanspruchte als Nachfolger des Gründerahns eine gewissen Autorität. Ihm unterstanden zahlreiche Dörfer, deren Bewohner einem oder mehreren Klans angehörten, jeweils mit den ältesten oder angesehensten männlichen Vertretern an der Spitze.
>
> An der Seite des Häuptlings stand ein Rat aus Vertretern der einzelnen Dörfer; sie repräsentierten die lokalen Interessen und schränkten dadurch die Macht des Herrschers ein. Die Basiseinheit der Gemeinschaft bildete der Kral, der aus mehreren, um ein Viehgatter herum angelegten Hütten bestand und politisch wie ökonomisch selbstständig war.
>
> Die Viehzucht hatte eine zentrale Bedeutung – für die Ernährung und als Statussymbol. In der Hand der Herrscher war sie ein wichtiges Instrument der politischen Kontrolle, denn die großen Herden stellten die wichtigste Form ihres Reichtums und Einflusses dar, die sie als Belohnung ihrer Parteigänger geschickt einsetzten konnten.

Die Haltung der Kolonialregierung gegenüber den Xhosa wechselte mehrfach. Nachdem Harry Smith in der neuen Provinz zunächst ein hartes Regiment geführt hatte, wurde er auf Intervention des Colonial Office durch Andries Stockenstrom ersetzt, der auf Verhandlung und Ausgleich mit den chiefs setzte. Nach einem weiteren Regierungswechsel brach der Krieg 1846 wieder aus. Die Siedler wurden hinter den Fluss Keiskamma vertrieben, aber die Truppen zerstörten Siedlungen, Rinderherden, Ernten, und angesichts einer drohenden Massenhungersnot unterwarfen sich die chiefs. 1847 wurde Sir Harry Smith, der für die Erschießung Hintsas verantwortlich war, Gouverneur der Kapkolonie und erklärte das Land zwischen Keiskamma und Kei endgültig zur separaten Kolonie British Kaffraria.

Die Zeit der Mfecane

Robben Island, eine kleine Insel nordwestlich von Kapstadt, diente seit 1658 als Gefängnis. Auch der Xhosa-Prophet Nxele war hier inhaftiert. Er ertrank bei einem Fluchtversuch.

Unabhängig von direkten Eingriffen der Kolonialherren fanden ab der zweiten Hälfte des 18. Jahrhunderts tief greifende Veränderungen in den afrikanischen Gesellschaften der nördlichen Nguni, die zur Bantusprachgruppe gezählt werden, im Gebiet des heutigen Natal und Zululands statt. Hier entstanden größere zentrali-

> **INFOBOX**
>
> **Shaka Zulu**
> Shaka (1789–1828) trat 1816 an die Spitze des kleinen Nguni-Stammes der Zulu. Er schuf durch militärische Reformen (u. a. neue Schlachtordnung, Einführung des Kurzspeers »Sagaje« für den Nahkampf) ein schlagkräftiges Heer, das um 1818 etwa 100 000 Waffenfähige zählte. Dann schickte er seine Impi (Regimenter) aus, unterwarf zahlreiche Nachbarstämme und verband sie zur militärisch und politisch straff zentralisierten Nation der Zulu. Seine Kriege und der beispiellose Terror seiner Herrschaft lösten Fluchtwellen und Wanderzüge der bedrohten Völker bis in die Kapkolonie und das nördliche Ostafrika aus. Shaka wurde von seinem Halbbruder und Nachfolger Dingane sowie anderen Verschwörern ermordet.

sierte und militärisch bedeutende Staatswesen. Ausgangspunkt dieser Veränderungen war die Region zwischen dem Tugela und der Delagoa-Bai. Die Zeit der Mfecane, in der Nguni-Sprache die Zeit der Wirren, der Verwüstung, war durch weiträumige Migrationen, Kriege sowie die Entstehung neuer Völker geprägt.

Am Ende der Periode hatten sich mehrere »Staaten« oder »Königreiche«, teilweise weit entfernt von den ursprünglichen Siedlungsgebieten, etabliert: in Südafrika die Königreiche der Sotho, Swasi und Zulu, das Gazareich in Südmoçambique sowie die Reiche der Ngoni in Sambia und der Ndebele in Transvaal, später, nach 1837, in Simbabwe. Diese als Staatenbildungsprozesse bezeichneten Umwälzungen beruhten nicht alleine auf einer Erweiterung der früheren Klanföderationen wie der Aufstieg des Zulureiches zeigt.

Im 18. Jahrhundert konkurrierten mehrere chiefs um die Vorherrschaft in der Region. Um die Jahrhundertwende hatten sich als stärkste Gruppen die Mthethwa unter Dingiswayo und die Ndwandwe unter Zwinde etabliert. Sie unterwarfen und integrierten benachbarte Klane, wobei sie ihre Herrschaft durch eine neue Institution festigten: die Einführung einer Wehrpflicht in klanübergreifenden Altersregimentern (amabutho), die direkt dem Herrscher unterstellt waren. Mit diesem stehenden Heer war eine effektivere Kriegführung möglich, die Autorität von Distriktoberhäuptern und tributpflichtigen chiefs wurde geschwächt, weil sie nicht mehr für die Organisation von Truppen zuständig

Die Xhosa leben vor allem in der Provinz Ost-Kap. Sie sind mehrheitlich Christen verschiedener Glaubensrichtungen, daneben ist auch die traditionelle Religion lebendig geblieben. Das Foto zeigt Bewohner eines Dorfs der Xhosa.

waren. Gleichzeitig wurden junge Männer der eigenen und unterworfener Gemeinschaften in ein neues Loyalitätssystem eingebunden. Der königliche Haushalt wurde zum administrativen und militärischen Zentrum, wobei Schlüsselpositionen mit »Beamten« (induna) besetzt wurden.

Um 1818 wurde der junge Shaka (auch: Chaka) Zulu zunächst oberster Feldherr und schließlich Nachfolger von Dingiswayo, nachdem er Zwinde besiegt hatte. Er führte die Änderungen seiner Vorgänger und Konkurrenten weiter und transformierte das System des amabutho zu einer umfassenden gesellschaftlichen Institution. Männer waren vom 16. bis zum 40. Lebensjahr wehrpflichtig und durften in dieser Zeit nicht heiraten. Auch Frauen wurden in Regimentern erfasst, die Hilfsdienste zu leisten hatten. Die Männer waren in Wehrdörfern kaserniert und bewirtschafteten ihre eigenen Felder. Damit hatte sich Shaka einen direkten Zugriff auf einen großen Teil der Produktion gesichert.

Eine weitere Neuerung war die Art der Bewaffnung und der Kriegführung. Die Krieger wurden mit Kurzspeeren und großen Schilden zur Abwehr von Wurfspießen ausgerüstet und im Nahkampf trainiert. Durch die neue Bewaffnung und die Entwicklung neuer Taktiken wurden die Kriege sehr viel brutaler und verlustreicher. Shakas Armee unterwarf und vertrieb Hunderte kleiner Gemeinschaften, die durch ihre Flucht den Krieg in immer weiter entfernte Regionen trugen. Nach inneren Machtkämpfen wurde Shaka 1828 von seinen Halbbrüdern ermordet und Dingane zu seinem Nachfolger erklärt.

Die Verwüstungen durch die Mfecane schwächten den Zulustaat ab den 1830er-Jahren. Händler und Missionare berichteten nach Kapstadt, dass große Teile des Landes entvölkert und leicht zu erobern seien. Angesichts des Widerstandes der Xhosa im Osten dürften diese Nachrichten ein Grund dafür gewesen sein, warum sich die meisten Gruppen der burischen »Voortrekker« nach Natal und Transvaal wandten. *Gesine Krüger*

Zwischen Aufbruch und Konsolidierung: Der Große Treck

Nach dem sechsten Grenzkrieg von 1835 fand der so genannte Große Treck statt. Bis 1840 verließen ungefähr 6000 Siedler die Kolonie, vor allem aus den östlichen Distrikten, um neues Land zu suchen. Zwischen 1840 und 1845 folgten noch einmal rund 10000 »Voortrekker«, wie sie sich selbst nannten, die in Gruppen von Familiengröße bis hin zu mehreren Hundert Personen mit ihren Knechten und ihrem gesamten Hausrat auf Pferden und Ochsenwagen in neue Gebiete zogen.

Die britische Kolonialverwaltung hielt die Voortrekker nicht zurück, wenngleich sie mit der Verabschiedung des Cape of Good Hope Punishment Act 1836 den juristischen Zugriff auf die Siedler zu sichern suchte. Das Gesetz legte ausdrücklich fest, dass jeder britische Untertan auch dann dem britischen Recht unterstehe, wenn er das britische Territorium verlassen habe. In der Realität waren die Voortrekker jedoch weitgehend unabhängig von staatlichen Eingriffen und damit auch von staatlichem Schutz.

Sie verstanden sich selbst als autonome, gegen die Staatsmacht rebellierende Bewegung mit dem Ziel wirtschaftlicher, kultureller und politischer Unabhängigkeit.

Das heißt allerdings nicht, dass ihre Interessen sich allein auf ein ungestörtes Leben, unabhängig von der Metropole, richteten. Berühmte Führer des Trecks wie Andries Pretorius waren Geschäftsleute und Landspekulanten, die erst von späteren Historikern zu Repräsentanten einer gottesfürchtigen und unabhängigen Bauerngesellschaft auf dem Weg in das Gelobte Land stilisiert worden sind.

Zunächst zogen die Voortrekker in verschiedenen Gruppen über den Oranje nach Norden. Diese Route wurde als besonders geeignet angesehen, weil sie für Ochsenwagen passierbar war und in ein Gebiet führte, das angeblich während der Mfecane weitgehend entvölkert war. Die zahlreichen kriegerischen Auseinandersetzungen zeigen allerdings, dass es sich hier eher um einen Rechtfertigungsmythos handelte. Zudem waren die Voortrekker auf gute Rastplätze, Stützpunkte und Wasserstellen angewiesen, die sie bei afrikanischen Gemeinwesen fanden. Louis Trichardt (auch Tregardt) zum Beispiel ließ sich zunächst im Einflussbereich des Xhosa-Chiefs Hintsa nieder und tauschte Waffen gegen das Recht, Land zu nutzen. Der erste ernsthafte Gegner, auf den die Voortrekker stießen, waren die Ndebele unter Msilikasi, die 1837 nach mehreren Gefechten von den Buren unter Andries Hendrik Potgieter vernichtend geschlagen wurden und sich in das Gebiet des heutigen Simbabwe zurückzogen. Nach dem Sieg über die Ndebele standen zwei Wege offen: nach Norden in das Hochland und nach Osten über die Berge nach Natal.

> **INFOBOX**
>
> **Die Motivation der Voortrekker**
> Als Ursache für den Großen Treck können nicht allein die Wirtschaftsweise der Buren im Grenzgebiet und der daraus resultierende Expansionsdrang und Landhunger angesehen werden. Zwar hatten die Siedler in den Kriegen mit den Xhosa einen Teil ihrer Herden verloren, und die britische Regierung weigerte sich, ihren Militärapparat zur Beschaffung von neuem Land einzusetzen, doch befanden sich unter den Voortrekkern auch durchaus wohlhabende Farmbesitzer, die ihr Land verkauft hatten, um sich dem Treck anzuschließen. Auch die Sklavenbefreiung, die rechtliche Besserstellung freier Schwarzer und die Anglisierung der Verwaltung waren Motive, die Kolonie zu verlassen.

Bis heute haben die Naturreligionen in Südafrika ihren Einfluss beibehalten. Das Foto zeigt Frauen in Swasiland, die beim traditionellen Erntetanz die Ahnen um Regen und Wohlstand bitten.

Die meisten Gruppen zogen nach Osten, in die Nähe des Zulustaates unter Dingane und waren hier mit einem starken, gut organisierten und zentralisierten afrikanischen Staatswesen konfrontiert. Zunächst kooperierten die Trekker und Dingane, denn Msilikasi war ein Gegner der Zulu gewesen, und die militärische Unterstützung durch die Buren wurden mit großen Landabtretungen belohnt. Dingane war sich aber der Gefahr durch die Trekker bewusst, und im Februar 1838 überfiel er Pieter Retief und mehrere Hundert seiner Leute anlässlich einer Vertragsunterzeichnung in seinem eigenen Hauptquartier. Die anschließende Schlacht am Blood River war eine verheerende Niederlage für den Zulustaat. Die Trekker, die nur wenige Verwundete zu beklagen, aber 3 000 Zulu getötet hatten, erklärten das Gebiet zur Republik Natalia.

Die Briten schickten 1838 eine kleine Garnison, um die Buren zu überwachen, zogen ihre Truppen aber 1839 zunächst wieder ab. Erst als die Buren begannen, im größeren Ausmaß Afrikaner aus Natal zu vertreiben, und die Regierung am Kap befürchtete, dass dies Rückwirkungen auf die weiterhin ungesicherte Ostgrenze haben würde, verlegten sie 1842 eine größere Garnison nach Port Natal, dem späteren Durban. 1845 wurde Natal endgültig als Teil der Kapkolonie annektiert. Weder Briten noch Afrikaner konnten die Buren aus den 1836 bis 1841 eroberten Kerngebieten vertreiben. Sie waren zu einer dominierenden Kraft geworden, auch wenn es ihnen nicht gelungen war, ein von den Briten unabhängiges Staatswesen aufzubauen.

Die Kolonie in der Mitte des 19. Jahrhunderts

In den Jahren von 1650 bis 1840 fanden zwei Prozesse statt, die grundlegend für die Entstehung des modernen Südafrika waren: die Einbindung der Region in die Weltwirtschaft und die Dominanz der Europäer beziehungsweise Weißen über die Afrikaner. In der Periode der Herrschaft der Kompanie wurden die Grundlagen einer von den Weißen dominierten Sozialordnung geschaffen,

Die Ndebele leben in patriarchalischen Großfamilien. Ihre Gebäude sind mit bunten, geometrischen Ornamenten bemalt; auch der reiche Perlenschmuck der Frauen ist sehr farbenprächtig.

INFOBOX

Der Große Treck

Louis Trichardt, auf den ein Kopfgeld im Kap ausgesetzt war, zog 1835 vom östlichen Kap aus nach Norden. Am Oranje schloss er sich mit der Gruppe von Hans van Rensburg zusammen. Gemeinsam zogen sie nach Transvaal und weiter bis Portugiesisch-Ostafrika. Dort trennten sich die Gruppen nach Streitigkeiten, und van Rensburg zog zur Delagoa-Bai, wo er von den Tsonga vernichtend geschlagen wurde, während Trichardt mit 52 Buren und sieben Dienern nach Lourenço Marques zog. Ende 1835 treckte Andries Hendrik Potgieter mit 40 bewaffneten Männern und ihren Familien nach Norden. Er wurde später Führer der ersten Siedler in Transvaal. Die meisten Gruppen, wie die von Gertit Maritz und Pieter Retief, treckten in Richtung Port Natal. Am April 1837 zog Piet Uys von Grahamstown aus über den Oranje nach Transorangia. Andries Pretorius unternahm ebenfalls 1837 einen Erkundungstreck nach Natal, wo er Maritz und Retief traf, und verließ 1838 das Kap.

---

die gleichzeitig ihre ersten ernsthaften Herausforderungen erlebte.

Das Jahr 1840 kann als Einschnitt betrachtet werden, denn um diese Zeit waren zwei Regionen, der Norden und der Osten, in das wirtschaftliche und politische System der Kapkolonie durch Siedlerexpansion, Handel, Mission und die ersten Grenzkriege eingebunden. Trekburen und die britische Regierung hatten große Teile guter Weidegebiete erobert oder beansprucht. Ein großer Teil der Afrikaner war in den kolonialen Arbeitsmarkt integriert. Dennoch blieben die weißen Gemeinwesen relativ schwach. Ihre Siedlungen wurden von autonomen afrikanischen Gemeinwesen begrenzt, den Tswana im Nordwest, den Venda im Nordtransvaal sowie den Pedi, Swasi, Zulu und Mpondo im Osten. Erst die Diamanten- und Goldfunde in der zweiten Hälfte des 19. Jahrhunderts änderten die Situation für immer.

Gesine Krüger

Die Welt im Zeitalter des Nationalismus
um 1850 bis 1918

Industrielle Revolution und Arbeiterbewegung

Verschafft freier Wettbewerb das größte Glück? – Der Liberalismus

Der klassische Liberalismus, der im 19. Jahrhundert die europäische Wirtschaft und Gesellschaft entscheidend prägte, hatte sowohl eine politische als auch eine wirtschaftliche Seite. Auf beiden Feldern stellte er das Individualprinzip oben an. Das Individuum wurde dabei in typisch aufklärerisch-optimistischer Art und Weise als vernünftiges Wesen begriffen, das einen naturrechtlich begründeten Anspruch darauf hatte, sich in allen menschlichen Lebensbereichen frei zu betätigen. Ihm wurde die Fähigkeit zugestanden, rationale politische Urteile zu fällen und wirtschaftliche Initiative zu entfalten.

Die intellektuellen Wegbereiter des Liberalismus glaubten, dass die am wirtschaftlichen Eigennutz orientierten Entscheidungen der Individuen automatisch zu der von ihrem göttlichen Schöpfer gewollten natürlichen Ordnung der Gesellschaft (François Quesnay) oder zur vollendeten sozialen Harmonie (Adam Smith) führen würden. Jeremy Bentham formulierte die Maximierung des Glücks möglichst aller Menschen als das oberste Ziel der menschlichen Entwicklung: the greatest happiness of the greatest number. Die liberalen Denker waren überzeugt, dass sich dieses Ziel am besten erreichen ließe, wenn jeder seine individuellen Interessen verfolge.

Sowohl wirtschaftlich als auch sozial war die zweite Hälfte des 19. Jh. von großen Umwälzungen geprägt. Der Ausbau des Eisenbahnnetzes erlaubte die Ballung von Produktionsstätten und Arbeitskräften und erhöhte zugleich die Mobilität.

Der britische Moralphilosoph und Volkswirtschaftler Adam Smith vertrat die Auffassung, dass die freie, durch möglichst wenig Staatsmaßnahmen gehemmte Organisation der Gesellschaft förderlicher für die Gesamtheit sei als eine gebundene Wirtschaftsverfassung.

s. ZEIT Aspekte
Adam Smith S. 567

Das größte Glück der größten Zahl – Die reine Lehre
Ein aufklärerischer Kosmopolit, Bernhard de Mandeville, hatte 1705 seine »Bienenfabel« veröffentlicht. Der Titel dieser Schrift »Private Vices Made Public Benefits« (»Private Laster werden zu öffentlichen Tugenden«) enthielt bereits den Kerngedanken des wirtschaftlichen Liberalismus: Mandeville behauptete nämlich, dass nicht nur die Erfindungen und die Kapitalzirkulation, sondern auch der Luxus des Einzelnen die Gesellschaft als Ganzes voranbrächten. Diese behauptete Harmonie von individuellem Eigennutz und Gesamtinteresse der Gesellschaft schuf die Grundlage für die Lehren Adam Smiths.

Dem Merkantilismus war es um den Reichtum und damit um die – militärische – Macht des Staates gegangen, der weitgehend mit dem Fürsten oder Herrscher gleichgesetzt wurde. Adam Smith ging es dagegen in seinem 1776 erschienenen Buch »An Inquiry into the Nature and Causes of the Wealth of Nations« (»Untersuchung über die Natur und die Ursachen des Nationalreichtums«) nicht in erster Linie um eine Hebung des Reichtums der Staaten, sondern um eine allgemeine Hebung des Wohlstandes der Menschen. Nicht zuletzt in dieser Akzentverschiebung erweist sich der Liberalismus als die politische und ökonomische Konzeption des aufsteigenden Bürgertums, das sich als Speerspitze des gesamtgesellschaftlichen Fortschritts verstand.

Adam Smiths Epoche machendes Werk über den »Wohlstand der Nationen« von 1776 wurde zur Bibel des Liberalismus, sein Gedankengut innerhalb weniger Monate zur öffentlichen Macht. Nur auf der Grundlage freihändlerisch ausgerichteter Staaten, die den freien Austausch von Gütern ermöglichten und damit die jeweiligen nationalen Standort- und Kostenvorteile zur Entfaltung kommen ließen, konnte nach seiner festen

Josiah Wedgwood industrialisierte das Töpferhandwerk und bediente sich als einer der Ersten Marketingstrategien (Schmuckplatte der Manufaktur Wedgwood mit der »Opfergabe für Ceres« an einem Sekretär des frühen 19. Jh.; Pawlowsk, Großer Palast).

Überzeugung der Wohlstand der gesamten Menschheit gehoben werden.

Karl Marx hatte recht, wenn er Adam Smith den »Luther der Nationalökonomie« nannte. Seine Wirtschaftsauffassung war auf dem Felde der Nationalökonomie in der Tat ähnlich revolutionär wie das Wirken des Reformators auf kirchlichem Gebiet: Wenn Smith den erwünschten materiellen, in Geld darstellbaren Wohlstand der Menschen in den Mittelpunkt rückte, so setzte er allen mittelalterlichen und merkantilistischen Gesellschafts- und Wirtschaftsauffassungen den materialistischen Individualismus entgegen.

Für den klassischen Liberalismus bestand der Reichtum der Nationen nicht mehr in einem möglichst großen Vorrat an Geld oder Edelmetallen, wie ihn der Merkantilismus zum Ziel erhoben hatte, als Quelle des Wohlstandes galt nunmehr der Produktionsfaktor Arbeit. Der Ertrag der Arbeit sollte dabei durch eine möglichst weitgehende Arbeitsteilung erhöht werden. Die Arbeitsteilung galt als entscheidender Beweggrund, ja geradezu als Wurzel des gesellschaftlichen Zusammenschlusses der Menschen.

Indem der Staat die Gründung von Aktiengesellschaften ermöglichte, förderte er die Gründung neuer Wirtschaftsformen (Historische Aktie).

Die gesellschaftliche Arbeitsteilung hebt demnach den archaischen biologischen Kampf aller gegen alle auf, in dem jeder Einzelne der Konkurrent des anderen um die begrenzten Nahrungsvorräte ist. An seine Stelle tritt nun der gesellschaftliche Wettbewerb. Hier geht es nicht mehr um Leben und Tod, sondern darum, dass der Einzelne in einem zivilisierten Wettbewerb einen Platz in der gesellschaftlichen Ordnung erlangt. Wenn er dabei für die eigenen Interessen kämpft, dient er zugleich dem gemeinsamen Interesse aller am Bestand der gesellschaftlichen Ordnung und ihrer materiellen Höherentwicklung.

Hier liegt ein zentraler Unterschied zu allen vor- oder antiliberalen Wirtschaftslehren wie beispielsweise dem Merkantilismus: Sie alle sahen und sehen im Profit des einen stets den Verlust des anderen, während der Liberalismus von der – langfristigen – Harmonie der individuellen Interessen mit denen der Gesamtheit ausgeht. Dabei liegt dem Liberalismus die Annahme zugrunde, dass sich das materielle Niveau der Gesellschaft in einem friedlichen Wettstreit innerhalb der Staaten und zwischen diesen stetig fortentwickeln lässt. Nur innerhalb dieser optimistischen Grundannahme wird die Interessenharmonie von Individuum und Gesellschaft überhaupt denkbar.

Das zentrale Prinzip des Liberalismus ist die arbeitsteilige Marktwirtschaft. Sie beruht auf dem Privatbesitz an den Produktionsmitteln. In ihr entscheiden nicht der Staat oder Zwangskorporationen der Wirtschaft wie zum Beispiel die mittelalterlichen Zünfte darüber, was in welchen Mengen und zu welchen Preisen hergestellt wird, sondern allein das Kaufen oder Nichtkaufen der Verbraucher auf dem Markt. Der unterschiedliche Erfolg auf dem Markt schlägt sich in der notwendigen Ungleichheit von Einkommen und Vermögen nieder. Der Profit hat dabei die Aufgabe, die Verfügung über die Produktionsmittel in die Hand jener Unternehmer zu legen, die die beste und billigste Versorgung der Verbraucher gewährleisten. Soll dieser Mechanismus auf Dauer funktionieren, darf der Staat keinesfalls den weniger leistungsfähigen Produzenten subventionieren oder ihn auf irgendeine Art und Weise vor dem Wettbewerb der erfolgreicheren schützen.

ZITAT

Jeremy Bentham über Gerechtigkeit und Glück:
Was Gerechtigkeit ist, darüber wird ewig gestritten; aber was Glück ist, weiß jeder, weil jeder weiß, was Lust ist.

Der Nachtwächterstaat – Die Rolle des Staates
Der Liberalismus definierte vor diesem Hintergrund die Rolle des Staates neu. Dieser hat vor allem für die äußere und innere Sicherheit seiner Bürger zu sorgen, das Privateigentum als Triebfeder individualistischer Wirtschaftstätigkeit rechtlich zu garantieren und für den reibungslosen Ablauf des Wirtschaftslebens durch entsprechende rechtliche Gestaltung der Rahmenbedingungen zu sorgen. Er sollte sich damit weitgehend auf eine Rolle als »Nachtwächterstaat« beschränken, das heißt für die Freiheit und Sicherheit des politischen und wirtschaftlichen Lebens und einen funktionierenden wirtschaftlichen Wettbewerb sorgen.

Das liberale Grundprinzip war der freie Markt für Güter, Kapital und Arbeitskräfte. Der marktwirtschaftliche Wettbewerb sollte durch den Marktpreis reguliert werden. Dahinter stand die Annahme, dass marktwirtschaftliche Systeme, in denen sich die Preise für Waren, Kapital und Arbeit frei bilden konnten, bei jeder Störung automatisch wieder zum Gleichgewicht strebten (Stabilitäts- oder Harmonieprinzip). Nach dieser Vorstellung waren dauerhafte Störungen des wirtschaftlichen Gleichgewichts auf dem Arbeitsmarkt, dem Kapitalmarkt und dem Gütermarkt praktisch unmöglich. Es konnte nach diesem Modell auf dem Arbeitsmarkt weder Unter- noch Überbeschäftigung, auf dem Kapitalmarkt weder zu viel noch zu wenig Sparen und Investieren, auf

---

INFOBOX

»Prinzipien der Gesetzgebung«

»Die Natur«, beginnen Jeremy Benthams »»Prinzipien der Gesetzgebung« (1789), »hat die Menschen unter die Herrschaft zweier souveräner Gebieter – Leid und Freude – gestellt.« Das »Prinzip der Nützlichkeit«, das diesem Umstand Rechnung trägt, ist der einzig vernünftige Maßstab zur Bewertung von Handlungen. Es besagt, dass eine Handlung dann zu billigen ist, wenn sie tendenziell zur Vermehrung des Glücks beiträgt. Glück wird dabei als die Gesamtheit empfundener Freude verstanden, die keine qualitativen, sondern allein quantitative Abstufungen zulässt und dadurch messbar wird. So scheint ein Kalkül möglich, das erlaubt, den Wert des durch eine Handlung bewirkten Glücks zu errechnen. Ziel von Gesetzgebung, Rechtsprechung und Moral ist das unter dem Strich größte Glück der größten Anzahl von Menschen.

Für den Liberalismus ist der Unternehmer die Triebfeder der Gesellschaft.

dem Gütermarkt weder ein zu großes noch ein zu geringes Angebot an Gütern, weder eine zu große noch eine zu geringe Nachfrage nach denselben geben, da der Preismechanismus für diese Dinge sofort für einen Ausgleich sorgen würde.

Der klassische Liberalismus lehnte daher auch die staatliche Sozialpolitik prinzipiell ab. So forderte etwa David Ricardo, dass eine Unterstützung der Armen auf ein Minimum beschränkt werden müsse. Eine öffentliche Unterstützung der Armen sollte allenfalls gegen eine harte Arbeitsleistung in einem Arbeitshaus gewährt werden.

Von der Mitte des 17. bis in die erste Hälfte des 19. Jahrhunderts bestimmten besondere Formen des Merkantilismus die wirtschaftlichen Außenbeziehungen

William Hogarth schilderte in seinen Gemälden und Grafiken das Elend der unteren Schichten. Zugleich war er selbst erfolgreicher Unternehmer bei der europaweiten Vermarktung seiner Grafiken. Er setzte ein Copyright-Gesetz durch (aus der Folge »Bierstraße und Branntweingasse«, 1750–51).

Englands. Die staatliche Förderung von Handel, Schiffahrt und Royal Navy bildete den Lebensnerv eines merkantilistischen Außenwirtschaftssystems, das durch eine Aus- und Einfuhr-, Produktions- und Verkehrsgesetzgebung, durch Zölle, durch die Navigationsakte und durch das Verbot von Manufakturen und Schifffahrtsunternehmungen in den Kolonien ergänzt wurde. Dieses merkantilistische Exklusivsystem machte England zum Beherrscher der Weltmeere und zum Verbrauchsgüterlieferanten der Welt. Erst der Abfall der nordamerikanischen Kolonien im Jahre 1776 schlug eine Bresche in dieses ganz auf das Mutterland ausgerichtete Wirtschaftssystem. Anders sahen die innerenglischen Verhältnisse bereits seit dem 18. Jahrhundert aus: Hier bildeten England und Wales und bald auch Schottland den größten Raum freien Wirtschaftsverkehrs in Europa. So führte der venezianische Gesandte den bereits 1706 hohen Stand der englischen Gewerbe auf diesen freien Binnenverkehr zurück.

In der Mitte des 19. Jahrhunderts löste die liberale Wirtschaftsordnung allgemein die merkantilistische des 18. Jahrhunderts ab. Auf dem Wege dahin nahmen die europäischen Staaten je nach ihrer wirtschaftlichen Entwicklungsstufe in einem unterschiedlichen Zeithorizont eine Reihe von Maßnahmen zur Liberalisierung von Wirtschaft und Gesellschaft vor.

Eine wesentliche Etappe auf diesem Wege hatte zunächst in der Aufhebung der ständisch-feudalen Abhängigkeitsverhältnisse auf dem Lande bestanden. Die Reformen der Agrarverfassung in der ersten Hälfte des 19. Jahrhunderts verliehen den Bauern die persönliche Freiheit, übertrugen ihnen einen Teil des von ihnen bewirtschafteten Bodens als Eigentum und hoben die Dienste und Abgaben auf. Durch diese Maßnahmen wurde die Produktivität erhöht und die Arbeitskraft freigesetzt.

Die Überwindung des Zunftwesens und die Einführung der Gewerbefreiheit bildete ein weiteres liberales Reformziel. Hier ging es um die Aufhebung von Monopolen, Reglementierungen und Privilegien, die Einführung der uneingeschränkten Freizügigkeit, der Niederlassungsfreiheit, die freie Berufswahl.

Auf dem Gebiet von Handel und Verkehr wurden die mittelalterlichen Stapel-, Markt- und Straßenrechte und

Die wirtschaftliche Depressionsphase von 1873 bis 1895 brachte vermehrte Absprachen und Zusammenschlüsse von Unternehmen (»Die Börsenkatastrophe in Wien am 9. Mai 1873«, aus: Illustrirte Zeitung, Leipzig, 21. 6. 1873).

die Binnenzollschranken aufgehoben. Gleichzeitig baute der Staat zahlreiche »Regalien«, das heißt wirtschaftliche Hoheitsrechte des Staates ab, indem er öffentliche Unternehmen privatisierte. Das preußische Berggesetz von 1865 verzichtete zum Beispiel auf die bis dahin gültige zentrale staatliche Planung des Bergbaus. Die wirtschaftliche, technische und soziale Entwicklung dieses für die Industrialisierung so wichtigen Bereichs ging damit in die privatwirtschaftliche Initiative über.

Indem er die Gründung von Aktiengesellschaften von staatlichen Konzessionen unabhängig machte, ermöglichte der Staat die Herausbildung neuer Unternehmensformen und regte die unternehmerischen Kräfte an. Ergänzt wurde dies durch eine Liberalisierung der Handels- und Zollpolitik und eine Patentgesetzgebung zum Schutze geistigen Eigentums. Überall förderte der Staat die Entstehung freier Märkte, indem er sich weitgehend aus der Wirtschaft zurückzog. Er beschränkte sich darauf, das liberale System des Konkurrenzkapitalismus rechtlich und institutionell abzusichern. In England gelten die Jahre 1830 bis 1875 als das klassische Zeitalter einer freien Marktwirtschaft.

Die Idee verliert ihren Glanz –
Abkehr von klassischen Postulaten
Seit dem letzten Drittel des 19. Jahrhunderts traten in den entwickelten Industrieländern jedoch Entwicklungen ein, die immer weiter vom liberalen Modell wegführten. In Deutschland war dies besonders ausgeprägt. Im Zuge eines allgemeinen wirtschaftlichen Konzentrationsprozesses, der mit der immer aufwendiger werdenden Technik und der Zunahme des weltwirtschaftlichen Wettbewerbs zusammenhing, entstanden Großunternehmen und Konzerne. In der Phase der »Großen Depression« (1873–95), einer Zeit verlangsamten Wachstums und weltweiten Preisverfalls, sicherten sich die Unternehmer durch Marktabsprachen, Kartelle und Syndikate gegen einen weiteren Verfall ihrer Unternehmensgewinne ab. Neue Massenproduktionsverfahren in der Stahl- und Eisenindustrie führten zum wachsenden Verlangen nach festeren Preisen. Das Zeitalter ungestörter Expansion in aufnahmefähigen Märkten war offenbar vorüber. Angesichts verlangsamten Wachstums, sinken-

Nachdem er restriktive »Sozialistengesetze« durchgesetzt hatte, führte Reichskanzler Bismarck 1881–89 zur Beruhigung der Arbeiter eine sozialstaatliche Mindestversorgung in Deutschland ein (Bismarck im Reichstag, 1887).

der Preise und verstärkter internationaler Konkurrenz war vor allem die Schwerindustrie bestrebt, die Preise auf dem Binnenmarkt mithilfe entsprechender Absprachen und Organisationsformen hochzuhalten.

Auch in der englischen Wirtschaft entwickelten sich seit den 1880er-Jahren Kartelle, besonders in der Baumwollindustrie, die seit zwanzig Jahren unter niedrigen Preisen und nachlassenden Exporten gelitten hatte. Daneben kam es zu regelrechten betrieblichen Zusammenschlüssen von Firmen. Alles in allem gingen in den Jahren 1880 bis 1909 über 1 600 britische Firmen durch Fusionen in größeren Unternehmenseinheiten auf. Die hundert größten britischen Unternehmen produzierten Anfang des 20. Jahrhunderts 15 Prozent des gesamten Industrieproduktes. Die Bildung von marktregulierenden Kartellen und Syndikaten entsprach nicht mehr dem Idealmodell einer nach liberalen Gesetzen funktionierenden Marktwirtschaft. Immer mehr Unternehmerfunktionen gingen auf die zahlreichen Verbände über.

Der englische Jurist und liberale Philosoph Jeremy Bentham war ein Verfechter des Freihandels und entwarf soziale Reformen, die das »größtmögliche Glück für die größtmögliche Zahl« zum Leitmotiv erhoben.

Weder Unternehmer noch Arbeitnehmer vertraten ihre wirtschaftlichen und sozialen Interessen in der Regel als Individuen. Immer mehr kollektive Zusammenschlüsse wie Gewerkschaften, Arbeitgeberverbände und sonstige Interessengruppen bildeten sich und handelten wirtschaftlich-gesellschaftliche Kompromisse aus. Vor allem aber griff der Staat nunmehr immer stärker in die wirtschaftliche und gesellschaftliche Sphäre ein. Er entwickelte sich dabei zum modernen Interventions- und schließlich Wohlfahrtsstaat. Die Verteilung der wirtschaftlichen und sozialen Chancen blieb nicht mehr dem freien Spiel der Kräfte überlassen.

Der deutsche Reichskanzler Otto von Bismarck erkannte, dass der Staat positive sozialpolitische Maßnahmen ergreifen musste, wenn nicht die Autorität der regierenden Kreise durch eine weitere Zunahme der wirtschaftlichen und sozialen Polarisierung gefährdet werden sollte. Aus dieser Sicht war es konsequent, wenn Bismarck die rigorose Bekämpfung der Arbeiterbewegung im Rahmen seines »Sozialistengesetzes« mit einem für die damalige Zeit wegweisenden Programm staatlicher Sozialversicherung verband.

Diese Abkehr von den zentralen Positionen des Wirtschaftsliberalismus blieb keineswegs auf Deutschland beschränkt. Unter dem Druck politischer und sozialer Protestbewegungen gegen die sozialen Auswirkungen der kapitalistisch-industriellen Produktionsweise hatten sich Liberale wie auch Konservative gegen Ende des 19. Jahrhunderts bequemen müssen, ihre traditionellen Vorstellungen von der Rolle des Staates zu überdenken. Der liberale englische Staatsmann William Harcourt bemerkte dazu: We are all socialists now!

Die sozialstaatliche Mindestversorgung, die in Deutschland in den 1880er-Jahren mit Bismarcks Sozialversicherungsgesetzen begann und noch vor dem Ersten Weltkrieg von anderen Ländern aufgegriffen wurde, entwickelte sich immer mehr zu einem umfassenden System sozialer Absicherung und staatlicher Umverteilung. Hatte der Staat in der Anfangszeit der Industrialisierung mit dem Bau von Kanälen und Eisenbahnen nur wenige infrastrukturelle Vorleistungen für die Wirtschaft bereitgestellt, so ging die Entwicklung in der Folgezeit über eine befristete Konjunkturpolitik bei schwerwiegenden Wirtschaftskrisen zu einer gesamtwirtschaftlichen Stabilisierungspolitik. Die vereinzelten und in ihrer Wirkung begrenzten Vorschriften der Frühindustrialisierung über Sicherheit am Arbeitsplatz, Hygiene oder Gesundheitsvorsorge entfalteten sich im 20. Jahrhundert immer weiter zu einem umfassenden Sicherheitssystem, an dessen vorläufigem Ende der staatliche Umweltschutz steht.

Die ständig zunehmende Bedeutung des Staates für Wirtschaft und Gesellschaft seit dem letzten Drittel des 19. Jahrhunderts lässt sich an einigen Zahlen veranschaulichen. So nahm zum Beispiel in Deutschland die so genannte Ausgabenquote, das heißt der Anteil aller staatlichen Ausgaben am Sozialprodukt, von etwa zehn Prozent im Jahre 1870, über 15 Prozent zu Beginn des 20. Jahrhunderts auf fünfzig Prozent im Jahre 1980 zu. Die Steuerquote – also der Anteil der Steuereinnahmen am Sozialprodukt – stieg im gleichen Zeitraum von vier auf 26 Prozent. In der Tendenz wurde mithin ein immer größerer Teil des Sozialproduktes vom Staat in Anspruch genommen und politisch umverteilt. Das liberalkapitalistische System veränderte sich damit immer stärker in Richtung auf ein öffentlich-privates Mischsystem.

Hans-Werner Niemann

International verflochten: Entwicklungstendenzen der Weltwirtschaft im 19. Jahrhundert

Trotz der erwähnten Abkehrtendenzen vom uneingeschränkten Liberalismus seit den 1870er- und 1880er-Jahren gab es bis zum Ersten Weltkrieg eine funktionierende internationale Arbeitsteilung mit einem relativ freien Warenaustausch, die im Begriff stand, sich zu einer internationalen Wirtschaftsordnung fortzuentwickeln. Zu ihr gehörte ganz wesentlich die Freiheit des Kapitalverkehrs. Die europäischen Volkswirtschaften waren gegen Ende des 19. Jahrhunderts untereinander und mit der übrigen Welt immer enger über die Kapitalströme verbunden.

So investierte Großbritannien jahrzehntelang zwischen fünf und zehn Prozent seines Sozialprodukts im Ausland. Lediglich mit den Erträgen aus diesen Auslandsinvestitionen, die wertmäßig ein Drittel seiner gesamten Importe abdeckten, konnte es seine Zahlungsbilanz ausgleichen, obwohl es industriell von anderen Mächten wie den USA und Deutschland überholt worden war und sein Anteil am Welthandel schrumpfte. Vor allem Frankreich, das industriell im 19. Jahrhundert weit hinter England, schließlich auch hinter Deutschland und die USA zurückgefallen war, gewann mit seiner wachsenden Kapitalkraft bald Einfluss auf die politische und wirtschaftliche Entwicklung der Welt.

1872 eröffnete der japanische Kaiser die Eisenbahnstrecke von Tokio nach Kanagawa, heute Yokohama (japanischer Farbholzschnitt vom Bahnhof von Tokio). Der Eisenbahnbau wurde im Auftrag der japanischen Regierung von britischen Ingenieuren durchgeführt.

Die Welt im Zeitalter des Nationalismus

Zu den Ländern, deren Eisenbahnnetz und Industrie mit ausländischem Kapital aufgebaut wurden, gehörten Italien, Spanien, Portugal, Belgien, Holland, die Schweiz, Österreich-Ungarn, das Osmanische Reich, Russland, Schweden und zum Teil Dänemark. Im Jahre 1890 befand sich ein Drittel des Kapitals aller russischen Kapitalgesellschaften in ausländischer Hand, 1900 waren es schon fünfzig Prozent. Ein Drittel allen ausländischen Kapitals in Russland entfiel auf französische Beteiligungen, ein Viertel auf englische, ein Fünftel auf deutsche und ein Siebtel auf belgische. Auch die Amerikaner wurden zunehmend auf dem internationalen Kapital- und Finanzmarkt aktiv.

Die Freisetzung der liberalen Marktkräfte im 19. Jahrhundert führte überall dazu, dass sich die Produktionsstätten an den günstigsten Standorten ansiedelten und riesige Ströme von Menschen in diese Industrieregionen einrückten. In Deutschland war es die Ost-West-Wanderung aus den agrarischen Gebieten des Ostens in die Industriegebiete des Westens; dem entsprach in Groß-

Ohne die durch die Industrialisierung freigesetzte Produktivität wäre die Ernährung der erheblich gewachsenen Bevölkerung im 19. Jh. nicht möglich gewesen.

Gegen Ende des 19. Jh. hatte die industrielle Revolution auch die Agrarproduktion erreicht (zeitgenössische Darstellung).

britannien eine Südwanderung und in Frankreich eine Nordwanderung. Auf diese Weise entstand an Nordsee und Atlantik ein relativ kleiner nordwesteuropäischer Kernraum von zentraler weltwirtschaftlicher Bedeutung.

Im Unterschied zu den westlichen Industrienationen setzte Japan mangels Privatinitiative und privaten Kapitals von vornherein nicht auf das liberale Entwicklungsmodell, sondern auf Staatsinitiative. Im Eisenbahn-, Straßen- und Kanalbau, in der Nachrichtenübermittlung, der Gas- und Elektrizitätsversorgung nahm der japanische Staat von Anfang an eine Monopolstellung ein. Von dort dehnte sich der staatliche Einfluss durch Darlehen- und Privilegiengewährung oder Steuerbegünstigungen auf viele andere Wirtschaftszweige wie beispielsweise den Bergbau und die Textilindustrie aus.

Am Vorabend des Ersten Weltkriegs war Japan unter der Führung des Staates zur expansivsten Industrie- und Handelsmacht auf der Erde geworden. Innerhalb eines halben Jahrhunderts seit der Öffnung des Landes war das japanische Handelsvolumen auf das Hundertfache gestiegen. Das Volksvermögen wuchs zwischen 1905 und 1913 um 25 Prozent. Die gesamte Volkswirtschaft wurde nach industriepolitischen Gesichtspunkten gelenkt. Der Staat hielt die Agrarpreise niedrig und ermöglichte damit niedrige Industrielöhne und Produktionskosten, sodass die japanische Industrie immer neue Exportmärkte erschließen konnte. Japan entfaltete starke Expansionstendenzen in Rohstoffräume und Absatzmärkte sowie klimatisch günstige Siedlungsgebiete für seinen Bevölkerungsüberschuss. Formosa, Korea und die Mandschurei wurden ganz im Interesse der japanischen Wirtschaft industriell erschlossen.

Der freie Welthandel im 19. Jahrhundert führte zu langfristigen Verschiebungen. Europas Anteil an der Industrieproduktion der Welt nahm nach 1850 ab. Von diesem Zeitpunkt an machten die USA rapide wirtschaftliche Fortschritte. Während das deutsche Bruttoinlandsprodukt im Zeitraum 1870 bis 1913 um durchschnittlich 2,9 Prozent pro Jahr wuchs, waren es im Falle der Vereinigten Staaten 4,3 Prozent. Zwischen 1880 und 1900 überflügelten die USA die alte Industriemacht England.

Die Europäer behielten allerdings einstweilen noch auf dem Kapitalmarkt und im Seeverkehr die Nase vorn. Mit den Erträgen aus ihren Investitionen in Nord- und Südamerika, im Vorderen Orient und in den Kolonien konnten England, Frankreich, Deutschland und Belgien ihre Zahlungsbilanz problemlos ausgleichen. Die enormen Kapitalinvestitionen Europas kamen nicht nur der eigenen wirtschaftlichen Entwicklung zugute, sondern

Das Gewinnstreben des wirtschaftenden Individuums hob zwar den Lebensstandard aller Schichten, vergrößerte aber auch die sozialen Unterschiede zwischen den Klassen (Beschäftigte auf dem Leipziger Markt, um 1900).

> **INFOBOX**
>
> **Der Verfassungskonflikt**
> Der preußische Verfassungskonflikt von 1861 bis 1866 bezeichnet den Streit von Krone und Regierung mit dem Abgeordnetenhaus um die seit 1860 betriebene Heeresreform. Der Gesetzentwurf sah die Verstärkung der Friedenspräsenz bzw. die Erhöhung der jährlichen Rekrutenzahlen sowie eine teilweise Einbeziehung der Landwehr in das Heer vor. Das Abgeordnetenhaus stellte sich aber mehrheitlich gegen die Schwächung der Landwehr, die Erhöhung der Rekrutenzahlen sowie die dreijährige Dienstzeit und verlangte eine Stärkung seines Budgetrechts. Nach dem Wahlsieg der liberalen Opposition 1862 verweigerte das Abgeordnetenhaus dem Etat die Zustimmung. Auf dem Höhepunkt der Krise berief Wilhelm I. Bismarck zum Ministerpräsidenten, der schließlich bis 1866 ohne Haushaltsbeschluss regierte.

eröffneten auch den Weg zu einer multilateralen weltwirtschaftlichen Zusammenarbeit, von der schließlich alle profitierten. Von 1890 bis zum Ersten Weltkrieg verdreifachte sich der Wert des gesamten Welthandels.

Zwiespältiges Urteil – Eine Bilanz
Versucht man eine Bilanz der Leistungen des Wirtschaftsliberalismus im 19. Jahrhundert, so muss man zunächst daran erinnern, dass das liberale Programm in keinem Land der Welt voll verwirklicht worden ist. Großbritannien, die USA und einige kleinere europäische Länder kamen dem Ideal in der zweiten Hälfte des 19. Jahrhunderts noch am nächsten. Frankreich und Deutschland hatten lediglich eine relativ kurze liberale Epoche zu verzeichnen. Außerhalb Westeuropas und der angelsächsisch geprägten Welt blieb der Liberalismus stets fremd.

Insgesamt muss die Bilanz zwiespältig ausfallen. Einerseits setzte der Liberalismus in den sich industrialisierenden Ländern eine nie zuvor da gewesene Produktivität der Wirtschaft frei und ermöglichte damit das Überleben einer Weltbevölkerung, die sich von 1800 bis 1900 von 728 auf 1608 Millionen mehr als verdoppelte, und einer europäischen Bevölkerung, die sich im gleichen Zeitraum von 140 auf 401 Millionen annähernd verdreifachte. Hier war ein grundsätzlich neues Konzept, ein qualitativer Sprung notwendig.

Nirgendwo auf der Welt war der Reichtum auf einen so kleinen Teil der Bevölkerung beschränkt wie in den Vereinigten Staaten. Der 1839 geborene John D. Rockefeller (hier 1925 mit seinem Sohn) hatte den Transport von Erdöl in Pipelines eingeführt und wurde der reichste Mann seiner Zeit.

Die Welt im Zeitalter des Nationalismus

Die Wachstumsschranken und Selbstblockierungen der alten gebundenen Wirtschaftsordnung mussten aufgehoben werden zugunsten eines Modells, das grundsätzlich von der Steigerungs- und Entwicklungsfähigkeit der materiellen Verhältnisse ausging und die eigennützigen Triebkräfte des Individuums im Interesse der Gesellschaft freisetzte. Der Liberalismus war insofern die historisch angemessene Wirtschaftstheorie für die drückenden materiellen und sozialen Probleme im Zeitalter der demographischen Revolution. In einer solchen Zeit war es zweitrangig, dass der Liberalismus die »Glückseligkeit« des Menschen vor allem materialistisch definierte.

Auf der anderen Seite schuf der Liberalismus aber auch zahlreiche neue Probleme. Die Freisetzung des Gewinnstrebens des wirtschaftenden Individuums hob zwar mittel- und langfristig den Lebensstandard auch der Arbeiter, vergrößerte aber dennoch die wirtschaftlichen und sozialen Unterschiede zwischen den Gesellschaftsklassen.

Nirgendwo sonst auf der Welt war der größte Teil des Reichtums auf eine so kleine Oberschicht verteilt wie in den USA. Im Zeitalter eines extremen Liberalismus war ihre Machtentfaltung durch keinerlei Barrieren gehemmt worden. Die Captains of Industry and Commerce umfassten weniger als zehn Prozent der Bevölkerung, verfügten aber über neunzig Prozent des Volksvermögens. Erst der Druck der Sozialisten, der Revolutionen in Europa und der Weltwirtschaftskrise ab 1929 setzten eine gewisse Neuverteilung des Volksvermögens in Gang.

Nimmt man die liberale Ablehnung jeder Form von Sondervergünstigung für die wirtschaftlich Schwachen zum Maßstab, so gibt es heute kaum einen Industriestaat, der sich liberal nennen dürfte. Seit den 1870er-Jahren ging die Entwicklung in Richtung auf Schutzzölle, wirtschaftspolitische Privilegierung oder direkte Subventionierung einzelner Produzentengruppen. Die freie Konkurrenz der Einzelproduzenten am Markt wurde durch Unternehmenszusammenschlüsse und Verbandsbildung vielfältig durchbrochen. Gefördert wurde diese Entwicklung zu einer Art Neomerkantilismus durch die Machtinteressen der imperialistischen Staaten, die mit dem Blick auf mögliche Kriege ihren Produktionsapparat vor der ausländischen Konkurrenz schützen wollten. Verbände der Industrie, der Landwirtschaft, der Kleingewerbetreibenden, des Einzelhandels kämpfen seither für das, was nach liberaler Vorstellung die Ursünde schlechthin darstellt: die Privilegierung ihrer eigennützigen Interessen. Entsprechendes gilt für die Verbände der Arbeitnehmer.

In Wissenschaft und Politik hat es nach dem Ersten Weltkrieg immer wieder Versuche zur Wiederbelebung des Wirtschaftsliberalismus gegeben, denen jedoch kein dauerhafter Erfolg beschieden war. Zwei Weltkriege, die Erfahrungen schwerster sozialer Erschütterungen zum Beispiel im Gefolge der Weltwirtschaftskrise zu Beginn der Dreißigerjahre des 20. Jahrhunderts, immer wiederkehrende zyklische Krisen des Industriekapitalismus, die Verschärfung des Nord-Süd-Konfliktes zwischen den Industrie- und den Entwicklungsländern, aber auch ein wachsendes ökologisches Bewusstsein haben das optimistische liberale Vertrauen in die Selbstregulierungsfähigkeit des Marktes nachhaltig erschüttert und allen Vorstellungen einer Harmonie von Einzel- und Gesamtinteresse den Boden entzogen. *Hans-Werner Niemann*

Plädoyer für offene Grenzen: Die Wirtschaft zwischen Freihandel und Protektionismus

Die theoretische Grundlegung des Freihandels hatte der Brite Adam Smith bereits 1776 in seinem Epoche machenden Buch »Der Wohlstand der Nationen« geleistet. Smith begründete den Freihandel damit, dass nur ein Wirtschaftssystem, das die Preisbildung ohne jeden politischen Eingriff auf dem Markt ermögliche, für den Verbraucher die niedrigsten Preise garantiere und darüber hinaus zu einer optimalen Nutzung der wirtschaftlichen Ressourcen führe. Dies sollte sowohl für die nationale Volkswirtschaft als auch für die Weltwirtschaft gelten. »Der Konsum«, so argumentierte Smith gegen den Merkantilismus, »ist das einzige Ziel und der alleinige Zweck jeder Produktion.«

Aus liberaler Sicht hat der Freihandel folgende Vorteile: Grundsätzlich werden die vorhandenen wirtschaft-

Großbritannien war Vorreiter der industriellen Revolution in Europa. Die Karte zeigt die Bedeutung der Transportwege Kanal und Eisenbahn für Waren, Energie und Rohstoffe.

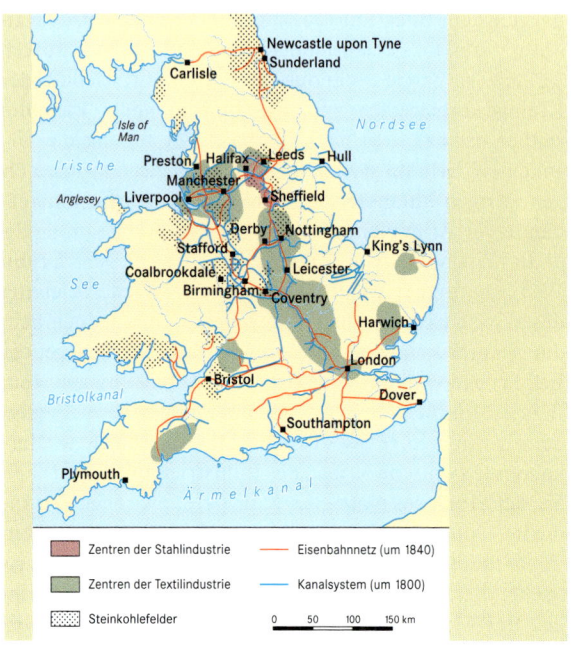

lichen Ressourcen besser eingesetzt. Jedes Land kann sich auf die Produktionsbereiche konzentrieren, in denen es Wettbewerbsvorteile besitzt. Zudem wird kostengünstiger produziert, weil die Größe des Marktes zu größeren Produktserien und damit zu Kostenvorteilen führt. Überdies erzwingt der internationale Wettbewerb ständige Rationalisierung und Verbesserungen von Herstellungsverfahren und Produkten. Außerdem verfügen die Verbraucher über ein vielfältigeres Warenangebot.

Vorreiter Großbritannien
Die Tatsache, dass sich nach der Unabhängigkeitserklärung der USA 1776 zwischen dem einstigen Mutterland und den USA eine wirtschaftliche Arbeitsteilung ohne jede politische Intervention eingestellt hatte, gab dem Freihandelsgedanken Auftrieb. Um 1836 ging ein Viertel aller britischen Exporte in die USA und vier Fünftel aller Baumwollimporte Lancashires kamen von dort. Allein die USA mit ihrer mechanisierten Baumwollproduktion und dem effektiven, auf Sklavenarbeit beruhenden Plan-

tagensystem konnten die steigende Nachfrage Lancashires auf Dauer befriedigen. Eine zollpolitische Bevorzugung der Baumwolle aus den Ländern des britischen Weltreiches lag daher nicht im Interesse der Produzenten in Lancashire.

Die Kaufleute aus Lancashire und Schottland bemühten sich, in Ländern wie Brasilien und Argentinien, in Südostasien, an der afrikanischen Westküste und an der Westküste Mittel- und Südamerikas neue Märkte für ihre überquellende Produktion zu erschließen. Wollte man in diese nicht zum Britischen Empire gehörenden Regionen exportieren, musste man diesen Ländern die Möglichkeit geben, ihrerseits vermehrt Primärprodukte wie Holz, Kaffee, Kakao, Häute, Getreide, Wolle oder Zucker nach Großbritannien auszuführen, damit sie ihre Handelsbilanz ausgleichen konnten. Auf vielen dieser Produkte aber lastete zum Schutze der Landwirtschaft ein hoher Zoll, dessen Beibehaltung jedoch nicht im Interesse der britischen Industrie lag. Darüber hinaus gewannen die Märkte in den USA und in Nordeuropa für die britische Industrie zunehmend an Bedeutung. Hier bestand die Gefahr, dass die Regierungen dieser Länder gegen die britische Exportindustrie zollpolitische Maßnahmen ergriffen, wenn Großbritannien weiterhin Importe mit hohen Zöllen belegte.

Um 1840 begann der eigentliche Angriff auf das Schutzzollsystem, der von Wirtschaftskreisen aus Manchester und Liverpool ausging. 1846 schaffte die britische Regierung nach einer Kampagne der Anti-Corn-Law-League unter Führung der Industriellen Richard Cobden und John Bright das Kornzollgesetz von 1815, jenen Eckpfeiler des britischen Protektionismus aus der ersten Jahrhunderthälfte, ab. 1849 fiel auch die Navigationsakte aus dem 17. Jahrhundert, die seither der englischen Marine das Monopol im Verkehr mit den englischen Häfen gesichert hatte. 1853 und 1854 wurden schließlich die meisten Zölle aufgehoben.

Der Anstieg der britischen Nahrungsmittelimporte schuf im Ausland eine vermehrte Kaufkraft für britische Industrieprodukte. Der Hauptvorteil des Freihandels lag somit in der Steigerung des britischen Exports. Aber auch um die Versorgung mit industriellen Rohstoffen und Lebensmitteln zu gewährleisten, wurde Großbritan-

ZITAT

Über die Bedeutung des Nationalismus schreibt der Soziologe Norbert Elias in seinem Buch »Studien über die Deutschen« (1989):
In latenter oder manifester Form ist der Nationalismus eines der mächtigsten, wenn nicht das mächtigste soziale Glaubenssystem des 19. und 20. Jahrhunderts.

nien von einem funktionierenden Freihandel immer abhängiger: 1913 kamen sieben Achtel der industriellen Rohstoffe – von Kohle abgesehen – und mehr als die Hälfte aller Nahrungsmittel aus dem Ausland. Der Freihandel bedeutete also eine wechselseitige Arbeitsteilung der Weltwirtschaft mit Großbritannien als Lieferanten industrieller Fertigwaren und den übrigen Ländern des Empire, zum Beispiel Indien und Australien, als Rohstofflieferanten.

Großbritannien regierte mithilfe des Freihandels den gesamten Welthandel. Es konnte dies tun, weil die britischen Industrieprodukte zunächst überlegen waren und weil es ein Kohleexportmonopol besaß, mit dem es die an Kohle armen Länder wie Frankreich oder Skandinavien sowie die Bunkerhäfen in der ganzen Welt beherrschte. Auf längere Sicht förderte der Freihandel aber auch die Industrie der kontinentaleuropäischen Staaten und der USA, da er auch ihren Produkten, sofern sie konkurrenzfähig waren, weite Absatzgebiete erschloss. Auf diese Weise entstand eine wirkliche Weltwirtschaft.

Die Industrieländer lieferten Fertigprodukte im Austausch gegen Rohstoffe sowie Lebens- und Genussmittel (Kaffeeverladung im Hafen von Santos in der brasilianischen Provinz São Paulo, um 1892).

Adolph von Menzels Bild »Eisenwalzwerk« zeigt die Herstellung von Schienen (1875; Berlin, Nationalgalerie). Der Einsatz der neuen Techniken, verbunden mit Arbeitsteilung zielte auf die Massenproduktion und war gebunden an die stete Erschließung neuer Märkte.

Die europäischen Kontinentalstaaten folgen Großbritanniens Beispiel

Die meisten Länder Europas schlossen in der Folgezeit untereinander Handelsverträge, die alle die Meistbegünstigungsklausel enthielten. Auf diese Weise entwickelte sich Europa zu einer Freihandelszone, in der die Zölle weitgehend weggefallen waren. Flankiert wurde diese Entwicklung durch den Abschluss zahlreicher internationaler Abkommen, die den Warenaustausch förderten: 1856 wurde die Europäische Donaukommission gegründet und 1857 die Maut über den Sund durch Dänemark abgeschafft; 1865 entstand Berlin die Telegraphenunion. Außerdem wurden zwischen 1850 und 1856 Maßnahmen getroffen, die die Freiheit der Meere sichern sollten sowie Schifffahrtsvorschriften und Schifffahrtssignale vereinheitlichten.

Vorbote Deutschland – Rückkehr zum Protektionismus

Der Konjunkturrückgang nach 1870 führte in den meisten europäischen Ländern mit Ausnahme Großbritanniens, Belgiens und der Niederlande zu einer Aufgabe des Freihandels und einer Rückkehr zum Protektionismus. Die um ihren Absatz fürchtenden Industriellen und die Agrarproduzenten, denen die Konkurrenz von billiger produzierenden neuen Wettbewerbern aus Übersee schwer zu schaffen machte, erwarteten von ihren Regierungen den Schutz ihrer Produktion. Das Deutsche Reich machte mit der Anhebung der Zölle den Anfang.

> **INFOBOX**
>
> **Geheimer Handelsvertrag**
> 1860 schloss Napoleon III. einen Geheimvertrag mit Großbritannien, nach dem Frankreich die Zölle für britische Industrieprodukte, Kohle und Textilien erheblich absenkte. Wirtschaftspolitisch hatte dieser Vertrag das Ziel, auf dem Wege einer liberalen Freihandelspolitik die Lebensverhältnisse der Arbeiterschaft zu verbessern. Außenpolitisch wünschte Napoleon daneben eine Annäherung an Großbritannien, das über den steigenden Einfluss Frankreichs im Mittelmeerraum beunruhigt war, und innenpolitisch einen stärkeren Rückhalt im liberalen Lager, nachdem die französische Italienpolitik die Katholiken und einen Teil der Unternehmer in die Opposition getrieben hatte.

Die Unternehmer der Hüttenwerke in Schlesien und des Rheinisch-Westfälischen Industriegebietes forderten staatlichen Schutz gegen die britische Konkurrenz und organisierten sich 1874 im »Verein Deutscher Eisen- und Stahlindustrieller«. Bereits 1873 hatten die Textilunternehmer den Verein Süddeutscher Baumwollindustrieller gegründet. Diese Verbände schlossen sich 1876 zum »Centralverband Deutscher Industrieller zur Beförderung und Wahrung nationaler Arbeit« zusammen. Angesichts der Überschwemmung des deutschen Marktes mit amerikanischem und osteuropäischem Getreide riefen nun auch die Großgrundbesitzer nach staatlichem Schutz. Ab Mitte der 1870er-Jahre war die deutsche Landwirtschaft auf dem Weltmarkt nicht mehr konkurrenzfähig.

Entscheidend für die handelspolitische Wende war eine Neuformierung der innenpolitischen Fronten. Für den Kampf gegen die Sozialdemokratie brauchte Otto von Bismarck die Unterstützung der Konservativen und des Zentrums, die beide den Schutzzoll befürworteten. Nicht zuletzt versprachen erhöhte Zölle zusätzliche Einnahmen für den stark belasteten Reichshaushalt. Bismarck war sich aber auch bewusst, dass der Übergang zum Schutzzoll eine grundsätzlich neue Politik darstellte. Nach seiner Auffassung war es die Aufgabe der Wirtschaftspolitik, »die gesamte deutsche Produktion zu heben«.

Das am 20. Juli 1879 beschlossene Schutzzollgesetz belegte Eisenerzeugnisse, Holz, Getreide und importier-

> **ZITAT**
>
> **Aus der Eingabe an Kaiser Wilhelm I. vom 12.7.1877, in der die deutschen Industriellen ihre Schutzzollforderung begründen:**
> *... Die Industrie weiß den Vorzug einer internationalen Verkehrsfreiheit, welche die Kräfte der Völker anspornt und den Austausch der überschießenden Produkte ermöglicht, zu schätzen; allein ein einseitiges Vorgehen eines einzelnen Staates auf diesem Wege wird diesen Erfolg niemals zustande bringen.*

tes Fleisch mit hohen Zöllen. Hauptnutznießer des Schutzzolls war die deutsche Industrie. Das Gesetz hielt die unliebsame Konkurrenz vom Binnenmarkt fern. Zu Hause konnte die Industrie deshalb zu überhöhten Preisen verkaufen und gleichzeitig den Gewinn benutzen, um mithilfe von Dumpingpreisen ihre Ausfuhren in das übrige Europa, das noch den Prinzipien des Freihandels verpflichtet war, zu steigern.

Auf diese Weise hat der Übergang zum Schutzzoll zum starken Wachstum der deutschen Wirtschaft nach 1880 beigetragen. Auch die Landwirtschaft profitierte, obwohl die tendenzielle Abwärtsbewegung der landwirtschaftlichen Preise nicht aufgehalten werden konnte. Die Kosten der Schutzzollpolitik trug der deutsche Verbraucher, da das inländische Preisniveau hinter der Schutzzollmauer sehr hoch war. Das für die Ernährung gerade der unteren Bevölkerungsschichten besonders wichtige Getreide kostete in Deutschland über dreißig Prozent mehr als in den benachbarten Ländern.

Mit dem Hammer »Fritz« trat die Gussstahlfabrik Krupp 1861 in die Reihe der größten Schmieden der Welt. Jedoch wurde ab 1874 die Konkurrenz der britischen und amerikanischen Stahlindustrie erdrückend.

Die hohen Schutzzölle im Deutschen Reich – nicht zuletzt für das Grundnahrungsmittel Getreide – trugen zum Wachstum der deutschen Wirtschaft nach 1880 bei: Die vom Verbraucher bezahlten erhöhten Preise finanzierten die Dumpingpreise der Industrie im Export.

Die Abkehr vom Freihandelsdenken in Frankreich und Großbritannien

Das übrige Europa ging erst um 1890 zum Schutzzoll über. Frankreich zeigte bereits unmittelbar nach dem Deutsch-Französischen Krieg 1871 erste Tendenzen zu einer Abkehr vom Liberalismus. Die hohe Kriegsentschädigung, die Deutschland den Franzosen auferlegt hatte, benutzte Frankreich als Argument, um die Zolltarife zwecks Einnahmesteigerung zu erhöhen. Einige Jahre später vollzog Premierminister Charles Louis de Saulces de Freycinet, der den Bau von Eisenbahnen und schwerindustriellen Anlagen einleitete, die endgültige Abkehr vom Liberalismus, als er die Ausdehnung des Kolonialreiches ankündigte.

Die französische Industrie und Öffentlichkeit verlangten zunehmend nach einem staatlichen Schutz vor britischen Industrieprodukten und vor der politisch-wirtschaftlichen Bedrohung durch das deutsche Kaiserreich. Dabei spielten Revanchegedanken gegenüber Deutschland und das Streben nach wirtschaftlicher Autarkie im Kriegsfalle ebenfalls eine Rolle – genauso wie auf der anderen Seite beim deutschen Übergang zum Schutzzoll.

Die Ausdehnung des französischen Kolonialreiches (hier das im Kolonialstil errichtete Opernhaus in der 1873 von den Franzosen eroberten Stadt Hanoi) bedeutete für Frankreich das Ende des Wirtschaftsliberalismus.

Zwischen 1884 und 1890 wurden die französischen Zölle für landwirtschaftliche Produkte stark heraufgesetzt. Den Interessen der französischen Industriellen war damit nicht Genüge getan. 1890 schlossen sich Industrielle und Bauern in der Association de l'industrie et de l'agriculture française zusammen, die Druck auf die Regierung ausüben sollte. 1892 setzte Landwirtschaftsminister Jules Méline ein protektionistisches Gesetz durch. Die französischen Schutzzölle bewirkten, dass die Handelsbilanz gegenüber Deutschland und den USA zwischen 1892 und 1910 Überschüsse aufwies.

Die USA waren traditionell protektionistisch orientiert. Sogar in Großbritannien wurden die Freihandelslehren Cobdens ab 1880 infrage gestellt. Dies war ein deutliches Anzeichen dafür, dass die britische Wirtschaft gegenüber der amerikanischen, aber auch gegenüber der deutschen zurückgefallen war. 1910 betrug das britische Defizit im Handel mit den USA fünfzig Millionen britische Pfund und mit Kontinentaleuropa 45 Millionen. Die Schutzzölle in Deutschland, Frankreich und den USA, die sich gegen den britischen Handel richteten, ermöglichten diesen Ländern, ihren Außenhandel sehr viel schneller zu entwickeln.

Die Karikatur bezieht sich auf Bestrebungen in Großbritannien, die Freihandels- durch eine Schutzzollpolitik zu ersetzen, die auch für die Kolonien gelten sollte (Bildpostkarte von 1903 nach einer Zeichnung von Arthur Moreland).

Wirtschaftsnationalismus als Basis des Imperialismus
Verstärkte koloniale Bestrebungen der Industriemächte ergänzten den Wirtschaftsprotektionismus, der sich international immer mehr durchsetzte. Als Großbritannien seine Königin zur Kaiserin von Indien erhob, die Aktien des 1869 eröffneten Suezkanals aufkaufte und damit seine maritime Vorrangstellung ausbaute, Ägypten besetzte und sein Kolonialreich ausdehnte, bewegte es sich ganz auf der Linie dieser neuen Tendenzen. Dennoch wich Großbritannien vor dem Ersten Weltkrieg nicht vom Freihandel ab, da es immer noch auf den geschütz-

ten Markt seines Empire zurückgreifen konnte. Mit Kanada, Neuseeland, Südafrika und Australien verband Großbritannien ein System zollpolitischer Bevorzugung (Präferenzsystem).

Der Konjunkturrückgang nach 1870 zeigte, dass weltweit das industrielle Produktionspotenzial stark angewachsen war, was einen Verfall der Preise zur Folge hatte. In dieser gegenüber der Freihandelsphase vor 1870 völlig veränderten Situation verengter Märkte riefen die Produzenten nach dem Schutz des Staates. Zwischen dem Protektionismus und der Verschärfung des Nationalismus im Zeitalter des Imperialismus bestand ein enger Zusammenhang.

Ab 1884 ergänzte die Kolonialpolitik in Deutschland das Schutzzollsystem. In den USA, die mit einer konsequenten imperialistischen Expansionspolitik bis 1913 die Vormachtstellung in der westlichen Welt erlangten, war dies seit dem Spanisch-Amerikanischen Krieg 1898 der Fall. Der Zollkrieg zwischen Frankreich und Italien ab 1887 und zwischen Frankreich und der Schweiz (1892–95) führten zu internationalen Konflikten. Frankreich und Großbritannien standen einander bei der Eroberung der Kolonialmärkte zunehmend feindlich gegenüber, und nach der Jahrhundertwende verschärften Deutschland und Italien den imperialistischen Wettlauf.

Im 19. Jahrhundert stieg das Welthandelsvolumen in zuvor nie gekanntem Maße von 2,5 Milliarden Franken 1800 auf 27 Milliarden 1850 und auf hundert Milliarden 1900. Entsprechend dem jeweiligen Grad industriewirtschaftlichen Fortschritts kam es sowohl in Europa als auch zwischen Europa und den übrigen Kontinenten zu einer internationalen Arbeitsteilung. Die industriell entwickelten Länder wie Großbritannien, Frankreich und Deutschland lieferten industrielle Fertigprodukte im Austausch gegen Lebensmittel und Rohstoffe. Dieses System der internationalen Arbeitsteilung verfestigte sich und akzentuierte die Entwicklungsunterschiede.

Zwischen 1850 und 1870 stand Europa ganz im Zeichen des Freihandels. Die Zollschranken fielen und das auf dem Goldstandard beruhende stabile internationale Währungssystem ermöglichte den reibungslosen Warenaustausch. Als nach 1870 ein Konjunkturrückgang einsetzte, dem von 1873 bis 1895 eine lang anhaltende Phase

> **ZITAT**
>
> **Aus den Statuten des Verbandes schlesischer Holzstofffabrikanten von 1893:**
> *Um den Absatz ihres Produktes zu regeln, die gegenseitige Konkurrenz zu beseitigen und angemessene Preise zu erzielen, vereinigen sich die unterzeichnenden Firmen zu einem Verbund schlesischer Holzstofffabrikanten. Zur Durchführung dieser Zwecke soll eine gemeinsame Verkaufsstelle... gebildet werden.*

stark verminderten Wachstums und fallender Preise folgte, erwachte allerorten der Wirtschaftsnationalismus und ließ die meisten Länder zum Wirtschaftsprotektionismus zurückkehren.

Hans-Werner Niemann

Vertreter einer neuen Zeit: Die Unternehmer

Um wirtschaftliches Wachstum in Gang zu setzen, bedarf es einer Unternehmerpersönlichkeit, die die Produktionsfaktoren Kapital, Arbeitskräfte und technisches Wissen nach den Bedürfnissen des Marktes einsetzt und kombiniert. Dennoch war der Unternehmer stets eine umstrittene Figur, da die Ergebnisse seiner Tätigkeit die Gesellschaft nicht nur materiell in bis dahin unbekanntem Ausmaß bereicherten, sondern auch in einem dynamischen Prozess umgestalteten, der Gewinner und Verlierer hervorbrachte und für viele mit einer existenziellen Verunsicherung verbunden war.

Vom Handwerker zur Aktiengesellschaft

Was ist eigentlich ein Unternehmer? Der österreichische Nationalökonom Joseph Alois Schumpeter wollte nur diejenigen als Unternehmer anerkannt sehen, die mit der »Durchsetzung neuer Kombinationen« hervortraten, sich also durch schöpferische Neuerungen auszeichneten. Diese Definition erfasst vor allem den Aspekt der Gesamtleistung eines Unternehmers, der in der Phase der frühen Industrialisierung besonders zum Tragen kam, ist aber für die Unternehmer in den hoch bürokratisierten Großunternehmen seit den 1880er-Jahren kaum angemessen.

In der Frühzeit der Industrialisierung waren der Kapitalbedarf und die technischen Voraussetzungen für eine Unternehmensgründung so gering, dass der Typ des »Handwerker-Unternehmers« weit verbreitet war. Da die Struktur dieser frühen Unternehmungen noch wenig komplex war, konnte der handwerkliche Eigentümerunternehmer alle im Betrieb anfallenden Aufgaben wahrnehmen. Die Entwicklung einer Großproduktion indes erforderte schon bald solide kaufmännische und vielschichtige organisatorische Talente. Es genügte keineswegs, dass die Unternehmer mit den technischen Gege-

---

ZITAT

Aus der Fabrikordnung der Berliner Kattunfabrik von C. F. Oppen vom 1. 1. 1843:
6. *Das Zusammentreten an andere Tische in den Arbeitsstunden, so wie das Tabakrauchen, Saufereien, Singen, und andere dergleichen Gegenstände, welche Störung hervorbringen, und jedem ordnungsliebenden Mann zuwider sein müssen, wird durchaus nicht erlaubt: wer dagegen handelt, wird als Ruhestörer der Arbeit sofort entlassen...*

Die Welt im Zeitalter des Nationalismus

Über die Entwicklung der sich schnell herausbildenden industriellen Zentren entschieden u. a. Faktoren wie Rohstoffvorkommen, Energielieferanten, das Potenzial von Arbeitskräften und Transportwege.

benheiten vertraut waren. Sie konnten die Chancen, die der Markt für ein bestimmtes Produkt bot, nur wahrnehmen, wenn sie darüber hinaus die notwendigen betrieblichen Organisationsstrukturen schufen.

Zu Beginn der Industrialisierung bestand das größte Problem in der Kontrolle und Disziplinierung einer Arbeiterschaft, die industrielle Arbeit und ihre Erfordernisse nicht gewohnt und der besonders die Regelmäßigkeit und Intensität fabrikmäßiger Arbeit fremd war. Nur so sind die harten Fabrikordnungen jener frühen Jahre zu erklären, die drakonische Strafen schon für kleinste Versäumnisse und Vergehen vorsahen. Auch deshalb bevorzugten die frühen Unternehmer vielfach Frauen und Kinder; diese erhielten nicht nur niedrigere Löhne, sie waren vor allem auch einfacher zu kontrollieren und zu disziplinieren.

Dabei genügte es nicht, dass der Unternehmer diese Arbeitermassen anwarb und beschäftigte. Er musste auch für deren Unterbringung, Versorgung und Schulbildung sorgen. Die Eisenindustriellen in Wales oder die Baumwollfabrikanten in Lancashire waren praktisch alleinige Oberherren ihrer Kommunen. Der soziale Abstand zwischen ihnen und ihren Arbeitern war unüberwindbar geworden.

Die Unternehmer der britischen Industrie kamen aus allen sozialen Schichten: Grafen beteiligten sich an der Entwicklung des Kohlenbergbaus ebenso wie der Bischof von Durham. Zugleich waren viele der ersten Maschinenbauer und Ingenieure wie Joseph Clement, Joseph Bramah und Henry Maudslay Nachkommen von Bauern oder Webern. In Großbritannien spielten Unternehmer aus religiös nonkonformistischen Gruppen eine wesentlich stärkere Rolle, als es ihrem Anteil an der Gesamtbevölkerung entsprochen hätte.

Diese religiösen Gruppen zeichneten sich durch eine besondere Betonung von Werten wie persönliche Rechtschaffenheit, Sparsamkeit und Aufrichtigkeit aus und betrachteten Luxus und Müßiggang als Grundsünden des Menschen, die seine spätere Verdammnis nach sich ziehen würden. Die besondere Rolle dieser nonkonformistischen Gruppen in der britischen Unternehmerschaft gründete aber in erster Linie darin, dass sie vom öffentlichen Dienst und vom Militärdienst ausgeschlossen waren und ihre Söhne nicht die großen und prestigeträchtigen Universitäten in Oxford oder Cambridge besuchen durften.

Friedrich Harkort richtete in der Burg in Wetter an der Ruhr 1819 eine mechanische Werkstatt ein. Insbesondere an technisch-konstruktiven Aspekten interessiert, hatte er etliche finanzielle Verluste erlitten, bevor er hier mit der ersten Eisenindustrie in Westfalen Erfolg hatte (Gemälde von Alfred Rethel, 1834; Duisburg, DEMAG AG).

In Deutschland stammten 61 Prozent der Unternehmer aus Arbeiterfamilien oder kleinbürgerlichen Handwerkerkreisen, 28 Prozent kamen aus dem Mittelstand, elf Prozent aus Adel und Beamtentum. Sie waren überwiegend protestantisch. Adlige Unternehmer gab es vor allem in der oberschlesischen Montanindustrie. Nicht wenige der später führenden Industriellen wie Friedrich Krupp, Ernst Werner von Siemens oder Karl Freiherr von Stumm-Halberg stiegen aus bescheidenen gesellschaftlichen Verhältnissen auf. Die Gründerunternehmer der deutschen Industrie pflegten zumeist gegenüber ihren Arbeitern ein patriarchalisches Verhältnis, kümmerten sich um ihr Wohlergehen und führten selbst ein nüchternes Privatleben.

Nach 1850 entstanden vor allem in den kapital- und technikintensiven Branchen der Eisen- und Stahlindustrie, später auch in der Chemie- und Elektroindustrie expansive Großbetriebe. Die Tendenz zum Großbetrieb belegt das Beispiel der Firma Krupp. 1847 beschäftigte Krupp erst 76 Arbeiter, im Jahr darauf war die Lage des Kleinbetriebs so schlecht, dass Alfred Krupp das Familiensilber einschmelzen ließ, um damit die Arbeiter zu bezahlen. Erst als die Firma nach 1850 Radbereifungen aus Gussstahl für die Eisenbahn herstellte und sich einen Namen in der Kanonenherstellung zu machen begann, ging es mit ihr aufwärts. Zwanzig Jahre später hatte sich aus bescheidenen Anfängen ein Konzern mit vertikaler Struktur entwickelt, der seine eigenen Kohlen- und Eisenerzgruben besaß. Beim Tode Alfred Krupps 1887 betrug die Beschäftigtenzahl 20 000 Personen.

Je größer der Kapitalbedarf der Unternehmen wurde, um so wichtiger wurde die neue Rechtsform der Aktiengesellschaft. Auf diesem Gebiet ging Frankreich voran. Mit der Société Anonyme und der Kommanditgesellschaft, deren Teilhaber nur bis zur Höhe ihrer Geldeinlagen hafteten, schuf das französische Julikönigtum die Voraussetzungen für den anfänglichen französischen (und belgischen) Vorsprung bei der Mechanisierung der Textilindustrie auf dem Kontinent. Nach der Überwindung der Gründerkrise von 1873 beteiligten sich die deutschen Banken stärker an der Gründung von Unternehmen und gewährten große Kredite. Ihre Vertreter zogen in die Verwaltungsräte der Aktiengesellschaften ein.

> s. ZEIT Aspekte
> Werner von Siemens
> S. 573

> **ZITAT**
>
> **Aus dem amtlichen Bericht über die Londoner Weltausstellung 1851:**
> *Der von F. Krupp in Essen angefertigte Gussstahl gehört zu den besten Erfolgen in der ganzen Ausstellung. Es ist dieser tätige Fabrikant der Erste, dem es gelungen ist, Gussstahl in solchen großen und durchaus gleichförmigen Stücken zu erzeugen, wie sie bis zu 4 300 Pfund schwer ausgestellt sind, ...*

August Borsig (1804–54) war Sohn eines Kürassiers und Zimmerpoliers. In einer Berliner Eisengießerei erwarb er Maschinenbaukenntnisse, bis er 1836 mit seinen Ersparnissen in Berlin das erste deutsche Werk für den Lokomotivenbau gründete. Schon um 1850 beschäftigte Borsig etwa 1 800 Arbeiter.

Besonders im allgemeinen wirtschaftlichen Aufschwung der 1890er-Jahre weiteten die Banken ihre Aktivitäten aus.

Erhöhter Kapitalbedarf und Gewinnbeteiligung –
Die kapitalgestützten Großunternehmen
Je aufwendiger und teurer die neuen Produktionstechniken in der Schwerindustrie, in der chemischen Industrie oder in der Elektroindustrie wurden, um so weniger war ein einzelner Unternehmer in diesen Bereichen in der Lage, das notwendige Kapital aufzubringen oder die Weiterentwicklung des Unternehmens mit Mitteln aus Gewinnen oder Rücklagen zu finanzieren. Mit der Verbreitung der Aktiengesellschaft trennten sich unternehmerische Leitungsfunktionen vom Besitztitel. Die Direktoren, Geschäftsführer oder die Vorstandsmitglieder der

Aktiengesellschaften waren nicht notwendigerweise Eigentümer oder Miteigentümer des Unternehmens, sondern technische, kaufmännische oder juristische Experten. Mit zunehmender Betriebsgröße spaltete sich die Unternehmerfunktion in viele Unterfunktionen auf.

In Frankreich war die kleine Gruppe des Wirtschafts- und Finanzbürgertums seit der Julirevolution von 1830 die einflussreichste Schicht. Sie setzte sich vor allem aus besonders aktiven protestantischen und jüdischen Gruppen, aber auch aus Angehörigen des in der Französischen Revolution enteigneten alten Adels sowie des napoleonischen Neuadels zusammen. Da die französische Wirtschaft seit Jahrhunderten staatlich geführt worden war, vertraute sich auch der französische Unternehmer in der Zeit der Hochindustrialisierung ganz der staatlichen Leitung an. Unter Napoleon III. setzte sich auch in Frankreich allmählich die mit größeren Gewinnmöglichkeiten verbundene Kapitalanlage in der Industrie gegenüber derjenigen in Grundbesitz durch, und so entstand allmählich eine neue Aristokratie aus Bankiers und Industriellen, aus deren Reihen in der Dritten Republik auch Minister hervorgingen.

Zum wirtschaftlichen Aufschwung leisteten die Brüder Jacob Émile und Isaac Péreire, Mitglieder der portugiesischen jüdischen Gemeinde Frankreichs, einen

> **ZITAT**
> **Alfred Krupp nennt die Voraussetzungen für den Unternehmenserfolg:**
> *So wie jede Verbindung, jede Körperschaft – von der kleinsten Familie bis zum größten Staat – zu ihrem Gedeihen der inneren Einigkeit und Treue bedarf, so ist Gleiches die Grundbedingung der dauernden Wohlfahrt eines gewerblichen Etablissements.*

Die Disziplinierung der Arbeiter war eine der Schwierigkeiten der frühen Industrialisierung. Eine Illustration des New Yorker »Practical Magazine« aus dem Jahr 1873 zeigt Zigarren drehende Arbeiter. Ein Vorleser sollte die Produktivität und die moralische Haltung steigern.

wesentlichen Beitrag. Sie waren beim Eisenbahnbau zu Reichtum und seit 1848 auch als Abgeordnete zu politischem Einfluss gelangt; 1852 gründeten sie verschiedene Banken, von denen besonders die Société Générale du Crédit Mobilier zu nennen ist. Die Gebrüder Péreire waren von den utopischen Ideen Claude Henri de Rouvroys, Graf von Saint-Simon, beeinflusst. Durch Nutzbarmachung der Rohstoffe der gesamten Erde wollten sie das Glück der Menschheit verwirklichen.

Der Crédit Mobilier diente als Holdinggesellschaft für eine ganze Reihe von Unternehmungen. Die Mittel der Bank wurden durch öffentlichen Verkauf von Schuldverschreibungen aufgebracht. Dem Publikum bot man ein einziges Wertpapier mit konstanten Zinsen an, wodurch das Risiko verteilt werden sollte. Die Gebrüder Péreire verschafften sich vier Milliarden Francs durch die Spareinlagen ihrer Kunden. Der Erfolg der ersten Geschäftsjahre war überwältigend. 1853 wurden vierzig Prozent Dividende ausgezahlt.

Zu den vom Crédit Mobilier kontrollierten französischen Unternehmungen gehörten zwei der insgesamt sechs großen Eisenbahngesellschaften, mehrere Gruben- und Hüttengesellschaften, die Compagnie des Omnibus de Paris und eine Immobiliengesellschaft. Die Gebrüder Péreire beteiligten sich darüber hinaus auch an ausländischen Unternehmungen. Der Crédit Mobilier spielte eine wichtige Rolle bei der Finanzierung des Eisenbahnbaus in Österreich-Ungarn, Russland sowie Spanien und

Alfred Krupp (Gemälde von Julius Grün, um 1880) ist einer der Gründerunternehmer der deutschen Industrie, der für seine Stammbelegschaft soziale Einrichtungen schuf.

> **INFOBOX**
> **Alfred Krupp**
> Alfred Krupp (1812–87) leitete seit 1826 die von seinem Vater 1811 gegründete Gussstahlfabrik und baute sie zur größten der Welt aus. Weltruf erlangte das Unternehmen mit der Herstellung von hochwertigem Tiegelgussstahl, der zu Walzen (seit 1830), Eisenbahnachsen (1848), nahtlosen Eisenbahnreifen (1853), Kanonen und Geschützrohren (1859) verarbeitet wurde. Das Bessemer-Verfahren führte der Krupp-Konzern 1862 als Erster auf dem europäischen Festland ein.
> Auch auf sozialpolitischem Gebiet war Alfred Krupp durch die Errichtung von neuartigen Wohlfahrtseinrichtungen richtungsweisend: 1836 Krankenkasse, 1855 Pensionskasse, seit 1861 Werkswohnungen, 1868 Konsumanstalt, 1872 Krankenhaus.

Die Villa Hügel in Essen war Wohnsitz und Repräsentationsgebäude der Familie Krupp von 1873 bis 1945. Die an klassizistische Schlossbauten anknüpfende Architektur zeugt vom Selbstbewusstsein und Anspruch der Erbauer.

wurde zum Vorbild für einen neuen, den Erfordernissen des Industriezeitalters angemessenen Bankentyp.

Die meisten der großen amerikanischen Unternehmer stammten aus England oder waren eingewanderte Iren oder Schotten. Aber auch französische Flüchtlinge fanden sich unter ihnen. An der Spitze der viel bewunderten und noch mehr bekämpften amerikanischen Industriekapitäne stand John D. Rockefeller. Er vereinigte schließlich Förderung, Transport und Handel von Erdöl in seiner Hand. Sein 1887 gegründeter Standard Oil Trust war die umstrittenste Monopolgesellschaft des 19. Jahrhunderts. Rockefeller dehnte seinen Einfluss von der Wirtschaft auf die Politik aus. Seine Machtposition stieß auf entschiedene Opposition in der amerikanischen Öffentlichkeit. Trotz zweimaliger Auflösung der Dachgesellschaften des Konzerns im Rahmen der Antitrustgesetzgebung konnte der Rockefeller-Trust 1913 sechzig Prozent und 1922 gar 400 Prozent Dividende verteilen.

Wie in Europa so erhielten auch in den USA die Banken immer größeren Einfluss auf die Wirtschaft. Der bedeutendste unter den Bankiers war John Pierpont Morgan. Er verfügte über Eisenbahn- und Schifffahrtsgesellschaften, kaufte die United States Steel Corporation auf

ZITAT

John D. Rockefeller über das Geldverdienen:
Lieber eine Stunde über Geld nachdenken, als eine Stunde für Geld arbeiten.

s. ZEIT Aspekte
John Pierpont Morgan
S. 580

und brachte viele Fusionen zustande. Die beiden gigantischen Wirtschaftskomplexe von Morgan und Rockefeller beherrschten im ersten Jahrzehnt des 20. Jahrhunderts weitgehend das Wirtschaftsleben der USA.

In Japan hatte der Staat bis ins 19. Jahrhundert alle Wirtschaftsmacht monopolisiert. Nur einige Lehnsherren, die über gute Verbindungen zum Hof verfügten, konnten sich erfolgreich als Unternehmer betätigen. Der Familie Mitsui gelang es, ein riesiges Industrieimperium aufzubauen. Die Mitsubishi standen ihnen darin kaum nach. Seit den 1880er-Jahren zog sich der japanische Staat stärker aus der Wirtschaft zurück. An die Stelle der Staatsmonopole traten nun Familienkonzerne. Nach Machtkämpfen kristallisierte sich eine Monopolstellung von drei Familienunternehmen, den Mitsui, Mitsubishi und Okura, heraus. Sie beherrschten alle Fabriken, Ban-

Die Zeichnung zeigt ein Mitglied des erfolgreichsten japanischen Familienunternehmens Mitsui, deren unternehmerische Tradition im 17. Jh. gründete. Zum Konglomerat gehörten um 1900 Banken, Handelshäuser und Bergwerke.

ken, Verkehrs- und Handelsunternehmen von Bedeutung. Als Staat im Staate lenkten sie auch die Politik.

Die japanischen Familienkonzerne waren wirtschaftlich und politisch ungleich mächtiger als die führenden Konzerne in der westlichen Welt – als die eines Rockefeller, Morgan oder Krupp zusammengenommen. Bedingt durch ihre adlige Herkunft, hatten diese Familien keine langwierigen und mühsamen Aufstiegs- und Konkurrenzkämpfe zu durchlaufen. Die autokratische Struktur der japanischen Gesellschaft ersparte ihnen darüber hinaus eine kritische öffentliche Meinung oder gar eine Antitrustgesetzgebung wie die in den USA.

In Russland waren es neben russischen Unternehmern baltische, britische, deutsche, französisch-hugenottische und skandinavische Unternehmer, die seit Mitte der 1880er-Jahre im Donezgebiet durch Gründung von Aktiengesellschaften mit insgesamt vierzig Prozent ausländischem Kapital in kurzer Zeit ein wichtiges Gebiet der Schwerindustrie aufbauten. Die größten Verdienste um die russische Industrialisierung, die um 1900 schneller verlief als in Westeuropa oder den USA, erwarb sich der russische Verkehrs- und Finanzminister Sergej Julewitsch Witte. Er förderte nicht nur den Eisenbahnbau, sondern verschaffte seinem Land den Anschluss an die westeuropäischen Kapitalzentren.

Hans-Werner Niemann

John Pierpont Morgan 1861, ein Jahr nach der Gründung seines sehr erfolgreichen Bankhauses.

Vor der Entfesselung ungeahnter Kräfte: Wissenschaft und Technik

Im Vergleich zu früheren Epochen der Menschheitsgeschichte nahm das Tempo des technischen Fortschritts zur Zeit der industriellen Revolution rasant zu. Noch bis in die zweite Hälfte des 19. Jahrhunderts wurde die technische Entwicklung entscheidend von den Erfindungen Einzelner und den manchmal unscheinbaren ständigen Verbesserungen von Praktikern in den Fabriken vorangetrieben, nicht selten auch von Außenseitern.

Seitdem schuf man verstärkt Einrichtungen, um Wissenschaft und Technik zu fördern und so Fortschritte in diesen Bereichen – auch mittels Systemforschung und »programmierter« Erfindung – bewusst herbeizuführen.

Der für die erste Weltausstellung in London 1851 von Joseph Paxton errichtete Kristallpalast wurde zum Symbol für einen freien Weltmarkt und für technischen Fortschritt (Stich von 1851).

Probleme der französischen Getränkeindustrie führten den Chemiker Louis Pasteur ab 1854 zur Untersuchung der alkoholischen Gärung. Dabei entdeckte er grundlegende Mechanismen der Mikrobiologie (Albert Edelfeld, »Louis Pasteur im Labor«, 1885; Paris, Musée d'Orsay).

Keimzelle einer nach wissenschaftlichen Gesichtspunkten betriebenen Technikforschung wurde die 1794 gegründete Pariser École polytechnique, nach deren Vorbild 1825 in Karlsruhe die erste polytechnische Hochschule eröffnet wurde.

Die Synthese von Wissenschaft und Industrie
Am deutlichsten wird die enge Verbindung von wissenschaftlicher Forschung und praktischer Umsetzung am Beispiel der chemischen Industrie. Die ersten chemischen Fabriken des 18. Jahrhunderts waren zunächst nichts anderes als Laboratorien im großen Maßstab gewesen, die Wissenschaft der Chemie war noch nicht so weit gediehen, dass sie der chemischen Industrie nennenswerte Hilfestellung hätte geben können. Unter diesen Umständen blieb die Herstellung großer Mengen von Chemikalien, wie sie in der sich rapide ausdehnenden Textilindustrie gebraucht wurden, eine Angelegenheit der praktischen Erfahrung.

Friedrich Wöhler gelang es 1828, einen organischen Stoff – den Harnstoff – aus anorganischen Stoffen herzustellen. Damit wurde es möglich, organische chemische Verbindungen auf synthetischem Wege zu gewinnen und die Natur zu manipulieren. Ähnliche Aussichten eröffneten Justus von Liebigs Arbeiten über die

Die Welt im Zeitalter des Nationalismus

Der britische Physiker und Chemiker Humphrey Davy (hier in einer zeitgenössischen Darstellung in seinem Labor) entwickelte die Sicherheitslampe für Untertage und entdeckte mehrere chemische Elemente sowie die Zerlegung anorganischer Stoffe durch elektrischen Strom.

pflanzlichen Wachstumsbedingungen, die eine Revolution in der Landwirtschaft bewirkten. Liebig schuf vor allem einen ganz neuen Stil wissenschaftlichen Arbeitens. Das Chemielaboratorium, das er 1824 an der Universität Gießen einrichtete, wurde zu einer international renommierten Ausbildungsstätte. Manche seiner Schüler wurden selbst Professoren, andere gingen in die Wirtschaft.

August Wilhelm Hoffmann, ein Assistent Liebigs, prägte mit seinen Arbeiten die Entwicklung der großindustriellen Herstellung synthetischer Farben ganz entscheidend. Einer seiner Schüler, William Henry Perkin, stellte 1856 den ersten künstlichen Farbstoff, das Mauvein, her. Allerdings war das Interesse der britischen Textilbetriebe und infolgedessen auch der chemischen Werke an den neuen Farben gering, weil Großbritannien natürliche pflanzliche Farbstoffe zu günstigen Preisen aus seinen Kolonien beziehen konnte. In Deutschland stieß die Herstellung synthetischer Farbstoffe dagegen auf weit größeres Interesse.

Um in dem sich verschärfenden Wettbewerb auf dem internationalen Markt mithalten zu können, gingen immer mehr der neu entstandenen chemischen Firmen dazu über, selbst einen Stab ausgebildeter Chemiker anzustellen. Hier lag die Keimzelle der industriellen Forschung, die im Gegensatz zur Universitätsforschung stärker auf praktische Ergebnisse ausgerichtet war. Besonders die deutsche chemische Industrie betrieb ihre eigene Forschung und begründete damit ihre internationale Spitzenstellung. Die Fortschritte in der Teerforschung ermöglichten es, fast alle Bestandteile des in den Kokereien anfallenden Teers nutzbringend zu verwenden. Heute werden aus Kohleteer Tausende von Produkten wie Farben, synthetische Fasern, fotochemische Produkte, Holzschutzmittel, Drogen, Schmerzmittel (Aspirin) und unzählige Kunststoffe hergestellt.

Ergebnisse systematischer Forschung waren auch die chemischen Großsynthesen. 1909 gelang es Fritz Hofmann von den Bayer-Werken, aus Isopren synthetischen Kautschuk herzustellen. Seine Forschungsergebnisse dienten als Grundlage der deutschen Bunafabrikation im Ersten Weltkrieg. 1908 war dem Chemiker Fritz Haber die direkte Vereinigung von Stickstoff und Wasserstoff zu Ammoniak gelungen. Der im Haber-Bosch-Verfahren billig gewonnene Ammoniak sicherte als Ausgangssubstanz für die Synthese von Stickstoffdünger im Ersten

Die wissenschaftliche Forschung verlagerte sich im 19. Jh. zunehmend in die großen Betriebe selbst. Dennoch wurden bahnbrechende Erfindungen auch in staatlichen Einrichtungen gemacht (»Michael Faraday in seinem Laboratorium der Royal Institution zu London«, zeitgenössischer Holzstich).

Die 1855 entwickelte Bessemeranlage ermöglichte die Herstellung großer Mengen von Stahl aus siliziumreichem Roheisen. Das flüssige Roheisen wird in einen kippbaren, mit saurem Material ausgekleideten Behälter gefüllt. Eingepresste Luft lässt Bestandteile der Schmelze oxidieren.

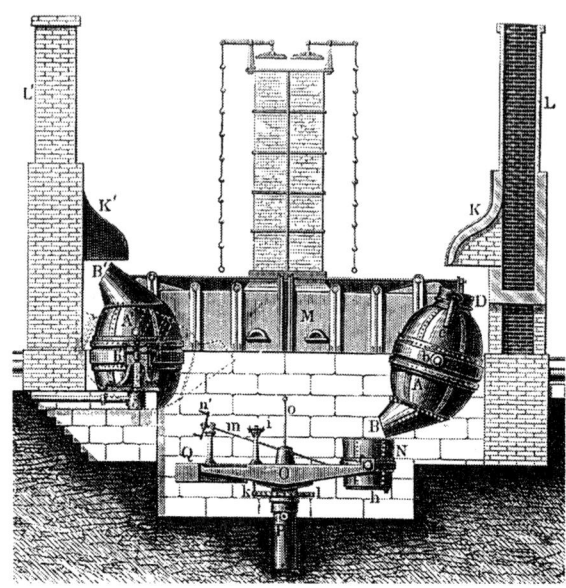

Weltkrieg die Stickstoffversorgung der Landwirtschaft, sodass auf die Einfuhr von Chilesalpeter und Guano verzichtet werden konnte.

Systematische Forschung spielte auch in der Elektroindustrie und der Nachrichtentechnik seit dem ausgehenden 19. Jahrhundert eine immer größere Rolle. Je mehr sich die internationale Konkurrenz durch das Auftreten neuer Industriestaaten verschärfte, desto größere Summen investierten Privatunternehmen und Regierungen in die naturwissenschaftlich-technische Forschung.

Die Rolle des Staates

Um die Mitte des 19. Jahrhunderts hatte Großbritannien als Mutterland der industriellen Revolution gegenüber allen anderen Nationen einen großen technischen Vorsprung. Die neuen zukunftsträchtigen Industrien aber wuchsen entweder gar nicht oder sehr langsam, da in Großbritannien keine ausreichenden Anstrengungen zur Entwicklung angewandter Forschung vorgenommen wurden. 1872 gab es in Cambridge nur zwölf Personen, die Naturwissenschaften hörten. Die meisten von ihnen wollten Ärzte werden. Je bedeutender die Rolle von Bildung und Wissenschaft für die wirtschaftliche Entwicklung wurde, um so nachteiliger wirkte sich aus, dass sich der britische Staat zu lange aus der Förderung des Erziehungswesens herausgehalten hatte. In Deutschland dagegen gab es ein effizientes einheitliches System staatlicher Erziehung von der Volksschule bis zur Universität.

Der Erste Weltkrieg führte weltweit zu einer Intensivierung industrieller Forschung. Für die Krieg führenden, aber auch für die neutralen Staaten war sie zu einer Überlebensfrage geworden, da viele herkömmliche Handelsrouten blockiert und viele Rohstoffe nicht mehr zugänglich waren. Die deutsche Regierung beauftragte in dieser Situation ihre Wissenschaftler, Ersatzprodukte für Gummi, Chilesalpeter und Erdöl zu finden. Aber auch in Frankreich, Großbritannien, Japan und anderen Ländern wurde die Forschung straffer organisiert und direkt vom Staat unterstützt.

Stahl, Elektromotor und Verbrennungsmaschine
Ungeachtet der zunehmenden Bedeutung der Wissenschaft kamen auch in der zweiten Hälfte des 19. Jahrhunderts wesentliche technische Innovationen immer noch aus der Praxis. Dies gilt zum Beispiel für grundlegende Verbesserungen der Stahlerzeugung. Der Bau der Eisenbahnlinien, der Schiffbau und der Brückenbau weckten

ZITAT
In seinem Buch »Emil Rathenau und das Werden der Großwirtschaft« von 1916 beschreibt A. Rieder den Glauben an die Technik:
Alles Wesentliche wird Ingenieurarbeit: die vorbereitende Forschung, die Entdeckungen, die Neugestaltungen, die Patentverarbeitung, die allgemeinen Pläne, die Konstruktionen, welche den vielseitigen, neuen wechselseitigen Bedürfnissen und technischen Möglichkeiten folgen müssen, ...

INFOBOX
Begründer der Agrikulturchemie
Justus von Liebig (1803–73), der u. a. an der École polytechnique in Paris studiert hatte, wurde 1824 als außerordentlicher Professor der Philosophie an der Landesuniversität in Gießen eingestellt und ein Jahr später zum ordentlichen Professor für Chemie ernannt. 1852 nahm er einen Ruf an die Universität München an.

In den 1830er-Jahren beschäftigte sich Liebig zunehmend mit Fragen des pflanzlichen und tierischen Stoffwechsels. Das von ihm formulierte Minimumgesetz besagt, dass derjenige Stoff die Geschwindigkeit des Wachstums und die Größe des Ertrages bei Kulturpflanzen bedingt, der von allen notwendigen in geringster aufnehmbarer Menge vorhanden ist. Daraus leitete er die Forderung ab, der Boden müsse mittels künstlichem Dünger wieder erhalten, was ihm genommen wurde. Diese Erkenntnisse revolutionierten die Landwirtschaft: Die wissenschaftliche Agrikulturchemie sowie die Kunstdüngerwirtschaft entstanden und ermöglichten eine ungeahnte Steigerung der landwirtschaftlichen Erträge.

ebenso wie die Rüstungstechnik im Zeitalter der weltweit miteinander rivalisierenden Nationalstaaten einen enormen Bedarf an gutem und billigem Stahl.

Eine Ausweitung der Stahlproduktion wurde ermöglicht durch die Entdeckung des Konverters, eines mit feuerfesten Steinen ausgekleideten, birnenförmigen Metallgefäßes. Henry Bessemer löste 1855 damit das Problem, Stahl aus Roheisen in großem Maßstab herzustellen. Die Vettern Sidney Gilchrist Thomas und Percy Carlyle Gilchrist entwickelten das Bessemerverfahren entscheidend weiter. Der Bessemerprozess und das von Siemens weiterentwickelte Martinverfahren beschleunigten den Aufbau großer Stahlindustrien in Lothringen, an der Saar und an der Ruhr.

In Deutschland wuchs die Roheisenproduktion zwischen 1871 und 1913 von 1,4 auf 31,4 Millionen Tonnen, in Großbritannien von sechs Millionen Tonnen auf zehn, in den USA von 1,6 auf 31,4 Millionen Tonnen. Die sehr viel langsamere Ausdehnung der Eisenproduktion Großbritanniens, das in der ersten Hälfte des 19. Jahrhunderts die führende Rolle in der Welt gespielt hatte, ist zum Teil mit eben dieser Vorreiterrolle zu erklären: Die britische Eisenindustrie hatte umfangreiche Investitionen in Anlagen vorgenommen, die nun veraltet waren.

Die Nutzung der Elektrizität leitete eine neue Phase der industriellen Entwicklung ein. Dem Briten Michael Faraday war bereits 1832 das Prinzip des Generators, der mechanische Energie in elektrische verwandelt, bekannt. Seine erste praktische Anwendung fand der elektrische (Schwach-)Strom seit 1840 in der Telegraphie. 1866 gelang Werner Siemens die Konstruktion einer Dynamomaschine, die mechanische Arbeit in elektrischen Strom umwandelte. Es eröffnete sich nun eine völlig neue Perspektive der Krafterzeugung, deren Bedeutung ebenso revolutionär war wie die Entwicklung der Dampfmaschine vor mehr als hundert Jahren.

Seit 1873 stand der Elektromotor – seiner Funktion nach eine Umkehrung des Generators – zur Verfügung und fand 1879 seine Anwendung als Antriebsmittel der elektrischen Straßenbahn in Berlin. Der Elektromotor war eine vielseitig einsetzbare, dezentrale und auch für den Handwerksbetrieb erschwingliche Antriebs- und Arbeitsmaschine.

Der englische Physiker und Chemiker Michael Faraday, ein Schüler von Humphrey Davy, brachte die Entwicklung der Elektrotechnik entscheidend voran, entwickelte rostfreie Stahllegierungen und die Gasverflüssigung durch Druck (Stahlstich, um 1860).

Nachdem Oskar von Miller den Transformator erfunden und damit das Problem der Spannungsumwandlung gelöst hatte und es Marcel Deprez gelungen war, Elektrizität mithilfe von Hochspannungsleitungen ohne große Stromverluste zu übertragen, konnte die Elektrizität in großem Stil zur Beleuchtung, zur Fernübertragung von Energie und zur Elektrifizierung von Verkehr und Industrie verwendet werden. In der Erzeugung von elektrischem Strom war Deutschland um die Jahrhundertwende führend. Die deutsche Elektroindustrie lieferte 1913 dreißig Prozent der Weltproduktion an elektrotechnischen Erzeugnissen.

Der Durchbruch der Elektrizität datiert in Europa in die 1890er-Jahre. Die Elektroindustrie trat in eine Periode rasanter Expansion ein. Der Elektromotor fand Verbreitung, die Elektrizität wurde zunehmend in der Großchemie eingesetzt, und man baute immer neue Kraftwerke, die man zu größeren Einheiten zusammenfasste, um sie rentabler zu machen.

Die Entwicklung der Verbrennungsmaschine als Alternative zur Dampfmaschine wurde zunächst von sozi-

Werner von Siemens erfand 1866 eine Dynamomaschine, die mechanische Arbeit in elektrische Energie umwandelte.

Der Verbrennungsmotor hatte seinen Durchbruch mit der Steigerung der weltweiten Erdölproduktion – Motorrad mit Benzinmotor von Gottlieb Daimler und Wilhelm Maybach (1885).

alpolitischen Überlegungen vorangetrieben. In der Konstruktion einer kleineren und billigeren Kraftmaschine sah man die Möglichkeit, dem Handwerker und kleinen Gewerbetreibenden, die durch die Industrialisierung und den Großbetrieb in Bedrängnis geraten waren, wirtschaftlich zu helfen und damit den Mittelstand zu stabilisieren. 1863 baute Jean Joseph Étienne Lenoir den ersten betriebsfähigen Gasmotor.

Der Durchbruch des Verbrennungsmotors aber kam erst, als mit dem Petroleum ein billiger Treibstoff zur Verfügung stand. Angeregt von Lenoirs Maschine baute Nikolaus Otto seinen wegweisenden Viertaktmotor, der jedoch zunächst noch ortsfest und an eine Gasleitung angeschlossen war. Gottlieb Wilhelm Daimler entwickelte diesen Motor durch Verwendung eines Benzin-Luft-Gemisches anstelle des Gases und eines elektrischen Zündsystems so weiter, dass er für den Einsatz in Kraftwagen tauglich wurde.

1859 hatte man im Nordwesten Pennsylvanias mit Erdölbohrungen begonnen, die den Beginn einer neuen gigantischen Industrie markierten. 1871 wurden 150 Millionen Barrels nach Europa, Asien und Südamerika exportiert. Die Erdölproduktion der Welt wuchs von knapp

s. ZEIT Aspekte
Henry Ford S. 589

100 000 Tonnen 1860 auf 20,6 Millionen im Jahr 1900 an. Nach der Jahrhundertwende erfolgte, bedingt durch die zunehmende Verbreitung des Automobils, ein weiterer rasanter Anstieg.

Die europäische Autoindustrie hatte noch lange einen deutlichen technischen Vorsprung gegenüber den USA, wo man ab 1903 mit der Massenmotorisierung begann. In Europa dagegen blieb das Auto noch lange ein ausgesprochenes Luxusprodukt für exklusive Gesellschaftskreise. Zu Anfang des 20. Jahrhunderts musste man beim Kauf eines solchen Prestigeobjektes den Gegenwert eines Einfamilienhauses bezahlen.

Massenproduktion in Großserien
Die industrielle Massenproduktion nahm ihren Ausgang von den USA. Günstige Marktchancen und Absatzmöglichkeiten regten dazu an, Massenprodukte aus genormten, typisierten und daher austauschbaren Teilen herzustellen. Auf diese Weise wurden in den USA zunächst Teile von Gewehrschlössern, dann auch Landmaschinen, Nähmaschinen, Schreibmaschinen und Fahrräder gefertigt. Die Massenproduktion in Großserien war ein erster Schritt auf dem Wege zur Rationalisierung. Mit diesem Begriff könnte man das Streben bezeichnen, durch technische oder organisatorische Verbesserungen die Leistung eines Betriebes zu erhöhen, die Kosten zu senken und damit die Produktivität und Wettbewerbsfähigkeit zu steigern.

Der erhöhte Kapitaleinsatz führte zur Bildung großer Betriebseinheiten, die sich gegen das Kapitalrisiko durch Zusammenschlüsse in Kartellen, Syndikaten oder Trusts absicherten und bestrebt sein mussten, den Markt zu beherrschen. Henry Ford führte 1913 das Fließbandsystem in die Serienherstellung seiner Automobile ein. Das Fließband zwang den Arbeiter, einem vorgegebenen Arbeitstempo zu folgen und zerlegte den Herstellungsprozess in zahlreiche, immer gleichbleibende Einzeltätigkeiten. Der Arbeitsfluss wurde beschleunigt und verlief kontinuierlich. Die Arbeit des Einzelnen konnte stärker kontrolliert werden. Das Ausbildungsniveau der angelernten und ungelernten Arbeiter wurde nahezu bedeutungslos.

Die Tätigkeit am Fließband wurde oft als monoton, physisch und psychisch zermürbend empfunden. Gleich-

Ein Hausmädchen demonstriert die »Entstäubungspumpe«, einen Staubsauger aus dem Jahre 1906, entstanden aus der »Siemens-Elmo-Luftpumpe«. Findige Ingenieure entwickelten laufend neuartige Produkte für den Haushalt, etwa die »Heißluftdusche« und den »Kraftwascher« – Föhn und Waschmaschine.

Die Welt im Zeitalter des Nationalismus

Der Ford-Konzern führte als einer der Ersten das Fließband im Automobilbau ein und konnte so die Fertigung erheblich verbilligen – hier bei der Montage des Modells T, der legendären »Tin Lizzy«.

zeitig aber ermöglichte das Fließband niedrigere Verkaufspreise. Fords legendäres Modell T konnte sich so immer größere Märkte erschließen, und Ford war in der Lage, seinen Arbeitern für die damalige Zeit hohe Löhne zu zahlen. Nach dem Ersten Weltkrieg fand die Fließbandarbeit auch in Europa Verbreitung. Durch das Auftreten neuer Industriemächte hatten sich die internationalen Märkte verengt. Das Welthandelsvolumen stagnierte, und die Gewinne sanken, sodass die Unternehmen verstärkt Rationalisierungsmaßnahmen ergriffen, um international wettbewerbsfähig zu bleiben.

Blickt man auf die technische und wissenschaftliche Entwicklung im 19. Jahrhundert zurück, so erscheint zunächst das damit erreichte Produktionswachstum je Einwohner von durchschnittlich einem bis 1,5 Prozent pro Jahr als eher bescheiden. Es gilt aber zu bedenken, dass sich die Bevölkerung der Industriestaaten in diesem Jahrhundert in einem nie zuvor dagewesenen Ausmaß vermehrt hatte. Sie konnte nur dank der gewaltigen Fortschritte im Bereich von Wirtschaft, Technik und Wissenschaft überleben.

Hans-Werner Niemann

Eine »Rakete« heizt ein: Der Eisenbahnbau

Eine industrielle Massenproduktion und eine Ausweitung des Handels wären ohne eine völlig neue Qualität und Dimension des Transport- und Verkehrswesens, dessen Leistungsfähigkeit seit Jahrhunderten nahezu unverändert geblieben war, nicht möglich gewesen. Die erste öffentliche Dampfeisenbahnlinie war in Großbritannien zwar schon 1825 zwischen Stockton-on-Tees und Darlington eingerichtet worden, aber sie blieb zunächst dem Güterverkehr vorbehalten, und größere Steigungen mussten noch mithilfe stationärer Dampfmaschinen überwunden werden; der Personenverkehr dagegen wurde hier bis 1833 noch ausschließlich mit von Pferden gezogenen Waggons bewältigt.

Der Durchbruch der Eisenbahn als Transportmittel für Güter und Personen ist mit dem Namen George Stephensons verbunden. Als Bremser, Dampfmaschinenwärter und Aufseher in den Kohlebergwerken von Killingworth war er mit den Problemen der Dampfmaschine und der damaligen Entwicklung der Eisenbahn bestens vertraut. Als es darum ging, mit den Städten Liverpool und Manchester zwei der wichtigsten Schwerpunkte des britischen Handels miteinander zu verbinden und dafür die beste technische Lösung zu finden, war Stephenson der Einzige, der für einen Lokomotivbetrieb eintrat.

Allgemein galt die Pferdeeisenbahn bis dahin als die sicherste Betriebsform. Renommierte Ingenieure traten nun dafür ein, die Strecke in zehn Teile von je 2,4 Kilometer Länge einzuteilen und insgesamt 21 ortsfeste Dampfmaschinen zu installieren. Nur so sei eine vollständige Betriebssicherheit erreichbar. Stephenson aber behauptete, er könne eine Lokomotive bauen, die zwanzig Meilen (etwa 32 Kilometer) in der Stunde zurücklegen könne. Die Zeitschrift »Quarterly Review« mokierte sich: »Was kann wohl handgreiflich lächerlicher und alberner sein, als das Versprechen, eine Lokomotive für die doppelte Geschwindigkeit der Postkutsche zu bauen!«

Auf Betreiben Stephensons schrieb die Eisenbahngesellschaft Liverpool–Manchester schließlich einen Wettbewerb für Lokomotiven aus, der die Aufmerksamkeit der ganzen Welt auf sich zog, handelte es sich doch hier

ZITAT

Als Antwort auf George Stephensons Behauptung, er könne eine 32 km/h schnelle Lokomotive bauen, schrieb der »Quarterly Review« 1829:
Selbst wenn man allen Versicherungen Glauben schenken wollte, könnte man doch eher annehmen, dass die Einwohner von Woolwich sich auf einer congreveschen Rakete abfeuern ließen, als dass sie sich einer so schnell fahrenden Maschine anvertrauten.

> **ZITAT**
> **Auf der 25-Jahr-Feier der Firma August Borsig, die die ersten Lokomotiven in Deutschland baute, sagte Albert Borsig 1862:**
> *Die Lokomotive ist der feurige Vorläufer der Freiheit und Einheit in allen Ländern,... sie saust über alle Vorurteile, Zopfwesen, Kleinstaaterei, Passschererei schon jetzt in Deutschland lustig hinweg – möge sie die Deutschen zu einer einigen Nation, ihre Industrie zur Großmacht gestalten...*

um die erste Eisenbahnlinie außerhalb des engeren Bereichs des Bergbaus. Das Wettrennen fand am 6. Oktober 1829 bei Rainhill auf einem bereits fertig gestellten, vollkommen ebenen Teilstück der Strecke Liverpool–Manchester von über drei Kilometer Länge statt, die die am Wettbewerb teilnehmenden Lokomotiven zwanzigmal durchlaufen sollten.

Vor einer großen Zuschauerschar, zu der auch Fachleute aus Amerika gehörten, gewann die von Georg Stephensons Sohn Robert gebaute »Rocket« mit einer Durchschnittsgeschwindigkeit von 24 Stundenkilometern und Höchstgeschwindigkeit von um die fünfzig Stundenkilometern das Rennen. Diese für damalige Verhältnisse sensationelle Geschwindigkeit wurde durch die Verwendung eines neuartigen Kessels mit zahlreichen dünnen Heizrohren ermöglicht, der eine höhere Heizleistung auf engem Raum erreichte. Der Kolben des Dampfzylinders war außerdem unmittelbar mit den Rädern verbunden, während man bis dahin häufig Zahnräder zur Kraftübertragung verwendet hatte.

Auf der am 15. September 1830 eröffneten Strecke Liverpool–Manchester wurden nun erstmals sowohl im Personen- als auch im Güterverkehr ausschließlich Dampflokomotiven eingesetzt. Damit trat die Eisenbahn von Großbritannien aus, wo das Kanalsystem schon bald nicht mehr in der Lage war, das gewaltig anschwellende Transportvolumen zu bewältigen, ihren Siegeszug um die

Die erste Schienendampflokomotive, von dem Engländer Richard Trevithick 1803/04 gebaut, konnte bis zu 10 Waggons mit einer Geschwindigkeit von ca. 8 km/h ziehen. Dennoch war sie kein Erfolg, da sie zu schwer für die für Pferdewagen konzipierten gusseisernen Schienen war.

Welt an: Wie das Kanalsystem ermöglichte sie einen billigeren Transport von großvolumigen Massengütern. Daneben sorgte sie für die schnelle Beförderung von Spezialfrachten wie Warenproben oder Post und verbesserte auf diese Weise die für die Entstehung eines großen Marktes unerlässlichen Kontakte. Auch das Tempo des Verkehrs wurde revolutioniert: Das neue Verkehrsmittel übertraf die bisherigen Tagesstreckenleistungen von Pferd und Wagen oder Dampfschiff bei weitem.

Die Eisenbahn stellte nicht nur einen ersten Höhepunkt der technisch-industriellen Revolution dar, sondern der Eisenbahnbau selbst wurde zu einem Leitsektor für die weitere Industrialisierung. Der Bau der Eisenbahnnetze setzte eine enorme Nachfrage nach Erzeugnissen der Bergbau-, Metall- und Maschinenindustrie frei: Ein einziger Schienenkilometer verschlang 200 Tonnen Eisen. Der Bedarf an Schienenmaterial, an Waggons und Lokomotiven führte wiederum zur Errichtung moderner Puddel- und Walzwerke und erhöhte die Nachfrage nach Steinkohle. Der Bau von Lokomotiven regte den gesamten Maschinenbau an.

George Stephenson (1781–1848) brachte der Eisenbahn den technischen und wirtschaftlichen Durchbruch.

Steigende Eisenbahninvestitionen hatten somit stets einen Konjunkturaufschwung in der Schwerindustrie zur Folge. Man hat sogar nachgewiesen, dass die gesamte Konjunktur in Deutschland im Zeitraum von 1840 bis 1880 von den Investitionen in den Eisenbahnbau abhängig war, der in den Jahren 1850 bis 1890 die Hälfte der gesamten deutschen Eisenproduktion beanspruchte.

Die starke Verbilligung des Gütertransports hatte wegen damit einhergehender Preissenkungen eine Anhebung der Massenkaufkraft zur Folge. Durch die erhöhte Nachfrage wurde wiederum die Massenproduktion angeregt und deren überregionaler Absatz ermöglicht. Dadurch dass nun in einem vergrößerten Markt Ernteerträge und Bodenschätze mithilfe der Eisenbahn überall verfügbar wurden, konnten an neuen Orten Fabriken angesiedelt werden und sich neue industrielle Ballungsräume bilden, was wiederum die Entstehung großer städtischer Ballungszentren förderte. Die Verbilligung der Transportkosten hatte zudem eine starke Ausweitung des volkswirtschaftlichen Transportvolumens zur Folge.

Die Verkehrsdienstleistungen wuchsen in Deutschland zwischen 1852 und 1913 fast dreimal so schnell wie

> **ZITAT**
>
> **Der Unternehmer Friedrich Harkort über die Bedeutung der Eisenbahn:**
> *... Man verbinde Elberfeld, Köln und Duisburg mit Bremen oder Emden, und Hollands Zölle sind nicht mehr. Die Rheinisch-Westindische Compagnie darf Elberfeld als einen Hafen betrachten, sobald der Zentner für 10 Silbergroschen binnen zwei Tagen an Bord des Seeschiffes in Bremen zu legen ist. Zu diesem Preise ist es für die Holländer unmöglich, ... die Güter zu übernehmen.*

Die von George Stephenson und seinem Sohn Robert 1829 gebaute »Rocket« war die Urform aller Dampflokomotiven.

das Sozialprodukt, während die Preise im Güterverkehr von 1840 bis 1913 auf ein Viertel sanken. Die Eisenbahn wurde damit zum entscheidenden Wachstumsfaktor von der Mitte der 1830er- bis in die 1870er-Jahre, der eine Fülle von direkten und indirekten Wachstumsimpulsen auslöste.

Schienen verbinden – Der Aufbau nationaler Eisenbahnnetze

Der erste regelrechte Eisenbahnboom setzte in Großbritannien um 1840 ein. Im Zeitraum von 1832 bis 1841 verdreifachte sich – nicht zuletzt durch die Nachfrage der Eisenbahnen – die britische Gesamtproduktion von Gusseisen. 1846–48 wurden fünf bis sieben Prozent des gesamten Nationaleinkommens und damit die Hälfte aller Investitionen für den Bau von Eisenbahnen verwandt. Um 1850 gab es in Großbritannien bereits ein Eisenbahnnetz von 8 045 Kilometern Gesamtlänge. Die erzielten Geschwindigkeiten auf den großen Hauptlinien zwischen London, Liverpool, York, Bristol und der Südküste betrugen damals zwischen rund fünfzig und 64 Stundenkilometern.

Auch andere Staaten erkannten sehr bald die große wirtschaftliche Bedeutung der Eisenbahn. Der Bau von Eisenbahnen wurde deshalb auf dem Kontinent von den Ländern, die ihren wirtschaftlichen Rückstand gegenüber Großbritannien aufholen wollten, bewusst gefördert.

Die erste deutsche Eisenbahnlinie zwischen Nürnberg und Fürth wurde 1835 eröffnet. Wirtschaftlich bedeutend war erst die rund 115 Kilometer lange Strecke zwischen Leipzig und Dresden, die das sächsische Industriegebiet mit der Elbe verband. Mit der Fertigstellung der Elbbrücken 1848 entstand zudem eine wirtschaftlich sehr wichtige Verbindung vom Ruhrgebiet nach Berlin. Damit wurde die Eisenbahn auch zu einem wesentlichen Faktor der nationalen Einigung.

Außer in Großbritannien und im wirtschaftlich ebenfalls fortschrittlichen Belgien gab es um 1850 in Europa noch kein zusammenhängendes Bahnnetz. Es bestand nur die Verbindung Paris–Brüssel–Köln–Berlin–Krakau mit Abzweigungen nach Hamburg, Kiel, Stettin, München, Wien und Prag.

Die Welt im Zeitalter des Nationalismus

Der Eisenbahnbau belebte u. a. Stahlindustrie und Baugewerbe. 1846–50 erbauten Robert Stephenson und William Fairbairn die Eisenbahnbrücke »Britannia Tubular Bridge« über die Meerenge zwischen Wales und der Insel Anglesey (Foto von 1870).

Frankreich und Italien hinkten damals noch weit hinterher. Italien besaß 1860 erst ein Streckennetz von 1 750 Kilometern. Das französische Netz besaß um 1850 eine Länge von 3 000 Kilometern, bestand aber im Wesentlichen aus Stichbahnen, die von Paris aus ins Land gingen und lediglich nach Belgien einen Anschluss hatten. Mit dem finanziellen Engagement der 1852 gegründeten Bank Crédit Mobilier begann dann die allmähliche Beseitigung der technischen und personellen Vorherrschaft der Briten im französischen Eisenbahnbau.

Unter Napoleon III., der mit seiner Politik die Industrialisierung vorantreiben und die Arbeiterschaft für sich gewinnen wollte, wurde der Ausbau der Eisenbahnen in Frankreich beschleunigt. Seit 1852 wurden die Linien Paris–Orléans, Paris–Lyon–Mittelmeer, die Nord-, die Ost- und die Westbahn gebaut. 1870 waren die Hauptstrecken mit einer Länge von 17 500 Kilometern fertig gestellt. Nach Deutschland bestand eine Verbindung über Straßburg–Kehl, durch den Mont-Cenis-Tunnel seit 1871 auch eine solche nach Norditalien.

In Frankreich brachten einige große Finanzgruppen das Eisenbahnnetz in ihre Hände: Das Bankhaus

Rothschild kontrollierte 1855 die Compagnie du Nord, die Compagnie du Paris–Orléans, die Compagnie du Lyon–Méditerranée und die Compagnie du Lyon–Genève; der Crédit Mobilier der Brüder Péreire die Compagnie du Midi, die Compagnie de l'Ouest und die Compagnie de l'Est. Beide Finanzgruppen bekämpften sich auch in Mitteleuropa und im Mittelmeerraum erbarmungslos.

In Deutschland waren die Hauptstrecken bis 1870 fertig gestellt. Zunächst waren die Strecken überwiegend durch private Gesellschaften errichtet worden. Reichskanzler Bismarck betrieb eine forcierte Verstaatlichungspolitik, um das Streckennetz zu vereinfachen, den Fahrbetrieb zu koordinieren, die Eisenbahn jederzeit für Truppentransporte nutzen zu können und vor Streiks immun zu sein. Mit der Verfügung über die Eisenbahn hatte der Staat zudem auch ein wirtschaftspolitisch sehr wichtiges Instrument in der Hand.

In den USA setzte ab 1828/30 ein lebhaftes Interesse für den Eisenbahnbau ein. Genau wie die ersten Kanäle

Der Eisenbahnbau wurde um die Mitte des 19. Jh. zum entscheidenden Wachstumsfaktor. Der Ausbau des Streckennetzes im Deutschen Reich – über die Grenzen der Kleinstaaten hinweg – förderte auch die nationale Einigung.

wurden auch die ersten Eisenbahnen in Amerika als Verbindungen natürlicher Wasserstraßen untereinander gebaut, ehe man ihren eigenen Wert erkannte. Seit 1862 erhielten die Eisenbahngesellschaften westlich des Mississippi große Landsubventionen und erschlossen auf diese Weise den riesigen Siedlungsraum.

Die Entstehung des nordamerikanischen Eisenbahnnetzes gehört wie die Entwicklung der Viehzucht im Westen, der Kühleinrichtungen für den Fleischtransport und die Entstehung von Fleischkonservenfabriken neben der Entwicklung der Erdöl- und der Stahlindustrie zu den großartigsten Beispielen für das rasante Wirtschaftswachstum der USA. Die mit britischem Kapital gebauten Eisenbahnlinien erschlossen den amerikanischen Weizengürtel und die Rinder- und Schweinezuchtgebiete im Hinterland Chicagos für den Weltmarkt, vor allem aber für den britischen Markt.

Die Eisenbahnen hatten 1860 ein Schienennetz von 49 292 Kilometern, 1880 von 150 712 und 1890 von 165 000 Kilometern, das im Besitz einiger weniger Ge-

Mit der Eisenbahn wurden zuvor unvorstellbare Geschwindigkeiten erreicht, die den Menschen neue Erfahrungen ermöglichten und auch die künstlerische Wahrnehmung beeinflussten (William Turner, »Regen, Dampf, Geschwindigkeit – Die große Westeisenbahn«, 1844; London, National Gallery).

sellschaften von »Eisenbahnkönigen« war. Große Bedeutung hatten die den Kontinent durchquerenden Linien: 1867/69 bauten die Union Pacific Railroad und die Central Pacific Railroad die ersten dieser transkontinentalen Linien.

Russland begann in den 1860er- und 1870er-Jahren mit einem verstärkten staatlichen Eisenbahnbau im Rahmen einer allgemeinen Industrialisierungspolitik. Als der ehemalige Stationsvorsteher der Südwestbahn Sergej Juljewitsch Witte 1892 zum Finanzminister aufgestiegen war, beschleunigte er den Eisenbahnbau mithilfe von Auslandskapital so sehr, dass dieser schneller wuchs als der westeuropäische. 1896 gewann die 1891 begonnene Transsibirische Eisenbahn Anschluss an die Ostchinesische Eisenbahn. Der Eisenbahnbau förderte die Industrialisierung des Donezbeckens. 1900 war Russland mit sieben Prozent an der Weltroheisenerzeugung beteiligt.

Schon sehr früh wurden in London die Möglichkeiten der Eisenbahn im städtischen Verkehr erkannt – die Londoner U-Bahn-Station Baker Street in einer Lithographie von 1868 (Ausschnitt; London, Science Museum).

Eisenbahn und Weltwirtschaft
Mit den Eisenbahnen setzten sich auch neue Methoden der Industriefinanzierung durch, da sie die Kapitalkraft eines einzelnen Unternehmers überstiegen. Aktiengesellschaften sammelten nunmehr breit gestreutes Kapital. Auf diese Weise kam es bereits im Vormärz, also den 1840er-Jahren, zu jener »Initialzündung, die über den Eisenbahnbau die Kapitalinvestitionen und die Schwerindustrie zusammenführte und damit die Entstehung einer modernen Industriegesellschaft anbahnte« (Reinhart Koselleck).

Für die britische Wirtschaft stellte die Eisenbahn einen wichtigen Exportartikel dar. Mehr als vierzig Prozent allen bis zum Ersten Weltkrieg investierten britischen Kapitals floss in den Bau von Eisenbahnen in anderen Ländern wie zum Beispiel in Kanada, Argentinien und den USA. Mit der Zeit aber entstanden in nachrückenden Industrieländern eigene Industrien, die mit der britischen in Wettbewerb traten. Die mit britischem Kapital finanzierten Eisenbahnen im Ausland, insbesondere diejenigen in den USA, ermöglichten erst den Transport riesiger Mengen von Rohstoffen und Nahrungsmitteln, die das Industrieland Großbritannien benötigte.

In Frankreich mehrte James Rothschild sein Vermögen mit Industriefinanzierungen, insbesondere im Eisenbahnbau. 1837 finanzierte er mit der Strecke Paris–St. Germain die erste französische Eisenbahnlinie.

Ende der 1850er-Jahre begann der Eisenbahnbau der Briten in Indien. Den Investoren wurden fünf Prozent Verzinsung garantiert. Nach 1865 floss britisches Kapital zum Eisenbahnbau nach Argentinien, nachdem dort eine zuverlässige Regierung im Amt war, die die Sicherheit der Investitionen garantieren konnte. Bis 1875 waren 23 Millionen Pfund Sterling in Argentinien investiert worden, bis 1890 175 Millionen. 1874 wurde mithilfe einer britischen Anleihe die erste japanische Eisenbahn zwischen Tokio und seinem Hafen Yokohama eröffnet. In Indien, China und Südamerika bewirkten britische Anleihen für den Eisenbahnbau, dass das gesamte ruhende und rollende Material in Großbritannien geordert wurde.

Zusammen mit dem sie ergänzenden Dampfschiff bildeten die Eisenbahnen in aller Welt die Grundlage für die Entstehung einer wirklichen Weltwirtschaft. Sie durchdrangen alle wirtschaftlich fortgeschrittenen Länder von ihren Häfen aus, sorgten für den billigen Transport der Ausfuhrgüter und erschlossen koloniale Räume.

Hans-Werner Niemann

Ein Heer von Hungrigen: Der Pauperismus

Mit der Durchsetzung des Fabriksystems in der ersten Hälfte des 19. Jahrhunderts in Großbritannien verlagerte sich die Arbeit zunehmend vom Lande in die Stadt. So war im Jahr 1851 nur jeder zweite Einwohner von Manchester, Glasgow oder Liverpool auch dort geboren. Die Zusammenballung der Bevölkerung in den Städten, ein Prozess, der sich durch das ganze 19. Jahrhundert zog, führte zu katastrophalen, gesundheitsschädlichen Wohnverhältnissen. Die Sterberaten lagen in den Städten Englands im Jahr 1851 erheblich über dem Landesdurchschnitt.

Verschlimmert wurden diese Verhältnisse durch das allgemeine Überangebot an Arbeitskräften in der ersten Hälfte des 19. Jahrhunderts, als die Bevölkerung in Europa in bisher nicht bekanntem Maße zunahm. Die Einwohnerschaft Großbritanniens verdoppelte sich von 1800 bis 1850. In der zweiten Hälfte des 19. Jahrhunderts erfolgte annähernd eine weitere Verdoppelung. Wegen des starken Überangebots an Arbeitskräften konnten die Arbeitgeber die Löhne auf ein Minimum senken. Unter diesen Verhältnissen war aber kein Familienvater in der Lage, mit seinem Arbeitslohn eine Familie zu ernähren. Die Mitarbeit von Frauen und Kindern in der Fabrik war daher unerlässlich. Sie drückte aber ihrerseits – da noch geringer entlohnt – auf die Löhne der männlichen Fabrikarbeiter, ein Teufelskreis.

Auch in Deutschland war die erste Hälfte des 19. Jahrhunderts eine Zeit ausgeprägter Massenarmut. Es gab ein starkes Anwachsen der ländlichen Bevölkerung, Unterbeschäftigung, sinkende Einkommen und beispiellos lange Arbeitszeiten. Erst die Industrialisierung seit der Jahrhundertmitte konnte mit der Schaffung neuer Arbeitsplätze diese Tendenz wenden.

Kinder- und Frauenarbeit in Deutschland

In Deutschland denkt man im Zusammenhang mit den sozialen Problemen der Frühindustrialisierung zuerst an die Not der schlesischen Weber, die sich 1844 in den Weberdörfern Peterswaldau und Langenbielau aus Hunger und Verzweiflung erhoben, deren Aufstand aber von preußischem Militär blutig niedergeschlagen wurde. Für seine 16-stündige Arbeit unter Mithilfe von Frau und Kindern erhielt ein schlesischer Weber nur etwa zwei bis drei Silbergroschen ausbezahlt, und so starben Tausende von Erwachsenen und Kindern in der Folge an Hungertyphus.

In anderen Gewerbegegenden sah es nicht viel anders aus. Der aus einer reichen Fabrikantenfamilie Barmens stammende spätere Mitstreiter von Karl Marx Friedrich Engels, der die Verhältnisse in Elberfeld und Barmen aus eigener Anschauung kannte, schrieb über die dortigen Weber, dass unter ihnen Brustkrankheiten, Schwindsucht und Syphilis in Furcht erregender Weise verbreitet seien. Von 2500 schulpflichtigen Kindern in Elberfeld ließe man fast die Hälfte in Fabriken wohnen, essen und schlafen, sodass sie keinerlei Schulunterricht bekämen.

Die Ergebnisse, die eine 1824 vom preußischen Kultusminister Karl Freiherr vom Stein zum Altenstein veranlasste Erhebung über die Kinderarbeit brachte, sprachen eine beredte Sprache.»Nachtarbeit der Kinder«, so heißt es in dem Bericht,»und bei Tage eine ununterbrochene Arbeitszeit von sechs Uhr früh bis acht Uhr abends.« Es war die Sorge um gesunde Rekruten für die Armee, die schließlich 1839 zur ersten Arbeiterschutzmaßnahme in Deutschland führte. Es hatte sich nämlich seit längerem herausgestellt, dass die Fabrikgegenden wegen des schlechten Gesundheitszustands der Jugendlichen nicht ihr vollständiges Kontingent für die Armee stellen konnten.

In einem Regulativ über Kinderarbeit wurde daher bestimmt, dass Kinder in Fabriken und Bergwerken nur regelmäßig beschäftigt werden sollten, wenn sie älter als neun Jahre waren. Sonn- und Feiertags- sowie Nachtarbeit wurde ganz verboten und der Arbeitstag auf zehn Stunden begrenzt. In der Praxis konnte das Gesetz jedoch unterlaufen werden, da es keine staatliche Fabrikaufsicht gab.

Massenelend in England
In England waren die sozialen Verhältnisse in den Dreißiger- und Vierzigerjahren des 18. Jahrhunderts am schlechtesten. Das waren die Jahre, in denen Karl Marx und Friedrich Engels das Material für ihre sozialrevolu-

ZITAT

Georg Büchner, der Verfasser des »Hessischen Landboten«, beklagte das traurige Schicksal der arbeitenden Kinder:
Ich komme vom Christkindelmarkt: überall Haufen zerlumpter, frierender Kinder, die mit aufgerissenen Augen und traurigen Gesichtern vor den Herrlichkeiten aus Wasser und Mehl, Dreck und Goldpapier standen. Der Gedanke, dass für die meisten Menschen auch die armseligsten Genüsse und Freuden unerreichbare Kostbarkeiten sind, macht mich sehr bitter.

Die Welt im Zeitalter des Nationalismus

In den Ballungszentren verschlechterten sich die Lebensbedingungen für die Einwohner im Lauf des 19. Jh. drastisch (»Straße in Aberdeen, Schottland«, Stahlstich, um 1850).

tionären Vorstellungen sammelten. Es macht allerdings wenig Sinn, die katastrophalen sozialen Zustände jenes »dunklen Zeitalters« allein von einem späteren Zeitpunkt aus zu bewerten oder schlicht der Industrie als solcher anzulasten. Man sollte sich vielmehr daran erinnern, dass im Jahr 1688, also in vorindustrieller Zeit, nach den zuverlässigen Angaben von Gregory King die halbe englische Nation aus Armen bestanden hatte, die auf Unterstützung angewiesen waren.

In England gab es um 1850 die zahlenmäßig stärkste Arbeiterklasse, die etwa ein Viertel der Bevölkerung umfasste. Die Lebensverhältnisse waren sehr unterschiedlich. Eine Sondergruppe bildete die »industrielle Reservearmee« der 750 000 nach England, Wales und Schottland eingewanderten Iren, die alle harten Arbeiten für ein minimales Entgelt ausführten. An der Spitze der Arbeiterhierarchie standen die Facharbeiter im Maschinenbau; sie verdienten fünf bis sechs Schilling pro Tag. Es folgte die große Masse der übrigen Fabrikarbeiter, deren Arbeitszeit um 1850 zwischen 15 und 16 Stunden schwankte. Die Verdienstmöglichkeiten in der Baumwollindustrie, in der überwiegend Frauen und Kinder beschäftigt waren, betrugen nur zwei bis vier Schilling. Am schlechtesten bezahlt aber waren die Heimarbeiter und Hilfsarbeiter, die die Eisenbahnen bauten oder in den Großstädten Erdarbeiten verrichteten.

In dieser Zeit des rapiden Städtewachstums in England wurde bei den Städteerweiterungen keinerlei Rücksicht auf Hygiene genommen. Es gab weder sauberes Trinkwasser noch eine Kanalisation. Müllhaufen und Kloaken prägten das Gesicht der Industriestädte.

Die Lage der Arbeiter in Frankreich

In Frankreich waren die Verhältnisse um 1850 in mancherlei Hinsicht verschieden von denen in England oder in Deutschland. Auch nach der Bedeutungszunahme der großen Industriezentren unter Napoleon III. blieb die französische Industrie, vor allem die Textilindustrie, über weite Teile des Landes verstreut. Die Betriebe waren mit durchschnittlich weniger als fünf Arbeitern sehr klein und der Produktionsprozess war insgesamt noch wenig mechanisiert.

Mit einem Tageslohn von fünf Francs verdiente ein französischer Kunsthandwerker um 1850 zwar weniger als ein englischer Facharbeiter, aber erheblich mehr als die meisten französischen Arbeiter. Die meisten Fabrikarbeiter verdienten nur einen bis eineinhalb Francs. Abhängigkeit und das Risiko der Arbeitslosigkeit prägten die Situation vieler Arbeiter. Während der Wirtschaftskrise von 1857 wurde die Hälfte aller französischen Arbeiter zeitweilig arbeitslos. Schnellten bei Missernten die Lebensmittelpreise in die Höhe, war die Existenz des Arbeiters gefährdet.

Die Zahl der französischen Landarbeiter, die bereit waren, in die Industrie abzuwandern, war im Vergleich zu England und Deutschland erheblich niedriger. Sie zeigten nur wenig Neigung, außerhalb ihrer Heimatdepartements im Bergbau oder in der Schwerindustrie zu arbeiten. Insbesondere im Hoch- und Tiefbau mussten daher ausländische, in erster Linie osteuropäische, aber auch spanische, belgische, italienische und marokkanische Arbeiter beschäftigt werden. Die Konkurrenz dieser anspruchslosen Arbeiter verschlechterte zeitweilig erheblich die Arbeitsbedingungen für französische Arbeiter erheblich.

Sowohl in den Arbeiterfamilien als auch bei der ländlichen Bevölkerung mussten die Kinder mit harter Arbeit zum Lebenserwerb beitragen (englischer Fischerjunge, Kalotypie um 1845).

Die sozialen Probleme der Industrialisierung in Deutschland traten u. a. im Aufstand der schlesischen Weber zutage, der 1844 blutig niedergeschlagen wurde (Käthe Kollwitz, »Der Sturm« aus dem Grafikzyklus »Ein Weberaufstand«, 1897/98; Stuttgart, Staatsgalerie).

Die soziale Lage in Russland und Japan
Am geringsten waren die Löhne in Russland. Die dortige, zahlenmäßig noch recht kleine und auf wenige Industriezentren beschränkte Arbeiterschaft erhielt bei Arbeitszeiten zwischen elf und 15 Stunden einen durchschnittlichen Jahreslohn von 200 Rubeln. Da die Not leidenden Bauern gezwungen waren, zu fast allen Bedingungen zusätzliche Arbeit zu suchen, waren sie der Willkür der Unternehmer ausgeliefert. Mit dem Durchbruch der Industrialisierung in den 1890er-Jahren in Russland war es üblich, dass der vom Lande stammende Fabrikarbeiter entweder Saisonarbeiter war oder aber für ein paar Jahre zum Geldverdienen in die Stadt ging, um danach wieder in die Dorfgemeinschaft zurückzukehren und sich auf seinen Landanteil zurückzuziehen. Kinder und Verwandte übernahmen seinen Arbeitsplatz in der Stadt. Das Dorf ersetzte auf diese Weise eine Armengesetzgebung oder Altersversorgung nach westlichem Muster.

Wenn es auch in Russland lange Arbeitszeiten und eine ausgeprägte Frauenarbeit gab, so war dies nicht in erster Linie ein Zeichen für eine schlechtere soziale Stellung des russischen gegenüber dem westeuropäischen Arbeiter, sondern Ausdruck der Fortdauer ländlich-familiärer Verhältnisse auch in der Industrie. Eine Sozialpolitik setzte in Russland in den 1880er-Jahren mit der Beschränkung der Kinderarbeit für Kinder zwischen zwölf und 15 Jahren auf acht Stunden und dem Arbeitsverbot für jüngere ein. Der große Streik von 1896/97 erzwang erstmals die Verkürzung der Arbeitszeit auf 11,5 Stunden. Seit 1912 gab es unter dem Druck des marxistischen Sozialismus eine Kranken- und Unfallversicherung.

Der Lebensstandard der japanischen Arbeiter stieg bis zum Ersten Weltkrieg trotz einer großen Produktions- und Exportsteigerung und einer Vermehrung des Volksvermögens um 25 Prozent von 1905 bis 1913 nicht an, da Japans Bevölkerung im gleichen Zeitraum zu stark wuchs. In den größeren Städten dürfte der Lebensstandard sogar noch gesunken sein.

Die Verbesserung der sozialen Lage in Westeuropa
In der zweiten Hälfte des 19. Jahrhunderts begann sich die materielle Lage der Industriearbeiterschaft allmählich zu bessern, sodass Karl Marx über die Verbürgerlichungstendenzen einer Arbeiteraristokratie spotten konnte. Um 1880 aßen manche englischen Arbeiter Weißbrot und tranken Tee, Kaffee und Schokolade. In den dreißig Jahren seit 1850 war es zu einem deutlichen Rückgang der Kinderarbeit gekommen, da kompliziertere Maschinen und Produktionstechniken in zunehmenden Maße Fachkräfte erforderten.

Ebenso hatte sich die Arbeitszeit merklich verkürzt: Um 1870 betrug die effektive Arbeitszeit in der eng-

ZITAT

Friedrich Engels beschreibt 1845 die Wohnverhältnisse der Arbeiter in den englischen Industriestädten:

Diese Häuschen von drei bis vier Zimmern und einer Küche werden Cottages genannt und sind in ganz England... die allgemeinen Wohnungen der arbeitenden Klasse. Die Straßen selbst sind gewöhnlich ungepflastert, höckerig, schmutzig, voll vegetablischen und animalischen Abfalls, ohne Abzugskanäle oder Rinnsteine, dafür aber mit stehenden stinkenden Pfützen versehen.

Massennotunterkunft für Arme in London (Stich aus »Illustrated Times«, 1859)

> **ZITAT**
>
> **Ein deutscher Arbeiter schildert um 1870 die Wohnverhältnisse, in denen er leben muss:**
> *Anfänglich hatte ich in einem Bett allein geschlafen, aber schließlich mussten wir in einem breiten Bett unter dem Dache drei Mann zusammen schlafen, und zeitweise kam noch ein Lehrling hinzu. Da graute einem bei der Hitze, wenn man zu Bett musste, ... und des Morgens war man noch viel froher, wenn man, ganz in Schweiß gebadet, wieder aus dem Bett konnte.*

lischen Textilindustrie 10,5 Stunden am Tag und sechzig Stunden wöchentlich bei freiem Samstagnachmittag. Um 1880 betrug die tägliche Arbeitszeit oft zehn, manchmal auch nur neun Stunden. Möglich geworden war diese Arbeitszeitverkürzung durch die gestiegene Produktivität der Arbeiter.

Vor allem die Löhne der Facharbeiter, die um 1870 etwa dreißig Prozent der englischen Arbeiterklasse stellten, stiegen zwischen 1850 und 1865 real um etwa 15 Prozent an, während die Löhne für die meisten übrigen Arbeiter kaum stärker stiegen als die Lebenshaltungskosten. Nach 1865 allerdings kam es in England zu einem allgemeinen Zuwachs der Reallöhne, die 1880 um etwa zehn Prozent höher lagen als 1850. Zwischen 1880 und 1914 stiegen die Geldlöhne in England um ein Drittel, im gesamten Zeitraum 1850 bis 1914 verdoppelten sie sich annähernd. Da die Preise von 1874 bis 1900 rückläufig waren, kann man davon ausgehen, dass die Reallöhne sich von 1860 bis 1900 um etwa sechzig Prozent verbesserten.

Dennoch kam Charles Booth in seiner Untersuchung über Leben und Arbeit in London aus dem Jahre 1889 zu dem Urteil, dass dreißig Prozent der Londoner Bevölkerung unter der Armutsgrenze lebten. Noch schockierender war die Erkenntnis, dass neben den dreißig Prozent Armen weitere 22 Prozent gerade genug verdienten, um in normalen Zeiten über die Runden zu kommen, aber keine Vorsorge für Alter, Krankheit, Unfall oder Arbeitslosigkeit treffen konnten.

Ähnlich verlief auch die Entwicklung in Frankreich. Im Zweiten Kaiserreich wuchs der Reallohn nur geringfügig. Nach 1870 führte vor allem das Sinken der Preise

Jungen zerren einen kohlebeladenen Bergewagen durch eine niedrige Strecke. Der Holzstich erschien in der Leipziger »Illustrirten Zeitung«, die sich am 5. 10. 1844 mit Kinderarbeit in England befasste, um die es in Deutschland trotz erster Schutzgesetze wenig besser stand.

Die Welt im Zeitalter des Nationalismus

Brennstoff war in den deutschen Städten ein kostbares Gut (Heinrich Zille, »Frau mit holzbeladenem Kinderwagen«, 1900).

zu einer stärkeren Erhöhung der Realeinkommen. Insgesamt wuchsen die Reallöhne von 1850 bis 1880 um etwa ein Drittel. Diese relative Lohnexplosion gefährdete die Rentabilität der Industrie nicht, da gleichzeitig die anfangs äußerst schwache Arbeitsproduktivität erheblich angestiegen war. Die durchschnittliche Arbeitszeit betrug nach 1880 noch immer zehn bis elf Stunden.

Sicherheit und Hygiene am Arbeitsplatz hatten sich gegenüber 1850 kaum verbessert, da jede gesetzliche Regelung fehlte. In den Fabrikzentren, die sich seit der Zeit Napoleons III. planlos entwickelt hatten, waren die Proletarier in verdreckten Vororten zusammengepfercht. Die Lage der französischen Arbeiter um 1880 war trotz deutlicher Verbesserungen gegenüber der Jahrhundertmitte gedrückter und beengter als jene der englischen oder deutschen Kollegen; das Lebensgefühl blieb stärker von Bitterkeit geprägt.

Die Entwicklung in Deutschland

In Deutschland ließ die in den 1850er-Jahren zum Durchbruch kommende Industrialisierung das Fabrikproletariat schnell wachsen. 1880 gab es fünf, 1900 dann

Den Hintergrund für das sozial engagierte Werk des englischen Schriftstellers Charles Dickens bilden die Erfahrungen, die er als Kind bei der Arbeit in einer Fabrik machte, während sein Vater im Schuldgefängnis war (Illustration von 1843 zu Charles Dickens', »Eine Weihnachtsgeschichte«).

sogar acht Millionen Fabrikarbeiter, die sich hauptsächlich auf wenige Industrieregionen konzentrierten: Berlin, das rheinische Preußen von Düsseldorf bis Köln mit dem Ruhrgebiet, Schlesien, Westfalen, Sachsen, Aachen. In diese Industrieregionen waren die Menschen in großer Zahl aus den agrarischen Gebieten des Ostens eingewandert. Im Unterschied zu Frankreich, wo die Arbeiter häufig mit dem Land ihrer Vorfahren verbunden blieben, waren diese Menschen weitgehend entwurzelt.

Im Zeitraum 1850 bis 1860 betrug die tägliche Arbeitszeit in den Fabriken 16 Stunden. Die Arbeiterschaft setzte sich zusammen aus Kleinbauern, die ihr Land aufgegeben hatten, ruinierten Handwerkern, Frauen und auch Kindern unter 14 Jahren, die zehn Prozent aller Arbeitskräfte stellten. Der Arbeitstag betrug zwischen 1860 und 1870 noch zwölf bis 13 Stunden, in den Achtzigerjahren nur noch zehn Stunden.

Die für die damalige Zeit einzigartige Bismarck'sche Sozialgesetzgebung bot den Arbeitern einen gewissen

Schutz gegen die Risiken Krankheit und Unfall. Mit Ausnahme Berlins wurden auch die Wohnverhältnisse besser. Man kann davon ausgehen, dass sich die Reallöhne der deutschen Arbeiterschaft um 1890 gegenüber denjenigen der 1820er-Jahre in etwa verdoppelt hatten. Das war angesichts des starken Bevölkerungsanstiegs im 19. Jahrhundert ein beachtliches Ergebnis. Dennoch waren die materiellen Lebensbedingungen der Arbeiterschaft auch um 1890 noch keineswegs günstig oder gar komfortabel. *Hans-Werner Niemann*

Massenarmut, soziale Ausgrenzung, Ungleichheit: Die soziale Frage

»Soziale Frage« ist ein Ausdruck, der seine Blütezeit in der zweiten Hälfte des 19. Jahrhunderts erlebte und damals ein europäischer Begriff war. Es gab zu dieser Zeit eine internationale Debatte zur sozialen Frage, nämlich zu Armut, sozialer Ausgrenzung und Ungleichheit, zu social problems, wie man in Großbritannien sagte, zur question sociale, wie es in Frankreich hieß. Man verstand unter diesen Begriffen in den meisten Ländern Europas etwa dasselbe, kannte nicht selten die Autoren anderer Länder und regte sich gegenseitig an.

Nach dem Zweiten Weltkrieg dagegen überlebte dieser Ausdruck dauerhaft nur im katholischen und im anthroposophischen Milieu Europas und natürlich als Fachausdruck der Historiker. Wiederbelebungsversuche wie die Prägung des Begriffs der neuen sozialen Frage im westlichen Deutschland in den 1970er- und 1980er-Jahren waren nicht von Dauer.

Anders als noch im 19. Jahrhundert gibt es heute in der politischen Sprache Frankreichs oder Großbritanniens kein direktes Pendant zu »soziale Frage« mehr. Exclusion sociale und social exclusion, das heißt soziale Ausschließung, kommen heute im Französischen und im britischen Englisch der »sozialen Frage« wohl nahe, aber im Deutschen assoziiert man mit sozialer Ausschließung auch andere Aspekte.

Zwar tauchte der Ausdruck question sociale seit dem Anfang des 19. Jahrhunderts in öffentlichen Debatten in Frankreich auf, aber im weiteren europäischen Rahmen begann die Debatte über die soziale Frage erst im Vormärz und während der Revolution von 1848/49. Sie lebte wieder auf während der 1870er-Jahre, als die europäischen Staaten die erste große Krise der neuen industriellen und kapitalistischen Wirtschaft erlebten. Danach verstärkte sie sich erst wieder in den letzten beiden Jahrzehnten vor dem Ersten Weltkrieg, angestoßen durch die bis dahin erheblich gewachsene Bedeutung der Arbeiterbewegung und der Gewerkschaften in Europa.

Der Begriff und seine Erfinder
Von den Betroffenen der sozialen Frage, den Verarmten, Abgestiegenen und Ausgeschlossenen, wurde die soziale Frage um die Mitte des 19. Jahrhunderts selten in die öffentliche Diskussion gebracht, da sie kaum organisiert waren und sie zudem in der Regel zu der damaligen politischen Öffentlichkeit keinen Zugang besaßen. Weder die frühe bürgerliche Öffentlichkeit noch die aufkommende Massenöffentlichkeit bot ihnen Raum. Der Begriff soziale Frage spiegelt vielmehr eine Außenansicht auf die Betroffenen und mobilisierte in der Regel nicht die Betroffenen, sondern Betroffenheit.

Das Versagen staatlicher Fürsorge karikiert die britische Lithografie »Cholera-Beratung bei der Gesundheitsbehörde« aus dem Jahr 1832 (London; Victoria and Albert Museum).

Er wurde von einer Schicht geprägt, die sich damals in Europa neu formierte, einer Schicht aus Intellektuellen, Sozialwissenschaftlern, Beamten, Schriftstellern, die sich allmählich gegenüber der alten Kirche, der alten aristokratischen Oberschicht, vor allem gegenüber den Höfen der Monarchen und der monarchisch kontrollierten Öffentlichkeit als eine neue moralische und politische Macht etablierte. Diese Schicht der Intellektuellen und des Bildungsbürgertums griff das Thema der sozialen Frage auf, teils aus Mitgefühl, teils aus lokalem Verantwortungsbewusstsein, teils aus Bedrohungsängsten und Furcht vor sozialen Explosionen. Sie setzte es – neben anderen Themen wie Nation, Verfassung, Markt, Kirche, Kunst und Familie – im Kampf um ihren Einfluss in der Gesellschaft ein.

Für diese Schicht war die »soziale Frage« auch eine Dimension ihrer Auseinandersetzung mit der aufkommenden Industriegesellschaft, in der sie sich oft selbst schwer zurechtfand: Das damals neue Prinzip der wirtschaftlichen Gewinnmaximierung und der Priorität der Wirtschaft widersprach oft den Werten dieser Gruppe, deren sozialer Status auf dem hohen Wert der Bildung und auf einer Priorität des Kulturellen beruhte. In der Industriegesellschaft, in der sich die sozialen Hierarchien nach Vermögen und Einkommen richteten, fühlten sich die Angehörigen dieser Schicht nicht selten deklassiert. Sie konnten mit dem von Unternehmern geprägten, immer aufwendigeren und teureren Lebensstil der Oberschicht oft nicht mehr mithalten. Auch in ihrem eigenen Beruf wurden sie mit diesem neuen Prinzip der wirtschaftlichen Gewinnmaximierung konfrontiert, wenn nur Bücher mit hohen Auflagen oder Artikel in der neuen Massenpresse ein akzeptables Einkommen verschafften, zum neuen Erfolgsmaßstab wurden und andere Standards setzten. Die soziale Frage war daher auch die Kritik dieser sozialen Gruppe an einer Gesellschaft, in der sie häufig nicht zu den Gewinnern gehörte.

Lorenz von Stein reduzierte 1852 die soziale Frage auf den Konflikt zwischen Arbeitern und Unternehmern.

Was beschreibt der Begriff soziale Frage?
Mit der sozialen Frage wurden die allgemeinen Widersprüche zwischen den Anforderungen an eine optimale Gesellschaft und der Gesellschaftswirklichkeit angesprochen. Das Brockhaus Conversationslexikon um-

Auch Kleinbauern und Händler sowie Handwerker waren Benachteiligte der Industrialisierung. Allerdings waren sie schwächer organisiert als die Industriearbeiter (Heinrich Zille, »Schuster vor ihrer Werkstatt«, um 1900).

schrieb 1895 in diesem Sinn die soziale Frage als »ein Schlagwort, das zunächst in einem ganz allgemeinen Sinn aufzufassen ist, ... dass die Zustände des gesellschaftlichen Zusammenlebens nicht derartig sind, dass sie dem Ideal einer rational gestalteten Gesellschaftsordnung sich anzunähern geeignet sind«. Der Soziologe Ferdinand Tönnies verstand unter einer idealen Gesellschaft das »friedliche Zusammenleben und Zusammenwirken der in ihren wirtschaftlichen Lebensbedingungen, Lebensgewohnheiten und Lebensanschauungen weit voneinander entfernten Schichten, Stände, Klassen des Volkes«. Der Sozialreformer Franz Hitze dagegen sah in der sozialen Frage das »richtige, den Gesetzen der Gerechtigkeit und Billigkeit entsprechende Verhältnis der verschiedenen wirtschaftlichen Berufsgruppen«.

Die soziale Frage war daher vor allem ein wertender Begriff, ein moralischer Blick auf die Gesellschaft: Er maß die gesellschaftliche Wirklichkeit an einem Wunschkonzept, an der Vorstellung eines optimalen Zusammenlebens von Menschen nach den Prinzipien der Gerechtigkeit und der sozialen Harmonie. Der Ausdruck soziale Frage beschrieb daher nicht nur einen Sachverhalt, sondern er sollte aufrütteln, Probleme markieren und Lösungen für eine bessere Gesellschaft vorschlagen.

Die soziale Frage wurde darüber hinaus immer eng verbunden mit der damals neu entstehenden modernen Gesellschaft, nicht immer mit der Industrialisierung, aber doch mit der Beseitigung der vielfältigen wirtschaftlichen und sozialen Bindungen, Abhängigkeiten und Immobilitäten des Ancien Régimes, wie zum Beispiel die Beseitigung von Heiratsverboten, Zunftregeln und Handelsbeschränkungen. Sie wurde also immer als eine moderne Frage verstanden. Denn sie meinte nicht jene Armut, die es schon immer gab: Hungernde, Bettler, Waisen, dauerhaft Kranke und gebrechliche Alte, Folgen

Erschüttert über das Elend in den Londoner Slums, gründete der methodistische Pfarrer William Booth (im Vordergrund, stehend) 1865 unter dem Motto »Suppe, Seife, Seelenheil« die »Christliche Mission«, die sich seit 1878 »Heilsarmee« nannte.

von Epidemien, Seuchen, schlechten Ernten, Kriegen oder persönlichem Unglück. Die soziale Frage sprach ein neues Ausmaß von Armut und neue Formen materieller Bedrohung an, die mit der europaweiten Liberalisierung, welche zu Bevölkerungswachstum, Verstädterung, gewerblichem Aufschwung, neuen Berufen, neuen Verkehrsmitteln und neuer Mobilität geführt hatte, einherging. Dieser neuartige Hintergrund der Armut wurde in das Zentrum des Begriffs gestellt.

Zwei Richtungen standen sich von Anfang an in der Debatte mehr oder weniger scharf gegenüber: Auf der einen Seite verstanden viele Autoren unter der sozialen Frage vielfältige Arten von Verarmung sozialer Schichten, nicht nur der Arbeiter, auch der Bauern, Handwerker, Dienstboten; sie betrachteten ländliche wie städtische Armut, Armut von unterschiedlichen Berufsmilieus oder Lebensphasen. Diese Auffassung findet sich oft bei Autoren, die aus weniger industrialisierten Ländern Europas kamen oder primär an solche Gesellschaften dachten. Die katholische Kirche, die einen Großteil ihres Kirchenvolks im nichtindustrialisierten Süden und Osten Europas hatte, hing ebenfalls diesem Verständnis von so-

Die Liberalen forderten vom Staat in der sozialen Frage v. a. Arbeitsschutzgesetze wie etwa die Regulierung von Kinderarbeit (Kinder als Minenarbeiter in den USA, 1911).

zialer Frage an. Aber auch in industrialisierten Ländern vertraten manche Sozialreformer diesen Ansatz; das Arbeitsprogramm des deutschen Vereins für Sozialpolitik spiegelt dieses Verständnis auch noch um die Jahrhundertwende wider.

Auf der anderen Seite reduzierten viele Autoren die soziale Frage ganz auf die Arbeiterfrage, also auf den Konflikt zwischen Arbeitern und Unternehmern. Lorenz von Stein trug diese Deutung der sozialen Frage schon 1852 vor und schied in diesem Sinn die soziale Frage scharf von der traditionellen Armut.»Die Armut entsteht da, wo die Arbeitsfähigkeit verloren oder die wirkliche Arbeit nicht imstande ist, die natürlichen, allgemein menschlichen Bedürfnisse zu befriedigen; ... die soziale Frage, deren Lösung durch die soziale Reform angestrebt wird, liegt nirgends anders als in den Gesetzen, welche das Verhältnis zwischen Kapital und Arbeit, und eben dadurch die Gesellschaft, die Verfassung und die Entwicklung jeder einzelnen Persönlichkeit beherrschen.« Besonders in den beiden Jahrzehnten vor dem Ersten Weltkrieg folgten darin viele Autoren, vor allem aus entstehenden Industriegesellschaften, Lorenz von Stein.

Der entscheidende Grund lag sicher darin, dass die politischen und gewerkschaftlichen Organisationen der Industriearbeiter zu einem unübersehbaren Machtfaktor in Europa wurden und deshalb auch unter jenen, die den Begriff der sozialen Frage geprägt hatten, viel mehr Aufmerksamkeit, Nachdenklichkeit oder Ängste erregten als die weit schwächeren Organisationen anderer Benachteiligter der Industrialisierung, etwa der Kleinbauern, Handwerker, Händler, der Heimarbeiter, Landarbeiter oder Dienstboten.

Die große Bedeutung, die die soziale Frage im 19. Jahrhundert erlangte, hatte vor allem damit zu tun, dass sie ein gemeinsamer Terminus der meisten politischen Richtungen der Zeit war. Liberale, Traditionalisten und Etatisten diskutierten in gleicher Weise über die soziale Frage. Allerdings entstanden unübersehbar tiefe Gräben zwischen diesen Richtungen.

Man kann grundsätzlich drei verschiedene Richtungen unterscheiden: Die Liberalen wollten die soziale Frage vor allem durch sozialen Aufstieg, durch rationale

Lebensführung und durch Durchsetzung von Bürger- und Menschenrechten lösen. Neben einer liberalen Verfassung wurden dabei vor allem die Verbesserung der Ausbildung und die Schaffung von privaten Assoziationen, Konsumvereinen, Sparkassen, sozialen Unterstützungsvereinen als die entscheidenden Hebel angesehen. Von staatlicher Seite erwarteten sie im Wesentlichen nur Arbeitsschutzgesetze. Die Traditionalisten schlugen als Lösung der sozialen Frage eine mehr oder weniger weit gehende Wiederherstellung einer ständischen Gesellschaft, eine Wiederbelebung von karitativen Einrichtungen der Kirchen, vor allem eine veränderte ethische Einstellung in den Unterschichten und Arbeiterorganisationen unter dem Einfluss der Kirchen vor. Die Etatisten dagegen setzten bereits in der ersten Jahrhunderthälfte auf den Staat, oft auf eine aufgeklärte Monarchie, die mit wohlfahrtsstaatlichen Elementen angereichert werden sollte. *Hartmut Kaelble*

Von der Zivilgesellschaft zur Sozialreform: Anworten auf die soziale Frage

Der Problematik der sozialen Frage wurden spätestens seit dem Ende des 19. Jahrhunderts drei soziale Konzepte gegenübergestellt, wodurch der Begriff soziale Frage in einem langsamen Prozess teils umgedeutet, teils verdrängt wurde. Das erste und älteste Gegenkonzept, das aus der französischen und amerikanischen Doppelrevolution des späten 18. Jahrhunderts stammte, war und ist bis heute die Zivilgesellschaft. Das zentrale Anliegen dieses Konzepts war die Durchsetzung von Menschen- und Bürgerrechten, die die Bürger rechtsgleich vor dem Staat schützten und ihnen gleichzeitig Einfluss auf Regierungsentscheidungen gaben. In der Zivilgesellschaft hatte die Durchsetzung dieser Menschen- und Bürgerrechte erste Priorität. Die soziale Frage, die Probleme der Armut und sozialen Ungleichheit, erschienen dabei durch die Gleichheit der Menschen- und Bürgerrechte lösbar.

Die mangelnde Hygiene und die beengte Wohnsituation in den Städten begünstigten u. a. den Ausbruch von Seuchen (Foto von Heinrich Zille, Krögelhof in Berlin, um 1900).

Das zweite Gegenkonzept entstammte der sozialistischen Begriffswelt und rückte in einer fundamentalen Kritik der marktwirtschaftlichen Industriegesellschaft

Die Bildungschancen waren zwischen Bürgertum und unteren Schichten ungleich verteilt. Trotz allgemeiner Schulpflicht genoss die große Mehrheit der Bevölkerung nur eine sehr rudimentäre Schulbildung.

den Gegensatz von Unternehmern und Arbeitern ins Zentrum. Lorenz von Stein ist ein besonders prominenter Vertreter dieses Konzepts. Aber im Verlauf des späteren 19. Jahrhunderts verzichtete das sozialistische Milieu mehr und mehr auf den Begriff der sozialen Frage und ersetzte ihn durch Begriffe wie kapitalistische Ausbeutung, Klassenkonflikt oder Arbeiterklasse.

Das dritte, jüngste, weniger spektakuläre Gegenkonzept entwickelten seit dem Ende des 19. Jahrhunderts die Sozialreformer. Sie schufen neue Begriffe der Arbeit, der Arbeitslosigkeit, der Sozialpolitik, die anders als das Konzept der sozialen Frage die moderne Marktwirtschaft nicht mehr grundsätzlich moralisch problematisierten, sondern genau umgrenzte Reformziele wie etwa Bekämpfung der Arbeitslosigkeit, der Altersarmut, der Arbeitsunfähigkeit durch Krankheit benannten. Diese drei Konzepte grenzten sich nie scharf voneinander ab, enthielten aber doch im Grundsatz unterschiedliche Interpretationen der Industriegesellschaft und zielten auch auf unterschiedliche Lösungen ihrer Probleme ab.

Die historische Bedeutung der sozialen Frage
Die Debatte über die soziale Frage war eine der gewichtigen Reaktionen in der europäischen Öffentlichkeit des 19. Jahrhunderts auf die negativen sozialen Folgen der Industrialisierung, auf Armut, auf gesellschaftlichen Ausschluss und auf Verlust der sozialen Sicherung. Sie schärfte das öffentliche Bewusstsein und hielt teilweise auch die öffentliche Aufmerksamkeit für Armut und soziale Unsicherheit jenseits der Industriearbeiter wach, obwohl die Lage der Industriearbeiter in der Öffentlichkeit der klassischen Industriegesellschaft alle anderen negativen Folgen der Industrialisierung zu überschatten drohte. Das Konzept der sozialen Frage hatte schließlich auch den Vorzug, dass es lange Zeit Teil einer allgemeinen, milieu- und parteiübergreifenden Sprache und Verständigung war.

Der Begriff verlor jedoch spätestens in der Zwischenkriegszeit seine grundlegende Bedeutung, nicht weil die Probleme, die er ansprach, gelöst gewesen wären, sondern weil er nie wirklich Teil der Sprache der Betroffenen wurde, sondern sprachlicher Ausdruck einer Außenansicht blieb. Was unter diesem Ausdruck beschrieben wurde, war deshalb auch oft zu sehr Selbstdiagnose der Benutzer dieses Ausdrucks, ihrer verschiedenen politischen Richtungen und Organisationen, zu wenig Diagnose der Betroffenen. Die Begriffe, die Armut und soziale Unsicherheit markierten, wurden zunehmend als Zeichen für die Abgrenzung und Konfrontation von Milieus und immer weniger als Mittel einer allgemeinen politischen und sozialen Sprache genutzt.

Der historische Hintergrund
Die soziale Frage war nicht einfach eine Kopfgeburt von Intellektuellen, ein wirklichkeitsabgehobenes Schlagwort. Die Misere der materiellen Situation des Großteils der Europäer, nicht nur einer schmalen Schicht von marginalen Armen, war in Teilen des 19. Jahrhunderts bedrückend.

Ein deutliches Zeichen dafür war die Lebenserwartung der Europäer: Sie lag noch am Ende des 19. Jahrhunderts erst bei rund vierzig Jahren. Damit war sie weit niedriger als in den heutigen asiatischen und lateinamerikanischen Schwellenländern wie Indien, Indonesien oder Brasilien. Die Säuglingssterblichkeit war erschreckend hoch, sie lag um 1870 je nach europäischem Land zwischen zehn und dreißig Prozent, war besonders hoch in Deutschland und in der Habsburger Monarchie; sie betrug in einem Extremfall wie Bayern sogar ein Drittel. Selbst die ärmsten afrikanischen Länder leiden heute nur selten unter einem solchen Ausmaß an Säuglingssterblichkeit. Das sind darüber hinaus nur Durchschnittszahlen: Unter den ärmeren Europäern war die Situation noch weit schlimmer.

Hinter dieser niedrigen Lebenserwartung und hohen Säuglingssterblichkeit stand in großen Teilen des 19. Jahrhunderts eine bedrückende Armut, die damals einen gewichtigen Teil der Europäer traf. Man schätzt, dass zwanzig bis dreißig Prozent der städtischen Bevölkerung in der ersten Hälfte des 19. Jahrhunderts von der städtischen Armenpflege unterstützt wurden. Die Ernährung der Masse der Bevölkerung war bis in die zweite Hälfte des 19. Jahrhunderts in einigen Regionen Europas noch von regelmäßigen Hungerkrisen geprägt. Bis in das späte 19. Jahrhundert gab es Seuchen. Von der Hygiene profitierte lange Zeit nur eine kleine Minderheit der Städter. Die Masse der Städter und Landbewohner in Europa kannten damals weder Frischwasser noch Kanalisation oder Straßenreinigung.

Es muss die fortschrittsbewussten Zeitgenossen des 19. Jahrhunderts, die Europa als Pionier der modernen Zivilisation ansahen, äußerst irritiert haben, dass sich im Ganzen diese europäische Misere lange Zeit nicht spürbar und durchschlagend verbesserte. Über die Mitte des 19. Jahrhunderts hinaus gab es außerhalb der inselartigen Industrieregionen noch keine spürbare Verbesserung der materiellen Lage der unteren Schichten. Aber auch innerhalb der Industrieregionen verbesserte sich der Lebensstandard spürbar nur für eine schmale Schicht von gelernten Industriearbeitern, die sich durch dauerhafte Beschäftigung, durch höhere Löhne, durch eine gewisse Arbeitsautonomie und auch außerhalb der Fabriken durch einen anderen Lebensstil von den übrigen Arbeitern abhoben. Die Ärmlichkeit und Notlage der meisten Menschen änderte sich dagegen kaum.

Trotz der verbesserten landwirtschaftlichen Anbaumethoden gab es in der ersten Hälfte des 19. Jahrhunderts immer wieder Nahrungsverknappungen, Seuchen und Hungersnöte. Die Lebenserwartung, der vielleicht wichtigste Indikator, brach daher in europäischen Ländern wie Schweden, Norwegen, Finnland, Dänemark, Frankreich, Großbritannien und den Niederlanden bis zur Mitte des 19. Jahrhunderts zeitweise wieder ein oder stieg nicht kontinuierlich an. Auch die Säuglingssterblichkeit wies in den meisten europäischen Ländern im 19. Jahrhundert keinen klaren Trend zur Verbesserung auf.

Die Ungleichheit nahm während der Industrialisierung des 19. Jahrhunderts eher zu und war gerade in den modernen Teilen der Gesellschaft besonders scharf ausgeprägt. Die sozialen Unterschiede der Einkommen und Vermögen verschärften sich vor allem zwischen dem aufsteigenden Bürgertum und den übrigen Teilen der europäischen Gesellschaften. Die Ungleichheiten am Arbeitsplatz in den modernen Industriebetrieben waren während der eigentlichen industriellen Revolution mar-

»Bedaure, ich bin im Verein gegen Bettelei« (Lithographie von Honoré Daumier, 1844)

kant ausgeprägt: in der Bezahlung, in der Lebensverdienstkurve, in der Behandlung durch die Chefs und in der Kontrolliertheit bei der Arbeit.

Der Abstand in der Bildung zwischen dem sich immer mehr akademisierenden Bürgertum und der erdrückenden Mehrheit der Elementarschulabsolventen und Analphabeten war – nach heutigen Maßstäben – unvorstellbar groß. Man kann auch hier von einer Verschärfung der sozialen Ungleichheit sprechen, da das Bürgertum immer mehr aus Universitätsabsolventen bestand und sich dadurch immer schärfer von der übrigen Gesellschaft abhob. Die Unterschiede in der Qualität des Wohnens verschärften sich zumindest in den Industriestädten. Es gab schließlich auch zunehmende soziale Unterschiede bei Krankheit und Tod. Diese Unterschiede bestanden zwischen Städtern und Landbewohnern, zwischen gelernten und ungelernten Arbeitern, zwischen Angestellten und Arbeitern, zwischen dem Bürgertum und der übrigen Gesellschaft. Die politisch folgenreichste Entwicklung war die Entstehung und Verschärfung der Trennlinien zwischen den sozialen Klassen der Arbeiter und des Bürgertums.

Dieser Eindruck drängte sich auch deshalb auf, weil sich darüber hinaus auch die Aufstiegschancen der Arbeiter und Unterschichten im 19. Jahrhundert im Ganzen nicht erkennbar verbesserten: Die Chancen, in besser bezahlte, sicherere, angesehenere Berufe aufzusteigen, blieben gering, waren in den neuen Industriestädten sogar oft besonders schlecht. In einer ganzen Reihe von europäischen Städten, vor allem in Gewerbe- und Industriestädten, nahmen die Aufstiegschancen für Arbeiter im Verlauf des 19. Jahrhunderts sogar ab. Weder das damalige Schulsystem noch die Unternehmensstrukturen brachten Besserung. Erst im 20. Jahrhundert sollten sich die Mobilitätsbarrieren etwas lockern.

Schließlich nahmen auch die sozialen Sicherungen der Durchschnittsbürger in dem allmählichen Übergang vom Ancien Régime zur modernen Industriegesellschaft ab. In dem schwierigen und langsamen Übergang von den traditionellen Sicherungsnetzen des Ancien Régime zur modernen, staatlichen, hochbürokratisierten, auf einer ganz anderen Gesellschaft aufbauenden sozialen Absicherung taten sich vielfältige soziale Sicherungslücken auf. Mehr als das 18. Jahrhundert und mehr als das 20. Jahrhundert war das 19. Jahrhundert eine Zeit schwacher sozialer Sicherung.

Zum Verfall der traditionellen sozialen Sicherung des Ancien Régime trugen verschiedene Umstände bei. Das massive Bevölkerungswachstum – Europas Bevölkerung (ohne Russland) stieg allein von 1820 bis 1870 von rund 150 Millionen auf etwa 210 Millionen – vergrößerte in einer ganzen Reihe von europäischen Ländern die Anzahl der Armen und damit die Belastung der kommunalen Armenkassen, da dieses Bevölkerungswachstum in der ersten Hälfte des 19. Jahrhunderts noch nicht durch die Industrialisierung und ihr wachsendes Angebot an Arbeitsplätzen aufgefangen wurde.

Der Verfall der traditionellen Sicherung war darüber hinaus auch politisch gewollt. Die Einstellung zur Armut und Armenpflege wandelte sich. Armut wurde nicht mehr als unveränderbarer Bestandteil jeder Gesellschaft akzeptiert, sondern sollte durch Hilfe zur Selbsthilfe, durch Erziehung der Armen, aber auch durch gezielte Abschreckung und Kriminalisierung des Bettelns und Vagabundierens eingedämmt werden. In den wichtigsten europäischen Modellgesellschaften des 19. Jahrhunderts, in Frankreich und Großbritannien, wurde im Sinn dieser neuen Einstellungen die staatliche Armenpflege drastisch reduziert, da man Armenhilfe nicht zu den Aufgaben eines modernen, liberalen, möglichst schlanken Staates rechnete und man zudem befürchtete, dass die traditionelle staatliche Armenhilfe die Motivation zur Arbeit aushöhlte. In Frankreich geschah das während der Französischen Revolution, in Großbritannien im Armutsgesetz von 1834.

Schließlich trugen auch die Säkularisierung der Kirchen im Einflussbereich des napoleonischen Frankreich, die Auflösung der Handwerkszünfte mit ihren sozialen Sicherungsinstitutionen für die breite Schicht der Handwerker, auch die Lockerung der Bindung der Bauern an den Gutsbesitz zu einer Reduzierung von traditionellen sozialen Sicherungen bei, die zudem mit der entstehenden Industriegesellschaft nur schwer vereinbar waren. In einem langsamen Übergang lockerte sich allmählich die Verantwortlichkeit der Kommunen und der städtischen Honoratioren, der Gutsherren und Handwerksmeister, der Kirchen für die Armen – eine Verantwortlichkeit, die sich meist auf wenig Mobilität und starke lokale Bindungen gründete.

Nur langsam entwickelten sich die neuen sozialen Sicherungen. Gewiss entstand eine Vielzahl von Sicherungsinstitutionen in privater und halbstaatlicher Form. Trotzdem wurde dieser Übergang für viele Europäer zu einer Anpassungskrise mit beträchtlicher sozialer Unsicherheit.

Erst in der letzten Zeit vor dem Ersten Weltkrieg veränderten sich die Probleme, auf die das Konzept der sozialen Frage aufmerksam gemacht hatte. Die Misere der ersten Hälfte des 19. Jahrhunderts, die immer wiederkehrenden Hungersnöte, Seuchen, der immer wiederkehrende Rückfall in die Armut für einen substanziellen Teil der Europäer milderten sich ab, je mehr sich die Industriegesellschaft etablierte. Die Reallöhne nahmen zumindest für Industriearbeiter langsam zu, die Arbeitszeit sank, auch wenn sich die Masse der Industriearbeiter weiterhin – für heutige Maßstäbe – mit unakzeptablen

Erste staatliche Sozialversicherungen milderten die sozialen Probleme, ohne sie allerdings zu lösen (Karikatur aus der Satirezeitschrift »Der Wahre Jacob«, 1894).

Arbeitszeiten und Arbeitsbedingungen abzufinden hatte. Die wichtigsten Indikatoren der Misere wiesen auf Verbesserungen hin: Die Lebenserwartung begann kontinuierlich zu steigen, die Säuglingssterblichkeit kontinuierlich zu fallen.

Das Ende der schwierigen Anpassungskrise der sozialen Sicherung war in der Zwischenkriegszeit allmählich in Sicht. Auch wenn der Wohlfahrtsstaat der zweiten Hälfte des 20. Jahrhunderts noch nicht konzipiert war, nahmen doch überall in Europa staatliche Sozialversicherungen spürbar zu. Man schätzt, dass in den europäischen Pionierländern der staatlichen Sozialversicherungen, in Deutschland, Großbritannien und Schweden, um 1910 schon rund zwei Fünftel der Erwerbstätigen und im westeuropäischen Durchschnitt um 1940 schon ungefähr die Hälfte der Erwerbstätigen, in Ländern wie Großbritannien, Dänemark, Schweden, Norwegen, Deutschland noch erheblich mehr durch staatliche Sozialversicherungen abgesichert waren. Sicher gibt es keinen Grund, die Kriegs- und Zwischenkriegszeit zu idealisieren. Sie war ebenfalls eine Epoche, die von Massentod, Hungerkrisen, riesigen Arbeitslosenzahlen geprägt war. Aber diese neuen Krisen hatten nichts mehr mit der sozialen Frage des 19. Jahrhunderts und ihren Hintergründen zu tun.

Die europäische Dimension der sozialen Frage
Die soziale Frage war im 19. Jahrhundert eine europäische Besonderheit, da nirgends sonst die Bevölkerung in dieser Zeit so stark wuchs, die Städte so stark expandierten, die Armen und Ausgeschlossenen so rasch zunahmen wie hier und nirgends die Armenpolitik und die ständischen Korporationen so tief greifend nach einem liberalen Konzept um- und abgebaut wurden wie in Europa. Als die anderen älteren Zivilisationen, China, Indien, die arabische Welt, im 20. Jahrhundert industrialisiert wurden, spielte für sie die soziale Frage keine bedeutende Rolle mehr, da ihnen der spätere westeuropäische Wohlfahrtsstaat, das amerikanische Wohlstandsmodell und das sowjetische Modell der staatlichen Lenkung als mögliche Vorbilder dienen konnten.

Gleichzeitig war im 19. Jahrhundert in keiner anderen Zivilisation die soziale Sicherung so drängend, nicht nur weil damals in Europa die Bevölkerung zunahm, ohne dass die Industrialisierung ausreichend Beschäftigung sicherte. Darüber hinaus war die Familie in Europa auch stärker als auf anderen Kontinenten auf eigenständige Haushaltsgründung junger Ehepaare ausgerichtet und bot daher für junge Erwachsene und für alternde Eltern besonders wenig soziale Sicherung, war deshalb stärker als außereuropäische Zivilisationen auf außerfamiliäre Institutionen der sozialen Sicherung angewiesen. Das Konzept der sozialen Frage als einer an einem allgemeinen säkularen Prinzip gemessenen Wirklichkeit entsprang somit einer europäischen Denkweise.

Hartmut Kaelble

Zwischen Utopie und Aktion: Frühe Formen der Arbeiterbewegung

Die erste Hälfte des 19. Jahrhunderts brachte in England die Durchsetzung des Fabriksystems und eine wachsende Verstädterung. Die in den Städten lebenden Arbeitermassen umfassten neben den eigentlichen Industriearbeitern auch Handwerker und Arbeiter in noch nicht oder erst wenig mechanisierten Wirtschaftsbereichen. Ein von seiner Interessenlage her homogenes Proletariat war dies noch nicht, aber die Volksmassen wurden sich doch zunehmend ihrer Situation bewusst und versuchten sich zu organisieren.

Die englischen Arbeiter reagierten zunächst mit nackter Gewalt auf die Auswirkungen der industriellen Revolution. Die Weber zerstörten um 1810 die neuen Webstühle, die sie für die Ursache ihrer Not hielten. In der Folgezeit verbanden die englischen Arbeiter den Kampf um mehr soziale Gerechtigkeit mit dem Kampf um demokratische Reformen. Sie schlossen sich in den Krisenjahren 1816 bis 1819 einer radikalen Bewegung an, deren Führer dem Mittelstand und dem Kleinbürgertum entstammten. Die Bewegung kämpfte für das allgemeine Wahlrecht, eine Parlamentsreform, die Aufhebung der die Lebenshaltung verteuernden Kornzölle und eine Festsetzung der Preise. Zu dem Erscheinungsbild der Bewegung gehörten Streiks und Protestmärsche von Arbeitslosen. Die Unterdrückungs-

Während der industriellen Revolution wurde Manchester zum Zentrum der Textilindustrie. Die Bevölkerung verzehnfachte sich von etwa 17 000 Einwohnern im Jahr 1760 auf ca. 180 000 im Jahr 1835 (Stich, um 1850).

maßnahmen waren hart: 1819 sprengte ein Husarenregiment in Saint Peter's Fields bei Manchester eine Versammlung von 50 000 Menschen. Das Versammlungsrecht und die Demonstrationsmöglichkeiten wurden eingeschränkt.

Die Krise von Landwirtschaft und Industrie in den Jahren 1825 bis 1832 und die Pariser Julirevolution von 1830 waren Antrieb für die politischen und wirtschaftlichen Aktivitäten der ab 1824 legalisierten gewerkschaftlichen Berufsverbände. 1829 schloss John Doherty alle Spinnereiarbeiter des Vereinigten Königreichs in einer Generalunion zusammen. Im folgenden Jahr vereinigte er 100 000 Textil-, Metall- und Grubenarbeiter in einer »Nationalen Vereinigung zum Schutz der Arbeit«, die auch für eine kompromisslose Reform des Wahlrechts eintrat. Die Wahlrechtsreform von 1832 aber brachte den Arbeitern keinen nennenswerten Erfolg, da das Wahlrecht die Arbeiter überhaupt noch nicht erfasste. Die Hoffnung auf einen sozialen Wandel mithilfe demokratischer Institutionen erfüllte sich nicht.

Der Genossenschaftssozialismus Robert Owens
Der aus einer Handwerkerfamilie stammende und zum reichen Textilunternehmer aufgestiegene Robert Owen zog aus der Ernüchterung die Konsequenz, die Arbeiter stärker auf die soziale Revolution hinzulenken. Owen erhoffte sich von der industriellen Revolution ein Zeitalter des Überflusses für die gesamte Menschheit. Dazu bedurfte es seiner Meinung nach allerdings einer Abkehr

> **INFOBOX**
>
> **Wiege des Parlaments**
> In Großbritannien flossen 1838 Tendenzen eines volkstümlichen Radikalismus und traditionelle Bürgerrechtsbestrebungen in der Chartistenbewegung zusammen. Ihr Ziel war es, »The People's Charter« im Sinne einer Verfassungsreform durchzusetzen. Der Katalog von Forderungen umfasste allgemeines Wahlrecht – freilich nur für Männer –, jährliche Tagung der Parlamente, geheime Wahl, gleiche Wahlbezirke, Abschaffung der Eigentumsqualifikation für Parlamentsabgeordnete, stattdessen die Einführung von Abgeordnetendiäten. Der Parlamentarismus, seit der Verkündigung der Magna Charta 1215 prägend für die englische Geschichte und Politik, erhielt hier seine moderne Form: das demokratisch legitimierte Parlament zur öffentlichen Artikulation divergierender Interessen.

> **ZITAT**
>
> Der Schriftsetzer Stephan Born forderte in seiner Zeitung »Das Volk« am 10. 6. 1848:
> *1. Bestimmung des Minimums des Arbeitslohns und der Arbeitszeit durch Kommissionen von Arbeitern und Meistern oder Arbeitgebern.*
> *2. Verbindung der Arbeiter zur Aufrechterhaltung des festgesetzten Lohns.*
> *3. Aufhebung der indirekten Steuer, Einführung progressiver Einkommensteuer mit Steuerfreiheit derjenigen, die nur das Nötigste zum Leben haben.*

von der kapitalistischen Gesellschaft, die auf der Ausbeutung von Arbeit beruhe.

In seiner Fabrik in New Lanark (Region Strathclyde) verwirklichte Owen einen Teil seiner Vorstellungen. Der Gewinn der Fabrik floss zum Teil in Arbeitereinrichtungen wie Wohnungen, Speisesäle, Sparkassen und Schulen. Die Arbeitszeit für Erwachsene betrug zehn Stunden. Kinder unter zehn Jahren wurden nicht eingestellt. Um den Ertrag der Maschinen und der Arbeit für die Gemeinschaft zu sichern, entwickelte Owen den Gedanken der Produktionsgenossenschaft.

Nach 1832 bemühte er sich, die Trade Unions, die Gewerkschaften, für seinen Gedanken des genossenschaftlichen Sozialismus zu gewinnen. Die Gewerkschaftszentrale Owens, die Grand National Consolidated Union, vereinigte 1834 etwa eine halbe Million Gewerkschafter und damit die Hälfte aller britischen Gewerkschaftsmitglieder. Aber noch im selben Jahr brach die Bewegung in sich zusammen, da die Arbeitgeber mit Einstellungsverweigerungen oder Entlassungen reagierten.

Der Chartismus in England
In den 1840er-Jahren kam es mit der Bewegung der Chartisten zu einer neuen Welle heftiger revolutionärer Unruhen. Noch einmal setzten die auf dem Felde der Wirtschafts- und Sozialreform gescheiterten Gewerkschaften ihre Hoffnung auf ein Zusammengehen mit dem

radikalen Kleinbürgertum. Die Führer der Bewegung kamen aus den Reihen des freiberuflichen Bürgertums und der Gewerkschaftsführer. Die von ihnen 1838 ausgearbeitete People's Charter, die der Bewegung den Namen gab, drehte sich um Fragen der Wahlrechts- und Parlamentsreform. Das Verlangen der Arbeiterklasse nach sozialer Gerechtigkeit sollte mit den Mitteln der politischen Demokratie über eine reformierte Gesetzgebung verwirklicht werden. In Birmingham und in den Gruben Newports (Wales) entwickelten sich 1839 aus Streiks bewaffnete Aufstände. In Lancashire, Yorkshire und Staffordshire lähmte 1842 ein Generalstreik drei Wochen lang jede Arbeit.

An erster Stelle der großen Petition von 1842 standen die sozialen Forderungen der Bewegung – sogar diejenige nach Sozialisierung der Produktionsmittel gehörte dazu. Zwischen Barrikaden und Petitionen schwankend, vermochte der Chartismus aber nicht, seine Forderungen in einem sinnvollen Programm vorzubringen. Vor allem scheiterte er an der Uneinigkeit der Arbeiterbewegung: Die »Aristokratie« der Facharbeiter mit sicherem Arbeitsplatz und besseren Arbeitsbedingungen bevorzugte den Weg der Selbsthilfe und bestimmte die Strategie der Gewerkschaften. Nach dem Zusammenbruch der Chartistenbewegung 1848 setzten sich neue berufsständische Gewerkschaften fortan pragmatische Ziele und verzichteten auf einen gesellschaftstheoretischen Überbau.

Claude Henri de Rouvroy, Graf von Saint-Simon (1760–1825), verlor seinen Reichtum durch Spekulationen und begründete einen frühen utopischen Sozialismus.

Gesellschaftspolitische Utopien
Die 1830er- und 1840er-Jahre waren nicht nur in England, das damals die sozial härteste Zeit seiner Industriegeschichte durchmachte, sondern auch in anderen Ländern eine Zeit sozialer Unruhen. Die Organisationen der Handwerker wurden überall von den Regierungen unterdrückt. Als die Seidenarbeiter in Lyon und die Handarbeiter in Paris 1831 und 1834 soziale Reformen erzwingen wollten, reagierte der Staat mit harten Verboten. Die deutschen Regierungen verfolgten unnachsichtig die wandernden Handwerksgesellen, die aus ihrer Sicht ein schwer kontrollierbares revolutionäres Potenzial mit internationalen Verbindungen darstellten. Paris sah 1839 den gescheiterten Aufstand einer sozialisti-

Pierre Joseph Proudhon war der Sohn eines Küfers und einer Küchenmagd; als Kind arbeitete er als Hirte. Ein Stipendium ermöglichte ihm den Schulbesuch. Er bekämpfte staatssozialistische Vorstellungen und sah in der Freiheit des Menschen die Grundlage jeder sozialistischen Ordnung.

schen Geheimgesellschaft um Auguste Blanqui und 1840 den ersten Generalstreik. 1842 kam es in Barcelona zu Arbeitsniederlegungen, 1845 in Berlin.

Als die Agrarkrise – Getreidemissernten 1845/46 und in der Folge steigende Brotpreise – in den industriellen Ballungszentren spürbar wurde, sank die Existenzgrundlage von Millionen Menschen in Europa unter das Minimum. In einigen Ländern herrschte Hungersnot. Gleichzeitig führte eine Finanz- und Kreditkrise zu Bankrotten in Handel und Industrie. In Städten wie Lille oder Berlin war jeder vierte Einwohner unterstützungsbedürftig. Die soziale Krise auf dem Lande und jene in der Stadt schufen Ende der 1840er-Jahre eine revolutionäre Situation in Europa. Jener berühmte Satz aus dem Kommunistischen Manifest von Karl Marx und Friedrich Engels »Ein Gespenst geht um in Europa – das Gespenst des Kommunismus« traf im Kern einen wahren Sachverhalt.

Sozialistische Utopien entstanden in Europa zuerst vor dem Hintergrund der von sozialer Deklassierung bedrohten Handwerker und neuer handwerklicher Vereinigungsformen. François »Gracchus« Babeuf wollte die Produktionsmittel in Gemeineigentum überführen. Pri-

INFOBOX

»Was ist Eigentum?«

Am radikalsten auf Abschaffung von Eigentum und Herrschaft ausgerichtet ist die Theorie des Franzosen Pierre Joseph Proudhon (1809–65). In seiner 1840 erschienenen Schrift »Qu'est-ce que la propriété? Ou, Recherches sur le principe du droit et du gouvernement« (»Was ist Eigentum, oder Untersuchungen über den letzten Grund des Rechts und des Staates«), die ihn mit einem Schlag berühmt machte, griff er die bestehende Eigentumsordnung mit der These »Eigentum ist Diebstahl!« an. Damit meinte er jedoch nicht das Prinzip des Privateigentums, sondern bezog sich auf dessen ungleiche Verteilung. Proudhon forderte eine gleichmäßigere Verteilung des Produktionseigentums zulasten des gewerblichen Großeigentums und zugunsten einer Vielzahl von Kleinproduzenten. Als Staatstheoretiker gehört Proudhon zu den Begründern des Anarchismus. Den zentralistischen Staat kritisierte er als Ursprung der Unterdrückung, seine neue Gesellschaftsordnung wollte er ohne Staatsmacht errichten: »Keine Partei mehr, keine Autorität mehr, unbedingte Freiheit des Menschen und des Bürgers!«

vateigentum sollte lediglich an den von der Gemeinschaft zugeteilten Konsumgütern erlaubt sein. Die Gleichheit der Arbeit und der Erziehung waren weitere wesentliche Punkte seines Programms.

Als Begründer des französischen Sozialismus gilt Claude Henri de Rouvroy, Graf von Saint-Simon. Er setzte auf den Entwicklungsgedanken und war überzeugt, dass der Fortschritt der Wissenschaften zu einer technokratischen Gesellschaftsordnung führen werde, in der die Unternehmer und Wissenschaftler an die Stelle der Aristokratie und des Klerus treten würden. Von dieser neuen Gesellschaft erwartete er eine Vermehrung und gerechtere Verteilung des Volkseinkommens. Dabei sollten Eigentum und Wettbewerb erhalten bleiben, lediglich die Ausbeutung fremder Arbeit abgeschafft werden.

Der Sozialphilosoph Charles Fourier wollte die neue Gesellschaftsordnung auf dem Wege von Produktions- und Konsumgenossenschaften der Arbeiter, so genannten Phalangen, erreichen, die den Arbeitern eine ihren Fähigkeiten entsprechende Tätigkeit, den vollen Ertrag ihrer Arbeit und das Existenzminimum gewährleisten sollten. Auch Philippe Buchez und Louis Blanc strebten die Überwindung der Trennung von Kapital und Arbeit durch Produktionsgenossenschaften an. Der christliche Sozialist Buchez setzte 1831 das Schlagwort der »Assoziation« in Umlauf. Es gewann eine ungeheure Popularität, da es dem allgemeinen Bedürfnis nach einer Neuordnung der Arbeit in einer sich auflösenden Gesellschaft entsprach. Louis Blanc, der für kurze Zeit in der Revolution von 1848 in Paris eine Rolle spielte, verlangte vom Staat die Einrichtung von Produktionsgenossenschaften. Dieser Gedanke war insofern wegweisend, als er vom Staat die Lösung der sozialen Frage erwartete.

In völligem Gegensatz zu den Ideen Fouriers oder Blancs stand Pierre Joseph Proudhon, der als einer der intellektuellen Begründer des Anarchismus gilt. Er setzte nicht auf den Staat, sondern erwartete von kleinen Gruppen und der Familie die Lösung der sozialen Frage. Im Einkommen ohne eigene Arbeitsleistung, in Grundrente und Zins sah Proudhon Diebstahl.

Einen wichtigen Beitrag zur theoretischen Entwicklung des Sozialismus leistete das 1842 in Leipzig erschie-

Der französische Kriegsminister Louis Eugène Cavaignac wurde von der Nationalversammlung mit diktatorischen Vollmachten im Kampf gegen den Juniaufstand 1848 ausgestattet. Mit erbarmungsloser Gewalt schlug er die Erhebung nieder.

In seinem Werk »L'organisation du travail« (1839) fordert Louis Blanc die Neuordnung von Arbeit durch den Staat.

s. ZEIT Aspekte
Das kommunistische Manifest S. 596

ZITAT

Das Kommunistische Manifest beginnt mit den berühmten Worten:
Ein Gespenst geht um in Europa – das Gespenst des Kommunismus. Alle Mächte des alten Europa haben sich zu einer heiligen Hetzjagd gegen dies Gespenst verbündet, der Papst und der Zar, Metternich und Guizot, französische Radikale und deutsche Polizisten. Wo ist die Oppositionspartei, die nicht von ihren regierenden Gegnern als kommunistisch verschrien worden wäre...?

nene Buch »Der Socialismus und Communismus des heutigen Frankreichs« von Lorenz von Stein. Stein sah den Gegensatz von Kapital und Arbeit als das Kennzeichen der kapitalistischen Gesellschaft und den Klassenkampf als ein bestimmendes Entwicklungsmoment an. Die bürgerliche Gesellschaft war nach seiner Meinung dem Untergang geweiht, wenn der Staat nicht die nahende Revolution durch soziale Reformen abwende. Zur Programmschrift aller sozialistischen und kommunistischen Bewegungen wurde das 1847 von Karl Marx und Friedrich Engels verfasste »Kommunistische Manifest«.

Die Pariser Februarrevolution von 1848 führte zu einem ersten Aufflammen des Sozialismus. Der neuen provisorischen Regierung gehörten neben sozialkonservativen Republikanern auch Demokraten mit sozialistischen Tendenzen an, mit Louis Blanc sogar ein Arbeiter und sozialistischer Theoretiker. Unter dem Druck der Straße sah sich die Regierung veranlasst, »das Leben der Arbeiter durch die Arbeit« und »Arbeit für alle Bürger« zu garantieren.

Eine tief greifende Umgestaltung der Wirtschafts- und Gesellschaftsordnung, wie sie die sozialistischen Theoretiker gefordert hatten, schien Wirklichkeit zu werden. Doch am 17. März und 16. April wurden Unruhen in Paris von den Verfechtern der »Ordnung« unterdrückt. Die am 23. April nach dem allgemeinen Wahlrecht gewählte Verfassunggebende Versammlung mit 900 Abgeordneten wies lediglich 25 Arbeiter und Vorarbeiter auf. Demokraten und Sozialisten verfügten zusammen über nicht mehr als 100 Vertreter. Gerade die Furcht vor der sozialen Revolution hatte den Gemäßigten den Wahlsieg gesichert. Am 4. Mai schloss die Verfassunggebende Versammlung Louis Blanc aus der Exekutivkommission, die die provisorische Regierung ersetzen sollte, aus.

Als die Exekutivkommission im Juni die Auflösung der kostspieligen und unproduktiven Nationalwerkstätten bekannt gab und die jugendlichen Arbeiter zur Armee einberief, erhoben sich die Handwerksgesellen, Fabrikarbeiter und Bahnarbeiter des Pariser Ostens gegen die Koalition der Besitzenden aus den führenden Schichten, dem Kleinbürgertum und den Bauern. Der

> **INFOBOX**
>
> **Proletarier aller Länder, vereinigt euch**
> Das »Manifest der Kommunistischen Partei« von Karl Marx und Friedrich Engels erschien 1848 als Programmschrift des »Bundes der Kommunisten«, einer 1847 in London gegründeten Geheimorganisation emigrierter deutscher Intellektueller und Handwerker. Seine Thesen, die als Grundriss des in vielen Bänden errichteten Gebäudes der marxistischen Theorie gelten können, wurden alsbald von der Arbeiterbewegung aufgegriffen, die sich in den west- und mitteleuropäischen Ländern im Zuge der sich verschärfenden sozialen Lage formierte.
> Aufgrund der These, die Geschichte aller bisherigen Gesellschaften sei die Geschichte von Klassenkämpfen, stellen Marx und Engels fest, dass sich in der bürgerlichen Gesellschaft, nachdem diese den Feudalismus überwunden habe, die Klassengegensätze auf den Konflikt zwischen Bourgeoisie und dem von ihr notwendig hervorgebrachten Proletariat zuspitzten. Dieses aber werde gewaltsam das private Eigentum an Produktionsmitteln abschaffen und die Diktatur des Proletariats als Übergangsphase zwischen der proletarischen Revolution und der klassenlosen Gesellschaft herbeiführen. Weit ihrer noch vom Nationalstaatsgedanken geprägten Zeit voraus und in Vorwegnahme des Begriffs der Globalisierung gaben Marx und Engels die internationalistische Parole: »Proletarier aller Länder, vereinigt euch!« aus, die als Motto sämtlicher nachfolgenden kommunistischen Bewegungen weiterlebte.

von der Verfassunggebenden Versammlung daraufhin mit allen Vollmachten ausgestattete Kriegsminister Louis Eugène Cavaignac schlug den revolutionären Aufstand nach dreitägigem Kampf nieder. Die Sieger hinterließen eine blutige Spur der Bestialität. Offiziell 3 000 Aufständische – wahrscheinlich aber weit mehr – wurden niedergemacht. 25 000 Aufständische wurden gefangen genommen.

Die neue »starke« Regierung unter Cavaignac nahm Säuberungen, Verbote, Verurteilungen und Deportationen vor und machte alle Illusionen von einer Befreiung der Arbeiter zunichte. Die Errungenschaften der bürgerlichen Revolution beschränkten sich auf die republikanische Staatsform und das allgemeine Wahlrecht.

In Deutschland, das damals noch schwächer als Frankreich industrialisiert war, spielten die Arbeiter in

> **ZITAT**
>
> **Bekannt wurden auch die Schlussworte des Kommunistischen Manifests:**
> *Mögen die herrschenden Klassen vor einer kommunistischen Revolution zittern. Die Proletarier haben nichts in ihr zu verlieren als ihre Ketten. Sie haben eine Welt zu gewinnen. Proletarier aller Länder, vereinigt euch!*

Hermann Schulze-Delitzsch gründete 1849 die Schuhmachergenossenschaft in Delitzsch und führte damit die Genossenschaften als unternehmerische Rechtsform ein.

s. ZEIT Aspekte
Friedrich Wilhelm Raiffeisen S. 605

der Revolution von 1848 eine noch geringere Rolle. Die Revolution wurde vielmehr getragen vom radikalliberalen Bildungs- und vom Wirtschaftsbürgertum. Der Aufstand, den die Republikaner Friedrich Hecker und Gustav von Struve schürten und der auf Initiative des deutschen demokratischen Klubs in Paris von einer Truppe deutscher und polnischer Arbeiter vom Elsass her unterstützt werden sollte, wurde niedergeworfen. Die soziale Frage hat danach den Gang der deutschen Revolution nur wenig beeinflusst.

Die Arbeiterbewegung zog aus dem Scheitern der sozialistischen Utopien in der 1848er-Revolution ihre Folgerungen. In den 1860er-Jahren formierte sich die auf pragmatische Verbesserungen ausgerichtete Gewerkschaftsbewegung. Auch die Bildung der Ersten Internationale 1864 bedeutete eine Lösung von der Utopie. Der Gedanke zur Gründung der Internationale ging auf einige englische Gewerkschafter zurück, die durch die Unterstützung Streikender auf die Arbeitgeber aller Länder Druck ausüben wollten, sowie auf weiterblickende französische Emigranten, die die Befreiung der Arbeiter auf dem Weg der politischen Bildung anstrebten.

In Preußen wurde erst nach der Aufhebung des Koalitionsverbots in den 1860er-Jahren eine effektive Arbeiterbewegung möglich. Viktor Aimé Huber propagierte in Deutschland Genossenschaften der Arbeiter. Friedrich Wilhelm Raiffeisen griff diese Idee später mit größerem Erfolg für die Bauern und Hermann Schulze-Delitzsch für die Handwerker auf. Sowohl die genossenschaftlichen Reformer als auch die Sozialisten und Kommunisten stellten einstweilen aber nur kleine Minderheiten innerhalb der Arbeiterschaft dar.

Hans-Werner Niemann

ZEIT ASPEKTE

Das Beste aus der ZEIT zu ausgewählten Themen dieses Bandes.

George Washington
Henry Ford
Tokugawa-Dynastie
Werner von Siemens ...

DIE ZEIT

ZEIT Aspekte

George Washington	**Vater der Nation** Der erste Präsident der Vereinigten Staaten wollte kein Monarch sein *Von Roland D. Gerste*	**516**
Louisiana Purchase	**Die Verdoppelung der USA** Mit dem Kauf der spanisch-französischen Kolonie Louisiana begann der Aufstieg der Vereinigten Staaten zur Großmacht *Von Roland D. Gerste*	**525**
Tokugawa-Dynastie	**Eine Insel für Europa** Globalisierung, nein danke! Über zwei Jahrhunderte lang endeten alle Wege nach Japan auf Dejima *Von Wolfgang Zank*	**535**
	Barbaren ante portas Amerikanische Kriegsschiffe erzwangen 1853 die wirtschaftliche und gesellschaftliche Öffnung Japans *Von Wolfgang Zank*	**544**
Sansibar	**Der Fluch der Gewürze** Ein Streifzug mit dem Schriftsteller Shafi Adam Shafi durch die Geschichte Sansibars *Von Bartholomäus Grill*	**551**
Henry Morton Stanley	**Feder und Peitsche** Kühner Reporter, brutaler Imperialist: Henry Morton Stanley, der Mann, der Livingstone wiederfand und für Belgiens König den Kongo zusammenraubte *Von Joachim Fritz-Vannahme*	**557**
Adam Smith	**Die Bibel der Liberalen** Seit seinem Buch »Der Wohlstand der Nationen« gilt Adam Smith als Vater der Volkswirtschaftslehre *Von Thomas Fischermann*	**567**

Werner von Siemens	**Unternehmer unter Strom** Mit Zigarrenkisten, Weißblech und Draht schaffte Werner von Siemens den Durchbruch in der Nachrichtentechnik *Von Dietmar H. Lamparter*	**573**
John Pierpont Morgan	**Jupiter der Wall Street** Skrupelloser Finanzier oder ehrbarer Kaufmann? John Pierpont Morgan war der mächtigste Bankier der Welt. Er polarisiert bis heute *Von Marc Brost*	**580**
Henry Ford	**Ein Automobil für den kleinen Mann** Henry Ford machte das Auto zum Massengut. Am Ende aber hätte er beinahe noch sein Lebenswerk ruiniert *Von Reiner Flik*	**589**
Das kommunistische Manifest	**Das Gespenst geht wieder um** Globalisierung und Arbeitslosigkeit geben dem »Kommunistischen Manifest« von Marx und Engels neue Aktualität *Von Mathias Greffrath*	**596**
Friedrich Wilhelm Raiffeisen	**Prediger der Solidarität** Mitte des 19. Jahrhunderts gründete Friedrich Wilhelm Raiffeisen die ersten Genossenschaftsvereine – nach dem Motto: Einer für alle, alle für einen *Von Michael Klein*	**605**

George Washington
Vater der Nation
Der erste Präsident der Vereinigten Staaten wollte kein Monarch sein

Von Roland D. Gerste

In der Nacht war es Winter geworden. Eine Schneedecke hatte sich über Mount Vernon gelegt, und ein scharfer Wind zog von Norden durch das Tal des Potomac. Bald nach Tagesanbruch wurde er zum Sturm. Eis und Hagel prasselten auf die sanften Hügel der Plantage herab. Doch für den Herren auf Mount Vernon waren widrige Umstände noch nie in seinem Leben ein Grund gewesen, seine Pflicht zu vernachlässigen. Seine Pflicht – als Farmer, als Soldat und als freier Bürger, als Staatsmann.

Der 67-jährige George Washington bestieg sein Pferd und machte, dem Unwetter zum Trotz, seinen alltäglichen Inspektionsritt über die Felder, zu den Stallungen und den Unterkünften seiner Arbeiter, die er stets als solche behandelte, kleidete und (mäßig) bezahlte und die trotzdem vor dem Gesetz noch als Sklaven galten. Als er an diesem Dezembertag im Jahre des Herrn 1799 in das schöne, aber keineswegs pompöse Haus zurückkehrte, war sein graues Haar schneebedeckt und seine Kleidung durchnässt. In der folgenden Nacht weckte er seine Frau Martha, klagte über Halsschmerzen und Unwohlsein. Bald spürte er Fieber. Die herbeigerufenen Ärzte ließen ihn wiederholt zur Ader und schwächten ihn so in ihrer Hilflosigkeit nur noch mehr.

Im flackernden Licht der Kerzen pendelte sein Bewusstsein zwischen der Wirklichkeit des sich neigenden Tages in einem zu Ende gehenden Jahrhundert und den Traumwelten der Erinnerung. Noch einmal stiegen vor ihm die Stationen eines Weges auf, der zur Geburt einer neuen Nation geführt hatte, wurden im Dämmerlicht Jugend und Ruhm, Niederlagen, Pflicht und Triumph ein letztes Mal lebendig, bevor sich alles im Dunkel für immer verlor.

George Washington

Der Beruf des surveyor, des Landvermessers, dem er sich 1749 als 17-Jähriger verschrieben hatte, schien nicht gerade ein Sprungbrett für eine große Karriere zu sein. Doch wie alle Generationen seiner Familie vor ihm liebte auch der junge George die Erde seiner Heimat Virginia über alles. Und das geradezu buchstäblich. Denn seit den Tagen, da Urgroßvater John Washington 1657 aus England eingewandert war, hatten die Washingtons vor allem eines im Sinn: Landerwerb. So kaufte sich auch George mit dem ersten selbst verdienten Geld Grundstücke im fernen Westen der Kolonie, die er kraft seines Amtes selbst vermessen hatte.

Er träumte von einem sozialen Aufstieg, wie er dem älteren und bewunderten Halbbruder Lawrence schon gelungen war. Dieser hatte Nancy Fairfax geheiratet, die mit großzügigster Mitgift ausgestattete Tochter der wohl reichsten Familie der Kolonie. Der junge George verkehrte häufig auf Belvoir, dem Stammsitz der Fairfax, bewunderte die exquisiten Manieren der Gentry und freundete sich mit dem jungen Herrn der Plantage, George William Fairfax, an.

Es war jedoch dessen Frau, die intelligente und lebenslustige Sally, welche die Gefühlswelt des jungen Washington völlig durcheinander brachte. Er liebte sie leidenschaftlich und nannte noch Jahrzehnte später, kurz vor seinem Tod, die Stunden bei ihr die schönsten seines Lebens. Die Reserviertheit, die für den späteren Präsidenten so typisch war, muss ihm in jungen Jahren fremd gewesen sein – doch ob die Leidenschaft zu Sally

Auf Mount Vernon, seinem im Kolonialstil erbauten Landgut, betrachtete sich George Washington vor allem als Farmer, der seine Pflicht erfüllt.

je eine heimliche, bittersüße Erfüllung fand, blieb ihrer beider Geheimnis.

Im Januar 1759 heiratete er Martha Custis, eine junge Witwe, deren Land- und Sklavenbesitz ihn zu einem der reichsten Männer der Kolonie machte, was seiner Stimme im Abgeordnetenhaus von Virginia, in das er gerade gewählt worden war, zusätzliches Gewicht verlieh. Aus der Vernunftehe wurde eine glückliche Beziehung, voll gegenseitigen Respekts und Zuneigung zwischen dem aufstrebenden George und der warmherzigen Martha, die später zur hoch geachteten ersten, zur first First Lady der Vereinigten Staaten werden sollte.

Ruhm: Die Erinnerung daran ließ den Fiebernden auf seinem Lager nicht los. Wie naiv hatte er dieser Schimäre als junger Mann nachgejagt, wie drückend war sie geworden, als er ihrer durch die Macht der Ereignisse (und weniger aus eigenem Antrieb) habhaft geworden war. Als er Martha heiratete, kannten die Menschen in allen Kolonien zwischen Massachusetts und Georgia bereits seinen Namen – der sich allerdings nur einer sehr gemischten Reputation erfreute. Denn als 21-Jähriger hatte Washington die ersten Schüsse in einem Konflikt abgegeben, der zu einem großen und weltweiten, zum Siebenjährigen Krieg führen sollte.

Dank fleißigen Antichambrierens beim königlichen Gouverneur von Virginia vertraute dieser ihm im Frühsommer 1754 das Kommando über eine Milizeinheit an, die in jenem westlichen Territorium, um das sich England und sein Erzrivale Frankreich seit Jahrzehnten stritten, das Vordringen der Franzosen erkunden sollte. Washington und seine zusammengewürfelte Truppe marschierten wochenlang durch eine scheinbar menschenleere Wildnis, um dann doch auf einen französischen Spähtrupp zu stoßen. Der Feind wurde in einem Scharmützel besiegt: »Ich kann Dir versichern, ich hörte die Kugeln pfeifen und glaub mir, es ist etwas Verführerisches in diesem Geräusch.«

Doch er sollte, auch daran dachte der Alte auf Mount Vernon jetzt wohl, bald lernen, was Krieg wirklich war. 1755 stellten die Briten eine Armee unter General Edward Braddock mit dem Auftrag zusammen, den französischen Kolonialrivalen endgültig zu vertreiben –

die entscheidende Runde im Ringen der Großmächte um Nordamerika war eingeläutet. Washington kommandierte die virginischen Hilfstruppen. Die Offiziere seiner Majestät behandelten ihn mit Herablassung, ein Umstand, der sein Bild vom Mutterland und von dessen imperialem Dünkel nachhaltig prägte.

Die Expedition in die Wälder endete in einem blutigen Fiasko. Viele der sieggewohnten britischen Soldaten, die in ihren scharlachroten Paradeuniformen durchs Unterholz stolperten und ihre Gegner, mehr Indianer als Franzosen, kaum je zu Gesicht bekamen, fanden ein elendes Ende. Die arroganten Offiziere Seiner Majestät rannten kopflos davon und ließen in der Konfusion auf die eigenen Leute schießen.

Der Einzige, der im Chaos Ruhe bewahrte, war der 23-jährige George Washington. Er organisierte einen zumindest halbwegs geordneten Rückzug und verhinderte, dass aus der Niederlage eine Katastrophe wurde. Über Nacht war er in den Kolonien ein bekannter und sogar gefeierter Mann.

Noch vor der Heirat mit Martha legte er sein Offizierspatent nieder und richtete sich als Farmer auf Mount Vernon ein, einer Plantage, die er nach dem Tod von Halbbruder Lawrence und dessen Frau geerbt hatte. In Williamsburg saß er in der Abgeordnetenversammlung, dem House of Burgesses. Und hier ging es bald hoch her. Vor allem die Besteuerung durch das Londoner Parlament, in dem die amerikanischen Untertanen nicht vertreten waren, erhitzte die Gemüter. Washington war nie ein großer Redner; rhetorische Glanzlichter setzte eher ein Feuerkopf wie Patrick Henry mit seinem berühmten Ausruf: »Give me liberty or give me death!« – Freiheit oder Tod! Doch Washington ließ keine Zweifel an der Loyalität zu seiner amerikanischen Heimat: »In einer Zeit, in der unsere hochwohlgeborenen Herren in Großbritannien mit nichts weniger zufrieden sein werden als mit dem vollständigen Raub amerikanischer Freiheiten, muss etwas unternommen werden, um diesen Streich abzuwenden und die Freiheit zu bewahren, die wir von unseren Vorfahren geerbt haben.«

Nach dem offenen Ausbruch von Feindseligkeiten im Frühjahr 1775 beschloss der Kongress der 13 Kolonien, eine Armee aufzustellen und an ihre Spitze den einzigen Mann ihrer Gesinnung zu setzen, der über hinreichende militärische Erfahrung verfügte – George Washington.

Es wurde nicht, wie manch ein Zeitgenosse vermutete, ein kurzer Feldzug. Acht lange, entbehrungsreiche Jahre dauerte das Ringen um jene Unabhängigkeit Amerikas, die im Juli 1776 in Philadelphia verkündet worden war. Washington war kein militärisches Genie, er verzeichnete vor allem in den ersten Jahren mehr Niederlagen als Siege. Doch er sah, was Englands Generalität und seine politische Führung nie verstanden: Solange die Amerikaner nicht restlos besiegt werden konnten, hatte England keine Aussicht, den Konflikt in dem fernen, riesigen Land zu seinen Gunsten zu entscheiden. Sein und seiner Armee Überleben – das war der Schlüssel zum Sieg, zur Souveränität.

George Washinton nach dem Sieg in Yorktown (Gemälde von John Trumbull, 1782, Ausschnitt; Winterthur, Del., Winterthur Museum & Country Estate)

Seine Landsleute verehrten ihn schon zu Lebzeiten
Washington und seine Männer erlernten die Kunst des Überlebens, durchlitten auch finsterste Stunden wie den Winter der Verzweiflung 1777/78 in Valley Forge. Es war Washington, der kraft seiner Autorität, vor allem aber seiner persönlichen Integrität die Armee zusammenhielt und mit ihr die werdende Nation. Er war nicht einfach nur ein General – er war Amerika, verkörperte die Gestalt, an die sich alle Hoffnungen seiner Landsleute klammerten. Father of our country – das war keine Phrase, sondern Ausdruck des Ansehens, in dem der Virginier zu einer Zeit stand, als Amerika kein anderes Symbol, kein Bindeglied, keine Vision von der Zukunft hatte als das reine Überleben in der Rebellion gegen die mächtigste Militärmaschine der Welt.

Und dann stand diese Welt Kopf. Im Oktober 1781 kapitulierten die Briten bei Yorktown vor Washington und seinen französischen Verbündeten. Die Militärkapelle spielte »The World turned upside down« bei der Übergabe des Degens von Lord Charles Cornwallis, dem britischen General, der selbst der Szene fernblieb, Unpässlichkeit vorschützend. Für Washington, des Kämpfens müde, war es eine Stunde der Erleichterung, kaum des Triumphes. Er wusste, wie schlimm der Krieg gewesen war und wie schwierig der Frieden werden würde.

Jeder Krieg ist die Hölle, und Washington setzte, nach Mount Vernon zurückgekehrt, eine Wetterfahne in der Gestalt einer Friedenstaube auf das neue Türmchen seines Hauses. Er hatte die düstere Seite des Unabhängigkeitskrieges kennen gelernt, nicht nur das Elend der Schlachten, sondern auch den Terror, die »Schreckensherrschaft« der amerikanischen Revolution, wie es der mexikanische Schriftsteller Carlos Fuentes einmal genannt hat: die Vertreibung Tausender von Loyalisten, die der Krone die Treue hielten.

Noch als alter Mann, vielleicht gar in jenem letzten Dezember, blickte Washington mit Wehmut über den Fluss hinüber zu dem Ort, der seinen eigenen Verlust symbolisierte: den Ruinen des abgebrannten Herrenhauses von Belvoir. George William Fairfax und Sally waren nach England gegangen und kehrten nie wieder zurück, so, als könnten sie es nicht ertragen, in einem Staat zu leben, an dessen Spitze ihr Jugendfreund, ihr Verehrer George Washington stand.

Die Pflicht holt ihn ein. In der 1787 entstandenen Verfassung der USA war das Amt des Präsidenten geschaffen worden – schon mit Blick auf ihn. Am 30. April 1789, wenige Wochen bevor der Geist der Freiheit auch die Alte Welt erfasste, trat er es an. In fast allem, was er während der folgenden acht Jahre tat, setzte er Maßstäbe, die bis heute nachwirken. Er schuf sich mit einem kleinen, aber hochrangigen Kabinett, dem unter anderen Thomas Jefferson und Alexander Hamilton angehörten, ein beratendes Gremium, das selbst dann noch funktionierte, als sich um diese beiden Persönlichkeiten die ersten, rivalisierenden Parteien bildeten. Die Washington-Administration verwaltete einen Apparat, in dem weniger Menschen arbeiteten als auf Mount Vernon, geschützt von einer Armee unter dem Kommando des loyalen, 300 Pfund gewichtigen Veteranen aus den ersten Tagen des Unabhängigkeitskrieges, Henry Knox: Die furchterregende Streitmacht bestand aus 800 Mann inklusive Kapelle. Amerikas Waffen sollten ruhen, wenn möglich für immer – das war das erklärte Ziel in der Außenpolitik des Generals. Und so steuerte er das Land mit Geschick vorbei an den Kriegen, die in Europa tobten, und gab seinen Landsleuten, aber auch seinen Nachfolgern den Rat, sich nicht in Allianzen mit den vermaledeiten Regimen der Alten Welt verwickeln zu lassen.

First in war, first in peace, first in the hearts of his countrymen – seine Landsleute verehrten ihn schon zu Lebzeiten. Er selbst legte Wert auf Würde und Zeremoniell, doch er achtete die Grenzen, die eine Republik von einer Monarchie trennen. His Highness wollte man ihn zunächst noch anreden, His Excellency oder His Elective Majesty – all das verwarf er und ließ sich nur Mr. President nennen. Das Ende seiner Amtszeit im Frühjahr 1797 nahm er mit unendlicher Erleichterung hin: »Kein Mann ist jemals des öffentlichen Lebens überdrüssiger gewesen.« Doch die Aussicht auf den Ruhestand belebte ihn so, dass er seinem Nachfolger John Adams launig mit auf den Weg gab: »Ich bin schön raus und Sie sind schön drin. Lasst uns sehen, wer glücklicher dabei wird.«

George Washington

Schon zu Lebzeiten von seinen Landsleuten verehrt, wurde George Washington zwischen 1927 und 1941 mit seinen Amtskollegen Thomas Jefferson, Theodore Roosevelt und Abraham Lincoln im Granit des Mount Rushmore verewigt.

Die Schatten wurden länger am Abend dieses 14. Dezember 1799. Suchte er nach dem einen Glanzpunkt seines reichen Lebens, nach jener einen, alle anderen überragenden »größten Stunde«? Ja, vielleicht gab es sie. Doch nicht auf dem Schlachtfeld und auch nicht im höchsten Staatsamt.

Es war vor 16 Jahren, am 23. Dezember 1783. In der Senatskammer des Maryland State House von Annapolis, das dem Kongress für einige Monate als Plenarsaal diente, erwartete der Kongress den Auftritt des Generals. Was viele Abgeordnete beunruhigte, waren die Gedanken an historische Parallelen. Hatte jemals zuvor ein siegreicher Feldherr seine praktisch absolute Macht freiwillig niedergelegt, das Schwert an Männer wie sie, Vertreter des Volkes, anstandslos zurückgegeben? Erinnerungen kamen auf, die Namen Cäsar und Cromwell fielen. Die Empore des Saales war mit fast 200 Besuchern völlig überfüllt – doch es war kein Laut zu vernehmen, als George Washington eintrat.

Seine Hände zitterten, als er das Manuskript der kurzen Rede aus seiner Brusttasche nahm. Immer wieder brach seine Stimme während der dreieinhalbminütigen Ansprache: »Nun, da das mir übertragene Werk getan ist, trete ich von der Bühne ab und entbiete diesem würdigen Gremium, unter dessen Befehl ich so lange gestanden habe, mein tief empfundenes Lebewohl. Ich gebe mein Amt zurück und nehme Abschied von den Forderungen des öffentlichen Lebens.«

Den klassisch Gebildeten unter den Zeugen der denkwürdigen Szene offenbarte sich ein ganz anderes historisches Vorbild als jene Usurpatoren, deren Namen noch kurz zuvor die Runde gemacht hatten. Man erinnerte sich an Cincinnatus, jenen Römer, der Pferd und Pflug stehen ließ, als sein Volk in Gefahr geriet, und der nach dem Kampf wieder die Felder bestellte. Der ruhige Übergang von militärischer zu ziviler Gewalt, der für Washington nie infrage stand, war etwas, um das die Nationen der Alten Welt den jungen Staat in der Neuen Welt beneiden konnten.

Gegen zehn Uhr abends ging es zu Ende. Er richtete sich auf, gab den Umstehenden mit leiser Stimme die Anweisung, ihn erst nach drei Tagen zu beerdigen, und schloss mit »'t is well«. Er hatte sein Land auf einen guten Weg gebracht, auch wenn viele Amerikaner, wie die Schwarzen, noch lange für ihre Freiheitsrechte kämpfen mussten. Frauen sollten erst 1920 den Präsidenten wählen können; die Mahnung Washingtons, die native Americans, die Indianer, fair zu behandeln, wurde von nachfolgenden Politikern geflissentlich überhört.

Doch die Grundlagen für eine funktionierende Demokratie in einem Zeitalter der Autokraten, Diktatoren und selbstgekrönten Kaiser waren gelegt. Washington war sich bewusst, dass der republikanische Neuanfang vor den Augen einer misstrauischen Welt nicht scheitern durfte. »Das heilige Feuer der Freiheit und das Schicksal einer republikanischen Form der Regierung« seien jetzt, so hatte er bei der Übernahme dieses neuen Amtes 1789 erklärt, abhängig vom Erfolg jenes großen »Experimentes, das in den Händen des amerikanischen Volkes liegt«. Als der Mann, der nur Farmer auf Mount Vernon sein wollte, an jenem Winterabend im Jahr 1799 ging, wusste er, dass sein Werk wohl getan war: 't is well.

9. Dezember 1999

Louisiana Purchase

Die Verdoppelung der USA

Mit dem Kauf der spanisch-französischen Kolonie Louisiana begann der Aufstieg der Vereinigten Staaten zur Großmacht

Von Roland D. Gerste

Der französische Finanzminister liebte Amerika. François de Barbé-Marbois war sechs Jahre seines Lebens Sekretär der Pariser Gesandtschaft in den USA gewesen und schätzte seither die politischen Institutionen sowie die individuelle Freiheit dort. Mit zwei zukünftigen Präsidenten hatte er damals eine Freundschaft angeknüpft, und auch die Tatsache, dass er eine gleichermaßen hübsche wie wohlhabende junge Dame aus Philadelphia ehelichte, dürfte zu seinem günstigen Amerika-Bild nicht wenig beigetragen haben.

Für einen Vertreter der politischen Klasse des Alten Europas war es im Frühjahr 1803 noch leicht, Amerika zu lieben. Die junge Nation jenseits des Atlantiks, gerade mal 20 Jahre alt, stellte im internationalen Kräftespiel nur eine Größe zweiter Ordnung dar und verfügte über eine Militärmacht von 3000 Soldaten inklusive Kapelle. Ihr Präsident Thomas Jefferson erfreute sich diesseits des Atlantiks großer Sympathie. Er galt als Intellektueller und Mann von Welt, der einst als amerikanischer Gesandter in Paris die Lebensart der ersten Nation Europas zu schätzen gelernt und bei einer Reise entlang des Rheines auch an Deutschland Gefallen gefunden hatte. Zudem hielt sich Amerika aus allen internationalen Konflikten heraus, während Frankreich just dem Zenit seiner imperialen Entfaltung entgegenstrebte – an seiner Spitze stand, damals noch als Erster Konsul, Napoleon Bonaparte.

Doch selbst die innige Zuneigung François de Barbé-Marbois' zu den Vereinigten Staaten konnte kaum erklären, warum der Finanzminister am Abend des 13. April 1803 so buchstäblich vom diplomatischen Weg abwich. Als er bei einem Spaziergang am Haus der amerikani-

ZEIT Aspekte

Die französisch dominierten Gebiete um das Delta des Mississippi waren um 1800 zum Tor Amerikas in die Zukunft geworden (Delta des Mississippi in einer Satellitenaufnahme).

schen Gesandtschaft »zufällig« vorbeikam, betrat er deren Gelände, ging aber keineswegs auf das Portal zu, sondern stiefelte zielstrebig durch die Blumenbeete hindurch, um am Fenster des Speisezimmers zu spionieren. Ein Bediensteter entdeckte den Voyeur, der von den Diplomaten, die an der Tafel versammelt waren, auch sofort erkannt wurde. Man bat Barbé-Marbois herein, der ein wenig Verlegenheit heuchelte, dann aber das Angebot, doch auf einen Cognac zu bleiben, freudig annahm. Binnen Kurzem saß er mit dem amerikanischen Gesandten, Robert Livingston, und dem gerade erst in Paris eingetroffenen Sonderbotschafter Präsident Jeffersons, James Monroe, zusammen. Ein Wort machte die Runde, das auf die Männer eine ebenso vitalisierende Wirkung ausübte wie die geisthaltigen Getränke in ihren Gläsern: Louisiana.

Napoleon plant am Mississippi ein Neues Frankreich
Schon seit Tagen ging es um nichts anderes mehr zwischen den USA und Frankreich. Louisiana, das große Land im Westen und Südwesten der jungen Republik westlich des Mississippis und rund um das Delta des

gewaltigen Stroms, war zum Tor Amerikas in die Zukunft geworden, und Frankreich hatte den Schlüssel dazu. Denn seit der Unabhängigkeit waren Tausende Europäer in die Western Territories jenseits des Appalachen-Gebirges eingewandert und hatten dort neue Staaten gegründet, zunächst Kentucky (1792) und Tennessee (1796), in jenem Jahr 1803 Ohio. Um mit ihren Produkten die großen Märkte diesseits und jenseits des Atlantiks zu erreichen, war der Mississippi für die Farmer und Fallensteller, für die Manufakturen und Brennereien in dieser Region essenziell.

Beherrscht wurde das Gebiet von New Orleans aus. Die französisch geprägte Stadt und mit ihr die gesamte Kolonie Louisiana waren 1762 vom bourbonischen Frankreich zwar an Spanien abgetreten worden, doch hegten die Amerikaner zu Beginn des Jahrhunderts die Vermutung, das neue Frankreich könne auf eine Revision drängen. Mit dem schwächelnden Spanien als westlichem Nachbarn war man gut ausgekommen, doch das napoleonische Reich an seine Stelle treten zu sehen war für amerikanische Staatsmänner eine eher beunruhigende Aussicht. Selbst der durch und durch frankophile Thomas Jefferson sah eine solche Entwicklung mit Schrecken: »Es gibt auf dem Globus einen einzigen Fleck, dessen Besitzer unser natürlicher Feind ist. Es ist New Orleans, das die Produkte von drei Achtel unseres Territoriums auf dem Weg zu den Märkten passieren müssen. Wenn Frankreich sich in diese Tür stellt, löst dies bei uns das Gefühl der Abwehr aus.«

François Dominique Toussaint l'Ouverture organisierte 1791 auf Haiti einen Sklavenaufstand, der sich zum Krieg gegen die französischen Truppen entwickelte. Auch die von Napoleon entsandte Armee wurde geschlagen. 1804 wurde Haiti unabhängig von Frankreich.

Was die Amerikaner zu diesem Zeitpunkt noch nicht wussten: Ihre Befürchtungen waren längst Wirklichkeit geworden. Am 1. Oktober 1800 hatte Frankreich »die Kolonie oder Provinz Louisiana« inklusive New Orleans, der einzigen nennenswerten Stadt auf dem riesigen Territorium, in einer geheimen Zusatzklausel zum Vertrag von San Ildefonso von Spanien erworben. Napoleons Plan: Nach der Niederschlagung des Aufstandes in der französischen Kolonie auf Haiti (wo der Freiheitskämpfer Toussaint l'Ouverture als erster Lateinamerikaner das Joch der Sklaverei und der Kolonisation abschütteln wollte) sollte das dorthin entsandte, 20 000 Mann starke Expeditionskorps unter Napoleons Schwager

General Charles Leclerc aufs amerikanische Festland übersetzen. Leclerc hatte den Auftrag, Louisiana auch militärisch für Paris in Besitz zu nehmen und dort eine lebensfähige Nouvelle France zu errichten.

Dass den USA dieses Unternehmen erspart blieb, verdankte es einem kleinen Verbündeten, auf den eigentlich, wie der Historiker Thomas Fleming einmal schrieb, an jedem 4. Juli ein Toast ausgebracht werden sollte: Aedes aegypti. Die Stechmücke überträgt das Gelbfieber, welches die französische Armee auf der Karibikinsel gnadenlos dezimierte. Auch Leclerc sah die Heimat nie wieder. Napoleons kolonialer Enthusiasmus ließ rapide nach: »Verdammter Zucker! Verdammter Kaffee! Verdammte Kolonien!«

Dennoch erschien Jefferson und seinem Außenminister James Madison – sie hatten Anfang 1802 vom spanisch-französischen Geheimabkommen erfahren – ein radikaler Kurswechsel der amerikanischen Außenpolitik erwägenswert. Der Isolationismus der ersten Jahre und das Misstrauen gegen ein stehendes Heer konnten angesichts der potenziellen Bedrohung fatale Folgen haben. Jefferson, lange Jahre ein erbitterter Gegner Großbritanniens, sinnierte plötzlich laut vernehmbar, dass man sich möglicherweise mit der »englischen Nation und Flotte verheiraten« müsse. An Botschafter Livingston in Paris erging die Anweisung, mehr als nur subtil eine Aussöhnung der USA mit dem einstigen Mutterland anzudeuten, gleichzeitig aber herauszufinden, ob man den Franzosen nicht New Orleans und sein (in der Ausdehnung nicht definiertes) Umland abkaufen könnte.

Unterdessen breitete sich in den USA Unruhe aus. Die Spanier, die offiziell noch immer New Orleans verwalteten, hatten plötzlich das Niederlassungsrecht für amerikanische Firmen aufgehoben. Daraufhin wurde in den westlichen US-Staaten und bei deren Vertretern im Kongress die Forderung nach gewaltsamer Einnahme der Stadt laut. Im März 1803 beantragte ein Senator aus Pennsylvania die Aufstellung einer Streitmacht von 50 000 Mann – die Franzosen wurden nervös.

Napoleon, der in seinem Kampf gegen England keine weitere Front in Übersee brauchen konnte, zeigte sich kompromissbereit. US-Botschafter Livingston, ein schwerhöriger New Yorker, der mehr als ein Vierteljahrhundert zuvor zusammen mit Jefferson und drei weiteren Männern die Unabhängigkeitserklärung verfasst hatte, nahm die Verhandlungen auf. Seine Gegenüber waren zwei der engsten Vertrauten Napoleons. Neben Finanzminister Barbé-Marbois hatte er es vor allem mit Außenminister Charles-Maurice de Talleyrand-Périgord zu tun. Auch dieser kannte Amerika aus eigener Anschauung, doch im Gegensatz zu seinem Kabinettskollegen hatte er keinen sonderlichen Gefallen an dem Land gefunden. Er sah in den USA eine aufstrebende Macht, deren Ambitionen es – zur Not im Zusammenwirken mit England – Grenzen zu setzen galt. Auch die Tatsache, dass sich Livingston gegen Talleyrands Forderung nach einer Verhandlungs-„Gebühr" von rund 250 000 Dollar für die Privatschatulle des Ministers als besonders taub erwies, trug nicht gerade dazu bei, das Amerika-Bild des Franzosen aufzuhellen. Napoleon mochte seine Gründe gehabt haben, als er Talleyrand »ein Stück Scheiße in Seidenstrümpfen« nannte.

Der rasanteste Wertverfall der Weltgeschichte
Die Gespräche verliefen zunächst schwerfällig, was auch daran lag, dass der Amerikaner keine konkrete Summe zu nennen vermochte, die seine Regierung für den Kauf von New Orleans anzulegen gedachte. Dem Gesandten verdarb jedoch etwas anderes die Stimmung: die bevorstehende Ankunft von James Monroe. Livingstons Verhältnis zu den beiden ihm vorgesetzten Virginiern Jefferson und Monroe war ohnehin nicht das beste. Das Auftauchen dieses »Außerordentlichen Gesandten« sah er

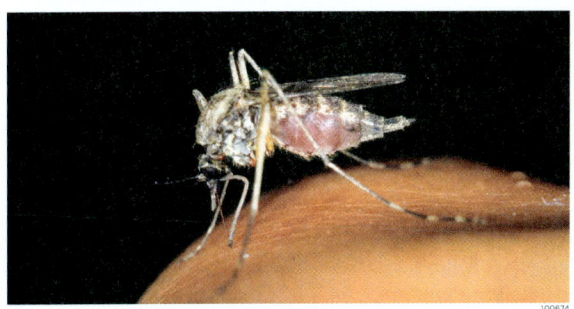

Die Stechmücke Aedes aegypti überträgt das Gelbfieber, das die französischen Truppen auf Haiti so stark dezimierte, dass eine militärische Intervention auf dem amerikanischen Festland unmöglich wurde.

als Versuch an, ihm die Geschäfte aus der Hand zu nehmen. Monroe war ein Jefferson-Intimus und früher schon einmal Gesandter in Paris gewesen, wobei er nicht die glücklichste Figur gemacht hatte. Eingeladen, vor dem Konvent zu sprechen, war er dem Sog der eigenen Freiheitsrhetorik erlegen und hatte vor den jubelnden Revolutionären die Geistesverwandtschaft Frankreichs mit den USA beschworen – was wenig zur strikt neutralen Haltung seines Landes passte. Nur die schützende Hand Jeffersons hatte damals eine Abberufung in Schande verhindert.

Livingston wollte sich beeilen, wollte die Verhandlungen auf den Weg gebracht haben, bevor Monroe Paris erreichte. Und es war kein Geringerer als der Erste Konsul selbst, der ihm diesen Herzenswunsch erfüllte. Am 10. April demonstrierte Napoleon plötzlich Pragmatismus. »Ich kann kaum sagen, dass ich es an die Amerikaner abtrete«, erklärte der Korse Finanzminister Barbé-Marbois mit Blick auf das de facto nicht in Besitz genommene Louisiana, »weil wir darüber gar nicht verfügen. Sie fragen nur nach einer Stadt in Louisiana, aber ich betrachte bereits die ganze Kolonie als verloren. Und es erscheint mir, dass es in den Händen einer aufstrebenden Macht nützlicher für Frankreich und seinen Handel sein kann, als wenn ich versuchen würde, es zu behalten.«

Am nächsten Tag bekräftigte er seinen Entschluss und gab Barbé-Marbois die Anweisung: »Schlagen Sie 50 Millionen Franc vor, nicht weniger. Ich brauche das Geld für den Krieg mit England.« Kurz zuvor hatte Napoleon noch von 100 Millionen gesprochen. Das sei, so kommentierte Talleyrand spitz, der rasanteste Verfall eines Immobilienwerts in der Geschichte.

Noch am gleichen Tag wurde Livingston zu Talleyrand gerufen. Wie viel würden, so fragte ihn der Außenminister, die Vereinigten Staaten für ganz Louisiana zahlen? Livingston glaubte, wieder einmal sehr schlecht gehört zu haben. Nach einem Moment der Besinnung sagte er (obwohl darüber mit Jefferson nichts abgemacht war): »Zwanzig Millionen Franc.« Völlig inakzeptabel, erklärte Talleyrand. Livingston solle das Angebot überdenken und am anderen Tag wieder kommen.

James Monroe, der später Präsident der Vereinigten Staaten wurde, kam als Sonderbotschafter Präsident Jeffersons für die Verhandlungen um den Erwerb Louisianas nach Paris (Porträt von Chester Harding).

Louisiana Purchase

Die 1794 errichtete Saint-Louis-Kathedrale stammt aus der Zeit der spanischen Herrschaft in New Orleans. 1795 erlaubte Spanien den Amerikanern, die Stadt als Hafen zu nutzen.

Wie Livingston kannte auch James Monroe, inzwischen in Paris eingetroffen, keine konkreten Zahlen, wohl auch, weil niemand in Washington mit einem solchen Angebot gerechnet hatte. Als am Abend des 13. April Livingston, Monroe und Überraschungsgast Barbé-Marbois zusammensaßen (dass der Franzose zeitweilig mit seinem Freund Livingston unter vier Augen zu sprechen wünschte, erfüllte den New Yorker mit kaum verhohlener Befriedigung, während Monroe nur mit Mühe Gleichmut zur Schau stellte), kam man schnell überein, dass bei einem so sprunghaften Menschen wie Napoleon (dem nun doch wieder 100 Millionen vorschwebten) das Angebot eine Chance darstellte, die vielleicht nie wiederkäme.

Die Amerikaner handelten, rasch – und auf eigene Faust. Einen Kongressausschuss um Erlaubnis zu ersuchen war in einer Zeit, da eine Depesche nach Washington und deren Antwort nach Paris vier Monate brauchten, nicht möglich. Immerhin hatte Jefferson seinem Vertrauten Monroe einen Wink mit auf die Reise nach Europa gegeben. Sollte sich eine Möglichkeit andeuten, die Navigationsrechte auf dem Mississippi und das zu

Spanien gehörende Florida zu erwerben, so waren nach des Präsidenten Vorgabe 50 Millionen Franc nicht zu viel.

Die Fläche der USA verdoppelte sich mit einem Schlag
Livingston wusste, dass es um ein Gebiet ging, über dessen wahre Größe ebenso wenig bekannt war wie über dessen Grenzen. Auch Monroe hatte keine Ahnung, um wie viele Quadratmeilen es sich handelte. Eines aber stand fest: Man würde im Erfolgsfall die Fläche der USA mit einer Unterschrift mindestens verdoppeln.

Am Samstag, dem 27. April, traten Livingston, Monroe und Barbé-Marbois in die entscheidende Verhandlungsrunde ein, nachdem wenige Tage zuvor Napoleon ein amerikanisches Angebot von 50 Millionen Franc als unzureichend abgelehnt hatte. Als das arbeitsreiche Wochenende sich seinem Ende entgegenneigte, vertraute ein ermüdeter, aber auch erleichterter Monroe seinem Tagebuch an: »Barbé-Marbois erklärte, ... nach seinem Verständnis hätte der Consul [Napoleon] seine Einwilligung gegeben. Wir stimmten darauf seinem Vorschlag von 80 Millionen zu.«

Außenminister Charles Maurice de Talleyrand war auf französischer Seite an den Verhandlungen um Louisiana beteiligt.

Frankreich würde 60 Millionen Franc von den USA erhalten, 20 Millionen wurden gegen Forderungen von US-Bürgern an Frankreich (meist für aufgebrachte Schiffe und beschlagnahmte Waren) aufgerechnet. In amerikanischer Währung handelte es sich um eine Gesamtsumme von rund 15 Millionen Dollar. Ging man von einem Gebiet aus, das sich über 900 000 Quadratmeilen erstreckte, so bedeutete dies – das hatten die beiden Amerikaner schnell errechnet – einen Spottpreis von vier Cent für jeden Acre (1 Acre = circa 4000 Quadratmeter). Am Dienstag, dem 30. April 1803, unterzeichneten Barbé-Marbois und die beiden Amerikaner den Vertrag, der als Louisiana Purchase zu den Meilensteinen der amerikanischen Geschichte gehört.

Auf dem erworbenen Territorium, das sich vom Golf von Mexiko bis zu den Rocky Mountains erstreckte, entstanden im Laufe des 19. Jahrhunderts genauso viele Bundesstaaten (ganz oder zumindest teilweise), wie die USA einst bei ihrer Gründung aufweisen: 13. Auf den Louisiana Purchase gehen die heutigen Staaten

Louisiana Purchase

Louisiana, Arkansas, Missouri, Iowa, North Dakota, South Dakota, Nebraska, Kansas, Wyoming, Minnesota, Oklahoma, Colorado und Montana zurück.

Auch der Erste Konsul war zufrieden: Am Tag nach der Unterzeichnung durften die beiden Amerikaner mit ihm im Louvre speisen. Wie er die 60 Millionen Franc zu investieren gedachte, stand für den Diktator außer Frage: in den Krieg gegen England. Darüber hinaus erfreute eine langfristige Perspektive Napoleons Herz: »Ich habe England einen maritimen Rivalen gegeben, der früher oder später seinen Stolz demütigen wird.«

Die Nachricht von dem diplomatischen Erfolg erreichte die Vereinigten Staaten am 3. Juli, dem Vorabend des Unabhängigkeitstages. In die Freude mischte sich bei Präsident Jefferson die Erkenntnis, dass er und seine Diplomaten mit der Verdopplung der Staatsfläche ohne Konsultation der gewählten Repräsentanten der Bevölkerung »die Verfassung bis zum Zerbrechen gedehnt« hatten. Die Volksvertreter trugen es der Regierung nicht nach. Der Senat stimmte dem Louisiana Pur-

Thomas Jefferson hatte mit seinen Diplomaten die Staatsfläche der Vereinigten Staaten verdoppelt, ohne zuvor die Volksrepräsentanten befragt zu haben.

chase im Oktober mit 24 zu 7 Stimmen, das Repräsentantenhaus mit 89 zu 23 Stimmen zu.

Der Kauf Louisianas, so schreibt der Historiker Charles A. Cerami in seinem 2003 erschienenen Buch »Jefferson's Great Gamble«, signalisierte der Welt, dass es den USA offenbar bestimmt sei, sich über den gesamten Kontinent auszudehnen. Der Vertrag war die Grundlage für jenes atemberaubende demographische und wirtschaftliche Wachstum, das Amerikas Entwicklung im damals noch jungen 19. Jahrhundert kennzeichnete. Doch der Kauf hatte auch seine dunkle Seite. Die Kultur der Indianer westlich des Mississippis, die schon von 1804 an in der legendären Expedition von Lewis und Clark erkundet wurde, war genauso wie jede andere Gesellschaftsform der amerikanischen Ureinwohner seit dem Eintreffen der ersten Weißen zum Untergang verurteilt.

Zudem breitete sich jetzt die Sklaverei weiter aus. Bei fast jedem neuen Staat westlich der alten Grenze würde es in den nächsten 50 Jahren bittere Debatten über den Zustand geben, ob free, ob slave state, Debatten, die schließlich, 1861, in einem der grausigsten Bürgerkriege der Neuzeit eskalieren sollten.

In New Orleans indessen hält sich bis heute die Legende, dass hier 1821 eine Gruppe exilierter französischer Offiziere die Befreiung Napoleons aus britischem Gewahrsam auf St. Helena plante und ihn in die Stadt zu bringen hoffte. Der Tod des Kaisers im selben Jahr habe den Plan zunichte gemacht, doch der für ihn bestimmte Altersruhesitz im Französischen Viertel gilt noch heute als Napoleon House (und beherbergt natürlich eine Bar).

Wäre der Plan in die Tat umgesetzt worden, hätte sich der alternde Despot vom Gedeihen eines einstmals französischen Landes unter einem demokratischen System überzeugen können. Und vielleicht hätte er dann einer Weisheit zugestimmt, die zu seinen Lebzeiten vor allem von missgünstigen Engländern gern verbreitet wurde: »Der liebe Gott beschützt Narren, Trunkenbolde und die Vereinigten Staaten von Amerika.« *24. April 2003*

Tokugawa-Dynastie

Eine Insel für Europa

Globalisierung, nein danke! Über zwei Jahrhunderte lang endeten alle Wege nach Japan auf Dejima

Von Wolfgang Zank

Die künstliche Insel Dejima in der Bucht von Nagasaki maß nur etwa 70 Meter an den Schmalseiten und 233 beziehungsweise 190 Meter an den Längsseiten. Auf ihr befanden sich, beidseitig einer Kreuzgasse, einige zweigeschossige Gebäude. Die untere Etage diente als Warenlager, die obere als Wohnbereich. Die eher kümmerlichen Häuser hatten »etwa das Ansehen von Ziegenställen ..., von Tannenholz aneinander gepappt«, wie der Forschungsreisende Engelbert Kaempfer notierte. Eine weitere Gasse lief um die Insel herum. Küchengärten, ein freier Platz, ein paar weitere Gebäude sowie eine kleine Brücke zum Festland vervollständigten das Bild.

Dieser Flecken war über zwei Jahrhunderte lang, von 1641 bis 1854, der einzige Ort Japans, an dem sich Europäer aufhalten durften. Abgesehen von einer jährlichen Reise an den Hof des Schoguns konnten sie die Insel nicht verlassen. Bei den ständigen Bewohnern handelte es sich um etwa zehn – die Zahl schwankte – männliche Angestellte der niederländischen Ostindienkompanie. Wenn einem der Männer nach weiblicher Gesellschaft zumute war, sorgte ein japanischer Beamter für eine Gefährtin. Bezahlt wurde pro Nacht.

Jedes Jahr im September trug der Südwestmonsun einige Schiffe aus Batavia, dem heutigen Jakarta, heran. So gelangte 1690 auch der Schiffsarzt Engelbert Kaempfer aus dem westfälischen Lemgo für zwei Jahre nach Dejima. Sein Bericht klingt wenig erfreulich: »Wir werden hier nicht wie ehrliche Menschen, sondern wie Übeltäter, Kundschafter oder Gefangene ... behandelt ... Wir dürfen keine Sonn- und Feiertage feiern, keine geistlichen Gesänge und Gebete hören lassen ... Dabei müssen wir noch viel andere beschimpfende Zumutungen ausstehen ... Die einzige Ursach, welche die Holländer bewegt, alle diese Leiden so geduldig zu ertragen, ist bloß die Liebe des Gewinns und des kostbaren Marks [Silber] der japanischen Gebirge.«

Immerhin hatte es die Vereenigde Oostindische Companie (VOC) als einzige europäische Instanz vermocht, mit den Japanern ins Geschäft zu kommen. Gerade weil sie nur von kapitalistischer »Liebe des Gewinns« angetrieben wurde. Dies machte sie aus japanischer Sicht kalkulierbar, im Gegensatz zu portugiesischen oder spanischen Überzeugungstätern. Und wie die eingeengten Verhältnisse auf Dejima symbolisch verdeutlichen: Es war dies eine Zeit, in der man den Kapitalismus in engen Schranken halten konnte. Noch gelang es den Eliten starker Staaten wie Japan, sich eine Globalisierung zu verbitten und ihre Gesellschaften abzuschotten beziehungsweise alle Verbindungen zur »Außenwelt« genau zu kontrollieren.

1543, hundert Jahre vor der Errichtung von Dejima, hatten als erste europäische Sendboten Kaufleute aus Portugal Japan angesteuert. Ihre Waren wie Uhren, Tabak, Brillen oder Samt trafen auf eine neugierige Kundschaft. Ganz besonderes Interesse weckten die Arkebusen, die ersten treffsicheren Feuerwaffen, welche den Japanern unter die Augen kamen. Bald bauten einheimische Handwerker sie in großer Zahl nach. Und schon 1558 zog ein japanischer Regionalfürst mit Kanonen ins Feld.

Bei der Ankunft der Europäer durchlebte Japan die »Zeit der kämpfenden Provinzen«: Eine Zentralgewalt existierte praktisch nicht, der Tenno in Kyōto spielte nur eine zeremonielle Rolle. Die Landesfürsten stritten oft und in wechselnden Allianzen um die Macht. Doch von 1560 an gelang es den »drei Einigern« Oda Nabunaga, Toyotomi Hideyoshi und Tokugawa Ieyasu in einer Serie von Bürgerkriegen, die regionalen Fürstentümer zu unterwerfen. Zuletzt konnte sich Tokugawa Ieyasu (der Familienname wird traditionellerweise vorangestellt) 1603 zum Schogun, zum Kaiserlichen Militärbefehlshaber, ernennen und eine neue Dynastie begründen. Und von 1640 an herrschte dann für mehr als 200 Jahre Friede in Japan.

Den europäischen Kaufleuten folgten bald die Missionare. Schon 1549 landete Francisco de Xavier, einer der

Tokugawa-Dynastie

Zunächst u. a. als Waffenhändler willkommen, wurden die jesuitischen Missionare von den Tokugawa-Shogunen ab 1612 gnadenlos verfolgt (unbekannter japanischer Maler, »Martyrium der Jesuiten in Japan am 10. September 1622«, 17. Jh., Ausschnitt; Rom, Il Gesù).

Gründer des Jesuitenordens, in der südwestlichen Hafenstadt Kagoshima, viele andere folgten.

Die Holländer, skrupellos und gefügig, durften bleiben
Die japanischen Feudalgewaltigen scheinen das Christentum zunächst für eine harmlose Variante des Buddhismus gehalten zu haben, und deren gab es bereits mehrere. Daneben pflegten die Japaner traditionelle schintoistische Kulte, und auch der Konfuzianismus, eher eine

ZEIT Aspekte

Sammlung philosophisch-moralischer Lehrsätze als eine Religion, hatte bereits beträchtlichen Einfluss. Die Zeiten waren hart, und unter diesen Bedingungen konnten die Missionare beeindruckende Erfolge erringen. Zeitweilig mögen etwa zwei Prozent der Japaner Christen gewesen sein, darunter mehrere Landesfürsten.

1582 schickten drei von ihnen aus Kyushu eine Delegation zum Papst nach Rom, und 1613 folgte ein weiterer Fürst auf Honshu ihrem Beispiel. Sie alle hofften auf ihr Seelenheil – und auf stabile Handelsbeziehungen. Mehr Handel bedeutete mehr Geld und mehr Waffen, vor allem Letzteres verteilten die Missionare großzügig. Außerdem konnte der neue Glaube die Unabhängigkeit von einer japanischen Zentralgewalt legitimieren. Denn Katholizismus bedeutete geistige Unterordnung unter den Papst, also unter ein Machtzentrum außerhalb Japans. Gerade die politischen Seiten der Missionsarbeit

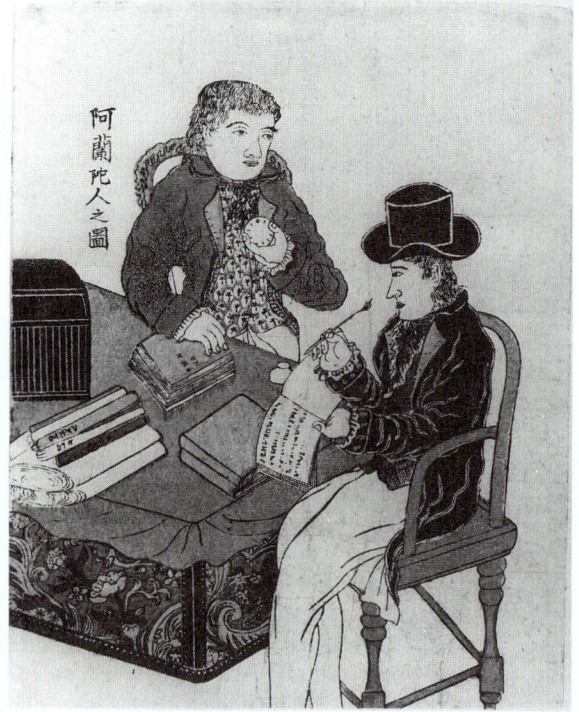

Die Holländer durften als einzige Europäer im Land bleiben. Der japanische Holzschnitt zeigt einen holländischen Textilkaufmann bei der Rechnungsführung – auf dem Tisch liegen Stoffballen (frühes 19.Jh.; London, British Museum).

führten bald dazu, dass sich, mit Kaempfers Worten, die »Missionare ... den gerechten Zorn der höchsten Majestät des Reiches zuzogen«.

1587 erließ Toyotomi Hideyoshi ein erstes – zunächst wirkungsloses – Edikt gegen die Missionstätigkeit. Von 1612 an gingen die Tokugawa-Schogune den Weg gnadenloser Repression. Tausende Christen verloren ihr Leben. 1629 führten die Behörden eine neue Form der Gewissensprüfung ein: Des Christentums verdächtige Japaner mussten auf Bronzeplatten mit Maria- und Jesus-Bildern treten. Wer sich weigerte, wurde gefoltert und hingerichtet.

Am Handel mit den Europäern blieben die ersten Tokugawa-Schogune allerdings auch weiterhin interessiert. Aber bei Spaniern und Portugiesen vermischten sich Geschäft, Religion und Politik zu einem undurchschaubaren Gemenge. 1624 wurde daher allen Spaniern befohlen, das Land zu verlassen, die Portugiesen verwies man 1635 nach Nagasaki. Nur auf der dort eigens für sie angelegten künstlichen Insel Dejima, also nicht auf japanischem Boden, sollten sie sich aufhalten dürfen. Doch schon vier Jahre später wurden sie und alle Kastilier endgültig und auf ewig des Landes verwiesen.

Dennoch machte sich 1640 noch einmal eine portugiesische Delegation auf den Weg nach Nagasaki. Tokugawa Iemitsu ließ die Gesandten und ihre Diener, insgesamt 57 Menschen, enthaupten und ihr Schiff verbrennen. Nur zwölf Bedienstete durften am Leben bleiben, damit sie die Kunde nach Macao bringen konnten.

Die Holländer waren als Nichtkatholiken zunächst relativ unbehelligt. Doch langsam gerieten auch sie unter Druck. Das Blatt wendete sich erst, als sie 1638 eine besondere Prüfung bestanden: Christliche Bauern und Samurai hatten sich in der Küstenfestung Hara in der Nähe von Nagasaki verschanzt, und zunächst konnten sie weit überlegen Truppen standhalten. Auf die Bitte des Schogunats begab sich Mijnheer Kockebecker, der Leiter der Faktorei in Hirado, mit einem Schiff nach Hara. Mittels seiner Schiffsgeschütze ließ er die Mauern in Trümmer schießen. Die Christen wurden dann von den Schogunat-Truppen niedergemetzelt, nur wenige Hundert überlebten.

Nachdem die Ostindische Kompanie sich damit als verlässlicher Partner erwiesen hatte, durften die Holländer fortan als einzige Europäer im Lande bleiben. Allerdings mussten sie 1641 nach Dejima umziehen. Unter Aufsicht des Schogunats konnten sie dort, und nur dort, Handel treiben. Kein Regionalfürst sollte durch sie profitieren. Und allen Japanern war bei Todesstrafe die Ausreise verboten. So barbarisch die Praxis der Abschließung heutzutage auch wirkt: In Kaempfers Augen war sie eine notwendige Bedingung für den dann folgenden langen Frieden. Nicht wenige Experten geben ihm, für damalige Zeit, Recht.

Die Holländer frachteten Stoffe und Textilien nach Japan, dazu Ferngläser, chinesische Rohseide, brasilianische Hölzer, westindischen Zucker, Kampfer aus Borneo, Korallen und Bernstein oder wohlriechende Balsame aus asiatischen Pflanzen. Im Gegenzug kauften sie vor allem Silber und Kupfer. In der indischen Hafenstadt Surat konnten sie das Kupfer mit einem Profit von 95 Prozent weiterverkaufen.

Zum Dank tanzten die Händler vor dem Schogun
Einmal im Jahr musste sich eine Gesandtschaft von Dejima auf den Weg an den Hof des Schoguns in Edo, dem heutigen Tokio, machen. Kaempfer nahm an einer solchen Reise teil. Nach einer ersten zeremoniellen Audienz für den Leiter der holländischen Niederlassung wurde die gesamte Delegation in den Palast gerufen, um sie der Familie des Schoguns und den Hofdamen zum Zwecke der Belustigung vorzuführen. Der Fürst und seine Gemahlin blieben dabei hinter einer Jalousie-Matte verborgen. »Jeder von uns musste alsbald gegen die Seite, wo sich der Kaiser [Schogun] aufhielt, seine Respektbezeugung auf japanische Manier, mit bis zur Erde gebücktem Haupte herzukriechend, ablegen ... Unser Capitain stattete nun im Namen seiner Herren ein untertänigstes Kompliment und Danksagung für die Gnade ab, dass ihnen der freie Handel in Japan bisher vergönnet gewesen.« Dann »mussten wir uns gefallen lassen, ordentliche Affenpossen auszuüben ...; bald mussten wir nämlich aufstehen und hin und her spazieren, bald uns untereinander komplimentieren und tanzen,

springen, einen betrunkenen Menschen vorstellen, ... singen, die Mäntel bald um-, dann wieder wegtun und dergleichen, ich an meinem Teil stimmte dabei eine deutsche Liebesarie an ...«

Bei dem Schogun mit den sonderbaren Launen handelte es sich um Tsunayoshi, auch als »Hunde-Schogun« bekannt: Inspiriert von buddhistischem Gedankengut erließ er Verordnungen gegen das Töten von Tieren. Vor allem Hunde sollten geschützt werden; wer sie schlecht behandelte, riskierte die Todesstrafe. Für die Staatsgeschäfte interessierte er sich dagegen kaum, und seine aufwendige Hofhaltung brachte die Regierung in arge Not.

Unter den ersten Tokugawa war das Schogunat noch eine harte Militärdiktatur. Sämtliche Regierungs- und Verwaltungsämter blieben den Samurai vorbehalten, und nur sie durften Waffen tragen. Aber als Administratoren mussten sie Kenntnisse haben. Im Verhaltenskodex aus dem Jahre 1615 heißt es ausdrücklich (man beachte die Reihenfolge): »1. Das Studium der Literatur und die Ausübung der militärischen Künste ... müssen sorgfältig gepflegt werden.« Langsam wurden aus den rauen Kriegsgesellen kultivierte Beamte.

Die Gesellschaft war unter den Tokugawa säuberlich in vier Klassen geschieden: Samurai, Bauern, Handwerker und Kaufleute. Jede Klasse hatte ihre eigenen Pflichten und Verhaltensregeln, der Wechsel aus der einen in die andere Klasse war verboten. Nur: Es gab mehr Samurai denn Verwaltungsposten – als Landwirte oder Kaufleute allerdings durften sie nicht arbeiten.

Die Schogune wussten, dass ihre Machtbasis auch vom Handel abhing. Die Bauern zahlten Steuern in Form von Reis, doch nur durch den Handel konnte Reis in Geld verwandelt werden. Der Handel aber war Privileg der Kaufleute und Großbauern, weshalb diese viel reicher waren als die meisten Samurai.

In den expandierenden Städten entstand langsam eine bürgerliche Kultur. Die Bevölkerung wuchs, das System erwies sich als starr. Hungersnöte und Bauernunruhen nahmen von 1700 an deutlich zu. Allmählich dämmerte es der Samurai-Elite, dass sie die ökonomischen und sozialen Prozesse des Landes nicht mehr im Griff hatte. Während man den externen Kapitalismus in Dejima

Bis zur Mitte des 19. Jh. blieb Japan eine Welt für sich (der »Goldene Pavillon« in Kyōto, ein 1394 erbauter Shintoschrein).

unter strenger Aufsicht hielt, unterspülte der aufkommende interne Kapitalismus stetig die Fundamente der Gesellschaft.

Noch zu Kaempfers Zeiten war die Einfuhr westlicher Bücher verboten gewesen. Doch 1720 hob Tokugawa Yoshimune das Verbot auf; nur christlich-religiöse Literatur blieb weiterhin tabu. »In Dejima gibt es 40 bis 50 Dolmetscher, die recht gut Holländisch sprechen«, berichtete der schwedische Arzt Karl Peter Thunberg, der sich 1775 bis 1776 auf der Insel aufhielt. Bei den »Dolmetschern« handelte es sich um Gelehrte, denen das Studium »westlichen Wissens« erlaubt war. »Die Dolmetscher schätzen europäische Bücher sehr und kaufen sie von jedem Schiff ... Sie sind sehr begierig, von den Europäern zu lernen, und fragen sie ohne Unterlass über alles aus, besonders über Medizin, Naturgeschichte und Naturphilosophie.«

Die Ostindische Kompanie leistete damit, ohne originär daran interessiert gewesen zu sein, eine beträchtliche kulturelle Vermittlungsarbeit. In Europa wurde ihr dies allerdings selten positiv angerechnet, im Gegenteil. Christian Burckhardt aus Halle schrieb 1693 in seiner Ost-Indianischen Reisebeschreibung, dass die Holländer »gleichsam ihr Christenthumb gäntzlich verläugnen und denen Heyden mehr Ehre als dem unsterblichen wahren und ewigen Gott erweisen«. Und der englische Aufklärer Oliver Goldsmith bemerkte 1762 sarkastisch, er hätte bei den Holländern gelernt, »wie tief die Habgier die menschliche Natur zu erniedrigen vermag ... Was für ein glorreicher Tausch, die nationale Ehre, ja sogar den Anspruch, zur Menschheit zu gehören, aufzugeben für einen Wandschirm oder eine Schnupftabak-Dose.«

Viele japanische Gelehrte wussten wohl, dass ihr Land ins Hintertreffen geraten war. Trotz hohen Bildungsstandes hatte Japan ein strukturelles Handikap: Jedem europäischen Staat stand das Wissen der ganzen Welt offen – Japan aber konnte den wissenschaftlichen Fortschritt nur über Dejima verfolgen.

Gegen Ende des 18. Jahrhunderts überkam viele Japaner ein Gefühl äußerer Bedrohung. Im Norden erschien Russland als potenziell gefährlicher Nachbar. Britische und amerikanische Walfänger tauchten vor den Küsten auf, wiederholt kam es zu Zwischenfällen. »Bereichere das Land und stärke das Militär«, forderten reformerische Samurai. Aber solange man sich vom Handel und freien Informationsaustausch abschnitt, konnte man weder das Land bereichern noch das Militär stärken.

Am 8. Juli 1853 landete der amerikanische Commodore Matthew G. Perry mit einem Geschwader vor Edo und erzwang die Öffnung zweier Häfen für amerikanische Schiffe. Auch gegen andere Staaten wurden jetzt Konzessionen gemacht. Donker Curtius, der letzte Chef der Niederlassung auf Dejima, konnte 1855 aushandeln, dass die Bewohner von nun an die christliche Religion praktizieren und sich frei bewegen durften. Bald gaben die Japaner die Abschließungspolitik vollständig auf.

Das Eiland geriet langsam in Vergessenheit. Beim Ausbau des Hafens von Nagasaki zwischen 1883 und 1891 wurde ein 18 Meter breiter Streifen der Insel abgetragen, wenige Jahre später die ganze Bucht mit Erde aufgefüllt. Dejima war jetzt Teil des japanischen Festlandes. Kais und Hafenanlagen überzogen das Terrain, von der alten Bebauung blieb nicht viel übrig.

1958 errichteten die Japaner ein kleines Museum in einem in holländischem Stil erbauten Lagerhaus, und 1996 begann die Stadt Nagasaki ein Restaurierungsprojekt – zur Erinnerung an jene Zeit, als Japan noch keine Weltmacht war, sondern eine Welt für sich.

17. Juni 1999

Tokugawa-Dynastie

Barbaren ante portas

Amerikanische Kriegsschiffe erzwangen 1853 die wirtschaftliche und gesellschaftliche Öffnung Japans

Von Wolfgang Zank

Der 8. Juli 1853 hatte sich dem alten Mann aus der japanischen Hafenstadt Shimoda tief eingeprägt. Noch Jahrzehnte später berichtete er: »Eines Morgens war große Unruhe. Als ich fragte, sagte man, mehrere Schiffe wären in Brand ... Als die Schiffe näher kamen, sahen wir, dass es keine japanischen, sondern Schiffe der Barbaren waren, und wir sahen, es war der schwarze Rauch aus ihren Schornsteinen, den wir für Feuer gehalten hatten. Wir liefen nach Hause; es herrschte große Aufregung in der Stadt.«

Bei den Schiffen handelte es sich um ein amerikanisches Geschwader unter dem Kommando von Commodore Matthew Galbraith Perry. In voller Gefechtsbereitschaft drang Perry mit zwei Dampffregatten und zwei Schaluppen in die Bucht von Tokio ein. Der Commodore war fest entschlossen, Japans traditionelle Abgeschlossenheit aufzubrechen. Kein Fremder durfte in einem japanischen Hafen an Land gehen. Nur einige holländische Kaufleute konnten vor Nagasaki eine kleine Station unterhalten. Dies war das beinahe einzige Fenster zur Außenwelt.

Perry verfügte über Druckmittel, denen die technisch hoffnungslos unterlegenen Japaner nichts entgegenzusetzen hatten. Die Großstadt Edo (das heutige Tokio) mit ihren anderthalb Millionen Einwohnern lag in der Reichweite seiner Schiffsgeschütze. Außerdem konnte Perry die zur Versorgung Edos lebenswichtige Küstenschifffahrt blockieren. Perry hatte einen Holländer an Bord, und über einen holländisch sprechenden japanischen Dolmetscher konnte er Verhandlungen mit japanischen Würdenträgern aufnehmen. Er sei in einer Freundschaftsmission gekommen, erklärte der Commodore, er habe einen Brief seines Präsidenten Millard Fillmore an den Kaiser von Japan bei sich. Wenn es sein müsse, würde er mit genügend Streitkräften an Land gehen, um den Brief persönlich abzuliefern.

Die Japaner gaben schließlich nach. Am 14. Juli konnte Perry, begleitet von dreihundert schwer bewaffneten Marinesoldaten, in einer feierlichen Zeremonie den Brief des Präsidenten nebst Übersetzungen ins Holländische und Chinesische überreichen. Präsident Fillmore forderte die Japaner in dem Brief auf, einen Vertrag abzuschließen.

Perry setzte den Japanern eine Frist und dampfte zunächst in Richtung Shanghai ab. Am 11. Februar 1854 erschien er erneut in der Bucht vor Tokio. Perry stellte klar: »Der Präsident wünscht einen Freundschaftsvertrag abzuschließen, der uns die Versicherung gibt, dass die bisherige Politik der Abschließung Japans aufgegeben wird, da dies völlig im Gegensatz zu den Gebräuchen anderer Völker ist und nicht länger von uns geduldet werden kann ... Falls euer Land die jetzigen Methoden beibehält, so würde dies als Feindseligkeit angesehen. Unser Land hat gerade einen Krieg mit seinem Nachbarn Mexiko beendet, und wir eroberten dabei die Hauptstadt.«

Die Japaner unterzeichneten schließlich am 31. März den Vertrag von Kanagawa. Sie sagten die gute Behandlung von Schiffbrüchigen zu, und amerikanische Schiffe konnten sich in den Häfen Shimoda und Hakodate mit Kohle, Wasser, Holz und Nahrungsmitteln versorgen; in einem Umkreis von 28 Kilometern durften die Amerikaner sich dort frei bewegen. Außerdem konnte sich ein amerikanischer Konsul in Shimoda niederlassen. Ein regulärer Handelsvertrag mit den Vereinigten Staaten und Verträge mit anderen Mächten folgten bald.

Auf viele Europäer machte Japan seinerzeit einen mittelalterlichen Eindruck. Die Gesellschaft war säuberlich in vier Kasten geschieden: Samurai, Bauern, Handwerker und Kaufleute. Die Samurai genossen offiziell das größte Ansehen, die Kaufleute das geringste. Nur die Samurai, etwa fünf bis sieben Prozent der Bevölkerung, waren bewaffnet, und nur Samurai durften Verwaltungspositionen einnehmen. Im Falle schwerer Vergehen wurden Samurai aufgefordert, Selbstmord (Seppuku oder Harakiri) zu begehen. Dabei hatten sie einem präzisen Ritual zu folgen, welches unter anderem das eigenhändige Aufschlitzen des Unterleibes vorsah. Ihre Ehre blieb dann intakt, die Privilegien der Familie wurden nicht angetastet.

Kaiser Komei war formelles Staatsoberhaupt, aber die politische Macht lag in den Händen des obersten Militärbefehlshabers, des Schogun. 276 Fürsten waren die Machthaber in den Provinzen. Um illoyale Anwandlungen gegenüber dem Schogun gar nicht erst aufkommen zu lassen, mussten die Fürsten ihre Familien in Edo, dem Sitz der Schogunat-Regierung, wohnen lassen.

Auf die Europäer machte die strenge Ständeordnung Japans einen mittelalterlichen Eindruck (»Japanischer Offizier«, Foto von Felice A. Beato, um 1875; Great Bardfield, Sammlung Ken and Jenny Jacobson).

220 Jahre lang war Japan nach außen völlig abgeschottet
Die Politik der Abschottung war bei Perrys Ankunft etwa 220 Jahre alt. Im Jahre 1603, nach einer langen Periode der Zersplitterung und der Bürgerkriege, machte sich Fürst Ieyasu aus dem Tokugawa-Geschlecht zum Schogun und begründete eine neue Herrscherdynastie. Tokugawa Ieyasu (der Geschlechtername wird traditionellerweise vorangestellt) und seine unmittelbaren Nachfolger reorganisierten das Land in großem Stil.

Seit 1545 hatten portugiesische Händler japanische Häfen angelaufen, Spanier und Holländer folgten bald darauf. Die Japaner staunten über die eigenartigen Gewebe, Glaswaren, Uhren und, nicht zu vergessen, Feuerwaffen. Die Händler waren zunächst durchaus willkommen. Auch gegen das Christentum hatte anfänglich niemand etwas.

Aber das Christentum kam vor allem in Gestalt gegenreformatorischer Jesuiten, und diese predigten unbedingte Loyalität gegenüber dem Papst, also einem politischem Zentrum außerhalb Japans. Tokugawa Ieyasu ging schließlich ab 1612 unnachsichtig gegen die Christen vor. 1640 befahl Schogun Tokugawa Iemitsu, dass jeder Japaner sich bei einem buddhistischen Tempel registrieren lassen sollte und dort alljährlich auf Bronzeplatten mit christlichen Symbolen zu treten habe. Wer sich weigerte, wurde hingerichtet. Erst 1856 wurde das »Bildtreten« abgeschafft.

Die ersten Tokugawa-Schogune hielten den freien Handel für gefährlich, denn er machte einige der lokalen Fürsten reich – potenziell reicher als die Zentralmacht. Tokugawa Iemitsu erließ schließlich 1637 ein Edikt: »Kein japanisches Fahrzeug noch irgendein Japaner soll vermögen, aus dem Lande zu reisen. Wer dagegen handelt, soll sterben.« Selbst das Ausliefern eines Briefes aus der Fremde wurde mit dem Tode bestraft. Noch 1825 stellte ein Edikt klar: »Sollten die Barbaren irgendwo landen, so soll man sie töten und das Schiff zerstören.«

Nur die Holländer durften etwas Handel treiben. 1641 wurde ihnen die kleine künstliche Insel Deshima vor Nagasaki zugewiesen. Der schwedische Arzt Karl Peter Thunberg, der sich 1775/76 in Nagasaki aufhielt, schrieb: »Die Rechte und Freiheiten der hohen und niederen Klassen sind durch die Gesetze gleichermaßen geschützt; und die ungewöhnliche Strenge dieser Gesetze, die genau gehandhabt werden, hält jeden an seinem Platz.«

Für beinahe 250 Jahre herrschte Frieden. Aber das Land stand keineswegs still. Die Bauern ernteten hauptsächlich Reis, bauten aber auch Baumwolle, Tee, Zuckerrohr und andere Gewächse für den Handel an. Die Städte expandierten, und viele Produkte wie Seide, Papier oder Lacke wurden bereits in Massenproduktion hergestellt. Die Kaufleute handelten an Reisbörsen, arbeiteten mit Wechseln und kannten bereits Termingeschäfte. In den Städten entstand eine raffinierte bürgerliche Kultur, und das Bildungsniveau war um 1850 höher als in England. Damit verfügte Japan über eine solide Grundlage für seine spätere Industrialisierung.

Allerdings hatte das Japan der Tokugawa-Zeit auch mit großen Problemen zu kämpfen. Häufig protestierten unzufriedene Bauern gegen die hohen Steuerlasten. Nicht selten verwüsteten die Armen die Wohnungen reicher Geldverleiher oder brachen die Speicher von Reishändlern auf. Viele Samurai konnten keine standesgemäße Position bekommen, es gab zu wenig Posten, aber eine wirtschaftliche Betätigung war ihnen untersagt. Nicht wenige Bürger und Großbauern waren sehr reich, aber jeglicher politischer Einfluss war ihnen verwehrt. Die Schogunat-Behörden waren zu einem bürokratischen Apparat verknöchert, Reformanstöße blieben halbherzig.

Zu den inneren Problemen trat das Gefühl zunehmender äußerer Bedrohung. Russische, englische und amerikanische Schiffe tauchten vor den japanischen Küsten auf. Und es war ein böses Omen, als Großbritannien im Opiumkrieg 1839 bis 1842 die Öffnung chinesischer Häfen erzwang. Die Chinesen mussten auch indisches Opium (an dem England indirekt verdiente) ungehindert ins Land lassen.

1848 eroberten die Amerikaner Kalifornien, und ihr Blick fiel bald auf das andere Ufer des Pazifiks. Dies lag zum einen an ihrem Bedarf an Kohlestationen für Walfänger und Handelsschiffe auf dem Weg nach China.

Als erste westliche Kunstwerke gelangten um 1800 holländische Kupferstiche nach Japan und beeinflussten die Farbholzschnitte von Katsushika Hokusai, die schnell zum Maßstab des japanischen Holzschnitts wurden (»Die Brücke in Fukajewa«; Dresden, Staatliche Kunstsammlungen).

Hinzu kam aber auch eine gehörige Portion Sendungsbewusstsein.

Der Politiker William Gilpin hielt es für »die noch nicht erfüllte Bestimmung des amerikanischen Volkes, seinen Kontinent zu unterwerfen ... – Millionen Menschen jenseits der Meere vorwärts zu treiben – die Prinzipien der Selbstbestimmung ins Werk zu setzen ... – überalterte Nationen zu verjüngen – Dunkelheit in Licht zu verwandeln.« Und Perry erklärte kurz vor seiner Abfahrt: »Ich glaube, dass die Amerikaner ... ihr Gebiet und ihre Macht so lange ausdehnen werden, bis sie die angelsächsische Rasse an der Ostküste Asiens angesiedelt haben.«

Die neue Machtelite hat schnell von den »Barbaren« gelernt

Perrys Vorstoß löste in Japan eine schwere Krise aus. »Das ist in der Tat die größte Demütigung, die wir seit Beginn unserer Geschichte erlitten haben«, bilanzierte Tokugawa Nariaki, der Fürst von Mito. Und Adelige am kaiserlichen Hof in Kyōto gifteten: »Sollen wir unsere Gesetze von stinkenden Hunden und Ziegenböcken empfangen?« Der amerikanische Theologe Griffis notierte 1858: »Das unmittelbare Resultat der Öffnung war ein rapides Ansteigen der Preise, besonders für die Notwendigkeiten des Lebens, Unruhe unter der Bevölkerung, viele Krankheiten und hohe Sterblichkeit durch die von den Fremden eingeschleppten Seuchen.« 200 000 Menschen starben 1858 an der Cholera. Fremdenfeindliche Samurai begingen eine Serie von Morden, und als Repressalie schoss ein englisches Geschwader 1863 die Hafenstadt Kagoshima in Brand.

Das Tokugawa-Schogunat wurde schließlich 1868 nach einem kurzen Bürgerkrieg gestürzt. Die neue Elite, vornehmlich Männer aus den westlichen Fürstentümern Satsuma und Choshu, brachten ihr Land auf einen konsequenten Modernisierungskurs. Binnen weniger Jahre errichteten sie eine zentralistische Verwaltung, schufen ein modernes Bank- und Steuersystem und sorgten für eine umfassende Landreform. Sie hoben die alten Standesrechte und -beschränkungen auf, führten die allgemeine Wehrpflicht ein und organisierten den Import westlicher Technologie. 1889 bekam Japan schließlich eine Verfassung mit dem Tenno als Staatsoberhaupt.

Wahrscheinlich beschleunigte Perry nur eine Entwicklung, die auf die Dauer ohnehin unumgänglich war. Dass die Japaner 1853/54 relativ schnell nachgaben, hatte seinen Grund auch darin, dass viele Würdenträger bereits vorher zu dem Schluss gekommen waren, man müsse von den »Barbaren« lernen. Immerhin enthielt der japanisch-amerikanische Handelsvertrag aus dem Jahre 1858 die Bestimmung: »Die Einfuhr von Opium ist verboten.« Konsul Townsend Harris, der amerikanische Unterhändler, hatte den Japanern diese Bestimmung vorgeschlagen. Dieser Vertrag bildete dann das Muster für die Handelsverträge mit den übrigen Mächten. Insofern hatten die Japaner Glück, dass letztlich die Vereinigten Staaten, und nicht etwa Großbritannien, die Öffnung erzwangen. *17. September 1998*

Sansibar

Der Fluch der Gewürze

Ein Streifzug mit dem Schriftsteller Shafi Adam Shafi durch die Geschichte Sansibars

Von Bartholomäus Grill

Shafi Adam Shafi nimmt eine schwarze Ledertasche und eine weiße Plastiktüte mit an Bord. Aus der Tüte lugt eine Topfpflanze mit dem sonderbaren Namen mkiluakilua. Er kenne nur die Bezeichnung in Kisuaheli, sagt Shafi. »Eine wunderschöne Pflanze. Ich werde sie in meinem Garten einsetzen.« Die Fähre, ein altsowjetisches Schnellboot, pflügt hinüber zur Insel. Im Passagierraum laufen amerikanische Nachrichten: Bagdad und das Böse im Programm von CNN. Auf Shafis Knien liegt ein Buch: »Africa. Despatches from a Fragile Continent«, »Depeschen von einem zerbrechlichen Erdteil«, der dreißig Seemeilen hinter uns liegt. Vor uns tauchen alabasterweiße Mauern aus dem Meer, Minarette, der Glockenturm einer Kathedrale, der Sultanspalast: Sansibar, die Insel. Ein klappriges Gefährt bringt uns nach Bububu, zu Shafis Haus, einen Steinwurf vom Strand.

Wir tauchen hinab in das Jahr 1964, in die Nacht vom 11. auf den 12. Januar, im ersten Drittel des Ramadan. Nach dem Daku, dem traditionellen Mitternachtsmahl im Fastenmonat, wird auf dem Kisiwandui-Platz bis zur Dämmerung durchgetanzt – Gombesugu, Maumbua, Gonga, die Tänze der Insel. Das Fieber der Revolution hat das Volk erfasst. Im Morgenrot hebt ein Orkan an, der 14 635 Menschen das Leben kosten und die arabische Feudalherrschaft hinwegfegen soll.

»Was schreiben Sie da?«, bellt ein Soldat, der vor einem streng bewachten Gebäude am Kisiwandui-Platz patrouilliert. Im nächsten Moment reißt er dem Reporter das Notizbuch aus der Hand. Unser Cicerone versucht ihn zu besänftigen. »Ich bin Shafi Adam Shafi, der Schriftsteller. Wir suchen die Orte der Revolution auf, die ich in meinem Roman beschrieben habe.« Shafi? Roman? Hat der grimmige Wachoffizier nie gehört.

Am Baumstamm wachsende Jackfrüchte: Der Reichtum an Gewürzen und exotischen Früchten wurde für Sansibar zum Fluch.

Revolution? Ist lange her. »Hier befinden sich Büros der Partei. Gerade tagt der Vorstand. Eine wichtige Sitzung. Verschwinden Sie.« Wir verschwinden. Durch den Maschendraht schaut uns eine versteinerte Maske nach: Scheich Abeid Karume, der erste Präsident nach dem Umsturz, in Bronze gegossen.

Die Revolution vertreibt ihren Sänger. Die jungen Sansibarer können mit dem Roman »Sklaverei der Gewürze«, Shafis literarischem Manifest, nichts mehr anfangen, und die Jasager und Kopfnicker der alten Elite wollen es nicht mehr kennen. Es erschien 1978 im Tanzania Publishing House unter dem Originaltitel »Kasri ya mwinyi fuad« und gehört zu den meistgelesenen Werken in Kisuaheli. Inzwischen liegt auch die deutsche Übersetzung vor.

Shafi Adam Shafi spiegelt die Geschichte der sansibarischen Revolution im Schicksal der schwarzen Sklavin Kijakazi, die zeitlebens auf einer Nelkenplantage arbeitet, und des ruchlosen Landlords Fuad bin Malik, dessen arabische Ahnen die Insel eroberten und islamisierten. Seit dem Hochmittelalter kontrollierten Dynastien aus dem Morgenland die ostafrikanische Küste; sie handelten mit Elfenbein, Rhinozeroshorn, Edelholz,

Ambra, Kupfer. 1840 verlegte Sayyid Said, der Sultan von Oman, seine Hauptstadt von Maskat nach Sansibar, und die Insel stieg zu einem Umschlagzentrum für Sklaven und Gewürze auf. Die Feudalherrschaft der Araber, gestützt auf eine wohl organisierte Plantagenwirtschaft, überdauerte die Zwischenspiele des deutschen und britischen Kolonialismus und hielt bis zum Revolutionsjahr 1964 an.

»Das war der Nährboden der Ausbeutung«, erklärt Shafi und zupft eine Vanilleschote vom Strauch. Wir wandeln durch einen Garten der Düfte, riechen Muskat und Kardamom, Nelken, Zimt und Tamarinde. Auf einer Lichtung liegen Jackfrüchte, so groß wie Medizinbälle. Eine Gewürzplantage, zauberhaft für europäische Sinne. Für die Sansibarer waren die Gewürze ein Fluch. 1890, als die Insel knapp 210 000 Einwohner zählte, kommandierte die Aristokratie der Pflanzer eine Armee von 140 000 Leibeigenen. Zwei Generationen später, die Sklaverei war längst abgeschafft, hatte sich auf ihren Gütern nicht viel geändert. Die Herren waren immer noch so allmächtig, dass es nicht einmal die Fliegen wagten, sich auf ihre Kanzus, ihre edlen Gewänder aus weißem Tuch, zu setzen.

Das glaubt jedenfalls Kijakazi, die erztreue Domestikin. Wie könnte sie es wagen, an der ewigen Ordnung der Dinge zu rütteln und an eine Rebellion gegen ihren Gebieter Fuad auch nur zu denken? Sie hat ihn großgezogen. Sie hat sogar sein Leben gerettet. Als die leibliche Mutter den immerzu brüllenden Stammhalter an die Wand schmettern will, fängt sie ihn auf. Der kleine Tyrann liebt Kijakazi. Erst als sein Bart sprießt, nimmt er sie als minderwertige Kreatur wahr, die es zu hassen gilt. »Hat etwa Gott zwei gleiche Finger an einer Hand geschaffen?«

Kijakazi erduldet alle Erniedrigungen und schuftet wie eine Eselin. In frommer Untertänigkeit will sie nicht sehen und hören, was auf der Nelkenplantage vorgeht: das nächtliche Gemauschel, die aufsässigen Parolen, die Agitation an geheimen Orten. Kijakazi fragt sich zwar, was das sein soll, dieser »verflixte Sozialismus«. Als aber ihren Peiniger Fuad die Angst beschleicht, hat sie Mitleid mit ihm. Allein, die Geschichte nimmt ihren Lauf.

Die Revolutionäre marschieren, und eines Nachts hat Kijakazi ein denkwürdiges Gesicht. Sie träumt von einem ausgehungerten Säugling, der so gierig an ihrer Brust saugt, dass sie nicht mehr atmen kann. Schließlich gelingt es ihr, das Kind von sich zu reißen. Die Zwangsdialektik, die Herr und Magd aneinander kettet, ist gesprengt.

Fuad, der grimmige Landlord, könnte im wirklichen Leben auch Jemey Salim geheißen haben. Ein Mann dieses Namens gehörte zu den allerletzten Großgrundbesitzern, und der alte Saïd Halal weiß wenig Gutes über ihn zu berichten. Salim sei aus Maskat gekommen, um in Sansibar sein Glück zu machen. Was nach der Enteignung seines Latifundiums aus ihm geworden ist, weiß niemand. Die Leute sagen, er sei zurück in seine Heimat geflohen und voller Gram und Bitterkeit gestorben.

Halal, der drahtige Greis, rastet gerade unter einem jener schattigen Mangobäume in Koani, unter denen sich einst die Aufständischen zur Ngoma, zur subversiven Beratung, versammelten. Er hat damals für einen Hungerlohn Kokosnüsse eingesammelt. Dann kamen die Agrarkommissare, die »Genossen Rindviecher«, wie Fuad zu spotten pflegte. Erst konfiszierten sie den Traktor, dann rissen sie seine prächtige Domäne in Stücke und verteilten sie an die Lohnsklaven. Genauso erging es dem Geizhals Salim.

»Jeder bekam drei Äcker. Auf meiner Parzelle wuchsen Nelken, Rambutan-Früchte und Kokospalmen«, erzählt sein ehemaliger Knecht. Wie es weiterging? »Gar nicht. Die neue Regierung ließ uns hängen.« Die Kleinbauern erhielten keinerlei Unterstützung, auf dem Weltmarkt verfiel der Nelkenpreis, und das Land verwahrloste. Halal fragt sich unterdessen, was seine zehn Enkel damit anfangen sollen. Sie dürfen ein paar Quadratmeter Erde bestellen, die zum Leben zuwenig und zum Sterben zuviel hergibt. Aber das bittere Nachspiel fehlt in der »Sklaverei der Gewürze«. Das Buch endet mit dem Triumph der Revolution.

Über die Gegenwart redet Shafi nur widerstrebend; er weist uns lieber durch eine verklärte Vergangenheit, in der Fakten und Fiktionen verschmelzen. Hier, vor der Polizeiwache von Malindi, formierten sich die Sultanstruppen zum letzten Gefecht. Da hinten, auf dem Mchangani-Platz, starben zahllose Freiheitskämpfer. Dies ist der Gewürzmarkt, wo Fuad mit den Taxatoren feilschte und die Nelkenernte verkaufte. Und hier stolperte er aus der Bar »Lusitania«, nachdem er sich bei Palmwein und Weib verlustiert hatte. Wir stehen vor einer lindgrünen Tür mit blassblauer Leibung, irgendwo im Labyrinth der Steinstadt, das den Fremden die Orientierung und den Mächtigen die Kontrolle raubt.

»In Sansibar kann man wirklich konspirieren, wenn man will ...«, sagt Shafi. Und schnell kann man des Verrats bezichtigt werden. Nach der Ermordung von Präsident Karume am 7. April 1972 gehörte er zu den Ersten, die verhaftet wurden. Wir umrunden die Außenwälle von Kiinuamiguu. Zwei Jahre, von 1972 bis 1974, saß er in diesem Gefängnis, hungernd, von der Malaria gebeutelt, durch Verhöre traktiert. Ausgerechnet Shafi, der als junger Journalist in glühenden Artikeln die Ujamaa-Philosophie beschwor, Tansanias eigenen Weg zum Sozialismus. Der in Prag studiert und an der FDGB-Hochschule in Berlin ein Diplom in politischer Ökonomie erworben hatte. Der ein wachsames Mitglied der Partei war. Und plötzlich stigmatisierten ihn die Genossen zum Verräter und sperrten ihn ein!

Wie konnte er zwei Jahre nach seiner Entlassung, nachdem alle Blütenträume verwelkt waren, noch eine Hymne auf die glorreichen Zeiten anstimmen? Wie sieht er heute die »Sklaverei der Gewürze«, diesen grandios

Heute ist Sansibar ein Bundesstaat von Tansania mit einem demokratischen Mehrparteiensystem – Schulkinder in der Stone Town, der Altstadt von Sansibar.

naiven, scherenschnittartigen Epilog zur Revolution, der stellenweise so zementstarr wie Fadajews Parteiprosa anmutet oder so revolutionsromantisch, als hätte er mit dem späten Gorkij um die Wette geschrieben? Shafi lacht. »Weil ich ein Sozialist und ein Muslim bin. Weil ich an das Ideal einer menschenwürdigen Gesellschaft glaube. Weil es auf der Welt immer noch Millionen von Kijakazis gibt.« Natürlich weiß er, wie jämmerlich das große Experiment in der Sowjetunion und anderswo scheiterte. Die autoritäre Einheitspartei CCM, deren korruptes Regime Sansibar beinahe auf den Hund gebracht hat, ist bis zum heutigen Tage nicht klüger geworden. Lange Jahre wurde sie von den Bruderstaaten im Norden alimentiert. Die baulichen Ergebnisse kann man im Viertel Raha Leo bis heute bewundern: »Stalinallee« hat der Volksmund eine von Wohnsilos gesäumte Chaussee getauft. Auch das Geviert, auf dem Shafis Geburtshaus stand, wurde durch einen feschen Plattenbau versiegelt. Aber derartige Fortschrittspracht zerfällt im Klima der Tropen schneller als im Herkunftsland DDR.

Nach drei Tagen Exkursion zitiert Shafi ein kisuahelisches Sprichwort: »Mgeni siku ya nne mpe jembe akalime.« Frei übersetzt: »Am vierten Tag gib dem Gast eine Harke.« Der Literat will zurück an den Schreibtisch. Wir sitzen auf der Terrasse eines alten Herrenhauses hoch über den Dächern Sansibars. Jetzt, am Abend, wenn der Seewind die Tropenhitze verbläst, verwandelt sich die schläfrige Stadt in einen emsigen Termitenbau, und aus dem Gewirr der Gassen steigen wundersame Klangwolken auf. Man hört knatternde Motorroller, Fahrradklingeln, schepperndes Blechgeschirr, orientalische Taarab-Musik, Gemurmel und Gelächter und das Gezwitscher der Kinder, die wie Vogelschwärme durch die Häuserschluchten schwirren. Von den Minaretten ringsum rufen die Muezzine zum Gebet. Es ist die Stunde, in der die Mythen über die Insel geboren werden. Zum Beispiel, dass den Mond, wenn es ihn nicht gäbe, ein Sansibarer erfunden hätte. *23. Juli 1998*

Henry Morton Stanley

Feder und Peitsche

Kühner Reporter, brutaler Imperialist: Henry Morton Stanley, der Mann, der Livingstone wiederfand und für Belgiens König den Kongo zusammenraubte

Von Joachim Fritz-Vannahme

Der Mann ist Journalist. Er sollte zu einem der berühmtesten Reporter des gerade anbrechenden massenmedialen Zeitalters werden. Die Geschichte des Henry Stanley – noch zeichnet er ohne »Morton« und ist nur ein pennyaliner, nach Zeilen und miserabel entlohnt – beginnt 1867 in den USA, in den weiten Ebenen des Westens, im Tross von Generalmajor Winfield Scott Hancocks »Befriedungsfeldzug« gegen die Indianer.

Ersten Ruhm erwirbt sich der 27-Jährige danach mit seinen Berichten von einer britischen Strafexpedition in Abessinien: General Sir Robert Napier zieht 1868 mit 13 000 Soldaten, 20 000 Trägern, Dienern und Dirnen und 55 000 Packtieren, darunter 44 Elefanten, gegen die Festung Magdala, wo der abessinische Kaiser Theodorus II. britische Familien in Geiselhaft hält. Stanley verblüfft den General durch »Feuerfestigkeit« und Treffsicherheit – und die Leser von London bis New York mit News, die schneller reisen als die Triumphdepeschen der britischen Militärs. Denn der clevere Kriegsberichterstatter hat schon bei der Anreise in Kairo einen Telegrafisten mit üppigem Bakschisch für sich gewonnen, und so gehen die Meldungen vor der Konkurrenz hinaus in die Welt.

Im folgenden Jahr berichtet er vom Bürgerkrieg in Spanien; Königin Isabella II. hat gerade ihren Thron verloren. Der rasende Reporter hetzt über die ganze Insel, erreicht das belagerte Valencia (per Boot von der Seeseite her), duckt sich in Saragossa auf dem Dach und notiert 36 Stunden lang jeden Schuss, jeden Treffer, »jeden Augenblick an Grausamkeit und Mut« auf beiden Seiten der Straßenbarrikaden. »Ich kann nur im Tempo einer Eisenbahn leben«, bekennt Stanley.

Am 16. Oktober 1869, Auslieferung 10 Uhr morgens, erreicht den Journalisten in Madrid das Telegramm, das sein Leben verändert – und das Schicksal eines ganzen Kontinents. »Come to Paris on important business. Bennett.« Der Absender ist so jung wie Stanley und Herausgeber des Sensationsblattes New York Herald, in dessen Sold der Reporter steht. Glaubt man Stanleys Aufzeichnungen – was oft gewagt erscheint –, dann besteigt er schon um 3 Uhr nachmittags den Zug nach Paris und klopft mitten in der Nacht zum 18. Oktober im Grand Hotel an Bennetts Zimmertür. »Wo, glauben Sie, steckt Livingstone?« – »Keine Ahnung, Sir.« – »Finden Sie Livingstone!«

Ganz so dringlich und dramatisch, wie Stanley es später stilisierte, ist die Sache dann aber wohl doch nicht. Denn bis Stanley seine Suche nach David Livingstone

Der Journalist Henry Morton Stanley wurde vom Afrikaforscher und glühenden Verehrer Livingstones zum »Bula Matari«, zum Knochenbrecher Afrikas.

beginnen kann, dem Forscher, der 1866 zu einer neuen Afrika-Expedition aufgebrochen und seither verschollen ist, schickt ihn sein Verleger noch nach Ägypten (der Sueskanal wird gerade eröffnet), Jerusalem (neuer Ausgrabungen wegen) und Konstantinopel (der Sultan steckt in Schwierigkeiten), schließlich über den Kaukasus ans Kaspische Meer und nach Persien. Die Seereise nach Ostafrika tritt Stanley erst ein ganzes Jahr später von Bombay aus an.

Am 10. November 1871 hat er es geschafft. Nach langen Märschen durch den Busch steht er in Ujiji nahe dem Tanganjikasee dem berühmten schottischen Missionar und Afrikareisenden endlich gegenüber: »Doctor Livingstone, I presume?« – »Doktor Livingstone, nehme ich an?«

Stanley verabscheute Afrika »von Herzen«
»Da saßen wir nun, der Mann, der Mythos und ich«, schreibt Stanley nach seiner Rückkehr. Es sind zwei Zeitalter des Kolonialismus, die hier aufeinander stoßen. Livingstone, den 58-jährigen Arzt und Missionar in Diensten der London Missionary Society, treiben seit Jahrzehnten nur sein Gott und seine Neugier durchs Innere Afrikas. Tausende Kilometer ist er den Sambesi entlanggereist, als erster Weißer hat er die Victoriawasserfälle erreicht, auf vergeblicher Suche nach den rätselhaften Quellen des Nil. Er liebt Afrika und die Afrikaner, deren Sprachen er lernt, deren Sitten ihm vertraut werden. Stanley dagegen sagt in seltener Ehrlichkeit von sich, er glaube nicht, zum Afrikaforscher geboren zu sein, »denn ich verabscheue dieses Land von Herzen«. Getrieben wird er nicht von Gott, sondern von Geltungssucht. Die Afrikaner bleiben ihm so fremd wie ihre Welt. »Durch den dunklen Kontinent« oder »Im dunkelsten Afrika« nennt er seine Bücher, die zu Bestsellern werden; doch dunkel erscheint vor allem der Charakter oder (viktorianisch gesprochen) die Seele dieses Helden.

Während Livingstone mit einer kleinen Mannschaft in die unbekannte Wildnis zieht – Gebetbuch und Sextant, Apotheke und Kartenwerk sind seine wichtigsten Utensilien, die Bekämpfung der Sklaverei ist sein höchs-

Im Gegensatz zu Stanley war der Arzt und Missionar David Livingstone fasziniert von der Landschaft und den Menschen Afrikas.

tes Ziel –, kommt Stanley mit gewaltigem Tross, wie er es zuvor im Wilden Westen und im äthiopischen Hochland von den Militärs gelernt hat. Winchestergewehr und Nilpferdpeitsche, Elefantenbüchse und Maximmaschinengewehr sind seine Werkzeuge. Und vor allem die Schwarzen selbst: Menschenmaterial. Wer sich ihm in den Weg stellt, hat Pech.

Es sind ein altväterlicher Kolonialist und ein rabiater Hochimperialist, die sich 1871 unter den Palmen von Ujiji begegnen. Livingstone fasziniert den 28 Jahre Jüngeren. Zusammen erkunden sie den Tanganjikasee, Stanley mag an Rückreise gar nicht denken. Livingstone wird für ihn zum Vaterersatz.

Denn seinen leiblichen Vater hat er, 1841 in Wales als uneheliches Kind geboren, zeitlebens nie kennen gelernt. Auf den Namen John Rowlands ist er getauft und von der Familie gleich ins Arbeitshaus abgeschoben worden, das Trauma seines Lebens. Der Junge riss nach Liverpool aus, ging dann nach Amerika, nach New Orleans. Ein Händler namens Henry Hope Stanley erbarmte sich dort seiner. Mit dem Namen des Gönners nahm der junge Mann die US-Staatsbürgerschaft an, zog mit 21 aufseiten der Konföderierten in den Bürgerkrieg, wechselte zu den Nordstaatlern. Beim Missouri Democrat begann er schließlich als freier Journalist – und durch die Welt zu reisen; eine Fotografie aus jenen Tagen zeigt ihn in der Uniform eines Marineoffiziers, der er nie war. Mit den Reportagen für den »Herald«, für den er seit Ende 1867 schrieb, fing seine steile Karriere an. Die Begegnung mit Livingstone markierte ihren ersten Höhepunkt. Und tatsächlich: Wäre Stanley gleich nach dieser Expedition am Fieber gestorben, die Historiker würden ihm bis heute ein eher gnädiges Zeugnis ausstellen: Ein Kolonialist gewiss, ganz Kind seiner Zeit – aber was für ein begabter Journalist und verrückter Abenteurer!

Henry Morton Stanleys eigentlicher Beitrag zur europäisch-afrikanischen Geschichte sollte erst beginnen. Binnen zehn Jahren wird der ehrgeizige Medienmensch zum eilfertigen Handlanger imperialer Habsucht, zu einer Schlüsselfigur des europäischen »scramble for Africa«, des neuen Wettlaufs um Kolonien.

Für Königin Victoria ist er »ein grässlicher kleiner Mann«
Doch zurück aus Afrika, muss der Amerikaner aus dem walisischen Lumpenproletariat erst wieder einmal erleben, was englisches Establishment ist. Die ehrwürdige Royal Geographical Society, erste Adresse für jeden Forscher von Rang, die sich freilich um den vermissten Livingstone lange nicht geschert hat, empfängt Stanley mit gepflegtem Hochmut. Auch die Kollegen, klagt Stanley, hätten »erst an der Wahrheit seines Berichtes gezweifelt, dann unterstellt, die mitgebrachten Briefe Livingstones seien gefälscht. Die Presse knurrte über mich, als hätte ich ein Verbrechen begangen.«

Immerhin, er darf sich unter die Sargträger einreihen, als Livingstone (der im Mai 1873 in Sambia gestorben ist) ein Jahr später in London in die Westminster Abtei überführt wird. Schließlich empfängt ihn sogar Königin Victoria; Eindruck macht er ihr nicht: ein »grässlicher kleiner Mann«.

Zeitlebens buhlt Stanley um das eine – um Anerkennung. Noch vor jeder seiner großen Afrikareisen verliebt (und verlobt) sich dieser Abenteurer wie ein schüchterner Schulbub und verliert dann bis zur Rückkehr seine Katie, seine Alice, seine Dollie wieder. Bis Letztere, die etwas exzentrische Londoner Malerin Dorothy Tennant, sich besinnt und im Juli 1890 seine Frau wird. (Stanley kehrt danach nie wieder nach Afrika zurück.)

Doch zunächst, im Herbst 1874, bricht er, finanziert vom »Daily Telegraph« und vom »Herald«, zu seiner zweiten großen Expedition auf. Stanley will wissen, wer Recht hat: Livingstone mit seiner Theorie, dass der Lualaba-Fluss die rätselhafte Quelle des Nil sei. Oder der Brite John Speke, der (zu Recht) vermutete, dass der Nil am Nordufer des Victoriasees entspringt. Vor allem aber will es Stanley sich und aller Welt beweisen: »Wenn ich lebend und mit guten Ergebnissen zurückkehre, wird das meine ungerechten Feinde für immer verstummen lassen.«

Mit 359 Mann zieht er los, im Gepäck ein ganzes Schiff, die »Lady Alice«, akkurat in ihre Einzelteile zerlegt. Schon ein Vierteljahr später sind ihm keine 200 Mann mehr geblieben. Der Rest ist von feindseligen Stämmen ermordet, durch tückische Krankheiten dahingerafft, von der Quälerei in die Flucht oder gar in den Tod getrieben geworden. Stanley, der einst selber, im Amerikanischen Bürgerkrieg, die Fronten gewechselt hat, kennt auf seinen Expeditionen keine Gnade gegen Deserteure: Ihnen droht die chicotte, die Nilpferdpeitsche.

Bis Ende Februar hat die Karawane über 1 000 Kilometer durch den Urwald zurückgelegt. In 100 Tagen hetzt dieser Mann seine Leute über eine Strecke, für die selbst eine ortskundige arabische Handelskarawane fast ein Jahr braucht. Die Tour der Leiden – von Bagamayo am Indischen Ozean hinauf zum Victoriasee, hinunter zum Tanganjikasee, den Lualaba entlang bis zu den (später nach ihm benannten) Stanleyfällen, schließlich, dem ganzen Kongobogen folgend, bis an die Flussmündung beim westafrikanischen Boma – dauert schließlich 1 000 Tage.

Anfang August 1877 erreicht Stanley sein Ziel, nach über 11 000 Kilometern. Er ist jetzt noch berühmter: Erstmals hat ein Weißer Kontinent und Kongo längs des Äquators auf ganzer Strecke durchmessen. Von seinen weißen Gefährten hat keiner überlebt, das letzte Wort beim Bericht über diese unglaubliche Leistung behält allemal Stanley. Der prahlt, man habe »28 größere Städte angegriffen und zerstört, 32 Schlachten zu Lande und zu Wasser geschlagen, 52 Wasserfälle und Stromschnellen wurden überwunden, unsere Kanus und unser Schiff einen 1 500 Fuß hohen Berg hinaufgeschleppt und Elfenbein im Wert von 50 000 Dollar wurde erbeutet«. Ausgemergelt, weißhaarig, diktiert der 36-Jährige schon zwei Tage nach seiner Ankunft in Boma seinen ersten Artikel und schwärmt darin vom Herzen Afrikas als dem Gelobtem Land. Wieder in London, wirbt Stanley in Dinner-Reden und öffentlichen Auftritten für eine britische Kolonie am Kongo.

Der Union Jack, predigt er, müsse über dem großen Strom wehen. Vergeblich. Zwar empfängt das Establishment den Reisenden diesmal mit Respekt. Aber die Weltmacht beherrscht schon ein Drittel des Globus, was soll da noch ein weiteres Stück Urwald?

Auf der anderen Seite des Kanals indes denkt einer ganz anders: Leopold II., Herrscher im noch jungen

Henry Morton Stanley

Königreich Belgien, hat schon als Kronprinz von einer Kolonie geträumt. Irgendeine: Gekauft, annektiert – da ist dieser Ehrgeizige nicht wählerisch und lässt im Pazifik fahnden, in Argentinien, im Nildelta bei Alexandria. Zunächst erscheint das als bloße Marotte, ein eher amüsanter Fall von Größenwahn bei dem Fürsten aus dem Hause Sachsen-Coburg-Gotha, dem sein belgischer Sprengel nicht genügt. Die Belgier jedenfalls haben für die royalen Visionen und Ambitionen nichts übrig. »Kleines Land, kleine Leute«, seufzt Leopold.

Und natürlich kann auch der König, als er mit Stanleys Hilfe jetzt, Ende der Siebzigerjahre, auf raffinierte Weise nach dem Kongo greift, kaum wissen, welcher Schatz ihm da zufällt. Noch hat der Ire John Boyd Dunlop nicht den Gummireifen erfunden, der in den Neunzigerjahren den Kautschukboom auslösen wird, noch ruhen die Bodenschätze des Kongobeckens verborgen unter wild wucherndem Grün, allenfalls das Elfenbein lockt als Handels- und Raubgut.

Kautschuk und Bodenschätze des Kongo würden den belgischen König Leopold II. erst später bereichern. Zunächst lockte ihn vor allem das Prestige, eine eigene Kolonie zu besitzen.

ZEIT Aspekte

Auf der Suche nach Emin Pascha – oder Eduard Schnitzer – traf Stanley im Iturigebiet auf Pygmäen, die die Europäer mit Giftpfeilen bekämpften. Anderen Bevölkerungsgruppen hatte Stanley mit betrügerischen Verträgen Boden und Arbeitskraft »abgekauft«.

Am 10. Juni 1878 sprechen Stanley und Leopold in Brüssel erstmals miteinander. Ende des Jahres ist der Vertrag perfekt, fünf Jahre lang erhält Stanley 25 000 Dollar, solange er für den König bei Financiers in Europa trommelt, 50 000 für jedes Jahr in Afrika. Von der Mündung des Kongos aus soll er am Südufer erst eine Straße bahnen, später soll ein Schienenweg folgen, um die Stromschnellen zu umgehen. In ruhigerem Fahrwasser landeinwärts wird eine Kette von Stationen für 1 500 Kilometer Fluss geplant. König und Forscher verkaufen der Öffentlichkeit all das als philanthropischen Akt, für »die Wissenschaft«, gegen den Sklavenhandel. Zu Hause eingebunden in eine konstitutionelle Monarchie, schwört Leopold den belgischen Parlamentariern hoch und heilig, den Staat koste diese gute Tat keinen Franc, das 2,5 Millionen Quadratkilometer große Tropenterritorium (77-mal größer als Belgien selbst) sei sein Privatbesitz, für den er allein aufkommen werde. Tatsächlich muss Leopold bis weit in die Neunzigerjahre hinein Kredit um Kredit aufnehmen, ehe jene fantastischen Profite anfallen, mit denen er seine Prachtbauten in Brüssel und seine privaten Paläste in Frankreich finanziert.

Stanley erfüllt seinen Fünfjahresvertrag und tauft die größte Station Léopoldville (heute Kinshasa), benennt Flüsse, Seen, Berge nach dem Monarchen. Unbotmäßige schwarze Arbeiter lässt der Philanthrop in Eisen legen, »das hinterlässt keine Wunden und fügt Scham zu«, schreibt er zufrieden nach Belgien. Der Eroberer des Kongo sammelt Hunderte von Kaufverträgen, Besitztitel von schwarzen Häuptlingen, die nicht einmal wissen, was Privateigentum an Land eigentlich meint. Stets hält eine Klausel fest, dass die Menschen nicht nur ihren Boden, sondern auch ihre ganze Arbeitskraft an den fernen König abtreten. Ein einziger Mann schafft für einen einzigen Mann eine riesige Kolonie. Seit den Tagen Hernán Cortés' und Francisco Pizarros hat die Welt so etwas nicht mehr gesehen.

Stanley bleibt heimlich weiter auf Leopolds Gehaltsliste, selbst dann, als private Financiers ihn 1886 engagieren und zur Befreiung Emin Paschas in die Provinz Äquatoria im südlichen Sudan schicken. Die »Times« hat einen Hilferuf des Gouverneurs veröffentlicht, seither ist ganz Britannien in Aufregung. Der islamistische Aufstand des Mahdi gegen Briten und Ägypter, in deren Diensten Emin Pascha steht, hat Äquatoria von der Außenwelt abgeschnitten, die »Times«, am Ort ohne Korrespondent, sieht den Gouverneur »umzingelt von wilden und feindseligen Stämmen«.

Tatsächlich aber steht es so bedrohlich nicht mehr um den Pascha, bürgerlich Eduard Schnitzer aus Oppeln, ein studierter Mediziner der Universität Berlin, der sein Glück einst in der ägyptischen Armee suchte. Ein Exzentriker, vielsprachig, kultiviert, aus jüdischer Familie, vermutlich zum Islam konvertiert, kurzbeinig und extrem kurzsichtig, dabei ein Geograph und Naturforscher von Graden, der gelassen Vögel fürs Britische Museum ausstopft, während er auf die Hilfe aus London wartet.

Der Kongo-Staat wird zum »Herz der Finsternis«
Stanleys Expedition wird das Satyrspiel zur kongolesischen Tragödie. Am 29. April 1889 wartet der Pascha unweit des Albertsees auf die dezimierte Karawane des Amerikaners. Emin Pascha im feinen weißen Tuch –

Stanley und sein Häuflein zerlumpt, ausgehungert. Es ist nicht mehr auszumachen, wer da wen rettet.

Leopold II., der nie einen Fuß in sein Besitztum gesetzt hat (so wenig wie Queen Victoria, die Kaiserin von Indien, auf den Subkontinent), vergibt derweil Konzessionen für den Kongo, die allesamt auf Enteignung, Versklavung, Zwangsarbeit hinauslaufen. Dieser Teil Afrikas, terrorisiert von suahelisch-arabischen Sklavenhändlern, war gewiss nie ein Idyll. Seit aber ein paar Hundert Belgier und nebenan in Äquatorialafrika die Franzosen, in Südkamerun dann die Deutschen und in Angola die Portugiesen nach seinen Schätzen greifen, wird Zentralafrika zu jenem »Herz der Finsternis«, das der Kongofahrer und Schriftsteller Joseph Conrad so erschreckend wirklichkeitsnah beschrieben hat. Leopolds Privatkolonie verwandelt sich in das Reich der abgehackten Hände. Wer nicht genug Kautschuk liefert, wird verstümmelt. Nachrichten von solchen Gräueltaten empören um die Jahrhundertwende ganz Europa und erzwingen erste Untersuchungsberichte der Kolonialmächte.

Auch Stanley, seit 1899 Sir, liest Zeitung auf seinem Landsitz nahe London, wo das Wäldchen Aruwimi Forest heißt und ein Bächlein namens Kongo plätschert. Doch von der Schreckensherrschaft im Herzen Afrikas scheint er keine Notiz zu nehmen oder nehmen zu wollen. Erst 1908 werden Ekel und Empörung auch im eigenen Land Leopold II. zwingen, sein Reich an den belgischen Staat zu verkaufen. Der alte Geschäftspartner indes sollte es nicht mehr erfahren: Am 10. Mai 1904 stirbt Henry Morton Stanley in seiner Londoner Stadtwohnung in Richmond Terrace. »Wie merkwürdig«, ruft der Sterbende, als frühmorgens Big Ben die vierte Stunde schlägt, »das also ist Zeit. Merkwürdig.«

Das Begräbnis in der Westminster Abtei jedoch wird von Reverend Joseph Robinson verweigert. Der Dean of Westminster kann nicht vergessen, was er über den Kongo alles gehört und gelesen hat. Von Livingstone zu Leopold. Welch Höllenfahrt. *29. April 2004*

Adam Smith

Die Bibel der Liberalen

Seit seinem Buch »Der Wohlstand der Nationen« gilt Adam Smith als Vater der Volkswirtschaftslehre

Von Thomas Fischermann

Ein scharfer Hund, dieser Adam Smith. Im Kampf gegen militante Tee- und Branntweinschmuggler war Smith – seit 1778 Zollkommissar in Schottland – nicht zum Spaßen aufgelegt. In Briefen ist überliefert, wie er sogar das Militär zu Hilfe rief und zusammen mit seinen Kollegen alte Schiffsrümpfe an der Küste stationieren ließ – als Truppenstützpunkte. Eine überraschende Wendung, denn den gesetzestreuen Staatsdiener Smith kennt man eigentlich ganz anders. 1776 hatte Adam Smith (1723–1790) sein Werk Untersuchung über die Natur und die Ursachen des Wohlstands der Nationen veröffentlicht – eine monumentale, in fünf »Bücher« gegliederte Abhandlung von mehr als 1 000 Seiten. Seither gilt der schottische Moralphilosoph als Vater der klassischen Volkswirtschaftslehre – und als eine Art Schutzpatron für Anhänger der freien Marktwirtschaft. Wenn es gegen Steuern und Zölle und für eine Entfesselung der Wirtschaft geht, werden immer wieder knackige Zitate vom liberalen Urvater Smith bemüht: »Große Nationen verarmen nie durch private Verschwendung und Fehlverhalten, wohl aber durch solche der öffentlichen Hand«, hatte er einst gewettert. »Nichts lernen die Regierungen schneller voneinander, als wie man den Leuten das Geld aus der Tasche zieht.«

Adam Smith gilt den Anhängern der freien Marktwirtschaft als eine Art Schutzpatron.

Seit der »Wohlstand der Nationen« vor über 200 Jahren erschien, hat kein anderes Buch einen vergleichbaren Einfluss auf die Wirtschaftswissenschaft genommen – und es ist wohl auch kein zweites so oft missverstanden worden. Smiths Verleger William Strahan war äußerst skeptisch, als er das reichlich ungeordnete Monumentalwerk des Professors zu Gesicht bekam, und zahlte ein mageres Honorar von 300 Pfund. Das Manuskript war voll gepackt mit Theorien, Analysen und Anschauungsmaterial von Smiths Reisen. Es finden sich Traktate über so spezielle Themen wie die »Ausgaben für Repräsentation des Staatsoberhauptes«, dann wiederum folgen gepfefferte Angriffe auf den Größenwahn des britischen Empire und ein Aufruf zur amerikanischen Unabhängigkeit, und in jedem Kapitel ist eine gewaltige Detailflut zu bewältigen. Smith lässt nicht aus, dass die antiken Römer zunächst »nur Kupfergeld« kannten, dass der weise Isokrates für seine Kurse ein Honorar von umgerechnet 3 333 Pfund, 6 Shilling und 8 Pence verlangte und dass die Stadt Hamburg an den Geldnöten ihrer Bürger 33 750 Pfund verdiente – per Pfandkreditzins (sechs Prozent). Trotzdem verkaufte sich die erste Auflage schnell, man diskutierte das Werk bald in elitären Zirkeln in ganz Europa.

Adam Smith eröffnet sein Werk kraftvoll mit einer Erklärung darüber, was er für die eigentliche Quelle des Wohlstands hält: »Die Arbeitsteilung dürfte die produktiven Kräfte der Arbeit mehr als alles andere fördern und verbessern«, postuliert er im ersten Satz seines Werkes. Die Arbeitsteilung ist für ihn die Spezialisierung der

»Nicht von dem Wohlwollen des Fleischers, Brauers oder Bäckers erwarten wir unsere Mahlzeit, sondern von ihrer Bedachtnahme auf ihr eigenes Interesse ... «.

Wirtschaftssubjekte auf das, was sie am besten können und worin sie mit zunehmender Produktionsmenge und Erfahrung immer besser werden. Smiths berühmtestes Beispiel brachte er vom Besuch einer Stecknadelmanufaktur mit: Ein Arbeiter könne allein pro Tag nicht mal 20 Nadeln herstellen. Zehn Arbeiter aber, die sich jeweils auf ein paar Handgriffe spezialisieren, könnten täglich 48 000 Nadeln herstellen.

Doch ein solches System muss landes- oder gar weltweit koordiniert werden – und Smith erläutert, warum das am besten über den Markt geschieht. Er fängt damit an, dass er den Menschen bestimmte Neigungen unterstellt: etwa zum »Tausch und Handel« und natürlich, sich materiell besser zu stellen. In ausführlichen Kapiteln erarbeitet Smith daraus eine Markt- und Preistheorie und eine Theorie über den Wirtschaftskreislauf. Zwar ist nicht alles neu, was Smith da schreibt, doch er fügt die Vielzahl ökonomischer Erkenntnisse seiner Zeit zu einem geschlossenen Weltbild zusammen. Sein System aus Geld, Marktpreisen und Herstellungskosten, Löhnen, Gewinnen und Renten verwandelt am Ende den Eigennutz der Menschen in Gemeinwohl – viel effizienter als staatliche Pläne. »Der Einzelne vermag ganz offensichtlich aus seiner Kenntnis der örtlichen Verhältnisse weit besser zu beurteilen, als es irgendein Staatsmann oder Gesetzgeber für ihn tun kann, welcher Erwerbszweig im Lande für den Einsatz seines Kapitals geeignet ist und welcher einen Ertrag abwirft, der den höchsten Wertzuwachs verspricht.«

Die zentrale Rolle, die Smith dem Eigennutz zumisst, war wohl der häufigste Anlass für Fehldeutungen. »Nicht von dem Wohlwollen des Fleischers, Brauers oder Bäckers erwarten wir unsere Mahlzeit, sondern von ihrer Bedachtnahme auf ihr eigenes Interesse«, schreibt Smith. Für den Ausgleich der Interessen sorgt die »unsichtbare Hand« des Marktes – die bekannteste Metapher der Wirtschaftswissenschaften, die im Buch eher beiläufig vorkommt (auch sie ist keine Smithsche Erfindung, sondern wird auf eine satirische Fabel zurückgeführt). Staatliche Eingriffe in dieses »offensichtliche und einfache System der natürlichen Freiheit«, erläutert er, stören und führen zu schlechteren Ergebnissen. Das treibt Smith ab Buch drei zu der Frage, welche Rolle eigentlich für den Staat bleiben soll. Smith war sich für Politikerschelte (»listige Geschöpfe«) nie zu schade, und die Staatstätigkeit im damaligen Großbritannien fand er viel zu umfangreich. In langen Traktaten, Untersuchungen über die »Geschichte der zivilen Gesellschaft« und Fallbeispielen führt Smith die Schädlichkeit staatlicher Eingriffe vor, auch die von Staatsmonopolen. Das geht direkt gegen die Lehren der Merkantilisten. Im Wohlstand der Nationen plädiert der spätere Zollkommissar für die Abschaffung der Zölle und will den Freihandel einführen, notfalls gar einseitig – natürlich, um die internationale Arbeitsteilung voranzubringen. Adam Smith war ein Anhänger der Globalisierung.

Das Wort vom »laissez faire«, mit dem er bisweilen identifiziert wird, hat Smith allerdings nie in den Mund genommen. Der völlige Rückzug des Staates aus der Wirtschaft war nicht seine Sache. Smith hing den Ansichten seines Freundes, des Philosophen David Hume an, für den der Staat – oder präziser das Regime aus rechtlichen Arrangements, öffentlicher Politik und informellen Konventionen – zur spontanen, natürlichen Ordnung gehört, die sich unter Menschen entwickelt. Für Smith hat der Staat die Aufgabe, dem Markt durch die Justiz (und ebenso durch das Militär) seine Spielregeln zu setzen und außerdem einige klar abgegrenzte öffentliche Güter bereitzustellen: Verteidigung, Verkehrswege, Bildung. Passend hat Smith sein fünftes Buch als eine akribische Anleitung für Besteuerung und Staatsausgaben verfasst. »Die deutschen Ordoliberalen der Frankfurter Schule können sich mit größerem Recht auf Adam Smith berufen als die Marktradikalen«, sagt Razeen Sally, Experte für ökonomische Ideengeschichte an der London School of Economics.

Es ist vielen Beobachtern ein Rätsel geblieben, warum ausgerechnet Adam Smith sich mit den niederen Fragen des Wirtschaftens auseinander setzte. Schließlich war er schon 1759 mit seiner »Theorie der moralischen Gefühle« zu Ruhm gekommen, die er für sein Meisterstück hielt. Die Universität Glasgow, an der Smith lange lehrte, war damals das Zentrum der schottischen Aufklärungsbewegung, und die Moralphilosophie

In der modernen Dienstleistungsgesellschaft tragen Tätigkeiten erheblich zum Sozialprodukt bei, die von Adam Smith als »unproduktiv« klassifiziert worden wären.

galt als die höchste der Schulen. Doch beide Bücher ergänzen sich gut. Die Grundfrage der Moralphilosophen war nämlich allgemeiner Art: Wie wird eine zivilisierte Gesellschaft freier Menschen zusammengehalten?

In seiner »Theorie der moralischen Gefühle« hatte Smith nach Gründen gesucht, warum Menschen neben einem gesunden Selbsterhaltungstrieb auch Nächstenliebe und Altruismus entwickeln. Damit wandte er sich gegen ein extrem individualistisches Menschenbild à la Thomas Hobbes – sodass es seltsam klingt, wenn Adam Smith heute manchmal als Apologet von Egoismus und Raffgier herangezogen wird. Ein Zeitgenosse hatte Smith freilich schon damals gewarnt, dass er wohl den falschen Leuten Munition liefern würde.

Smith wurde gelegentlich auch ein Widerspruch seines Menschenbildes in den beiden Büchern vorgeworfen. Doch der scheinbare Gegensatz löst sich auf, denn »moralische Gefühle« kommen für Smith bei persönlichen Kontakten zur Geltung. Im »Wohlstand der Nationen« suchte er hingegen nach einem Mechanismus für die Koordination all der unpersönlichen Transaktionen, die an einem nationalen oder Weltmarkt erforderlich sind.

Bei der Lektüre des im 18. Jahrhundert verfassten Buches staunt man bisweilen über die Weitsicht des Visionärs Adam Smith – zum Beispiel, wenn er lange vor der Erfindung der Fließbandarbeit die Abstumpfung der Arbeiter beklagt. Um die Folgen seiner Arbeitsteilung erträglicher zu machen, hat er geradezu sozialdemokratische Konzepte angedacht: etwa eine Volksbildung für alle – was den Menschen mehr Lebensinhalt bringen und zur demokratischen Fortentwicklung beitragen solle. Und Smiths »Wohlstand« war stets für die ganze Nation gedacht. »Keine Gesellschaft kann blühen und glücklich sein, wenn die Mehrheit arm ist«, warnte er. An einer Stelle forderte er sogar, zugunsten der Armen die Kutschen der Wohlhabenden mit einer höheren Abgabe zu belegen.

Vor Fehlern war er natürlich auch nicht gefeit. In seiner Wachstums- und Kapitaltheorie (Buch zwei) und in den historischen Betrachtungen greift er die sonst von ihm geachtete Schule der französischen Physiokraten an: Sie hatten postuliert, dass nur die Landwirtschaft die wirkliche Quelle für den Wohlstand der Nationen sei. Für Smith hingegen hießen die Wohlstandsquellen Arbeit und Kapitalinvestitionen – seine Meinung setzte sich durch. Bloß, dass Smith auch zwischen »produktiver« und »unproduktiver« Arbeit unterschied. Verbrauchernahe Dienstleistungen, die in den modernen Volkswirtschaften erheblich zum Sozialprodukt beitragen, zählen zur letzteren Kategorie. Doch die Informations- und Freizeitgesellschaft vorherzusagen, wäre vom Urvater der modernen Wirtschaftswissenschaft auch wirklich zu viel verlangt gewesen. *12. Mai 1999*

Werner von Siemens

Unternehmer unter Strom

Mit Zigarrenkisten, Weißblech und Draht schaffte Werner von Siemens den Durchbruch in der Nachrichtentechnik

Von Dietmar H. Lamparter

Naturwissenschaften hatten ihn schon in früher Jugend fasziniert. Doch für den Abschluss des Gymnasiums war das Geld der Familie zu knapp, an ein teures Studium war angesichts von 13 Geschwistern schon gar nicht zu denken. Deshalb wählte Werner von Siemens einen anderen Weg: Er ging zum Militär. Dort konnte er eine dreijährige Fachausbildung in Mathematik, Physik, Chemie und Ballistik absolvieren. Das war die theoretische Basis.

Aus Zigarrenkisten, Weißblech, Eisenstückchen und etwas isoliertem Kupferdraht bastelte der junge Offizier einen voll funktionstüchtigen Zeigertelegrafen. Das war die praktische Basis für den unternehmerischen Erfolg.

Werner von Siemens (1816 bis 1892) hatte die Wahl zwischen einer gesicherten Beamtenkarriere im preußischen Staatsdienst und riskantem Unternehmertum. Er entschied sich für Letzteres. Mit dem erfahrenen Feinmechaniker Johann Georg Halske gründete er im Oktober des Jahres 1847 in Berlin die Telegraphen-Bau-Anstalt von Siemens & Halske, die Keimzelle des heutigen Weltkonzerns Siemens.

Der in Lenthe bei Hannover geborene Sohn eines Gutspächters, der 1888 in den Adelsstand erhoben wurde, war freilich nicht nur ein Pionier der Elektrotechnik. Auch in grundlegenden Managementdisziplinen setzte Werner von Siemens schon damals Maßstäbe: bei der Internationalisierung der Geschäfte sowie der sozialen Verantwortung für seine Mitarbeiter und der Nachhaltigkeit unternehmerischen Wirkens.

Ohne das Zutun seines Vetters Johann Georg Siemens wäre aus der Telegraphen-Bau-Anstalt wahrscheinlich nichts geworden – der wohlhabende Justizrat steuerte 6 842 Taler als Startkapital bei. (Das er später reich ver-

Werner von Siemens legte den Grundstein für eine bis heute andauernde Firmengeschichte.

zinst zurückbekam.) Dann ging es zügig voran. Bereits am Jahresende bauten zehn Mitarbeiter unter Leitung von Halske in einer Hinterhauswerkstatt die Telegrafen zusammen. Schon bald dehnte das kleine Unternehmen sein Produktspektrum aus: Pressen zur nahtlosen Isolierung elektrischer Leitungen mit dem gummiartigen Guttapercha (eine weitere Innovation Werners), elektrisch ausgelöste Läutewerke für Dampflokomotiven, elektrische Experimentier- und Heilgeräte oder eine Wassermesserkonstruktion, an der sein jüngerer Bruder Wilhelm maßgeblichen Anteil hatte. Dies waren die ersten Schritte der Diversifizierung.

Bei der Gründung der Telegraphen-Bau-Anstalt hatte Werner von Siemens den Militärdienst noch nicht gleich quittiert. Das hatte gute Gründe: Seine Eltern waren beide früh gestorben, und er fühlte sich verantwortlich für seine jüngeren Geschwister. Doch im Sommer 1848 bekam das junge Unternehmen einen Prestigeauftrag: Es sollte eine Nachrichtenverbindung zwischen Frankfurt am Main und Berlin herstellen, zwischen dem Sitz des ersten deutschen Parlaments in der Paulskirche und dem preußischen Regierungssitz. Dies war damals zugleich die längste Telegrafenlinie des europäischen Kontinents. Das junge Unternehmen bestand die Probe aufs Exempel: Am 28. März 1849 wurde die Wahl Friedrich Wilhelms IV. von Preußen zum deutschen Kaiser noch in derselben Stunde telegrafisch nach Berlin durchgegeben – eine Sensation. Zwar nahm der Preuße die Wahl nicht an, aber er gab die Leitung für den öffentlichen Betrieb frei.

»Die Telegraphie wird eine eigene, wichtige Branche«
Aufgrund des unternehmerischen Erfolges quittierte Werner im selben Jahr den Staatsdienst, obwohl er gute Aussichten gehabt hätte, zum Leiter der preußischen Staatstelegraphen zu avancieren. Doch er hatte schon im Jahr zuvor in einem Brief an seinen jüngeren Bruder Wilhelm, der sich in England in Geschäften versuchte, seine klare Vision von der Zukunft der Fernmeldetechnik erläutert: »Die Telegraphie wird eine eigene, wichtige Branche der wissenschaftlichen Technik werden, und ich fühle mich einigermaßen berufen, organisierend in ihr

aufzutreten, da sie, meiner Überzeugung nach, noch in ihrer ersten Kindheit liegt.«

Auf die Pioniertat folgten rasch weitere Aufträge für Telegrafenleitungen im preußischen Staatsgebiet. Doch 1851 kam es zur ersten Krise des Unternehmens. Es gab Qualitätsprobleme. Einige der Leitungen funktionierten nicht. Von Siemens führte das zwar auf den Preisdruck der Auftraggeber zurück, aber Folgeaufträge blieben aus.

Da erwies es sich als hilfreich, dass Werner von Siemens schon früh über die preußisch-deutschen Grenzen hinausgedacht hatte. Gute Kontakte nach Russland brachten Aufträge aus dem Zarenreich, mit denen Siemens & Halske den Ausfall der inländischen Großaufträge kompensieren konnte. Werners Bruder Carl kümmerte sich schon als 23-Jähriger von Sankt Petersburg aus um die russischen Geschäfte. Ein weiteres wichtiges ausländisches Standbein bildete London. Dort saß Bruder Wilhelm, der sich später Carl William nannte und die Oberaufsicht über die Geschäfte im damals weltumspannenden britischen Empire übernahm.

Früh hatte Werner die Bedeutung britischer Patente für das internationale Geschäft erkannt. Noch als Offizier entwickelte er während einer halbjährigen Festungshaft – er hatte bei einem Duell sekundiert – ein elektrolytisches Verfahren zur Vergoldung und Versilberung. Dieses konnte sein Bruder Wilhelm in England durch Patente absichern und später teuer verkaufen.

In England lag später auch die Basis für den Einstieg ins Geschäft mit Tiefseekabeln. Siemens Brothers, wie sie ihr britisches Unternehmen nannten, stellte schon bald einen wichtigen Pfeiler des Erfolges dar. In Russland und England wurde nicht nur verkauft, sondern auch in eigenen Fabriken produziert. Später kamen Österreich, als wichtiger Standort, und weitere Länder hinzu. Nur in Amerika, dessen potenziell gigantischen Markt Werner schon früh erkannte, wollte der Erfolg zu seinen Lebzeiten nicht eintreten. Dennoch war das Haus Siemens schon früh ein wirklich internationales Unternehmen.

Dass Werner von Siemens an die wichtigsten ausländischen Schaltstellen seine Brüder installierte, war kein

Zufall: Zum einen meinte er, ihnen vertrauen zu können, zum anderen leitete ein ausgeprägter Familiensinn zeitlebens sein Handeln. In einem Brief an seinen Bruder Carl schrieb er im Jahr 1887: »So habe ich für die Gründung eines Weltgeschäfts à la Fugger von Jugend an geschwärmt. Welches nicht nur mir, sondern auch meinen Nachkommen Macht und Ansehen in der Welt gäbe und die Mittel, auch meine Geschwister und nähere Angehörige in höhere Lebensregionen zu erheben.«

Damit ihre Vision real wurde, arbeiteten die Siemens-Brüder stets an neuen Entwicklungen. Zum »Schwachstromgeschäft«, wie die Telegrafie damals genannt wurde, kam in den 1860er-Jahren das »Starkstromgeschäft« hinzu. Auch hier glänzte Werner wieder mit einer Pioniertat: Er entwickelte die Dynamomaschine, mit der sich erstmals mechanische Energie rentabel in elektrische Energie umwandeln ließ. Die Konstruktion konnte sowohl Strom produzieren, als auch durch Strom – als Elektromotor – angetrieben werden. Die erste elektrische Eisenbahn kam von Siemens, das Unternehmen engagierte sich ebenso in der aufkommenden Beleuchtungstechnik. Siemens wurde europaweit zum Inbegriff für Elektrotechnik.

Eine Pensionskasse festigt die Loyalität zur Firma
Im Laufe der Expansion reichte die handwerkliche Arbeitsorganisation nicht mehr aus. So führte Siemens in den Jahren 1858/59 als einer der ersten Betriebe in Deutschland das Akkordlohnsystem ein, die Funktion des Meisters ging an Betriebsingenieure und andere qualifizierte »Beamte« über.

Werner von Siemens gehörte zum damals vorherrschenden Typus des patriarchalischen Unternehmers, er war aber einer, der »im Vergleich mit anderen Unternehmen relativ früh« ein ausgestaltetes Sozialleistungssystem schuf, wie der Unternehmenshistoriker und führende Siemens-Biograph Wilfried Feldenkirchen urteilt (»Werner von Siemens. Erfinder und internationaler Unternehmer«; München 1996).

Angesichts der unsicheren Zeiten machte er sich schon früh Gedanken um das Schicksal seiner Leute.

Die normale Entlohnung genügte ihm nicht: »Mir würde das Geld wie glühendes Eisen in der Hand brennen, wenn ich den treuen Gehilfen nicht den erwarteten Anteil gäbe.« Pure Menschenfreundlichkeit war das allerdings nicht, wie er weiter im Jahr 1868 an seinen Bruder Carl schrieb: »Es wäre auch nicht klug von uns, sie leer ausgehen zu lassen im Augenblicke großer neuer Unternehmungen.«

Seine leitenden »Beamten« hatten schon im Jahr 1854 vertraglich Anspruch auf erfolgsabhängige »Tantiemen«, rangniedrigere Mitarbeiter bekamen – allerdings nicht festgeschriebene – Prämien. Die gute Tat zahlte sich aus: »Seit in Berlin alle Meister sogar eine jährliche Prämie erhalten, ist ein ganz anderer Geist eingezogen; wir arbeiten mehr, billiger und besser«, notierte er 1868. Im Jahr 1872 schließlich, zum 25-jährigen Bestehen der Firma Siemens & Halske, gründeten die drei Brüder Werner, Wilhelm und Carl mit einem Zuschuss von Halske eine Pensionskasse für alle Beschäftigten. Letzterer, der eigentlich schon 1867 aus der Firma ausgeschie-

Die erste elektrische Eisenbahn wurde 1879 von der Firma Siemens & Halske gebaut, hier zu sehen auf der Gewerbeausstellung in Berlin.

ZEIT Aspekte

Dieser Röntgenapparat wurde von der Firma Siemens wenige Monate nach der Entdeckung der Röntgenstrahlen 1895 durch Wilhelm Conrad Röntgen konstruiert. Das schwarze Tuch am Schirm sollte die von der offenen Röhre ausgehende Blendwirkung vom Arzt fernhalten.

den war, fühlte sich zu dieser Tat verpflichtet. So konnte die Loyalität der einfachen Arbeiter erhöht werden. Auch dies war durchaus rational. Seit 1870 galt das Recht auf freie Berufswahl, und die aufstrebenden Industrieunternehmen konkurrierten jetzt auch um die besten Arbeiter.

Starke Wettbewerber gab es für Siemens & Halske von den 1880er-Jahren an auch im eigenen Land. Emil Rathenau gründete im Jahr 1883 die Deutsche Edison Gesellschaft, die vier Jahre später in die Allgemeine-Electricitäts-Gesellschaft (AEG) umfirmierte. Die AEG wurde bald auf vielen Gebieten der härteste Konkurrent von Siemens & Halske, ähnlich gut entwickelten sich die 1873 gegründeten Schuckert-Werke, die sich einen guten Teil vom Kuchen des wachsenden Elektromarktes abschneiden konnten. Damit ging nach fast vier Jahrzehnten eine faktische Monopolstellung von Siemens & Halske in Deutschland rasch zu Ende.

Die Konkurrenz brachte Siemens die eine oder andere schmerzliche Niederlage ein, förderte aber insgesamt die Entwicklung der Branche in Deutschland. Im Jahr 1913 entfiel ein Drittel der Weltelektroproduktion auf das Deutsche Reich, beim globalen Außenhandel waren es sogar stolze 47 Prozent.

Werner von Siemens übergab die Unternehmensführung im Jahre 1890 an seine Söhne und seinen Bruder Carl. Bei seinem Tod zwei Jahre später hinterließ der mit zahlreichen Ehrungen ausgezeichnete Erfinder und Gründer ein Weltunternehmen mit 6 500 Beschäftigten, davon 4 775 in Deutschland.

Seine Nachfolger haben das Unternehmen in seinem Sinne weiter ausgebaut. Zweimal, nach dem Ersten Weltkrieg und nach 1945, gingen die ausländischen Patente, Filialen und Geschäfte praktisch komplett verloren. Zweimal bauten seine Nachfolger das Unternehmen wieder zu einem internationalen Konzern aus. Bis heute ist der Siemens-Konzern ein stark diversifiziertes Unternehmen, das sich mit fast allen Produktbereichen befasst, die mit Strom zu tun haben. In mehr als 190 Ländern der Welt ist Siemens aktiv, rund 417 000 Menschen werden beschäftigt, davon 170 000 in Deutschland.

Werner von Siemens› »Synthese von Wissenschaft und Unternehmertum« (Biograph Feldenkirchen) ist bis heute ein wesentliches Merkmal der Unternehmenspolitik. Das schafft nicht immer die von Analysten geforderten hohen Profite, zahlt sich aber langfristig aus. Gut, dass sich der Gründer nicht für die militärische Karriere entschieden hat. Werner von Siemens' Vision von einem »Weltgeschäft à la Fugger« ist angesichts von 156 Jahren Firmengeschichte wahr geworden, selbst wenn seine direkten Nachfahren nur noch wenige Prozente am Kapital der Siemens AG halten.   *17. Dezember 2003*

ZEIT Aspekte

John Pierpont Morgan
Jupiter der Wall Street

Skrupelloser Finanzier oder ehrbarer Kaufmann? John Pierpont Morgan war der mächtigste Bankier der Welt. Er polarisiert bis heute

Von Marc Brost

Als der Konflikt seinen Höhepunkt erreicht, lässt Jupiter die Kontrahenten einfach nicht gehen. Knapp zwei Jahre haben sich die amerikanischen Eisenbahngesellschaften Pennsylvania und New York Central erbitterte Konkurrenz gemacht. Es ist ein Streit, der das ganze Land in die Krise gestürzt hat. Amerikaweit bekämpfen sich große und kleine Eisenbahngesellschaften, es gibt zu viele Anbieter, zu viele Strecken, zu viele Arbeiter. Der Wettbewerb ist ruinös. Wenige Monate zuvor hat der Verfall der US-Eisenbahnaktien fast zu einem Crash der Londoner Börse geführt – von dort war das Geld für die enormen Investitionen in Strecken und Schienen gekommen. Nun, am 20. Juli 1885, ist der Zeitpunkt da, den Konflikt zu beenden.

Gegen zehn Uhr holt John Pierpont Morgan, 48, Spitzname Jupiter, die Chefs der beiden rivalisierenden Eisenbahnfirmen an Bord seiner Yacht. Das Schiff legt ab, dann stellt Morgan den Männern ein Ultimatum. Damit die ausländischen Geldgeber weiter investieren, muss der Konkurrenzkampf sofort beendet werden. Keine Vereinbarung, kein Geld. Für Jupiter, den größten Planeten des Sonnensystems, sind die Verhandlungspartner an diesem Tag bestenfalls Sternschnuppen. Pierpont Morgan (der selbst niemals den Vornamen John benutzte) sitzt im Aufsichtsrat der einen Bahngesellschaft und ist der Hausbankier der anderen. Und einfach aufstehen und gehen können die verfeindeten Eisenbahnchefs ja auch nicht. Als das Schiff abends anlegt, ist klar: Pennsylvania und New York Central teilen ihr Schienennetz untereinander auf und arbeiten künftig zusammen.

Es war diese ganz besondere Verhandlungstaktik, die den Grundstein zum Erfolg von John Pierpont Morgan legte: eine Situation schaffen, aus der es nur einen Ausweg gibt – und gleichzeitig sehr zurückhaltend sein, wenn es um die konkreten Details geht. An Bord seiner Yacht hatte der Bankier kaum mehr gesagt als die paar Worte des Ultimatums, nur geraucht hatte er, dicke Zigarren, wie immer. Es war die gleiche Taktik, mit der Morgan mehr als zwanzig Jahre später in die Annalen eingehen sollte: als der Mann, der die Wall Street vor dem Kollaps bewahrte.

Dies ist die Geschichte des mächtigsten Bankiers der Welt. Sie handelt von einem Finanzgenie, das Firmen zerschlug und neue schuf. Von einem Sohn, der seinen Vater übertraf. Von einem depressiven Mann, der Kunst sammelte und extrem auf Bewunderung aus war – und der furchtbar unter seinem Äußeren litt.

Seit der großen Vertrauenskrise des Jahres 2002 debattiert Corporate America über Gier und Geschäft: Wie konnte es dazu kommen, dass die Manager großer Konzerne lieber sich selbst bereicherten als ihre Aktionäre? Dass im Rausch der New Economy jedes noch so abwegige Geschäftsmodell als reinste Goldgrube galt? Dass die Banken prächtig am Boom verdienten, an den Börsengängen, den Aktiengeschäften, den zahlreichen Übernahmen und Fusionen – nur um hinterher, als die Börse ins Bodenlose gestürzt war, kleinmütig einzuräumen, dass auch sie zu gierig gewesen waren? Im Grunde unterschied sich die Internet-Blase zum Jahrtausendwechsel kaum vom boom and bust der Eisenbahnen im Amerika der 1880er-Jahre: riesige Investitionen in Firmen, ganz gleich wie verlustreich ihr Geschäft war; korrupte Manager, die die Bilanzen ihrer Firmen fälschten; dazu ein spekulativ überhitzter Kapitalmarkt. Nur dass es damals Pierpont Morgan gab.

Wer verstehen will, was Morgan prägte, muss sich das Jahr 1857 anschauen. Damals fängt der 20-Jährige gerade an der Wall Street an, sein Vater Junius ist Partner bei der angesehenen Bank von George Peabody in London. Peabody ist einer der großen Geldgeber der amerikanischen Eisenbahnen – und bekommt gewaltige Probleme, als die jungen US-Bahnunternehmen ihre erste große Krise erleben. Peabody geht das Geld aus, und nur ein Kredit der Bank von England kann das ange-

John Pierpont Morgan rauchte dicke Zigarren und bewahrte die Wall Street vor einem Kollaps.

schlagene Institut schließlich retten. In den USA wäre diese Rettung nicht möglich gewesen: Zwischen 1832 und 1913 gab es dort keine Zentralbank.

Das erste wirklich globale Finanzunternehmen
Es ist Junius Morgan, der seinem Sohn Pierpont fortan einbläut, bloß keine Risiken einzugehen. »Slow and sure«, predigt er, und was der Vater vorgibt, hat der Sohn zu befolgen. Noch als verheirateter Mann bekommt Pierpont endlose Ratschläge von seinem alten Herrn, selbst dass er langsamer essen solle, rät Junius ihm. Das Wichtigste aber, was der Vater ihn lehrt, ist die Art, wie in London Bankgeschäfte gemacht werden: der Gentleman Banker's Code. Ein Wort ist ein Wort, die Kunden werden einander nicht abgejagt, auch Preiskämpfe finden nicht statt. Als Junius 1864 die Bank von Peabody übernimmt und in J. S. Morgan & Co. umbenennt, beginnt der Aufstieg der Familie.

Über den Atlantik hinweg schaffen Vater und Sohn das erste wirklich globale Finanzunternehmen. Das »House of Morgan«, wie einige die Bank noch heute ehrfürchtig nennen, wird zur Kapitalsammelstelle der auf Kapital so dringend angewiesenen US-Wirtschaft. Der Vater sammelt in London das Geld ein, der Sohn organisiert von New York aus die Geldanlage. Pierpont Morgan bringt ausländische Investoren mit den jungen Eisenbahnfirmen zusammen, er gibt Anleihen aus und platziert amerikanische Aktien an der Börse in London.

Es ist die Kombination von Junius' britischem Stil und Pierponts Wissen über den amerikanischen Markt, die das House of Morgan so einzigartig macht. »Kein Mensch hätte sein Geld 3000 Meilen über den Ozean geschickt, wenn er nicht gewusst hätte, was damit passiert«, meint Morgans Biografin Jean Strouse. Im Rausch des Eisenbahnbooms, in einer wilden, unregulierten Wirtschaft erscheint der junge Pierpont den ausländischen Investoren als einziger Garant für Stabilität.

Denn im Gegensatz zu den modernen Finanziers der New Economy zieht sich Morgan nicht zurück, wenn ein von ihm mitfinanziertes Unternehmen fällt. Stattdessen übernimmt er die Kontrolle der Firma, er saniert und fusioniert und bringt seine Vertrauensleute ins Management. »Morganization« wird das damals genannt. Heute würde man sagen, Pierpont Morgan war der erste Investmentbanker der Finanzgeschichte, er organisierte Venture Capital und agierte wie eine Private-Equity-Firma.

Am Ende der 1880er-Jahre hat Morgan die mehr als 100 zersplitterten US-Eisenbahnfirmen in sechs große Unternehmen »morganisiert«. Der ruinöse Wettbewerb ist vorbei, die Preise steigen, die Bahnunternehmen schreiben Gewinne. Beliebt macht ihn sein Erfolg nicht. Für die amerikanischen Farmer ist Pierpont der Bösewicht, der die Bahnpreise künstlich hoch hält, um daran zu verdienen. Für die Eisenbahnarbeiter ist er der kalte Kapitalist, der viele Arbeitsplätze opfert, um einige Jobs zu retten. Für alle anderen ist er ein skrupelloser Finanzier, der Kartelle bildet, um den eigenen Reichtum zu mehren.

Doch Pierponts Antrieb ist nicht persönlicher Reichtum. Sein Kontostand erreicht zwar gewaltige Höhen, aber nie die Summen der großen Industriebarone wie Rockefeller oder Vanderbilt. Was ihn handeln lässt, ist vielmehr eine seltsame Mischung aus Verantwortungsgefühl gegenüber seinen Geschäftspartnern – also den Geldgebern der Unternehmen – und Machtstreben, weil er Macht braucht, um sein Ziel Stabilität zu erreichen. Das erklärt auch Morgans Vorliebe für Fusionen und Kartelle: Wo kein ruinöser Wettbewerb herrscht, ist das Geschäft nicht gefährdet – und der Geldrückfluss an die Investoren gesichert. Seine Maxime bleibt der Gentleman Banker's Code.

Als Junius Morgan 1890 stirbt, kommt der Einfluss des House of Morgan vor allem von Pierponts dominanter Rolle in der Eisenbahnindustrie. Was folgt, ist eine Ballung von Macht, wie sie die Finanzwelt nie wieder gesehen hat. 1895 schmelzen die amerikanischen Goldreserven dramatisch, und damit droht auch der Goldstandard zu kippen, jenes Währungssystem, das auf der Einlösegarantie des Dollars in Gold basiert. JP Morgan & Co., wie die Bank inzwischen heißt, organisiert in New York und London eine 65 Millionen Dollar schwere Anleihe und stoppt den Ausverkauf von Gold. 1901 betreibt Pierpont die – auf den heutigen Geldwert umgerechnet – größte Firmenfusion überhaupt. Er kauft Carnegie Steel, bringt das Unternehmen mit seiner Firma

Federal Steel und anderen Wettbewerbern zusammen und formt daraus den gewaltigsten Stahlkonzern der Welt: US Steel. Morgan rettet auch General Electric vor dem Bankrott. Und er wickelt die Finanzierung des Panamakanals ab. Pierpont ist Jupiter. Sein New Yorker Privathaus, 219 Madison Avenue, ist das erste der Stadt mit elektrischem Licht.

Der entscheidende Moment folgt 1907. Der amerikanische Aktienmarkt bricht ein, das löst eine Kettenreaktion aus. Den großen amerikanischen Städten geht das Geld aus. In Ägypten kracht die Börse, und selbst die Bank von England, die drei Millionen Dollar in Gold

1907 brach der amerikanische Aktienmarkt ein. John Pierpont Morgan half mit einem 30-Millionen-Dollar-Kredit. Die Abbildung zeigt das 1903 eröffnete Gebäude der New Yorker Börse.

nach Alexandria schafft, kann den Verfall nicht stoppen. In Japan gehen die Banken gleich reihenweise Pleite. Große französische Investoren verkaufen ihre US-Aktien, um zu retten, was zu retten ist. Die amerikanische Börse bricht ein zweites Mal ein. Es gibt keine US-Notenbank, die eingreifen kann, um den Aktiencrash zu stoppen, kein Vertrauen mehr in die über 21 000 großen und kleinen amerikanischen Geldhäuser, keine Lösung.

Da trommelt Pierpont Morgan, schon halb im Ruhestand, die Banker zusammen. Er sammelt Geld und verpflichtet die Finanziers, die in Not geratenen Firmen zu unterstützen. Kaum ist ein Loch gestopft, tut sich das nächste auf. Ende Oktober rettet Morgan die Stadt New York mit einer 30-Millionen-Anleihe vor dem sofortigen Bankrott.

Niemand darf gehen, bevor das Problem gelöst ist
Jeden Tag treffen sich die Banker jetzt in der Bibliothek von Morgans Privathaus, um zu beraten. Dann, am 2. November, es ist ein Samstag, scheint der Kollaps unvermeidlich. Das Brokerhaus Moore & Schley, einer der größten Schuldner der amerikanischen Banken und Inhaber der Tennessee Coal and Iron Company (TC&I), kann nicht mehr zahlen. Gleichzeitig geht zwei größeren Finanzgesellschaften, Trust Company of America (TCA) und Lincoln, das Geld aus. Allen Beteiligten ist klar: Kippen diese Firmen, ist die Panik nicht mehr aufzuhalten. In der Nacht von Sonntag auf Montag, die Banker haben sich wieder in Morgans Bibliothek versammelt, verriegelt der alte Pierpont die Türen und versteckt den Schlüssel. Jupiter vertraut der bewährten Taktik: Niemand darf gehen, bevor das Problem gelöst ist.

Um 4.45 Uhr morgens hat Morgan die Unterschriften zusammen. Fünf Finanzgesellschaften stehen für die gefährdeten Trusts TCA und Lincoln gerade. Um Moore & Schley zu retten, vertraut Pierpont einem anderen Plan: Seine US Steel kauft TC&I und verschafft Moore & Schley das benötigte Geld. Als am Montag die Nachrichten aus Morgans Haus die Wall Street erreichen, stabilisieren sich die Aktienkurse.

Während Morgans Bewunderer die Rettungstat feiern, argwöhnen die Kritiker, Pierpont habe die Notlage bewusst herbeigeführt, um sich zu bereichern. War es nicht so, dass US Steel nach der Übernahme von TC&I einen lästigen Wettbewerber weniger hatte?

Das Jahr 1907 ist ein entscheidender Moment, weil es zwei Wendepunkte markiert: Erstens ist es die Geburtsstunde des modernen amerikanischen Finanzsystems. Nie wieder, schwören sich Regierung und Finanzwelt, dürfe die Wirtschaft ohne Geld dastehen und so sehr vom Wohl und Wehe eines einzigen Mannes abhängen. Aus dem Schrecken von 1907 entsteht der feste Vorsatz, eine amerikanische Notenbank zu schaffen, die den Geldfluss und das Vertrauen garantiert – das Federal Reserve System.

Zweitens wird es nie wieder einen so mächtigen Finanzier geben wie den Pierpont Morgan jenes Jahres.

Die Macht der Banken beschäftigt fortan auch das Parlament. Im Dezember 1912 wird Morgan, inzwischen 75, zu einer Anhörung vor den Kongress geladen.

»Hängt ein Kredit nicht in erster Linie davon ab, wie viel Geld man hat oder wie viel Eigentum?«, will der Ausschussvorsitzende wissen.

»Nein, Sir. In erster Linie zählt Charakter.«

»Mehr noch als Geld oder Eigentum?«

»Mehr als Geld oder Eigentum oder irgendetwas sonst.«

Morgans Statement, schreibt der Publizist Ron Chernow in seinem Buch The House of Morgan, »war weder so zynisch, wie die Kritiker dachten, noch so nobel, wie die Bewunderer glaubten. Es war einfach eine brauchbare Firmenstrategie.«

Mit der Vertrauenskrise des Jahres 2002 hat sich Corporate America wieder an jenen legendären Dialog vor dem Kongressausschuss erinnert. War es nicht so, dass man sich auf Pierponts Wort immer verlassen konnte? Respektierten ihn seine Finanzpartner nicht gerade wegen seiner aufrichtigen Art, Geschäfte zu machen? War Pierpont Morgan damals nicht genau das, was heute verzweifelt gesucht wird – ein ehrbarer Kaufmann? Wer heute mit Mitarbeitern des Geldhauses spricht, hört viel von Tradition und Integrität. »Um unsere langfristigen Kundenbeziehungen«, sagt John Jetter, der Deutschland-Chef von JP Morgan, »beneiden uns alle Konkurrenten.«

John Pierpont Morgan

Als die Titanic 1912 sank, stürzte das auch ihren Finanzier John Pierpont Morgan in die Krise.

Damals, 1912, kommt Pierponts Aussage vor dem Parlament einem moralischen Vermächtnis gleich. Aber die Anhörung nimmt Morgan sichtlich mit. Er steckt gleich zweifach in der Krise: Unternehmerisch, weil er eine riesige PR-Schlappe verkraften muss – die von ihm finanzierte Titanic ist im Frühjahr gesunken. Persönlich, weil seine Depressionen so heftig sind wie nie.

Es passt so gar nicht zum Bild des skrupellosen Kapitalisten, dass Pierpont zeit seines Lebens von Krankheiten geplagt wird. Schon als Junge leidet er unter

Rheuma, auch später verbringt er mehrere Tage im Monat im Bett. Mit 20 treten das erste Mal Depressionen auf. Auch sein Aussehen verändert sich: Auf der riesigen Nase – dem Markenzeichen der Morgans – wuchert die Akne, die Pierpont in der Pubertät zu schaffen machte, ungehemmt weiter. Das blumenkohlartige Ungetüm quält ihn so sehr, dass Morgan keine unretuschierten Fotos von sich zulässt.

Als Pierpont Morgan 1913 stirbt, übernimmt sein Sohn Jack die Leitung der Bank. Nach der Weltwirtschaftskrise 1933 führt die US-Regierung das Trennbankensystem ein: Der Glass-Steagall Act schreibt vor, dass ein Geldhaus entweder Kreditgeschäft oder Investmentbanking betreiben darf, aber nicht beides. Jack Morgan entscheidet sich für das traditionelle Standbein; sein Sohn Harry verlässt das Haus und gründet die Investmentbank Morgan Stanley. Auf einmal gibt es zwei Houses of Morgan.

Der Wandel der Siebziger- und Achtzigerjahre, als neue Finanzinstrumente den Gewinn der Investmentbanken wachsen lassen, geht an JP Morgan vorbei. Große Konzerne geben nun lieber selbst Aktien oder Anleihen aus, als sich über Kredite zu finanzieren. 1989 erwirkt die Bank eine Ausnahmegenehmigung vom Glass-Steagall Act und steigt selbst ins Geschäft mit Unternehmensanleihen ein.

JP Morgan will das Investmentbanking unbedingt allein aufbauen, eine Fusion oder Übernahme kommt nicht infrage. Hatte nicht auch der alte Pierpont das Können besessen, ganz allein die Nummer eins zu werden? Auch der bis heute kaum bekannte Plan, die beiden Houses of Morgan wieder zusammenzubringen, scheitert am Ego beider Seiten. »Man konnte einfach nicht mehr zusammenkommen«, sagt Kurt Viermetz, der von 1990 bis 1998 Vice Chairman bei JP Morgan war – und damit der erste Deutsche in der Führung einer US-Großbank. »Beide Seiten waren viel zu sehr von sich überzeugt.«

So gehen in den Neunzigern auch die beiden großen Boomphasen des Jahrzehnts an der mit sich selbst beschäftigten Bank vorbei. Im September 2000 fusioniert das Geldhaus mit der amerikanischen Privatkundenbank Chase Manhattan. *6. November 2003*

Henry Ford
Ein Automobil für den kleinen Mann

Henry Ford machte das Auto zum Massengut. Am Ende aber hätte er beinahe noch sein Lebenswerk ruiniert

Von Reiner Flik

In den Zwanzigerjahren des vorigen Jahrhunderts lebten die Soziologen Robert und Helen Lynd eine Zeit lang im Mittleren Westen der USA und wunderten sich über die Liebe der Bevölkerung dieses Landstrichs zum Automobil. Unerklärlich viele Familien verzichteten auf jeglichen häuslichen Luxus, leisteten sich aber Kraftwagen, deren Kaufpreis sie oft mühsam in Raten abstotterten. Ein freundlicher Farmer klärte sie auf: Ob sie schon einmal mit einer Badewanne in die Stadt gefahren seien.

Diese Geschichte ist der Schlüssel zum Verständnis des Werdegangs von Henry Ford. Einem Städter mit Kneipe, Kaufmann und Kino um die Ecke und zehn Minuten Fußweg zum Bahnhof mochte ein Automobil damals durchaus entbehrlich erscheinen. Aber für den Landmann in den weiten Prärielandschaften Nordamerikas war es eine Wirtschafts- und Kulturrevolution. Und niemand hat mehr dazu beigetragen als Henry Ford und sein Unternehmen.

Henry Ford wurde 1863 auf einer Farm in Dearborn nahe Detroit geboren. Die Erziehung im ländlich-puritanischen Milieu gab ihm alle Eigenschaften mit, die den Menschenschlag im Mittleren Westen auszeichnen: konservativ in seinem politischen Glaubensbekenntnis, hartnäckig bis zum Starrsinn bei der Verfolgung eines Ziels, erwerbsorientiert, jedoch mit einer ordentlichen Portion Gemeinsinn, und misstrauisch gegen alles, was mit Banken und Kredit zu tun hatte.

Ungewöhnlich für einen Jungen vom Land war lediglich seine Leidenschaft für Mechanik. Spielzeug wurde bei den Fords stets mit der Warnung verschenkt: »Zeig's nicht Henry. Er nimmt's auseinander.« Und als der Bub

Henry Fords Vision war ein Auto für den Mittelstand, günstig zu kaufen und einfach zu reparieren. 1908 kam sein Modell T heraus, die berühmte »Tin Lizzy«, von der bis 1927 etwa 15 Millionen Exemplare verkauft wurden.

zum ersten Mal ein dampfbetriebenes Lokomobil zu Gesicht bekam, fragte er dessen Chauffeur ein Loch in den Bauch. Seitdem stand für ihn fest, dass Pferde in der Landwirtschaft ihr Geld nicht wert waren.

Mit sechzehn ging Henry Ford nach Detroit, um Mechaniker zu werden. Er begann als Hilfskraft im Maschinenbau. Um die Lücke zwischen Kost und Logis und seinem Lehrlingslohn zu schließen, reparierte er nach der Schicht für ein Juweliergeschäft Uhren. In wechselnden Anstellungen erwarb er sich einen Ruf als Experte für Dampfmaschinen und Gasmotoren. 1893 wurde er Chefingenieur der Edison Illumination Company.

Um diese Zeit gingen die ersten Nachrichten über verrückte Europäer, die mit Wagen ohne Pferde um die Wette fuhren, durch amerikanische Techniker-Magazine. Auch in den Vereinigten Staaten tüftelten viele an dem Problem, ein zuverlässiges Automobil herauszubringen. Die Mehrheit setzte auf Dampf- oder Elektroantrieb. Ford war überzeugt, dass sich nur ein Fahrzeug durchsetzen werde, das wenig wiegt und seinen Treibstoff selbst mitführt – er beschloss, es zu bauen. Im Kohlenschuppen des Mietshauses, in dem er wohnte, richtete er eine Werkstatt ein. Seine berufliche Stellung erleichterte es ihm, Werkzeug und fähige Hilfskräfte zu beschaffen. Nach drei Jahren, im Morgengrauen des 4. Juni 1896, war sein Vehikel zur Jungfernfahrt bereit. Als sich herausstellte, dass es nicht durch die Türe passte, griff Ford kurzerhand zur Axt und brach ein Loch in die Backsteinmauer.

Wer in Detroit 1896 ein Automobil ausfuhr, durfte sicher sein, dass er nicht ungesehen blieb. Ford wurde schnell zum Ortsgespräch; einige Geldleute sahen in seiner Erfindung ein lohnendes Investitionsobjekt und beschlossen, weitere Prototypen zu finanzieren. 1899 verließ Ford die Firma Edison und gründete mit seinen Risikokapitalgebern die Detroit Automobile Company. Sie existierte nicht lange. 1903 gründete Ford mit neuen Finanziers die Ford Motor Company.

Mit Automobilfirmen verhielt es sich um die Jahrhundertwende wie in neuerer Zeit mit Computerfirmen. Sie kamen und gingen. Von 1900 bis 1908 wurden in den USA rund fünfhundert eröffnet und rund dreihundert liquidiert. Die meisten waren Montagebetriebe, die alle wichtigen Komponenten ihrer Wagen bei Spezialisten kauften – eine Blaupause und die Ausstattung einer mechanischen Werkstatt genügten, um Automobilfabrikant zu werden. Allerdings scheiterten viele Start-up-Firmen daran, dass ihre Konstruktion nicht ausgereift war und die Finanziers ihr Geld rasch wiedersehen wollten. Geld verdiente man damals im Automobilgeschäft nur, wenn man Luxus- und Sportwagen für die Reichen in den Metropolen herstellte. Neben diesem Markt gab es nichts, außer einer Vision: Kraftwagen durch Standardisierung und Massenproduktion so billig zu machen, dass sie für den Mittelstand erschwinglich werden – für Farmer, Landärzte, Ladenbesitzer, Handelsvertreter, vielleicht sogar einmal für Arbeiter.

Henry Ford gehörte zu den Visionären. Ein Streit mit seinen Kompagnons über die strategische Ausrichtung der Ford Motor Company hätte beinahe auch sie zu einer kurzlebigen Unternehmung gemacht. Das verhinderte

Ford durch eine List. 1905 gründete er mit seinen Sympathisanten eine Teilebau-Tochterfirma, die die Mutter so teuer belieferte, dass der gesamte Gewinn bei der Tochter hängen blieb. Die Opposition gab klein bei und verkaufte ihre Anteile an Ford. Er besaß danach 51 Prozent des Stammkapitals. 1919 erwarb er den Rest.

Einfach zu bauen, einfach zu fahren und einfach zu warten
Fortan konzentrierte sich seine Firma auf die Mittelklasse. Die Geschäftsstrategie: Wagen, die einfach zu bauen, einfach zu fahren und einfach zu warten waren. Nützlichkeit pur zum erschwinglichen Preis! 1908 kam das Modell T heraus. Das Unternehmen Ford war zu diesem Zeitpunkt schon ein bekannter Name im US-Automobilgeschäft und hoch profitabel. Dann aber brach das Modell T alle Rekorde. Es war ganz für den Einsatz auf dem Land gemacht: hochbeinig, leicht, dennoch robust und so stark motorisiert, dass es auch in schwerem Gelände durchkam. Außerdem war es reparaturfreundlich. Jeder Farmer, der nicht zwei linke Hände hatte, konnte defekte Teile selbst austauschen, denn sie waren so präzise gearbeitet, dass sie ohne Nacharbeit passten. 1908 kostete der Wagen 850 US-Dollar, immerhin das Zweieinhalbfache des US-Pro-Kopf-Einkommens in diesem Jahr. Aber kein Auto unter 2 000 US-Dollar biete mehr, inserierte Ford, und die teureren böten lediglich mehr Schnickschnack.

Das Modell T trieb Ford in die Rationalisierung hinein. Bis 1913 wurde die Produktion von Jahr zu Jahr mindestens verdoppelt. Ab 1909 produzierte Ford nur noch diesen Typ, ab 1914 im Drei-Schicht-Betrieb und nur noch in schwarzer Farbe – sie trocknete am schnellsten. Die Produktion musste aber nicht nur beschleunigt werden. Facharbeitermangel zwang auch dazu, sie zu vereinfachen. Die Ford-Ingenieure verkürzten die Aufgabenzyklen, erfanden narrensichere Spezialmaschinen und Schablonen, die auch ungelernte Kräfte in die Lage versetzten, Präzisionsarbeit abzuliefern. Maschinen und Anlagen wanderten ohne Rücksicht auf Alter und Kosten auf den Müll, wenn bessere entwickelt worden waren. Die Produktivitätsschlacht landete fast zwangsläufig beim Fließband. 1913 entstanden erste, einfache Fließmontagelinien. Ende 1914 waren fast alle Montageabteilungen im Ford-Werk durch Rollenbahnen, Schwerkraft-Gleitbahnen, Überkopf-Förderbahnen und Fließbänder zu einer riesigen Zwangslauffertigung verkettet.

In Henry Fords Erinnerungen heißt es, ihm sei im Schlachthof von Chicago, wo Rinderhälften mit Hängebahnen transportiert wurden, der Einfall gekommen, Autos am laufenden Band zu produzieren. Das ist wahrscheinlich eine Legende. Überhaupt ist fraglich, welchen Einfluss Ford in seinem riesig gewordenen Unternehmen noch auf die Ablauforganisation nahm. Mitarbeiter berichteten, dass er sich am liebsten im Konstruktionsbüro aufhielt oder durchs Werk schlenderte, meistens zu einem Scherz aufgelegt.

Henry Ford gilt nicht nur als Erfinder des Fließbandes, sondern auch als Erfinder der Kaufkrafttheorie. Ab 1910 setzte er den Preis des Modells T fast jedes Jahr herab. 1914 verdoppelte er trotzdem den durchschnittlichen Taglohn seiner Beschäftigten. Die Presse überschlug sich vor Begeisterung, die Konkurrenz sagte den Ruin der gesamten Industrie voraus. Die Kombination von Hochlohn- und Niedrigpreispolitik machte ihn zum Volkshelden. In den Zwanziger Jahren pilgerten Scharen europäischer Gewerkschafter in das gelobte Land Amerika und kamen mit der Erkenntnis zurück, dass hohe Löhne und niedrige Preise Massenwohlstand erzeugten.

Die Massenanfertigung des Modells T ermöglichte es, das Auto zu einem sensationell günstigen Preis anbieten zu können – in nur einer Ausführung und nur in schwarz.

Freilich haben viele seiner Bewunderer übersehen, dass der fortschrittlichen Sozialpolitik Fords nicht nur Gutmenschentum, sondern auch kluge Politik und handfeste betriebswirtschaftliche Zwänge zugrunde lagen. Der »Fünf-Dollar-Tag« bezweckte hauptsächlich die Eindämmung der riesigen Fluktuation, die infolge der Verdichtung der Arbeit bei Ford einsetzte. Die Belegschaft wechselte so schnell, dass ein deutscher Journalist dem Ford-Werk den schönen Namen »Taubenschlagbetrieb« gab. Die Preissenkungen begründete Ford mit dem einleuchtenden Argument, man halte sich Konkurrenz am besten dadurch vom Halse, dass man sich mit einem niedrigen Stückgewinn begnüge. Später waren sie auch unumgänglich, um die aufgeblähte Kapazität der Ford-Betriebe auszulasten. Ford modernisierte das Modell T

Die Karikatur von Olaf Gulbransson erschien 1927 in der politisch-satirischen Wochenschrift »Simplicissimus« unter dem Titel »Fords Vaterfreuden« mit der Unterschrift: »Je kürzer meine Kinder leben, desto besser ernähren sie mich«. Zu dieser Zeit jedoch hatte Ford längst Absatzprobleme.

nur allmählich. Wegen der hohen Spezialisierung seiner Produktionsanlage waren Änderungen nur zu hohen Umstellungskosten möglich – billig zu sein war in den Zwanziger Jahren die einzige Möglichkeit, um das Modell T gegen modernere Typen der Konkurrenz im Markt zu halten.

Mitte der Zwanziger Jahre war der Charme dieser Politik ausgereizt. Die Amerikaner waren inzwischen wohlhabender geworden. Sie wollten nun ein Auto, das mehr war als ein Transportmittel, es sollte auch den Nachbarn ein bisschen imponieren. Ab 1924 ging der Absatz von Ford zurück, mitten in der Hochkonjunktur und trotz Preissenkungen, mit fatalen Konsequenzen: Die Margen sanken, und die Stückkosten stiegen. Sein Management drängte Henry Ford nun energisch zur Modernisierung der Modellpolitik.

Aber der Patriarch blieb stur, wollte nicht einsehen, was an seiner Idee eines für alle Schichten und Zwecke tauglichen Einheitsautomobils plötzlich nicht mehr stimmen sollte. Mehrere Ford-Manager fielen deswegen in Ungnade, einige gingen zur General Motors Corporation, machten sie groß. Im Winter 1925/26 rebellierten schließlich auch die amerikanischen Ford-Händler. Seitdem war auch Henry Ford klar: Ein neues Modell musste her.

Nun zeigte sich, dass Ford durch seine Monokultur in die Spezialisierungsfalle geraten war. Als das Nachfolgemodell entwickelt war, stellte sich heraus, dass die Produktionsanlage dafür grundlegend umgestaltet werden musste. Die Folge: Von Mai bis Dezember 1927 lagen die Ford-Betriebe in Detroit still. Der neue Wagen wurde wieder ein großer Erfolg. Aber Ford war seitdem nur noch die Nummer zwei im weltweiten Automobilgeschäft. Wie das auch in Zeiten gesättigter Märkte funktioniert, hat General Motors mit seiner Spartenorganisation, jährlichen Modellwechseln und seinem riesigen Marktforschungsapparat vorgemacht. Der damalige Chef Alfred P. Sloan schrieb in seinen Lebenserinnerungen, GM wäre niemals Nummer eins der Automobilhersteller geworden, wenn der große Meister Henry Ford nicht auch Fehler gemacht hätte. *22. Mai 2003*

ZEIT Aspekte

Das kommunistische Manifest

Das Gespenst geht wieder um

Globalisierung und Arbeitslosigkeit geben dem »Kommunistischen Manifest« von Marx und Engels neue Aktualität

Von Mathias Greffrath

Ende Januar mahnte die Zentralbehörde: Wenn das Manuskript nicht bis Dienstag, den 1. Februar, in London eingehe, würden Maßregeln gegen den säumigen Bürger Marx ergriffen. »Überleg Dir doch das Glaubensbekenntnis etwas«, hatte Engels schon am 24. November 1847 aus Paris geschrieben, »ich glaube, wir tun am besten, wir lassen die Katechismusform weg und titulieren das Ding: Kommunistisches Manifest.«

Den Dezember über haben sie dann Ton und Form probiert. Und schließlich, unter Zeitdruck: *Ein Gespenst geht um in Europa – das Gespenst des Kommunismus.*

Kein Parteiprogramm, eine Geschichtstheorie: *Die Geschichte aller bisherigen Gesellschaft ist die Geschichte von Klassenkämpfen. Freier und Sklave, Patrizier und Plebejer, Baron und Leibeigener, Zunftbürger und Gesell, kurz, Unterdrücker und Unterdrückte standen in stetem Gegensatz zueinander, führten einen ununterbrochenen, bald versteckten, bald offenen Kampf, einen Kampf, der jedesmal mit einer revolutionären Umgestaltung der ganzen Gesellschaft endete oder mit dem gemeinsamen Untergang der kämpfenden Klassen.*

Nie wurde die kapitalistische Globalisierung, kaum dass sie begonnen hatte, grandioser besungen als im Februar 1848: *An die Stelle der alten lokalen und nationalen Selbstgenügsamkeit und Abgeschlossenheit tritt ein allseitiger Verkehr, eine allseitige Abhängigkeit der Nationen voneinander. Und wie in der materiellen, so auch in der geistigen Produktion. Die geistigen Erzeugnisse der einzelnen Nationen werden Gemeingut. Die nationale Einseitigkeit und Beschränktheit wird mehr und mehr unmöglich,*

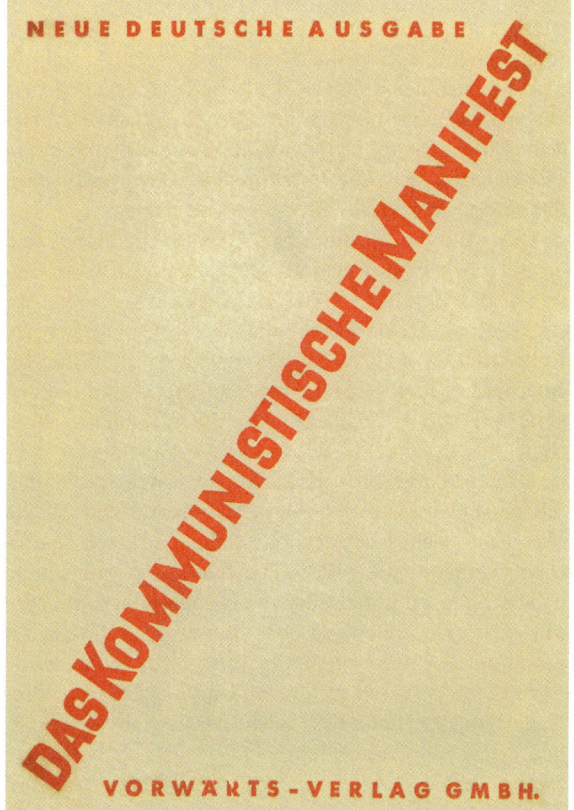

Das »Kommunistische Manifest«, 1848 in nur wenigen Hundert Exemplaren gedruckt, besang die kapitalistische Globalisierung mit prophetischer Kraft (Umschlag einer Ausgabe aus dem Jahr 1945).

und aus den vielen nationalen und lokalen Literaturen bildet sich eine Weltliteratur. Die Bourgeoisie reißt durch die rasche Verbesserung aller Produktionsinstrumente, durch die unendlich erleichterten Kommunikationen alle, auch die barbarischsten Nationen in die Zivilisation. Mit einem Wort, sie schafft sich eine Welt nach ihrem eigenen Bild.

Folgt der dramatische Absturz, das Drama von Überproduktion, Krise, Elend, Rebellion und am Ende das apokalyptische Resümee: *Mit der Entwicklung der großen Industrie wird also unter den Füßen der Bourgeoisie die Grundlage selbst hinweggezogen, worauf sie produziert und die Produkte sich aneignet. Sie produziert vor allem ihren eigenen Totengräber. Ihr Untergang und der Sieg des Proletariats sind gleich unvermeidlich.*

Keine Anklage, keine Sozialkritik, keine Moralpredigt, sondern der Indikativ der Wissenschaft im bürgerlichen Zeitalter: *Alles Ständische und Stehende ist verdampft, alles Heilige wird entweiht, und die Menschen sind endlich gezwungen, ihre Lebensstellung, ihre gegenseitigen Beziehungen mit nüchternen Augen anzusehen.*

Das »Manifest« raubt den Menschen die Götter und den Glauben an die Vernunft – und nimmt sie in die Geiselhaft der Geschichte: Hier ist das Drama, in dem ihr eine Rolle spielt. Und das ist die Zumutung: Ob ihr diese Rolle wollt oder nicht. Ein Drama ohne Autor, und ihr entscheidet über seinen Ausgang. Die Geschichte ist kein Dialektik-Automat, sondern die Tat und das Werk aller.

Es regiert auch nicht ein abstraktes »Wesen des Menschen«. Dieses – notiert Marx lakonisch als »6. These über Feuerbach« – ist das »Ensemble der gesellschaftlichen Verhältnisse«. Wer sich bloß als Individuum begreift, handelt nur als halber, als unbewusster Mensch. »Produziert mit Bewusstsein, als Menschen, nicht als zersplitterte Atome ohne Gattungsbewusstsein«, hatte Engels 1844 geschrieben – heute würde man sagen: Produziert volkswirtschaftlich, nicht nur betriebswirtschaftlich.

Die Verelendungsprophezeiung im »Manifest«: So muß es kommen, wenn ihr nicht als Menschen handelt, sondern euch als »Faktor Arbeit« behandeln lasst. Im »Kapital« wird Karl Marx die Dramaturgie des Kapitalismus modellieren; wie der »Heißhunger« des Kapitals Kinder, Frauen und Männer »vernutzt« – und sie darüber zur Rebellion treibt; wie die Beschränkung der Arbeitszeit die Maschinisierung vorantreibt – und diese die Löhne senkt; wie die Vereinigung der Arbeiter die Löhne hochtreibt – und die nächste Rationalisierungsstufe Tausende freisetzt; wie, bei aller Gegenbewegung, in langer Tendenz der technische Fortschritt und die wirtschaftliche Konzentration die notwendige Arbeit immer weiter reduzieren.

Bis am Ende – kühner Vorgriff – der Maschinenpark der entwickelten Industriegesellschaft steht, in der niemand mehr berechnen kann, wieviel Wert der Ingenieur, wieviel sein Lehrer, wieviel sein Handlanger, wieviel seine Frau in diesem großen Mechanismus schöpft. Damit, und mit der Ausgrenzung großer Menschenmassen, werde die »auf Lohnarbeit beruhende Produktionsweise« unhaltbar. Da sind wir heute angekommen, und in den Debatten über das allgemeine Grundeinkommen meldet sich die große gesellschaftliche Krise an.

Epos und Drama, Evolution und Sprung durchdringen sich in dieser Modell-Geschichte. Sie ist offen, wenn auch nicht zu jedem Zeitpunkt. Der Arbeitslohn, die sozialen Sicherheiten sind keine objektiven Größen, sondern es geht ein »historisches und moralisches Element« in sie ein, und das heißt, in letzter Instanz »das Kräfteverhältnis der Kämpfenden«.

Und deshalb: immer bereit sein. Wie damals, als Revolutionen noch Strukturen setzten für die kommende Runde, wie im März 1848, als die Pariser Arbeiter versuchten, das Recht auf Arbeit durchzusetzen, und die Bürger sie schon nach vierzehn Tagen mit Arbeitslagern ausgetrickst hatten, als Marx die Handwerker mit dem »Manifest« über die Grenze schickte – zum Agitieren für die Republik, in der das allgemeine Wahlrecht die soziale Umwälzung einleiten würde –, anstatt sie, wie der Brausekopf Herwegh, zu bewaffnen und nach Niederdossenbach in die heroische Niederlage marschieren zu lassen. Im »Manifest« dagegen lesen die Empörten: Stellt Euch auf eine lange Reise ein. Die kapitalistische Zeit hat gerade erst begonnen. Der Freihandel muss erst noch die Welt vereinen. Keiner weiß, wann die Zeit erfüllt sein wird. Sicher ist nur: Es gibt eine Grenze.

Heute sind wir sechs Generationen und zwei Weltkriege weiter. Der bolschewistische Versuch, im Gleichheitsexpress den Kapitalismus zu umfahren und zu überholen, ist schlimm gescheitert. Europa hat einen dritten Weg hervorgebracht, mit Sozialversicherung und Investitionslenkung; im Resultat kam das ziemlich nahe an die Forderungen heran, die der Bund der Kommunisten 1848 nach Deutschland trug.

Freiwillig geschah das nicht. Und hat auch nicht Bestand. Erneut, diesmal global, siegt der Freihandel.

ZEIT Aspekte

Konsum ist schön – wenn man dazu gehört (Einkaufszentrum »CentrO« in Oberhausen, das nach Angaben der Betreiber größte Einkaufszentrum Europas, das bis zu 70 000 Kunden täglich erwartet).

Die Grenzen der Nationalstaaten, die den Kapitalismus in Zaum hielten, werden durchlöchert. Der Staat regrediert vom Wohlfahrtsstaat zum »Ausschuß, der die gemeinsamen Geschäfte der ganzen Bourgeoisklasse verwaltet«, zum Standort-Kommissariat. Über die alte Ungleichheit zwischen Nord und Süd legt sich die neue zwischen weltmarktfähigen Zonen und jenen mit niedriger Produktivität, und just in diesen leben – wirtschaftlich gesehen – viel zu viele Menschen. Ein Ausgleich der Reichtumsunterschiede ist daher schon aus ökologischen Gründen nicht möglich. »Was wir hier machen, ist Wahnsinn«, sagte der ehemalige VW-Chef für Asien, Martin Posth: Unser Reichtum lässt sich nicht verallgemeinern, aber unser Lebensstil wird weltweit propagiert. »Irgendwann sind wir alle Vanille-Eiskrem«, sagt Medienmogul Herbert Allen. Wir brauchen Gesetze gegen die Spekulation, sagt Oberspekulant George Soros, sonst fliegt alles in die Luft. Und sie produzieren, spekulieren, propagieren weiter, ganz als wollten sie den *gemeinsamen Untergang der kämpfenden Klassen* herbeiführen.

»Ungleichheit muss in Kauf genommen werden«, wenn man Dynamik will, kommentiert die bayerisch-sächsische Zukunftskommission. Mit flotten Sprüchen wirbt sie für den Abstieg von 25 Prozent der Bevölkerung, für die Wiedereinführung des Schuhputzers, der Vorlesefrau und der Putzhilfe in die Haushalte der Turbo-Arbeitnehmer. Tagelöhner, Heimarbeiter, Dienstboten tauchen wieder auf. Das Stichwort lautet »Flexibilität«. Das klingt oben gut, aber für die vielen da unten heißt es Unsicherheit.

Das erreichte Maß an Produzentendemokratie, an gesellschaftlicher Verfügung über gesellschaftlichen Reichtum wird zurückgeschraubt, ohne dass andere Sicherheiten gegeben werden. Erneut spaltet sich die Gesellschaft, und die Stellung in der Produktion wird wieder zum Klassenmerkmal.

Paradox: Die Wirtschaft grenzt die Arbeiter aus
Die Geschichte rollt rückwärts. Polizisten vertreiben Bettler aus den Shopping Malls, die Rückreform zum dreigliedrigen Schulwesen wird gefordert, der Kanzler mahnt die Kirchen, sich mehr um die Schäfchenseelen als um die Gerechtigkeit der Märkte zu sorgen. Der Soziologe Ulrich Beck propagiert die Wiedereinführung von Ehrenzeichen für Gemeinwohlarbeit, und der CDU-Vordenker Klaus Haefner schlägt vor, das überflüssige Drittel der Bevölkerung statt mit Geld mit staatlich produzierten Billignaturalien (Kleidung, Essen, Wohnen) zu versorgen. Stück für Stück verschwindet eine Ordnung, in der Selbstentfaltung, Sicherheit und Gerechtigkeit an den Status des Arbeits-Bürgers geknüpft waren.

Eine Wirtschaftsordnung aber, die immer mehr Arbeiter aus dem Kreislauf ausgrenzt, *sie ernähren muss statt von (ihnen) ernährt zu werden ist nicht mehr verträglich mit der Gesellschaft.*

Gesellschaft, das war die Leitidee der bürgerlichen Aufklärung – und ihre egalitäre Radikalisierung war das »Kommunistische Manifest«, *eine Assoziation, worin die freie Entwicklung eines jeden die Bedingung für die freie Entwicklung aller ist.* Der wirkliche Individualismus also, der historisches Unrecht und Zufall der Herkunft relativiert: durch die Abschaffung des Erbrechts, durch Progressivsteuer, durch Recht auf Arbeit. Wenn die menschliche Gesellschaft ein produzierendes Gemeinwesen ist, dann muss die Demokratie hier ansetzen: in der Beteiligung an Arbeit, nicht in der Zuteilung von Lebensmittelmarken.

Gerechte Verteilung von Lebenschancen war in den vergangenen fünfzig Jahren durch Wachstum ersetzt worden. Wachstum aber stößt an Grenzen. An ökologische und an menschliche. Aus den mexikanischen Bergen schreibt Subcomandante Marcos, die »Kapitalbombe« bedrohe das Leben auf dem Planeten. »Le Monde Diplomatique« druckt sein Manifest, das den Widerstand der Überflüssigen und Ausgegrenzten gegen ein System predigt, in dem die 350 Milliardäre so viel verdienen wie die Hälfte der Menschheit. In den Bauerndörfern im Norden Argentiniens stehen Indianer vor den Fernsehbildern vom Mars und fragen sich, warum Menschen, die das können, nicht auch den Hunger abschaffen. Die Studentin aus dem Sudan sagt: »Warum seid ihr so müde? Wir sind optimistisch. Wir haben Kant gelesen, und der lehrt uns das Weltbürgerrecht.« Und die Gewerkschafter in São Paulo sehen im deutschen Sozialstaat das Ziel ihrer Kämpfe.

Die Idee mag unpraktisch sein, aber Gerechtigkeit ist nur noch global zu haben. Doch dazu braucht es mehr als moralische Aufschwünge und die WTO. Der kategorische Imperativ und der Freihandel, spottete schon Friedrich Nietzsche dreißig Jahre nach dem Erscheinen des »Manifests«, seien »schöne naive Sachen«; das Wohl des Ganzen könne es »für ganze Strecken der Menschheit« ratsam sein lassen, »spezielle, vielleicht unter Umständen sogar böse Aufgaben zu stellen«.

Weltethos, Wohlverhaltensklauseln, freiwillige Emissionsverpflichtungen werden schlechter funktionieren, desgleichen die polizeilichen Versuche, den Menschen das Wandern abzugewöhnen. Aber Fortschritt »ist möglich«, schrieb der Skeptiker Nietzsche, wenn eine »bewusste Kultur« die »Erde als Ganzes ökonomisch verwalte« und »die Menschen selber sich ökumenische, die ganze Erde umspannende Ziele stellen«.

Die Idee einer weltweiten Lernbewegung bleibt gültig
Heute heißt das, in einer demokratischen Weltordnung ungleiche Entwicklung politisch herbeizuführen, ein mit dem Überleben der Naturbasis verträgliches, nachhaltiges Wachstum im Süden, eine ökologische Abrüstung des Energie und Material fressenden Nordens. Das verlangt kräftige, weltweite Institutionen – vor allem aber, da es um Koordination, Planung, Ausgleich, Verzicht und Aufklärung geht, und (in Nietzsches Worten) »damit die Menschheit sich nicht durch eine solche bewußte Gesamtregierung zugrunde richten soll«, ein »alle bisherigen Grade übersteigendes« Bewusstsein der Weltbürger aller Länder über diese »ökumenischen Ziele«.

Das Wort »Proletariat« ist heute ebenso verbraucht wie »Klassenkampf«, aber in der Idee einer weltweiten Lernbewegung, nicht in einem irdischen Schlaraffenland liegt die immer noch gültige Idee des »Manifests«: in der Postulierung einer Menschheit, in der jeder und jede sich als Gattungswesen denkt, fühlt und ebenso handelt. Das »Reich der Freiheit«, in dem die Menschen »ihren Stoffwechsel mit der Natur rationell regeln ... mit dem geringsten Kraftaufwand und unter den ihrer menschli-

Für mehr globale Gerechtigkeit kämpft u. a. das Netzwerk Attac, dem in Deutschland neben Einzelpersonen u. a. die Gewerkschaft ver.di, die Umweltschutzorganisation BUND und die Friedensgruppe Pax Christi angehören (Entrollung eines Transparents am Attac-Büro in Frankfurt am Main, 2002).

chen Natur würdigsten und adäquatesten Bedingungen« (»Kapital III«). Anders als unter dem Horizont der beginnenden Industrialisierung heißt das heute nicht mehr nur, überkommene Denkweisen und Eigentumsverhältnisse durch die *Herrschaft der Gegenwart über die Vergangenheit zu ersetzen, sondern die Zukunft über die Gegenwart herrschen* zu lassen – mithin die Erde als Gemeineigentum zu behandeln.

Der Rest ist Politik. *Die selbständige Bewegung der ungeheuren Mehrzahl im Interesse der ungeheuren Mehrzahl* setzt indes ein »enormes Bewusstsein« voraus, wie Marx schrieb. Utopie?

Marx hat sie früh entdeckt, in seiner Dissertation über die »Differenz der demokritischen und epikuräischen Naturphilosophie«. Bei Epikur wie bei Demokrit bewegten sich, so referiert er, die Atome mit Notwendigkeit. Bei Epikur allerdings könnten sie »ein klein wenig« von der geraden Linie abweichen: Diese kleine Freiheit der Deklination bringe sie in Bewegung, zum Zusammenstoß mit anderen Atomen, woraus Selbstbewusstheit, Bewußtsein des Zusammenhangs mit anderen, Vereinigung und Weltveränderung entstünden. Kurz, *die Assoziation, worin die freie Entwicklung eines jeden die Bedingung für die freie Entwicklung aller ist.*

Bewusste Atome, die Freiheit und Notwendigkeit realisieren – als Epikur-Interpretation eines Jünglings mag das philologisch problematisch sein, aber ist der Gedanke so abwegig? Wie sagte Engels? »Produziert mit Bewusstsein, als Menschen, nicht als zersplitterte Atome ohne Gattungsbewusstsein.«

Atome aller Zellen, vereinigt Euch!

Kursiv gesetzte Zitate stammen aus dem »Manifest«; andere, wenn nicht besonders gekennzeichnet, aus weiteren Texten von Marx und Engels. *5. Februar 1998*

Friedrich Wilhelm Raiffeisen

Prediger der Solidarität

Mitte des 19. Jahrhunderts gründete Friedrich Wilhelm Raiffeisen die ersten Genossenschaftsvereine – nach dem Motto: Einer für alle, alle für einen

Von Michael Klein

Im Winter 1846/47 herrschte in weiten Teilen der deutschen Kleinstaaten bittere Not – bedingt durch eine Kartoffelfäule und zwei Getreidemissernten. Besonders betroffen waren Gebirgsgegenden mit ihren ohnehin kargen Böden. In solch einer – geradezu sprichwörtlich für ihre Rauheit bekannten – Landschaft, dem Westerwald, war Friedrich Wilhelm Raiffeisen seit zwei Jahren Bürgermeister der kleinen Samtgemeinde Weyerbusch (heute mit einer Verbandsbürgermeisterei vergleichbar).

Mit großem Elan hatte sich der damals Siebenundzwanzigjährige an seine Arbeit begeben, um die allgemein schwierigen Verhältnisse in seiner Bürgermeisterei zu verbessern. Die Menschen lebten vorwiegend von den Erträgen ihrer kleinen bäuerlichen Höfe. Als Folge der Realteilung – der Hof wurde unter alle Erben gleichmäßig aufgeteilt – warfen die allerdings immer weniger ab. Raiffeisen versuchte, die wirtschaftliche Situation der Bauern dadurch zu verbessern, dass er den Bau einer sechzig Kilometer langen Straße zum Rhein veranlasste, um den Landwirten so den Absatz ihrer Produkte in den Rheinstädten zu erleichtern. Ebenso setzte er sich für den Bau von neuen Schulen ein.

Friedrich Wilhelm Raiffeisen: Seine Idee der ländlichen Genossenschaft breitete sich über ganz Europa aus.

Die Hungersnot drohte aber, den Erfolg dieser Bemühungen schon im Keim zu ersticken. Um die Not der Ärmsten zu lindern, beantragte Raiffeisen bei der preußischen Regierung Getreidemehl aus staatlichen Beständen. Das wurde auch geliefert, aber mit der Maßgabe, es nur gegen Bezahlung an die Hungerleidenden auszugeben! Weil denen aber das Geld fehlte, setzte sich der junge Bürgermeister kurzerhand über die Anweisung hinweg und verteilte das Mehl beziehungsweise das in einer gemeinschaftlichen Bäckerei gebackene Brot stattdessen auf Kredit. Die Armen zahlten erst nach Ende der Hungersnot für das erhaltene Getreide und Brot. Trotzdem konnte Raiffeisen die Kornladungen bar bezahlen – aus einem Fonds, den wohlhabendere Mitglieder seiner Gemeinde finanzierten.

Dieser »Brodverein« war die Keimzelle der Raiffeisenschen Genossenschaftsidee. Er war aber noch keine Genossenschaft im eigentlichen Sinne, da nur die Begüterten der Gemeinde Mitglied waren. Dies gilt auch für die Vereine, die Raiffeisen in seinen nächsten Bürgermeisterstellen gründete: den »Flammersfelder Hülfsverein«, der mittels zinsgünstiger Kredite zur Viehbeschaffung die Bauern vom weit verbreiteten wucherischen Geldverleih unabhängig machen sollte, und den »Heddesdorfer Wohlthätigkeitsverein«, der sich neben der Kreditvergabe auch um den Aufbau einer Volksbibliothek, die Fürsorge von Strafentlassenen und die Betreuung verwahrloster Kinder kümmerte.

Alle diese Vereine basierten auf dem Prinzip der reinen Wohltätigkeit. Die wohlhabenden Mitglieder bürgten mit ihrem gesamten Vermögen für die zu einem mäßigen Zinssatz ausgegebenen Kredite, zu deren Vergabe der Verein seinerseits durch Einlagen oder Kredite von Bankhäusern in der Lage war. Erst Anfang der 1860er-Jahre entschloss sich Raiffeisen widerstrebend dazu, seine Vereine auf der Basis gegenseitiger Selbsthilfe umzustrukturieren und auf das reine Kreditgeschäft zu beschränken. Zu diesem Zeitpunkt hatten sich die Begüterten bereits immer mehr zurückgezogen.

Die Genossenschaftsidee verbreitete sich in ganz Europa
Dass diese ihr Engagement ohne eigenen Gewinn zu betreiben hätten, war für Raiffeisen eine selbstverständliche, wie er es ausdrückte, »Christenpflicht«. Geprägt von einer tief religiösen Erziehung und zeit seines Lebens einem konservativ-romantischen Staatsideal verhaftet, wollte er mit seiner Genossenschaftsidee vor allem die nach der so genannten »Bauernbefreiung« aus den Fugen geratene ländliche Gesellschaft wieder stabilisieren. Denn die neue Freiheit hatte den Menschen auf dem Lande auch ein erhebliches Maß an sozialer Unsicherheit gebracht. Kein Gutsbesitzer war mehr für seine

Friedrich Wilhelm Raiffeisen

Die Bauernbefreiung hatte die ländliche Gesellschaft destabilisiert. Auf den kleinen bäuerlichen Höfen waren Missernten kaum auszugleichen (Hof aus Wallenthal, Eifel, frühes 19. Jh.).

ehemaligen Dienstleute verantwortlich, wenn diese in Not gerieten. Die alte Ordnung wollte Raiffeisen deshalb durch eine auf christlicher Verantwortung basierende Solidarität nach dem Motto »Einer für alle, alle für einen« ersetzen. Dabei vertrat er immer die Auffassung, dass dieses Prinzip »nicht allein bezüglich des Geldpunktes, sondern in der Fürsorge jederlei Art« zu gelten habe.

Ein besonderes Merkmal seiner Vereine war deshalb der Verzicht auf die Ausschüttung von Dividenden. Gewinne wurden einem Stiftungsfonds beziehungsweise Reservefonds zugeführt. Dieser war das eigentliche Herzstück seiner Genossenschaftsidee und sollte, so Raiffeisen, »reichlich die Mittel bieten, Einrichtungen zur Hebung der Gesamtwohlfahrt der Bevölkerung, wie zum Beispiel Kleinkinderverwahranstalten, Fortbildungsschulen für die aus der Schule entlassene Jugend, Hospitäler und Krankenhäuser, Asyle für Hilfsbedürftige, altersschwache Personen und so weiter ins Leben zu rufen«. Tatsächlich haben die Raiffeisen-Vereine dann oft in vielfältiger Weise soziale Einrichtungen unterstützt.

Ungefähr zeitgleich mit Raiffeisens Vereinen hatte Hermann Schulze-Delitzsch erste Erfolge mit Vorschusskassen für kleine Handwerker in Sachsen. Daraus entstanden dann die Volksbanken. Eine Zusammenarbeit beider Genossenschaftsorganisationen lag nahe. Nach anfänglicher Sympathie entstand zwischen beiden Genossenschaftsgründern jedoch ein erbitterter Konflikt.

Neben den für den Streit ursprünglich entscheidenden technischen Fragen über Kreditlaufzeiten und Ähnliches war für den liberal gesinnten Schulze-Delitzsch auch das starke Engagement kirchlicher Kräfte der Raiffeisen-Vereine in vielen gesellschaftlichen Bereichen eine unzulässige »Einmischung«. Raiffeisen hingegen legte, je ökonomisch erfolgreicher seine Bewegung wurde, in immer eindringlicheren Worten dar, »dass die höchst traurigen Zustände unserer Zeit in erster Linie dem Abfalle vom Christenthume zuzuschreiben seien«.

Um das geistige Fundament seiner Vereine zu sichern, plante er sogar die Gründung einer interkonfessionellen Kongregation »Societas Caritatis«. Die Mitarbeiter im Raiffeisen-Dachverband sollten hier auch in der Krankenpflege tätig sein und ihr Leben ganz oder für einen festgelegten Zeitraum der karitativen Tätigkeit widmen. Diese Pläne ließen sich jedoch nicht verwirklichen.

Seine Grundidee der ländlichen Genossenschaften breitete sich jedoch über ganz Europa aus. Besonders in der agrarisch strukturierten österreichisch-ungarischen Doppelmonarchie wurden immer mehr Vereine gegründet, aber auch in der Schweiz, in Frankreich und vielen anderen europäischen Ländern. Selbst im zaristischen Russland existierten 1916 bereits 11 000 Raiffeisen-Genossenschaften. *19. November 1998*